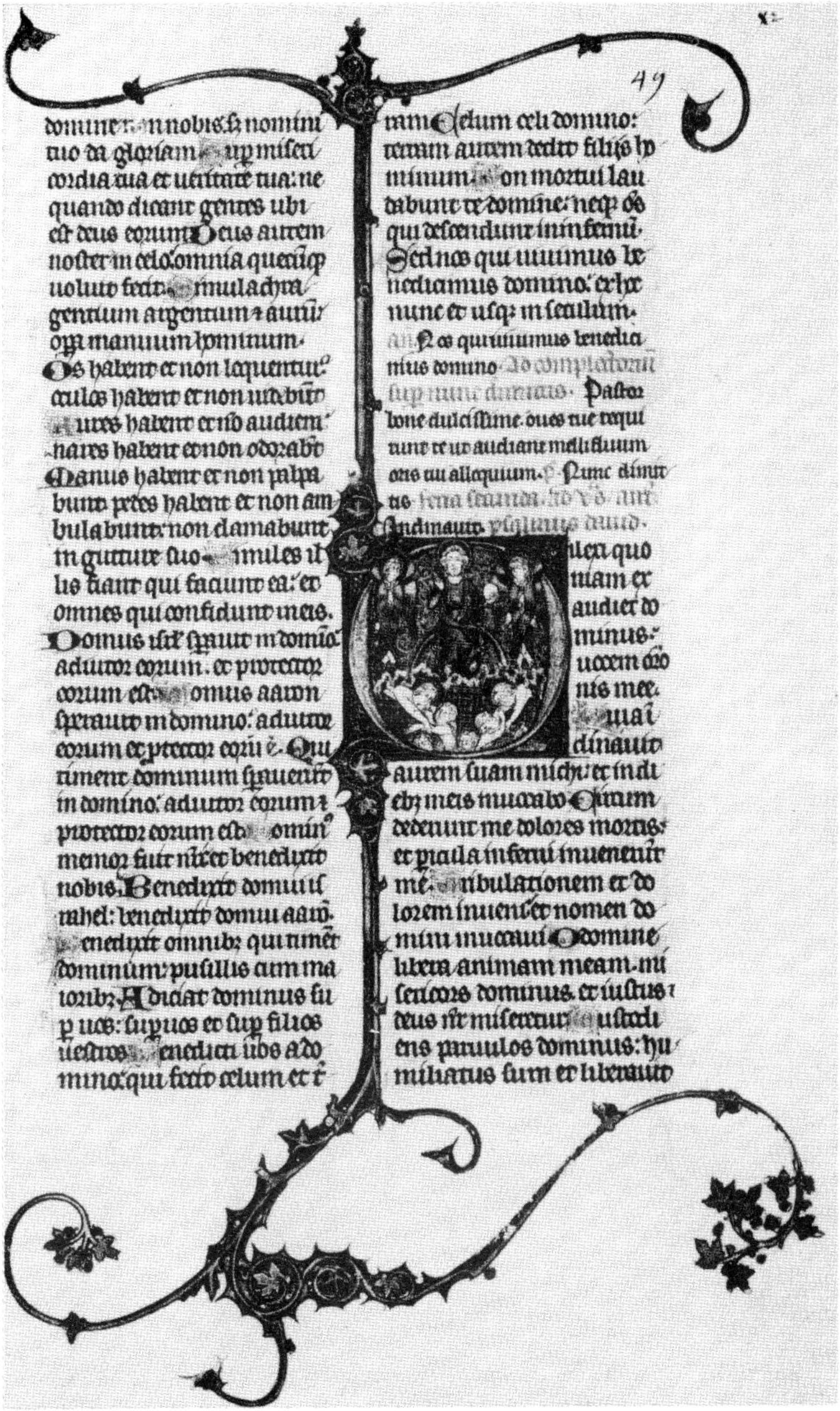

1　審判と煉獄からの救済（フィリップ美男王の聖務日課書）．補遺III参照．パリ国立図書館蔵．

2　死後世界，魂のたまり場の体系（サラマンカ古大聖堂）．煉獄の魂のたまり場からの離脱．補遺III参照．

3　煉獄離脱（伝シャルル五世聖務日課書）．
補遺III参照．パリ国立図書館蔵．

4　現代の聖パトリキウスの煉獄，古来の信仰と巡礼の地（エール，ドニゴール伯爵領，ステーション・アイランド，ロッホ・ダールグ）．

叢書・ウニベルシタス　236

煉獄の誕生

ジャック・ル・ゴッフ
渡辺香根夫／内田　洋 訳

法政大学出版局

Jacques Le Goff
LA NAISSANCE DU PURGATOIRE

目　次

煉獄、これはまた何と壮大なこと！

ジェノヴァの聖女カタリーナ

煉獄は天国と地獄に欠けている未来を表示している点で、ポエジーにおいて両者に優る。

シャトーブリアン

第三の場所

一六世紀のプロテスタントとカトリックの熾烈な論争の中で、新教徒は相手方が、ルターのいわゆる《第三の場所》(1)煉獄を信じるというので、これを激しく非難した。そんな死後世界は《でっちあげ》であり、聖書には存在しないと言うのである。

私は古代ユダヤ・キリスト教以後、幾世紀にもわたるこの第三の場所の形成過程を跡づけたい。すなわち一二世紀後半における中世西欧世界の隆盛に伴って誕生した煉獄が、それにつづく一〇〇年間にいかに急速に伸展したかを示し、あわせて、なぜその伸展がキリスト教世界の歴史のこうした重要時期と親密な関係をもつのか、また煉獄を受容したにせよ、異端者のようにこれを拒否したにせよ、紀元一〇〇〇年につづく二世紀半の驚くべき発展から生じた新しい社会の中で、それがいかに決定的に機能したかの解明を試みたい。

煉獄の問題性

大部分の宗教はあの遥かな時間の闇の中にその源を発しているように見え、したがってそんな大昔からの諸要素を拾い集めて成り立った煉獄のような場合でさえ、一つの信仰心の歴史的発展を追跡することは難しい。しかしここで問題にしようとする事柄は、中世とその後のカトリック的形態の下に展開したキリスト教の原初機構の副次的な側面、重要性乏しいその付加物などというしろものではない。死後世界は諸々の宗教や社会の広大な領土の一部である。信仰者の生活は、一切が死とともにやむわけではないと考えた途端に一変するのである。

煉獄信仰の出現、幾世紀もの時間をかけたその形成は、キリスト教の想像領域の空間的・時間的枠組みが実質的に変化する前提でもあり、その結果でもある。ところで、空間と時間とのそうした精神的構造は、一つの社会の考え方、生き方の基盤である。古代末期から産業革命に至る長い中世(二)のキリスト教社会のように、その社会に宗教が深く浸透している時に、来世の、さらには世界の地図を描きかえ、死後の時間に変更をもちこむこと、つまりはこうした地上の歴史的時間と終末論的時間の間の角逐、生存の時間と待機の時間の間の争闘は、緩慢な、しかし本質的な精神革命をもたらすこととなる。それは文字どおり生活《シャンジェ・》を変革《ド・ヴィ》することなのである。

このような信仰の誕生が、それを生んだ社会の深層の変化に結びついていることは明らかである。一体この死後世界の新たな想像界は、社会変化といかなる関係をもつのか、そのイデオロギー的機能はどうなのか。教会がそれに加える厳格な統制は、来世に対する支配力を教会と神との間で分有する結果に導くのだが、それはここに課せられた問題の重要性を証拠だてている。一体なぜ、死者たちを恣にさまよわせ、もしくは静かに眠らせてはおかないのか。

煉獄以前

煉獄が重きをなしたのは、まさに《第三の場所》としてである。

キリスト教はそれ以前の宗教や文明から、或る死後世界の地理学を継承していた。つまり、ユダヤ教の冥府《シエオール》のような、死者を一律に収容する世界の構想と、ローマ人の冥府《ハデス》や極楽浄土《エリジウム》のような、一方は恐るべき、他方は幸福な、二種の世界を死後に構想するものとの間で、二元論的モデルの方を選択したのだ。のみならず、それを異常なまでに補強しさえした。死者たちの善悪二種の空間を地下に追いやるのではなく、天地創造から最後の審判までの期間、死に一歩足を踏み入れた瞬間から、義人――あるいは少なくとも義人の中で最も優れた人々、殉教者や聖人たち――の居場所を天国に置いた。さらにこの地表上には地上楽園を置き、こうして、古代人が時間しか認めなかったあの黄金時代、郷愁に満ちた彼らの追憶の地平に、世の終りまで一種の空間を与えたのである。中世の地図上では、それは東の果て、巨大な壁と不穏なゴグ・マゴグの民の彼方にあり、ヤーヴェが《楽園を潤す》ようにと創った四つの支流をもつ大河が流れている（創世記二・一〇）。そして特に、地獄－天国の対立は大地－天空の対立を基礎として極端に推し進められた。地下とはいっても、地獄は大地の側であり、この地獄界は、ギリシア人の間でクトン界がウラノス界に対立していたように天上界に対立していた。天上への気高い渇仰にもかかわらず、古代人は――バビロニア人もエジプト人も、ユダヤ人もギリシア人も、ローマ人も異教の蛮族も――地の底を恐れるほどには、しばしば怒りの神々が住むとされる天上の無限を憧れ求めはしなかった。キリスト教は少なくとも最初の数世紀間と中世の蛮族への浸透期においては、死後世界のイメージを完全に地獄化するには至らなかった。キリスト教は社会を天上にむかっておしあげた。冥府降下の後に昇天したイエスは、みずからその範例を与えたのだった。象徴空間の方位体系においては、古代ギリシア・ローマが左右対立に卓絶した地位を認めたのに対して、キリスト教は、旧約・新約にはみられるこの背反的二項[2]の重要性を保持しながら、たちまち高低のシステムを特権化してしまった。中世においてこの体系は、思考の空間化を通じてキリスト教的諸価値の本質をなす弁証法を導くことになる。

上昇し、昂揚し、一層高まり行くこと、これが精神的・倫理的生活を促す刺激であるのに対して、社会規範は、神が地上にあてがった人間本来の場所にとどまって、身の程を逸脱した野心を抱かぬことを要求する。しかも身を卑しめたり転落したりすることのないように気をつけねばならない[3]。

終末論的地平にはあまり興味を示さなかったキリスト教が、二世紀と四世紀の間に、個人の死から最後の審判までの間の霊魂の位置について反省しはじめたとき、そしてキリスト教徒が——やがて見るようにそれぞれ微妙な差異を示すアンブロシウス、ヒエロニムス、アウグスティヌスといった四世紀の偉大な教父たちの考え方にならって——ある種の罪人の魂は、その間におそらく何らかの試練を受けることによって救われうると考えたとき、こうして出現した信仰が一二世紀に遂に煉獄を生むことになるのだが、しかしそれは霊魂の位置や試練そのものを明確に限定するには至らない。

一二世紀末まで煉獄（purgatorium）という語は名詞としては存在しない。「煉獄」なるものが実在しないのである[4]。

場所としての煉獄の自覚を示す煉獄という語の出現——いうなれば煉獄の出生証明書——を歴史家が、とりわけ神学史家や霊性の歴史家が無視してきた点は注目に値する[5]。おそらく歴史家は、まだ十分に「語」に重要性を与えていないのである。実在論者《レアリスト》であれ唯名論者《ノミナリスト》であれ、中世の聖職者たちは言葉と物の間に肉体と魂の間と同様の緊密な結合が存在することをよくわきまえていた。思想や心性のように深淵からゆっくり浮き上ってきて長い経過をたどる諸現象の歴史家にとって、幸いにも言葉——いくつかの語——が出現し、誕生することによって、真の歴史がそれなしにはありえない年譜の構成要素をもたらしてくれるのである。確かに一つの信仰を事件のように年代確定するわけにはいかない。しかし長期持続型の歴史は日付のない歴史であるなどという考えは斥けねばならない。煉獄への信仰のような緩慢な現象は、幾世紀間もよどみ、揺れ動き、歴史の流れの死角に滞り、やがて唐突とも見えるほどに本流の只中に引きこまれて、しかもそこに姿を没することなく、逆にはっきりした姿を現わし、証言するのである。ローマ帝国から一三世紀キリスト教界まで、聖アウグスティヌスから聖トマス・アクィナスまでの歴史で——どんな博識をもってにせよ——煉獄なるものについて語る人、したがってまたこの名詞の出現が一一五〇年と一二〇〇年の間であるという事実を消去する人は、この歴史の本質とは言わないまでも重大な局面をとりにがしてしまう。彼は決定的な一時期とある根本的な社会変化を解明する可能性と同時に、煉獄信仰に関して、思想と心性の歴史における極めて重要な現象、つまり思考の「空間化」の過程というものを標定する機会を逸するのである。

考えるに値する空間

最近の多くの研究が、科学の領域での「空間」の概念の重要性を証明した。この概念は地理学的歴史学の伝統を復活させ、地理学と都市計画論を刷新する。特にその有効性が発揮されるのは象徴的レベルにおいてである。動物学者についで、人類学者も生活圏《テリトリー》という現象の基本的性格を明らかにした(6)。『隠れた次元』(7)の中で、エドワード・T・ホールは、生活圏とは動物体や人体のいわば延長であり、こうした空間の知覚は「文化」に依拠するところが大きく(この点で彼はあまりに文化主義的であると言えるかもしれない)、また生活圏は思考によって組織づけられた、いわば空間の内面化であると論証している。まさにそこに、個人と社会の根底をなす一次元が存在する。諸社会がその中で動いている地理的、経済的、政治的、イデオロギー的等々、種々の空間の組織化は、その社会の歴史の極めて重要な局面である。社会がその死後世界の空間を編成するということは、キリスト教社会にとって大きな影響力をもつ操作であった。死者の復活が期待される場合、あの世の地理学は二次的な関心事ではなくなる。それにまた、しかじかの社会がこの世の空間を秩序づける様式と来世におけるその空間との間には何らかの関係を予想することができる。なぜなら両者は、死者の社会と生者の社会を統合する諸関係によって結ばれているからである。一一五〇年から一三〇〇年にかけて、地上でもあの世でも、キリスト教界はまさに大がかりな地図改訂作業に没頭した。西欧中世のごときキリスト教社会にとって、物事は地上でも天上でも、この世でもあの世でも、ほぼ同時に生き、かつ動いていたのである。

煉獄の論理と生成

およそ一一五〇年から一二五〇年にかけて、西欧キリスト教界の信仰心の中に煉獄の存在が定着したというとき、それは一体何を意味していたのだろうか。それは死者たちのうち或る種の者が試練を受ける中間的な死後世界であって、その試練の期間は生者のとりなしの祈り――霊的助力――によって短縮されうるというものである。こうした考えに至るまでには、長い過去の観念と心象、信仰とそれに基づく行為、神学上の諸々の論争、またおそらくは今日のわれわれには把捉しがたい、社会の深部における種々の変動が必要だった。

この書の第一部は、やがて一二世紀に組織化されて煉獄となる諸要素の、幾世紀にもわたる形成過程にささげられる。これを、種々の継承と断絶と内外の葛藤がいかにラテン・キリスト教界の宗教思想を形成したか、その独自性に関する一考察とみなすことができる。

煉獄信仰は、死と復活の間に、人間存在にとって新たな何事かが生じうると考える以上、まずもって魂の不死と復活の信仰を前提としている。それは、ある種の人間が永遠の生命に到達できるようにと出された条件の補足なのである。ただ一度限りの生を通して獲得される不死性。したがって、ヒンズー教やカタリ派のような、不断に反復される化身、つまり輪廻を信じる宗教には煉獄はありえない。

煉獄の存在はまた、死者の審判という構想に基づいている。これは種々の宗教体系にかなり広く見られる観念であるが、《この審判の様式は、文明の交替につれて大きく変化した(8)》。多様とはいっても、煉獄の存在を予想した審判には極めて特異な点がある。それは、死の瞬間と時の終末の二度にわたって裁かれるという信仰に基づいているからだ。また各人が終末の運命を待つこの中間期に、雑多なファクターに応じて刑罰の「緩和」やその短縮を行なう複雑な裁判手続が設けられている。つまりそれは、極めて高度な裁判の思想と刑罰体系の投映を前提とするのである。

審判の多様性はさらに、個人の責任や人間の自由意志の観念にも結びついている。原罪を考慮に入れれば、人は本来罪人ではあるが、自分自身の責任においてなされた罪はそれに応じた裁きを受ける。媒介的来世たる煉獄、そして聖人・義人の純潔と犯罪者の赦しがたい罪過との間に位置する中間的タイプの罪、この両者の間に密接な関係があるわけである。《軽い》とか《日常的な》とか《習慣的な》などと区別された罪の、長い間漠然としていた観念がまずアウグスティヌスによって、ついでグレゴリウス大教皇によって明確に規定されるが、結局は《許される罪《ペシエ・ヴェニエル》》——小罪——という範疇に統合されてしまうのは煉獄の成長にほんのわずか先立つ時期のことであり、またそれは煉獄誕生の条件の一つとなった。後に見るように、事態はもう少しこみ入ったものではあったが、本質的には煉獄は許される罪を浄める場として現われたのである。

懲罰の場としての「煉獄の信仰」――それが可能であるためには魂と肉体の関係が明らかにされていなければならない。事実、教会の説く教義はたちまち次のようなものになった。つまり死に際して、不死である魂は肉体を離れ、時の終末に至ってはじめて両者は再び相会することができ、その時、肉体は復活すると。しかし魂は形体的か非形体的かという問いは、煉獄もしくはその前駆的諸観念に関しては問題にならなかったように思う。肉体から分離した魂は、「それ独自の」ある物質性を授けられたのであり、したがって煉獄の刑罰は、魂を肉体と同様に責め苛むことができた(9)。

中間領域の思考

中間的な場、煉獄は多くの点でまさにそれだ。時間的にも、個人の死と最後の審判の中間というわけである。煉獄がこの特殊な時空に定着するまでには、相当に長い浮遊期間を経ずにはすまない。聖アウグスティヌスもこの問題に関して決定的な役割を演じたにもかかわらず、来るべき煉獄をこの時間の狭間に最終的に繋ぎ留めるにはいたらない。それは地上の時間なのか終末論的時間なのか、それは現世において既に始まるのか――その場合、悔悛との関係を規定しなければならない――それとも最終的浄化は繰り延べられて、もっぱら最後の審判の瞬間に位置づけられるべきものなのか、煉獄はこの二つの間を揺れ動くことになろう。煉獄はそこで終末論的時間に食いこみ、裁きの「日」は瞬間ではなく、幅のある時間となるだろう。

煉獄はまた、天国と地獄の間に割って入った、本来的に空間的な中間領域である。しかしその両極からの牽引力は、煉獄に長期にわたって作用した。煉獄が存在するためには、キリスト教初期に信じられた「清涼の地」refrigerium や、新約(ルカ一六・一九―二六)の悪しき金持とラザロの話が表わす「アブラハムのふところ」といった、天国以前の諸領域に取ってかわらなければなるまい。とりわけ、長い間地獄とほとんど区別されずにいる一領域、ゲヘナ上層が、そこから分離しなければならない。天国と地獄のこの引っ張りあいの中で、煉獄のもつ意味がキリスト教徒にとって些細なものではなかったことは推測がつこう。ダンテが来世の三領域の地理学に最高度の表現を与えるまで、死後の新世界が鮮明な映像を結ぶには長い困難な過程があった。最終的に、煉獄は真の、完全な中間領域とはならない。将来の選良たちの全き浄化のための場として、それは天国の方に傾斜しているのだ。偏りのある中間領域、煉獄は中心に位置するのではなく、高みへと偏した中間に位置するだろう。したがってそれは、封建的心性に極めて特徴的な、あの偏心的均衡の体系内に納まっている。これは例えば同時代の家臣制や結婚制度においてもみられる、平等の内なる不平等の関係であって、対等な者の世界にありながら、家臣は領主に、妻は夫に従属するのである。免れた地獄と、既にもやい綱の投げられた天の岸辺との間で、煉獄は偽りの等距離にある。つまり、過渡的・一時的な煉獄には、地獄や天国の永続性がない以上、それは偽りの中間性である。しかもそれはこの世の時間・空間とは異なった別種の諸法則に従っており、中世において《不可思議》と呼ばれたあの想像界の一構成要素となるのである。

要はおそらく論理の秩序に属しており、煉獄が出現するには中間的介在の概念が成熟して、中世の人間に考えやすいものにならねばならない。煉獄は一つの体系、来世の場所の体系に属し、したがってそれ以外の種々の場所との関係においてのみ、存在し、意味をもつのである。忘れてはならないのは、あの世の主たる三領域の中で、煉獄は明確な輪郭を与えられるまでに最も多くの時間を要した上に、その役割は最も多くの問題を提出してきたということである。したがって、地獄と天国の問題の細部に立ち入る前に、まず煉獄を扱うこともできそうだし、またその方が望ましいことと私には思われたのである。

論理的・数学的構造としての中間者の概念は、中世の社会的・精神的現実の深刻な変異に結びついている。ただ権勢家と貧民とを、聖職者と俗人とのみを対立させておくのではもはやなく、一種の中間的カテゴリー、中間階級もしくは第三身分を求めること、これはまったく同一の動向であって、変化を遂げた一社会に関係をもっている。二元的図式から三元的図式への移行は、クロード・レヴィ＝ストロースが重要性を強調した、あの社会の思考の組織化における決定的な一歩を踏み出すことなのである。(10)

刑罰の比喩形象――火

ユダヤ人の冥府《シェオール》は、不安で陰気な場所ではあるが、懲罰がない。これに反して、煉獄は死者たちが一つもしくは複数の試練を受ける所である。これらの試練は、後述するように多種多様で、劫罰を受けた者が地獄で耐える試練に似通っている。しかし中でも冷・熱二種のものが最も頻繁にみられ、特に火の試練の方は、煉獄の歴史に主要な役割を演じた。

人類学者も、民俗学者も、宗教史家も、聖なる象徴としての火はよく知っている。中世の煉獄やそれ以前の萌芽段階には、その火が、宗教人類学の専門家たちの見出したほぼあらゆる形態をまとって現われるのである。燃える火の輪、火の池や海、炎の円環、火の壁と溝、火を吐く怪物の口、燃えさかる炭、火花と化した魂、燃える河、谷そして山。

一体この聖なる火とは何なのか。G・ファン・デル・レーウの指摘によれば、《通過儀礼において、過去のものとなった生の一時期を抹消して新しい生を可能にするのが火である》(11)。通過儀礼とはこの過渡的な場所にいかにもふさわしい。煉獄はヴァン・ジェネップの命名によるところのあの「過渡儀礼」の一部であって、その重要性は、通過儀礼の開始と終結の段階たる分離期・統合期の方にあまりにも目を奪われ

た人類学者たちから、時として見落とされがちであった。(三)

しかしこの火には、さらに一層豊かな意義がある。カール＝マルティン・エッズマンは、中世期・近世期の民話や伝説、民衆芝居などを通じて、再生の火なるものの存在を実証した。これは古代にローマ人やギリシア人の間で見られた火、さらにはこの神聖な火――Ignis divinus――の観念を生んだらしいイラン人やインド人の間で見られた火によく似ている。(12) こうして煉獄は、一二、三世紀のキリスト教界をその舞台としたと覚しいあのインド・ヨーロッパ的基盤の再浮上運動の内に場所を占めることになろう。最近、ジョルジュ・デュビーその他の研究者によって明らかにされた三機能図式の出現(四)（もしくは再出現か）は、ほぼ問題の現象と同時代のことである。竈の火、鍛冶場の火、火刑の火。それらのかたわらに、煉獄の火を置かねばならない。しかも民衆文化は、この火をもしっかりとわがものにしたのである。

この火は人を若がえらせ、不死にする火である。フェニックスの伝説は、テルトゥリアヌス以後中世キリスト教が継承したその最も有名な具体的形象である。フェニックスは復活を約束された人類の象徴となる。誤って聖アンブロシウスのものとされているあるテクストは、さらにこの伝説に聖パウロの次の文を適用している。《その火は、それぞれの仕事がどんなものであるかを、ためすであろう》（コリント人への第一の手紙三・一三）――これこそ、中世を通じてキリスト教が煉獄を構築する際に典拠とする、聖書の主要テクストなのである。

こうした伝承に照らしてみると、中世の煉獄の構成に中心的位置を占めた浄罪の火には、重要な三つの特徴があることが明らかになると思う。

第一に、若がえらせ不死にするこの火は、人がくぐりぬけるべき火であるということ。同じコリント人への第一の手紙の有名な一節で《彼自身は、火の中をくぐってきた者のようにではあるが、救われるであろう》と説いた聖パウロは、この儀礼をみごとに表現したことになる。煉獄はまさしく過渡的な場（もしくは状態）であり、煉獄界での想像上の旅は、繰り返しになるが象徴的遍歴となるだろう。この火のくぐりぬけは、煉獄のモデルが裁判の一範型として展開することになるだけに、中世の人々にとって一層重要な意味をもつ。火の試練は一種の「神明裁判」ordalie なのだ。煉獄にある魂にとってそうであり、煉獄を単なる旅行者としてではなく、その種々の危難を身に引き受けつつ遍歴することを許された生者にとってもそうである。この儀礼が、遥かな古代から、ギリシアおよびローマを経てインド・ヨーロッパの火を継承した伝統に、蛮族異教の信仰と習俗の遺産を結合した人々をどれほど魅了しえたかがしのばれる。

煉獄を、あるいは少なくともその入口を、地上のどこかに位置づけようとする試みにおいて、自然の地理学的な要素――火山――が特別に注意を惹いた理由も納得される。火山は山でありながら火口を、つまりは深い竪穴をもち、火を吐き出して、煉獄の物質的かつ象徴的構造をなす本質的な三要素を兼ね備えているという利点があった。後に見るように、煉獄の地図を作ろうとする人々はシチリア島を経めぐり、ストロンボリ島とエトナ山の間を尋ね歩いた。しかしシチリア島には、そうした幸運をものにするのに適した環境がなかった。それに反して、アイルランド人や隣りのイギリス人、さらにシトー会士たちは、聖パトリキウスの煉獄を見つけ、やがてそこへ組織と統制の行き届いた巡礼旅行をするようになった。フリードリヒ二世のシチリア島は、異端の嫌疑のある君主とギリシア人修道士や回教徒の手中にあって、煉獄やその主たる通路の一つを隠しもつには十分《普遍的《カトリック》》ではないように思われたし、エトナ山も、むしろきっぱりと地獄と言ってよいイメージを払拭しえなかった。

第二の特徴は、中世における煉獄の火が卓越した地位、というより結局は独占的な地位、を得たことは事実として、しかし一般に火と水とが一対を成していることである。中世前史に位置づけられる中世的テクストの中には、この一対が大抵は火性の地と水性の地、暑熱の地と寒冷の地、燃える領域と凍える領域といった並列の形で現われる。そして煉獄の死者たちが受ける基本的な試練は、単に火をくぐりぬけることではなく、火と水とを交互に通過すること、身の証を立てる一種のスコットランド式灌浴である。

カール＝マルティン・エッズマンは的確にも古典期古代ローマのテクストを引いているが、そこには裸で時に炎の中で、時に氷の中で暮らすコーカサスの苦行者の姿が見られる。キケロは《裸で暮らしながらコーカサスの雪と厳しい冬の寒さに苦もなく耐え、火中に身を投じて呻き声一つあげず焼け焦げる賢者たち》について語り[13]、ヴァレリウス・マクシムスも《一生涯裸で過ごし、ある時はコーカサスの苛酷な氷にその肉体を慣らせ、ある時は呻き声も立てずに炎に身を曝す人々》を描いている[14]。

火と冷水の一対は、キリスト教原初期には想起され、また煉獄前史に或る役割を演じたにちがいない一儀礼の中にも見出される。火による洗礼である。キリスト教では、これは洗礼者ヨハネをめぐるマタイおよびルカの福音書に現われている。マタイは前触れする人ヨハネにこう言わせている。《わたしは悔改めのために、水でおまえたちにバプテスマを授けている。しかし、わたしのあとから来る人はわたしよりも力のあるかたで、わたしはそのくつをぬがせてあげる値うちもない。このかたは聖霊と火とによっておまえたちにバプテスマをお授けになるであろう》（マタイ三・一一）。ルカ三・一六も洗礼者ヨハネに同じ言葉を言わせている。

こうした火の洗礼の観念は、火に関する古いインド・ヨーロッパ神話群に由来し、ユダヤ・キリスト教の黙示文学において具体化された。初期のキリスト教神学者たち、特にギリシア人神学者たちは、これをはっきり意識していた。オリゲネスはルカによる福音書三・一六を注釈して、こう言明している。《まず水と聖霊による洗礼を受けねばならない。それは受洗者が火の河に達したとき、彼が水と聖霊の容器を保持していることを証し立てることができるようにである。こうして彼はイエス・キリストにあって火の洗礼をも受けるに値するものとなる》（『ルカ注解』講話二四）。エッズマンはマタイの語る例の真珠――《天上の王国は、上質の真珠を探し求める商人に似て、価値ある真珠を見つけたら、その一つのために彼の所有する一切を売り払ってでも行ってそれを買い取る》――の中に、水と火を結合したキリストの象徴を認めている。《正統派》キリスト教では、火の洗礼はあくまで隠喩にとどまった。若干の宗派（洗礼派、常《メ》時祈りの会《ツサリアン》、若干のエジプト苦行僧たち）にあっては、カタリ派をも含めてこれとは事情が異なっていた。《正統派》の反駁者の一人エクベルトゥスは、一二世紀に、そのカタリ派に対して、彼らは本当に《火の中で》洗礼をせずに火の《そばで》やっている、と皮肉をこめて非難することになる。

　古代の神話・宗教に現われる火は、多様な性質を具えている。それは、火のユダヤ・キリスト教的象徴体系、つまりは煉獄の火の様々な機能と意味とにもうかがえる。《神格化と活性化の能力を併せもち、罪を懲らしまた無に帰する》火、こうした多面的な火の中に、エッズマンは《神性の存在そのものの多様な側面》を見、したがってまた火の相貌の多面性を神の位格の単一性へと統合しようとする。この図式は古代から一三世紀に至る浄罪の火のキリスト教的解釈の豊富さを説明するのに役立ちそうである。同じ火を話題としているのではないという印象をもたれるかもしれないが、この多様さは古代の神性の火の多義性によって説明される。ある場合には特に浄めの火として現われ、ある場合には何よりも懲罰の火、またある場合には証の火として現われる。時には現在に、時には未来にかかわり、大抵は現実の、しかし折々は霊的な火と見え、ある特定の人々に関与したり、あらゆる人に関与したりする。しかしこれは確かに常に同じ火なのであり、煉獄の火は複雑な相貌を呈しながら、あの神の火、インド・ヨーロッパ起源のあの聖なる火の多彩な顔を受け継いでいるのである。

アウグスティヌスは「火」なるものの意味の基本的な変化にもかかわらず、その古代的概念からキリスト教的概念に一貫する連続性を把握していたようである。《ストア派の人々は——と彼は『神の国』第八巻第五章で書いている——火という物体、つまりこの感覚世界を構成する一元素が、命と知恵とを具えた存在で、世界それ自体とその内に含まれる万物を創造するものであり、要するにこの火こそ神であると考えていた》。確かにキリスト教においては、アッシジのフランチェスコがみごとに表現するように、火はもはや一被造物でしかない。しかしエッズマンの正確な定式に従って言えば、《来世の火の複雑さは、その一般的な形態においても、例えば火の河のごとき特殊な形態においても、まったく同じ一つの神的な火の多様な機能として説明される》のである。これはまた煉獄の火に対しても妥当する。しかし過重な意味を負った煉獄の火のこの過去を、中世の人間が意識していたわけではない。彼らにとって聖なる伝承の必要かつ充分な保証であった聖書本文を例外として、大衆も聖職者もその自覚はもたなかった。それでもなお、この長い遺産継承を解明することが私には必要と思われた。それは煉獄の中世史の、面くらわせるようないくつかの局面を明らかにし、この歴史に現出した逡巡、葛藤、選択の数々をよりよく理解させてくれるであろう。過去の遺産の継承というものは、制約を課すると同程度に解決を示唆するものであるからだ。

とりわけ、煉獄なるものが成功を収めた理由の一つが、それによって解明される。極く古い若干の象徴的実在を捉え直したことがその理由だ。一つの伝統に根をおろした事柄は、成功の可能性が極めて大きい。煉獄はキリスト教の新規の観念ではあるが、その主な細部的属性の一部分は在来諸宗教から借用している。キリスト教の体系内で、神的な火はその意味を変えるのであって、歴史家はまずそうした変形に敏感であらねばならない。しかし多少とも活発な種々の変化のもとで、なお長い持続力をもつある種の素材の恒久性も、歴史家の注意を惹いて当然である。革命が純然たる創造であることは稀であって、むしろそれは意味の変化なのである。キリスト教は一種の革命、もしくは革命を推進する一個の重要な歯車であった。それは若がえらせ不滅にする神的な火を受け継いだが、それを祭儀に結びついた信仰の対象とはせず、神の属性とした。そしてその使用は人間の二重の責任に委ねられるものとした。つまり神の火に炙られるか否かは、地上での行ないによるという意味で死者たちの責任に属し、死者の魂がこの火に苦しむ時間も、生者の熱意次第で変わるという意味で生者たちの責任に属する。煉獄の火はあくまで意味を担った一象徴、浄化による救済の象徴でありつづけながら、再生の火を信仰していた社会とはまったく異なった一社会に関連して、ある複雑な司法体系に奉仕する道具となった。

生者と死者の連帯

煉獄とは要するに、「とりなしの祈り」suffrages と呼ばれる生者の力添えによって、人がそこで被る試練も短縮されうるような中間的来世である。死者たちのための祈りに功徳ありとする初期キリスト教徒の信念――それは墓碑銘や典礼文、さらに三世紀初頭の「聖女ペルペトゥアの受難」(これは来るべき煉獄を空間的に表現した一連のものの先駆である)が証拠立てている――まさにこの信念から、やがて煉獄の創造へ導くことになる信仰の機運が生じたようである。アウグスティヌスが母親モニカの死後に、心動かされて初めて『告白』に粗描する一つの省察、意味深くもそれが彼を煉獄につづく道へといざなう。とりなしの祈りの有効性に対するキリスト教徒のこの信頼は、ずっと後になってようやく、死後の浄罪の存在に対する信仰と結びつく。例えばアウグスティヌスにおいて、これら二つの信仰が実際に相交わることはなく、別個に形成されていった事実をジョゼフ・デディカは、みごとに論証している。死者のためのとりなしの祈りは、死をはさんだ双方の長期にわたる連帯、生者と故人の間の緊密な関係の成立を前提としている。また両者の間には、金を払ってとりなしの祈りをあげさせたり——遺言書に見られるように——あるいはそれを実際に行なうことを義務としたりする——信心会のように——関係機構が存在しなければならない。こうした絆もまた、長い時間をかけて成立したのである。

このように死に対して影響力をもつということは、生者にとって何という権能の拡大であろう。しかしまた、実効を伴う連帯関係のこうした死後世界への拡張は、この世からして既に——血縁や人為的・宗教的もしくは組合的家族といった——共同社会の団結が、どれほど強くなったかを示している。それはまた、教会にとって何という支配力行使の道具となることだろう。教会は戦いの教会の一員として煉獄にある魂に対して、(部分的ながら)自己の権利を確認する。依然としてあの世での正義の管掌者であることにかわりはない神の「裁き」を踏み台に、まず教会の「裁量権」を前面におし出しながら。これは霊的権力ではあるが、しかし端的に言って、後に見るように金銭的利得でもあり、托鉢修道会の修道士たち、新しい信仰の熱烈な宣伝者たちが、誰よりもその恩恵に浴するだろう。そして遂に、あの《罰あたりな《アンフェルナル》》免罪制度が、そこに有力な糧を見出すことになる。

煉獄の文献資料

私は読者が私と共に、煉獄に関する記録・書類を繙かれるよう勧めたい。偉大な神学者や素姓あやしい資料編纂者のテクスト、時には作者不詳のもの、高い文学的価値をもつ場合もあれば単なる伝達の道具にすぎない場合もあり、多くは初めて訳出されたもので、その度合は区々ながらしばしば想像界の魅惑と布教の熱情と、内的かつ外的な一世界の発見の興奮を伝えているテクスト、そうした資料との接触を保証するこのやり方だけが、読者を納得させることができるものと私には思われるからだ。特にそれは、緩慢な、必ずしも確かとはいえない足取りで、しかし複雑を極めた歴史の只中で、ある一つの場への信仰が——またその場そのものが——形成されていくのを眺めるに最良の方法なのである。

　これらのテクストはしばしば同内容の反復ではあるが、そのようにして一個の資料総体《コーパス》が成立し、歴史が組み立てられる。この書で読者がしばしば遭遇されるはずの余韻と反響こそ、現実というものの似姿なのである。歴史からその繰り返しを除去してしまえば、歴史を歪め、偽ることになろう。

　われわれの西欧近代世界の基盤が徐々に固まっていく中世第一期の重要な諸段階で、死後世界の地理がどう変化し、それが何を意味するかを明らかにしよう。かつてローマ帝国末期とか中世初期と呼ばれ、最近ではより的確に古代末期と名称される時代、三世紀から七世紀にわたるこの長い変動の独自性を、今日われわれはよりよく認識し、正当に評価することができる。古代の遺産がここで徐々に明確になり、キリスト教が新しい慣習の範型を打ち出し、人類が肉体的にも精神的にも生き延びるための闘争を展開する。天国と地獄の間にあって、世界の終末が近いと人々が確信するこの時代、煉獄はほとんど、深遠な場所に潜む贅沢ということになるだろう。封建制の発生期は、神学や宗教的祭式の頑迷な保守主義の中で、八世紀から一一世紀にかけての煉獄の成立の気配を放置している。しかし修道士の想像力は、時折に稲妻が刺し貫く薄明の中で死後世界の片隅を探索しつづける。

　偉大な創造の時代、一二世紀は、また煉獄の誕生の時代でもあるが、これは当時ようやく調整のすすんだ封建的システムの只中においてのみ解明されよう。噴出の時代についで秩序の時代がやってくる。煉獄が可能にした死後世界の馴致の結果、死者たちが社会の全般的環境内に組み込まれる。新しい社会に煉獄が提供した可能性《チャンス》が、全体のシステムに追加・編入されるのである。

神学と民衆文化

私は読者にさらに次の二点を明確にしておくべきだと思う。

第一点は、この研究において神学に与えられた地位に関して。私は神学者でもなければ神学史家でもない。一つの教条《ドグマ》となった信仰に関する場合、この歴史における神学的精密化の役割は重要である。私はそれを正当に評価したいと願っている。しかし信仰としての煉獄は、神学とは別の方面からも重きをなしたのであり、それらの方面こそ、特に、信仰と社会の関係や、精神構造や、歴史における想像的領域の地位について、他にまさって教えるところ多いがゆえに、興味深く思われるのである。現代のカトリック神学にとっては、煉獄が「場所」ではなく「状態」であることを私は知らないわけではない。トリエント公会議の教父たちは、他の問題についてと同様、この点でも《迷信》による宗教への悪影響を避けようという配慮から、煉獄の観念内容を教義の埒外に置いた。こうして煉獄の位置決定も、そこで受ける責め苦の性質も教義によっては規定されることなく、種々の見解の自由に委ねられた。

しかしこの書で私は、「場所」としての煉獄の構想や、これに関連したイメージ群が、この信仰の流行に重大な役割を果たしたことを論証したいと思う(15)。このことは単に信者大衆にとっての真実であるのみならず、一二世紀・一三世紀の神学者や教会の権威筋にとっても真実である。俗人の間から、極めて博識でもあった一人の天才が現われたとき、彼は誰にもまして――あらゆる点から見て――みごとに、一一五〇年以後中世第二期の人間にとって煉獄が何であったかを表現した。煉獄の歴史で最良のその神学者、それはダンテである。

第二点は、煉獄の誕生過程における民衆文化の地位に関してである。確かにそれは重要な役割を果たしている。ここでも繰り返し言及されるであろう。形成途上にある煉獄のいくつかの本質的要素の背後には、民衆的伝統が——大衆文化といった通俗的な意味においてではなく、特殊な民俗文化という積極的な意味においてのそれが——現前し、かつ作用している。例を三つ挙げてみるならば、まずカール＝マルティン・エッズマンが示したように、浄罪の火は民間の説話・伝承・見世物が理解の助けとなるような祭儀と信仰とから、その性質の幾分かを汲み取っている。また死後世界への旅は、学問的要素と土俗的要素が緊密に混交した一ジャンルに属している。[16]それに煉獄に関する「教訓逸話」exempla は、しばしば民間説話もしくはそれに類するものから採られている。年来、数名の同僚友人と共に、私は社会科学高等研究院の担当ゼミナールの枠内で、中世における学問的文化と民衆文化の関係に関する研究をつづけている。しかしながらこの方面では、私はあまり獲物の深追いをしようとはしなかった。この種の問題には不確定要素が多すぎて、民衆文化の論駁の余地のない貢献部分を明確にし、掘り下げ、解釈することが容易にはできないからである。ただこの文化が煉獄の誕生に一役かったことは知っておかねばならない。煉獄の誕生の世紀はまた、学問的文化に対する民俗伝承の圧力が最も強かった時代であり、教会は中世初期に破毀し、隠蔽し、あるいは無視した伝承に対して、より多く門戸を開いた。[17]この圧力がまた煉獄の誕生に貢献したのである。

第一部　煉獄以前の死後世界

I　古代の想像的形象

中世の煉獄は、極く古い時代に流布したモチーフ、即ち暗黒、火、拷問、試練の橋、山、河、等々を利用しなおす一方で、牧場、彷徨のモチーフのように、ほぼ受容するかと見えた諸要素を最終的には斥け、あるいは魂の再受肉、輪廻転生の観念などは、当初から拒否したりもした。そこで私は、まず、どこか遠い他処《よそ》から、時として空間的にも時間的にも極く遠方に由来する、それらの断片的要素について述べておきたい。

煉獄の関係資料としてそうした古代諸宗教を召喚するということは、煉獄をある同一の問題に寄せられた回答全体の内の一つとして見直してみるということである。その問題とは、あの世がいかなる構造をもつか、その機能を具体的に示す死後世界の想像的形象やいかに、である。場合によっては、他の諸宗教へのこうした参照の結果、疑いようもない歴史的な遺産の継承関係が明らかになるであろう。たとえば火は、古代インドからキリスト教的西欧まで遍く流布しているが、煉獄の火は時代の流れの折々に燃え上った多様な火を統合したものである。またエジプト的来世はその後の種々の来世の地獄化に範型《モデル》として、大きく影響を及ぼしたと思われる。時にはまた、他の宗教的来世との比較が論理上の価値しかもたず、来世の体系の数々と、共通の問題に対するその多様な解決法とを明示することにしかならない場合もあろう。これらの解決法と煉獄というキリスト教的な解決法との出会いがあるとすれば、影響関係の不確かな答えの一致というものではないだろうか。地獄の時間に対するグノーシス派の本質的な恐怖と、煉獄の時間に対するキリスト教徒の、不安ながら究極的には希望の色合を帯びた関心と、これらは両思想に内包された、しかしまったく別個の、時間へのある感受性に由来するものではないだろうか。

要するにこれらの遺産の継承や選別を明るみに引き出すことは、キリスト教的煉獄とそれ以前の他界想像との関係が、系譜学的関係ではなく歴史学的関係であることを明確に示すものである。煉獄は一連の信仰や想像的形象から——たとえそれが通時的な系列をなしていると言うにせよ——自律的に生まれ出たわけではない。それは必然と種々の偶然が混交したある歴史の所産なのである。

ヒンズーの「三つの道」

古代インドでは、ヴェーダ時代の終り、最初期のウパニシャッドが出現した頃（紀元前六世紀）、死者はその功徳に応じた三つの道を辿るとされたが、そのための裁きは行なわれない。一つの道を進んだ死者は薪の火に焼かれ、炎をくぐりぬける。心正しい者は《炎から昼に、昼から（陰暦の）月満ちる半月に、月満ちる半月から太陽の上昇する六カ月へ、この六カ月から神々の世界へ、神々の世界から太陽へ、太陽から稲妻の世界へと移る。この稲妻の世界から（こうして知を得た）人々は、（彼らを迎えに）訪れるある霊的存在によってブラフマンへと導かれる。彼らの住まうこれらブラフマンの世界は、測定も不可能なほどの遠方にある。彼らに後戻りはありえない。》

ある程度功徳を積んだ人々は《煙の中に入り、煙から夜へ、夜から（陰暦の）月欠ける半月へ、月欠ける半月から太陽の下降する六カ月へ、この六カ月から霊魂の世界へ、霊魂の世界から月の中へ入る》。そこで彼らは神々に食べられて地上に戻り、完成の輪廻転生を繰り返すが、その一々は天国にむかう一段階である。

矯正しようのない悪人は懲罰の輪廻転生をしなければならず、《蛆、虫けら、畜生》の姿になって遂には地獄に堕ちる。(1)

イーシャ・ウパニシャッドはこの地獄の模様をこう描き出している。《太陽のないこの世界は常にめくら闇に閉ざされ、己が魂を殺《あや》めた者たちが死後そこへ行くのである》と。しかし別のテクストは、これらの死者の運命が最初から決まっているわけではないと推測させる。つまり二頭の犬に守られた閾を死者が越えたか否かによるのである。もし越えれば、彼らはローマ人の極楽浄土《エリジウム》やゲルマン人のヴァルハラに類する、どちらかと言えば悦ばしい場所に迎え入れられるであろう。それは《もはや彼らから奪い去られることのない牧場》であり、そこで彼らはヤマという最初の人間——インド・イラン的伝承におけるアダムで地獄の王となった者——の饗宴に列するであろう。もし追い払われれば、彼らは地獄の闇に迷いこむか、あるいは再び地上にまいもどってみじめに彷徨することになる、懊悩する魂として幽霊の姿で漂いながら。(2)

これら多様な伝承が示すいくつかの要素は、煉獄にも見出されるであろう。救済に至る中間の道という観念、火をくぐりぬける試練、暗黒と光明の弁証法、死と最終的な救済との間の改善・向上の段階、本来なら幽霊としてさまよいつづける運命にある魂のたまり場《レセプタクル》としての他界の機能がこれである。しかし審判が欠如していて、輪廻転生が中心的地位を占めるという点では、死後世界のキリスト教的機構とは極めて相違している。

イラン——火と橋

イランにおいて、来世の理論と形象で特に驚かされるのは火の遍在という点である。しかしゾロアスター教的終末論の特徴のいくつかには、煉獄に通ずるようなキリスト教的発想に直接の影響はおそらくもたなかったとしても、これを想起させるものがある。(3)まず、審判に先立って死者が逗留する場所を《天国》とみるか《地獄》とみるか、確定できないこと。ヴェーダにおいては、この逗留地、ヤマの王国は、ある時は光の楽園であり、ある時は不吉な地下の世界、坂道を降り下った奈落の底である。次に——インドでも見受けられるが——地と天をつなぐ橋の存在。死者はこの橋を渡って力と技量を試されるのだが、それはある精神的な意味あいももっている。(4)

第三に、善行と悪業が等量となった魂のための中間的な場所が存在すること。しかしこれをもって一種の煉獄とみなしてはならない、と専門家は戒めている。キリスト教的煉獄に比較しうるのは、むしろ、これと同様に暫定的な場所たるマヅダ教の地獄だからである。(5)

エジプト——地獄の想像

古代エジプトの長い歴史もまた、死者の審判や来世についての信仰を、いくつかの単純な観念に要約することを許さない。これらは幾世紀にもわたって変化を遂げ、時々の社会環境によって一様ではなかったようである。死者の審判という観念は、エジプトでは極めて古くからあった。ジャン・ヨヨットが記しているように、《古代エジプト人の創意になる審判の観念、またそれへの怖れや希望は、その後長い運命の変遷を辿ることになった》。(6)

エジプト人の地獄は特に印象深い、凝ったものであった。それは門のある外壁に囲まれた広大な一領域で、そこに謎めいた部屋部屋と、そのまわりに泥沼や火の湖が点在していた。ガストン・マスペロは、エジプトの死者は、切り立った坂道の山をよじ登らねばならないと強調した。エジプト人の来世の想像的地理学は極めて進んでいて、いくつかの石棺にはあの世の地図が描かれていたほどである。地獄の懲罰は種類も多く、また苛酷であった。その責め苦は肉体をも魂をも苛んだ。これは物心両面にわたる責め苦で、神々からの隔絶という点が特徴的である。主として監獄のような、人を閉じ込める所という印象を与えた。そこでの刑罰はむごたらしく、火による懲罰も数多く、恐るべきものであった。しかしエジプトの地獄には、キリスト教の煉獄が（最も地獄に近いものの場合でさえ）手を出さない責め苦がいくつかある。感覚器官を奪うとか、人格の統一性を毀損するとかのように。地獄を想い描く際のエジプト人の地形学的想像も、非常な詳細にわたった。死者の《たまり場《レセプタクル》》——家屋、部屋、房、その他——は複雑な居住の一体系を成していた(7)。しかし古代エジプト人の間では煉獄は存在しなかった。エリック・ホルヌンクが明確に指摘しているように、あの世での個々の人間を表わすエジプト人の語彙は豊富であるにもかかわらず、《幸福な者》と《呪われた者》という、厳格に対立する二つのカテゴリーしか存在しない。その《中間状態もしくは位相も、来世における浄化の過程も》存在しない。

死者の三分類を見るには、紀元前一世紀から紀元後二世紀の間に書かれた民衆の説話（民衆俗語による）、シ＝オシールの死後世界旅行を待たねばならない。そこではあり余る悪業を身に負った者、善行を積んだ者、善行と悪業が相半ばする者の三種が区別されるが、やはりいかなる浄化過程も存在しない。わずかながら人の辿る運命を個々に異なったものにする例は——紀元二世紀以後コプト派の黙示録（ペテロやパウロのそれのような）にその気配が現われるが——エジプトには先例となるものが無いのである(8)。

しかしながら、エジプトのこうした背景を想起しておく必要があった、というのも、紀元前後のエジプトは、特にアレキサンドリアのキリスト教修道院においてだが、死後世界、とりわけ地獄の想像図の完成に重要な役割を果たした、ユダヤ、ギリシア、コプトの無数のテクストの形成の場であったからである。

E・A・W・バッジは、このエジプトから継承した地獄の特徴をこう強調している。《あの世に関するあらゆる書物の中に、われわれは火の池や、闇の奈落や、人を切り刻むナイフや、煮えたぎる湯や、悪臭を放つガス、熱火の蛇、恐ろしい怪物や獣面の鬼、雑多な様子をした冷酷漢や人殺し……を見出すことができる。これらは古い中世文学でわれわれにもなじみのあるものに似ており、近代の諸国民が彼らの地獄観の多くをエジプトに負っていることはほぼ確実である[9]》。中世キリスト教界でしばしば出会うことになるあの地獄化された煉獄は、おそらく部分的には、このエジプトの遺産によって培われたものであろう。

ギリシアおよびローマの地獄下り

古代ギリシア・ローマが死後世界のキリスト教的想像図に何らかの寄与をしたとすれば、それはほとんど地獄下りのテーマを通じてにすぎない。このテーマは——キリストについても見られるものだが——古代ギリシアには頻繁にあって、オルフェウス、ポルックス、テセウス、ヘラクレスは亡霊たちの住みかへ降りて行った。これらの下界訪問《カタバーシス》の中で最も有名なものの一つは、『オデュッセイア』一一巻におけるユリシーズのそれである。しかし周知のように、これは本来、死者の審判も倫理的制裁も刑罰の苦痛も含まなかった原典に、その後数多くの改変が加えられたものである。ホメロスの地獄は東方的地獄に比べると貧弱に見える。その中から、煉獄の生成に再び見出されることになる普遍的な地理学的要素を、いくつか拾い上げることができる。(魔女キルケーの住む)島、海辺に切り立った、洞窟を穿たれた山、まさしく地獄の雰囲気をもつアヴェルヌス下りのエピソード、死者の呼び出し——これは公式のキリスト教では見られないが、その理由は、煉獄の死者を必要に応じて生きている人々の前に出現させることができるのは、ひとり神のみだからである[10]。ヘシオドスによる地獄の谷タルタロスの描写も、これまた何と手短なことか

（『神統記』六九五―七〇〇行、七二六―七三三行）。

長い閲歴の中で、来世の観念に古代ギリシアが寄与したものは、とりわけ次の二つの知的構築物の中に存するように思われるが、それらがキリスト教思想にいかなる影響力をもちえたかを知ることは困難である。

受肉転生の哲学――プラトン

中間的来世という観点から、死後の魂の運命に関するプラトンの思想を要約しようとするのは、賭けも同然の企てである。ここではヴィクトル・ゴルドシュミットを私の道案内としよう。[11] プラトンの教説に支配的な観念はこうである。すなわち過誤というものの一半は意志に由来し、したがってこれは個人の責任に属する部分であるが、他の一半は無知に由来し、ある複雑なプロセスによってはじめて拭い去ることができる。つまり、魂の運命は自己自身の選択によると同時に、神々の判断にも左右されるわけである。

死者の運命は通常、故人が多少とも自由に選んだ肉体の中に再び宿るという形をとるが、神々の介入によって変更されたり妨げられたりする。邪な者は身分卑しい人間の肉体に宿ったり、おぞましい動物に生まれ変わったりして品位の落ちる転身を遂げ、あるいは神々によって地獄の懲罰に委ねられる。この懲罰が『国家論』第一〇巻（六一五e）に描かれており、燃え猛る男たちが僭主らの手と足と首を鎖で縛り、打ち倒し、皮を剥いだ上、路上を引きずり回して進む姿が見られる。これはペテロの黙示録の一節（五・三〇）を彷彿させる。プラトン的理想、英知《フィロソフィア》に到達してこれを《純潔と正義の内で》実践した人々は、大抵は《至福者の島》で完全な観想の境地に達する。これも、来世における魂の運命《ゆくえ》を特定し、空間化したいという欲求が、常に働いているからである。

プラトンも種々の理由を考慮の上、死後の魂に中間的身分を与える方途を求めた。『国家論』(第一〇巻六一五a―b)が力強く表現しているように、罪の重さに比例して刑罰が加えられるべきだというのがその理由の一つである。しかしまた、中程度の徳を具えた人々には特別な運命が待っているという考えにもよる。つまり彼らはひきつづき受肉転生のサイクルを経過するのだが、時には、《地上の高所にある清らかな住居の内で》、どのようなとは明らかにされないが、何らかの報いを享受するのである(『パイドン』一一四c、一一―一二)。

旧約聖書と同様、来世に関するプラトンの思想は基本的に二元論であることにかわりはない。輪廻の過程で、魂は一層邪な魂の仲間に加わるか、より優れた魂に加わるかである。神々の宣告は何びとをも見逃すことがないとして、プラトンは同胞にこう警告している。《君がそれを免れることは決してあるまい、たとえ君がどんなに小さくなって地の底深く身を沈めても、あるいはどんなに大きくなって天にまで飛びあがっても》(『法律』第一〇巻九〇五a)。これは詩篇一三九・九を想わせる。

わたしが天にのぼっても、あなたはそこにおられます。
わたしが冥府《よみ》に床を設けても、あなたはそこにおられます。

プラトンはさらにこう書いている。《君は君にふさわしい刑罰を受けて神々に償いをすることになるだろう、君がなおこの地上にあるときも、ハデスのもとに立ち去るか、あるいはどこかもっと近づき難い場所に連れ去られたのちも》(『法律』第一〇巻、九〇五a)。有名なエルの神話では、あの不思議な原で出会う人々に二方向しかありえない。つまり天から来た人々か、千年を旅して地の底から昇って来た人々か、どちらかである。

しかしながら刑罰を罪過に比例させるという、確かに彼の哲学に結びついてはいるが、しかしまたアテネの司法体系にも関係している考え方に影響されて（死者の「審判」なるものが存在する宗教では常に、地上での正義と来世における神の正義との間に何らかの関係が認められるのである）、人間の魂が辿る運命は流動的で、これにはいくつもの段階が含まれるとプラトンは想定している。《その品行が稀に、また僅かな変化しか被らない人々は、空間を横に移動するだけであるが、もし彼らがもっと頻繁に、もっと深く不正に陥るならば、彼らは奈落の底へ、ハデスとかそれに類する名で知られる地下の世界へと落ちて行くのです。そこは彼らの恐怖心に憑きまとい、悪夢にまで見る場所なのです……そして魂が悪徳においても美徳においても、一層深い変化を被る場合は……もし魂が神的な徳との交わりによって著しく神性の感化を受けるに至ったならば、魂は特記すべき移動を被り、聖性の道を通じて新たな、より良き場所へと移ることになる。もしその逆ならば、魂は正反対の場所へその生の座を移さねばならないのです……》（『法律』九〇四c―九〇五a）。

刑苦の序列化というか、段階的懲罰を可能にするのは、何よりもまず輪廻への信仰である。この傾向はオルフェウス教にも見られ、この教えは《元来、ハデスにおける償罪によって、人が繰り返し地上で営む生の様態が区別されることを認めていたようである》(12)。オルフェウス教のキリスト教に対する影響はしばしば強調されてきた。古代ユダヤ教には、天国の幸福と地獄の苦悩の間の中間的状態に対する信仰が見られず、また煉獄の前駆形態がまずギリシアのキリスト教に出現したために、永遠の責め苦に値するほど罪深くない魂が己の浄化を仕遂げるべき《煉獄》というキリスト教的観念は、異教ヘレニズム、特にオルフェウス教の教義に由来するものであろうと主張されたのである(13)。そうした影響関係があったとしても、それはまずユダヤ人の間に浸透したものと私には思われる。来るべきキリスト教的煉獄のまぎれもない下絵が見出されるのは、ユダヤの黙示録的文書、特に紀元前後に書かれたラビの教えの中だからである。しかしパレスチナやエジプトといったユダヤ教的な、後にキリスト教化した環境は、実際には種々の密儀宗教が大いに発展を遂げたギリシア的雰囲気に浸っている。

ピンダロスはこうした傾向の証人とみなされており、プラトンが引用している断章の中で(『メノン』八一b)、地獄での浄罪の期限は八年と算定し、また紀元前六世紀初頭のシチリアの或る密儀宗教——おそらくオルフェウス教に近いものであろう——を謳ったオードではこう述べている。

功徳で身を飾った豪奢は輝かしい星である、人間生活の真正なる光輝である。ああ、誰はさておき、これを保持する人に未来を知る術さえあれば！　この世にあって死に見舞われた罪人の霊は、たちまちその報いを受けるのだと知れば。地下ではひとりの審判者が、このゼウスの王国で犯された罪に対して峻厳苛酷な判決を下しているのだ。(14)

先駆者——地獄のアエネアス

今こそ、ウェルギリウス『アエネイス』におけるアエネアスの地獄下りに、特別の注意を向けなければならない。

このエピソードには死後世界の地形描写があるが、これは古代の地獄を喚起した文書の大部分よりも——エジプトの若干例を別にすれば——遥かに綿密なものである。ブルックス・オーティスはしばらく前にその略地図を作りさえした。まず地獄＝煉獄には竪穴と共にしばしば見られる「前庭」があって、そこから降りてゆく。それから墓場のない死者たちの原や、スティクスの河、涙の原、そして最後の牧場があって道が二股に分かれ、左の道を行くと地獄の谷タルタロスに通じ、右に行くとディス（地獄の王プルートン）の城壁を越えて極楽浄土《エリジウム》に達する。ここは穏やかながら楽園的な場所で、その背後に囲いのある聖なる森と、最後に忘却の河レテがある。[15]

ある有名な注釈書の中で、[16] エドゥアルト・ノルデンは、『神曲』にウェルギリウスの無意識的影響が見られるのみならず——これはダンテがウェルギリウスを案内者とし、また彼を詩作の範としただけになおさら当然のことである——煉獄の形成の道筋を示す中世の夢物語にも見出される諸要素が存在することを強調した。

例えばアエネアスが例の前庭まで来ると、

そこから人の呻きの声と烈しい鞭の音が聞こえてくる。
その時、引きずる鉄鎖の軋みがあがり
この物音にアエネアスは恐れをなして立ちつくした（五五七—五五九行）[17]

これは特に、『ウェッティヌスの夢』（Visio Wettini 九世紀）や『トヌグダルスの夢』（Visio Tnugdali 一二世紀中葉、当時煉獄はまだ明確な形を成していない）、さらにまた『聖パトリキウスの煉獄』Purgatoire de saint Patrick（一二世紀末）にも再び現われることになる。後者においては煉獄が既に誕生しているし、もちろんダンテにおいてもそうであるが、そこではウェルギリウスの反響は「地獄篇」（三・二二—三〇）に見出される。一方「煉獄篇」では、なお嘆息が聞かれるとしても次のようなものである。

ああなんとこの入口と地獄の入口は違うことか、ここでは歌をききながら、下の方では恐ろしい歎きの声をききながら入るのだ。(18)

同様に、地獄に降りたアエネアスも、下界から上方の光明に照り輝く領域を指し示す。(19) 奈落から高所の光の方へ投げかけられる視線と合図――これは典型的な身振りであって、黙示録（ヨハネの黙示録二一・一〇、ペテロの黙示録（外典）五・四以下）の中に、また前駆《プレ》煉獄に関する中世的幻想（フルセウスの夢、ウェッティヌスの夢、トヌグダルスの夢）や、とりわけラザロと悪しき金持に関する聖書のエピソードの中に見られるものだ。この金持は《黄泉《よみ》にいて苦しみながら、目をあげると、アブラハムとそのふところにいるラザロとを遥か遠くに見る》（ルカ一六・二三）――これは煉獄のキリスト教的前史において重要な役割を演ずることになるテクストである。

エドゥアルト・ノルデンはまた、適切にもこう指摘している。ウェルギリウスのこのエピソードでは、ダンテの場合と同様に、時間の表記が時として気まぐれに変化しはするが、両詩人とも来世遍歴に定められた時間の観念、つまりこれを一日（二四時間）あるいは特に一夜の旅程とする観念を持ち合わせていると。『アエネイス』では地上への帰還は本物の亡霊たちが出歩く時間、真夜中一二時までに完了しなければならない（八九三行以下）し、『神曲』では旅は二四時間つづくはずである（「地獄篇」三四・六八以下）。黙示録や中世の夢物語の中では、あの世への旅は大抵夜明け前、一番鶏が鳴く前に完了しなければならない。聖パトリキウスの煉獄の場合がまさにそれで、この時間的要請は神明裁判の体系の一部を成している。

来るべきキリスト教的中世にとって重要なのは、『アエネイス』第六歌の次の一節である。《すると魂は怖れ、欲し、苦しみ、またよろこび、暗闇と窓もない牢獄に閉ざされて上天の光を見わけることもできなくなる。そればかりか、最後の日に至り、命が彼らの肉体を離れても、哀れな者どもにはなお、あらゆる悪や肉体のあらゆる汚れが消え残る。長年にわたって凝り固まった悪徳は、驚くほど深く根を張り、染みこんだに相違なかった。だから魂は懲罰を受けねばならず、様々の責め苦の中でこの抜き難い悪業をつぐなうのだ。或る魂は虚空に吊るされ、吹く風に曝される。他のものは広大な深淵の底で染みついた罪を洗われ、また或るものは猛火に焼かれて身を浄める》(七三三―七四三行)[20]。

煉獄の形成に一役買うことになるテーマ群が、ここに一まとめされているのだ。すなわち、苦悩と歓びの交錯、天上の光のおぼろげな認識、刑務所じみた環境、責め苦の数々、浄化の意味をこめた贖罪、火による浄罪。

これに対して、次に示すのはバビロニアからユダヤ・キリスト教への、歴史的に立証される一経過である。

地獄のギルガメッシュ

バビロニア人にとっての来世の光景はもっと変化に富み、一層人の心に憑きまとう。驚くべき地獄紀行のいくつかにそれが窺える。ウル国の王ウル＝ナムーの地獄下りは、ヨーロッパ中東地域(紀元前八世紀)におけるこの種のテクストで最古のものである。エジプト説話の唯一篇がこれよりも古い。主人公は地獄の王ネルガルの裁きを受け、ある種の火への言及もある。山のそばを流れる河があり、あの世は《闇》におおわれている[21]。

とりわけ、有名なギルガメッシュの叙事詩は地獄を二通りに描き出している。一方はギルガメッシュ自身に関わるもので、あまり鮮明な描き方ではない。主人公は不死性を得るわけではないが、神々は彼に地獄での特別の地位を授ける。ただし、この恩恵は彼の功徳の成果とは見えず、彼の身分に相応して、しかも神々の恣意的な決定に拠るものでしかない[22]。これに反して、ギルガメッシュの友人アンキドゥーは、死ぬ前に地獄を訪れ、これを一層鮮明に描写している。地獄は塵と闇の国であり、《大いなる土地》《帰らずの国》《誰もそこから立ち戻ることのない土地》である。誰もがそこへ降りて行くが、死者たちの中には呼び出されてそこから再び昇って行くものもある。神々の「網」の目に囚われて赴く場所、一種の牢獄。おそらく最も不安を掻き立てるのは、生者や《普通の》死者が、《荒れすさんだ》死者に苦しめられるという点である。「エキンム」と呼ばれる彼らの霊魂は、墓場もなく生者から何の顧慮も受けなかったことを恨んで（ここにも生者の心遣いを求める訴えが見られるが、その役割は煉獄の体系内では極めて重大なものとなろう）、幽霊として舞い戻り、地上の住人に憑きまとったり地獄の別の死者たちを責め苛んだりする。

曖昧な暗黒の死後世界――ユダヤの冥府《シェオール》

こうした信仰のいくつかと、旧約聖書が証言するユダヤの信仰との親縁関係はこれまでも強調されてきたが、特にバビロン捕囚時代に、バビロニア人とヘブライ人を結んだ絆を思えば、何ら驚くべきことではない[23]。

アッシリア人の地獄「アラル」arallû は、ヘブライ人の冥府「シェオール」やギリシア人の冥界「ハデス」に近い。ただし最初のものに比べれば、後者二つは精彩を欠いて見える。親縁性は前の二つの間で特に明瞭だ。冥府への「降下」とそこからの「再浮上」がまさにそうで、ヨセフが死んだと思ったヤコブは、《わたしは嘆きながら冥府に下ってわが子のもとへ行こう》と言う（創世記三七・三五）。サムエルの母アンナは歌いつつこう言明している。《主は殺し、また生かし、冥府にくだし、また上げられる》と（サムエル上二一・六)。それに、サウルがエンドルの口寄せの女に頼んで、死者の中からサムエルを呼び起こしたとき、女は彼に《幽霊のような人が地からのぼってくるのが見えます》、また《ひとりの老人がのぼってこられます》と答える(サムエル上二八・一三―一四)。罠のイメージは詩篇一八に見出される(《冥府の綱は、わたしを囲み、死の罠は、わたしに立ち向かいました》一八・六)。また詩篇一一六(《死の綱がわたしを取り巻き、冥府の綱が》一一六・三)[24]。穴のイメージも同様に繰り返し現われる。《主よ、あなたはわたしの魂を冥府からひきあげ、墓〔穴〕に下る者のうちから、わたしを生き返らせてくださいました》(詩篇三〇・三)。《あなたはわたしを深い穴、暗い所、深い淵に置かれました》(詩篇八八・七)。詩篇四〇・二では、深い穴のイメージが泥のイメージと結合している。《主はわたしを滅びの穴から、泥の沼から引きあげて》。ニコラ・J・トロンによれば、bôr という語は「雨水だめ」の意味から「牢獄」へ、遂には「墓」や「地下世界の竪穴」の意味を、次々にもつようになったとのことで、暗示に富む意味変化である。詩篇五五・二三に出てくる《滅びの穴》は、グリムの昔話「ホレばあさん」におけるあの世の入口としての例の穴に比較されたことがある。(「ホレばあさん」Frau Hölle. Hölle はドイツ語で地獄を意味する。)塵は一般に蛆と組み合わされ、これも旧約聖書に現われている。《これは下って冥府の関門にいたり、われわれは共に塵に下るであろうか》(ヨブ一七・一六)。さらに、《彼らはひとしく塵に伏し、蛆におおわれる》(ヨブ二一・二六)。

地獄的なあの世、冥府《よみ》――シェオール――の記述、これはヘブライ語特有の語であるが、旧約聖書に頻繁に現われる[25]。その特徴には本来的に地獄に属していて、キリスト教の煉獄には見出されないものが若干ある。例えば、おそらくエジプト人に由来するものであろう、人を貪り喰う怪物との同一化[26]、また既にウガリット文書に現われているように、あの世を都市の姿に想い描く点、これはダンテの《苦悩の市》(地獄篇三・一)を予告する。その他はヘブライ的思考の特徴を極めてよく示すもので、「冥府」の観念と、大洋や荒野が具象化する混沌《カオス》の象徴法との緊密な関係がそれである。しかし、おそらくもっと注意深い検討を要すると思われるのは、中世キリスト教界において、海原を処々方々に放浪し、森や荒野の孤独に耐えた聖人あるいは隠者の幾人かの経験が、ひょっとして煉獄に何らかのつながりをもつかもしれないということである。

「冥府」は後に煉獄に対しても――地獄同様に――闇の観念を贈与する（そこから煉獄の魂は光に向かって浮上するであろう）。死者たちの地下世界全体に浸透する闇である。このテーマはヨブ記に特に執拗に憑きまとっている。

わたしは暗き地、暗黒の地へ
行って帰ることがない。
そこは暗黒で秩序なく、
光さえ闇夜のようだ。

（ヨブ一〇・二一―二二）[27]

「冥府」の風景から、煉獄にもキリスト教的地獄にも見出される重要な二要素をとりあげねばならない。「山と河である。詩篇四二・七の解釈には《苦悩の山》を云々するものもあり、ヨブ記は二度にわたって、冥府」の入口で越え渡るべき河を描き出している。

彼はこうしてその魂を守って墓に至らせず、
その命を守って運河に陥らせない。

（ヨブ三三・一八）

しかし彼らが聞かないならば運河に滅び、
知識を得ないで死ぬであろう。

（ヨブ三六・一二）

トロンは旧約聖書の他の注釈家に反対して、冥府を描写する用語は或る場所に対して用いられており、隠喩的なものではないと説得力のある主張をしているが、冥府《シェオール》という語の《文学的》《倫理学的》用法への変転はあったし、その後を継いだ新約聖書におけるハデスも、この方向に変化しつづけたと彼は考える。いずれにせよ、旧約における冥府は、本質的に天国と地獄を強固に対立させる二元的体系内に現われている。例えば詩篇一三九・八で作者はヤーヴェに向かってこう語る。

わたしが天にのぼっても、あなたはそこにおられます。
わたしが冥府に床を設けても、あなたはそこにおられます。

またイザヤは主《しゅ》にこう言わせている（四四・二四）。

わたしは主である。わたしはよろずの物を造り、
ただわたしだけが天をのべ、地をひらいた、
——だれがわたしと共にいたか。

「地」とは事実上、生者の世界と死者の世界とをひっくるめた全体であり、むしろ地上の滞留地である以上に地下の住みかである。

極く稀には三部構成の体系が喚起されることもある（死後世界に関しては、例えばダンテにおいて、地下の地獄、地上の煉獄、天上の天国を一グループとするそれのように）。しかしながら、エレミヤ（一〇・一一―一二）は流謫の地のヘブライ人にこう言って主の力を想い起こさせる。

天地を造らなかった神々は地の上、天の下から滅び去る。
主はその力をもって地を造り、
その知恵をもって世界を建て、
その悟りをもって天をのべられた。

この預言者はしたがって、天、その下に世界、その下に地という分け方をしているのであるが、聖パウロも同様にこう語っている（ピリピ人への手紙二・一〇）。

イエスの御名によって、天上のもの、地上のもの、地下のものなど、あらゆるものがひざをかがめるため……。

「冥府」が恐るべき場所であるとはいっても、しかし責め苦の場所のようには見えない。ただ、そこには三種の特殊な懲罰が認められる。すなわち蛆の褥であり（これはキリスト教の地獄や煉獄では見られないが、蛆を地獄にうごめく蛇の祖型とみなせば話は別になる。私はこれは事実ではないと思う）、渇きであり、また火である。既に言及した火については後で述べよう。渇きは、例えばエレミヤ書（一七・一三）にも語られているが、あなたを離れる者は土に名をしるされます、それは生ける水の源である主を捨てたからです……

煉獄の前史にとって重要なキリスト教の文書、少なくとも二つに見出される。まず第一に、貧しいラザロと悪しき金持の話で、この金持は黄泉《ハデス》の底から、主がラザロを遣わしてその指先を濡らし、自分の渇いた舌を冷やしてくれるようにと求めている（ルカ一六・二四）。浄罪の場所のヴィジョンと呼べる最初のものは、とりわけ『聖女ペルペトゥアの受難』（三世紀初頭）におけるペルペトゥアが見る夢で、渇きがその本質的な一要素となる。

既に記したように、旧約聖書にはしばしば「冥府《シエオール》」なるものが語られているが、これについての真に明確な細部記述はほとんど与えられていない。その理由は——「伝道の書」（九・四）を援用して——ヤーヴェは生きている者たちの神だからであると言われている。

しかし生ける者すべてに連なる者には望みがある。生ける犬は死せる獅子にまさるからである。

驚くべきことに、やがてイエスもこの言葉を反復することになる。《死人の復活については、神があなたがたに言われた言葉を読んだことがないのか。「わたしはアブラハムの神、イサクの神、ヤコブの神である」と書いてある。神は死んだ者の神ではなく、生きている者の神である》（マタイ二二・三一—三二）。冥府《シエオール》に対するヤーヴェの全能は、旧約聖書が幾度となく確認しているが、時至らぬうちにそこから死人を救い出そうとか、冥府《よみ》に降ろした後で赦すとか、そこでの逗留期間を短縮してやろうなどという意志を彼が示すことは決してない。

煉獄にも妥当しそうな地獄的イメージ群を除外すれば、要するに旧約聖書の中にキリスト教的煉獄を予告するものは大してないわけである（「マカベア書、下」の極めて特殊な一節を例外としなければならないが、これについては後述することになろう）。

ただ二つの観点で、旧約聖書は「冥府」にも場所の区別があるらしいこと、また神によってここから引き出されることもありうるとの推測を許す。

まず旧約聖書は、冥府のうちに特別恥ずべき死者にあてがわれた最下層の場所を区別している。恥ずべき死者とは割礼を受けなかった民、殺人の犠牲者、刑死した者、墓場のない死者たちであるが、これらは「罪深い」死者という以上に「汚れた」死者なのである。

とりわけ詩篇の若干のテクストが、冥府からの魂の解放の可能性を示唆している。

主よ、かえりみて、わたしの命をお救いください。
あなたのいつくしみにより、わたしをお助け下さい。
死においては、あなたを覚えるものはなく、
冥府においては、誰があなたをほめたたえることができましょうか。

（詩篇六・四—五）

彼らは冥府に定められた羊のように
死が彼らを牧するであろう。
心義しき人々が彼らの上に臨むであろう。
朝には彼らのかたちは消えうせ、
冥府が彼らのすまいとなるであろう。

しかし神はわたしを受けられるゆえ、
わたしの魂を冥府の力からあがなわれる。
（詩篇四九・一四―一五）

あなたはわたしを冥府に捨ておかれず、
あなたの聖者に墓を見させられないからである。
あなたはいのちの道をわたしに示される。
あなたの前には満ちあふれる喜びがあり、
あなたの右には、とこしえにもろもろの楽しみがある。
（詩篇一六・一〇―一一）

ユダヤ・キリスト教の黙示録的幻影

紀元前二世紀から紀元後三世紀までの期間に（いや、それよりもっと長期にわたろう、というのもヘブライ、シリア、コプト、エチオピア、アラブのテクストのギリシア語訳や特にラテン語訳は、更に遅れてようやく日の目を見たからであるが）、中東、とりわけパレスチナとエジプトで成立した文書の総体が、死後世界の構想と表象を決定的に豊かに育んだ。これらの文書の大部分は、各地の公認教会が受け容れなかったため、教義と信仰に関わるいわゆる真正資料のうちには加えられなかった。それはローマ・キリスト教会が外典と呼んだテクスト総体を構成するのである（プロテスタントは旧約の正経外テクストを「偽典」と呼ぶ）。しかしこれらのうちいくつかは、後から、つまりカトリシスムに関するかぎり、聖アウグスティヌスの嚮導による三九七年の公会議、さらには一六世紀のトリエント公会議によって、はじめて外典の性格を与えられたにすぎない。したがってその多くは中世には一定の影響力をもちえた。それらがまだ偽書とはみなされず、その使用も教会の非難を招くことがなかったためもあり、《宗規《カノン》に適う》経書から外されながら、なお種々のルートで多少とも穏密に流布していたためでもある。異例なのは使徒ヨハネに帰せられる黙示録の場合で、込み入った議論の果てに、ローマ・キリスト教聖典内に受け入れられたが、これは実質的に同種の他の諸テクストと異なるものではない。

このユダヤ・キリスト教正経外文献で私の関心を惹くのは、ラテン語訳を通して、あるいはそのローマ・キリスト教への影響によって、中世のローマ・キリスト教界における他界表象に力を及ぼした諸テクストである。つまり正経外福音書以上に、煉獄の発生に役割を演じたのは、「黙示」――すなわち天啓――のタイトルをもつにせよもたないにせよ、他界への想像上の旅もしくはその幻影を語った文書なのである。私はここで、それらがいかなる一般史の、そして殊に社会史のコンテクストにおいて成立し流布していったのかは尋ねない。ただ、まさしく煉獄の構想が生まれ広まる時期、つまり一二―一三世紀についてのみ、いわゆる社会学的・歴史学的分析を加えることに努めよう。それに先立っては、前代から継承された観念や形象の数々を認知しておくにとどめる。この黙示録的文献において重要な役割を果たした一要素、それはイエスが冥府に下ったという信仰であるが、この信仰の栄光が、いわば黙示録的資料の全体に照り映えている。これについては新約のキリスト教的資料に基づいて論じよう。また注目すべきは、これらの黙示録の大部分が、地獄下りよりもむしろ天国への旅を物語っていることで、これはキリスト教の出現に伴う、数世紀にもわたる期待と希望の気運を示す特徴であるといえる。

ユダヤ教の黙示録からは、私はヘノク書とエヅラ第四の書、キリスト教ではペテロの黙示録、エヅラの黙示録、そして特にパウロの黙示録を採り上げよう。

ヘノク書は、八世紀の写本ただ一種が保存している、縮約ラテン語本の極く短い断章しか残っていない。[28] われわれのもつ最も完全な版はギリシア語に基づくエチオピア語訳である。原典はセム系の言語、おそらくヘブライ語で書かれ、紀元前二ないし一世紀にまとめられてさらにエジプトの影響力を被った。これは不均質なテクストで、最も古い部分はたぶん黙示録文学の出現の時代、つまり紀元前一七〇年頃まで遡るであろう。これはこの種の文献でも最も早い時期の証拠物件の一つというわけである。

来世に関する記述は特にその第一部、ヘノク昇天の書に見られる。天使たちに導かれて、ヘノクは《とある場所（建物）へ運びこまれるが、そこに住まう人々は燃える火のようである》。次に嵐と雷鳴と命の水の荒れ狂う土地へ行く。《そして私は火の河まで辿り着いた。その火は水のように流れ、大海に注ぎ入る……それから私は広大な闇の領域に達した……私は冬の暗黒の山々と……深淵の口を見た》（一七章）。それから彼は地獄の竪穴に達する。《私は天の火の柱の傍らに、深い穴を見た。その天の火の柱の間に、降りていく火の柱があり、その高さも深さも測り知れないほどであった》（一八章）。ヘノクはその時、付き添う天使ラファエルに、審判が下るまで死者の魂はどこに留まるのかと尋ねる。この死後世界の内部分化の観念や、待機状態にある死者の等級づけの観念が現われるのは第二二章である。冥界（アラルやシェオール）を地下世界に位置づけたバビロニア人やヘブライ人とは逆に、そして大概《おおよそ》エジプト人と同様に、この書の作者はその待機の死後世界を、地上のどこか遠い片隅に置いているらしい。《そこから私はまた別の場所へ行った。すると彼は西の方にある大きな高い山に案内し、険しい岩場を私に見せた。そこには極めて深く、幅も広く、また滑りやすい四つの穴があって、そのうち三つは暗く、一つは明るく輝いていた。真中に泉があった……》。ラファエルがヘノクに言うには、《これらの穴は死者の初心《うぶ》な魂たちをここに集めるために造られたのです……彼らの審判の日まで、また彼らに予め定められた時が来るまで、そこに留め置くためです。そしてそれは（彼らの上にくださるべき）大判決まで、長い期間にわたることでしょう》。みつめるヘノクの目に、《死んだ人々のまだ幼い霊が見える。彼らの声は天にまで達し、なおかつ嘆き悲

しむのであった。》

四つの穴は魂の有罪・無罪に応じて、また地上で被った苦しみの程度に応じて区分された四種の死者を容れるものである。第一の穴は心正しい殉教者を迎え入れる明るい穴で、輝かしい泉のそばにある。第二の穴は闇の中に留まってはいるが最後の審判で永遠の報いを受けることになる他の義人たちを収容する。第三の穴は、地上でいかなる罰も試練も受けなかった罪人たちを容れ、彼らは審判で永遠の懲罰を言い渡される。最後に第四のカテゴリーとして、この世で刑に処された罪人、特に他の罪ある者に死に至らしめられた者たちがいる。この連中の罪は軽減されるであろう。

ヘノクの旅はさらにつづいて、再び地獄に行き着くが、今度はその様相が変わっている。《そこで私は言った、「なぜこの土地は神の祝福を受け、豊かな樹木におおわれているのですか。もっとも、あの山中の谷はひどい有様ですが」》。今度のヘノクの案内役ユリエルはこう答える。《「あの呪わしい谷は、永劫に神に呪われた者たちの行く場所です」》(第二七章)。

結局、ヘノク書には、深淵もしくは谷間の形をとった地獄や審判までの待機の場、そうした中間状態における滞留地とみなされた地上の山などのイメージがあり、また死と審判の間の中間状態とか、人間の功徳に部分的にしか依拠しないとはいえ、地獄の責め苦には軽重の段階があるという考えが見られるわけである。

それぞれ異なった時代に書かれた断篇の配合による作品であるため、そこには特に来世に関していくつかの矛盾が見られる。第一部第二二章で、心正しい殉教者の魂は報復を叫び求めているのに、第五部では義人の魂はみな、天使たちに見まもられながら、最終的審判まであたかも長い眠りを眠っているようである。第二部(寓喩の書)で、ヘノクは待機の場所についてまったく別個のヴィジョンを得ている。彼は天、空の涯に――いや天上に、天使に囲まれ、救世主と肩を並べて、とさえ言えそうである――義人の憩いの床を見る（第三五章）。こうした長い待機のイメージは、中世煉獄の先駆形態を示す若干例にも見出されるであろう。例えばエトナ山中で出会ったアーサー王についてそう言える。さらに第三九章では、死者の魂が生者のために神々へのとりなしをする様が見られる。《彼らは人の子らのために求め、とりなし、祈る》。来世における功徳の転換可能性というこの思想が中世に重きをなすまでには、極めて長い時日を要するであろう。煉獄の魂が決定的にこの特権を認知されるのは、実に、この時代の終りにすぎないのである。

エヅラの第四の書もまた、紀元一二〇年頃、つまりユダヤの黙示録時代末期であるが、おそらくは一人のゼロテ党ユダヤ人によって、多くの断篇が全体に縫合されて成ったものである。今日、そのシリア語、アラビア語、アルメニア語本が存在する。ギリシア語原典は失われてしまった。多くの写本があり、その最も古いものは九世紀に遡るが、私がここで援用するようなラテン語本[29]の形態を伝えている。

エヅラは主に祈って言う、《主よ、御恵みに与りますならば、どうぞあなたの僕《しもべ》にお示しください。もし今われらのうち誰かが身罷ったら、死後、あなたが被造物を蘇らせられるときの至るまで、われらは休息のうちに保たれるのでしょうか、それともただちに（死後）罰を受けるのでしょうか[30]》。彼への返答はこうである。《至上なるものの道を無視した者、その掟を蔑ろにし、神を恐れる人を憎んだ者共は家の中に入れないであろう、彼らはあてもなくさまよい、そして哀れにもみじめな七種の相異なった「方法」によって罰を受けるであろう[31]》。これらの《方法》のうち五番目のものというのは、要するに《深い静寂の支配する住まいの内で、天使たちに見守られる他の死者たちの姿を見ること》なのである[32]。ここにもまた、ヘノク書第五部で既に出会った観念が見られる[33]。

これに対して、救済〔健康と安全〕の家々にも七つの《序階》ordines が予告されている。肉体から分離した後、魂は《七日間、予言されていた現実を自由に見ることができるが、やがて彼らそれぞれの家に集合しなければならない(34)》。つまりここでは、待機の時の過ごし方に二種類しかないわけである。懲罰を受ける者と静かに放っておかれる者と。

この場合、興味深いのは家（habitationes あるいは habitacula）と呼ばれるあの世の魂のたまり場《レセプタクル》のイメージである。次の一節ではこの空間概念が一層強調され、また拡大されている。至上の神の道を尊重した《部類《オルドル》》の人々は、七つの相異なる《序階《オルドル》》に応じた憩いを得る。その第五序階は、《今や彼らが滅ぶべき肉体を離れ、やがて遺贈の富が自分のものになるのを見て喜び勇む人々である。彼らはさらに、今自分が解放された「狭く」苦痛に満ちた世界を眺め、幸福な不滅の身として「広々した」宇宙を得ようとしている(35)》。

このように空間的な解放の感覚が表現されているが、来世の諸事情の中でも空間に対するこのような関心こそ、煉獄の誕生の基盤をなすものと私には思われる。煉獄は一個の家もしくは家々の総体となり、幽閉の場所となるのであるが、しかしまた地獄から煉獄へ、煉獄から天国へと領域は拡大し、空間は膨張する。ダンテがこれをみごとに表現してのけることになる。

エヅラの第四の書は、古代のキリスト教著作家たちを引き留めた。確かに、最初の確実な引用例は、煉獄の《父》の一人、アレキサンドリアのクレメンスに見られる（『雑録』Stromata 三・一六）のであるが、今しがた私の引用した一節は、四世紀に聖アンブロシウスの注解の対象となっている。

アンブロシウスはその論考『死の善きことについて』De bono mortis の中で、魂の不滅を証明し、ローマ人の葬儀の華美を叱責しようとしてこう語る。《われわれの魂は、肉体と共に墓に閉じこめられていはしない。……まるで墓が肉体のみならず魂の容器（receptacula）でもあるかのように、人々が豪奢な墓を立てるのはまったくむだなことである(36)》。さらに付け加えて、《魂の住みかは高い所にあるのである》と。

そこで彼はエヅラ第四の書とその家(habitacula)に関する記述を長々と引用する。彼によれば、この家は主《しゅ》が、《私の父の家には数多くの住居(mansiones)がある》(ヨハネ一四・二)と言われたあの住居(habitationes)と同じものである。異教の哲学者に数え入れられるエヅラの引用を彼は弁解しているが、しかしこうすれば、おそらく異教徒にも強い印象を与えることができると考えたのである。「魂の家」について詳述した後、やはりエヅラを引用して、彼は義人の魂の七《階級》の区分をも採り上げている。実を言うと例の〔懲罰の七つの〕《方法》と《序階》とを混同しているのであるが、深い静寂の支配する住まい(in habitaculis suis cum magna tranquillitate)への言及もある。彼の注によれば、義人の魂は天空に、幸福と不滅の境に入りはじめるとエヅラは記した。[37] そしてこのエヅラ第四の書の一節に関する長い注釈を締めくくって、アンブロシウスはこう言っている。この書の終りで義人の魂が七日目に彼らの家に赴く様が描かれているのは喜ばしいことだ。不信心な輩《やから》の不幸を語るよりは、正しい人の得る幸福を詳しく語る方がましだからと。

キリスト教的黙示録は、ユダヤ教のそれと連続関係にあると同時に、またそれとは断絶してもいる。そのコンテクストが同一で、紀元一、二世紀の間は、明確に区別された二宗教というよりは、しばしばユダヤ・キリスト教といった方が正確であるという意味で連続している。しかしまた、イエスの存在の有無とか、メシアについての態度の対立とか、社会環境や教義の差異の拡大とかが、次第に両者の距離を際立たせていくという意味では断絶している。[38] そこで私は、おそらく最も古く、最初期の数百年間は最も成功を博したペテロの黙示録と、われわれがその興味深い中世期の版を所有しているという理由でエヅラの黙示録、そして最後に、パウロの黙示録を選んだ。それが中世に最大の影響力を及ぼし、一二世紀末の煉獄の誕生にとって、またダンテにとって、決定的なテクストとなった聖パトリキウスの煉獄の主たる参照文献であるからである。

ペテロの黙示録はおそらく一世紀末か二世紀初めに、アレキサンドリアのキリスト教社会で、ユダヤ教黙示録と同時にギリシアの民間終末論に影響を受けて改宗した、一人のユダヤ人によって書かれたものである。[39]この書は二世紀には、ローマ教会によって採択された正経書一覧に名を連ねているが、三九七年のカルタゴ教会会議で定められた正経書目からは排除された。これは特に地獄の懲罰を強調して迫力に満ちた叙述をしているが、その際用いられているのは大部分イランのマヅダ教に発して、ユダヤ教とヘレニズムを経過したイメージ群である。来世に関する中世文学は、罪や罪人のカテゴリーに従って地獄の責め苦に段階を設けるその方式を踏襲することになる。例えば金貸しは一三世紀に煉獄の恩恵に真先に与る者たちだが、ペテロの黙示録では彼らは沸騰する血と膿の湖に呑みこまれることになる、とだけ指摘しておこう。

テーマは地獄の様相を喚起する型通りのものである。まず闇がある(第二一章)――《私はもう一つ別に、真暗闇の場所を見た。それは懲罰の場所であった》。そして火が至る所に存在する。第二二章《また或る者たちは舌で吊るされていた。これは人を中傷した者たちである。彼らの下には火が置かれ、燃えあがる火が彼らを責め苛んでいた》。第二七章《ほかの男女は立ったまま、体の中程まで炎に包まれていた》。第二九章《彼らの正面には、自ら舌を噛む男女がいて、その口の中には炎をあげる火があった。これは偽証をした者たちである……》。

ペテロの黙示録は強固に二元論的な見方に基づいており、その地獄的側面を描くことに満足している。従来聖キプリアヌスに擬せられてきたがおそらくノヴァティアヌスのものである『殉教者頌』De laude martyrii のような、この影響を受けた古いキリスト教文献の中にも同じ二元論が見出される。《地獄(ゲヘナ)と呼ばれる恐ろしい場所は、吹きつける炎のさなかで人々のあげる嘆きの声が一つの巨大な呻きとなって響き渡り、濃い煙に包まれた恐るべき暗黒の中で、幾筋もの燃える道がたえず新たな火を放ち、凝縮した火の玉はまるで栓のよう、それが膨れあがって様々に形を変えては人を苦しめる……主の声を斥け、そのお命じになるところを無視した者たちは、それ相応の苦痛によって罰せられる。また功徳に応じて主は救いをお与えになり、あるいは罪を裁かれる……常に神を尋ね求めこれを識った人々は、キリストの居ます所に達する。そこには恩寵が常に宿り、土地は豊かに、花咲く緑の牧場の草に覆われている……》[40]

こうした二元論と暗鬱な色彩の中から、しかし正義への訴えが浮かびあがってくる。「ペテロの黙示録」の天使たちは声高にこう叫ぶ。

神の正義はあくまで正しく
その正義はあくまで良い。

これとは対照的に、エヅラの黙示録は中世に大いに読まれ、また大いに援用されたテクストで、煉獄を予告するようないかなる形象も含んではいないが、しかしその構成要素を二、三提供してはいる。そこには火も橋もある。階段を用いてそこに到達するのである。特にそこでは、この世の権勢家たちに出会うことができる。ダンテが後に想起するいくつかの政治的論争の文書の中に、煉獄の彼らの姿が見られるように。

エヅラの黙示録には三種の異本がある。本来の意味のエヅラの黙示録と、セドラックの黙示録、それに至福者エヅラの夢である。最後のものが最も古く、ヘブライ語原典のラテン語訳であり、一〇—一一世紀と一二世紀の二種の写本によって保存された。[41]

地獄の七天使に導かれて、エヅラは七〇の階段を地獄まで降りてゆく。すると鉄の門があり、その前に座った二頭の獅子は、口・鼻・目から勢いはげしい炎を噴き出している。その炎に少しも身を焼かれることなくそこを通過する屈強な男たちがいる。天使の説明では、それは天までその名を馳せた義人たちである。他の人々がこの門をくぐろうとしてやって来るが、彼らは犬どもに貪り食われたり、火に焼き尽くされたりする。エヅラは罪人のために神の許しを乞うが聴き容れられない。この憐れな者たちは神を否認し、毎日曜日、ミサの前に自分の妻と罪を犯したからだと天使は言う。さらに階を下っていくと、立ったまま苦しみを受けている人々がいる。火のつまった巨大な鍋があって、その火の波打つ上を義人は支障なく渡れるが、罪人は悪魔に突かれて火の中に落ちていく。エヅラは次に大きな橋の架かった火の河を見る。罪人はこの橋からも落ちていく。彼はまた、火の玉座に座り、火に包まれて立っている評定官に囲まれたヘロデ王に出会う。東の方には極く幅の広い火の道が見え、その道へ多数のこの世の王や君主が送り込まれていく。次に彼は天国へ入るが、そこでは一切が《光と悦びと救い》である。彼は再び劫罰を受けた人々のために祈りを捧げるが、しかし主は彼にこう答える。《エヅラよ、私は私の姿に似せて人間を創造した。そして彼らに罪を犯さぬよう命じた。それでも彼らは罪を犯したのだ。それゆえ彼らは苦しまねばならない》。

一つの源泉――パウロの黙示録

これらの黙示録すべての中で、死後世界一般、また特に煉獄に関する中世文学に最大の影響力をもったのは、パウロの黙示録である。これは黙示的文献全体の中で最も遅い時期のテクストの一つであり、おそらくキリスト紀元三世紀中頃のエジプトでギリシア語によって書かれたものである。パウロの黙示録には、アルメニア語、コプト語、ギリシア語、古スラヴ語およびシリア語の訳本が残っており、ラテン語では八種類の異なる訳出が試みられた。最も古いものはおそらく四世紀末か、遅くとも六世紀には遡れるであろう。これが最も長い。テクストを短縮しての訳出は九世紀に行なわれたが、その中で訳本四と称されるものが最も大きな成功を収める。これには三七の写本が知られている。このラテン訳本によって持ちこまれた新しい要素には、グレゴリウス大教皇に由来する橋のイメージと、ペテロの黙示録およびシビラの神託に由来する火の車輪とが含まれる。中世後期に各種俗語に翻訳されるのは、一般にこの版本である。そのうち、異本五は煉獄の歴史にとっては最も興味深い、というのは、聖アウグスティヌスによって導入され、グレゴリウス大教皇に引き継がれた上層地獄と下層地獄の区別を、これが初めて受け入れているからで、この区別は六世紀から一二世紀までの間、一二世紀末には煉獄となるものを地獄の上層に位置づける考え方の基礎となった(42)。

パウロの黙示録が、聖アウグスティヌスによって厳しく否認されたにもかかわらず、中世にあれほどの成功を収めたことは注目に値する。アウグスティヌスの否認の理由は、黙示的な諸観念に対する彼の反感のみならず、おそらく、この書がそれを拠りどころとしていながら、聖パウロのコリント人への第二の手紙に背馳するからであろう。実際パウロはこう述べている。《わたしはキリストにあるひとりの人を知っている。この人は十四年前に第三の天にまで引き上げられた——それが、体のままであったか、わたしは知らない。体を離れてであったか、それも知らない。神がご存知である。この人が——それが、体のままであったか、体を離れてであったか、わたしは知らない。神がご存知である——パラダイスに引き上げられ、そして口に言い表わせない、「人間が語ってはならない」言葉を聞いたのを、わたしは知っている》(IIコリント一二・二—四)。これにアウグスティヌスは次のような注解を付している。《傲慢な人々が途轍もない愚行に走って、パウロの黙示録を捏造したもので、教会がこれを容認しないのは正当なことである。これは得体の知れぬ作り話で満ち満ちている。これは第三の天にまで引き上げられ、そこで聞いた言い表わしようもない言葉の啓示の話であり、しかもそれを人間が語ることはゆるされていないと言う。こうした乱暴な議論を容認できようか。どんな人間にも語れないことを聞いたと言うなら、彼はそれを語ったことになるではないか、どんな人間にも語れないことを。破廉恥にも、卑劣にも、敢えてこれを語る者とはそも何者なのか[43]》。

私はここで異本五を想起しておこう。後に述べる二種の地獄を論じた短い序文について、聖パウロは上層の地獄、つまり後世の煉獄に言及するが、これについてはただ、《神の憐れみを待ち望む人々の魂をそこに見た》という他は、何も語られていない。

短い叙述の大部分は、地獄の苦しみの描写に費やされているが、この描写は、できるだけ詳細な記述を心がけると共に、劫罰を受ける人間の類別をしようという関心に支配されている。聖パウロが見た火焔の樹には罪人たちが吊るされている。また七色の炎をあげて燃える窯の中では、他の者たちが責め苛まれている。断罪された者の魂が日々に受ける七つの懲罰も見るが、そのほかにも、飢え、渇き、寒さ、暑さ、毒虫、悪臭、煙などの補足的で特殊な責め苦がある。彼はまた千人の魂が次々に焼け焦げる火の車輪を見る（私はこのラテン語 vidit（見る）をそのまま繰り返し用いるが、これは「黙示録」というジャンルそのものをよく説明する頻出語である。つまりそこでは、通常は不可視のものが「見えた」として啓示されるのである）。彼は一本の橋の架かる恐ろしい河を見る、その橋をあらゆる人の魂が渡り、劫罰を受けた者の魂は、膝まで、あるいは臍、あるいは唇あるいは眉まで川水に浸けられる。彼は高利貸が（男女ともに）われとわが舌を食っている真暗闇の場所を見る。貞淑の徳に反する罪を犯して堕胎した若い娘たちが、真黒になって、竜や蛇の餌食にされている場所を見る。寡婦や孤児を虐待した男や女が、裸でたむろする寒冷の地を見る。そこでは彼らは半ば焼けただれ、半ば凍てついている。最後に（途中を略す）、刼罰を受けた者の魂は義人の魂が大天使ミカエルによって天国へ運ばれるのを見、自分たちのために主にとりなしてくれるよう嘆願する。大天使は、パウロと彼に付き添う天使たちと一緒に、神に泣いて訴えるよう勧める。そうすれば神は彼らに蘇生のよすが、レフリゲリウム（refrigerium）をお与え下さるであろう。そこで一同声を合わせて嘆き訴えると、天から神の手が降り、その受難と人間の罪の数々を想い起こさせる。しかし彼は聖ミカエルと聖パウロの祈りに心を動かされ、彼らに土曜日夕刻から月曜日朝までの休息（requies ab hora nona sabbati usque in prima secunde ferie）を認める。

黙示録の作者は主祭日（日曜日）を頌めたたえる。パウロが天使に、地獄の責め苦は一体幾種類あるのかと尋ねると、一四四、〇〇〇と天使は答え、天地創造の時以来、それぞれ四枚の鉄の舌を授かった人間が一〇〇人がかりで絶え間なしに数え挙げたとしても、彼らはなお地獄の責め苦を枚挙しつくせないだろうと付け加える。そこでこの幻想《ヴィジョン》の作者は、彼の啓示の聴衆に、共に「主は来ませり」を詠誦するよう呼びかける。

以上が煉獄成立以前の中世に最も成功を収めた、死後世界のヴィジョンの（一二世紀のある異本における）構造である。御覧のように、そこには大部分煉獄にも見出されることになる地獄の責め苦の数々が描出されている。そこで煉獄は暫定的な一種の地獄と定義されるであろう。特にそこには、二種の地獄の区別とか、地獄における安息日の休養の観念を通じて(44)、あの世での責め苦の軽減や、もう少し慎重かつ寛大な裁量を求める気配が感じられる。

マニ教とグノーシス主義については詳述できないが、両者はキリスト教と複雑な関係を結んだにもかかわらず、キリスト教とは極めて相違した宗教であり哲学であるように私には見える。ただ、キリスト紀元後最初の数世紀の中東に存在した諸宗教および諸民族間の接触を想えば、それだけでも、まずもってギリシア的な、場合によってはラテン的なキリスト教に対して何らかの影響を与え得たこれらの教義に、言及しないわけにはいかないであろう。

グノーシス主義の場合、獄、闇、掃きだめ、荒蕪の地といった地獄の諸概念が見られるとはいえ、現世と地獄を同一視する傾向は、キリスト教との類似の限界をなしている。キリスト教では、中世西欧の現世蔑視（contemptus mundi）思想の最盛期においてさえ、このような傾向は存在しなかった。地獄を重層的な五領域に区分するという、マンダヤ教徒やマニ教徒が主張した考え方も、死後世界のキリスト教的地理学と関係をもっているとは私には見えない。残るのは、ある意味で地獄とも、またある意味で積極的な神秘とも解され得た、あの暗黒世界の強迫観念である。しかしこれは聖なるものの極く一般的な一様相であって、グノーシス・マニ教徒とキリスト教徒の間でこの点をめぐる比較を試みても、意味があるとは思えない。時間に対する不安に関しては、これが本質的な悪と感受され、そのため地獄の時間こそは純粋な持続なるものの恐怖すべき具現とみなされるのであるが、私はこれもまた、グノーシス・マニ教徒をキリスト教から隔てる所以であると思う(45)。

古代における死後世界へのこの長く、同時に概略的な旅は、起源を求めての旅ではなかった。歴史現象というものは、子供が母親の腹から出てくるような具合に過去から生じ来るわけではない。社会と時代が、それぞれその継承した遺産の中から選び取るものなのである。私はただ、ラテン的キリスト教が二期にわたってなした選択を明らかにしたいと思った。その二期とは、まず三世紀から七世紀の間であるが、この時期には体系の論理をつきつめるまでには至らない。ついで一二世紀半ばから一三世紀半ばまで、この時期にキリスト教は、今度こそ決定的に、地獄と天国の間、個人の死から万人の裁きの日までの期間に介在するある種の死後世界を選択したのである。

過去への一瞥によって二つの事が明らかになった。つまり一方で、キリスト教徒が煉獄に持ちこむべく選びとる若干の要素、イメージが、どんなものかを見定めることができた。煉獄はそれらの要素のある特徴、ある色彩を獲得することになるのであるが、それは一個の新たな体系に取りこまれて意味を変えているとはいえ、およそ何に由来しているかを知ってよりよく理解されるのである。他方、種々の煉獄的存在へと展開する可能性をもった信仰やイメージの、これら古代の下絵は、どのような歴史的・論理的諸条件において、いわゆる煉獄の概念にまで到達し、また逆にその発展途上で消失したかについて、いくつかの情報をもたらすのだ。こうした煉獄の構想に常に前提として存在する正義と責任の概念は、刑罰を等級づけるところまでは——社会および精神構造との関係で——発展するに至らなかった。当時はただ輪廻だけが、こうした考えを満たしたものらしい。神々は他の問題——例えば供犠の問題——に対しては、取っておきの煩瑣なまでの緻密さを発揮した。神々はこうした能力に欠けてはいなかった。ところが、良い人間、悪い人間の細かい程度の差に応じた運命に心を傾けるなどということは、いわば粋狂とされた時代であった。当時はまず大雑把な選別に着手することが急務で、微妙な差異などしばしば余事に属していたのである。これらの社会が保有していた時間概念では、（ピエール・ヴィダル＝ナケが論証したように、これまで円環的時間と永遠回帰の観念が誇張されすぎてきたとしても）死から人間の永遠の運命が決まるまでのこの不確かな時間をしっかりと繫留することができなかっただけに、なおさらである。同様に、天と地の間に、——地はこの場合地獄の地下世界の意味であるが——ギリシア人がウラノス界、クトン界と呼んだ両者の間に、一体いかにして第三の死後世界をすべりこませるのか。いずれにせよ、この地上にではない。地上では黄金時代の終焉以後、永遠の幸福に関する想像の所産は全くその跡を断っているのである。

ユダヤ人による中間的死後世界の発見

キリスト紀元後の変化に富んだこの転換期に、ユダヤの宗教思想に生じたある進展が、煉獄の観念のその後にとって決定的であったと思われる。その変化を紀元後最初の二世紀におけるラビの諸テクストに見出すことができる。

それはまず、死後世界の地理が一層詳細なものになったことに現われる。背景そのものには――大部分のテクストで――大きな変化はない。魂はあいかわらず死後、一たん一種の中間地シェオールへ赴くか、直接に永遠の懲罰の地ゲヘナへ赴くか、あるいは、同じく永遠の褒賞の地エデンへ赴く。天界は本質的に神の御座所であるが、ラビの中には義人の魂の住まいをもそこに置く者がある。その場合、それは第七天に在って、七層の天空の最高位である。しかし死後世界の広がりと、地上とのその相対的位置関係がどうなるかが問題となる。シェオールはやはりかつてと同様地下の暗い場所であり、穴、墓穴の総体、死者たちの、そして死の世界である。

ゲヘナは深淵の底か地下にあって、大地がその蓋となっている。人は海底にもぐったり砂漠を深く掘ったりして、あるいは鬱蒼たる山陰から、そこに行くことができる。地上とは小さな穴で通じており、その穴から火が入ってゲヘナを熱している。ある者はこの穴をエルサレム近くのヒンノムの谷に位置づけ、二本の棕櫚の木の間に三つあるいは七つ、ゲヘナの門が開いていると言う。

ゲヘナは広大でエデンの六〇倍の広さがあり、人によっては測り知れない広さという者さえある。というのも、二、三百万人の不信心者を収容するために作られたゲヘナは、新来の客を受け容れるために毎日拡張していくからである。

エデンの園は創造の庭である。アダムの地上の楽園と義人の天上の楽園の間に区別はない。ゲヘナの正面あるいは隣に位置し、すぐ間近にあるという者もあればもっと離れているという者もあり、いずれにせよ越えがたい堀によって隔てられている。ある者はエデンはこの世の六〇倍相当の広さがあるというが、他の者は無辺際の広さであると断言する。エデンには一般に三つの門がある。幾人かのラビはそこへ行ったことがあるし、アレクサンドロス王はその門の一つを通りぬけようとしたが失敗した。エデンに住まう義人の中にはアブラハムも含まれ、彼は子孫をそこに迎え入れている。(46)

死後世界における運命を三区分する、もう一つ別の考え方が、ラビのいくつかの会派に出現していることが特筆に値する。第二聖殿の破壊(七〇年)からバル・コクバの反乱(一三二—一三五年)までの時代を扱った二書が、とりわけこの新しい教えの証拠史料となる。

最初のものは新年(ロシュ・ハシャナ)に関する論で、そこにはこう読まれる。

シャンマイ派の説くところでは、審判に際して三つの群《グループ》に分けられる。完全な義人の群、完全な無信仰者の群、そして中間的な人々の群がそれである。完全な義人はただちに永生を享受すべく、登録され封印される。完全な無信仰者はただちにゲヘナ行きの登録および封印となるが、これはダニエル書、一二・二に言われている通りである。中間の人々はと言えば、彼らはまずゲヘナに下り、そこに押しこめられ、ついで再び浮上してくる。これはザカリア書一三・九およびサムエル記上二・六に言われている通りである。だがヒルレル派の言うように慈悲心《あわれみ》に富むお方は慈悲心へと傾く。ダヴィデが詩篇一一六で語っているのはこの人々のことである。あの一節全体で彼は訴えに耳傾ける神について、またこの種の人々について述べ語っているのである……イスラエルの罪人および異教徒はその肉体において罪を犯しているため、一二カ月の間ゲヘナで罰を受け、ついで絶滅される……

二つ目は或る衆議会（サンヘドリン）論であるが、これもほぼ同じことを言っている。

シャンマイ派の説では三つの群《グループ》に分けられる。一つは永生を楽しむ者の群、他は何らかの恥辱を受けるべき、そして永遠の侮蔑に値する者たち。これは完全な無信仰者であるが、そのうち程度の軽い者はゲヘナに降りてそこで罰を受け、罪から癒されて再び浮上する。ザカリア書一三・九による。神は死に至らしめ、また命を与えられると言われている（サムエル記上二・六）のも、彼らのことである。ヒルレル派が、神は慈悲心に富むと言っている（出エジプト記三四・六）ように、神は慈悲心に傾く。ダヴィデは詩篇一一六の第一節全体で、彼らのことを述べているのである。

その肉体において罪あるイスラエルの罪人たち、そしてその肉体において罪ある世々の諸国民の罪人たち、彼らはゲヘナに下り、そこで一二カ月の刑罰を受け、ついでその魂は滅ぼされ、その肉体は焼かれ、ゲヘナから吐き出される。彼らは灰となり、風に吹き散らされて義人の足に踏まれる（マラキ書三・二一）。

最後にミシュナに関する最も偉大な律法学者のひとり、ラビ・アキバは、バル・コクバの反乱（一三五年）の失敗後拷問にあって死んだが、彼もこれと同じ教義を説いていた。

彼は《また次の五つの事柄が一二カ月にわたって続くと語った、すなわち、大洪水の世代の審判、ヨブの審判、エジプト人の審判、将来やがて来るべきゴグとマゴグの審判、イザヤ書六六・二三に言われているところに従って、ゲヘナにある不信心者たちの審判、これが毎月相ついで行われる[47]》と。

つまり、まったく善良というわけでもなく、まったく邪というわけでもなくて、死後に一時的な懲罰を被り、ついでエデンに行くことになる人々という中間的なカテゴリーが存在するわけである。しかしこの償罪は最後の審判後になされ、特別な場所ではなく、ゲヘナにおいて行なわれるであろう。しかしながら、このような考え方はやがてゲヘナ内部に、あの暫定的な懲罰が執行さるべき上層部分を分化するに至るであろう。

要するに死後世界の空間化を強調したり、一定時間の処罰を宣告される人々という中間的なカテゴリーを創出する傾向がみられるわけである。一二世紀には新しい種類の知識人——つまりスコラ学の創始者たる都市の学校教師たち——の出現が、本来の意味の煉獄の誕生の決定的な要因の一つとなったのであるが、同様に、紀元後最初の二世紀間には、社会構造およびユダヤ人共同体の精神的枠組の変化につれて、ラビの教説つまりその聖書解釈も変化を遂げ、それがユダヤ人をして煉獄を着想する瀬戸際まで導いたと考えることができる(48)。

キリスト教的煉獄の萌芽は聖書の内に存するか

煉獄についてのキリスト教の教義がカトリック的形式を整えたのは、——新教徒がこれを拒絶したために——ようやく一六世紀のトリエント公会議以後のことであった。トリエント会議以後、カトリックの煉獄問題の理論家ベラルミーノおよびスアレスは、いくつもの聖書本文を前面に打ち出した。その中から私はここで、中世、より限定的には一四世紀初めまで、煉獄の誕生に実際的な役割を果たしたものだけを採り上げることにする。

「マカベア書、下」から引かれた、旧約聖書中の唯一のテクスト——プロテスタントは正典とみなしていない——これは聖アウグスティヌスから聖トマス・アクィナスに至るまで、古代および中世のキリスト教神学が、煉獄への信仰の存在を証明するものとして考慮に入れてきたものである。このテクストで、マカベアのユダは、何か不可解な過ちを犯したために戦死したユダヤ兵士たちのために祈りを捧げるようにと、戦闘後、人々に命じるのである。

そこで一同は、秘め隠された物事をも顕らかにする公正な審判者たる主の振舞をたたえ、犯された罪がことごとく消滅せんことを祈りはじめた。ついで勇敢なるユダは、戦いに倒れた人々の過誤が一体どんな結果を招いたかを目のあたりにして、人々が一切の罪に染まらず身を潔白に保たねばならぬと説いた。次におよそ二千ドラクマの寄金を集めエルサレムに送って、罪障消滅の供物を捧げさせたが、これは死者の魂の復活を意図した立派な気高い行為であった。なぜなら、もし戦死した兵士の蘇りを願うものでなかったら、死者のために祈るなど余計な愚かなことであったし、また彼が敬虔な心を抱いたまま眠る人々には、或るこの上なく喜ばしい報酬が約束されているものと信じるとすれば、これこそ聖なる敬虔の念《おも》いにほかならなかった。だから死者たちがその罪から解放されるようにと、彼は死者のために贖いの供物を捧げさせたのである（マカベア書、下一二・四一—四六）。

古代ユダヤ教の専門家も、聖書注釈者たちと同様、この難解なテクスト、よそでは言及されていない種々の信仰や宗礼にふれているこのテクストの解釈について、見解は一致していない。私は今、そうした議論に立ち入るつもりはない。私の意図にとって肝要なのは、初期教会の教父たちに従って中世のキリスト教徒も、このテクストに将来の煉獄の基本的二要素が確認されているのを見てとったということである。すなわち、死後における罪の贖いの可能性、また贖われうべき死者のために捧げられる生者の祈りの有効性、これである。私は加えて、中世のキリスト教徒には必須のテクストを挙げておこう。というのは、彼らにとって一切の現実は、ましてや一切の信仰の真実は、聖書の中に二重の根拠をもつべきであったし、聖書内部に響応する一個の構造を見出しうるとする前表論的象徴体系の理論に合致しなければならないからである。つまり、新約のあらゆる真理には、これを予告する旧約の一節が必ず相応じているというのである。

新約においては、事情は一体どうであろうか。三つのテクストがある特殊な役割を演じた。

第一に、マタイの福音書にある次の一節(一二・三一―三二)。

だから、あなたがたに言っておく。人には、その犯すすべての罪も神を汚す言葉も、ゆるされる。しかし、聖霊を汚す言葉は、ゆるされることはない。また人の子に対して言い逆らう者は、この世でも、きたるべき世でも、ゆるされることはない。

これは極めて重要なテクストである。間接的ながら――しかし前提諸条件を明白にしながらの聖書注解はキリスト教では慣行となってきたし、論理的にもまったく確かなことと私は見る――このテクストは来世での罪の償いの可能性を想定し、したがってまた肯定しているのである。

第二に、ルカの福音書が物語る貧しきラザロと悪しき金持の逸話(49)である。

ある金持がいた。彼は紫の衣や細布を着て、毎日ぜいたくに遊び暮していた。ところが、ラザロという貧乏人が全身でき物でおおわれて、この金持の玄関の前にすわり、その食卓から落ちるもので飢えをしのごうと望んでいた。

その上、犬がきて彼のでき物をなめていた。この貧乏人がついに死に、御使たちに連れられてアブラハムのふところに送られた。金持も死んで葬られた。そして黄泉《よみ》にいて苦しみながら、目をあげると、アブラハムとそのふところにいるラザロとが、はるかに見えた。そこで声をあげて言った。『父、アブラハムよ、わたしをあわれんでください。ラザロをおつかわしになって、その指先を水でぬらし、わたしの舌を冷やさせてください。わたしはこの火炎の中で苦しみもだえています。』アブラハムが言った、『子よ、思い出すがよい。あなたは生前よいものを受け、ラザロの方は悪いものを受けた。しかし今ここでは、彼は慰められ、あなたは苦しみもだえている。そればかりか、わたしたちとあなたがたとの間には大きな淵がおいてあって、こちらからあなたがたの方へ渡ろうと思ってもできないし、そちらからわたしたちの方へ越えて来ることもできない。』（ルカ一六・一九―二六）

死後世界という観点で、ここから三つの事柄が明確になる。まず地獄（ハデス）と義人の待機の場所（アブラハムのふところ）とは、互いに相見ることができるほど隣接しているが、越えることのできない淵によって隔てられている。次に地獄では、ミルチャ・エリアーデが《死者の渇き》と呼び、また清涼域（refrigerium）の観念の根底にも見られる(50)、あの特徴のある渇きが支配している。そして義人の待機の場所はアブラハムのふところと指定されていること。アブラハムのふところこそ、煉獄の最初のキリスト教的具現であった。

最後のテクストは、これまで極めて多くの注釈が試みられてきたもので、聖パウロのコリント人への第一の手紙の一節である。

なぜなら、すでにすえられている土台以外のものをすえることは、誰にもできない。そして、この土台はイエス・キリストである。この土台の上に、誰かが金、銀、宝石、木、草、または藁を用いて建てるならば、それぞれの仕事は、はっきりとわかってくる。すなわち、かの日は火の中に現われて、それを明らかにし、またその火は、それぞれの仕事がどんなものであるかを、ためすであろう。もしある人の建てた仕事がそのまま残れば、その人は報酬を受けるが、その仕事が焼けてしまえば、損失を被るであろう。しかし彼自身は、火の中をくぐってきた者のようにではあるが、救われるであろう（Ⅰコリント三・一一―一五）。

確かにこれは極めて難解なテクストであるが、中世における煉獄の発生にとっては枢要なものであった。パウロのこのテクストの釈義を通して、それだけでその発生経過を辿ることができるほどである。(51) しかしながら、死後の運命は各個人の資性に拠って異なるとか、功徳や罪業と、それに対する報酬や懲罰との間に何らかの比例関係が存するとか、また各人の窮極の運命を決する試練があの世において課せられる、といった観念は、一般にかなり早い時期に現われている。しかしその試練の時は、最後の審判の日とされているようである。パウロの考えはこの点ではユダヤ教に極く近いものにとどまっている。顕著な影響力をもつことになるパウロのテクストの他の要素は、「火」のイメージである。火をくぐってきた者のように、という表現は、パウロの火を幾通りも隠喩的に解釈することを許すものであるが、全体としてこの一節は、これを現実の火のことと考えさせることになる。

火の役割はここにも見て取れる。煉獄は一つの場所とみなされる以前に、まずもって「火」と考えられた。位置決定することは難しいが、この火はその中心で煉獄の教義を濃縮し、やがてこれを出現せしめ、その誕生に大いに寄与したのである。火についてはさらに一言付け加えねばならない。教父時代以来、この火の性格については多種多様な見解が問われている。それは罰する火か、浄める火か、それとも証しする火なのか。近代カトリック神学は、地獄の火は懲罰的、煉獄の火は償罪的かつ浄化的、審判の火は証明的と区別している。しかしこれは後世による合理化にほかならない。中世においては、これらすべての火が多少とも混交している。まず煉獄の火は地獄の火と兄弟関係にあり、永遠に燃えつづけるわけではないが、その活動期間中は負けず劣らず熾烈な火である。次に審判の火は、死の直後に行なわれる個々人の裁きに還元されて、煉獄の火も審判の火も実際上しばしば混同されることになる。神学者たちはむしろそれぞれが煉獄のある一面を強調し、中世の説教師たちも同様であった。素朴な信者たちも彼らなりに同じ態度を取ったにちがいない。つまり、煉獄の火は同時に懲罰であり、浄化であり、神明であった。これはC・M・エッズマンによってみごとに明らかにされた、インド・ヨーロッパ圏の火の両義的性格にも一致する。

新約からも同様に、煉獄の歴史においてとは言わずとも、少なくとも間接的にキリスト教的来世の一般概念に対して、ある重要な役割を演じたエピソードが引用された。それはキリストの冥府降下である。新約の三つのテクストがその基礎をなしている。まず、マタイの福音書の中の(一二・四〇)、《すなわち、ヨナが三日三晩、大魚の腹の中にいたように、人の子も三日三晩、地の中にいるであろう》。次に、使徒行伝(二・三一)は過去形でこの事件をこう報告している。《彼(ダビデ)はキリスト復活をあらかじめ知って、「彼は黄泉《よみ》(ハデス)に捨てておかれることがなく、またその肉体が朽ち果てることもない」と語ったのである》。最後に、パウロはローマ人への手紙(一〇・七)の中で、信仰から生じる義と律法から生じる義とを対比し、信仰による義をして次のように語らせている。《「あなたは心のうちで、誰が天にのぼるであろうかと言うな。」それは、キリストを引き降ろすことである。また、「誰が底知れぬ所に下るであろうかと言うな。」それは、キリストを死人の中から引き上げることである》。

キリストの冥府降下

このエピソードは——キリストの神性を証拠立て、来るべき復活を約束するものという、本来のキリスト教的意味あいは勿論別として——ヨーゼフ・クロールによって詳細に研究された或る東方の古い伝統に根ざしている。(52)つまりこれは神の戦いのテーマ——暗黒と戦う太陽のテーマなのであり、この場合、太陽が敵対する諸々の力を打ち破らねばならないこの王国は、死者たちの世界と同一視される。このテーマは中世のカトリック典礼において大成功を収めることになる。つまり祓魔《ふつま》の唱句や聖歌、賛課、進句《トローブ》(五)、そして最後に中世期末の宗教劇において。しかしこのエピソードが中世に流布したのは、正経外福音書の一つ、ニコデモスの福音書が伝える詳細な記述を通してである。冥府にくだった折、キリストはそこに囚われていた人々の一部を引き出した。彼の地上への来臨以前のために、洗礼を受けずにいた義人たち、すなわち、主として族長や預言者たちである。しかし彼が地獄に残した連中は、時の終末までそこに閉ざされたまま居ることになる。キリストが地獄を永遠に七つの封印で閉ざしたからである。煉獄を視野においてみれば、このエピソードは三つの点で重要である。すなわち、例外的とはいえ、死後に若干の人々の状況が緩和される可能性があることをそれは示している。しかし時の終りまで閉ざされた地獄には、この可能性が斥けられているということ。そして第三に、リンボという新たな死後世界の場所をそれは創造していること。このリンボの誕生は煉獄の誕生とほぼ時代を同じくし、一二世紀、死後世界の地理が大々的に改変されるその最中のことである。

死者のための祈り

最も重要なのは、キリスト教徒が、どうやら極く早くから、死者のために祈るという習慣を身につけたことである。この態度は、古代には見られない新しい現象であった。サロモン・レナックの巧みな定式に従えば、《異教徒は死者に祈り、キリスト教徒は死者のために祈った[53]》。確かに、信仰と霊的生活にかかわる諸現象が唐突に出現することはないので、あの世で苦しむ縁故ある死者のために生者が介入するということは、若干の異教的環境においても、特に民衆レベルでは見うけられる。オルフェウス教の場合がそうであった。

オルフェウスは語る。「人々は……不信心な祖先の者たちを解放してもらえるようにと、数々の聖なる業を成し遂げる。彼らの上に力を揮う者よ……あなたは彼らを、大いなる苦痛と果てしない責め苦から解き放つ[54]」。

こうした宗教的実践がキリスト紀元間近の頃に発展を遂げたわけであるが、しかしそれはなお、諸国民・諸宗教の比類ない遭遇の場たるエジプトにおいてさえ、特に目立った時代風潮なのである。紀元前五〇年頃エジプトを旅したシチリアのディオドロスは、エジプト人の葬儀習慣に驚いている。《死者を納めた棺が小舟に乗せられると、遺族は地獄の神々の名を称え、死者を信心篤い人々に約束された家に入れてやってくれるよう嘆願するのである。群衆はこれに歓声を添え、故人が冥界（ハデス）で、善人の仲間入りをして永遠の生を楽しむことができるようにと祈る[55]》。

ディオドルスの旅に先立つ半世紀の間に、アレクサンドリアの一人のユダヤ人によって書かれた「マカベア書、下」の例の一節[56]も、おそらくこうしたコンテクストに置き直してみなければなるまい。それはマカベアのユダの時代（紀元前一七〇年頃）には、死者のために祈りを捧げる慣習がなかったことを証拠立てており、ユダのこの件に関する革新は驚くべきものであったし、またそれが一世紀後、現実に或るユダヤ人たちの間で行なわれた事実を証明している。おそらくこの種の信仰に、聖パウロがコリント人への第一の手紙（一五・二九―三〇）の中で、復活の現実性を肯定しながら語っているあの奇妙な慣習を関連づけねばなるまい。《そうでないとすれば、死者のためにバプテスマを受ける人々は、なぜそれをするのだろうか。もし死者がまったくよみがえらないとすれば、なぜ人々が死者のためにバプテスマを受けるのか》。死者のために受けるこのバプテスマはキリスト教の洗礼ではなく、ユダヤ教に改宗したギリシア人の新帰依者が受けた洗礼である。

キリスト教の最初の数世紀間に関して、死者のための祈りをめぐる碑銘および典礼関係の資料は豊富に使用できるが、これらはしばしば、キリスト教の煉獄信仰の歴史の古さを証明するために利用されてきた[57]。そうした解釈は不当なものと私には思われる。死者に恵み与えられんことを、と神に祈る恩寵は、本質的に楽園の幸福を想起させるし、いずれにせよ平安（pax）と光明（lux）とによって規定される一状態なのである。故人の「魂の贖い」を云々する銘句を見るには、五世紀末（もしくは六世紀初頭）を待たねばならない。具体的にはブリオールのガロ・ロマンの碑文で、この墓碑銘には「彼の魂の贖いのために」（pro redemptionem animae suae）とある[58]。また一方、これらの碑文や祈りの文句においては、聖書にならって伝統的に《アブラハムのふところ》という以外、贖いや待機の場所は問題となっていない。しかし、後に煉獄信仰が発展すべき土壌の形成という点では、生者がその縁故ある死者の運命を気遣い、墓の彼方にまで彼らとの絆を保ちつづけたということは重要なことである。しかもその絆とは、死者たちの加護を生者が祈り求めるのではなく、生者のあげる祈りが死者たちに有益と信ずる底のものなのである。

涼しき癒しの地――《レフリゲリウム》

最後にこれらのテクストの或るものはアブラハムのふところに極く近くはあるが、必ずしもこれと混同されず、《レフリゲリウム》と称される場所に言及している。多くの墓碑銘に refrigerium とか refrigerare（涼しくすること、蘇らせること）の一語があり、これだけ単独に用いられたり、pax（平安）と組み合わせて現われたりする。例えば、in pace et refrigerium（平安と涼しき癒しの裡に）とか、esto in refrigerio（彼、涼しく癒されてあらんことを）とか、in refrigerio anima tua（汝が魂の渇き癒されて）とか、deus refrigeret spiritum tuum（神、汝の霊をさまし給はんことを）のように[59]。

クリスティーヌ・モールマンの優れた文献学的研究は、この refrigerium の古典期ラテン語からキリスト教ラテン語に至る意味論的変化を、みごとにとらえている。それによると、《あのかなり漠然として浮動的な意味のほかに、refrigerare および refrigerium は、キリスト教徒の特殊語彙の中で、輪郭の明瞭な一つの専門的な意味、すなわち天上の幸福、の意味をもつようになった。この refrigerium は既にテルトゥリアヌスに見られ、彼の個人的な見解に従えば、アブラハムのふところにキリストが帰還するのを待つ間、霊魂が味わう束の間の至福を指している。と同時に、殉教者たちが死後享受する楽園での最終的な幸福をも表わしている。この幸福は神の最終審判が下った後、選ばれた人々に約束されているものである……後世の他のキリスト教徒にあっては、refrigerium は一般的に神が選良に約束した死後の喜びを表わしている[60]》。

refrigerium なるものが煉獄の前史において或る特殊な地位を占めるのは、もっぱらクリスティーヌ・モールマンも言及しているあのテルトゥリアヌスの個人的見解の所為である。何しろ、既に見たように、refrigerium はほぼ楽園的な幸福状態を指し示して、場所を表わすものではないのである。しかしテルトゥリアヌスは refrigerium の特殊な一変種を想像した。refrigerium interim つまり個人の死後、最終的審判を待つ間の魂の中間的清涼＝蘇生であり、これは神が特別の待遇をするにふさわしいと判断した死者たちのためのものである。

アフリカの人テルトゥリアヌス（二二〇年以後没）には、今は失われた小さな論考があり、そこで彼は、《すべて霊魂は主の〔審判の〕日まで地獄に閉じこめられている》と主張した（『霊魂論』De anima 五五・五）。これは旧約における冥府《シェオール》の考え方の反復であった。この地獄は地下にあり、そこへキリストは三日間下ったのである（『霊魂論』五四・四）。

その著『マルキオンを駁す』や『単婚制について』の中で、テルトゥリアヌスは来世に関する彼の思想を明らかにし、refrigerium を彼がどう考えるかを述べ表わした。マルキオンは、単に殉教者のみならず、単なる義人も死後ただちに天上の楽園に入ることを許されると主張した。これに対してテルトゥリアヌスは、貧しきラザロと悪しき金持の話に依拠して、復活を待つ間の義人の住みかは、天上ではなく refrigerium interim、つまり中間的蘇生の地、アブラハムのふところであると判断する。《この場所とは、アブラハムのふところのことであり、これは天上でこそないが、地獄の上に位置して、義人の魂に中間的蘇生をほどこす。やがて事態の完結をまって全体的な復活が行なわれ、報いが成就する……》（『マルキオンを駁す』四・三四）[61]。アブラハムのふところはそれまで《忠実な魂を一時的に収容するところ》[62]であるだろう。

事実上、テルトゥリアヌスの思考は極めて二元的なものにとどまっている。彼にとっては相対立する二つの運命が存在するのであり、一つは苦悩（tormentum）や責め苦（supplicium）や拷問（cruciatus）といった言葉で表わされる懲罰であり、他方は清涼＝蘇生（refrigerium）の一語によって示される報酬である。これらの運命がそれぞれ永続的なものであることを、ある二つのテクストは明確に示してさえいる[63]。

他方では、テルトゥリアヌスは死者の命日に故人のためになされる供物の意義を非常に強調しており、敬虔な慣習は聖書に根拠をもたない場合も、伝統や信仰に基礎を置くものでありうると主張している。このことは、マタイ一二章三二節とパウロのコリント人への第一の手紙三章一〇―一五節を留保条件として、ほぼ煉獄の場合に該当するであろう。《故人のための奉納は、これをわれわれは死者の命日に行なう……これらの、またこれに類する他の慣行について、聖書中に厳密な法規を求めても見つかりはしまい。これらを保証し、確認し、遵守するのは、伝統であり、慣習であり、信仰なのである》（『戦士の冠』De corona militis 三・二―三）[64]。

煉獄前史に関する限り、テルトゥリアヌスによる革新がもしあるとすれば、それは義人が永遠の「清涼《レフリゲ》（蘇生《リウム》）」を識る前に、「中間的蘇生」の地を通過しなければならないとしたことである。しかしこの甦新の場所は本当の意味で新しいわけではない、これはアブラハムのふところなのである。テルトゥリアヌスの「中間的蘇生の地」と煉獄との間には、単に本性上の差異のみならず――前者は休息しながら待機する場所であるのに対して、後者は、懲罰的かつ浄罪的なるが故に浄化をめざした試練なのである――持続の点でも差異がある。すなわち、「清涼の地」は復活の時まで人々を迎え入れ、煉獄は単に浄罪を果たし終えるまで続く。

「中間的蘇生の地」については、これまで多くの論究がなされた。最も解明的な議論は、初期キリスト教美術史家アレフレート・シュトゥイバーと、これに反論したL・ド・ブリュイーヌを初めとする雑多な批評家との論争である[65]。後者はその反論を次のように要約した。《この理論によれば……初期の墳墓芸術の主題の選択と完成に決定的であったのは、初期キリスト教徒の諸世代を培った不安、つまり彼らの近親の死者の魂が、地下の冥府《ハデス》で暫定的かつ未確定な解決を与えられたまま、遂に復活する日まで待たざるをえない、そうした魂の当座の運命はどうなるのかという不安であるらしい。これを地下墳墓《カタコンベ》の芸術の最も基本的な傾向の一つを成すオプティミスムと快活さとに照らしてみれば、かかる主張にどれほど真実らしからぬものがあるかを見て取らぬ人はない(66)》。

おそらく、《どれほど真実らしからぬものがあるかを見て取らぬ人はない》という文言に留意する必要があろう。これは少数の専門研究者集団に共通すると推測された立場を、読者全体に敷衍する専門家の素朴さを表わしていると同時に、とりわけ、望ましい論証にかえるに、ただ事実の明白を断言することをもってしているのである。

しかし事態を明晰に見究めるならば、L・ド・ブリュイーヌの主張は、重要な二点から正しいと私には思われる。言い換えれば、アレフレート・シュトゥイバーが依拠する墳墓芸術作品の大部分は、その分析の結果、「中間的蘇生の地」への疑念を含んだ信仰の存在を首肯させるようなものではない。なぜなら、L・ド・ブリュイーヌと彼の専門領域の権威筋が考えるように、地下墳墓の芸術は疑念よりも確信を多く表現しており、またおそらく――煉獄に関してそれと同じことが中世にも見られることになるのだが――「中間的蘇生の地」のごとき微妙な概念の形象表現は、具体化することが極めて困難であったであろうから。しかしそのかわり、あの《オプティミスム》は、既に極めて拘束力を強めていた教会当局によって、課せられないまでもおそらく補強されたものであって、大部分のキリスト教徒が最後の審判と復活まで、あの世でどんな運命を迎えるのかと必ずや心に抱いたにちがいない不安を、それは隠蔽しようもない。不安には少なくとも二重の基盤があった。一つは教義に関わるもので、聖書もキリスト教神学も、当時はこの問題では明確な見解を得ることから遠かった。他は実存に関わるもので、戦闘的オプティミスムに相対して、古代末期のキリスト教徒にも、同様に異教徒にも、ドッヅがかくもみごとに分析してみせたあの深

い《不安の念》（anxiété）があったのである。(67)

一種の煉獄の最初の想像――聖女ペルペトゥアの夢

それでもやはり、清涼＝蘇生の概念およびイメージが――テルトゥリアヌスの活動していた環境の中で――煉獄の情景を描き出した最古のテクストに霊感を与えたことに変わりはない。

その性格からも内容からも異常な一テクスト『ペルペトゥアとフェリキタスの受難』のことである。(68) 紀元二〇三年の、セプティミウス・セヴェルスによるアフリカのキリスト教徒迫害の際、五人のキリスト教徒の一団、つまりペルペトゥア、フェリキタスという二人の女と、サトゥロス、サトゥルニヌス、レヴォカトゥスなる三人の男が、カルタゴの近くで処刑された。彼らが殉教に先立つ日々を牢内で過ごす間、ペルペトゥアはサトゥロスの助力を得て、自身の回想を書き綴り、あるいは口頭で、他のキリスト教徒たちに伝えることができた。そのうちの一人が文章を認《したた》め、それに殉教者の死の模様を物語るエピローグを付け加えた。その形式および内容の主要部分に関する限り、どんな厳しい批評家もこのテクストの真正性を疑ってはいない。この小冊子が作られた事情、その語調の簡素さと真率さとが、これをキリスト教文学の、いやただ単に文学の、と言ってよい、最も感動的な証言の一つにしているのである。拘留中にペルペトゥアは夢を見て、死んだ弟ディノクラトゥスに会う。

数日後、私たちがみなで祈っていたところ、不意に一つの声がきこえてきて、私は思わずディノクラトゥスだ、と叫んだ。そのことに私が愕然としたのは、その瞬間まで自分が彼のことを考えもしなかったからである。彼の死が想い起こされてつらかった。でもすぐに私は、弟に物を尋ねてみることができるんだ、そうしなくてはと思いつついた。私は主に向かって掻き口説くように、長い祈りをあげはじめた。その日の夜から私に幻が現われた。まず、ディノクラトゥスが他の多くの人々と共にいる暗黒の場所から、脱け出てくる姿が見えた。全身炎に包まれ、渇きに苦しみ、不潔なボロをまとい、顔には死亡当時あった傷が残っている。ディノクラトゥスは血を分けた私の兄弟である。彼は七歳のとき、病気で死んだ。悪性の潰瘍に顔面を蝕まれ、彼の死を悲しみ憤らないものはなかった。私は彼のために祈った。しかし、私と彼の間の距離は甚だ大きく、互いに近づくことができなかった。ディノクラトゥスのいた場所には水を満たした水盤があって、その縁は子供の背丈が及ばないほど高く、深かった。そしてディノクラトゥスは、その水を飲もうとするかのように爪先立ちに伸びあがった。私の方は、水盤に水があるのに、縁石が高すぎて飲むこともできない弟を見ているのが苦しかった。そこで目が覚めて、私は弟が試練を受けているのだと知った。しかし彼の試練を軽減してやることはできるのだということを、私は疑わなかった。私は毎日毎日、私たちが皇帝の宮殿内牢獄に移されるまで彼のために祈った。実は、私たちは皇帝ゲタの誕生日に、宮殿で催される闘技会で戦わねばならないことになりそうであった。そこで私は夜も昼も、弟が私に許し与えられますようにと泣き呻きながら、彼のために祈った。(69)

さらに数日後、ペルペトゥアはまた別の夢を見る。

私たちが鎖につながれた日、私に次のような幻が現われた。既に見た例の場所が見え、ディノクラトゥスは清潔な体をして、すがすがしい(refrigerantem)衣服をきちんと身に着け、また傷のあった箇所は瘢痕になっていた。先に見たあの水盤の縁石は、子供の臍の高さにまで低くなって、水がそこから絶えず流れていた。また縁石の上には黄金の杯が一つあって水が満たされていた。ディノクラトゥスはそれに近寄り、飲みはじめた。ところが杯は空にならないのであった。やがて渇きも癒えて、彼は子供らがするように、楽しげに水遊びをしようとした。そこで

私は目を覚まし、彼があの責め苦から解放されたのだと悟った。(70)

重要なのは refrigerantem の一語である。それは明らかに refrigerium の概念に関係がある。この異例のテクストは、しかし三世紀初頭にあってまったく新奇というわけでも、まったく孤立した存在でもない。二世紀末に遡ると言われるギリシアの聖書外典、『パウロおよびテクラ行伝』(71)には、若くして死んだ女のための祈りのことが語られている。つまりそこでは、異教徒の女王トリフェーナが、その養女でキリスト教徒の少女テクラにむかって、死んだ実の娘ファルコニルラのために祈るよう求めているし、テクラも、ファルコニルラに永遠の救いあらんことをと神に祈っているのである。

テルトゥリアヌスを『ペルペトゥアとフェリキタスの受難』の作者とみなそうとする人も時にはあった――これは確かに誤謬である――が、彼はこの殉教者たちと同時代にカルタゴで暮らしていたのであり、パウロとテクラ行伝を知っていて、これをその著書『洗礼について』De baptismo（一七・五）に引用している。また他の場所では、キリスト教徒である寡婦は亡き夫のために祈るべきであり、彼のために refrigerium interim すなわち中間的蘇生の地を乞い求めるべきであると述べている。(72)

煉獄の前史における『ペルペトゥアとフェリキタスの受難』の重要性を誇張してもならず、過小評価してもならない。

ここでは本来の意味の煉獄はまったく考えられないのであり、これら二例の幻想《ヴィジョン》のいかなるイメージも死者も、中世的煉獄では見出されないであろう。ディノクラトゥスが身をおくあの庭は、ほぼ楽園と言ってよく、谷でも原野でも山でもない。彼が苦しむ渇きと無力とは、倫理的という以上に心理的な苦悩のように表現されている。心理＝生理的な苦痛、labor が問題とされていて、煉獄の前駆形態や煉獄そのものに関わるあらゆるテクストにおけるような罰としての苦痛 poena ではない。ここには審判も懲罰も存在しない。

しかしながらこのテクストは、聖アウグスティヌス以後、煉獄を視野に入れた種々の考察の中で、利用されたり注釈されたりすることになる。第一に、ここにはシェオールでもハデスでもアブラハムのふところでもない場所が出てくる。ここでの登場人物は若年にもかかわらず、最初の夢では顔にあった傷や潰瘍(vulnus, facie cancerata)が次の夢の中では消え失せたことが示すように、罪を犯した人にちがいない。キリスト教の体系によれば、傷は罪の明白な表徴でしかありえないからである[73]。そして彼はこの場所で渇きに苦しんでいる。これはあの世で罰せられる人に特徴的な苦しみなのである。彼はその罪の赦免をとりつけるにふさわしい人の祈りのおかげで救われる。まずもって肉親の絆によって。ペルペトゥアは血のつながりのある彼の姉である。しかしまた、特にその人の功徳によって。間近に殉教の死を迎えた彼女は、その近親者のために、神へのとりなしをする資格を得たのである[74]。

カトリック教会が極めて厳正にその聖者暦を再検討している時代に、私は守護聖女を新たにつくり出す人のようなまねをするつもりはない。しかしこの讃嘆すべきテクストにおいて、煉獄がこれほど感動的な一人の聖女の庇護のもとで、おずおずと語り出しつつあるのは印象的なことである。

Ⅱ　煉獄の父たち

アレキサンドリアの二人のギリシア人——煉獄の《創設者》たち

煉獄の真の歴史は一個の逆説、しかも二重の逆説に始まる。

煉獄の教義の《創設者》と呼ばれて然るべき人々は、ギリシア人の神学者なのである。ところで、彼らの考え方はギリシアのキリスト教界では反響を得たとしても、それは本来の意味の煉獄の概念には到達しなかったし、また煉獄は中世にあって、ギリシアのキリスト教徒とローマのキリスト教徒の間で、主要な不和の種の一つとなりさえした。その上、これらギリシア人神学者が苦心して作りあげた——あるいは煉獄の輪郭を浮かびあがらせた——その理論は、単にローマ・キリスト教にとってのみならず、ギリシアのキリスト教の目から見ても明らかに異端邪説なのである。煉獄の教義はこうしてその端初から歴史のアイロニーを経験する。

私はこの書で、来世についてのギリシア人の見解に拘泥するつもりはない。ただそれらが、一二七四年、リヨンの第二回公会議における煉獄についてのラテン的見解、さらに、年譜上はこの研究の範囲外となるが、一四三八—三九年のフィレンツェ公会議におけるそれに対立している事実を見ておこう。古代末期から萌していた両教会、両世界間の不一致が、煉獄の歴史を西欧ラテン世界の問題に仕立てるのである。しかし煉獄の発生当初にその煉獄を《発明》した二人のギリシア人、アレキサンドリアのクレメンス（二一五年以前に没）とオリゲネス（二五三年もしくは二五四年没）を性格規定しておくことが大切である。彼らはアレキサンドリアのキリスト教神学を代表する最も偉大な学者たちであり、当時この大港湾都市は《キリスト教文化の極点》（H・I・マルー）であり、また特にヘレニズムとキリスト教の間のある種の融合の坩堝であった。

彼らの教説の基礎は、一方ではギリシア異教の哲学的・宗教的諸潮流を継承し、他方で聖書およびユダヤ・キリスト教的終末論に関する独自の考察から生まれている。(1) 古代ギリシアに両者が負うていたのは、神々から加えられる懲罰が刑罰ではなく教育と救済の手段であり、浄化の一過程であるという思想である。プラトンは懲罰を神々の恩恵とみなした。(2) クレメンスとオリゲネスはそこから、《罰すること》と《しつけること》とは同義であり、(3) 神によるあらゆる懲罰が人間の救済に役立つという考えを引き出してくる。(4)

プラトンの思想はオルフェウス教によって通俗化され、ピタゴラス説によって伝播し、こうしてウェルギリウスの『アエネイス』第四歌にも、浄化としての地獄の責め苦の観念が見出される（七四一―七四二行、七四五―七四七行）。

……他の者たちは宏大な深淵の底で
己の汚れを洗い落とし、また火の中で己を清める者もある。
……
長い年月の後、遂に時の流れも尽き果て、はじめて古い汚辱の印が消され、かくて魂の至純の源はその純潔を取り戻す……(5)

聖書からは、クレメンスもオリゲネスも、旧約の神の手段としての火、また新約の火の洗礼という福音書的観念と、死後における浄化の試練というパウロ的観念とを継承している。

第一の観念は、しばしば採用される旧約の諸テクストの解釈から得られる。クレメンスとオリゲネスのプラトン主義的なキリスト教理解は、彼らを楽観論の立場へと導いていく。例えばクレメンスは、神は復讐するものではありえないと考える。《神は復讐心を揮うのではない。復讐とは悪に対して悪を報いることであって、神は善のためにこそ悪を懲らしめるのである》(『雑録』Stromata 七・二六)。この考え方に導かれて、神がその怒りの表現手段としてあからさまに火を利用する旧約の各節を、両神学者はいささかその意味を緩和して解釈することになるのである。例えば神がアロンの息子たちを火で焼き滅ぼすとき。《アロンの子ナダブとアビフとは、おのおのその香炉を取って火をこれに入れ、薫香をその上に盛って、異《こと》火《び》を主の前にささげた。これは主の命令に反することであったので、主の前から火が出て彼らを焼き滅ぼし、彼らは主の前に死んだ》(レビ記一〇・一―二)。あるいはまた、あの申命記三二章二二節に《わたしの怒りによって、火は燃え出で、冥府《よみ》の深みにまで燃え行き、地とその産物を焼きつくし……》とある。ところがまさにその『レビ記注解』において、オリゲネスはこれらのテクストが、人間をその善に向かわしめるべく懲らしめる神の促しを絵解きしたものと見るのである。同様にオリゲネスは、神がみずから火となって出現する旧約の章節を、怒りの神の表現としてではなく、みずから罪を貪り焼き尽くして、浄化する神と解釈する。またその『エレミア書注解』の講話一六でも、エレミア書一五章一四節の《わたしの怒りによって火は点じられ、いつまでも燃え続けるからである》を同様に注釈し、あるいはその『ケルソス駁論』四・一三においてもそうである。

第二の観念は、洗礼者ヨハネの預言に関するルカ三章一六節の本文への考察に由来している。《そこでヨハネはみんなの者に向かって言った。「わたしは水でおまえたちにバプテスマを授けるが、わたしよりも力のあるかたが、おいでになる。……この方は、聖霊と火とによっておまえたちにバプテスマをお授けになるであろう》。これをオリゲネスは(『ルカ注解』講話二四において)次のように注釈している。《ヨルダン川のほとりのヨハネが、バプテスマを受けに来た人々のうち、己の悪徳と罪とを告白した者たちを受け容れ、他の者を《まむしの子ら、云々》と呼んで追い払ったのと同様に、主イエス・キリストも火の川に(in igneo flumine)降り立ち、火の槍(flammea rompea)のかたわらにあって、死後天国に行くはずでありながら罪の清めを欠く(purgatione indiget)人々のために、彼らをこの川に浸してバプテスマを授け、待ち望まれる場所へと渡らしめるのである。しかし最初のバプテスマの印を持たない人々については、彼がこれに火の洗礼を授けることはない。まず水と霊とによって洗礼を受けねばならず、その後で、はじめて火の川にまで辿り着き、水と霊とに浴みした印を保ち、今やイエス・キリストにあって火のバプテスマを受けるに値する者であることを示すことができるのである》。

最後に、神の怒りの犠牲となる不信心者の運命と、神の庇護を享受する義人の運命とを描いた詩篇第三六篇についての第三講話において、オリゲネスは火による最終的浄化を語るパウロのコリント人への手紙の一節をこう注釈している。《われわれはすべて必然的にこの火に至ると思われる。パウロであれペテロであれ、われわれはこの火に至る……もしわれわれがエジプト人であれば紅海を目前にしたようなもので、われわれはこの火の川もしくは湖に呑みこまれるであろう。われわれの身内には諸々の罪が見出されるからである……あるいはわれわれはまた火の川に入っていくであろう、ただしヘブライ人にとっては水が右も左も遮る壁をなしたのと同様に、その火はわれわれにとっての壁となるであろう……われわれは立ち並ぶ火の柱、煙の柱に従って歩み行くであろう》。

アレキサンドリアのクレメンスは、今生においても来世においても、二種の罪人と二種の懲罰があると区別した最初の人である。この世において、矯正可能な罪人に対してその懲罰は《教育的》(διδασκαλικός)であり、矯正不可能な者に対してはそれは《刑罰的》(κολαστικός)である。[6] 来世においても二種類の火が存在するであろう。矯め難い罪人には《貪り焼き尽くす》火が、他の者には《聖化する》火、《鍛冶場の火のごとく焼き滅ぼすことなく》、《思慮深い》《聡明な》(φρόνιμον)火が。それは《そこをくぐりぬける魂に浸み透る》[7]。

オリゲネスの考え方はこれ以上に明確で、しかもさらに一歩を進めている。彼によれば、既に見たようにあらゆる人間が火をくぐりぬけることになっていて、完全に純潔な人間は存在しないが故に、義人といえども例外ではない。肉体との結びつきという、その事実だけで、すべての魂は汚れているのである。『レビ記注解』の第八講話において、オリゲネスはヨブ記一四章四節の唱句《誰が汚れたもののうちから清いものを出すことができようか》の重要性を強調している。しかし義人にとっては、この火のくぐりぬけは一種のバプテスマであって、魂に重くのしかかっていた鉛を溶かし、純金に変質させる働きがある。[8]

オリゲネスにとってもクレメンスにとっても、二種類の罪人があることにかわりはない。より正確に言えば、人間本性に根ざした汚辱(ῥύπος これはラテン語で sordes と訳されることになる)を負っているだけの義人と、原則として死に値する罪(πρὸς θάνατον ἁμαρτία ラテン語では peccata)の重荷に喘ぐ、本来の意味の罪人があるのである。

オリゲネスに独特な考え方——それはまた彼を異端たらしめる所以であるが——最終的に完全に浄化されて天国に行けないほどの、それほどに邪悪かつ牢固として、根本的に矯正不能な罪人など存在しないというものである。地獄もまた暫定的である。G・アンリッヒが的確にも語ったように、《オリゲネスは地獄それ自体を一種の煉獄として理解している》のである。実際オリゲネスは、プラトンやオルフェウス教徒やピタゴラス派に由来する浄化 κάθαρσις の理論を極端におしすすめている。彼はキリスト教とはまったく両立しがたい輪廻・転生のギリシア異教思想を許容しないが、そのかわりに、この理論の一変種はキリスト教的たりうるものと信じる。すなわち、死後における魂の連続的な進歩、不断の完成の観念である。魂が、当初どれほど罪深くあったとしても、死は遂にはそれを神の永遠の観想――アポカタスタシス ἀποκατάστασις――へと帰着せしめるのである。

死者の二カテゴリー、魂の単純な汚れを負う罪人と本来の意味の罪人とに対して、相異なる二種の浄化の火が適用される。前者に対しては「裁きの霊」であり、死者はこれを「通過する」だけ、一瞬しか持続しない。これに対して後者は、その時間に多少の差はあれ「焼尽の霊」の内にとどまる。この懲罰は極めて苦痛であるが、オリゲネスの楽観主義と両立しないものではない。なぜなら、懲罰が厳しければ厳しいほど、救いは確かなものに感ぜられるからである。オリゲネスには、中世も末の一五世紀にはじめて見出されるような、苦悩の贖罪的価値に対する感覚が存する。

アレキサンドリアのクレメンスにとっては、贖罪可能な罪人の魂を貫くあの《聡明な》火は、A・ミシェルが正しく見て取ったように物質的な火ではなく、といって《隠喩的》な火でもない、《霊的》な火なのである（『雑録』七・六及び五・一四）。従来、オリゲネスにおいて単純な汚濁した魂が通過する裁きの火は「現実的」な火であって、これは罪人が苦しむべき「焼尽」の火――こちらは《隠喩的》な火ということになる、なぜなら最終的に救済されるはずの罪人がこの火に焼き尽くされることはありえないのだから――に対立するとされてきた。しかしその際、援用される諸テクスト（『原理論』De principiis 二・一〇、『ケルソス駁論』四・一三、六・七一等々）はこの解釈を正当に根拠づけるものとは思われない。いずれの場合も、物質的でも隠喩的でもない「浄化する火」が問題なのである。それは現実の、しかし霊的な、微妙な火である。この火による浄化はいつ行なわれるのであろうか。オリゲネスはこの点、極めて明瞭に、復活後、最後の審判の時としている。(9) 結局この火は世界の終末の火にほかならず、インド・ヨーロッパ、イランおよびエジプト系統の、ストア派が ἐκπύρωσις（宇宙大燃焼）の概念で捉え直した古い信仰に由来している。

ユダヤの黙示録文献の中で、世界の終末の火に関して最も意味深いテクストは、ダニエルの夢（七・九―一二）における「日の老いたる者の幻」であった。

その御座は火の炎であり、
その車輪は燃える火であった。
彼の前から、ひと筋の火の流れが出てきた。
……
その獣は殺され、その体はそこなわれて、
燃える火に投げ入れられた。

しかしオリゲネスは、世の終りの終末論的時間について極めて個人的な見解をもっている。義人は瞬時のうちに火をくぐりぬけ、裁きの日第八日目から天国に入ると考えられる一方、逆に罪人は最後の日を過ぎても――場合によっては「幾世紀も幾世紀も」――火に焼かれるであろう。と言ってもそれは、万人が早晩天国に行くのであるから、永遠にというわけではなく、長期間にわたって引きつづきという意味である（『ルカ注解』講話一四）。他の場所でオリゲネスは、奇妙な算術に基づいて次のような明細を提示している。つまり現世の生は裁きの日までなお一週間続く、同様に焼尽の火に包まれた罪人の浄化は一、二週間、即ち極めて長時間持続するであろう、しかも彼らが浄化されるのは、やっと第三週の初めにほかならないであろう（『レビ記注解』第八講）。後に見るように、一三世紀には煉獄に関する諸種の計算は、現実の時間に根拠を置くようになるが、ここでは計算は飽くまで象徴的なものにとどまっている。しかし煉獄の計算法が既にほぼその姿を現わしたのだ。

個人の死から最後の審判までの死者の魂の運命《ゆくえ》については、オリゲネスは極く曖昧なままだ。義人は死後ただちに天国に行くと保証しながら、その天国は魂が最後の審判と火の試練――短期あるいは長期の――を経てはじめて到達する、あの真の歓喜の天国とは別物である。(10)オリゲネスは、私の思い違いでなければ一度も言及していないけれども、それらはアブラハムのふところに比較しうるものだ。これに対して、個人の死と最終審判の間、この中間状態における罪人の運命については、オリゲネスは何も語っていない。それは多くの同時代人と同様に、いやおそらく彼らの大方以上に、オリゲネスが世界の終末の近いことを信じているからであろう。《世界の火に焼き尽くされる日が迫っている……地とあらゆる被造物が、この時代の終りに熱火の内で焼き滅ぼされるであろう》（『創世記注解』第六講話、ギリシア教父著作集一二・一九一）。

さらに《救い主が極く最近この世に到来されたのも、世界の終末が既に間近に迫っていたからである》（『原理論』三・五、六）。個人の死から最終審判まで、今日と世の終りの日との間の中間期は、考えるには及ばぬほどに短いのである。火の試練は《生の出口でわれわれを待ち受けている試練のようなものである》（『ルカ注解』第二四講話参照）。

このように、オリゲネスに仄見えた未来の煉獄は、彼の終末論と暫定的な地獄の構想とに阻まれて立ち消えになる。しかしながら、来世における死後の浄化という明確な観念が、はじめて表明されたのである。軽微な罪と大罪との区別も出現した。裁きの火を通過するだけでただちに天国へ行く義人と、焼尽の火の中に一時的に滞留するだけの軽い罪人と、極めて長時間そこに留まる《死に値する》罪人（大罪を犯した者）という、三つのカテゴリーが粗描されさえした。実際はオリゲネスはコリント人への第一の手紙三・一〇―一五の隠喩を発展させているのである。聖パウロが列挙した資材を、彼は二つのカテゴリーに分け、金・銀・宝石は義人に、木・草・藁は《軽い》罪人に相当するとしている。彼はこれに第三のカテゴリー、鉄・鉛・青銅を加え、これを《重い》罪人に相当せしめた。

死後世界における浄化に関して、ある種の算術的思考も芽生えている。当時、悔悛の苦業と来世における運命との間の密接な関係が強調されていた。例えばアレキサンドリアのクレメンスにとって、矯正可能な罪人とは、死に際に悔い改め、神と和解はしたが、償罪の業をなす暇のなかった罪人によって構成されるカテゴリーであった。またオリゲネスにとっては、「アポカタスタシス」（原初への復帰）とは実のところ悔悛の業の積極的かつ前進的一過程なのである[11]。

しかし真の煉獄の構想に達するには、なお多くの本質的要素が欠けている。煉獄の時間が最後の審判の時間と混同して、よく規定されていないこと。この混同はよほど意に満たないものであったのか、オリゲネスは世界の終末の観念を濃縮すると同時に膨張させ、極端にこれを近寄せなければならなかった。いかなる浄罪の場も地獄と区別されず、その独自性をなすべき一時的・暫定的性格も、明確に引き出されてはいない。ただ死者だけが、より軽い、あるいは重い過誤の荷を負わされ、神は救いの手をさしのべる審判者の善意をもって、死後におけるその浄罪に責任をもつのである。生者がそれに関与することはない。最後に、浄罪の場所が存在しない。浄化の火を単に《霊的な》ばかりでなく《不可視の》火とすることによって、オリゲネスは煉獄の想像を封鎖したのであった。

ラテン・キリスト教——死後世界の展開と逡巡

聖アウグスティヌスと共に、したがって今度はラテン・キリスト教徒の間で、煉獄前史が決定的に充実するのを見るには、四世紀の最終期、そして五世紀初頭を待たねばならない。

三世紀中葉には聖キプリアヌスによって、後の煉獄の教義に対する重要な寄与がもたらされた。その『アントニアヌスへの書簡』の中で、彼は二種類のキリスト教徒を明確に区別したのである。すなわち、《赦しを待つ者と栄光に達する者との別、獄舎に（in carcere）送られ、身を贖う最後の銭まで払いつくしてやっとそこを出る者と、ただちに信徳の報いを受ける者との別、業火の内で長く苦しむことで己の罪を洗い清める者と、殉教によって己のあらゆる過誤を消し去った者との別、そしてまた、裁きの日に主の宣告に身を委ねなければならない者と、主によって即座に王冠を授けられる者との別がある》[12]。これに関して次のような評価がある。《この浄化の苦難、墓の彼方の火は、まさに煉獄にほかならない。後世に見られるような明確な表現に達してはいないが、キプリアヌスは既にテルトゥリアヌスを越えて一歩前進している》[13]。この解釈は煉獄の進化論的な考え方の代表的なもので、キリスト教の教理の中にそもそもの初めから萌芽として存在したある信仰が、緩慢ながら確実に解明されていく歩みを、教義そのものの内に見ようとするものである。しかし私には、これほど歴史の現実に合致しないものはないと思われる。千年至福説や、程度の差はあれ恣意的に救済と破滅を云々する衝撃的な黙示録への信仰が、パッと燃え上がる度に、教会は歴史的諸条件や社会構造、また口碑伝承の類（これを教会は徐々に正統教義に変貌させていく）に相応じて、若干の要素を配分整序していき、これが一二世紀には、煉獄をその主要部分とする死後世界を構成するに至った。しかしそれは、順調に成育することなく流産する可能性も大いにあったのであり、事実それは五世紀初めおよび六世紀末から八世紀初めまで、そして最後に一二世紀に、加速的進展を見はしたが、決定的なものとなったかもしれない幾度もの長い停滞期を伴ったのである。したがって私は、聖キプリアヌスに煉獄についての擬似的教説を見ようとする説を論駁したP・ジェイの意見を妥当なものと考える。アントニアヌスへの書簡で問題にされているのは、迫害の中で落伍したキリスト教徒（変節者《ラプシ》・棄教者）と殉教者との比較なのである。あの世における《浄罪界》ではなく、この世での悔悛が問題なのである。ここに言及されている獄舎とは、未だ存在していないどこか浄罪の地のそれではなく、教会が悔悛のために課した懲罰である(14)。

キリスト教が迫害されなくなり、ついでローマ世界における公認宗教となる時期には、四世紀の教父や教会の著作者たちはその見解の多様性にもかかわらず、かなり一貫性ある全体を成している。死後の人間の運命に関する彼らの考察は、特にダニエルの夢（七・九）やコリント人への第一の手紙（三・一〇―一五）、また、これよりは稀だが浄化の火についてのオリゲネスの観念、あるいはテルトゥリアヌスの refrigerium を出発点として展開されるのである。オリゲネスの見解はとりわけ、「シビラの神託」のキリスト教的な部分に影響を及ぼしていて、これを通じてオリゲネスの精神的末裔がある程度確保されることになる。

ラクタンティウス（三一七年以降没）は、あらゆる死者が、義人をも含めて火の試練を受けると考えているが、彼はこの試練が最後の審判の時に行なわれるものとみなす。《神が義人を試される場合も、火によってこれをなされるだろう。罪の重さや数のまさった者たちは火に包まれて浄化され、逆に完全な正義もしくは円熟した美徳の持主は、この炎の熱さを感じることがない。彼らの内にはこの火をおしのけ、はねつける何かがあるからである》（『神学教程』Institutiones ラテン教父著作集六・八〇〇）。

ポワティエのヒラリウス（三六七年没）、アンブロシウス（三九七年没）、ヒエロニムス（四一九年または四二〇年没）、四世紀後半に生きたアンブロシアステルと呼ばれる不詳の人物、彼らは人間の死後の運命についてオリゲネスに遠なる考え方をしている。

ポワティエのヒラリウスによれば、最後の審判の日まで、義人はアブラハムのふところで憩い、一方罪人は火に責め苛まれることになる。最終的な裁きに際して義人は直接天国へ行き、非キリスト教徒や無信仰者は地獄へ、その他のすべて、罪人の全部は裁きを受け、悔悛しない罪人は地獄で重い刑罰を受ける。詩篇五四の注釈の中で、ヒラリウスは《審判の火によってわれわれの身を焼く浄化の作用[15]》と書いているが、この火はあらゆる罪人を浄めるのだろうか、あるいは単にそのうちの特定の者たちだけを浄めるのだろうか。この点をヒラリウスは明確にしていない。

聖アンブロシウスは、いくつかの点ではもっと詳細であるにもかかわらず、なお一層曖昧である。まず、既に見たように、魂はエヅラ第四書の構想するところにならって種々異なる住みかで審判を待つと考える。次に復活して、義人は直接天国へ、無信仰者は直接地獄へ行く。罪人のみ試みられ、裁かれる。彼らは火の道を通りぬけるという試練を受けるが、これはマタイの福音書(三・一一)で洗礼者ヨハネが予告している火の洗礼《バプテスマ》にほかならないとされている。《蘇った者たちの前には火があって、誰もが絶対にこれをくぐりぬけねばならない。これは洗礼者ヨハネによって告げられた火の洗礼、聖霊と火によるバプテスマであり、天国を守護するケルビムの燃える剣であって、これを是非ともかいくぐらねばならない。すべての者が火によって試されるであろう。天国に帰ろうと望む者はみな、この火の試練に耐えねばならないのだ[16]》。アンブロシウスはさらに、イエスや使徒や聖人たちでさえ、火を通過してはじめて天国に入ったのだと言明している。こうした断言を、義人は裁きを受けずに天国に行くという断言とどう調停できようか。アンブロシウスには意見変更があったし、しかもあまり明確な考えを持っていたわけでもない。彼によればまた三種類の火があったようだ。純銀にほかならない義人にとって、火は一種の清涼剤、爽かな朝露のようなものであり（ここにも、冷と熱との総合にしてキリストの象徴たる真珠の観念が見出される）、無信仰者や背教者、瀆聖者は鉛にほかならず、この火が懲罰とも責め苦ともなる。銀と鉛の混じりあった罪人にとってはそれは浄化の火であって、その罪科の重さに応じて、つまり溶かし去るべき鉛の量に応じて、火がもたらす苦痛も長びくことになる。この火の本性は、はたして《霊的》か《現実的》か。オリゲネスの影響を大きく受けながら、アンブロシウスはその点でも立場が揺れ動き、変化している。結局アンブロシウスは、オリゲネス的である以上になおパウロ的で、すべての罪人は罪科を犯したとはいえ信仰を得たはずなのだから、火をくぐりぬけた上で救済されるものと考えているのだ。《主はその僕《しもべ》をお救いになるとしても、われわれは信仰によって救われるのである、ただし火の中をくぐってきた者のように(17)》。しかしアンブロシウスは、故人の死後における慰謝のために生者が捧げる祈りの有効性とか、責め苦の軽減を求めるとりなしの祈りの価値は、明確にこれを肯定した。特に、周知のようなこみ入った関係に結ばれていた皇帝テオドシウスのために、彼はこう祈っているのだ。《主よ、あなたの僕《しもべ》テオドシウスに安息を与え給え、あなたが聖人のために準備しおかれたあの安息を……私は彼を愛しました。それゆえ命の滞留地にまで彼に付き随いたいと思います。私の祈りと悲嘆の声とによって、彼があの高み、主の聖なる山頂、彼に先立った人々が彼を呼ぶあの場所に受け入れられないかぎり、私は彼のそばを離れません(18)》。

彼の兄弟サチュロスが死んだとき、彼はサチュロスが一生の間に救った不幸な人々の涙と祈りのおかげで、彼に神の赦しと永遠の救いが与えられるようにと願っている(19)。

来世における死者の運命をほのめかすアンブロシウスの右の二文は、やがて煉獄の歴史をつき動かすことになるもう一つの根拠に、同等に深いかかわりをもつものである。皇帝や王侯といった世俗の実力者のあの世での姿は、教会の政治的武器であった。それをテオドリクス、シャルル・マルテル、シャルルマーニュの場合について見ることになろう。ダンテもこれを想い起こすことになる。世俗の君主たちが教会に対して不服従の場合、あの世で彼らを待ち受けている懲罰を喚起してみせたり、彼らの解放と救済に教会のとりなしがいかに重みをもつかを示唆したりすることほど、教会にとって彼らをその霊的もしくは世俗的訓令に従わせるに好都合な方法があろうか。アンブロシウスとテオドシウスの関係がどのようなものであったかを知るならば、こうした背景が念頭に浮かんでこないわけにはいかない。サチュロスの場合には、生者と死者の関係の別の局面がくっきりと現われているのが見られる。アンブロシウスは自分の兄弟のために祈っている。これはあの世への救援の血縁組織なのだ。中世には煉獄が視野に入るので、これがさらに一層力を増すであろう。しかしアンブロシウスは、特にサチュロスが救けてやった人々によるとりなしを云々している。ここにわれわれは一個の歴史的な社会現象を見る。つまりこれは、キリスト教的次元に移されたローマの保護制なのである。そのほか、貴族や修道者同士の、俗人と修道者間の、同業者間の、といった種々の連帯関係が、煉獄の時代に、あの保護者《パトロン》の死後《ポスト・モルテム》における被保護者《クリエンテス》による（多少とも義務づけられた）相互扶助体制を引き継ぐことになる。

もう一点、アンブロシウスは、後述するように、復活は二度にわたるという考えに従っている。

聖ヒエロニムスはオリゲネスの敵対者ではあるが、救済に関する限り最もオリゲネス的な立場の人である。悪魔《サタン》、神を否認する者、無信仰者は別として、死すべきすべてのもの、あらゆる罪人が救われるであろう。《魔王の苦しみは、また内心で神の存在を否認したすべての者、無信仰の徒輩の苦しみは、永遠につづくであろうとわれわれは信ずる。また、これとは逆に、キリスト教徒で罪を犯した者に対しては、その所業が火の中で試され、また浄められるので、裁き主の宣告も穏便で、寛大なものになると思う》[20]。さらに、《全霊をもってキリストに信仰を捧げた者は、たとえ罪の内に衰えゆく人間として死んでも、その信仰によって永遠の生を得る[21]》と。

かのアンブロシアステルなる人物は、アンブロシウスに比べればさほど目新しいものをもたらしてはいないが、コリント人への第一の手紙三章一〇―一五節のパウロの本文を、初めて本格的に注釈した著者であるという点で、特殊かつ重要である。その限りで、彼は煉獄の発生に欠かせなかったこのテクストに関する中世の注釈家たち、特に一二世紀の初期スコラ学者たちに、大きな影響を及ぼした。ヒラリウスやアンブロシウス同様、彼も次の三つのカテゴリーを区別する。つまり復活後、直接天国に赴く聖人や義人、直接地獄の火の責め苦に投げこまれる無信仰者・背教者・未信者・無神論者、そして罪人ではあるが、暫時火によって浄められ償いをした後、信仰を得たという理由で天国に行くことになる素朴なキリスト教徒。聖パウロを注釈して、彼はこう書いている。《「火の中をくぐってきた者のように」と彼（パウロ）は言った。責め苦なしにはこの救済は存在しないからである。彼が「火によって救われる」と言わずに「火の中をくぐってきた者のように」と言っているのは、この救済はやがて訪れるが〔その前に〕火の責め苦を受けねばならないということを示したいのだ。火によって浄化され、未信者のごとく永劫に永遠の火に苦しめられるのではなく、救われるために。己の所業の一部分に何らかの価値があるとすれば、それは彼がキリストを深く信じたということである[22]。》

ノーラのパウリヌス（四三一年没）もまた、ある手紙の中で、何もかも知りつくした、知力ある（sapiens）火について語っている。これを通りぬけながら、われわれは試され調べあげられるのだが、この火はオリゲネスに由来している。熱と冷、火と水、それに refrigerium の観念さえ含む包括的な定式として、彼はこう書き表わした。《われわれは火と水とをくぐりぬけた、すると彼はわれわれを涼しく気持ちのよい場所に導いた[23]》。さらに、ある詩篇では、各人の所業すべてに燃え広がる《審判する火》（ignis arbiter）とか、

《焼くのではなく試練にかける炎》とか、永遠の報い、悪しき成分の焼却が論じられ、また肉体の焼失後火の手をのがれ、永遠の生に向かって飛び立つ人間の救済について語られる。(24)

煉獄の真の父――アウグスティヌス

未来の煉獄に関する文書資料に最も重要な要素をもたらすのは、キリスト教に極めて深い刻印を残し、おそらく中世最大の《権威》であったアウグスティヌスであると言ってよい。

『聖アウグスティヌスにおける煉獄の教義の展開』(一九六六年)と題する、その優れた研究の中で、ジョゼフ・デディカはこの問題の一件書類を構成するアウグスティヌスの数多いテクストすべてを調査している。彼は煉獄前史におけるアウグスティヌスの地位を、概ね成功裡に解明しており、次のような重要事実を指摘した。すなわち、アウグスティヌスの立場は単に変化発展を見せているばかりではない、それは当然のことであるが、その立場はある時点以後著しく変化したというのである。デディカはその時点を四一三年と特定し、その原因を来世の寛解主義者、いわゆる《慈悲深い人々》(misericordes)に対する闘争に帰している。アウグスティヌスはこの年以後、この闘争に熱心に関与していくのである。私は原初《プレ》的煉獄にかかわるアウグスティヌスの主たるテクストのみを引用し、位置づけ、注釈するにとどめよう。それもアウグスティヌスの思想と行動の全体、そして煉獄の長期にわたる生成、この二つを視野におきながら試みることにする。

　まず初めに、一つの逆説を強調しておきたい。煉獄の教義の形成に対する聖アウグスティヌスの重要性については、これまでも正当に強調されてきた。このことは煉獄の歴史を再構成しようとする歴史家や近代の神学者の観点から真実であるばかりでなく、煉獄なるものをつくりあげた中世の聖職者の観点からも正しい。しかしながら、私には明白だと思われるのだが、この問題がアウグスティヌスの関心を特に強く惹きつけたというわけではない。彼がかくも頻繁にこの問題に言及しているのは、逆にそれが同時代者の多くの人の興味の対象であったからであり、またそれが、彼にとってより根本的な諸問題に、周辺的ながら関与していた——彼の目から見れば害毒を流していたと言ってもよかった——からにすぎない。彼にとっての根本問題とは、むしろ信仰とその業、神の計画における人間の地位、生者と死者の関係、地上の社会的秩序から超自然的秩序に至る意味の階層序列の中での秩序への顧慮、本質的なものと付随的なものとの弁別、霊的進歩と永遠の救済をめざす人間に必要な努力、などというものだった。

アウグスティヌスの不決断は、一つには死から最終的審判までの人間の運命に対する彼のこの相対的な無関心に由来するものと思われる。それはまた、もっと根の深い理由によっても説明される。

最も重要な理由はその時代に起因するものである。ローマ社会は当時、ローマ世界の最大危機にあって、蛮族の挑戦とか、新しい支配的イデオロギーを然るべく統合するとかいう大問題と対峙しなければならなかったが、来世にかかわる新思潮の最大の主張は、復活を信じるか否か、永遠の劫罰と永遠の救済とのいずれを選ぶかというものであった。千年至福説が浸透して、多少とも漠然と最後の審判が明日にも迫っていると考えるこの社会が、死と永遠との中間期なるものについての省察に前提となる、思考の精緻にこだわる傾向はほとんどなかった。確かに古代末期の人々の来世への願望は、救済などという不明瞭な観念によりも、この地上の不公正があの世では償われるという考えに多く基づいていたと思われる。事情は常にその通りであったし、ポール・ヴェーヌは古代恩恵主義《エヴエルジエティスム》(六)に関してそれをみごとに論証している。彼らにとってはそうした正義の奪回要求が、公正さは死後における償いによってもたらされる、などという迂回《ソフィス》的議論《ティカシオン》に満足させられることもありえただろう。しかしそれはいわば贅沢であった。煉獄の誕生が可能になるのは、一二世紀に社会が大きく変化した結果、その贅沢品が必需品になってしまうからなのである。

だが他にもいくつかのアウグスティヌス独自の理由が、当時は周辺的であったこの問題の若干の局面に対して、不確定な態度を表明させることになったと思われる。それらは後で引用するテクストに明瞭に現われるであろう。

まず第一に、この点に関する聖書本文の不明確さ、さらには幾つかの矛盾さえあるという事実の確認である。アウグスティヌスは讃嘆すべき聖書注釈家であるが、聖書の曖昧な点、難解箇所を隠蔽するようなことはしない。一二世紀のアベラルドゥスが、『然りと否』Sic et Non において、革新的と評価される方法を採用したときも、彼はただアウグスティヌスに立ち帰ったにすぎないことが十分に認知されていない。司祭として、またキリスト教知識人として、アウグスティヌスは自ら与うべきこの教えの「土台」(Iコリント三・一〇―一五に見出されるこの言葉を、彼は大いに愛用する) は聖書であると確信している。その聖書が明快でない箇所に、最大限の光を与えようと努めながらも (それもまた彼の深い資質の一つではある)、精確なことは何一つ言えないということを認めなければならない。救済にかかわる問題においては、その若干の局面にまつわる秘密ないし神秘を尊重しなければならず、一定の枠内では、神みずから種々の決定を下されるのに任せなければならないだけに、なおさらである。これが第二の理由である。その枠組みの概略は聖書とイエスの教えによって示されているが、その枠内では――奇跡のみならず――神の自由決定の余地が留保されているのである。

ここで、アウグスティヌスの重要性はまずもって、中世に永く重きをなす彼の語彙に由来する。三つの語がとりわけ重要である。形容詞 purgatorius, temporarius (もしくは temporalis) そして transitorius である。purgatorius は、これを私は purificateur とするよりも――アウグスティヌスの思想に比すれば明確に言いすぎる――purgatoire と訳したいが、poenae purgatoriae 罪を償う罰（『神の国』二一・一三および一六）、tormenta purgatoria 浄罪の苦しみ（『神の国』二一・一六）、また特に ignis purgatorius 浄罪の火（『エンキリディオン』六九）といった結合で見出される。[25] temporarius はたとえば poenae temporariae 一時的な罰のごとき表現に現われ、poenae sempiternae 永遠の罰に対立する（『神の国』二一・一三）。poenae temporales の形は『神の国』エラスムス版（二一・二四）に見出される。[26]

モニカの死――彼女のために祈られよ

アウグスティヌスは初め、死者のためのとりなしの祈りの有効性を肯定した。彼は母親モニカの死後、三九七―三九八年頃に、心動かされて『告白』（第九巻第一三章、三四―三七）に書いた祈りの中で初めてそれをしている。

《いまではもう私は、肉的な感情の弱さとして咎められかねなかったあの心の傷を癒されましたから、あなたの前で、神よ、あなたの婢《はしため》であった者のために、これまでとはまったく別様の涙をそそぐのです。それはアダムにおいて死ぬあらゆる魂の危険を想いみるときに、激しく揺り動かされた霊から流れ出る涙です。

たしかに、一たびキリストにおいて生かされるや、肉の束縛を解かれる以前にさえ、彼女はその信仰と行ないとにおいて御名が讃えられるような生活を送りました。しかしながら、あなたが洗礼によって彼女を生まれかわらせ給うてから、あなたの戒めに背くいかなることばも彼女の口から発せられたことがないとは、私はあえて申し上げることができません。

あなたの御子たる真理は「もし誰かその兄弟に《おろか者》と言う者があるならば、その者はゲヘナの火を被るであろう」と言われました。もしあなたがあなたの憐れみを退けて人々の生を厳しく篩にかけられるならば、どんな賞讃されるべき生も呪わしいものとなりましょう。しかしあなたは過ちを執拗に探し求めるお方ではありませんから、私たちは信頼してあなたの傍らに席を得ることを希望するのです。しかしながら、あなたに対して自分の功徳を数え上げる者は誰でも、実はあなたの賜物でなくて何を数え上げているというのでしょう。おお、もし人間が己の人間たることを識り、また己を誇る者が主にある己を誇るのであるならば！

さて私は、おおわが讃美、わが命、わが心の神よ、母の善き行ないの数々は暫くおき、これらについては私は喜んであなたに感謝を捧げます、今はわが母の罪のためにあなたに乞い求めたいのです。

十字架にかかり、あなたの右に座して私たちのためにあなたに呼びかけなさる、私たちの傷の癒し手となられた方によって、わが祈りを叶え給え！

私は、母が憐れみの心を身をもって示し、負い目ある者の負債を心から許してやったことを知っています。あなたもまた、彼女の負債をお許し下さい、もしも彼女が救いの沐浴の後、長年の間にそうした負債をつくりましたならば！　お許し下さい、主よ、どうぞお許し下さい！　彼女を裁き給うな！　憐れみが正義を抑えますように。あなたのことばは真実であり、あなたは慈悲深い者に対して慈悲を約束なさったのですから。彼らが慈悲深くあったということも、彼らへのあなたの賜物です、あなたが憐れみをかけようとなさる者をあなたは憐れみ、慈悲をかけようとなさる者に慈悲を与え給うのですから。

しかしあなたは既に、私の乞い願うものを叶えてくださったことを信じますが、私の口から発するこれらの祈念を、主よ、よみしたまえ！　実際、彼女が肉体から解き放たれる日の迫ったとき、母はわが身が豪奢に飾り包まれたり、香を焚きしめられることを少しも思わず、特別な墓碑の建立や自分の故郷への埋葬を望むこともしませんでした。彼女の頼みはそのようなことではなく、ただあなたの祭壇のもとで記憶されること、これが彼女の願いでした。聖なる犠牲《いけにえ》がそこから頒ち与えられることを知って、彼女はただ一日も怠ることなく、その祭壇に仕えたのです。この犠牲こそ、私たちに下された裁きを破棄し、私たちの過ちを数え上げたり告訴の種を探しまわったりする敵を打ち破ってくださった。敵はあの方のうちに何一つ咎を見出すことができません、私たちはあの方において勝利したのです。誰が敵に対して、あの方のように再び己が無垢の血を流すことができましょう。誰があの方のように私たちを贖う代償を支払って、私たちを敵から取り戻すことができましょう。

　私たちを贖う代償のこの秘跡に、あなたの婢は信仰の絆によってその魂を結んだのです。何者もあなたの庇護の手から彼女を引き離しませんように！　獅子も龍も、暴力や策略によって間に割って入ることがありませんように！　彼女も自分は何の負い目もないなどと答えて、あの欺きに満ちた告発者に裏をかかれ、捕われてしまう心配はありますまい。自分の負債はあの方によって許されたと彼女は答えるでしょう、御自身は何の負債もないのに、私たちに代わって支払って下さったその代償を、誰もあの方にお返しすることはできないのですと。

　それゆえ彼女が、夫と共に安らかならんことを。彼女はこの夫以前にも、以後にも、他の誰の妻ともなりませんでした。そしてこの夫をあなたのもとにかちとるため、夫に仕え、その忍耐の果実をあなたに捧げたのです。

　今こそわが主、わが神よ、あなたの僕《しもべ》たるわが兄弟たち、あなたの息子たるわが主人たちに霊を吹きこみたまえ、これらの人々に私は、わが心と声と書《ふみ》とをもって仕えているのです。この書を読むこれらの人々すべてが、あなたの祭壇において、あなたの婢モニカとその夫パトリキウスを想い起こしてくれるように、霊を吹きこみたまえ。あなたはこの二人の肉を通じて、どのようにしてか私にはわかりませんが、私をこの世に導かれました。人々が敬虔の念をもって彼らを想い起こしてくれるように。このつかの間の光の中ではわが両親、われらの母なるカトリック教会においてはあなたを父とするわが兄弟、永遠のエルサレムにおいてはわが同胞たる彼らを。あなたの民はそこを出でてそこへ帰る日まで、遍歴のうちにもこのエルサレムに恋い焦がれています。かくして、母が私にもらした最期の願いが、私だけの祈りによるよりも、この告白のおかげをもって多くの人々の祈りを集め、一層豊かに満たされますように。》

この讃嘆すべきテクストは教義を論じたものではないが、死者のためのとりなしが有効となるいくつかの重要条件を、ここから引き出すことができる。

モニカを天国に、永遠のエルサレムにやるべきか否かの決定は、神のみに属することである。アウグスティヌスはそれでもなお、彼の祈りが神を動かしてその決定に影響しうるものと信じている。しかし神の判断は恣意的なものではないし、また彼自身の祈りがまったくむだとか無謀とかいうわけではない。なぜならモニカは罪を犯してはいるが――あらゆる人が罪人なのだから――その生涯は救いを得るに値したからだ。したがって神の慈悲が与えられ、彼女の息子の祈りも功を奏するかもしれない。これは明瞭に言われているわけではないが、予感されているのは、神の慈悲と生者のとりなしの祈りが死者の天国入りを早めることができるということであって、それがこの地上での大罪人さえも天国の門をくぐらせることができるというのではない。またこれもそう言明されているわけではないが、おそらく確かなのは、煉獄が存在しない以上（アウグスティヌスのいかなるテクストにも、とりなしの祈りと浄罪の火の関係を明らかにするような文章は一つもないであろう）、罪人ながら救済に値する死者へのこの弁護は、死の直後になされるということである。いずれにせよ、何らかの待機の期間だの、いわんやその期間を過ごすべき場所だのを規定する必要が生ずるほど、長い時間の経過の後ではない。

アウグスティヌスが弁護するモニカの功徳は意味深い。それは受洗を前提とし、信仰と行為を内容とする。彼女の善き行ないは、掟に従って債務者に負債を返済したこと（この富裕な貴族にとって、これはおそらく物質的な意味と精神的な意味での負債と解さなければならない）、ただ一人の男と結婚し、寡婦となった後も再婚を一切斥けたこと、そして特に聖体への敬虔な奉仕である。これらはみな、天国を遠望してのみならず、煉獄を視野においても見出されることになる、死後世界への保証要件である。慈善の行為、聖体への献身、在俗者の婚姻関係の尊重、これが地獄堕ちを免れるのに重い意味をもち、天国か、さもなくばせめて煉獄へ、神の慈悲と生者のとりなしのおかげで行くために有利に働く点なのである。この場合、生者とはまず死者の最も近い肉親、つまり息子である。しかしまた、息子を通じて、その母親のために祈ることが有効とされ、また祈りを求められている集団が二つある。司教であり著作者たる息子に連なる人々、すなわち彼の信徒と読者とである。

数年後、詩篇注解三七において、アウグスティヌスは自分が死後に矯正の火（ignis emendatorius）に苦しむ必要がないように、この世で懲らしめ正してくれるよう神に求めている。しかしこれは、モニカのための祈りでも既に明らかであったが、来世における救済はまずこの世でそれに値すべきものであるという彼の考えのみならず、彼が生涯、最後まで胸に抱いていくと思われる観念、つまりこの人生の苦悩はそのまま《浄罪》の一形式なのだという観念にも関係しているのである。

さて、四二六、七年に『神の国』（二一・二四）において、アウグスティヌスは再び死者のための祈りの有効性について論じている。ただしその限界を明確に画定するためにである。とりなしの祈りは悪魔や非キリスト教徒や無信仰者、したがって地獄堕ちの者たちには効力がない。あまり明確に規定されはしないが、にもかかわらず特殊に性格づけられたある範疇の罪人にのみ、有効でありうるのである。つまりその生涯がさほど良くもさほど悪くもなかった人々である。アウグスティヌスはマタイの福音書一二章三一―三二節の文章を拠りどころとしている。《だから、あなたがたに言っておく。人には、その犯すすべての罪も神を汚す言葉も、ゆるされる。しかし、聖霊を汚す言葉は、ゆるされることはない。また人の子に対して言い逆らう者は、ゆるされるであろう。しかし聖霊に対して言い逆らう者は、この世でも、きたるべき世でも、ゆるされることはない》。救われうる死者のために、どんな人の祈りが効力をもつかも、同様に明確にされている。聖職にたずさわる人々、教会そのもの、もしくは《少数の敬虔な人々》（quidam pii）

がそれである。

《したがって、その時、永遠の火による懲罰に委ねられるべき人間のために祈らない理由は、人が今もまたそのときも、悪しき天使のために祈らない理由と同じである。そしてまた、今でさえ、人間のために祈りはしても不信仰で不敬虔な死者のためには祈らない、それも同じ理由による。ある死者たちのために、教会そのものの祈り、あるいは少数の敬虔な人々の祈りが聞き入れられることはあるが、しかしそれは、キリストにおいて生まれ変わり、この肉体のうちで送られた生がそのような憐れみに値しないと判断されるほど悪くはなく、またそのような憐れみが必要でないと評価されるほどに善くもなかった人々のためになされるのである(27)。同様に、死者の魂が受ける責め苦の後で、彼らが永遠の火の中に投ぜられないようにとの憐れみが寄せられる場合には、その死者の復活の後にもそのようなことが起こるであろう。というのも、たとえこの世で許しが与えられなくても、来るべき世では許されるような人が仮にいないとすれば、或る人々については、この世でも来るべき世でも許されないということが正しくなくなるからである。しかし、生ける者と死せる者の審判者はこう言われたはずだ、「わたしの父に祝福された人々よ、さあ、世のはじめからあなたがたのために用意されている御国を受けつぎなさい」、また他の人々に対しては、逆に、「のろわれた者どもよ、わたしから離れて、悪魔とその使いたちとのために用意されている永遠の火に入ってしまえ」、そして彼らは「永遠の刑罰を受け、正しい者は永遠の生命に入る」であろうと(28)。神に永遠の刑罰を受けるであろうと言われた者たちの或るものに対して、永遠の刑罰など存在しないであろうと言ってみたり、このような憶測を納得させて、あるいはこの世の生そのものに絶望させたり、あるいは永遠の生命を疑わせたりするのは、甚だ傲慢な業というものである。》

四一三年までは、アウグスティヌスは審判の火や死後の魂のたまり場、特に義人が受け容れられるアブラハムのふところについて、三、四世紀の教父たちの教えに若干の個人的な注釈を添えるにとどめている。その際、彼は主として悪しき金持と貧しきラザロの話（ルカ一六・一九―三一）とコリント人へのパウロの第一の手紙（三・一〇―一五）の注解に基づいている。三九八年の『マニ教徒に反駁して創世記注解』では、彼は次のように浄罪の火と劫罰とを区別している。《この生を終えた後、彼は浄罪の火をくぐるか永遠の罰を受けるかであろう》(29)。また三九九年には『福音書に関する問い』において、悪しき金持のような救われない死者と、慈善の行為によって互いに友となり、こうして前もってとりなしの祈りをみずから準備した人々とが対比されている。

しかし彼は、ルカ（一六・九）の言及する永遠の幕舎《すまい》への迎え入れが、この世の生を終えた直後になされるのか、あるいは諸世紀の終り、復活と最後の審判の際になるのかはわからないと告白している(30)。

おそらく四〇〇年から四一四年の間に書かれた詩篇注解では、特に死後の浄罪の火の存在に伴う難問を力説している。彼の断言するように、これは《暗き問い》(obscura quaestio) なのである。ところが詩篇第三七篇の注解では、煉獄に関してその後の中世に大いに重視されることになる積極的な断言を提示している。《火によって救いに至る者もあるとはいえ、この火は人がこの生において味わうべきあらゆる苦しみにもまして恐るべきものであろう》、というのである(31)。

四一三年以降——不完全な善人が死から審判までに被る浄罪のための苛酷な刑罰

四一三年以降、死者の運命、特に死後の贖罪の可能性に関するアウグスティヌスの見解は明確になり、この点では限定的な立場に傾いてゆく。アウグスティヌス思想の専門家の多くが、とりわけジョゼフ・ディカが、こうした態度硬化を《慈悲深い》寛解主義者の考え方に対する反発と見たのは正しかった。アウグスティヌスはこれを極めて危険なものとみなしたのである。しかしそこにはまた、アウグスティヌスがスペインのキリスト教徒を通じて触れたであろう千年至福説の影響も認められる。さらにそこに、あの四一〇年の大事件の余波も看取しなければならないと私は思う。すなわちアラリックに率いられた西ゴート族によるローマ略奪である。これは単に不滅のローマ、ローマ帝国の終焉を印づけるのみならず、若干のキリスト教徒にとっては世界の終末を予告するものとも見えたのだが、異教徒にとどまったローマの教養ある貴族階級の一部は、ローマの力を内から蝕み、世の終りとまでは言わないまでも少なくとも秩序と文明の終りを実感させるような災厄を招いた責めを負うものとして、キリスト教徒を非難した。アウグスティヌスが『神の国』を書いたのは、まさにこうした状況、こうした愚論と告発に答えるためである。

　アウグスティヌスの論駁以外にはほとんど知られていないあの《慈悲深い》人々は、何を主張していたのであろうか(32)。アウグスティヌスは彼らをオリゲネスの思想的末裔とみなしているのだが、オリゲネスは堕落《パラカタスタシス》の過程を経て全世界が、悪魔や悪しき天使をも含めて救われると考えていた人だ。ところが、アウグスティヌスは、これら寛容派が人間にのみ関心を向けていると強調する。一方、種々のニュアンスの差はあっても、彼らはみな一様に、どんな根深い罪人でも全面的もしくは部分的に救われると信じている。アウグスティヌスによれば、彼らは六種の相異なる、しかし似通った見解を表明している。第一に、万人が救われる、ただし長短の差はあれ一定期間地獄に留まった後で、というもの。第二は、聖人の祈りによって誰もが、地獄を経由することなく最後の審判で救済を得られるというもの。第三は、聖体の秘跡を受けたすべてのキリスト教徒が、分離派や異端者さえも救いに与ると主張するもの。第四は、この恩恵を分離派と異端者を除外してカトリック教徒にのみ認める。五番目のものは、たとえ罪の内に生きた者でも、最後まで信仰を保つ者は救われるとする。最後に、寛容派の六番目の意見として、施しをした者はたとえそれが別の方面からなされた場合でも救われると信じる。詳細には立ち入らずに、われわれは次のことを記すにとどめよう。すなわち、彼らの発想源が直接的・間接的にオリゲネスであるにせよ、これら宗派《セクト》もしくは独自のキリスト教徒は、本質的には、そのコンテクストから抜き出して字義通りに解釈された聖書本文に基礎を置いていたということ。

これに反して、アウグスティヌスはやがて確かに二種類の火があると主張するようになる。堕地獄者のための永遠の火——彼らにはとりなしの祈りもすべて無駄であり、この火が特に力説されている——そしてこれよりはるかに遅疑逡巡のみえる浄罪の火。つまりアウグスティヌスの関心事は（そう言ってよければ）未来の煉獄ではなく地獄なのである。

彼が罪人や罪にいくつかのカテゴリーを明確に設けることになったのも、地獄を確定せんがためなのである。ジョゼフ・デディカは、人間も罪も、したがってその運命も三種類に区別されたとする。私の見るところでは、アウグスティヌスの思想はもっと複雑で（三分法は一二世紀と一三世紀の聖職者の所産であろう）、四種類の人間が存在するのだ。すなわち、頼みの綱も逃げ道もありえずに地獄へ直行する無信仰者（異教徒もしくは犯罪者）、その対極に殉教者、聖人、義人があり、彼らはたとえ《軽微の》罪を犯したとしても、ただちに、もしくは極く速やかに天国に行くであろう。両極端の中間には、不完全な善人と不完全な悪人がある。後者は実際にはこれも地獄行きである。せいぜい彼らのために《比較的耐えやすい》地獄を願って、後述するように、とりなしの祈りでたぶんそれをかなえることができるだけだ。残るは完全に善良だったわけではない者たちというカテゴリーである。この連中は浄罪の火をくぐって（おそらく）救われる可能性がある。つきつめてみれば、この種の人間はあまり数多くはない。しかしこういう火やカテゴリーが存在するのは、アウグスティヌスがこれらの存在の諸条件についてより精細な考えをもっているからである。この火は極めて苛酷というにとどまらず、ゲヘナの火のような永遠の試練ではない。また最後の審判の際ではなく、死から復活までの期間に力を発揮するのである。一方、神との仲介をする資格のある生者のとりなしの祈りによって、罪を犯しはしたが最終的に救済に値した場合は、刑罰の軽減を得ることができる。そういう評価は、概ね善良な生を送り、行ないを改めようと不断に努力し、慈善の行為を完全になし、また「悔悛《ペニタンス》」の秘跡を受けることによって獲得される。悔悛と《浄罪の場》とのこの関連づけは、一二―一三世紀に非常に重要なものとなるのだが、アウグスティヌスにおいてそれが初めて明確に現われている。結局、アウグスティヌスは浄罪の時を明らかに最後の審判時から死と復活との中間期へ引き寄せたわけであるが、これをさらに引き戻して、この地上での浄罪を考える方に彼は傾いている。この傾向の根底には、地上の《懊悩》こそ主要な《浄罪の場》となるという思想がある。浄罪の火の本性に関する彼の躊躇はそこに起因する。その火が死後に威力を示すのであれば、それが《現実的》な火であることに異論はない。しかしそれがこの地上に存在するとすれば、それは絶対に《精神的》なものでなければならないからである。

罪の種類はと言えば、彼が他の場所で罪《ペシエ》というよりむしろ《重罪《クリム》》(crimina, facinora, flagitia, scelera)と呼んでいる極めて重い罪があって、これを犯す者は地獄に導かれる。これと区別して、彼が《軽微な》、《些細な》、《小さい》、また特に《日常の》などと呼んだ(levia, minuta, minutissima, minora, minima, modica, parva, brevia, quotidiana)さほど重要でない罪があり、その例として彼は家族への過度の愛着や常軌を逸した夫婦愛を挙げている(『神の国』二一・二六)。ジョゼフ・デディカは、アウグスティヌスが《中程度の》罪、特に浄罪の火の中で消滅すべき罪を、全面的にも詳細にも名指さなかった事実を指摘した。そしてアウグスティヌスは自分の考えが《慈悲深い》寛解主義者に利用されることを恐れたのではないか、という仮説を提出した。それはありうることとである。しかしアウグスティヌスは、霊魂の生を固定的なものにする精神生活の対象物の目録を作成することよりも、霊的生活の総体性や人間全体の品格に、一層意を用いる人であることを忘れてはならない。あれら《重罪《クリム》》も、個々の邪悪行為そのものという以上に、犯罪者の習癖を指しているのである。《日常の》罪だけが名を挙げて言うことができる、それらは生活上の小銭にほかならないがゆえに。その名を列挙しても霊的生活の特質に由々しい影響を及ぼさないし、積もり積もって精神に満ち溢れるほどにならないかぎり、容易に消し去ることのできる汚点、かす、些事なのである。

アウグスティヌスの《寛容派》に対する反対意見と、死者の運命についての彼の考えの発展は、四一三年の『信仰とその業』De fide et operibus にも表われているが、とりわけ四二一年の彼の手引書『エンキリディオン』Enchiridion と、四二六—四二七年の『神の国』第二一巻に明確に述べられている。その間にも友人の求めに応じて、いくつかの詳細説明を与えている。四一七年の『ダルダヌスへの書簡』では、死後世界の地理を粗描しているが、そこには煉獄に相当する場所はない。なるほど彼はあの貧者ラザロと悪しき金持の話に立ち戻って、苦しみの領域と安息の領域を区別した。しかし或る人々のように、聖書はイエスが冥府へ降りて行ったとは述べているが、アブラハムのふところを訪ねたとは書いてないという理由で、これらを共に地下世界に位置づけることはしなかった。アブラハムのふところは天国の一般的名称にほかならず、神が過ちを犯す前のアダムを住まわせた地上の楽園を指すものではない(33)。

四一九年に、モーリタニアのカエサレアのヴィンケンティウス・ヴィクトールなる人物が、救いを得るためには洗礼を受ける必要ありや否やについて、アウグスティヌスに質問する。これに答えた書『魂の本性と起源』の中で、彼は『ペルペトゥアとフェリキタスの受難』におけるディノクラトゥスを例にとっているのだが、ヒッポの司教〔アウグスティヌス〕は、未受洗の子供が天国に入る可能性を否定し、ペラギウス派がそう考えたように、安息と浄福の中間地へ行く可能性さえも否定している（したがってアウグスティヌスはここで、一三世紀に幼児の霊の赴く所となるリンボを否定しているのである）。天国へ行くためには是非とも受洗しなければならない。ディノクラトゥスは洗礼を受けてはいたが、しかしその後罪を犯したに違いなく、おそらく父親に影響されて背教の振舞があったのであろう。しかし彼は結局、姉のとりなしによって救われたのであった。

以下に『エンキリディオン』と『神の国』第二一巻の重要な本文をいくつか提示する。

もし重罪を負った人間がただ信仰を持つというだけの理由で、火をくぐりぬけて救われるのだとすれば、また聖パウロの「しかし彼自身は、火の中をくぐってきた者のようにではあるが、救われるであろう」（Ⅰコリント三・一五）という言葉がそのように解されなければならないとすれば、信仰は行為が伴わなくても救済の力があるということになり、彼の仲間の使徒ヤコブが言ったことも、同様に聖パウロ自身が言ったことも偽りとなるであろう。すなわち、「まちがってはいけない。不品行な者、偶像を礼拝する者、姦淫をする者、男娼となる者、男色をする者、盗む者、貪欲な者、酒に酔う者、そしる者、略奪する者は、いずれも神の国をつぐことはないのである」（Ⅰコリント六・九―一一）。実際、もしこれらの者が、こうした犯罪をつづけていながら、キリストへの信仰の名において救われるとすれば、どうして彼らは神の国にいないということがあろうか。（……）

しかし、これほど明白な使徒たちの証言が偽りではあり得ないのだから、キリストという土台の上に、金、銀、宝石ではなく木、草、藁によって建てる人々を問題にしているあの難解な一節――火の中をくぐりぬけて救われると言われているのは、まさにこういう人々なのである、キリストという土台のゆえに、彼らは滅びることがないからである――これは先の明快な本文と矛盾しないように解釈されなければならない。

木、草、藁は事実上、この世の極く正当な財物に対する、激しい執着を指すとみることができる。これらは苦痛なしには失われない。この苦痛が人を焼き焦がすような時も、もしキリストが彼の心の中で土台となっていれば、つまり何物もキリストに優るものなく、その焼けるような苦しみの中でも、その人がキリストを失うよりは、それらの愛着の対象を失う方がましと考えるならば、彼は火の中をくぐって救われるのである。だがもし、試みにあって、キリストよりもこの一時的で現世的な物の所有をえらぶことがあれば、彼はキリストを土台としてはいなかったのである。建物の場合、土台に優先するものは何もないのに、彼はそんなものを第一に重んじたのだから。

結局、使徒がこの所で語っている火は、「この土台の上に金、銀、宝石で建てる者と、木、草、藁で建てる者」とが、両者ともにくぐりぬけなければならないような火と解されるべきである。実際、そう言った上でパウロは次のように付言している。「その火は、それぞれ仕事がどんなものであるかを、ためすであろう。もしある人が上に建てた仕事がそのまま残れば、その人は報酬を受けるが、その仕事が焼けてしまえば、損失を被るであろう。しかし彼自身は、火の中をくぐってきた者のようにではあるが、救われるであろう」（Iコリント三・一三―一五）。したがって、両者のうち一方だけでなく、双方ともに、その仕事が火によって験されるのである。

『エンキリディオン』六七および六八節から抜萃したこの文章は、アウグスティヌス思想のいくつもの様相を物語っている。第一に彼の注釈の方法である。彼自身がその難解さを認める聖パウロのテクスト（コリント人への第一の手紙三章一三―一五節）に、アウグスティヌスは同じ聖パウロの明快なテクスト群を対照させる。確実なテクストの光に照らして難しいテクストを解釈しなければならない。一方、彼は重罪を犯した人間（homo sceleratus, crimina）と、極く軽微な過ちしか犯さなかった人間とを慎重に区別している。アウグスティヌスにとって、後者の罪の典型は、常に、法的には正当な地上の財物に執着しすぎることなのである。裁きの日には、両者いずれも火の試練を受けることになるが、一方は滅び、焼き尽くされるし、他方は救われるであろう。

これに類似したことが、この世の生を終えた後にも起こるということは信じられないことではない。本当にそうなのだろうか、と問い求めることもできる。求めて見出せるか否かは別として。〔この場合〕少数の信者は、やがて滅ぶべき財物を彼らがどの程度愛したかに応じて、早い遅いの差はあれ、或る浄罪の火によって救われうるであろう。しかし、「神の国をつぐことはない」と言われた者たちは、何か適切な償いの方法によって彼らの罪(crimina)の赦免を得なければ決して救われない。適切なと言ったのは、彼らが施しの業に乏しい者とならないような仕方でという意味である。聖書はこの施しを非常に重視しており、主はその豊かさのみに満足して人々を右に置き、あるいはその乏しさによってのみ左に置くと予め告げておられるほどである(マタイ二五・三四―三五)。主は前者には「わたしの父に祝福された者たちよ、来て、御国を受けよ」と言われ、後者には「永遠の火に入ってしまえ」と言われるであろう。

しかしながら、この責めを負う者は「神の国をつぐことがない」と書かれているような不名誉な罪を日々犯しながら、施しによってこれを日々償うことができると考えないように注意しなければならない。必要なのは生活をよりよく改め、過去の過ちについては施しによって神を宥めることであって、罰せられることなく相変わらず罪を犯すことができるように、いわば神を買収するというのではない。実際、神はもし適当な償罪を怠らなければ、既に犯した罪を憐れみによって消して下さるとはいえ、「何びとにも罪を犯す許しをお与えにはならなかった」(集会の書一五・二一)のである。

前の一節でアウグスティヌスは、火によって救いを得るためには、地上の生において信仰とその業を一致させていなければならないことを強調した。ここ(『エンキリディオン』六九―七〇)ではさらに一層精細にその考えを述べている。単に施しを熱心にしたというだけでなく、《自己の生活をより良いものにした》(in melius quippe est vita mutanda) のでなければならず、特に、然るべき悔悛に身を委ね、償いをつけること、つまり教会の法規に則った悔悛を成し遂げる必要がある。このような場合には、この世の生を終えた後 (post hanc vitam)、《或る浄罪の火》の恵みによって (per ignem quemdam purgatorium) 罪の赦免がなされる可能性があるだろう。この火については、アウグスティヌスはまだ考えがすっかり定まっているようには見えないが、永遠の地獄の火とは別物である。彼は二種類の火、つまり永遠に人を苦しめる火と、浄めかつ救う火との区別を、『神の国』二一巻二六章で再び取り上げるであろう。いずれにせよ、悔悛は極めて有効な業であり、不名誉な罪は別として、汚辱 (infanda) とまではいかないながらともかくも《重罪》(crimina) と呼ばれるような罪を、贖うことさえできるのである。浄罪の火は正規の悔悛に服さなかった信者とか、それに服しはしたがやり遂げなかった者たちに用意されている。それに対して、悔悛を必要としていながらそれに服さなかった者たちは、火によって浄化されることができない。

『エンキリディオン』一〇九および一一〇章で、アウグスティヌスは各個人の死から最終的な復活の時まで、魂を迎え入れるたまり場に言及している。すなわち、安息の場所 (その名では言われていないがアブラハムのふところであろう) と苦悩の場所 (やはり名は挙げられていないがゲヘナ) とがある——これは聖アンブロシウスが明らさまに引用したエヅラ第四の書におけるのと同様である。故人の魂は聖体の犠牲や施しといったとりなしの力添えを受けることができる。まさにここで、アウグスティヌスは四種の人間を区別する彼の考えを、みごとに開陳しているのである。善人はとりなしを必要としない。悪人にはそれは無益である。完全に善良ではない者と完全に邪悪ではない者とが残るが、彼らこそとりなしを必要とする者たちだ。ほとんどまったく善良な者たちはこれの恩恵に与るであろう。ほとんどまったく邪悪な者たちは、せいぜい《より一層耐えやすい罰》(tolerabilio damnatio) を期待することができるだけのようだ。この点については、アウグスティヌスは自分の考えを詳らかにしなかったが、地獄の安息日の休息とか、比較的苛酷でない地獄の責め苦とかを想定していたものと推測される。刑罰の軽減という観念は、ここで《浄罪の場》を超え出るように思われる。

人間の死から最終的復活までの中間期に、魂は密かなたまり場に留め置かれ、それぞれ肉体の内に生きていた間に己のものとした運命に従って、あるいは休息を、あるいは苦しみを受ける。

しかしながら、生きてある近親者の祈りによって、彼らのために仲保者の犠牲が捧げられたり、教会で施しがなされたりする場合、故人の魂がその重荷を軽減されることを否定する理由《いわれ》はない。しかしこれらの業は、死後にこれが役立つようなふさわしい生き方をした人々にのみ役立つのである。

実際、こうした死後のとりなしを必要としないほど善くはないが、これが役に立たないほど悪くもない生を送った人々がある。これとは逆に、とりなしを必要としないほど善く生きた人や、死後にその利益に与れないほど悪く生きた人もある。したがって、この世を去った後で、各人に安らぎをもたらしたり苦悩をもたらしたりする功徳や罪科は、常にこの世で得るものなのである。この世でなおざりにした事を、死んでから、神から受けられるなどと誰も期待してはならない。

したがって、故人の魂を神にとりなす目的で教会がしばしば行なっていることは、次のような使徒の教えに反するものではない。「わたしたちは皆、キリストの裁きの座の前に現われ」(ローマ一四・一〇)、「善であれ、悪であれ、各人が肉体によって行なったことに応じて」(IIコリント五・一〇)報いを受けるのである。各人は地上に生きる間に、こうした祈りの恩恵を得るにふさわしい功績をあげたからである。しかしすべての人がその恩恵を得るわけではない。それがすべての人に同じ利益をもたらすわけではないという、その理由は、各人がこの世で送った生が一様ではなかったという理由以外にはない。

つまり、祭壇の、あるいは施しの犠牲が、受洗したあらゆる死者たちのために捧げられるとき、まったく善良な人々にとってはそれは感謝の行為であり、まったく邪悪というわけでもない人々にとっては贖罪の手だてとなる。全面的に邪悪な者たちにとっては、それは死者の助けにはならないが、ともかくも生者を慰める役には立つ。その利益を得ることができる人々にそれが何をもたらすかと言えば、それは罪の完全な赦免か、あるいは少なくともより一層耐えやすい罰にしてもらうことである。

『神の国』第二一巻(四二六―四二七年)は事実上、地獄と地獄の責め苦に充てられている。アウグスティヌスの主目的はその永遠性を強調することにある。とりなしの恩恵を受けうる死者のカテゴリーに関して既に引用した第二四章を別にして、私は第一三章と第二六章の大部分とを採り上げたい。

第一三章でアウグスティヌスは、この世においてもあの世においても、あらゆる刑罰は罪を浄めるためのもの、したがって一時的なものと考える人々を批判する。彼はここでも、永遠の刑罰と浄罪的ないし一時的刑罰の区別を反復しているのだが、今度は浄罪のための罰の存在を一層明瞭に「認め」、この問題をより詳細に論じるのである。

第一三章。プラトン主義者たちは、もちろん、いかなる罪も罰せられないままでいることを欲しない。しかし彼らは、それが人間の法によって課せられるものであれ、神の法によるものであれ、この世において加えられるものであれ、死後のものであれ、およそあらゆる刑罰は改心させることを目的としてなされると考えている。死後の刑罰というのは、この世で罰を免れるとか、あるいは罰せられてもこの世では改心しなかった場合のことである。ウェルギリウスのあの考えもそこから出てくる。つまり彼は、地上的な肉体と死を運命づけられた四肢について語った後、「そのため魂は怖れ、欲し、苦しみ、また喜び、暗闇と窓もない牢獄に閉ざされて上天の光を見わけることもできなくなる」と歌っている。さらに続けてこう付け加えている。「そればかりか、最後の日に至り、命が彼らの肉体を離れても、哀れな者どもにはなお、あらゆる悪や肉体のあらゆる汚れが消え残る。長年にわたって根をおろした悪徳が、驚くほどふえ広がるのもやむをえない。だから魂は懲罰を受け、昔の罪の数々ゆえに、様々の責苦の中で償うのだ。或るものは虚空に吊るされ、吹く風に曝される。他のものは広大な深淵の底で染みついた罪を洗われ、あるいはまた猛火に焼かれる」。このように考える人々は、死後にはただ浄罪のための刑罰しか認めない。それに水、空気、火は土よりすぐれた元素なので、地との接触によってついた汚れはこれらのうちの一つによって浄められねばならないのである。確かに、空気は「吊るされて風に曝され」という言葉で、水は「広大な深淵の底で」によって言われているし、火は「猛火に焼かれる」という箇所で、その名が直接表現されている。さてわれわれは、「死すべきこの世の生においても、浄罪のための罰がある」ことを認める。しかし、その生活がそれによって改善されないとか、むしろ一層悪くなったりする人々は、そのような罰によって苦しむことがなく、それによって懲らしめを受け、己を正す人々にとってこそそれは浄罪的なのである。他のすべての罰は、一時的なものであれ、永遠のものであれ、各人が神の摂理に従わねばならないのに応じて、過去や現在の罪に対して課せられる（後者は罰せられる人がまだその罪の内に生きている場合である）。あるいはまた、人間や善き天使あるいは悪しき天使を介して、徳が実現され顕示されるためにも課せられる。仮に誰かが他人の邪や過誤によって何らかの悪を被るとしても、実は、無知や不正によって人に何らかの悪をなす人こそが罪を犯しているのだからである。しかし、たとえ密かな知られざる裁きであっても、正しい裁きによって事を許す神は、罪を犯すことがない。ある人々はこの生においてだけ、他の人々は死後、また他の人々は生きている間も死後も、一時的な罰を受ける。いずれにしてもあの極めて厳しい、最後の審判の前にである。しかし死後に罰を被ったすべての人が、あの審判の後に来る永遠の罰に陥るわけではない。実際、ある人々については、この世で容赦されないことが来るべき世で許される、すなわち来るべき世の永遠の刑罰によって罰せられるのを免れるということ、これは前に既に述べた通りである。

ここで言及されているのはキリスト教徒ではなく異教の著作家たち、アウグスティヌスがウェルギリウスをもその列に加える《プラトン主義者》であるが、したがって彼は、私の引用した『アエネイス』第一歌の詩行に、キリスト教的来世の予示を認めていることになる。彼は「浄罪のための」罰の存在を強調し、これを「罪を償う」罰とも呼んでいる。それは地上においても死後においても被ることであるが、「一時的」な罰である。なぜならそれは最後の裁きの日には終り、このような罰を受けた人は天国へ行くからである。最後に述べた点は極めて重要で、中世の煉獄の体系の本質的な一要素となるであろう。要するにアウグスティヌスは、地上の生の間に悪を矯正された者のみが、この浄罪の刑罰から得るところがあると繰り返す。

同じく『神の国』第二一巻の第二四章で、アウグスティヌスは再びパウロのコリント人への第一の手紙三・一三―一五を取りあげ、より深く精緻な注解を施している。

使徒の言葉の中に、土台の上に金、銀、宝石で建てた人を見なさい、「妻をもたない人は、どのようにして神を喜ばせようかと、神のことを考える」とある。一方、木、草、藁で建てた人を見なさい、「結婚している人は、どのようにして妻を喜ばせようかと、この世のことを考える」。それぞれの仕事は明らかにされるであろう。すなわち日（苦難の日のことである）が明らかにするであろう。なぜなら、それは火の中に現われるからである」という。（他の箇所に、「炉は陶工の器をためし、苦難の試練は正しい人間をためす」とあるように、彼はあの苦難を火と呼んでいる。）そして、それぞれの仕事がどんなものであるか、その火がためすであろう。もしある人の建てた仕事がそのまま残れば（というのは、どのようにして神を喜ばせようかと、神のことを考える人の場合には残るのである）、報酬を受けるであろう（すなわち、彼が求めたそのものを受けるであろう）。だが、もしある人の仕事が焼けてしまえば、損失をこうむるであろう（彼が愛していたものを失うからである）。しかし彼自身は、火の中をくぐってきた者のようにではあるが（誘惑的な愛によってのみ所有してきたものを彼が失うとき、焼けるような苦痛なしにはすまないからである）、救われるであろう（いかなる苦難も彼をその堅固な土台から動かさなかったからである）。かくてここには、私の見るところ、どちらを断罪するのでもなく、ただ一方を富まし、他方に損害を惹き起こして、両者をともに試練にかける火が見出されるのである。

火の中をくぐって救われる者に二種類が設けられ、この共通の試練によって、その仕事が残る者と焼け失せる者とに分かれるというのである。前者は報酬を受ける、つまり直ちに天国へ行くが、他の者はまず損失を与えられる、つまり償いをさせられるが、彼らもまた最終的に救われることになる。

アウグスティヌスは最後に、第二六章末尾で、聖パウロの同じテクストの注解を再び行ない、新たに二点を明らかにしている。まず、浄罪の火は肉体の死と復活までの間、《この中間の時期に》（hoc temporis intervallo）力を揮うことを明瞭に確認する。次に、劫罰に導かれるか、浄罪の火の恩恵を受けることになるかを左右する人間の態度が明示される。その基準は、各人がその生をどんな「土台」の上に築いたかである。良しとされる唯一の土台とはキリストである。キリストよりも肉の快楽を土台として選んだ者は、劫罰は必定。これに対して、肉の快楽にいささか供物を捧げ過ぎはしたが、それをキリストに替えて土台としたわけではない場合には、《この種の火をくぐって》救いに至るであろう。

さて、この肉体の死後、肉体の復活につづいて訪れるあの断罪と報酬の最後の日に至るまで、この中間の時期に、死者の魂はこの種の火を被ると言われているが、肉体の内に生きている間に、木や草や藁が焼き滅ぼされるような生活や愛し方をしなかった人々は、この火を感じることがない。しかしそうした材料の構築物を身に携えてきた他の者たちは、それを感じる。この時代に由来するこれらの構築物を徹底して焼き滅ぼす一時的な苦難の火を、この世においてのみにせよ、この世でもあの世でもにせよ、あるいはこの世ではなくあの世においてにせよ、彼らは見るであろう。しかしそれらは劫罰を被るわけではないというのである。よろしい、私はこのような見解を斥けはしない。あるいは本当かもしれないからである。実際、最初の罪を犯した時に始まった肉の死そのものも、その苦難に属しているのかもしれない。その結果、各人の固有の構築物に応じて、死につづく時間がそれぞれに経験されるのであろう。殉教者の栄冠となる迫害も、すべてのキリスト教徒の被るそれも、火のように両種の構築物を験す。そのあるものは構築者の中にキリストが土台として見出されなければ、構築者と共に焼き滅ぼされるし、あるものは、もし見出されれば、構築者を除いて焼き尽くされる。損害なしにではないが、彼らは救われるからである。しかしあるものは、永遠に残りうるようなものと認められるので、焼かれない。世の終り、反キリストの時代にも、以前にはなかったような苦難があるであろう。その時には、金であれ、草であれ、キリスト・イエスという最も堅固な土台の上に築かれた建物がいかに多いことであろう。それらのいずれをも、かの火はともに試練にかけ、ある者たちには喜びを、他の者たちには損失をもたらすが、しかしそこに堅固な土台をもつこれらの建物を見出し、それゆえにどちらをも滅ぼすことがない。だが、肉的快楽のために肉の交わりに用いる妻は言うまでもなく、こうした快楽とは無縁で、人々の間では慣行となっている別種の愛情の絆でも、これを肉的に愛して、キリストに優先させる人はだれでも、キリストを土台にしているのではない。したがって彼は火によって救われることはなく、まったく救われさえしない。この点について次のように、極めて明白に語られる救い主と共にいることができないからである。「わたしよりも父または母を愛する者は、わたしにふさわしくない。また、わたしよりも息子や娘を愛する者は、わたしにふさわしくない。」しかし、自分の近親者を肉的に愛しながらも、彼らを主キリストに優先させないで、もし試練がこの極端な選択を余儀なくさせる場合には、キリストを失うよりむしろ彼らを失うことを選ぶ人は、火によって救われるであろう。なぜなら、彼の愛の執着の度合いに応じて、そうした結びつきを失うことで苦痛が彼の身を焼くのも必然だからである。さらに、父、母、息子、娘をキリストに従って愛し、彼らがキリストの御国に辿り着いてキリストに結ばれるようにと配慮する人、あるいは彼らがキリストの肢体であることをもって彼らを愛する人、そういう人の愛は、焼き滅ぼさるべき木や草や藁の建築の一つに入れられることなどありませぬように。

むしろそれは、金や銀や宝石で建てられたものとみなされるであろう。実際、キリストのために愛している人々を、どうしてキリスト以上に愛するということがありえようか。

アウグスティヌスと亡霊

煉獄の生成にとってかくも重要なアウグスティヌスの考えを、これに密接に関連した二つの問題に言及することなく切り上げることは不可能に思う。まず、四二一年から四二三年の間にノーラのパウリヌスにささげられた小論文『死者のための供養について』De cura pro mortuis gerenda の中で第一の問題に逢着する。アウグスティヌスはそこで、『告白』第九巻の母親モニカのための祈りの中で既に提起した、彼の気に入りの主題を再び取り上げる。彼は若干のキリスト教徒たちが、富裕な異教徒の慣習を受け継いで、華美な葬礼に耽るのに強く反対したのである。死者に対しては最小限の配慮で十分であり、アウグスティヌスが葬儀と墳墓にある種の礼式・作法を認めるにしても、それは単に人情を慮ってのことなのだ。家族はそうすることによって幾分か慰められる。彼らにはそうした満足を求めることが許容される。だがこの書の第二部で、アウグスティヌスは亡霊の問題に触れている。彼はまず個人的な実例を挙げて亡霊の現実性を肯定するのである。

世上、ある種の幻を見たという話が語られるが、それはこの議論に無視できない一つの問題を付け加えるように私には思われる。睡眠中や、これとはまったく別の情況で、生きている人の前に、死者が姿を現わしたと言うのである。それを見た人々は、死者の亡骸が墓もないままどこに埋められているのか、その場所を知らなかった。死者は彼らにそれを教え、自分たちには欠けている墓を作ってほしいと彼らに頼んだ。これに対して、そういう幻は虚偽であると答えることは、キリスト教の著述家たちの書き残した証言や、それを見たと断言する人々の確信を、臆面もなく否認することになろう。これについては次のように答えるのが妥当である。すなわち、われわれに報告された事柄を、夢の中で死者たちが言ったり、見せたり、尋ねたりするように見えるとき、死者がそれを意識し、かつ現実の存在として行動していると考えてはならない。生者もまた生者の夢に現われて、しかもそのことを知りもしないからである。彼らは眠っている間に彼らを見た人々から、その夢の中で彼らが言ったこと、したことを聞く。したがって、誰かが夢で、私が過去の或る出来事を告げたり、未来の出来事を予言したりするのを見ることもありうるのである。しかも私はそんなことをまったく知らないし、彼が見る夢ばかりでなく、私が眠っているときに彼が起きていようと、私が起きているときに彼が眠っていようと、同じ時刻に二人とも起きていようと、あるいは眠っていようと、私の出てくる夢を彼がいつ見るのかもまったく気にかけはしない。つまり、死者たちが何も知らず、何も感じないままに、生きている人々に夢で見られたりさまざまな話をして、目覚めたときにそれが真実であることがわかっても、そこには驚くべきことは何もなかろう。

私としては、こうした幻については天使が介入していると信じたくなる。神の許しを得て、もしくはその指図に基づいて、天使たちがしかじかの死者を埋葬してやる必要があることを、夢見る人に知らせるのであり、しかもそれが、死者たち自身の知らぬ間になされるのだと。

時々また、虚偽の幻が人々を甚だしい誤謬に投げ入れることもあり、その人々にとってはそうなるのも無理もないことなのである。たとえば、ある人が夢で、アエネアスが地獄で見たようなもの、あのまことしやかな詩の虚構(『アエネイス』第六歌)に語られているような、墓場なき死者の姿を見るとしよう。その人は、詩人がパリヌルスに言わせたような言葉を、その死者の口から聞く。そして目が覚めて、夢で埋葬を懇願した死者が教えたまさにその場所に、死者の亡骸を見出す。現実が夢に合致しているというので、彼は、魂がその住みかに行けるように、死者を葬らねばならないと考えたくなるであろう。地獄の掟によって、屍が埋葬を受けないかぎり、死者の魂はその家に入れてもらえないものと想像したのである。だが、もし彼がそう信じこんだとすれば、彼は真実から甚だ遠く逸脱してはいないか。

しかしながら、人間とは弱いもので、睡眠中に死者を見ればその人の魂を見たのだと思い、まだ生きている人を夢に見れば、その人の肉体を見たのでも魂を見たのでもなく、その人の心象を見たのだと信じてまったく疑わない。あたかも死者は、生者と同様には——すなわち魂という形式ではなく、彼らの風貌を再現する形象においては——立ち現われることができないかのようである。

次に、私も請け合うことができる一つの事実を示す。ミラノにいたとき、ある債権者が、負債を返済してもらうために、亡くなったばかりの債務者の署名がある証書をもって、その息子のところへ行った。ところが実は、その負債は既に返済されていたのである。しかし息子はそのことを知らなかったので、大いに嘆き、また父親が遺言を書き残していったにもかかわらず、死に際にそれについては何も言わなかったことを驚き怪しんだ。

ところが、不安の極に達したところで、父親が息子の夢に現われ、例の証書を無効にする領収書のある場所を教える。息子はそれを見つけ、債権者に示して、彼の偽りの要求を拒否したばかりでなく、返済の際に父親に渡されなかった書類を取り返したのである。つまりこの事例においては、故人の魂が息子を心配して、その夢枕に立ち、息子の知らないことを教え、彼を困窮から救い出してやったのだというふうに解釈される可能性がある。

右の話を聞いたのとほぼ同じ頃、私はまだミラノに居をすえていたが、カルタゴにいる雄弁術の教師で、この術の私の弟子であるエウロギウスの身に、想い出すまま彼が私に語ったところによると、次のような出来事があった。アフリカに帰った折、この話を彼自身が私にしたのである。キケロの修辞学の著作に関する講義を翌日にひかえ、彼が授業の準備をしていたところ、ある不明瞭な一節にぶつかって、どうしても理解できなかった。そのことが気になって、輾転反側、その夜はなかなか寝つけなかった。するとやがて、私が彼の夢に現われ、彼の理解力に抵抗していた文章を彼に説明してやった。もちろん、それは私自身ではなく、私の知らぬ間に、私の幻影がしたことである。当時、私は遠く海の彼方にあって、別の仕事に没頭していたか、別の夢を見ていたか、ともかく彼の屈託には些かも関知しなかったのである。

これら二つの事例はどのようにして生じたのであろうか。私にはわからない。だが、それらがどのようにして起こったにせよ、死者はわれわれの夢の中に、生者とまったく同様に、ある姿・形を帯びて現われるものだということを、どうして信じないでいられようか。誰が彼らを見るのか、どこで、またいつ。いずれの場合にも、人はそんなことを知りもせず、気にかけてもいない。

錯乱や昏睡の状態にある時に見られる幻について語った後、アウグスティヌスは、こうした神秘現象を詮索しないようにという忠告で結んでいる。

もし誰かが、偶々、次のような聖書のことば、すなわち「あなたの手の及ばぬ高みにあるものを探し求めるな、あなたの力に及ばぬことを詮索するな、たえず主の命じられたところを熟考することに甘んじよ」(伝道の書三・二二)を引いて私に答えたとしたら、私は感謝してその忠告を受け容れたであろう。なぜなら、われわれの理解を越える難解かつ不確かな事柄に関する場合、そうしたことを研究する必要はないし、何か有益なことを知るための思考法を学ぼうという意欲があるならば、それらを知らなくても差しつかえはないという、少なくともそうした明瞭な確信をもつことは、取るに足らぬ利点ではないからである。

この論文全体の結論部は、死者のためのとりなしの有効性を繰り返し、救済に値した者のみがその恩恵に浴することができるという制限を加えている。しかし神がどんな審判を下されるか不確かである以上は、とりなしの祈りをなおざりにするよりはした方がよい。これは煉獄に関連してわれわれが見出すことになる、死者を扶助する三つのもの——ミサと祈禱と施し——の再確認である。

こうして、問題がすべて解決された上は、死者に対するわれわれの供養のうち、死者は、祭壇に捧げられる犠牲やわれわれの祈りや施しの供えにおいて、彼らのためになされる大祈願の恩恵にのみ与るものと考えよう。ただし、次の留保をつけなければならない。すなわち、これらの祈願もすべての者に役立つわけではなく、ただ生きていた間にその利益を受けるに値した人々のみに役立つ、と。しかし、われわれはその資格を得た人々を識別することができないので、その恩恵を受けることが可能な、またそう推測される人のうち誰ひとり洩れることのないように、洗礼によって生まれかわったすべての人のために懇願すべきである。なぜなら、われわれの慈善行為は、その利益に与ることができる人々に対して欠けるよりは、それが薬にも毒にもならない者たちのために空しくなされる方がまだましだからである。とはいえ、誰しも近親者が自分のためにも同じようにしてくれることを期待して、彼らのために一層熱心に祈願するものである。

私がこれらの驚くべきテクストを長々と引用したのも、煉獄が亡霊にとって大きな重要性を持つことになるからである。煉獄は彼らの牢獄のようなものであろうが、彼らはそこを逃れ出て、しばしの間生者の前に姿を現わすことが許される。彼らを救ってやりたいと生者がどんなに熱望しても無駄なのだが。ここでもまたアウグスティヌスが一個の権威であるかのように見える点が重要だ。実際は、常に民間の迷信を告発しようという気構えのこのキリスト教知識人が、ここでは社会一般の心性を共有しているのである。他方、夢や幻をどう解釈すべきかという点では、彼が途方にくれている様子がうかがえる。キリスト教は古代の複雑な内容をもつ夢占いを破毀した後、民間の種々の占い行為を抑圧もしくは拒否していく。夢の道が塞がれると悪夢が生まれる(35)ようになる。中世人に夢・幻の世界が権利回復されるまでには、なお長い時間を必要とするであろう。

浄罪の火とアウグスティヌスの終末論

ところで、あからさまには両者が関連づけられていないとは言っても、浄罪の火についてのアウグスティヌスの考えと彼の終末論的教説全般、特に千年至福説に対する彼の態度とを、切り離して考えてはならない。(36)

千年至福説とは、ユダヤ教から継承された若干のキリスト教徒たちの信仰で、諸時代の終りの初期段階として、ミレニウム、すなわち千年という極めて長期の、幸福と平和の一時期が地上に訪れるというものである。千年至福説をとるキリスト教徒は特にギリシア人の間に多く、そこから、千を意味するギリシア語 *χιλια* に因んでキリアスム（千年説）の名も生まれて、当初はこれがこの教説の呼称だった。それはヨハネの黙示録の一節に基づいており、千年至福説に反対するキリスト教徒たちは、この黙示録を聖書正典集から外そうと試みたが果たせなかったものである。

また見ていると、かず多くの座があり、その上に人々がすわっていた。そして、彼らに裁きの権が与えられていた。また、イエスの証しをし神の言《ことば》を伝えたために首を切られた人々の霊がそこにおり、また、獣をもその像をも拝まず、その刻印を額や手に受けることをしなかった人々がいた。彼らは生きかえって、キリストと共に千年の間、支配した。それ以外の死人は、千年の期間が終るまで生きかえらなかった。これが第一の復活である。この第一の復活にあずかる者は、さいわいな者であり、また聖なる者である。この人たちに対しては、第二の死はなんの力もない。彼らは神とキリストとの祭司となり、キリストと共に千年の間、支配する（黙示録二〇・四―六）。

キリスト教徒の間での千年至福説の流行は、二世紀にその頂点に達し、その後衰退したように見える。しかしこの信仰が消滅することはなく、中世には、その激しさや持続に程度の差はあれ、幾度も火の手を上げるであろう。中でも重要なのは、おそらく、一二〇二年に死んだカラブリアの修道院長フィオーレのヨアキムが唱えた千年至福説的思想の、一三世紀における反響であった。

アウグスティヌスは『神の国』第二〇巻を、終末論、世の終りの時代を論ずることに充てた。彼はそこで、自分も青年期には千年至福論者だったと認めた上で、千年至福説を激しく批判している。千年王国《ミレニウム》は実はキリストの到来と共に始まっているのだ、と彼は言う。それは人間の第一の蘇り、つまり魂の復活を表わす洗礼によって、絶えず引き継がれる。つまり、来るべき千年王国なるものを信ずるのは、結局、既に到来しているメシアを相変わらず待ちつづけるユダヤ人と同じ誤りを犯すことになる、と。他方で、アウグスティヌスは、千年王国の寓意的解釈を提示する。千とは十の三乗で完全数であり、時の充実を意味するのだ。しかもアウグスティヌスは、黙示録の予告する一エピソードの価値を縮小する。千年王国の開始直前に地上を支配すべき悪魔的人物、反キリストが現われ、その時サタンは、やがて千年の縛めにつくまで意のままにふるまう、というものだ。アウグスティヌスは反キリストの君臨する期間は極く短く、その期間でさえ、キリストも教会も消え失せることなく、人間を見捨てることがないと断言するのである。最後の審判の前に行なわれるという義人の第一の復活を否定したこの考えは、死者のうち或る者たちが、死後、復活までの間にくぐる浄罪の火の肯定につながり、その間、それ以外に何ら終末論的事件はありえないことになる。これに反して聖アンブロシウスは——千年説を厳しく非難しはしたがその原初復帰《アポカタスタシス》の理論によって魂は浄化の幾段階を経ると予想したオリゲネスにならい——将来幾度も復活が起こると主張し、また浄罪の火は特に第一の復活と第二の復活の間に行使されるという仮説を述べていたのである（『詩篇注解』一、注五四）[37]。

したがってアウグスティヌスから早くも、千年至福説と煉獄との間に、一種の両立不可能性が見てとれる。煉獄の構想はいわば千年至福説の圧力に対する教会の応答のようなものとさえ見ることができよう。しかし聖アウグスティヌスにあって、千年至福説の思想はほんの残滓ほどの痕跡しかとどめていないとしても、はたしてそれは、浄罪の火についての彼の観念を不明確なものにする一因となりはしなかっただろうか。『神の国』第二一巻第二六章の本文中に見られたように、アウグスティヌスは反キリストの時に言及して、そこでは浄罪の火が一段と激しく燃えさかることを予想しているが、千年王国は既に現実に存在しており、地上における苦難は浄化の試練の始まりなのだという彼の考え方は、浄罪の火のための特別な場所を構想することを妨げる働きをしたのである。ジョゼフ・デディカは、来るべき煉獄の教義に対するアウグスティヌスの寄与を、実にみごとに特徴づけたと思う。つまり、《それはとりわけ、後世に継承発展されるアウグスティヌス思想の二つの糸口、すなわち浄罪の火の有効性を軽い罪に対してのみ認める傾向と、この火を死から復活までの期間に移すこととである》(六八頁)。

この二つは、事実、アウグスティヌスの貢献の要点である。一方で、浄罪の火に三つの観点で極めて厳密な規定を与えたこと。浄罪の火は少数の罪人に対して適用され、極度の苦痛をもたらす、一時的ながら一種の地獄であって(アウグスティヌスは《煉獄の地獄化》に責任のある主だった一人である)、地上のどんな苦悩にもまさる苦しみを課するであろう。他方、煉獄の「時間」を、個人の死から万人の審判までの間と規定したこと。しかしアウグスティヌスは、煉獄の体系を成す本質的な二要素を、闇の中に取り残した。第一に、(完全な善人でも完全な悪人でもないという)罪人の定義のみならず、人を煉獄に導く「罪」についての定義がない。アウグスティヌスには《許される》罪についての教説がないのである。第二に、「場所」としての煉獄の性格規定を欠く。ここに、アウグスティヌスが、この問題への深入りを拒否する本質的な理由の一端が見てとれる。彼は千年至福論者や寛容主義者に反して、「時間」の方を明確にする。彼が「場所」と「具体的内容」とを規定しないのは、規定しようとすれば多少とも《民衆の》信仰——まさに、彼が斥ける黙示録的かつ外典的な伝統に流される民間信仰——を採用しなければならなくなるからである。この貴族階級出の知識人には、《民衆的》なものとは《通俗的》なもの、《物質主義的》なものに一致し、嫌悪感を抱かせるのである。第二回リヨン公会議（一二七四年）やフィレンツェ（一四三八年）、トリエント（一五六三年）の公会議における教父たちが、煉獄を制度化しようとするとき、彼らもまた煉獄に関する一切の想像の所産を、教条つまり信仰の真実の埒外に置き——そして少なくともトリエントの人々に関する限り、これを明らかに疑惑の領域に置きつづけようとするであろう。

アウグスティヌスは、いくつか不明確な点もあり、また言及を避けた節もみられはするが、「浄罪の火」なるものを認めていた。これも煉獄の前史に対する彼の重要な寄与の一つである。なぜなら、この「浄罪の火」は、聖アウグスティヌスの権威のもとに一二世紀末まで、前駆《プレ》煉獄の実態でありつづけ、またこの〔煉獄という〕新しい場所の本質的要素としてその後も存続することになるからである。煉獄が場所として誕生しえたのは、一一五〇年から一二五〇年までの間に、民間の信仰や想像に対する不信感がある程度後退するためである。消極的にも積極的にも、アウグスティヌスの態度はこの歴史全体を照明する極めて有力な手がかりとなる[38]。

教義の上で、キリスト教神学は次第に態度を確固たるものにしていく。たとえば、ある種の罪人には死後の贖罪が可能であることになる。その持続時間については、千年至福説に対する理論闘争の影響で、個人の死と最後の審判をその限界とするなど、個別化がすすむ。教義の適用に関しては、教会各階層は全体として慎重で、地獄を空《から》にする危険のある死後の一世界の門戸を、あまり大きく開け広げてはならないという態度なのだ。とりわけ、教会はこの死後世界の具体化を押し進めることに不安を抱く。つまり罪の浄化の場所を明確に局限したり、浄化を成り立たせる試練の数々を、あまりにも具体的に想定したりするのは、危険な方向に足を踏み入れることになるというのである。確かに、パウロは、火もしくはそれに類する何物かをくぐること（quasi per ignem）について語っているのだから、火のイメージを用いることはできる。火は多少とも非物質的で、場合によりこれを一個の隠喩としてしまうことができる。だがマルブランシュが後に《家の中の気違い女《フォル・デュ・ロジ》》と呼ぶもの——想像力——に、これ以上身を委ねれば、悪魔と妄想の餌食にもなりかねないであろう。異教徒もユダヤ人も異端者も、さらには《民衆》も、己の想像力の犠牲となったというわけだ。中世という時代にアウグスティヌスが遺したものは、こうした確信と警戒心の混合物なのである。

アルルのカエサリウス（五四二年没）は、煉獄の前史に重要な一標尺を打ち立てた人とされてきた。しかし、ピエール・ジェイは、このアルルの司教の二つの説教に対する従来の解釈は誤りだと断を下し、煉獄に関する文献資料の中にこれらを極めて正当に位置づけた。[39]

煉獄の偽りの父——アルルのカエサリウス

アルルのカエサリウスは説教一六七と一七九の二つで、浄罪の火（ignis purgatorius）について語っている。[40] 重要性において優る後者については、以下にA・ミシェルが『カトリック神学辞典』に書いたその部分訳を示す。聖パウロのコリント人への第一の手紙、三章一〇—一五節の注釈である。

> この書を誤って理解する人々は、いわれのない安心感に欺かれてしまう。彼らは、キリストの土台の上に数々の大罪を築き上げながら、これらの罪も「火の中をくぐりぬければ」（per ignem transitorium）浄化され、こうし

て彼らはやがて永遠の生に至ることができるものと考える。わが兄弟よ、このような理解の仕方を正さねばならない。かかる結論に満足するのは重大な思い違いなのである。使徒が、「彼自身は、火の中をくぐってきた者のようにではあるが、救われるであろう」と言われた、そのくぐりぬけの火（transitorio igne）の中で浄められるのは、大罪ではなく小さな罪だけなのである……われわれの信ずるところでは、これらの罪も魂を滅ぼしはしないとはいえ、魂を醜く歪め……極度に恥辱をおぼえずには天上の花聟と結びつくことができなくなる……不断に祈り、しばしば断食をしてこそ、われわれは罪を償うことができる……償われなかったものはあの火の中で浄められねばならないだろう。使徒はこう言われた。（それぞれの仕事は）「火の中に現われて、それを明らかにし、またその火は、それぞれの仕事がどんなものであるかを、ためすであろう」と。コリント人への第一の手紙、三・一三……それゆえ、われわれがこの世に生きてある間は苦行を重ねよう……そうすればこれらの罪は今生において浄められ、来世ではあの「浄罪所の火」に焼き尽くさるべき何物も、われわれの裡に見出されないか、あるいはほんのわずかしかないほどになれるだろう。しかし、もし苦悩の中にあってわれわれが神に感謝することなく、また善行によってわれわれの過ちを償わないならば、それらの小さな罪が、木や草や藁のように焼き尽くされるのに要する限り、われわれは長く浄罪所の火の中に留まらねばなるまい。

何ぴとも言うなかれ、やがて永遠の生に至りつくものならば、「浄罪所に」留まろうと構いはしないと。ああ、親愛なる兄弟よ、そんなことを言ってはならない、「この浄罪所の火」は、この世で考え、経験し、感じうるどんな苦痛よりも一層苦しいのである……

だが、カエサリウスのラテン語原文はこれとはまったく別のことを語っている。浄罪所《ピュルガトワール》の火と訳されたところは ignis purgatorius（浄罪の火）とあり、《浄罪所に》という箇所には何もない。(41)

実はカエサリウスは、彼以前の教父たち、とりわけ聖アウグスティヌスが書いたことを反復しているのである。後者に比較すると彼は後退さえしている、というのは、浄罪の火は彼にとって単に審判の火にほかならないからだ。死から復活までの中間期の問題ではない。ピエール・ジェイは適切にもこう言っている。《神学上の順調な進歩が遂げられたという観念に余りとらわれないようにしよう。それでもやはり、カエサリウスが煉獄の前史に独自の位置を占めることにかわりはない。なぜなら、誤って解釈されたテクストも、歴史において他と同等の重要性をもつからである。ところでカエサリウスのテクストは、一時、聖アウグスティヌスのものとされただけに一層、中世の聖職者たちの注意を惹きつけた。「権威あるアウグスティヌスの書」として、アルルの司教の文言は何世紀をも越えて生きつづけ、やがてまったく異なる関心に支配された神学者たちによって、徹底的に利用されることになる。煉獄の場所や持続時間についての疑問に対する答えを、人々はそこに求めるのである》。

実を言えば、アウグスティヌスの真正のテクストに対して、カエサリウスは二点について確認をするという寄与をなしたばかりでなく、そのうちの一つは、さらに詳細な説明でもある。詩篇三七の注解において、アウグスティヌスは、《浄罪の火は人がこの生において被るどんな苦しみよりも、一層苛酷であろう》と述べた。カエサリウスは前述のようにこの考えを反復し、中世人に煉獄の恐るべき火のイメージを与えることに貢献する。アウグスティヌスは crimina と呼んで、通常、人を地獄行きとする極く重い罪と、あまり気にかける必要のない軽微な、取るに足りない罪とを区別した。カエサリウスはこの区別をさらに詳細に明記している。つまり彼は前者を重大罪(crimina capitalia)と呼び、後にグレゴリウス大教皇がその教義を固めることになる大罪の観念の源泉となる。一方、軽い罪は、あいかわらず、小さな(parva)、日常の(quotidiana)、些細な(minuta)罪と呼ばれているが、彼はこれこそ、浄罪の火の中で償われる罪であるとしている。これはアウグスティヌスが明らかにしなかった点である。

要するに、カエサリウスと共に、故人の死後の運命や来世について語られる雰囲気が変化する。最後の審判はカエサリウスの説教の好みの主題の一つであったし、復活や天国よりも、彼は好んで地獄について詳しく述べ立てた。彼自身、ある説教の中で、自分が休みなしにひどく恐ろしい（tam dura）話ばかりするのを聴衆が非難したと告白している。彼の関心は、アウグスティヌスにもまして、信者に永劫の火の現実性と、一時的な火の苛酷さとを納得させることなのだ。彼は《永遠の審判者の前に引き出された彼の羊の群のイメージ》に取り憑かれていた。彼の関心は本質的に司牧者としてのそれだ。信者に単純素朴な観念や処方箋を与え、簡略な知識の手荷物を持たせようとする。彼が、アウグスティヌスの作らなかった《重大な》罪と《些細な》罪の一覧表を作ったのはそのためである。こうした態度が、これまで社会と宗教との野蛮化によって説明されてきたのにも、十分に正当な理由はある。しかし、いわゆる中世への突入を印づけるこの否定しがたい現象は、しばしば考えられてきた以上に複雑なのである。

まず、この文化および宗教心の水準の低下の《責任》を、《蛮族》にのみ負わせてはなるまい。内部の《野蛮人》たる農民大衆のキリスト教への入信は、ローマ世界の外部から来た侵入者や移民の定住と、少なくとも同等の重要性をもつ現象である。この《野蛮化》は、一面では民主化なのである。ここで事情は一層複雑になる。教会の指導者たちは平等主義の宗教を唱導して、信者の理解の及ぶところまで下りて行くことを望み、《民衆》向けの努力をする。しかし彼らは大多数が都市の貴族階級で、自己の階級の偏見がしみこみ、地上でのその利害得失に固く縛られている。田舎風への軽蔑と異教への憎悪、異国の文化的風習を前にしての無理解（それはたちまち迷信の名を与えられてしまう）、これらが彼らをして恐怖の宗教を説くに至らせる。それは刑罰の軽減のプロセスよりも、すすんで地獄の方へ目を向ける宗教である。初期教会の教父たち、特にアウグスティヌスによって、つつましく点ぜられた浄罪の火は、長い間密かにくすぶりつづけ、この物情不安な世界の中で未だ燃え立つ手段を見出せないでいる。この世界を揺るがす基本的な闘争は、多少ともゲヘナの火の不吉な輝きに混同される、あの一層強烈な審判の火に照り映えているのである。

この世の煉獄の物語──煉獄の最後の父、グレゴリウス大教皇

しかしながら、こうした終末論的展望の中で、地上のドラマティックな情況における司牧者として、熱烈な意欲に衝き動かされた一人の高位聖職者が、浄罪の火炎を再び燃え立たせる。アレクサンドリアのクレメンスやオリゲネス、さらにはアウグスティヌスにつづいて、煉獄の最後の《創設者》となるグレゴリウス大教皇である。

グレゴリウスはローマの大貴族の家の出である。彼は《改宗》以前も以後も、ローマのチェリオの丘の上に、家族所有の別荘の一つを利用して都市修道院を開設し、そこで僧服を身にまとう以前も以後も、高位の職務を遂行した。具体的にはローマの長官として、ビザンチンやゴートやロンバルトの諸部族、またペストに侵攻されるイタリアにおける物資補給問題を背負い、後にはアポクリジエール、すなわちコンスタンチノープルの皇帝のもとに遣わされた教皇派遣大使として働いた。五九〇年には、悲劇的な情況の只中で聖《サン》ピエトロの座〔ローマ〕に呼びもどされた。当時、チベル河が記録的な大増水を起こして、不安な異常現象にさらされていたローマの街を水びたしにしたのである。特にペストの戦慄的な流行で〔ユスティニアヌスの黒死病と呼ばれる最初のもの、大流行の歴史の中でも最も激越な流行の一つで、この病気は半世紀前から中東、ビザンチン世界、北アフリカ、地中海ヨーロッパに猛威をふるっていた〕住民が大量に死滅した。カエサリウスと同様、いやそれ以上に、彼の職責や個性や歴史的状況が相俟って、グレゴ

リウスは終末論的司牧者となっていくのである。世の終りが切迫していることを確信した彼は、精力的に、キリスト教徒民衆の救済という大事業に挺身する。彼は間もなく、神の前に彼らキリスト教徒の報告をしなければならないと感じているのだ。帝国内部のキリスト教徒に対して、彼は聖書の、特に預言書の注釈をしたり、ヨブ記に関する省察録によって修道士たちを支持したり、司牧神学綱要において在俗聖職者を教育したり、典礼の枠組を設け（彼は聖体行列や諸種の儀式を制定した偉大な組織者である）また道徳教育によって一般信徒を救済に適う生活に導くなど、世を救うための数々の教育活動をする。外部の民衆に対しては多くの伝道者を送りこむ。イングランド人が異教に立ち帰っているのを見て、彼はカンタベリーに使節団を派遣し、キリスト教による大ブリテン島の再征服を開始する。イタリア人には聖人伝を与え、イタリア人神父の中でも最近没した修道士、モンテ＝カッシノのベネディクトゥスを特筆し、彼をキリスト教界最大の聖人の一人としている。これら救済すべきキリスト教徒の中に、どうして回収可能な死者たちが加えられないわけがあろう。グレゴリウスの終末論的情熱の力は、死の彼方にまで及ぶのである。(42)

グレゴリウス大教皇が煉獄の教義にもたらしたものは三つある。『ヨブ記についての道徳論』Moralia in Job において、彼はあの世の地理について詳しい叙述をしている。『対話』Dialogi では教義上の若干のメモを提示しつつ、特に最後の審判を前にして罪の償いをする死者たちを描く、短い物語をしている。もう一つ、地獄に連れ去られたゴート人テオドリクス王の物語は、《浄罪の》場所に関わるものではないが、後に煉獄の地上での位置決定に関する文献の、古い証拠書類とみなされることになる。

『ヨブ記についての道徳論』（一二・一三）で、グレゴリウスはヨブ記一四・一三の Quis mihi tribuat ut in inferno protegas me？を注釈する（エルサレム聖書はこれを、《ああ、あなたはわたしを冥府《よみ》(shéol)

にかくしてください》と訳している。ここで問題になっているのはまさにあのユダヤ人の地獄だからである)。グレゴリウスは次のような問題の解決を試みているのだ。すなわち、キリストの到来以前には、万人が地獄に落ちるのが当然であった。天国への道が再び開かれるためには、キリストの出現が必要だったのだから。しかし義人は、人を責めさいなむ地獄のあの領域に落ちることはなかった。実は地獄には二つのゾーンが存在して、上層は義人の休息のための場所、下層は不義の人の苦悩の領域だからである。

《あなたがわたしを地獄にかくすという恵みを、誰がわたしに与え給うのか》。神と人との仲介者が到来するまでは、人はみな、どんなにその生が純粋で確かなものであったとしても、地獄の牢に下った、このことにまったく疑いの余地はない。われから失墜した人間は、化肉の神秘によってわれわれに天国への道を開いてくださりもしたお方が出現しなかったとしたら、再び天国の安息に立ち帰ることはできなかった。これがその理由である。聖書の言葉によれば、最初の人間の過ち以後、炎のつるぎが天国の門に置かれた。しかしこのつるぎは回るとも言われているのは、いつかこのつるぎがわれわれから遠ざけられる日がめぐり来るかもしれないからである。だからと言ってしかし、義人の魂も地獄に落ちて責め苦の場所に留め置かれると言うつもりはない。地獄には上層領域も下層領域もある、われわれの信仰に同様の区別があるように。上の領域は義人の休息のために約束されており、下の方はもっぱら不義の人の苦悩の場所である。だからこそまた、神の恩寵が目の前に訪れたときの詩篇作者〔ダビデ〕の次のような言葉も発せられるのである。《あなたは私の魂を地獄の底から抜き出してくれた》。かくして、幸いなるヨブは、仲介者の到来まで地獄に降りることになると知りつつも、そこに創造主の庇護を得て、安息に到るまで、刑苦の場とは無縁に、かかる苦しみを見ずにすむ場所に留まることを冀《こいねが》うのである[43]。

少し先のところで(『ヨブ記についての道徳論』一三・五三)グレゴリウスはヨブ記の別の唱句にふれて、

この問題を再び取り上げ、考察を深めている。すなわち一七章一六節 In profundissimum infernum descendent omnia mea である。

《わたしに属するものはすべて地獄の奥底にくだるであろう》。義人は地獄で、責め苦の領域ではなく上層の安息の避難所に留め置かれていたことにかわりはない。すると、われわれの前に、このヨブの言葉の意味について大きな問題が持ち上がる。《わたしに属するものはすべて地獄の奥底にくだるであろう》。神と人との仲介者の出現までは、彼も地獄にくだらねばならなかったとしても、しかし彼が地獄の奥底にまでくだるはずはないことは明らかなのだから。これはただ、彼が上層領域を地獄の底と名づけているということではないだろうか。なぜなら蒼穹の高みから見れば、われわれの住む大気の圏域さえ、正当に地獄と呼ばれうるからである。したがって背教の天使たちが天界からこの仄暗い気圏に転落させられたことについて、使徒ペテロはこう言っている。《神は罪を犯した天使たちを容赦しなかった。彼らを地獄の鎖から解き放つとタルタロスに引き渡し、審判の責め苦を受ける日まで留め置いた》。つまり、天空の頂きから見ればこのような暗い気圏は一種の地獄であるとすれば、この気圏の高みから見て、その下層帯である地上もまた、地獄の深みと呼ばれよう。だがその時、この地上の高さから見て、さらに下方の地獄の領域で、他の諸領域の上に位置するものが、不適切ながら地獄の底と名づけられても仕方がない。ちょうど大気が天上に対し、地上が大気に対するごとく、この地獄の上方の域も地上に対しては深い底なのだから。(44)

具体性を求める人グレゴリウスは、死後世界の地理学に関心をもっている。彼の語る地獄上層は、教父たちのいうリンボ(古聖所)であろうが、一三世紀に煉獄が存在するようになって、その根拠となる文献が求められるようになると、地獄の深さについて語る旧約聖書のテクストが、グレゴリウス大教皇の釈義に照らして解釈されるのである。

『対話』の第四巻で、グレゴリウスはキリスト教の基本的真理のいくつかを説き、特に魂の永遠性、来世における運命、聖体の秘跡を、彼のいわゆる「訓話」(exempla)——逸話やしばしば夢の話——を用いて語っている。これは煉獄信仰を通俗化する一三世紀の教訓逸話(exempla)を予告するものである。故人の死後に辿った運命の幾例かが、二章に分けた三つの話で描き出される。これらの話は教義上の二つの疑問に答えており、一つは浄罪の火、もう一つは死者のためのとりなしの祈りの有効性に関するものである。

グレゴリウスの対話者でその引き立て役を務める助祭ペトルスは、彼にまずこう尋ねる。《死後に罪を焼き浄める火が本当にあるのかどうか知りたいのですが(45)》。グレゴリウスは第一に、聖書本文(46)に基づく教義神学的議論をもって応えるが、最も重要な拠りどころとなるテクストは、人間の仕事の種々の素材がそれぞれどんな目に会うかを語った、パウロの手紙の例の一節である。最初の参照テクストから推測すると、人間は最後の審判に、死んだ時と同じ状態で出頭することが証明されるように見える。だがパウロの本文は、実は《若干の軽い過ちに対しては審判以前に浄罪の火が加えられるものと信ぜよ》と言っているらしい。そしてグレゴリウスはこの種の《小さく些細な罪》を例示する。絶え間ない饒舌、抑制のない嬌声、私財への執着、意識的あるいは無意識的に犯した過ちで、この世でそれを取り除かない限り死後にも重荷となるようなもの、がそれである(47)。パウロの言葉の意味するところは、人が鉄や青銅や鉛で築いたもの、すなわち《重大な、したがって最も強固な罪》は、火によっても消滅させられない。一方、木や藁で作ったもの、すなわち《些細な、極く軽い罪》は消し去ることができるということである。しかしこの小さい罪の焼却は、一生の間の善行によって人がそれに値した場合にのみ、死後にそれが可能となるであろう。

要するにグレゴリウスは、極めてアウグスティヌス的な発想に留まりながらも、《軽い、小さな、些細な》罪に力点を置いてこれを詳述し、火の働きを明確に死後のものとする。アウグスティヌスにその傾向があったように、それを地上の苦難の中に取りこむことはしなかった。

新味は特に、彼が逸話による例証をしたところから来る。《私がまだ極く年若く、僧門に入る以前に、年長の人々が語り合うのを聞いたり、直接自分でも聞いた話がある》。聖霊に関する美しい著作のあるローマ司教座の助祭パスカシウスは、施物に励み己を蔑むという、聖なる生きざまの人であった。ところが四九八年以後、十年以上も二人の教皇シュンマコスとラウレンティウスが対立した分裂《シスム》の時代、パスカシウスは頑なに《贋の》教皇ラウレンティウスを支持した。パスカシウスの死んだ時、一人の祓魔《ふつま》師が柩の上に置かれた助祭の祭服に手を触れるや、たちまち彼は救われたのである。おそらく五一六年から五四一年までカプアの司教を務めたゲルマヌスは、助祭の死後もかなり長い間アブルッチ山中の温泉地、今日のチッタ・サン・アンジェロ付近のアウグロンの水に養生に出かけた。浴場の使用人詰所にパスカシウスがいるのを見つけて、ゲルマヌスはどんなに驚いたことか。彼は相手に、そこで何をしているのかと尋ねた。パスカシウスが答えて言うには、《この懲罰の場所に（in hoc poenali loco）私が送りこまれた唯一の理由は、シュンマコスに反対してラウレンティウスに加担したためだ。私のために主に祈っていただきたい。もう一度ここに来られたとき、私の姿が見えなかったら、あなたの祈りが叶えられたと思って下さい》。ゲルマヌスは熱心な祈りを捧げ、数日後戻ってみるとパスカシウスはその場に見当たらなかった。だが、もしパスカシウスが死後に自分の罪を浄めることができたとしたら――とグレゴリウスは言い添える――それは第一に彼がただ無知から罪を犯したからであり、第二に、彼が生前なした気前のよい施しによって許しに値したからである。

ペトルスがグレゴリウスに提出する第二の理論的問いは、死者のためのとりなしの祈りに関わっている。

ペトルス――死者の魂に助力する方法にはどんなものがありますか。
グレゴリウス――過ちが死後に消し去りがたいものでなければ、聖体パンの奉献は死後においても大いに魂の助けになるし、時に故人の魂がそれを要求する場合も見られる。

　司教フェリックスは、聖なる生涯を終えて二年前に死んだある司祭について、こんなことを知っていると言って話してくれた。彼はセントゥム・セラエ司教区に住んでタウリナの聖ヨハネ教会で司祭をしていた。この司祭は、その必要が生じるといつも、もうもうたる湯気の湧き立つ温泉で体を洗うのを習慣にしており、〔……〕これらの奉仕(七)のすべてを熱心に果たした。こうしたことが度重なったので、司祭はある日、入浴に行く道でこう考えた。「いつもあれほど献身的に、私が体を洗うのを手助けしてくれるあの男に、恩知らずと思われてはいけない。彼に何か贈物をしなければ」。彼は供物用の王冠《パン》を二つ持っていった。着いてみると例の男がいて、いつものようにこまごまと彼の世話をやくのであった。司祭が体を洗い服を着て、さて帰ろうというときに、祝福を与えるように奉仕の男に持参した物を差し出し、これは感謝の気持からあなたに贈るのだ、受け取ってほしいと言った。しかし男は悲しそうにこう答えた。「神父、なぜ私にこれを下さるのですか。このパンは聖なるもの、私にはこれを食べることができません。こう見えても、昔私はこの土地の主でしたが、犯した過ちのせいで、死後もここに送り返されました。私に良かれと思し召すなら、そのパンを全能の神に献じて、私の罪のためにとりなしをして下さい。私の姿をここで見かけなくなりましたら、あなたの祈りが叶えられたものとお考え下さい」、こういうと男は消えた。こうして彼は、人の外観はしているが、実は霊であることが明らかになった。まる一週間、司祭は男のために涙を流し、毎日聖体のパンを奉献しては浴場に行ってみたが(48)、彼の姿はもはや見かけなかった。これはまさしく聖なる供物の犠牲が、魂にとって有効であることの証である。

なにしろ死者の霊がみずから生者にそれを求め、彼らの罪障消滅がなったことをどんな兆候によって知ることができるかを教えているのである。

この話につづいて、グレゴリウスはもう一つの話を付け加える。それは彼自身の修道院で三年前に起こった事件である。医術に精通したユストゥスという名の修道士がいた。彼は回復の見込みのない病いに陥り、肉の兄弟で自身も医者であるコピオススの看護を受けることになった。ユストゥスは兄弟に、自分が金貨三枚を隠し持っていることを打ち明けたので、そのことをコピオススは修道士たちに知らせざるをえなかった。

薬剤の間に隠された金貨が見つかった。彼らの報告を受けてグレゴリウスはひどく驚いた。修道院規則で、修道士は一切を共有することと規定していたからである。困惑しながらもグレゴリウスは、どうすることが死に臨んだ者の《浄罪》と同時に、修道士たちの教導にとっても有益であるかを考えた。彼は修道士たちに、瀕死者が彼らを枕辺に呼び求めても応じるなと命じ、コピオススには、修道士たちが彼の行為を知って彼を忌み嫌っているのだと兄弟に言うよう命じた。死の時に臨んで彼に悔い改めさせるためである。彼が死ねば、その死体は修道士たちの墓地には埋葬せず、掃きだめに投げ棄てること。そのうえ修道士たちは彼の死体にその三枚の金貨を投げつけて、こう叫ばねばならない。「汝の金を地獄堕ちの道連れにするがいい」と。万事、予め決められたとおりに進められた。修道士たちは恐れをなして、咎むべき行為を一切避けるようになった。ユストゥスが死んで三〇日目、人々は故人が受けなければならない責め苦を憐れに思いかえした。そこで以後三〇日間、毎日、彼のためにミサが挙行された。三〇日目の夜、死者が兄弟のもとに現われ、今日まで自分は苦しみぬいてきたが、たった今（選ばれた者の）通功《コミュニオン》を許されたと語った。死者は聖体のパンのおかげで、地獄の苦悩を免れたのだということが、はっきりと見てとれた。[49]

グレゴリウス大教皇は司牧としての熱心な活動から、信徒集団の心が要求する二つのものを理解した。

信憑に値する証人による嘘偽りのない証言と、浄罪の刑罰はいつ、どこで執行されるかについて知りたいという欲求である。

第一点については、グレゴリウスの物語は、一三世紀に教会が、ようやく明確に規定され実在するに至った煉獄の信仰を流布させるのに逸話を利用する、そのモデルとなるだけに重要である。それらの物語は、話の真実性を点検できるという特徴を具えている。つまり信憑に足る情報源の指示があり、時と所が明確にされている。さらにそれらは、他の二つの面で説得力をもちうる図式を含んでいる。語りの魅力を具えた物語的興味、プロット、好奇心をそそる細部、いわゆる《サスペンス》、衝撃的な結末。他方、生者が有効な働きをなしうるという見通しとその証明によって、触知可能となった超自然の明白性。こうしたことはすべて、真の煉獄の信仰においても認められるのであるが、煉獄の試練から故人を救出するについて機能する生者と死者の絆の性質も、その例にもれない。つまり助力を請われて効果をあげうる生者は、血縁によるにせよ霊的つながりによるにせよ、罪を浄めるべき故人の近親者でなければならないのだ。最後に、これらの逸話の中に、死者のためのとりなしとなる三つのものが明確にされている。祈り、施し、そして何にもまして聖体の犠牲である。

グレゴリウスの独創性の第二は、これら三つの物語のうち二つで、償罪の場所をこの地上に位置づけたことである。実に、驚くべき場所、湯治場なのだ。天才的なひらめきによって、グレゴリウスはいかにも彼の選択らしい場所を指定したものだ。このローマの貴族は、今なお命脈を保つローマ文明にとって最も枢要な建造物の一つ、古来の、すぐれて衛生と社交の場たる施設を選んでいる。その上、このキリスト教最高指導者が選んだ場所は、温水治療と冷水治療の交替という点で、キリスト教もその遺産を継承している極く古い諸宗教以来の、浄罪の場所のあの構造にちょうど呼応している。要するに超自然と日常性のこの混合、あの世の発散物のような湯煙が立ち、亡霊が湯男を務めるその中に、ある偉大な想像力の資質がはっきりとうかがえるのだ。

逆説的にも、煉獄の生成に対するグレゴリウス大教皇のこの最も重要な貢献が、一三世紀には新しい信仰の最大の犠牲となるであろう。グレゴリウスは、浄罪の獄が、この地上――人が罪を犯して以来懲罰の地となったこの地上――のものでありうるという考えを正当と認めた。ちょうどあの温泉の支配人が、彼の大罪の場所ではなく微小な罪の現場に亡霊となって憑きまとい、そこを《懲罰の場所》(in hoc loco poenali)としたように、人は罪を犯した場所で罰せられたのである。グレゴリウスの権威のおかげで、地上の煉獄という観念は《真の》煉獄の誕生以後もなお散見されるであろう。ただし、本当らしからぬ一仮説として、過去の、いわば骨董的観念として。トマス・アクィナスや、ヴォラギネのヤコーブスもなお『黄金伝説』において、これに言及する。しかし一三世紀には煉獄の一件は落着して、地上の日常的な場所ではなく、あの世の特別な空間、一領域を舞台とする。煉獄にある死者たちは、もはやほんの暫くの間しか、生者の気を引きに戻って来ることが許されなくなる。彼らがこの世で何らかの活動をすることはまったく不可能になる。煉獄は亡霊どもの封じこめの場所となってしまうのである。

煉獄の最後の創設者としてのグレゴリウスは、しかしこの信仰に対してほんの二次的な関心を寄せているだけである。彼にとって大切な点は、審判の日になれば、選ばれた者と見放された者との二種類しかなくなるということなのだ。いずれにしても人は復活後、直接的にか、あるいは裁きを受けて間接的にか、可能な二通りの仕方で、己の永遠の運命を手にするであろう。《ある者は裁かれて滅び、他の者はこれも、しかし裁かれず直ちに滅びる。ある者は裁かれて君臨し、他の者はこれも、しかし裁かれず直ちに君臨する。》

別の一章、『対話』第四巻の第三七章で、グレゴリウスはもはや地上の煉獄ではない、あの世の煉獄の記述をしている。ステファヌスなる人物がコンスタンチノープルで急死して、死体の防腐処置をするまで一晩、墓場もなく放置された。その間にその魂は地獄へ運び去られ、そこであちこちと多くの土地を訪ねるが、サタンの前に出るとサタンは死者を取り違えたと言う。彼が待っているのは別人の鍛冶屋のステファヌスなのである。そこで最初のステファヌスは生き返り、鍛冶屋が死ぬ。ステファヌスは五九〇年のペスト流行の際に死んだ。また、束の間命を失った後、息を吹き返したある負傷兵は、この短時間のうちに地獄を訪れ、その様子を詳細にグレゴリウスに語り聞かせた。彼は《耐えがたい悪臭の霧の立ちのぼる黒く暗い河の流れと、そこにかかった一本の橋》を見た。その橋を渡ってしまうと、気持ちの良い牧場があって、花々や甘い香りの中を散策する白衣の人々、また光の満ち溢れる家々が見え、そのうちのあるものは黄金でできていた。河の両岸にはいくつかの住居があって、あるものは悪臭の霧に浸され、他のものは悪臭から護られていた。橋は一種の試練で、邪な者が渡ろうとすると暗黒のむかむかする河に落ち、正しい者は支障なくこれを渡って、快い場所に行き着くのであった。ステファヌスもこの橋のことを語っており、これを渡ろうとしたとき、足がすべって半ば転落しかかったという。すると河の中から現われた恐ろしい黒い人間たちが、彼の両脚を下に引っ張り、上からは極めて美しい白い人々が彼の両腕を引き上げた。この引っ張りあいの間に目がさめた。彼にはこの幻の意味がわかった。つまり、彼はしばしば肉の誘惑に屈したが、一方では何度も惜しみない施しをしてきた。淫欲は彼を下方に引っ張り、善行は上方へ引き寄せるのであった。それ以後、彼は完全に生活を改めた。

一件書類の最後のものは（後述するように、ほとんど最後と言うべきか）、グレゴリウスが『対話』の第四巻第三一章で報告している話である。それは地獄に関するものではあるが、後に煉獄の歴史に一役を演ずることになる。ローマ教会の善意の《擁護者》で、七年前に死んだユリアヌスなる人物が語ったことの再話なのである。テオドリクス王（五二六年没）の時代に、シチリアへ税の徴収に出かけたユリアヌスの縁者が、帰途リパリ島の岸辺で難破して、その地に住まう高名な隠者の祈禱を求めに行った。隠者は遭難者に、《テオドリクス王が死んだことを知っているか》と尋ねた。信じられない様子の相手を見て、彼はこう言明したのだ。《昨日、九時課の頃合（午後三時頃）に、上衣を脱ぎ、素足で、両手を縛られ、教皇ヨハネスとパトリキウス・シュンマコスにはさまれて、彼が隣の火山島《ヴォルカーノ》へ連れて行かれ、その噴火口に投げこまれた》。イタリアに帰ったユリアヌスの縁者は、テオドリクスの訃を知ったが、邪にも教皇ヨハネスとパトリキウス・シュンマコスを死刑に処した王だから、彼がこの二人に（永遠の）火に投げ入れられたのも当然なことと思った。

伝説と化したテオドリクスの懲罰は、死後世界の政治的利用に関する文献資料に加えるべき書類の一つである。

来世の責め苦をもって世俗の君主を脅かすのは、教会の手に握られた有力な武器であった。高名な死者が懲罰の火に包まれる様を見せつけることによって、この威嚇に証明の価値を与え、この上ない精彩を添える。来世の想像が政治的武器となったのである。だがグレゴリウスは、まだ地獄を利用できるだけだ。この最終兵器に訴えるのは、ただ非常の場合にのみ起こりうる。煉獄はそうした威嚇に変化をつけることを可能にするであろう。

この夢の話には、もう一つ先駆的兆候が見られる。キリスト教徒を迫害した王が地獄の火に投ぜられる、その場所がシチリアの火山の底だという点である。中世はこの火を噴く口を想い起こして、そこに煉獄の口の一つを見ようとするであろう。

Ⅲ　中世初期――教義上の停滞とヴィジョンの増殖

グレゴリウス大教皇以降一二世紀までの五世紀間というもの、煉獄の輪郭はほとんど鮮明の度を加えることがない。しかし相変わらず火は燃えつづけており、理論面では神学上の革新はないものの、死後世界のヴィジョンと想像の旅に関する限り、また典礼の領域においても、浄罪の火を容れる空間が徐々に描き出されていき、生者と死者の関係は一層緊密になっていく。

来世の概念に大した変化もないこの時期に興味を寄せる理由はいったい何か。

編年史的論述の伝統に従おうというのではない。逆に、私はここで、歴史の時間は均等一律に最終目標に向かって加速されるものではないことを示したいと思う。この五世紀間は、われわれの問題領域においては、来世に関する反省の、長い、明らかな停滞期なのである。

読者は、ここから二つの誤解を引き出す可能性がある。

第一に、引用テクストの外見上の豊富さから生じかねない誤解。私はアルクイヌス、ヨアネス・スコトゥス、ラバヌス・マウルス、ヴェローナのラテリウス、ランフランクスといった、当時の偉大なキリスト教思想家の名をいくつかと、――彼らはわれわれの主題に関して大したことを言ったわけではないが、その言葉数の少なさに意味がある――さらに二次的、三次的な領分の文献をも援用することになろう。後者は何が生命を保ちつづけ、時に活気を取りもどして些かの動きを見せさえするかを、一層よく物語ってくれるであろう。両者ともにそれぞれの仕方で、来世についての思索の段階を証言しているのである。

読者はまた、私が、みずから誤謬だと指摘した振舞いに陥っているとの印象をもたれるかもしれない。すなわち、この不均質なテクストの総体から、ただ煉獄の前駆形態と見えるもののみを拾い出すことによって、あたかもその生成が、この保守主義の外観の下で決定的に進行しているかのように考える、と。例外を除けば際立った特色もないこれらのテクストについて、私は詳述の必要があるとは考えなかったが、しかしまた、未来の煉獄に背を向けるにせよ、これを予告するにせよ、煉獄に言及したものには留意する必要があった。だがこうしたこととは別に、この時代の死後世界はどうやら煉獄の前ぶれにほかならないのである。ウェッティヌスの夢のごとき驚くべきテクストが、恐怖と喧騒に満ちた他界を——しかしそこに未来の煉獄が予告されているわけでは殆どない——現出させているとき、私は必ず、やや詳細にそれを物語った。まずもって重要なのは、中世初期における来世の想像がどのように機能していたかを見ることだからである。

とは言っても、私の意図にとって、この長い挿話が消極的な効力しかもたないというわけではない。そこに、ある想像的素材の形成過程を辿ることができ、それが豊富になり、あるいは明確になっていく様を見ることができる。トゥールのグレゴリウスにおけるスンニウルフの夢のごとき、わずか数行のテクストにおいてさえ、試練にあう死者たちが身体の種々の高さまで水に漬けられているというイメージや、狭い橋のイメージなど、記憶に深く刻みこまれるものがある。これに反し、さほど成功を見ないイメージも現われる。あの世を蜜房のようなものとするイメージがそれで、そこに死者の魂が渦巻き、蜜蜂のようにひしめいているのである。

また種々の想像単位の間に一個の体系が形成される気配も、そこに探知される。ベーダにおいて、フルセウスは死後世界への旅から肉体的な刻印を持ち帰るが、それは後に、行って戻ることのできる煉獄の実在を示す証拠となるであろう。この信仰に支配されて、一九世紀末には、今日なおローマの煉獄博物館で見ることのできる品々が収集された。やはりベーダにおいて、ドリテルムスの夢では、あの世の地形学をなす諸要素が組織されて一定の道筋を描きだし、論理的に方向づけられた一連の場所、構成された巡路となっている。

最後に、神学的あるいは倫理学的定義の先駆的な試みも散見される。例えば罪の類型に関して。

特に、ほとんど中断なく発展するのは、黙示録の無意識的な思い出に培われた、しかし修道院のしるしも明らかな一系列であって、これは天啓とか夢とか死後世界への旅とかよりも、奇趣を好む新しい聴衆を狙ったものである。まさに聖職者や信徒の記憶に刻みこまれるこうした風景の只中に、煉獄は己の席を設けることになる。

広義におけるカロリング朝時代は、また典礼の大復興期でもある。死者の典礼はそこで、来世と故人の運命に関する新構想に結びついた種々の変化を被るであろうか。

スペインの三司教のアウグスティヌス的死後世界

終末の時代と浄罪の火に関してか、死者のためのとりなしに関してか、ともかくも来るべき煉獄への暗示が読みとれる注解書や教義上の著作から、私はまず六―七世紀のスペイン人司教三人を採り上げたい。すなわち、サラゴッサのタホン、中世文化の父祖の一人として有名なセヴィリアのイシドルス、それにトレドのユリアヌスである。

その『命題集』Sententiae（『ラテン教父著作集』八〇・九七五）第五巻第二一章で、サラゴッサのタホンは、コリント人への第一の手紙のパウロのテクストを注解しつつ、数行ながら（その名が挙がっているわけではないが）、アウグスティヌスとグレゴリウス大教皇の教えを継承している。《この世における苦難の火に関して、かの偉大な説教師が書いたことは理解できるが、しかしパウロが、かの土台の上に鉄や青銅や鉛、つまり重大な罪（peccata majora）ではなく、木や草や藁のように、火で容易に焼き尽くせるもの、つまり微小な（minima）、極く軽い（levissima）罪を築いた者は、火によって救われることができると言った事実をよく考えてみるならば、来るべき罪の浄めの火にもそれを適用することができる。しかし、微小な罪であっても、もしこの世における善行によってそれに値しなかったならば、罪の浄化を得ることはないと知らねばならない》。

セヴィリアのイシドルスはとりなしの祈りに関する論文『教会の聖務』De ecclesiasticis officiis において特にこの問題に言及した。来るべき世での罪の赦しを語るマタイの一節（マタイ一二・三二）と四種類の人間を区別した聖アウグスティヌスのテクスト（『神の国』二一巻、二四章）を引用して、彼はある人々の罪が赦され、《浄罪の火によって浄められる》ことを認めている。(1)

トレドのユリアヌスは、この三人の高位聖職者の中で最もわれわれの主題に関わりが深い。第一に彼は真の神学者であり、第二に、その『プログノスティコン』Prognosticon は終末論の精細な本格的論考である。その第二巻全体は、肉体の復活以前の死者の魂の状態を述べるのに費やされている。彼の思想はしかしほとんど革新的なものではない。本質においてアウグスティヌスに依存しているのである。

彼は二つの天国、二つの地獄という区別を設ける。二つの天国とは、地上のものと天上のものとであり、後者はアンブロシウスやアウグスティヌスやグレゴリウスが考えたように、アブラハムのふところと同じものである。地獄も二つあり、聖アウグスティヌスの教えと同様であるが、ユリアヌスの理論の中でその教えに変化が加えられた（この点でユリアヌスは批判的・歴史的センスを発揮している）。彼は最初、地上に一つ、地下に一つの地獄があるものと考えたが、貧者ラザロと悪しき金持の話を注釈していて、二つの地獄はむしろ共に地下に、上下相重なって存在するのだと気づいた。《つまり、とユリアヌスは結論する、おそらく二種の地獄があって一方には聖人の魂が憩い、他方には不信心な者の魂が責め苛まれているのである》。ついで、やはり聖アウグスティヌスを援用し、地獄が地下にあるとみなされる理由を文献学的推論をも交えて説明する。

次に彼は、聖人（完全な義人）の魂が死後ただちに天国へ赴くのか、あるいは右のごとき《たまり場《レセプタクル》》に留まるのかという問題について、種々の見解を述べる。キリストの冥府降下以後、義人の獄は閉ざされたので、義人は天国にあり、また死後ただちに天国へ行くのである。同様に、邪な者の魂はただちに地獄に落ち、二度と脱け出ることはない。余談として、ユリアヌスは肉体の死後も魂は感覚能力を失わないと明確に述べ、これも聖アウグスティヌス（『創世記逐語解』De Genesi ad litteram 一二・三三）を用いて、魂は《肉体との類似性》（similitudo corporis）を有し、安息や苦痛を感じることができると主張している。したがって魂は物質的な火に責め苛まれることになる。これが実際、地獄で行なわれることなのだが、すべての堕地獄者が同様の苦しみを受けるわけではない。彼らの苦痛はそれぞれの罪の重さに応じて異なり、ちょうど生者もこの世にあって、太陽の熱さに苦しむ度合が異なるのと同じである。最後に、パウロやアウグスティヌス、グレゴリウスが説いたように、死後の浄罪の火があることを信じなければならない。ユリアヌスは、グレゴリウスの用語を踏襲して、この火は、間断ないおしゃべりや抑制のない哄笑、私財への過度の執着といった、些細で軽微な罪を浄めると説明している。しかもこの火は地上のどんな苦痛よりもひどく、種々の善行によってそれに値した者のみが、この浄罪の火の恩恵を受けることができる。この浄罪の火はゲヘナの永遠の火とは別である。それは最後の審判の後ではなく前にあるのだ。アウグスティヌスは、それは地上での苦難と共に既に始まっているとさえ考える。堕地獄者が己の罪の重さに応じて責め苛まれるように、罪の浄化を受ける者も、その不完全さの程度に応じた時間だけ、その火中に留まる。等価性の基準はこの場合、苦痛の強弱ではなく長短で示されており、《彼らがはかない財貨をどれほど愛したかに従って、早く救い出されたり遅くなったりする》。

聖書本文と――特に新約だが――教父の著作とに基づき、来るべき煉獄について言及したユリアヌスのこの論述は、中世初期にあって最も明快かつ完全なものである(2)。

その他の《蛮族》の死後世界

ギリシア・ローマを除く、いわゆる《蛮族》のキリスト教諸地域からもたらされる種々の証言は、各階層の教会聖職者や修道士たちを出所としており、そこには取り立てて独自な点は見られないとはいえ、新しいキリスト教圏の死後世界に対する関心を表明するものではある。

アイルランド　『被造物の秩序に関する書』(Liber de ordine creaturarum) の著者は、長い間セヴィリアのイシドルスと考えられてきた。ところが近年、マヌエル・ディアス・イ・ディアスは、これが七世紀の無名のアイルランド人の書であることを論証した。これは創世記に基づき、神と霊的及び肉的被造物とを論じる概論書であるが、その末尾四章は「人間の本性」(第一二章)、「種々の罪人と刑罰の場所」(第一三章)、「浄罪の火」(第一四章)「未来の生」(第一五章)に充てられている。

要するにこの書の著者は、来世を地獄、《煉獄》、天国の三つとする見方をとっているという印象を受けるのである。しかしこの区分は若干の写本においてしか存在せず、しかもテクストのつながりから言うと、この区別はそれほど明確ではない(3)。特に著者の古風な全体把握は、実際上、来世の三部構成という考え方を排除する。罪人の境遇の差異に関する章（第一三章）の冒頭から、彼は自分の考えを種々開陳し、罪人には大別して二つのカテゴリーがあると言う。その罪（crimina）が審判の火によって浄められる者と、永遠の火の苦しみを課される者とである。後者のうち或る者は、裁きを待つことなく直ちに劫罰を受け、他の者は審判の結果、断罪される。したがって火とは審判の火であって、審判以前にはないことになる。この見解は、第一四章においても確認される。

浄罪を経て《永遠の慰藉》（refrigerium aeternum）を得るのは、後に慈善事業と呼ばれる行為を為した人々である。彼らは火の洗礼を受けるが、それ以外の者は消えることのない火に焼き尽くされる。パウロのコリント人への第一の手紙の注釈は、この書の著者がもっぱら否定形で、《だからと言って、それが大きな手柄になるわけではないが、さほど有害でもない罪》とだけ規定する類の罪を、次のように詳述している。《正規の婚姻を無益なものとなすこと、飽食、浮薄なことを過度に楽しむこと、怒りにまかせて乱暴な言葉を発すること、私事に非常識な興味を寄せること、祈禱の席に上の空でいること、朝の遅い起床、度を越えた笑い声、眠りにふけること、真実を秘匿すること、饒舌、誤りに固執すること、信仰に関わりのない事柄において偽りを真と見誤ること、なすべき義務の忘却、着衣の乱れ(4)》。これらの罪は、火によって浄められることはまちがいない。考察の最後に、この浄罪の火は、地上で想像しうるいかなる苦痛よりも、長く激しい苦しみをもたらすという。

七世紀初めから、大陸で修道生活を唱導したアイルランドの聖人コルンバヌス（六一五年没）は、誕生から死後に及ぶ人間生活の概略を説いていた。確かにそこでも、火におきまりの地位が与えられているのだが、しかしそれは、そう名指されてはいないながら、一種の浄罪の火、とは言わないまでも、少なくとも検査観察のための火である。なぜならそれは審判「以前」に位置づけられており、しかも復活から審判までの間にあると思われるからだ。

《この悲惨な人間の生涯は次のように展開する。すなわち、地から出で、地上で生き、地中へ帰り、地から火へ、火から審判へ、審判からあるいはゲヘナへ、あるいは（永遠の）生命へと至る。事実、あなたはまず土から創造され、大地を踏みしめ、やがて地中に帰り、地中から身を起こし、火中で試みられ、審判を待ち、ついに永遠の責め苦もしくは永遠の王国をわが物とするであろう》。さらに彼は、われわれ人間が《大地から生まれ、束の間その上を通行していても、たちまちに地中へと帰り、やがて再び神の命ずるところに基づいて地から戻され、押し出されて、幾時代もの末には火をくぐる試練を受ける》身だと語る。《その火は或る仕方で地上での汚辱を解消するであろう。だが贋の貨幣が溶解してしまった後で[5]、もし地上の金や銀もしくは他の有用な材料がなお存在するならば、火はそれを明らかにするであろう》。

ガリア　ある聖書注解の中で、有名なノワヨンの司教聖エリギウス（六五九年没）は、大罪（crimina capitalia）と些細な罪（minuta peccata）との間の区別を論じ、たとえ常日頃ふんだんに施しをしていても、それだけでは大罪を贖うに十分とは言えないとした後、神の二つの裁きと浄罪の火とに言及している。

事実、聖書には二種の裁きがあると書かれている。一つは洗礼の予示となった大洪水（創世記七）の水であり、これによってわれわれは一切の罪を洗い浄められた（Iペテロ三）。もう一つは、神が審判に立ち現われる日の、来るべき火の裁きで、詩篇の作者が次のように語っているものである。「われらの神は来て、もだされない。み前には焼きつくす火があり、そのまわりには、はげしい暴風がある」（詩篇五〇・三）。火に焼かれる人々を神は暴風のように験されるのである。肉と霊とのありとあらゆる汚れを洗い落とし、永劫の火にも、またあの一時的な火にも焼かれないようにしよう。この神の裁きの火について、使徒はこう述べている。「その火は、それぞれの仕事がどんなものであるかをためすであろう」と（Iコリント三・一三）。彼がここで浄罪の火について語っているのであることは疑問の余地がない。不信心者、聖人、義人は、それぞれこの火を別様に感じとるであろう。この火の苦痛から不信心者は燃えさかる業火の中に転落し、聖人はいかなる罪の汚点をも残さぬ肉体の内に蘇るであろう。彼らはキリストという土台の上に金、銀、宝石、つまりは信仰の燦然たる意味と、救済の光り輝く言葉と、数々の高貴な業績とを築きあげたからである。そして彼らがこの世の生において、キリストの教えを守ろうとする信仰と愛に純潔であったその度合いに相応じて、容易にこの試練の火を克服するであろう。さて残るは些細な罪の責めを負う義人たちだが、彼らはキリストの土台の上に草、木、藁を建てたのであり、これは種々の小さな罪科を指している。彼らは試練の後もなおこれを然るべく償うには至らず、したがって天国の栄誉にふさわしい身とはならないであろう。この火をくぐりぬけた後、最後の審判の一日が完全に成就したとき、それぞれその分に応じて、あるいは劫罰を受け、あるいは栄冠を授かるであろう。それゆえ、愛する兄弟たちよ、われわれはとりわけこの裁きの日に思いを至さねばならないのである[6]……。

アウグスティヌス以来の伝統となっている四分類ではなく、人間を三つのカテゴリーに区分した点でも、これは注目すべきテクストである。しかしわれわれがここで特に留意しておきたいのは、浄罪の火を最後の審判という長い一日の一段階に位置づけて、その《古風な《アルカイック》》考え方を表わしている点である。しかもエリギウスは、どうやら聖人と不信心者と義人の選別の機能をこの火に委ねており、第三のカテゴリーに対して試練の後の天国を保証してもいない。最後まで《未決状態》がつづくのだ。

ゲルマニア　七三二年頃、当時なお異教を奉じていたゲルマン人や、新たに改宗したばかりのゲルマン人に対してどんな態度をとるべきかを問うた聖ボニファティウスに、教皇グレゴリウス三世が与えた教書を読むと興味深い。《あなたはまた、死者のための供物をすることができるかどうかと問うておられる。聖教会の立場はこうである。誰でも死者のために、彼らが真のキリスト教徒であれば供物をすることができ、司祭は彼らの記念の祭式を挙げてよい。われわれはみな罪に屈した身ではあるが、司祭はカトリック教徒として死んだ者のためにのみ記念式を挙行したり、とりなしをしたりした方がよい。たとえかつてキリスト教徒であったとしても、不信心者に対しては司祭がそうした事をするのは許されまい[7]》。

これらはあからさまにとりなしの祈りを問題としてもいないし、浄罪の火に言及してもいないが、一地域の具体的情況の中で、また伝道の一時期において、《真のキリスト教徒》たる死者のための供物は有効（したがって義務）であるが、キリスト教徒といえども《不信心な》死者のための供物は無効（したがって禁止）というふうに、明確に区別されたことが認められる点で意味深い。

大ブリテン島　同じ頃、グレイト・ブリテンには高名な修道士ベーダが現われた。彼は後述するように、夢と想像の旅を通して垣間見られた死後世界の地理形状を確定する上で、枢要の地位を占めている。その『聖書注解』（七三〇—七三五年）において、彼は死者のために苦しむことの重要性を強調し、今度ははっきりと浄罪の火という言葉を用いている。彼の言うところによれば、使徒、殉教者、証聖者《コンフェッスール》、等々は、死後、復活までの間「父の御胸」に赴く。この sinus Patris を、彼はアブラハムのふところに言及することなくヨハネの福音書（一四・二）の父の家（domus Patris）と同一視しているが、《父の秘奥》（secretum Patris）と解さなければならない。そして次のようにつづく。

《同様に、教会の内にある数多の義人は、肉体の消滅の後ただちに天国の至福の安らぎの内に受け容れられ、そこで大いなる喜びを味わいつつ、愉悦する魂の大合唱の中で、肉体を回復し神の御前に現われ出ずべき時を待つ。だが或る人々はその善行のゆえに選良たちと同じ運命を予定されていながら、或る種の悪行のゆえに、それに汚染された肉体を脱した死後も浄罪の火の手にとらえられ、厳しく懲らしめられる。彼らはあるいは審判の日に至るまで、この火の長い試練（longa examinatione）によって、その悪徳の汚れを清められるか、あるいは、また信仰篤い友の祈りや断食、涙、供物のおかげで、刑罰を免れて彼らも至福者の安息に達することができる(8)》。

要するに、ベーダは、まさしく浄罪の火を誰が罰として受けるかを規定し、生者や信心深い友人組織によるとりなしの祈りの効力を力強く肯定しているのであるが、とりわけ《煉獄》の時代のメカニズムを明確に示している。すなわち、死から復活までの時間内で、最後までとりなしによる種々の軽減がありうるということ。そのかわり彼は、この火や浄罪のための刑罰がどこにあるのか、その位置には言及していない。

カロリング朝およびそれ以降の無関心と伝統主義

カロリング朝教会は浄罪の火にほとんど関心を示さず、何らの革新ももたらしていない。

シャルルマーニュの文化政策を鼓吹したアングロ・サクソンの偉大な教師アルクイヌス（八〇四年没）は、その論考『聖三位一体の信仰について』De fide Sanctae Trinitatis の中で、パウロのコリント人への第一の手紙（三・一三）を注釈して、裁きの火（ignis diei judicii）を浄罪の火（ignis purgatorius）と同一視している。彼によればこの火は不信心者、聖人、義人によって別様に体験される。不信心者は永遠にこの火に焼かれ、聖人、すなわち金、銀、宝石で建てた人々は、あの炉の中に投げこまれたヘブライの三人の若者のように（ダニエル書三章）、無傷で火中をくぐりぬける。最後に《キリストという土台の上に草や木や藁で建てた義人のうち、若干の些細な罪の責めを負う或る人々はこの火の熱により浄められ、その罪を除かれて、永遠の至福の栄光にふさわしい身となるであろう》。誰もがみなこの過渡的な火（ignis transitorius）を通過した後で、或る者は劫罰を受け、他の者は栄冠を授かるのだが、前者はその悪業の程度に応じて苦しまねばならず、後者はその聖性の度合いに応じた報いを受ける。この最後の点に関して、アルクイヌスは曖昧かつ不明瞭である[9]。

カロリング朝の教会と文化を代表するもう一人の重要人物、フルダの修道院長でマインツの大司教ラバヌス・マウルス（八五六年没）は、ゲルマニアの知的教導者でもあったが、パウロの書簡を注釈して火に関する神学的考察に耽っている。コリント人への第一の手紙で問題になっている火は、彼にとってもまた裁きの火である。キリストを土台とみなしながらも人が犯しがちな常軌逸脱（illicita 不法行為）、たとえばこの世の快楽や地上の愛に自己満足するがごとき逸脱を火は消去し、婚姻関係の場合にはこれは劫罰の対象にならない。これらはすべて苦悩の火（tribulationis ignis）が焼き消してくれる。しかし木や草や藁で建てた者にとっては、《死後に次のような事態となることは考えられないことではなく、また実際ありそうなことである。すなわち、信者のうちの或る者は、あからさまにあるいは密かに、浄罪の火を通してはじめて救われる。ただし、彼らが滅ぶべき富を愛した度合いに応じて、その早い遅いの差があるのである》[10]。

要するに、ここにはベーダの場合と同様、来るべき煉獄の体系の重要な一要素が現われている。すなわち、死と審判の中間に浄化の過程があるという位置づけ、そして浄化は必ずしも全期間にわたってつづくわけではなく、長期・短期の変化がありうること。

コルビアの大修道院長パスカシウス・ラドベルトゥス（八六〇年没）は、火の洗礼に関するマタイの福音書の一節に基づいて、さらに一歩を進めた火の神学を開陳している。彼はその種々の様相と機能を検討し、究極的に「慈愛の火」(ignis charitatis)、「神的愛の火」(ignis divini amoris)という見方を提起するに至るのだ。この火には次のように複数の意味がありうる、と彼は予想する。《或る人々が主張するように、「このかたは、聖霊と火とによっておまえたちにバプテスマをお授けになるであろう」という一文を、おそらく聖霊と火の同一性を示すものと解する必要があろう。神は焼き尽くす火であるから、これはわれわれも認めよう。だが等位接続詞がある以上、同一物を語るものとは思われない。ここに、これはあの浄罪の火のことだとする若干の人々の意見が由来する。つまり、現実にはまず聖霊によってわれわれを浄め、次になお何らかの罪の汚れが残る場合に、大火災の(つまり審判の)火を通してわれわれを焼き浄めるのである。しかしそれにしても、これは比較的軽微で些細な罪の場合だと信じなければならない。誰もが懲罰を免れるとは考えられないからである。それゆえ使徒の一文に、「人それぞれの仕事を、火が験すであろう」というのである》(11)。

カロリング朝に浄罪の火について最も明瞭な言辞を残した功績は、ハルバーシュタットのハイモ(八五三年没)に帰せられてきた。彼はこの主題に二度、つまり『書物の多様性について』De varietate librorum と、人によってはオーセールのレミギウスの書だとする聖パウロ書簡注解において取り組んだ。ハイモの見解は事実上、彼以前に書かれてきたことの折衷主義的な混交物で、アウグスティヌスやグレゴリウス大教皇(その名が挙げられているわけでは決してないが)の思想の明瞭な刻印をもつ。しかもしばしば、十二世紀以前の、トレドのユリアヌスによる総合を一語一句引き継いでいるのだ。ハイモによれば、軽微で些細な罪に対しては審判に先立ち浄罪の火が加えられると信じなければならない。浄化のための(一時的な)火と、他方、永遠の(懲罰的な)火という二種類がある。火による浄化の継続時間は、人がどれほど深く地上のはかない絆に執着したかに応じて、長くも短くもなる。或る者は死後に浄化の責め苦を受け、他の者はこの世にあっても苦しむ。この世で善行を果たさず、信仰だけ守ったとしても、浄罪の火を経て救われると思うのは誤りである。教会が浄化の責め苦を受ける人々のために嘆願することは有効である。義人に二種類があって、死後ただちに天国の安息を楽しむ者と、浄罪の火炎に懲らしめられるべく、審判の日まで火中にとどまり、あるいは友たる信者の祈りや施し、断食、涙、ミサの奉納によって、比較的早くその火を脱け出られる者とである。(12) おそらくベーダから継承したこの死者と生者の連帯関係の指摘こそ——伝統的なものであるその内容ではなく、その形式に関する限り——ハルバーシュタットのハイモの唯一の独自性なのである。

ヴェルチェルリのアットー(九六一年没)はその聖パウロ書簡注解において、コリント人への第一の手紙の極めて伝統的な、アウグスティヌス的解釈を示している(しかも彼は繰り返しアウグスティヌスを引用している)。しかし彼の場合、一つの特殊性と新しさとが見られる。特殊性とは(浄罪の火によって、また より一般的には審判において)試され、かつ裁かれる対象が、本質的に品行や感情である以上に教義上の正統性(doctrina)であると考える点である。他方、軽い罪という表現にならんで、許されうる(venialia)という形容詞が現われ、大罪に対比されながら列挙項目の一つとなっている。この許されうる罪と致命的な(大なる)罪という対立システムは、一二世紀にようやく整えられることになる。(13)

古典的教養に豊かで、ロタリンギア王国の学校で育ったあの独創の人ヴェローナのラテリウスでさえ、浄罪の火については大して言うべきことをもたない。僅かに彼が語っているのは、ゆるがせにしえない一つのメッセージ、人は死後に功徳を積むことはもはやできないということである。死後に浄罪の責め苦があるかどうかについては、誰もそれを当てにしてはならない。なぜならそれは重い罪に対しては効果がな

く、ただ木、草、藁で示される軽い罪に対してのみ有効だからである。(14)

一一世紀末にノルマンディーのベック＝エルアン大修道院に比類ない光輝を添える偉大なランフランクス、彼はカンタベリーの大司教となる前にここの修道院長となるのだが、コリント人への第一の手紙に関する彼の注解は、火による試練を語る一節に発想を得てはいない。彼にとって浄罪の火はまさしく審判の火であり、その限りで審判の火は救わるべき者が罪を浄められるまで燃えつづけるとほのめかしている。(15)

シャルル禿頭王治下、王宮付属学校でのその公職にもかかわらず、アイルランド人のヨアネス・スコトゥス・エウリゲナは、彼の死後二世紀以上も経たパリ教会会議（一二一〇年）で断罪される以前でさえ、特異な孤立した精神であったし、中世の神学者たちにはほとんど知られていなかった。今日では彼は神学や哲学の歴史家たちから大きな評判を得ている。彼もやはり浄罪の火に拘泥してはいない。貧者ラザロと悪しき金持の話から、魂は単に肉体の内に生きている時ばかりでなく肉を奪われてからもなお、聖人の助けを求めて、完全に責め苦から解放されたり、苦痛を軽減されたりすることがあると彼は考える。(16)また他の場所では地獄の業火について語り、その性質の霊妙さのゆえに一般にそれは非物質的な火とされているが、実はこれは物質的な火だという。(17)

死後世界と異端

一一世紀初頭の二つのテクストを私が特別に扱うのは、それ自体に斬新な点があるからではなく、それが来るべき時代にとって意義に富んだコンテクストの中で産み出されたからである。

最初のテクストはヴォルムスのブルカルドゥス（一〇二五年没）の『教令集』と呼ばれるものの長い一節である。これは教義および宗規上の諸問題に関して規範となるテクスト集で、教会法の法典整備の道程における一標尺となっている。ブルカルドゥスはただ、グレゴリウス大教皇の『対話』の数節と浄罪問題を扱った『道徳論』Moralia の一節、および死者のためのとりなしに関する聖アウグスティヌスの一節（『エンキリディオン』一一〇）を再録したにとどまる。アウグスティヌスのテクストに先立って、《四種の奉納物がある》(quatuor genera sunt oblationis) という一文があり、これは一世紀後、グラティアヌスの『教令集』にも採用され、その四部構成的性格がスコラ学者たちの議論の的になる。ここに引用される聖書の権威は、部分的にはこのような中継のおかげで、意外に大きな重要性を帯びることになるのだが、それはヨハネの第一四章第二節、《わたしの父の家には、すまいがたくさんある》[18]である。

一〇二五年、カンブレの司祭ゲラルドゥスはアラスで催された教会会議で、特に死者のためのとりなしの有効性を否定するという《誤謬》を犯した異端者たちを教会と折り合わせた。彼ら異端はこの点で次の《真実》を認めなければならないのだ。

《悔悛は死者には無益で生者にしか役立たないなどと、何ぴとも信じてはならない。真実、多くの死者が、聖書の証しに従えば、彼らが後に残した者たちの献身によって、あるいは仲保者の犠牲（ミサ）の奉納とか、施しとか、あるいは死に際に告解の秘跡を受けようとした病人が間に合わなくてそれもできず、生きている友人が故人のためにかわってその務めを果たしたいと懇願する場合のように、生者による死んだ友人のための悔悛の遂行によって、責め苦から救いだされたのである。あなたがたの主張するところとは逆に、あなたがたは福音の正しい聴き手ではないのである。真実がそこには次のようにいわれている。すなわち、聖霊に対して言い逆らう者は、この世でも、来るべき世でも、ゆるされることはない」（マタイ一二）と。『対話』において聖グレゴリウスが言っているように、ここで、或る種の過ちはこの世で、別の或るものは来世で、抹消されうるということを理解しなければならない。……しかし間断ない饒舌、抑制のない笑い、遺産に対する過度の執心等々のごとき小さく些細な罪については、人生において避け難い事柄であるが、生きている間に拭い消してしまわないと死後に重荷になると思わねばならない。これらの罪は、グレゴリウスの言うように、この世の生の間に人が善行によってそれに値した場合は、浄罪の火によって死後浄められうる。したがって、聖なる教会博士たちは正当にもこう言っておられるのだ、すなわち、浄罪の火なるものがあって、生者が施しやミサ、あるいは既に述べたように代理の悔悛によって、罪の浄化を得ようとするならば、死者の若干の罪はその火によって浄められると。つまり、これらの業を代償として、明らかに死者はその罪を赦免されるのであり、さもなければ使徒パウロが理解できなくなろう——あなたがたが自分たちこそ彼の聴衆だと主張するのは偽りを言ったことになるのだ——なぜなら彼は、些細な極く軽い罪は浄罪の火によって容易に焼き尽くされるが、もしかかる犠牲《オスチア》の奉納によって浄罪の火による罪障消滅が得られなかったとしたら、これらの罪も浄化のためではない永遠の責め苦を引き寄せるであろう、と語っているのだから(19)》。

これは教義の濃縮ではあってもそこに新味はまったくない。にもかかわらず、このテクストはブルカルドゥスの『教令集』と共に特異な運命を辿る。つまり両者は、一二世紀に煉獄の観念が、これを否認する人々に抗して徐々に形成されていく際の典拠資料となるのである。一二、三世紀というこの異端者たちの時代に、聖ベルナルドゥスやそれにつぐ他の正統の聖職者たちは煉獄を整備完成していき、かくてそれはある意味で、西暦一〇〇〇年頃に始まる異端派の異議申し立てに対するレジスタンスの成果となる。

一連の夢——死後世界への旅

こうした教義上の停滞とならんで、もう一つ別の系列が、変革的とまではいかないが一層確実に、未来の煉獄を準備していく。それは死後世界の夢、他界への想像上の旅である。

古代からの継承　このジャンルには伝統がある。既に見たようにユダヤ・キリスト教的黙示文学の一環として爆発的な流行を見せ、そこに強烈に表現されているのである。知識人の文学に捌け口を見出すことが困難な副次的な鉱脈ではあるが、このジャンルにも古代の、特にギリシアの証人が幾人かある。プルタルコスはその『倫理論集』Moralia の中でテスペジオスの夢を物語っている。後者はおそらく放蕩三昧の生涯を送った挙句に死んで、三日後に息を吹き返し、それ以降は完全に美徳の生活を送る。質問に促された彼は、自分の霊が肉体を離れ、大気に揺れる人々の魂をぬって空間を旅してきたと打ち明ける。魂のあるものは彼の知人で、恐ろしい悲嘆の声をあげ、他のものはより高い所で静かに幸福そうに見えた。或るものは純潔に光り輝き、他のものは薄汚れ、または完全に黒かった。ほとんど罪過のない魂は軽い懲罰しか被らないが、不信心なものは裁きにかけられ、矯正不能と判断されると復讐の女神《エリニース》たちに引き渡される。そして底無しの淵に沈められる。テスペジオスは次に、花や快い香りの満ちる広い野原に連れていかれる。そこでは魂が小鳥のように嬉々として飛び回っている。だが最後に、彼は劫罰を受けた者の場所を訪れ、拷問の様子を見る。特に、そこには三つの湖があって、一つは沸き立つ金の湖、一つは凍った鉛の湖、三つ目は波荒い鉄の湖である。悪魔たちが魂を一つの湖から次の湖へと沈めてはまた引き出している。そして別の場所では、鍛冶士が第二の生へと呼び出された魂を情容赦なく鍛えなおし、種々雑多な形に仕立てている(20)。

後世の煉獄の記述は、このヴィジョンに見られる魂の色の区別や、池から池へ次々に移されるという特徴を保存することになる。

プルタルコスはティマルコスの夢を記してもいる。彼はトロフォニオスを祀った洞窟の中に入っていき、神託を得ようとしてそれに必要とされる儀式をすませた。深い闇の中に二晩と一日留まって、めざめているのか夢を見ているのかわからなくなった。と、頭に一撃を受けて彼の魂は飛び立った。欣然と空中に舞い上がった魂は、快い火が色を変えながら燃える島々を見た。その島は魂の漂う七色の海に浮かんでいた。二本の川が海に注ぎ、海底には深い穴が丸く暗い口をあけており、そこから呻き声がもれていた。魂はその穴に吸いこまれたり、吐きだされたりしているのであった。この記述もやはり、真の煉獄のヴィジョンが創出される作品、一二世紀末の『聖パトリキウスの煉獄』の記述を予告している。

この幻想文学は既述のユダヤ・キリスト教的黙示の書、特にペテロの黙示録とパウロの黙示録に強く影響されているのだが、しかしまた、ここでは指摘するだけにとどめる二つの伝承の刻印を帯びてもいる。ケルトおよびゲルマンの古い異教文化がもつ、死後世界への旅の伝承である。[21]

煉獄の想像に確実に一役を果たした、これら中世文化の二構成要素を、概ね考慮の外におくのは、適切にこれらについて語るためになされねばならない多大の研究が、そこから期待される成果につり合うとも見えないからである。これら二文化がもたらしたものを評価するには——数々の優秀な研究があるにもかかわらず——なお幾つもの極めて難しい問題の解決が前提となる。第一に年代決定の問題。当然ながら、文書資料はこれらの文化の言語が文字表記に達した時代、早くとも一二世紀以後のものである。これらの言語で書かれた最初期の書物が記しているのは、確かに大抵は過去のことであるが、一体どれほど過去のことであろうか。

これよりも一層重要と思われるのは、この古い文学は、性格づけの難しい複雑な産物であることだ。知識層と民衆という区別はここでは大して意味がない。隣接の口承的源泉は、私には本質的に《知識人の》

ものと見える。口承性を民衆性と混同してはならない。一二世紀以後に書かれた作品は、知識ある口承芸術家の苦心の作なのである。これらの《卑俗な》作品が暗誦され、歌われ、ついで書かれる時代に、これら《蛮族の》文化は既に、程度の差こそあれ、それ以前から、ラテン語表現の、聖職者的、知識人的、キリスト教的文化と接触している。この汚染が、真の《蛮族の》継承文化を弁別する困難に輪をかけている。私はこの継承文化を捨て去るつもりはまったくない。逆にそれは中世文化に大きな影響を及ぼしたと思う。ただ、それを抽出し、規定し、測定するには、われわれはまだ十分に装備を整えたとは見えないのだ。そのかわり、ラテン語が極く古くから知識人の言語として幅をきかしていた諸地域では、その知識人のラテン文化が伝統的な《民衆の》文化の多少とも重要な諸要素を、多少とも自発的に、意識的に受け容れたと私は考える。この時代に《民衆の》とは概ね農民のということであり、《民俗伝承》文化と言っても悪くない。これを教会は《異教の》——前キリスト教的であると同時に農村の——文化と形容したのだ。こうした遺産継承を標定するための一方法を、確かに操作は微妙だがわれわれは用いることができる。後退的方法によって、一九世紀および二〇世紀の民俗学者が作成した資料体を、年代の確定した、もしくは確定しうる中世史料とつきあわせながら、慎重に時代を遡ること、これである。中世の想像界を照明するには、不確かなものではあるがグリム兄弟、ピトレ、フレイザー、ヴァン・ジェネップらによって収集された資料を利用する方が、ケルトの「イムラマ」(来世の島々への旅行記)やスカンディナヴィアの「サーガ」についての思弁をめぐらすよりも、一層安心できると私は思う。

これらの現に存在しながら輪郭を描きにくい《蛮族》文化の中から、一二世紀以前に関しては、煉獄の生成に意義のある幾つかの特徴だけを指摘しておこう。

ケルト人にあっては、幸福の島々への旅のテーマが支配的で、ブランの航海がこれを表現する最古のもののようであり、その原初的形態は八世紀に遡る。[22] 他界は或る島に位置し、しばしば竪穴で通じているが、聖なる山は存在しない。橋のイメージは頻繁に見られる。

　スカンディナヴィア人やゲルマン人にあっては、来世についての神話はそれを把握できるようになる当初から、一層首尾ととのった姿を見せる。死後に赴く場所は本質的に二つある。一つは女神ヘルが支配する地下世界で、ユダヤの「シェオール」にかなり類似した、暗く不安な場所、しかし責め苦はなく、川に囲まれ、橋を渡って行く。もう一つは安息と愉楽の天上、ヴァルハラで、功徳を積んだ死者、特に戦場で死んだ英雄たちの行く所である。ヴァルハラは天界に位置づけられる以前はこれも地下にあった可能性があり、ローマ人の極楽浄土《エリジウム》に比較される。ケルト的死後世界にはただ例外的にしか山が含まれていない(これは煉獄には必須不可欠の地理学的要素なのだが)、それに対してゲルマン神話ではアイスランドのヘクラ山が知られており、この竪穴を穿たれた火山の底に責め苦の国がある。[23]

　おそらくケルトの場合以上に、われわれの知るゲルマンの想像的来世は、既に著しく学者的・ラテン的なキリスト教の影響に浸透されたものに見える。一二世紀にサクソ・グラマティクスが『デーン人の歴史』で伝えているあの世への旅の場合がそうだ。グレゴリウス大教皇の『対話』は早くから古代スカンディナヴィア方言に訳されたし、おそらくその橋のテーマをスカンディナヴィア神話に伝えることになったであろう。尤も、これは東方からも流入したと見る方が真実らしく、橋のテーマはそれ以前にもおそらくは存在したのだ。

　最も大切なことと思われるのは、キリスト教の影響を受けて、原初のケルト・ゲルマン神話における、どちらかと言えば明るい来世が、暗い地下の地獄めいたものに変わる点である。煉獄が生まれ出る時点で、既に天国を間近にした待機と浄化の場所という、オプティミストなケルト的(またおそらくゲルマン的)

発想は、一時的ながら地獄同様に苛酷な煉獄のイメージの前に消え失せることになろう。後者は東方の黙示録的なものと公認キリスト教的伝統に由来している。先のオプティミストな発想は、しかし完全に消滅するわけではなく、天国のヴィジョンの中に回収されるであろう。《俗信》とされたこれら両義的な死後世界は陽極と陰極に分離され、煉獄はその区分線の周辺に浮動することになる。

八世紀初頭から一〇世紀末までの、来世のヴィジョンに関するラテン・キリスト教文学から、三つのテクストが浮上してくる。第一に初期中世の偉人の一人、アングロ・サクソンの修道士ベーダのそれで、『ドリテルムスの夢』である。これは主人公が経めぐる他界に、はじめて浄化の場所を認めている。南ゲルマニアの修道士『ウェッティヌスの夢』、これは部分的にシャルルマーニュを犠牲として政治目的に利用した、一種の来世の地獄的錯乱的様相の記述である。死後世界への旅の物語のこうした政治的流用は、九世紀末の作者不詳の物語『シャルル肥満王の夢』に余すところなく表現されている。これはカロリング朝のある王位要求者に加担したパンフレットなのだ。

これら三つの主要テクストに、おそらく二篇の短い夢物語が先行するであろう。一つは六世紀末、もう一つは八世紀初めのもので、教会の二人の立役者、トゥールのグレゴリウスとマインツのボニファティウス（アングロ・サクソン人ウィンフリス）両大司教によって報告されたもの。程度の差こそあれ、当時の修道院的環境においてはありふれた来世を描き出している。

古典期ローマの文学伝統に影響を受けた詩二篇が、この時代の年譜の両端に位置して、上記諸テクストを囲んでいる。つまり一方は六世紀初め、他方は一一世紀初めである。両者は極めて伝統的な想像の所産を示しており、煉獄がこれに負うところはほとんどない。

われわれに最初に差し出される二つの夢の物語は、その内容によるというより、教会の有力人物たるその著者の個性によって価値をもつ。なぜなら内容はそのイメージ・着想の大部分において、パウロの黙示録に緊密に依存しているからである。

六世紀末の『フランク族史』（第四章第三三節）において、トゥールのグレゴリウスは、ランダンの修道院長スンニウルフの夢を報告している。《彼は自分が火の河に運ばれていくのだと気づいた。河岸にはまるで蜂の巣にたかるミツバチのように、人々が馳せ集まっていた。腰まで没している者もあれば、脇の下までの者もあり、或る者は顎まで浸り、強烈な熱に焼かれて泣きながら苦痛のうめきをあげていた。河にはほんの足幅ほどの極く狭い橋が架かっている。対岸には真白な大きな家が見えた。修道院の戒律を軽視した修道士たちはその橋から転落したが、尊重した者たちは渡り切って例の家に迎え入れられた》。

八世紀初頭、ゲルマン人に布教した聖ボニファティウスは、タネットの女子大修道院長エアドブルガに、ウェンロックの一修道士が見た夢を書き送っている（書簡一〇）。天使たちに空中を運ばれていった彼は、すっかり火に囲まれた世界を見た。彼の美徳と悪徳の数々を表わす一隊の悪魔と天使の群も見えた。炎と、黒い鳥の姿をした魂を吐き出す、幾つもの火の穴があった。その鳥は人の声で泣き、うめき、叫んでいた。彼は橋のように一枚の板が架けられた火の河を見た。魂の群はこの橋を渡り、あるいは足を滑らせて奈落《タルタロス》の底に落ちていった。或る者は完全に河中に没し、他の者は膝まで、あるいは胴まで、あるいは肘まで沈んでいる。しかし誰もがみな、清く光り輝きながら火から出てきた。河の向こう岸には燦然たる壁が高く大きく聳えていたが、これは天上のエルサレムであった。悪しき霊たちは火の穴に投げこまれた。

ここで晩期ラテン古代の一詩篇と対比してみよう。これはたとえばプルタルコスのテクストとは逆に、固有に黙示録的なヴィジョンとか、後代の多少とも《民間伝承的な》旅とは類縁性をもたず、まさにその差異によって、この資料文献の中で独特の位置を占める。

『フラヴィウス・フェリックスに捧げる歌』Carmen ad Flavium Felicem は五〇〇年頃、アフリカの一キリスト教徒によって、死者の復活と神の裁きを主題として書かれた[24]。その狙いは天国と地獄（ゲヘナ）を描き、神の全能と、死をもたらしたアダムの失墜を語ることである。神は死後に最後の審判を待つ魂を種々の場所（diversis partibus）に保存する。やがて死者の復活の試練が訪れ、その復活と神の裁きが描かれる。天国の光景はその花々、宝石、樹木、金、蜜、ミルク、静かな水源に発する四本の川など、長々と描写される。そこは永遠の春で、気温は穏やか、光もまた永遠、選ばれた者たちには心配も罪も病気もなく、ただ永遠の平和である。詩篇は最後に、火による世界の破滅、火の河、堕地獄者の叫喚、そして死ぬ前の悔い改めの必要を簡略に語るが、それは――堕地獄者が空しく神を呼び求めるのを見てもわかるように――地獄で悔い改めても遅すぎるからである。

死者たちには種々の異なった滞留地があるという漠然たる言及をのぞけば、このテクストには未来の煉獄に関与するものは何もない。しかし次の二要素には留意しておいてよい。まず、地獄よりも天国の方に、遥かに明確な力点が置かれていること。この詩篇はまだ四―五世紀のオプティミズムの空気に浸っているのだ。他方、その有効性を否定してはいるものの、堕地獄者の祈りに触れていること。やがて中世末には煉獄の魂が地獄の魂から区別されるが、それは後者が無益な懇願を断念してしまうのに対して、前者はお祈ることができるという事実上の差異による。

死後世界の中世的ヴィジョンの《創始者》ベーダ　偉大なアングロ・サクソン人ベーダは、数度のローマ行きを含む旅行による中断があるとはいえ、五〇年をジャロウの修道院で過ごして七三五年に息を引き取る少し前に、『イギリス教会史』を著わしたが、そこに幾つか夢の話を報告している[25]。それらの話は教化を目的としている。つまり、生者にあの世の実情を示して十分な恐怖心を吹きこみ、その結果、彼らが死後の責め苦をのがれられるように己の生き方を改めることを狙っているのだ。しかしそこには、グレゴリウス大教皇の「訓話」exempla ほどには教訓的な性格がない。われわれの歴史にとって極めて興味深いのは、それらの夢の話の一つに、死後浄罪をさせられる魂のためのあの世の特別な場所が初めて現われ、それが従来ヨハネの福音書に依って想像されてきた、あの魂のたまり場《レセプタクル》のごときものではないことである。

ざっと第一の夢、アイルランドの修道士聖フルセウスのそれを見てみよう。彼は大陸へ渡り、六五〇年頃ペロンヌに埋葬された。ここにはクローヴィス二世の宮中監督官であったエルキンワルドが、彼の墓の上に建てさせた聖堂がある。ベーダは、フルセウスの死後間もなくペロンヌで書かれたフルセウスの生涯を再録している。フルセウスは東アングリアの、彼が建てたクノブヒア修道院にいたとき、病いに冒されてある幻を見た。というのも彼の魂が《夕刻から朝鶏が鳴くまで》肉体から離脱したからである。彼は天上から眼下に虚言と貪欲と不和と不敬虔の四つの火を見た。それはやがて一つの火となった。悪魔たちがこの火をぬって飛び、死者の魂をわがものにしようと良き天使たちと争っていた。三人の天使がフルセウスを火と悪魔から守っていた。一人が彼のために道を開き、他の二人が彼の両側を固めていた。それにもかかわらず一人の悪魔が、天使たちの防ぐ間もなくついに彼をとらえ、火が彼の身をなめた。フルセウスは肩と顎を焼かれた。それらの火傷は、彼が地上にもどったときも目に見える傷として残ったので、彼はそれを人々に見せたのである。一人の天使が彼にこう説明した。「あなたがかき立てた火が、あなたの中で燃え尽きたのです。」それから彼に悔悛と救いについて説明した。フルセウスの魂は地上にもどった。修道士はこの想像の旅の記憶をひどく恐れ、冬の凍るように冷たい日でも、ほとんど何も身にまとっていないのに、その旅のことを想うとまるで真夏のように恐怖の汗をかき始めた。

この話では浄罪の観念は漠然としている。火の性質は明確にされておらず、フルセウスの火傷の性格もまったく曖昧なままだ。神明裁判なのか、罪に対する罰なのか、それとも浄化なのか。しかしこの曖昧さこそ、浄罪の火の定義の一部なのである。もっとも、ここでそれが浄罪の火と言われているわけではないのだが。(26)

ドリテルムスの夢——浄罪を目的とした場所

『イギリス教会史』第五巻第一二章のドリテルムスの夢は、我々の当面の関心にとってこれより遥かに重要である。一人の敬虔な一般信徒、一家の長がその主人公である。スコットランド国境にほど近いカニンガム(あるいはチェスター゠レ゠ストリート)地方のこの住人は、重病にかかり、ある晩死亡した。明け方、彼は息を吹き返し、彼の遺骸を見守っていた人々は逃げ去った。彼の妻だけは例外で、恐れおののきながらも喜んだ。ドリテルムスは自分の財産を三つに分けて、三分の一を妻に、三分の一を子供たちに、残りの三分の一を貧しい者たちに与え、自身は蛇行するトゥイード川沿岸にあるメルローズの人里離れた修道院に引きこもった。そこで彼は苦行の生活を送り、機会あるごとに自分の経験した出来事を物語った。

白い服を着た輝く人に、彼は極めて大きく深い、そして果てしもなく長い谷を東の方へ導かれていった。谷の左側は恐ろしい炎に、右側は霰と雪を交じえた恐ろしい突風に包まれている。その二つの斜面には人間の魂が満ちあふれ、それを風が休みなく、一方から他方へと吹き送っていた。ドリテルムスは、これが地獄なのだ、と思った。《いいえ——彼の考えを見抜いた同伴者が言った。——ここはあなたの考えている地獄ではありません》。次に踏みこんだ場所は、進むに連れてますます暗さを増してゆき、もはや彼の案内人の光の斑点しか見えなくなった。突然、大きな穴から暗い火の球がいくつも飛び出してはまたその穴に落ちていく光景が現われた。気がつくとドリテルムスは一人だった。その炎の中で人間の魂は、まるで火の粉のように昇ったり降りたりしている。その光景は、悲痛な嘆きの声、あざ笑い、悪臭を伴っていた。ドリテルムスは、悪魔が五つの魂に課している責め苦に、特に注意を払った。その中の一人は剃髪から察するに聖職者で、他の一人は一般信徒、三人目が女性であった（われわれは二元的対立の世界にいる。すなわち聖職者と一般信徒、男性と女性であり、これら三人の人物は人間社会の総体を表わしている。だが他の二人は神秘の薄闇にとどまっている）。炎の鋏でドリテルムスをとらえようと悪魔が彼を取り囲んだとき、彼は万事休したと思った。そのとき突然一筋の光が現われ、まるで輝く星の光のように大きくなると、悪魔は散り散りに逃げ去った。彼の案内者が再び現われ、方角を変えて彼を光り輝く場所へと導いていった。彼らは一目で見渡すこともできないほど、長く高い壁に辿り着いたが、どのようにしてかそれを跳び越えた。するとそこは、色鮮やかにかぐわしい花の咲き満ちる、広大な緑の牧場であった。白い衣を着た人々が無数の群れをなして、楽しげに寄り集まっている。ドリテルムスは、天国にやってきたのだと思った。しかし、彼の心を読み取った同伴者は彼に言った。《いいえ、ここはあなたが考えているような天国ではありません》。ドリテルムスは牧場を横切った。光は一層大きく、また少しずつ明るさを増した。甘美な歌声が上がり芳香が彼を包んだので、これに比べれば彼が牧場でかいだ香りなどは、まったく取るに足らぬほどであった。また光は目もくらむばかりの輝きになったので、牧場の光などほんの微光にすぎないとさえ思われた。彼はその不可思議な場所に入りたいと思ったが、案内人は彼に道を引き返させた。彼らが白い衣を着た魂たちの楽しげな住みかにもどってくると、案内人はドリテルムスに言った。《私たちが見てきたものすべてが何であるか、あなたにはわかりますか》。《いいえ》。《燃えさかる炎と凍るような寒さに満ちた、あの恐ろしい谷こそ、犯した重罪（scelera）を懺悔し改めることが遅かった人々の魂が、調べを受けて罰せられる場所なのです。彼らは死の間際に初めて悔い、その状態のまま肉体を離れたのです。しかし、少なくとも彼らは死の瞬間に懺悔し悔悛したので、（最後の）審判の日には、すべて天国へ行くことでしょう。多くの者は生者の祈り、施し、断食、とりわけミサの挙行に助けられ、審判の日の前にさえ解放されるのです[27]》。案内人はさらにこう続ける。《次に、炎を吐き出すあの悪臭のする穴は、地獄《ゲヘナ》の入口なのです。一旦落ちた者は永遠にそこから出ることはないでしょう。あなたが、あの美しく輝くばかりの若者たちが楽しんでいるのを見た、あの花咲き乱れる場所こそ、善行のうちに肉体を離れた者たちの魂が迎え入れられる場所なのです。しかし彼らは、ただちに天国へ導かれるには十分に完全ではないのです。しかし、審判の日にはすべての者がキリストの御姿にまみえ、天国の悦びに浸ることでしょう。というのも、彼らのすべての言葉と行ないと想いとにおいて完全であった者だけが、肉体を離れるや否やただちに天国へとたどり着くからです。あなたが心地よい香りとまばゆいばかりの光輝の中で、あの甘美な歌声を聞いた場所は、天国の近くにあります。さて今やあなたは肉体にもどり、再び人間たちの間で暮らさなければなりませんが、もし、あなたが自らの行ないをよく反省し、素行と言葉とにおいて正直と純真とを心がけるならば、あなたもまた死後に、あなたが見た幸福な魂の悦びの集団の中に住まいを得るでしょう。わたしは先程あなたを一人残して去りましたが、あなたが今後どうなるかを調べに行ってそれがわかったのです》。これらの言葉を聞いてドリテルムスは、肉体にもどらなければならないことを悲しみ、彼が今いる場所の心地よさと美しさと、そこに見える人々を貪るように見つめた。しかし彼が、案内人にどう問いかけたらよいかと思案し、敢えて口に出せずにいるうちに、いつの間にか彼は人々の間で息を吹き返していた[28]。

このテクストは、もしそれが来るべき体系に関して本質的な欠落を含んでいなかったなら、そしてそれが来世における罪の浄化の問題をなおざりにする時代の黎明期に書かれたものでなかったなら、煉獄の形成途上における重要文献と言えるであろう。

ここにあるのは浄罪のために特別に充てられた場所である。その場所の性質の厳密な定義である。魂はそこで、単にドリテルムスが地獄だと信じたほどに熱さと寒さの苦痛を交互に加えられるだけではない。正確に言えば浄化の場ではなく、取調べと「懲罰」の場所なのである。さらに、これは人をそこへ導く過失、重罪（scelera）の定義である。また事ここに至るための状況の性格づけがなされている。すなわち今はのきわの（in extremis）懺悔と悔悟である。この場所に来た魂は永遠の救いを保証されていることも確かだ。効力に応じた序列をつけて、祈り、施し、断食、特に聖体の犠牲、というふうに、とりなしの方式が列挙され、それが何をもたらすかと言えば、浄罪の期間の短縮であることも明らかだ。このことは、その期間が死と復活の間にあることを証明する。期間は長短さまざまだが、最大限、最後の審判の日まで懲罰を受けることもある。

一方、ここに欠けているのは、まず浄罪という言葉、もっと広く言えば《浄める》という語の語家族を構成するあらゆる語である。ベーダはここでは「文学的」な意図から、聖書とアウグスティヌスをテクストの背後におきながら、宗規に関する用語一切を省き、権威に言及することとさえも念入りに避けたのであろう。しかし名指されることのない場所というものは、そもそも存在していないのである。

おそらく何よりも重要なのは、完全には悪くない者たち non valde mali と完全には善くない者たち non valde boni に関するアウグスティヌスの見解に一致して、中間地帯が唯一つでなく二つ存在する点である。厳しい矯正の場と喜ばしい待機の場、一方はほぼ地獄に直結し、他方は天国に直結しているのだ。というのもドリテルムスの夢の体系は、二元的システムにとどまっており、見たところ跳び越えることのできない壁が、永遠の地獄と一時的な地獄を、永遠の天国と仮の天国から隔てているからである。煉獄が存在するためには、三元の体系が設定されなければならないだろう。たとえ煉獄が地理学的に地獄の方に偏った場所でありつづけるとしても、煉獄と天国の間をつなぐもっと優れたシステムが必要であろう。隔壁を取り壊す必要があるだろう。

およそ一世紀のちの南ドイツで、ライヒェナウの修道士ウェッティヌスが、死の前日に見た夢を物語って、八二四年十一月四日に死亡する。その後、その物語が修道院長ヘイトーによって書きつづられ、やがてサン＝ガルの修道院長で詩人のヴァラフリードゥス・ストラーボが、これを韻文に書き改める。(29)

異様な錯乱した来世の夢――ウェッティヌスの幻想

ウェッティヌスは、自室で病み臥っていた。目は閉じていたが眠ってはいなかった。僧侶の姿をしたサタンが彼の前に現われた。その顔は黒く、あまりにも醜悪で、どこに目があるのかを見分けることさえできなかった。サタンは彼を様々な責め道具で脅し、一団の悪魔が一種の拷問室のような所へ彼を閉じ込めようとしかかった。しかし、神のお慈悲によって、立派な修道士の衣装を端然と身にまとった一団の人々が、彼のもとへ送られてきた。彼らはラテン語で話し、悪魔を退散させた。次に信じ難いほど美しい一人の天使が、緋の衣をまとって彼の枕もとにやってきて、優しく彼に話しかけた。第一の夢はこれで終わる。修道院長ともう一人の修道士が、この病人の付き添いにやって来た。病人は彼らに今しがた起こったことを物語り、自分の罪の許しのためにとりなしをしてくれるようにと彼らに頼み、彼自身は作法どおり、周知の修道士悔悛の姿勢で腕を十字に組んでひれ伏した。二人の修道士が悔悛の七つの詩篇を唱えてやると、病人は再び横になり、グレゴリウス大教皇の『対話』を求めた。九ページあるいは十ページほどそれを読むと、彼は付添人たちに退って休んでくれるようにと言い、自分も休もうとした。すると、すでに見たあの緋の衣の天使が、今度は全身輝くばかりの純白の衣をまとって再び現われ、彼の今しがたの行ないを良しとして、病人をほめた。天使は、特に詩篇一一八を繰り返し読むように勧めた。(30)

それから天使は、心地よい道づたいに彼を途轍もなく高い山の中へ連れていった。それは大理石でできているような信じられないほど美しい山で、大きな河に囲まれ、その河の中に、無数の地獄に堕ちた人々が、罰として沈められていた。彼はその中の多くの者に見覚えがあった。他の場所では、多くの聖職者と彼らが誘惑した女たちに、数限りない様々な責め苦が加えられるのを目撃した。女たちは性器の高さまで火の河に浸り、天使の説明では三日目ごとに性器を鞭打たれるのであった。木と石でできたまったく不恰好な城のような所からは煙が立ち昇り、そこに彼は修道士たちを見た。天使の言うところによれば、彼らは己の浄罪のために (ad purgationem suam) そこに集められていたのだ。彼がまたある山を見ると、その頂には十年ほど前に死んだ修道院長の姿があった。彼は永遠の罰を受けるためではなく、浄罪のためにそこに置かれているのであった。この修道院長のために祈るべきであったのにそれを怠った一人の司教が、その山の向こう側で、これは地獄の苦しみをなめていた。彼はまた、イタリア全土とローマ市民を支配した一人の王を見た。一匹の動物が彼の性器を引き裂いていたが、身体の他の部分はいかなる危害も受けなかった。カトリック信仰と教会の擁護者であったこの人物(シャルルマーニュのこと、ヴァラフリードゥス・ストラーボは彼の詩篇中にその名を挙げている)が、このように罰せられているのを見て驚いた彼は、立派な称賛すべき業績にもかかわらず、この王は数々の不倫の愛に身を委ねたのだということを、天使に教えられた。しかし結局は彼も選ばれた人々の中に加えられるであろう。彼はさらに裁判官、一般信徒、修道士たちが、あるいは栄光の中に、あるいは責め苦の中にいるのを見た。次に彼は金や銀のアーチが建ち並ぶ非常に美しい場所を訪れた。やがて王の王、主《しゅ》の主《しゅ》が、大勢の聖人を従えて立ち現われたが、その輝かしさは人間の目が正視に耐え得ないほどであった。

天使が聖人たちにウェッティヌスのためのとりなしを頼むと、彼らはそれに応じた。玉座からの声が彼らにこう答えた。「彼は模範的に振舞わねばならなかったのに、そうしなかった」と。次に彼は、至福の殉教者たちの栄光を目のあたりにしたが、彼らもまた彼の罪の許しを神に乞い求めた。玉座の声は、彼がまず自分の悪しき手本によって悪に陥れたすべての人々に許しを乞わねばならない、と言明した。次に二人は多くの聖処女たちのいる場所へ行き、彼女たちにも彼のためのとりなしをしてもらった。威厳ある主は、もし彼が良き教えを説き、良き模範を示して、彼が悪に引き入れた人々を正すならば、彼らの願いは聞き届けられよう、と言われた。そのとき天使は彼に次のように説明した。人間の犯すありとあらゆる恐るべき悪徳の中で、とりわけ神に背く悪徳は、自然に反する罪、男色である、と。天使はさらに避けるべき悪徳について長い話をし、特にゲルマン人とガリア人に謙虚と清貧の尊重を勧めるようにと説く。そこから女子修道会の諸々の罪に関する話に脱線し、それから再び男色の悪に話をもどして、しばらくこの問題を詳述した。そしてこうした人間の罪ゆえに悪疫が彼らを襲おうとしていると説き、特に神への奉仕(opus dei)を完全に果たすように忠告した。話の途中で、シャルルマーニュの代官としてババリアを治め、教会の擁護に熱心だったジェローという伯爵が、永遠の生を享受することを許されたという指摘もあった。その他多くのことを語ったのち、天使はウェッティヌスから離れ、夜明け近くに目覚めた彼は、見聞したことを口述した。彼の臨終の極く写実的な描写で、この物語は終わっている。

この尋常ならざる夢はそれ自体を分析する必要があるだろう。しかし私は来るべき煉獄に関わりのある、三つの要素だけを拾いあげておこうと思う。すなわち、来世における浄罪が力説されていること、この一時的な懲罰の場所として、山が選ばれていること（この歴史の果てには、ダンテの煉獄の山が現われるだろう）。肉の誘惑に屈したかどで罰せられて、この懲罰の場にシャルルマーニュが登場すること。これは中世に流布したあの伝説の最も古い出現の一つである。つまり皇帝は自分の妹と罪深い関係を結んだ結果、ローランの父親になるというのである。もっと後には今度はシャルルマーニュの祖父シャルル・マルテルが、教会の財産を奪ったためにあの世で責め苦をうけるのを見るであろう。しかし、シャルルマーニュが《結局は救われる》のに反して、シャルル・マルテルはテオドリクスと同様に地獄へ堕ちるであろう。(31)

シャルルマーニュと彼の罪がウェッティヌスの夢に現われるとすれば、九世紀末に遡るもう一つの驚くべき夢物語に見出されるのは、カロリング朝全体であり、それはおそらく、中世に成功をおさめた企て、すなわち黙示文学の政治的脚色の最良の一例であろう。(32)

死後世界の政治的利用──シャルル肥満王の夢

おそらく皇帝シャルル肥満王の死（八八八年）の後間もなく書かれたと思われる夢物語のテクストを、そっくりそのまま紹介しよう。(八)ロタールの息子でシャルル肥満王の従兄弟である青年皇帝ルイ二世に一人娘エルマンガルドがあったが、この話は彼女とボゾーの間にできた子ルイの立場を利するようにできている。このルイ三世、いわゆるルイ盲目王は、事実八九〇年に王位に即き、九〇〇年に教皇ベネディクトゥス四世によって聖別され、皇帝となった。その後彼は、競争相手であるベレンガリオによって廃位され、ビザンツの慣習に従って両眼をえぐられた。このテクストはランス大司教の取巻きの間で作成され、従ってここには大司教座の守護聖人たる聖レミギウスのとりなしの威力が明確にされている。

皇帝シャルルの夢の物語は、彼自身の陳述によって展開してゆく。

王の中の至高の王たる神の御名において、神の恩寵によりゲルマン人の王、ローマ人の保護者、フランク人の皇帝たる余シャルルは、ある主日の聖なる宵、夜の聖務日課を終えた後、身を休めるべく床に就き、一眠りしようとすると、どこからともなく声がして、余に恐ろしい調子で話しかけた。「シャルルよ、おまえの魂は今すぐにおまえを離れる。そしておまえは夢の啓示によって、神の正しい裁きとそれに関わりのあるいくつかの前兆とを知るだろう。しかしおまえの魂は、やがて一時間もすればおまえの所にもどってくる」と。

その直後に余は魂を奪われた。余を連れ去った者は純白の衣をまとっていて、手には羊毛の糸玉をもっており、それはまるで彗星が現われたときのように、目もくらむほどの明るい輝きを放っていた。次に彼はそれをほどき始め、余にこう言った。「この輝く糸玉の糸をもちなさい。右手の親指にそれをしっかりと結びつけなさい。この糸は地獄の苦しみに満ちた迷宮の中で、おまえを導いてくれるはずですから。」それから彼は輝く糸玉をすばやく繰り出しながら、余の先に立って進み、燃え立つ深い谷へと余を導いていった。そこは松脂、硫黄、鉛、蠟、煤の燃えさかる穴でいっぱいであった。余はそこで、余の父や伯父たちに仕えた聖職者たちの姿を見た。恐怖のあまり余が、なぜおまえたちはこのような痛ましい責め苦を加えられているのかと尋ねると、彼らはこう答えた。「私たちはあなたの父上や伯父上たちの司教でした。しかし、彼らにも、また彼らの民に対しても私たちは平和と和合のための助言を与えるどころか、不和の種をまき、禍を引き起こしたのでした。そのために私たちは、他の人殺しや強盗と同じように、今こうして焼かれ、地獄の責め苦を受けているのです。この場所こそ、今日同様な振舞いをして喜んでいるあなたの司教たちやあなたの大勢の追従者たちが、やがては訪れるべき場所なのです。」

余がふるえながらこれらの言葉を聞いている間に、真っ黒な悪魔たちが飛んできて、鉄の鉤で、余が手に握っていた糸玉の糸を引っ懸けようとした。余を彼らの方へ引き寄せようというのだ。しかし、幾筋もの反射光にさえぎられ、彼らは糸に手をかけることができなかった。次に彼らは余の背後を襲ってきて、余を鉤にかけ、硫黄の池に投げ込もうとした。しかし糸玉を握っていた案内人が、余の肩の上に糸玉の糸を投げかけ、それを二重にすると、余を力いっぱい引きながら先へ進んだ。こうして余と案内人は非常に高い火の山の頂へよじ登った。そこから、あらゆる種類の金属が煮えたぎっている熱い河が流れ、沼が広がっていた。余は余の父や兄弟たちの家来や高官の無数の魂をそこに認め、ある者たちは頭まで、またある者たちは顎まで、他の者たちは臍まで沈められているのを見た。彼らは呻き声を発しながら余に向かって叫んだ。「私たちは生きていた間、あなたやあなたの父上やあなたの御兄弟やあなたの伯父上たちと一緒に、喜んで戦争をし、地上の貪欲な心から好んで殺人や強盗の罪を犯しました。その結果、私たちはあらゆる種類の金属が煮えたぎる河の中で責め苦を受けているのです。」

余が気おくれを覚えながらこれらの言葉に耳を傾けていると、背後でこう叫ぶ魂の声が聞こえた。「高位の身が今は巨大な龍と蝎と雑多な蛇のひしめく中で、松脂と硫黄の猛火に煮えたぎる流れに苦しむのだ。」そこには余の父、伯父、兄弟に仕えた何人かの大物たちも、同様に余の重臣たちの姿もあった。彼らは余にこう言うのだった。「何と不幸なことだ。シャルルよ、己の悪意と慢心のために、また欲心から王やあなた自身に吹き込んだ悪事のために、われわれがどんな苛酷な責め苦に耐えねばならないかを見るがいい」と。彼らが呻き声をあげながら余に苦しみを訴えていると、龍どもが襲いかかって火と硫黄と松脂のつまった口を開き、余を呑みこもうとした。しかし、案内人が糸玉の糸を一層念を入れて三重に余にかけると、その光の輻《や》は燃える龍の口を打ち破った。そして彼は一層力をこめて余を引き立てた。

それからわれわれはある谷へ降りていったが、その片側は暗く、しかも炉の火のように燃えていた。他の側はえも言われず心地良く魅惑的だった。余が闇に沈んで炎を吐き出している側に目を向けると、そこに重い責め苦を受けている余の一門の王の姿がいくつか見えたので、余は深い不安にとらわれた。自分自身が、ありとあらゆる火でこの谷を焼いている漆黒の巨人どもの手で、この責め苦の中に落とされるのではないかとふと想像したからである。震えおののきながらも糸玉の糸の光を頼りに進む余は、谷の斜面に一瞬微光が射すのを見た。そこに泉が二つ湧き流れていたのだ。一つは煮え立つ泉、もう一つは澄んで冷たい泉で、そこに盥が二つあった。余は糸玉の糸に引かれるままそちらへ近づいてゆき、煮え立つ泉の盥に目を凝らしてみて、そこに余の父ルイ(33)が太腿まで浸って立っているのに気づいた。

彼は不安にいやます激痛にとらわれながらもこう言った。「シャルルよ、心配するでない。わしはそなたの魂が肉体にたちもどることを知っている。そなたがここへ来ることを神が許されたのは、わしや他の者たちがいかなる罪によってかかる責め苦を受けねばならないかを見せるためなのだ。実のところ、わしは一日この熱湯の盥に入れられると、次の日は極く冷たい水の盥に移される。これは、わが王家がそのお蔭をもって今日まで君臨してきた、聖ペテロと聖レミギウスの祈りに負うものだ。しかし、もしそなたをはじめ、わしの家臣たち、司教、修道院長、その他の聖職にある人々が、ミサ、奉納、詩篇頌読、徹夜祈禱、施物を通して急ぎわしを救いにきてくれるならば、わしはすぐにもこの熱湯の盥から解放されるだろう。なぜなら、わしの兄ロタールと彼の息子ルイは、聖ペテロと聖レミギウスの祈りのお蔭で、とうに神の楽園の喜びに導かれているからだ。」次に彼は「左の方を見よ」と言う。見ると、そこには極く深い盥が二つあった。「これらは」と彼は付け加えた、「そなたが行ないを改めないで、そなたの厭うべき罪の償いをしない場合に、そなたのために用意されているのだ。」

その時、余は激しく震えおののいた。余の魂が恐怖にとらわれたのに気づいて、案内人が言った。「右の方にはすばらしい楽園の谷があります。私についてきなさい。」われわれは歩みを進めた。そして余は伯父ロタールの姿を見て呆然とした。彼は栄ある王たちと並んで、燦々たる光の中で、実に見事な仕上げのトパーズに座していたのだ。伯父は貴い王冠をかむり、傍らには彼の息子ルイ〔二世〕が、同じような冠をして控えていた。余が近づくのを見て、伯父は愛想よく大声で話しかけてきた。「シャルルよ、わが後継者よ、そなたは今やローマの帝国に揺ぎなく君臨している。余のそばへ来なさい。そなたは罪滅ぼしの場所を通ってここまで来られた。そしてそこには、余の弟であるそなたの父が、罪を浄める盥に入れられていたであろう。しかし、神のお慈悲によって、彼はすぐにその責め苦から解放されるのだ。ちょうど聖ペテロの功徳によって、また神がフランクの諸王と全部族に対する至高の使徒職を委託なされた聖レミギウスの祈りのお蔭で、われわれが苦しみから解放されたように。もしこの聖人が、われわれの子孫のまだ地上に生き残る者たちをお助け下さらなかったら、わが一門が皇帝として君臨することは既に熄んでいたことだろう。さて、その皇帝権は間もなくそなたの手から離れよう、そしてその後、そなたはほんのわずかしか生きておれないと思うがよい。」それからルイ〔二世〕が余の方を向いて言った。「相続権によって今日までそなたが所有してきたローマ帝国は、余の娘の息子ルイの手に渡らなければならない。」この言葉と共に、幼児ルイがわれわれの目の前に現われるように思われた。

祖父はじっと孫を見つめて、余に言った。「この幼な子は、主が弟子たちの間に置いて次のように語られたときのあの幼な子に似ている。すなわち、天の王国はこれら小さき者たちのものである。あなた方に言うが、彼らの御使いたちは天にいますわたしの父のみ顔をいつも仰いでいるのである、と。そなたは、その手に握っている糸玉の糸にかけて、権力をこの子に委譲しなさい。」余は右手の親指の糸をほどき、その糸を通じてその子に全皇帝権を委譲した。するとすぐにその輝く糸玉は、彼の手中にすっかり収まり、まるで輝く太陽のようであった。こうしてこの不可思議な夢を見てから、余の霊魂は肉体に復帰したのだが、余は非常に疲れを覚え、また恐怖の念に満たされていた。要するに何ぴとも次のことを知るがよい。すなわち、好むと好まざるとにかかわらず、全ローマ帝国は神の意志に従って彼の手に委ねらるべきことを。しかし、余は彼のために事を図る手段をもたない。神が余を召される時が近づきつつあるからである。生者も死者をも統べ給う神が、この事業を成し遂げられ、固められるであろう。なぜなら、神の永遠の統治とその遍き帝国は、世々限りなくあるからである。(34)

後にダンテの読書の一つとなるこのテクストは、いかなる理論的考察も含んではいないが、暗々裡に次のような欲求の存在を示している。すなわち、この夢に登場する大物たちは、原則として地獄にあるのだが、この地獄と、人がそこから脱け出すことも可能であるような場所とを区別しようという欲求である。

ここではまた、細部の要素が貴重な指標となっている。アリアドネーの糸の役割を果たすあの輝く糸玉という民間伝承的テーマは、一二世紀末のランスで、魔女の物語を書いたティルベリーのゲルヴァシウスにおいて再び見出されるであろう。暑熱と寒冷のテーマ、刑罰の軽減のテーマは非常に強調されている。ここにはまた、来世における責め苦の数々を描出するという慣行の一つが形成されているのが見てとれる。まるでこれは生者への恐喝である。

七世紀から一一世紀にかけて、煉獄の想像にいくつかの素材を提供する夢物語の検討の締めくくりとして、私は一〇一〇年から一〇二四年の間に書かれた、リエージュのエグベルトゥスの詩篇『豊饒の船』Fecunda Ratis を挙げておく。これは浄罪の火・永遠の火の二種類があるという古い観念へ、そしてまた古風な文学形式へ舞い戻っている。浄罪の火に関して言えば（二三一―二四〇行）、火の河や軽い過失が問題にされ、その典拠はヨハネ二・三、ダニエル七・一〇、エゼキエル二四・一一である。永遠の火に関する詩行（二四一―二四八行）は、火の湖や池、地獄の淵を描き出している。(35)

典礼――近く、また遠い煉獄

煉獄への途上で探索すべき第三の道は典礼のそれである。これは新しい信仰の準備という点では、おそらく最も期待はずれであると同時に最も実り豊かな道であろう。なぜなら、そこには死後の罪の許しをほのめかすものが何も、あるいはほとんど何もないからであり、しかしまた一方では、死者のために祈る生者の熱意の変化が、煉獄なるものを受け容れる下地を造るからである。

死者に対するキリスト教徒の配慮がどんなものかは、墓碑銘の研究が既に示したところである。その同じ配慮が典礼の中にも見出されるが、故人のために、ただちに天国をとは言わずとも、せめて安らかな待機と来たるべき生の約束こそ望ましい。こうした願望に最もよく呼応するのが、清涼《レフリゲリウム》の地とアブラハムのふところの概念である。極く一般的な文句では「爽かな、光と安らぎの場所」となる。

中世初期には、死者のための祈禱文が三種類認められる。一つは《古ゲラシウス式》祈禱（いわゆるゲラシウスの典礼書による）、つまりはローマ式祈禱、一つはアルクイヌスの祈禱で、九世紀以降最も普及することになり、今なおローマ司教用儀典書に見られるもの。他の一つは九世紀のサン＝ドニ修道院の典礼書に見られ、一六世紀までその実例に出会うことができるガリア式祈禱である。

アルクイヌスの祈禱はこうだ。《人みなあなたのために生き、あなたのためにわれらの肉体は死しても滅びることなく、より良きものに変えられる。神よ、われらは祈り奉る、願わくは御使に命じて、あなたの僕《しもべ》の魂がその手に委ねられ、あなたの友なる太祖アブラハムのふところに導かれますように。また最後の審判の日に蘇らせたまえ。悪魔の欺きによってあなたの僕の犯した邪なること一切を、あなたの憐れみと慈悲と寛容とによって消し去りたまえ。世々限りなく祈り奉る[36]》。

煉獄形成の研究に役立てようとするとき、一般に典礼文の二つの特徴が、その有効範囲を狭いものにしている。

第一に、懲罰あるいは死後の償罪をほのめかすものがまったく、また故意に欠如していること。ハドリアヌスの典礼書におけるごとく、浄められた魂（anima purgata）について語る場合でも、問題となっているのは罪の許しなのだ。聖体の奉献をすれば《最終的な贖罪と魂の永遠の救い》を期待できる。いくつかの典礼書によると、《聖体の奉献は死の国の鎖を断ち、魂を命と光の住みかへ導く[37]》というわけである。典礼は殊更に婉曲的、楽観的である。たとえば『ボッビオのミサ典書』の序誦では、アウグスティヌスの母親のための祈りと同じ言葉が用いられていて意義深い。ジョゼフ・デディカが的確に指摘したように、グレゴリウス大教皇が《煉獄の教義によって死者のための祈りを説明した最初の人》であり、それがセビリアのイシドルスやベーダその他の人々に受け継がれたのであるが、その見解は《典礼の文言そのものにはいかなる影響も》及ぼさなかった。歴史の相異なる領域のこうした相対的自律性は、歴史家にとって考察に値する一主題であって、歴史においてはすべてが同じ歩調で進行するものではないということを容認しなければならない。

第二の特徴は、典礼の機能からいって当然な保守主義である。たとえばミサ典文に「死せるものの記憶」Memento des morts が導入されたのは、おそらく少なくともグレゴリウス大教皇の時代に遡るが、それが挿入された全体はもはや第二回ヴァティカン公会議まで変化しない。《五世紀初頭以来、われわれのローマミサ典文の「さればいとも慈悲深き聖なる父よ」Te igitur から聖体制定の御言《ことば》までの部分は、既に実質上今日のものと同じであった(38)》。「死せるものの記憶」が、ハドリアヌス一世からシャルルマーニュに贈られた(ハドリアヌスの)グレゴリウス典礼書では省かれているが、それは単に、ローマでは日曜のミサと荘厳ミサではそれが常に省かれたという事実に起因する。旧知の故人に対する単なる身振りと考えられるこの祈りは、日常のミサでしか誦えられなかったのである。

ここでは二点に留意しておかねばならない。それらは煉獄の生成というものを、中世初期の一般的な宗教風土の中に置き戻して見るように、われわれを誘うのである。第一に、ダミアン・シカールが指摘したように、事態のある程度の変化はカロリング時代にも感じ取れるということ。定式書(九)の中で、《神は今や好んで審判者として表わされている。従って、人は神の慈悲を求めるのと同程度に、その正義に訴える》。最後の審判が生々しく描き出され、瀕死者は《己の罪と過誤とを洗い浄めなければならない》。古い典礼には現われることがなかった故人の罪の感情は、今や様々な恐怖の表現と、《来世についての省察の萌芽》とによって露わになる。しかしこの場合、来世は二つの方向しか持ち得ない。地獄か天国かである。カロリング時代の典礼が導入したものは、煉獄への希望ではない。それは天国への一層不確かな希望と共に、地獄の募りゆく恐怖なのだ。既に八世紀には、『ボッビオのミサ典書』が死者のための祈りをあげて、《彼が懲罰の場所、地獄の火、奈落の業火を免れ、生者の領域に辿り着けるように》と図っている。また別の定式書は、《主よ、この者を悪魔の手から、懲罰の場所から、地獄のあらゆる危難と諸々の責め苦の罠から救い給え……》と祈っている。

考察の第二点は、初期中世を通じて典礼は第一の復活の観念を強調し、その結果死者のための祈りを千年至福説の枠内に収めているということ。ヨハネの黙示録二〇章六節《この第一の復活にあずかる者は、さいわいな者であり、また聖なる者である》に基づくこの観念は、特にオリゲネスと聖アンブロシウスによって広められた。大部分の定式書には、《この者が第一の復活にあずかりますように》(Habeat partem in prima resurrectione)という唱句が含まれている。

ダミアン・シカールはベネディクト会師ボットの研究に基づいて、この第一の復活の信仰から生ずる問題を次のように明確化した。《この古い典礼の文句には千年至福説的趣きがあり、またわがガリア式定式書とゲラシウス式定式書が使用されていた時代に、死後、第一の復活を果たして、望むらくはキリストと共に千年を支配すべき、何らかの中間地がほぼ想定されていたと推測させる……しかしこれらの典礼文が、この中間地なるものによって何を意味しているのかをもう少し明確にしてくれていれば、と思う。原始ローマ式主日祈禱書と同様に、これらの典礼文もルカの福音書に従って、アブラハムのふところ、楽園、あるいは王国といった等価的表現によってその中間地を指し示しているのである》。人々は《安らぎの中間地、甘美な一種の楽園に対する信仰へと赴く。そこでは柔和な光の中で己のあらゆる罪から贖われた魂が、みずからの復活の日を待つのだ。しかしこの構想の中には、あの浄化とか既に許されている罪に対する責め苦とか、われわれの煉獄の今日的な観念に結びつくものは何一つうかがえない[39]。》

この安らぎの中間地とは、まさにアブラハムのふところであり、あるいはさらにベーダの『ドリテルムスの夢』における、あの白衣をまとった魂の住む草原であると私には思われる。それはまたあの第八日——つまり、とりわけ多くの修道院文書が言及するあの復活の日——を待つ、魂の安息でもある[40]。しかし煉獄の概念は、アウグスティヌスのあのまったく悪とはいえない者たち（non valde mali）もしくはほどほどに善くも悪くもある者たち（mediocriter boni et mali）のカテゴリーのみを残して、「完全に善」（valde boni）ならざる者たちのカテゴリーが消滅することを必須の要件としよう。同様にまた、浄罪の場所は、ほとんど楽園ともいえるあの待機の場所、つまりあのアブラハムのふところの消滅を要求するであろう。

万霊節——クリュニー

キリスト教の典礼は、ミサ典文の「死せるものの記憶」や死者のための祈禱の他にも、死者に関心を払った。ローマ典礼書は、故人のためのミサが葬儀の当日に行なわれない場合、死者を記念して毎年の忌日に行なわれる慣習のあったことを証し立てている。しかし死者たちの記念の最良の証は、とりわけ種々の形式のもとでの死亡登録簿である。カロリング朝のいくつかの修道院では、ミサ典文に読みこまれるべき生者および死者の名を登録簿に記載した。これらの帳簿は、かつての二枚折り書板《ディアプティック》——供物の奉納者の名が刻まれた蠟引の書付板——に取ってかわった。それが「命の書」（libri vitae）である[41]。その後、死者と生者が分け隔てられる。修道団体は——アイルランドでは七世紀から——いわゆる「巻物」に死者たちの名を記して回覧し、その団体に属する各修道院に周知させている[42]。ついで「死者名簿《ネクロロージュ》」と「死者ミサ《オビチュ》基金《エール》簿」が現われる。前者は一般には一時課(一〇)に、教会内陣や参事会室で読まれた暦の欄外に書き込まれた死者目録であり、後者は通常は読むためのものではなく、或る故人によって創始された記念法要と、それに関連した慈善事業（大抵はお布施）を想起させるためのものである。K・シュミットとJ・ヴォラッシュは、カロリング朝（九世紀—一〇世紀）からグレゴリウス改革の時期（一一世紀末）までに生じた変化を強調したが、特に一括記載から個別記載への移行が見られる。カロリング朝の「過去帳」libri memoriales は一万五千ないし四万人の名を記載しているのに対し、クリュニーの死者名簿は、暦の一日につきわずか五〇ないし六〇の名前しか記載していない。以来《名前を記載された死者たちには、典礼上の記憶が恒久的に保証される》のである。死亡登録簿の中で、今後は個人的な死の時代[43]が色濃くなっていく。K・シュミットとJ・ヴォラッシュはまた、こうした展開におけるクリュニー会の役割を強調した。W・ヨルデンが既に述べていたことであるが、《死者への配慮の中にこそクリュニーの独創性が存する[44]》のである。

実際、クリュニーは、指導者集団に関わるこれら死者と生者の連合体のエリート主義的性格に従いながらも、年に一度は盛大に、典礼の配慮を死者一般へと拡げた。事実、一一世紀半ば、おそらく一〇二四年から一〇三三年までの間に、クリュニーは一一月二日を前日の万聖節に続いて万霊節（死者の記念日）と定めた。キリスト教界におけるこの教団の威信は、またたく間にこの《死者の祭》を至るところに広めた。死者と生者の間の、この補足的ながら正式の結束は、やがて煉獄誕生の土壌をととのえる。しかしクリュニーはこれよりも一層確実な方法で煉獄を準備した。大修道院長オディロの死（一〇四九年）の後、間もなく、この聖なる修道院長の生涯を書いた修道士ヨツアルドゥスはそこに次のような事実を報告している。

司教リカルドゥスは私にその夢をお話しになった。私はかつてその話を聞いたことがあったのだが、それを少しも記憶していなかったのだ。ある日、ルエルグ出身の修道士がエルサレムからもどる途中であった。シチリアからテッサロニケに広がる海の沖合で、彼は激しい暴風に遭遇して、乗っていた船は、神の僕《しもべ》、或る隠者の住まう岩だらけの小島に漂着した。その男は海が静まるのを見まもりながら、隠者とあれこれと話をした。神に仕えるその人は、彼にどこの国の人かと尋ねたので、アキテーヌの者だと答えた。するとその人は、彼がクリュニーという名の修道院を、またその修道院長オディロを知っているかと尋ねた。彼は答えた、「知っています、良く知っていますとも。しかし、なぜあなたがそんな質問をなさるのか知りたいものです。」すると相手が言った。「申しましょう、そしてあなたはこれから聞かれることをよく覚えておいていただきたい。ここから程遠くないところに、明らかな神の御意志によって、猛々しく燃えさかる火を吹き出している場所がある。罪人の魂が、一定の期間、そこで様々な刑罰を受けて浄められるのです。大勢の悪魔が絶えず、取りかえ引きかえ、新しい責め苦を彼らに加えています。日々新たな苦痛を掻き立て、ますますその苦しみを耐え難いものにしているのです。しばしば私は、激しく泣き叫ぶ人々の悲嘆の声を聞きましたが、それは聖なる場所で修道士に祈禱を挙げてもらい、貧者に施しをしてくれれば、神の御慈悲によって自分たち受刑者の魂もこの苦痛から解放されるというのです。彼らの嘆きを聞きますと、とくにクリュニー修道会とその修道院長に訴えかけています。そこで私は是非ともあなたにお願いしたい。もしあなたが運良く故国へ帰り着かれたら、あなたが私の口から聞いたことをすべてその教団に知らせ、罰を受けている魂の平和のために、祈禱、徹夜勤行を頻繁にし、喜捨の機会を増すよう修道士を励まして下さい。そうすれば天はこれを大いに喜び給い、悪魔は打ち破られてくやしがることでしょう。

故郷にもどると、男はこの伝言を忠実に、聖なる修道院長とその修道士たちに伝えた。これを聞いて彼らの心は喜びにあふれ、神に感謝を捧げると共に、祈りに祈りを重ね、施しに施しを重ねて死者たちの平安のために励み勤めた。聖なる修道院長は全修道院に呼びかけて、一一月一日の万聖節の翌日に、至るところですべての信者の記念の祭式を催して、彼らの魂の平安を確保するようにした。また詩篇を唱え、施しを行なって、ミサが私的にも公的にも行なわれるように、そして施しが惜しみなくすべての貧者に与えられるようにした。こうすれば、仇敵悪魔は大打撃を受け、地獄で苦しんでいるキリスト教徒は神の御慈悲への希望を抱けるようになるであろう。

数年後、今度は有名な修道士でイタリア人枢機卿ペトルス・ダミアーニが、オディロの生涯を書いた。それはほぼ全面的に、このエピソードを有名にしたヨツアルドゥスのものの敷き写しである。(45) それを一三世紀に、ヴォラギネのヤコーブスが『黄金伝説』の中で反復する。《聖ペトルス・ダミアーニはこう伝えている。クリュニー修道院長聖オディロは、シチリアの火山の近くで、しばしば死者の魂が施しや祈りによって自分たちの手を逃れてゆく、と不平を鳴らす悪魔の叫びや喚き声が聞かれたということを知って、彼の修道院では万聖節の後、死者の記念の式を挙げるようにと命じた、と。これはその後、全教会の賛同するところとなった》。ヴォラギネのヤコーブスは一三世紀中頃にこれを書いた。したがって彼はこの話を、今や既に存在している煉獄との関連において解釈している。しかしヨツアルドゥスとペトルス・ダミアーニが『オディロの生涯』を書いた頃は、煉獄がなお誕生しつつある時期なのである。クリュニーは一本の重要な標柱を打ちこんでいる。火を吐く山という、明確な限定のある場所を示していること、そして典礼の基本的な慣行が創られたことである。死者たち、特にとりなしを望む死者たちは、以後教会の暦の中に彼らのための日をもつことになる。

第二部　一二世紀　煉獄の誕生

大発展の世紀

一二世紀はラテン・キリスト教世界の爆発的発展の世紀である。社会的諸関係の体系は緩慢な成熟を経たのち様相を一変する。奴隷制は決定的に消滅し、古代末期および中世初期の大領主直営地は深刻な変容を被る。領主制が定着し、二重の階層秩序、二重の支配を組織する。まず基底にあるのは、支配者すなわち領主と、領主地で彼らの支配権のもとに置かれている農民大衆とを分かつ基本的な劈開である。支配権を行使して領主は農民から労働生産物の大部分を現物賦課租の形でとり上げるが、これは次第に金納化される（夫役という形をとることもあるが、労働賦役は減少しはじめる）。これ、すなわち封建地代である。領主は農民大衆（すなわち領主地に住む人を意味する「マナン」manants および旧領主直営地の人を意味するが、情意的には卑しむべき人をも含意する「ヴィラン（隷農）」vilains）をあらゆる権利を行使して支配する。そうした権利のうち最も重要なものは、経済的収奪とならんで、領主のもつ裁判権から生じる諸権利である。第二の社会的劈開は支配階級内部に生じる。ひとつの貴族階級、すなわち大城郭を所有する貴族たちが「家臣制《ヴァサリテ》」という紐帯によって、中小貴族たる「騎士《シュヴァリエ》」を配下に置く。さまざまの奉仕、とりわけ軍事的性質の奉仕、また補弼、参議などの奉仕と引きかえに、領主は家臣に庇護を与え、しばしば一つの生活手段、通例は土地、つまり封土を彼に託するのである。

こうした仕組の総体が封建制を構成する。封建制は法制的には上層階級、つまり領主・家臣階級に関してしか十分に定義できないものであるにしても、それは、一般に「慣習」という概念によってかなり漠然と定義される領主農民関係を通じて、はじめて存在し、機能するのである。

この「封建制《フエオダリテ》」は、世界のさまざまの地域に、また異なった時代にかつて存在した（あるいは今なお存在する）もっと広範な型の体制、すなわち「封建的支配《フエオダリスム》」の一つの歴史的具現である。この制度は支配される大衆にとってはひじょうに苛酷であったが、社会全体に対しては稀に見る飛躍を可能ならしめた。この飛躍はまず人口の点に見られる。一一世紀のはじめから一三世紀のなかばに至る間に、ラテン・キリスト教世界の人口は全体としてほぼ倍加した。農村地帯にも、耕地面積の拡大、耕作回数の増加と技術的進歩とに伴う生産性の向上など、飛躍が見られる。余剰農産物の利用、手工業、商取引の隆盛などを基礎にして都市が大発展を遂げる。都市環境の創造には目を見はるものがある。それは封建的構造と結びついてはいるが、その構造に対して部分的には否定的な新しい要素を導入する。すなわち、自由な中産階級が形成される。手工業者や商人が出現し、労働、計算、平和、ある種の平等――つまり強者が他の者を凌駕するが支配しない、縦ではなく横のヒエラルヒー――に分ちがたく結びついた新しい価値体系をもつブルジョワジーの母胎となる。

社会の新たな記述と規範の図式が現われるが、これは古くからあるインド・ヨーロッパ的三極構造のイデオロギーが歴史的進化によって甦ったものである。聖職者階級は領主制支配の利害関係者として封建構造に深く組みこまれ（教会領主地は最も強大な部類に属する）、いまや社会制度のイデオロギー的保証人となるが、（一一）宗教的次元では制度の拘束を免れる。聖職者階級の優越感はグレゴリウス改革によって高揚せしめられる。（一二）この改革によって、聖職者は性的汚れを免れた非妻帯者社会を構成し、七つの秘跡の新理論にしたがって、彼らが管理する聖なるものと直接に接触を保つことになるのである。また信徒の平等を、そして社会的世俗的形態に対して倫理的宗教的価値の占める優越を強調することにより、聖職者階級は第一階級、すなわち「祈る人」として顕現することが可能になる。戦うことを職分とする貴族は、軍装および軍事技術もまた変化する時期（人馬の重装備、城塞網を中心として組織される野戦）にあって、「戦う人」として、第二階級を構成する。最後に重要な新現象として、第三階級が出現する。すなわち土地の開拓と征服とに重要な役割を演じた農民エリートであると、農村のさらには都市の労働者大衆であるとを問わず、「働く人」の出現である。こうしてここに、一一世紀のはじめに輪郭が定まり、一二世紀にゆたかになる三極構造社会の図式、すなわち「祈禱者－戦士－労働者」(oratores/bellatores/laboratores) の図式が認識されるのである。(1)

してみると社会の飛躍的発展は、いまや新しい表徴体系による認証を獲得したことになる。だがさらに、一二世紀の飛躍は地理的、イデオロギー的膨張の運動でもある。つまり一二世紀は十字軍の大世紀なのだ。この飛躍はキリスト教世界自体の内部においては、霊的かつ知的である。例えば、カルトゥジオ会士、プレモントレ会士、とりわけシトー会士などに代表される修道院の改革、新しい知の観念と新しい知的方法──「スコラ学」──とが同時に誕生する都市の学校など。

煉獄は、社会的想像力、死後世界の地理学、宗教的確信などにおけるこうした膨張の一要素である。体系を構成する一部なのである。それは一二世紀の獲得物なのだ。

さて、これから私は徐々に対象を絞りこんで、探究を深めて行こうと思う。煉獄の論理をその形成段階に応じて仔細に検討してゆきたい。研究は二つの方向に系統立てて行なわれることになろう。その一つは神学的研究で贖罪体系の発展をたどる。それは罪と悔悛の観念の発展、それに世の終りに関する明確な理論の発達と密接に関連した内容となろう。いま一つは想像力にかかわる研究で、火の性質と機能とを明確にし、次いで死後世界に浄罪の場を樹立することになろう。

これまで全キリスト教世界における死後世界に関する表現の全体を把握すべく努めてきた私の文化地理学・文化社会学的研究は、これからは、重要な証言はどれ一つなおざりにすることなく、この問題に決着のつけられる場所と環境、つまり煉獄が誕生する場所と環境に集中されるであろう。神学上教義上の最終的な仕上げの行なわれるいくつかの中心地、死後世界の想像地理学が現世の地理的現実に根をおろすいくつかの地域を私は探測し、決定するだろう。最後に、この現象は大きな社会的変動を表現しているように思えるので、新しい社会の誕生に煉獄がいかに地歩を占めるかを分析することになろう。本書の中心部は以上の四つの探求をもって構成されるであろう。

Ⅳ　浄罪の火

一二世紀初頭――確信と逡巡

一二世紀初頭においては、聖職者や教会に由来する資料から察せられるかぎり、死者に対する考え方は次の通りであった。最後の審判後は未来永劫にわたって二種類の人間が存在する。すなわち神に選ばれた者と劫罰を受けた者とである。彼らの運命は本質的に彼らの生前の行為によって決定される。すなわち信仰と善行とが救いを決定し、不信仰と重罪とが地獄堕ちの原因となるだろう。死と復活との間の時期に関しては、教義は十分に明確ではない。ある者に言わせると、死後、死者たちは墓、または旧約聖書の冥府《シエオール》のような墓に似た薄暗い中立地帯で待機し、最後の審判が彼らの終極的運命を決定する。また別の人間に言わせると、この方が多数派なのだが、魂はまず、さまざまのたまり場《レセプタクル》に収容される。こうした魂のたまり場のなかで特に名高いのが、義人たちの魂を引きとる「アブラハムのふところ」であって、義人たちは本来の意味での天国に入るまえに一種の清涼と安息の場所へ赴くものとされるのである。大部分の人間はどう考えているかというと――この見解は教会当局の寵を得ているように思えるのだが――二つの範疇に属する死者に対しては死後直ちに最終決定が下される。全面的に善良な人間、すなわち殉教者、聖人、完全な義人は直ちに天国へ行き、至高の褒賞として神の姿を見る、つまり至福直観を享受するが、全面的に邪悪な人間は即刻、地獄に堕ちるというのである。この両者間には一つあるいは二つの中間的範疇が存在し得る。聖アウグスティヌスによれば、全面的には善良でない人間は天国へ行く前に試練を受けることになっており、また、全面的には邪悪でない人間は地獄に堕ちはするが、おそらく比較的耐えやすい劫罰で許してもらえる。中間的範疇の存在を信じる人たちの大部分によると、天国入りを待つ死者たちは罪の浄めを受けなければならない。だが、ここで見解が分かれる。ある人たちにとっては、この浄罪は最後の審判の瞬間に起こることになろう。だが、この見解を唱える人たちの間にも立場の相違が見られる。すなわち、ある人たちの考えでは、死者はすべて——義人も聖人も、殉教者も、使徒も、そしてイエスまでもそこに含めて——この試練を受ける。義人にとっては、この試練は取るに足らぬ形式的手続にすぎない。不信仰者にとっては断罪、ほとんど完全な人にとっては浄罪であろう。また、ある人たちの考えでは、直ちに天国または地獄に行かなかった者だけがこの試練を受けることになる。

この浄罪は何から成るか。大多数の人がそれをある種の火と考えている——何よりもパウロのコリント人への第一の手紙(三・一〇—一五)に基づいて。だが浄罪の手段を多種多様であると考え、《浄罪の罰》poenae purgatoriae について語る者もある。いかに苦痛にみちているとはいえ、救済の保証であるこの試練を受けるに値するのはいかなる人か。アウグスティヌスおよびグレゴリウス大教皇以来知られていることは、もはや軽微な罪を償うことしか残っていない死者たち、あるいは死ぬ前に罪を悔いはしたが、地上で罪を償いとまのなかった死者たち、とにかく立派な人生を送り積善のしるしも十分な死者たち、そういう死者たちだけが《追試《ルペシャージュ》》に値するということである。では、いつこの浄罪が行なわれるか。アウグスティヌス以来、その時期は一般に死と復活との間にあると考えられてきた。しかし浄罪の時間が中間の時をはみ出して、どちらかの方向へ食い込むということは起こり得た。アウグスティヌス自身にとっても、現世で受ける試練、浮世の辛酸は浄罪の発端であり得た。他の人たちにとっては、浄罪は依然として最後の審判の瞬間に固定されていたが、この場合も、浄罪を単なる形式に終らせないために、審判の「日」は一定期間持続するものと一般に考えられていた。

浄罪の場所はどこであろうか。この点では、意見の多様というよりは五里霧中が実態であった。大部分の人はこの主題に関して、何ひとつ明確なことは述べていない。浄罪を目的として魂を収容するたまり場があると考えた人もいる。グレゴリウス大教皇はその逸話のなかで、浄罪は罪が犯された現場で行なわれることを示唆していた。死後世界空想旅行記の著者たちは、死者が浄罪の火にさらされる場所がどこに位置するのかを、よくは知らなかった。その位置は、地獄の上層——といっても地獄であるかぎり地下——という観念、つまり谷によって具象化される観念と、山という——ベーダが広めた——観念との間に、いわば引き裂かれていたのである。

結局、もっとも大きな逡巡が支配しているのはこの中間的範疇の場合であって、たとえ地獄《ゲヘナ》の業火とははっきり区別された火の観念がひろく承認されてはいても、この火の所在については黙殺されるか、あるいはきわめて漠としたやり方で言及されているにすぎない。古代教父からカロリング朝教会最後の代表者に至るまで、死後世界の問題は、本質的に、天国へいざなう救いと、地獄へ導く劫罰との間の選択の問題である。つまりは四世紀から一一世紀にかけてこの上なく堅固なものとなり、煉獄の誕生にきわめて好都合な土壌を創り出した信仰、それは祈りの実践、死者たちのためのとりなしの祈りの実践である。信者たちはそこに死別した肉親や近親との連帯と、自分たちも死後、この助力にあずかりたいという希望とを同時に満足させてくれる手だてを見出しているのである。繊細な心理家で、注意の行き届いた牧者でもあったアウグスティヌスは『死者のための供養』De Cura pro mortuis gerenda のなかで、まさにこのことを述べているのである。この信仰と実践とは、とりわけ聖体のいけにえにおいて教会の介入を必要とするものであるが――そして教会は特に施しによってこの介入から利益を受けるのであるが――、死者のために想定されている教会の力を生者にもめぐらすことによって、ひいては生者に対してより大きな影響力を行使することを教会に保証するのである。

一二世紀は、他の多くの領域同様、この方面でも、事態に拍車をかけるだろう。その結果としてはじめて、場所としての煉獄が誕生することになるだろう。さし当たって掻き立てられるのは浄罪の火である。

ここであらかじめ一つの指摘が必要となろう。

一二世紀のテクストを資料として利用することには微妙な問題がある。この時代の全般的飛躍は文書類の生産をも例外としない。つまりテクストが増加するのである。碩学たちは一六世紀以来、そしてとりわけ一九世紀と二〇世紀において、できるだけ多くのテクストを刊行すべく努力したが、まだ多くのテクストが未刊のまま残されている。この豊富さに時代の特色が加わる。ある著作の成功を確実にするために、有名著作家をその書の著者とすることをためらわない聖職者がこの時代にはたくさんいるのである。一二世紀の文献は偽作で重くなっている。作者決定と信憑性の問題が解決を見ていない場合が多い。その上、発生期にあるスコラ学が著者――ここで著者という語を用いることに意味があるとしてのことだが（なぜなら、「問題集」quaestiones,「裁定集」determinationes,「筆録」reportationes(一三)などは師の講義中に弟子のとったノートがしばしば出所となっているから）――を特定の個人に帰することの難しいテクストを増加せしめた。しばしば写字生はまちがいなく師のものである言葉に、自分の考えや、同時代の他の著述家の考えを混ぜ合わせている。結局、原物《オリジナル》を手にし得ることは滅多にないのである。われわれの所有する写本は後代、一三世紀から一五世紀の間に書かれたものである。写字生たちは、どうかすると無意識のうちに、あるいは良かれかしと考えて、原典のしかじかの語を他の語でおきかえたり、彼らの時代の表現でおきかえたりすることがあった。(1)良かれかしと考えてというのは、中世人の精神を動かしている動機が永遠の真理の探究であって、歴史的真理の探究ではないからである。この研究が除去するには至らなかったいくつかの不確実な点があるが、それは今日の中世に関する学問の未完成もさることながら、結局は何と言っても、一二世紀の宗教的文献の性質そのものに由来するのであって、その複雑な発現は、著者の確定や正確な年代の決定に(もっともながら)腐心している今の学問の網目には、捉えがたいものなのである。しかし私の数々の探求と分析とは一致して次の事実を、すなわち、どんなに早く見積もっても一一七〇年以前には煉獄は存在しないという事実を、証拠立てているように思える。

しかしテクストは数を増し、死と最後の審判との間に何が起こるかについての関心が、だんだん表立ってくる。記述に混乱はあるが、これもまた探求が進行中であることの証言である。煉獄の場所についての気がかりが次第に目立つようになる。

逡巡の証人――ホノリウス・アウグストドゥネンシス

ここでよき証人となるのは、多分アイルランド人で宗教生活の大半をレーゲンスブルクで過ごしたと思われる謎の人物、ホノリウス・アウグストドゥネンシス(オータンのホノリウス)である。M・カピュアンによれば、ホノリウスはおそらくヨアネス・スコトゥス・エリウゲナの中世における唯一の弟子であるが、彼はたしかに死後世界について独創的な考えをもっていた。彼によると死後世界という場所は物質的には存在しない。それは《精神的《スピリチユエル》な場所》である。《精神的《スピリチユエル》》という語はあいまいで、ある種の身体性を含み得るし、あるいは純粋に象徴的隠喩的な実在性をも意味し得る。ホノリウスはこの二つの意味あいの間で動揺した。『天国大階梯』Scala coeli major では、ホノリウスは完全に非物質的な意味に向かって傾いているように思えるが、それでも彼はこの見解を、物質性あるいは非物質性の程度を異にする七つの地獄の理論（この世はその第二にあたる）でもって緩和しているのである。[2] ホノリウスにあって私の関心をそそるのは、彼の著作の二つの要素である。第一の要素はまさしく霊的生活の空間的表象に対する厳しい批判である。『天国大階梯』において、彼は地下地獄の所在を――低位、重力、悲哀を関係づけながら――純粋に隠喩的なものと解釈している。彼は《すべて場所には長さ、幅、高さがあるが、魂はこうした属性をことごとく欠いているので、いかなる場所にも閉じこめられない》と結論している。[3] この考え方は、彼の『真の生活の認識を論ずる書』Liber de cognitione verae vitae にも見出されるものである。いわく、《霊魂を物体的な場所に閉じこめることは愚の骨頂であると私には思える。蓋しそれらは非物体的であり、またとりわけ、場所はすべて高さ、長さ、幅をもって測れるのに、周知の通り、霊はこうした属性をすべて欠いているという事実からして、然りである》[4] と。もしホノリウスのような考え方が勝利をおさめていたとすれば、本質的に位置決定《ロカリザシオン》と結びついている「煉獄」は誕生しなかったか、さもなくば二次的で萎縮した信仰にとどまっていたことであろうと想像されるのである。

しかし、逆説的ではあるが、キリスト教の主要真理の概説であるいま一つの著作、一種の公教要理ともいうべき『教えの手引』Elucidarium において、ホノリウスは浄罪の火について物語っており、しかもこの箇所が煉獄発生に関する資料中で注目すべき地位を占めているのである。対話体で書かれている『教えの手引』第三部で、ホノリウスは来世についてのいくつかの質問に答えている。天国に関するある問いに対しては、それが物体的な場所ではなく、至福を受けた人たちの霊的な住みかであり、知的天界に位置していて、そこでその人たちは神と対面できるのだと、彼は説いている。そこが義人の魂の導かれるところか、という問いが発せられる。そこは完全な人の魂が肉体から離れて導かれるところなのだ、とホノリウスは答える。完全な人とはいかなる人か。その生涯において、命じられていることをするだけでは満足せず、それ以上のことをなした人たち、例えば殉教者、修道士、童貞女などである。義人たちには別の住みかがある。それでは義人とはいかなる人か。命じられていることを、いやがらずにやりおおせただけの人たちである。死後直ちに彼らの魂は天使によって地上楽園に、というよりはむしろ霊的歓喜のなかに連れて行かれる。霊は物体的な場所には住まぬからである。さらに、いわゆる不完全な義人という範疇が存在する。不完全とはいえ彼らは、例えばその功徳のゆえに極めて快い住まいに迎えいれられる夫婦のように、神の書の中に記されている人たちである。彼らの多くは審判の日をまたずに、聖人の祈りと生者の施しのおかげで、より大きな栄光を受けることを許されている。審判の後で彼らはみな天使と一つになるであろう。神に選ばれた人たちの中にも、完徳とは遠く隔たり、罪に対する償いのまだ済んでいない死者がいる。この人たちは、奴隷の手に委ねられ鞭打たれる過ちを犯した息子のように、天使たちの許しを得て、浄罪のために悪魔に引き渡されるのである。だが悪魔は彼らに対していわれのない責め苦、あるいは天使たちが容認する以上の責め苦を与えることはできない。

次に、このような不完全な人たちを解放する手段に関して問いが発せられる。先生、すなわちホノリウスの答えによると、その手段はミサ、施し、祈り、その他数々の敬虔な行為であり、とりわけ、彼らが生前他人のために行なったそうした行為である。彼らのうちある者は七日目に、ある者は九日目に、ある者は一年後に、ある者はもっと長い期間の後に、刑罰から解放される。ホノリウスはこの際、刑期がどのようにして決定されるかを——神秘的な象徴的算術にのっとって——説明している。

最後にわれわれの探究にもっと密接なかかわりをもつ問いが発せられる。

弟子――浄罪の火とはどんなものですか。

先生――ある人々はこの世で浄罪を受ける。それは病いがもたらす肉体的苦痛だったり、断食、寝ずの行、あるいはその他の手段によって彼らがわれとわが身に課す肉体的試練だったりする。いとしい者あるいは執着する財産の喪失だったり、苦痛や病気だったりするし、衣食の不如意だったり、ついにはおのが死の無情だったりする。しかし死後、浄罪は、あるいは灼熱の炎、あるいは凛烈の寒気、あるいはありとある試練の形をとるが、その最も穏やかなものでも、およそこの世で想像し得るかぎりの最も大きなものに立ちまさっているのである。彼らが浄罪を受けているとき、彼らが生前崇敬の行為を捧げた天使あるいは聖人が時おり姿を現わし、空気や芳香や、そのほかにも苦痛の和らげとなるものを運んできてくれる。そしてついには解放されて、彼らはいかなる汚れをも容れぬ宮居へ入るのである。

弟子――どんな形をして彼らはそこで暮らすのでしょうか。

先生――この世で纏った肉体の形をしてだ。また悪魔は、そこにいると苦痛を覚えるようにと、空気でできた身体を与えられているということだ。

肉体と魂との関係についていささか明晰を欠く説明をすませた後で、ホノリウスは地獄について語っている。地獄といっても単一の「地獄」ではなく、複数の地獄である。というのはホノリウスによれば地獄は二つあるからである。上層地獄は地上世界の下層部分であって、それはさまざまの苦痛にみちている。堪えがたい熱気、酷寒、飢え、渇き、それに打擲から生ずるような肉体的苦痛であれ、恐怖や羞恥に由来するような精神的苦痛であれ、ありとある苦痛がそこに見られる。下層地獄は一つの霊的場所であって、消すことのできぬ炎が燃えさかり、ひとはそこで九種類の特別の罰を受ける。光なく燃える火と堪えがたい寒さ、不死の蛆虫、とりわけ蛇と竜、ひどい悪臭、ハンマーで鉄を打つような不気味な騒音、漆黒の闇、蝟集しうごめく罪人たち、息づく炎に見えかくれする悪魔や竜の恐ろしい姿、肺腑をえぐる涙と悪罵の叫喚、そして呪われた人たちの手足を締めつける火の鎖。(5)

このテクストは浄罪の地上における開始も含めてアウグスティヌスの考えを踏襲しているにすぎず、死後世界の隠喩的性格について、ほんのこころもちアウグスティヌスの場合よりも強調が見られるだけである。アウグスティヌス自身もまた死後世界が物質的なものよりは象徴的なものに属するのではあるまいかと、折にふれて自問していたのであった。それにもかかわらずホノリウスは、おそらく読書や夢物語から深い影響を受けて、自分の思想とは矛盾する想像を自由に飛翔させているのである。煉獄前史におけるこのテクストの有効性をつくり上げているのは、地獄のイメージの迫真力というよりは天使と悪魔とに託された役割であるように私には思える。それはグレゴリウス大教皇の線上にあって、アウグスティヌス的であるよりは、もっと《中世的》である。

火——修道士社会

一二世紀なかばに至るまでは、罪の浄化についての省察はパウロのコリント人への第一の手紙の注解に関係して最も頻繁に観察されるが、それは伝統的な浄罪の火の喚起にとどまっている。まずカルトゥジオ会の聖ブルノ(一一〇一年没)の名をあげよう。この人をカンタベリーのアンセルムス大司教(一一〇九年没)と並べてスコラ学の父のひとりと見なす人もある。彼は初めて厳密な意味での学校を経営し、学校教育用の注解、すなわち後に幾多の改訂を経験することになる『聖パウロの手紙注解』を世に出した人物である。この著作をブルノ周辺の別の人物に帰する人もあり、一般にランのラウール（一一三六年没）の名があげられる。この人はアンセルムスの兄弟で、一二世紀初頭の名門神学校であるランの学校を代表する人たちのうち、最もよく世に知られている。いずれにせよ、パウロのコリント人への第一の手紙注解には、アウグスティヌス思想の路線を踏まえて、現世を愛しはしたがそれを神への愛に優先させることのなかった者は救われるであろう——しかし火によって罰せられた後に——と書かれている。その際、この世の建物を木を用いて建てた人は長く罰せられる、木は燃えつきるのに手間どるからである。速やかに燃えつきる草を用いて建てた人は、火の浄罪をこれよりはやく免れるであろう。最後になおのこと速やかに燃えつきる藁を用いて建てた人は、最もはやく火の中を通りすぎるであろう(6)。

トゥルネの人グウェリクスは一〇八七年ごろの生まれであるが、聖ベルナルドゥスにひかれて一一二五年ごろクレルヴォーに入り、一一三八年には聖ベルナルドゥスがランスとソワソンの間に創設した（一一二八年）イニーのシトー会修道院の二代目院長となり、一一五八年《天寿を全うして》、つまり相当な高齢で、その地で他界した。彼が修道士を対象として行なった五四編の説教が残されている(7)。聖母マリアの浄めを扱った第四および第五の説教のなかで、彼は浄罪の火についても語っている。グウェリクスはオリゲネスの影響を受けているようであり、浄罪はこの地上で始まるに違いないと考え、死後世界の浄罪の火を裁きの火と同一視する傾向を見せている。例えば浄めに関する第四の説教のなかで、彼は次のように言っている。

《兄弟たちよ、火によるよりも泉によって浄めを受ける方が、いかばかり確実で、いかばかり快いことか。たしかに泉による浄めをまだ受けていない人たちは——その人たちが浄めに値すればのことであるが——裁きの日に火によって浄められなければならないであろう。その日には裁く者みずから、いまにも銀を溶かし精製しようとする火のように裁きの庭に座し、レヴィの子らを浄めたまうのである（マラキ書三・二―三）……。私が躊躇なく断言することは、主イエスが地上におくり給うた火がおくり主の欲するだけの激しさでわれわれの身に燃えるならば、裁きの日にレヴィの子らを浄める浄罪の火は、われわれの身に燃やしつくすべき木も草も藁も見出すことはないだろうということである。なるほどいずれの火も浄罪の火ではあるが、働き方はまったく違うのである。一方は塗油によって浄め、他方は焼却によって浄める。片や清涼の露であり、片や懲罰の息吹（spiritus judicii）、燃え立つ風である》。また、こうも書かれている。《そしてこの愛が、かくも多くのしかじかの罪を償うに足るほど完全でない場合には、レヴィの子らを浄めるかの鋳物師がその火を用いる。残った銹はことごとく現在または未来の苦悩の炎によって焼き尽くされ、彼らはついには、「われらは火と水の中を通った。そしてあなたはわれらを憩いへと導かれた」（詩篇六五・一二）と歌うことを得るのである。この世のことについても同断である。つまり、まず洪水の水によって洗礼を受け、次いで裁きの火によって浄められ、新しい恒久不変の状態へと移るのである。》

この主題は、アウグスティヌス的調子を伴って、浄めに関する第五の説教のなかにも現われる。《もし（この世の）日々が、浄罪がまったく果たされないまま終り、ついでこの世では想像もつかないほど苛酷で（poenalius）、厳しく激しい火によって浄められなければならないとしたら、われらが身にわざわいあれ。ところでこの世を去るにあたって、この火をまったく免れ得るほどに完全で聖なる人があるだろうか……。なるほどほんの僅かだが神にえらばれた人はある。しかしこの僅かの人のなかでも、私が思うには、聖人が「少数者と共になんじのあやまちから洗い浄められよ」（集会の書七・三四）と述べているあの浄罪を達成し得たほどに完全な人はまったく僅かしかいないのである。》

アウグスティヌスにならって、グウェリクスは未来の煉獄に多数の人間を住まわせないのである。

一一七四年に没したサン＝ブレーズの修道院長ウェルナー二世はサン＝ヴィクトールのフーゴの強い影響を受けた人であるが、彼の編んだ『教父選文集』Deflorationes sanctorum Patrum には、アダムの堕罪に関するある説教に、浄罪の火への言及が見られる。《死後の世界にも、ある種の浄罪の火（ignis quidam purgatorius）があって、この世で浄罪を開始しながらそれを成就しなかった人たちが、その火で浄められ洗われるということである……。たとえ軽度のものであっても、その責め苦はひじょうに辛く感じられる。したがって、やらなければならないことはこの世にいるうちからやり始め、やり遂げておいた方がよい。しかし、せっかくやりはじめたのに成就するに至らなかったとしても、絶望してはならない。というのは「なんじは火をくぐるようにして救われるであろう」（Iコリント、三・一〇―一五）からである。あなたが身に帯びている罪は灰になるまで燃えつきてしまうであろう。しかし神の愛があなたのうちに土台としてとどまっているからには、あなたは救われるであろう[9]》

都市の神学者たち

一一五四年に没したポワティエの司教ギルベルトゥス・ポレタヌス（ラ・ポレのジルベール）なる独創的神学者の学派については、先へ行ってあらためて語らなければならないであろう。同時代人のアベラルドゥス同様、教会との間に確執のあった人物である。聖パウロに関する彼の注解は未刊である。しかし、一一五〇年後間もなくのもので、必ずしも忠実にではないがギルベルトゥスのテクストを解釈しているコリント人への第一の手紙に関する注解断片があって、ここにもまた死後《火の中で》完成されるべき現世の浄罪という考え方が見られる。ここで明確に述べられていることは、この浄罪の火が最後の審判に先立つということである[10]。

サント＝ジュヌヴィエーヴの丘のふもと、パリ城門界隈にあるサン＝ヴィクトール修道参事会員の著名な修道院でも、浄罪の火について語られている。サン＝ヴィクトールの大フーゴ——その著作は煉獄誕生の前夜にあって、煉獄を予示するものとして最も重要なものの一つであるが——のほかには、例えば一一五五年から一一六一年までサン＝ヴィクトールの修道院長を務め、一一六一年から一一七〇年または一一七一年のその死に至るまでアヴランシュの司教であったアカルドゥスの証言がある。それは教会の献堂記念祭のための、彼の第二の説教中に見られるものである。その説教で彼は、教会を建てるために用いられる槌とのみの象徴的意義を論じて、前者を《永劫の火の恐怖》、後者を《浄罪の火の恐怖》として解釈することができると述べている。(11)

俗語文献

死後故人の運命がどうなるかという疑問、また浄罪の火についてのもろもろの問題は、宗教界の枠をはみ出すのが観察される。こうした問題は都会地に開かれた学校で論議されたり、修道院の説教で語られたりしただけではない。その知識は説教を通じて巷間に流布される。われわれは、例外は別として、そうした説教のラテン語版しか所有していないが、聖職者が一般人に語りかけるときには、俗語が用いられたのである。(12)そこで私は、一二世紀における浄罪の火の《大衆性》に関する二つの証言を、古フランス語で書かれた二つのテクストに求めてみようと思う。

第一のテクストは、ほかでもないグレゴリウス大教皇の著書のフランス語訳、リエージュ方言で書かれた『教皇グレゴリウスの対話』Li Dialoge Gregoire lo Pape である。さきに触れた第四巻の特に第四〇章と第四一章には、「浄罪の火」li fous purgatoires, lo fou purgatoire、「苦難の火」(lo) fou de la tribulation、「浄化の火」(lo) fou de la purgation といった表現が見られる。第四〇章の終りで、ペトルスが問題をこう提起する。「死後、浄罪の火が存在すると信ずべきか否か、教えてほしいものだ」Ge voldroie ke l'om moi enseniast, se li fous purgatoires après la mort doit estre crue estre.

グレゴリウスが返答を与える第四一章の表題は「死後、浄罪の火は存在するか否か」se li fous purgatoires est après la mort である。[13]

ある韻文版は――そこには *purgatorie* (purgation, purgatoire) という語が見られるが――、浄罪には《特定の場所》は無く、個々の霊魂は生前罪を犯した場所で、死後浄められるというグレゴリウスの見解を想起させている。すなわち、

Par ces countes de seint Gregorie
Deit houme entendre qi purgatorie
N'est pas en une lieu determinez
Ou les almes seint touz peinez.

(聖グレゴリウスのこれらの話から、浄罪がある特定の場所で行なわれ、すべての魂がそこで罰を受けるのではないことを、理解しなければならない。[14])

いま一つのテクストは、一一八〇年ないし一一八四年に没したテュロスのグリエルムスの著書の一三世紀はじめにおけるフランス語訳――ただし一二世紀の仏訳原本の写し――『聖地における十字軍戦士の歴

史』（原題『海外諸地域における偉業の歴史』Historia rerum in patribus transmarinis gestarum）である。第一巻第一六章は一般民衆が十字軍に参加した模様を描いている（Comment li menuz peuples se croisa pour aler outremer.）。

Tant avoit de pecheours el monde qui avoient eslongnie la grace de Nostre Seigneur, que bien covenoit que Dex leur monstrat un adreçoer par où il alassent en paradis, et leur donast un travail qui fust aussiut comme feus purgatoires devant la mort.

（主イエス・キリストの恩寵を遠ざけていた罪人がこの世にはかくも多かったので、神が天国に至る正しい道を彼らに示したまい、死を前にして浄罪の火となるような一つの試練を彼らに与えたまうのは適当なことであった。）

このテクストは終末論的遠征としての十字軍の初心とは異なった、罪の償いとしての十字軍の理念を思わせる。その上このテクストは、死後ではなく生前の、この地上における浄罪の観念をほのめかしている。直ちに天国へ行くに値する功績を積むことによって、死後、場合によっては忍ばねばならぬ《浄罪（場）＝煉獄》を《端折る》ということなのである。さらに、一三世紀になって見られるような《この世の煉獄＝試練》purgatoire sur la terre という純粋に比喩的な意味へと向かう進化の途上に、われわれはいるのである。(15)

四大神学者と火――ある終末論の下絵

ここで十二世紀なかばの四人の大聖職者に暫くかかずらってみたい。彼らの業績は長い伝統の到達点であると同時に、新しい発展の出発点ともなっている——そしてこのことは煉獄についても言えるのである。

パリの司教座聖堂参事会員、サン＝ヴィクトールのフーゴ

第一の聖職者は一一四一年に死去したパリの司教座聖堂参事会員、サン＝ヴィクトールのフーゴである。第二はイタリアの修道士、ボローニアの教会法学者、一一四〇年ごろその地で教会法の条文集を編纂したグラティアヌスで、この書はのちに彼の名を冠して『グラティアヌス教令集』と呼ばれ、中世教会法の「集大成《コルプス》」となる。第三は当時すでに令名を馳せていたシトー会修道士クレルヴォーのベルナール、すなわち聖ベルナルドゥスであって、一一五三年に没している。第四はパリの司教となったイタリア人ペトルス・ロンバルドゥスで、一一五九年ないし一一六〇年の没、その著『命題集』は一三世紀には主要な大学教科書となろう。

この時期はジャン・ロンジェールによると、サン＝ヴィクトールのフーゴとペトルス・ロンバルドゥスとともに、《「終りについて《デ・ノウィスィミス》」（すなわち終末論）の最初の組織立った粗描が試みられる》時期である。世の終り、死者の復活、最後の審判、人間の永遠の運命などについてのさまざまの考察や論述の再編成が行なわれる。いきおい、こうした事柄に、個々人の死と終りの日との間に死後世界において生起する事柄が関係づけられる。

サン＝ヴィクトールのフーゴはおそらく聖書の「講読」lectio——すなわち聖書注解——とは直接に関係しない組織神学の最初の講座をもった人と思われる[16]。

彼の著作のうち二つの箇所が特に浄罪の火の考察にあてられている。その第一はパウロのコリント人への第一の手紙を出発点とする《義人の浄罪の火に関する》問題である。フーゴが言うには、浄罪の火は救いにあずかる人たち、すなわち神に選ばれた者のために用意されている。聖人、すなわち金、銀、宝石を

もって建てる人たちですら火を通過するであろう。しかし彼らはほかの人とは違って損傷を被ることはない。彼らは、ちょうど窯に入れられた粘土がその中でひじょうに大きな硬度を貰うように、以前よりも強くなって出てくるであろう。彼らにとっては《火を通過することは復活の一部である》と言うことができるのである。フーゴによると、ある人たちの主張では、この火は木、草、藁をもって建てた人たちの魂がこの世で開始した悔悛の業を成就するために、死に際して置かれる一種の刑罰の場（quemdam poenalem locum）である。ひとたび償いが成就されると、彼らはある種の安息のなかで審判の日を待つことになる。そして審判の日には彼らは何ら損傷を被ることなく火を通過するであろう。ましてやこの火は人間を斟酌して浄罪の火と呼ばれているのではなく、天と地が最初の洪水の場合がそうであったように、ある種の火の洪水によって浄められ更新されることに関して、そう呼ばれているのであるから。しかしフーゴはこの見解に反対し、最後の審判の火は神に選ばれた者の浄罪に必要な時間だけ持続するものと考える。また浄罪の火はこの世の苦難であると考える人もある。審判の火に関しては、不信仰の徒はその火を通過し得ず、その火と共に（地獄の）深淵に引きずりこまれるという[17]。

一二世紀に入念に仕上げられる秘跡神学の最初の大論考、『キリスト教秘跡大全』Summa de sacramentis christianae fidei（これはやがて悔悛＝償《ペニタンス》いについて見るように、煉獄の誕生に関して忘れてはならないコンテクストであるが）のなかで、フーゴは死後世界の諸問題にとり組んでいる。この「秘跡論《デ・サクラメンティス》」の構成は、救済の歴史という意味において、歴史的である。第一部は《世界の始原から、みことばの受肉まで》を扱う。第二部はみことばの受肉から万物の終末、世の終りまでをその範囲とする。この第二部の第一六章で、フーゴは《臨終の人、あるいは人間の最後について》論じながら、浄罪の罰について語っている。ところでこの章は、片や《告解、悔悛、罪の許し》に関する章および終油に関するごく短い章と、片や論考の末尾の二章、すなわち世の終りに関する章および《来るべき世》に関する章との間に位置を占めている。したがって個人および集団の救済史の内部で、告解および悔悛との密接な関連のもとに、浄罪の罰に関する論が展開されているのである。フーゴは第二巻一六・四で、霊魂は身体を離れて後は極めてよく体刑に堪え得ることを明確にしたあとで、《刑罰の場》loca poenarum について論じている。《責め苦を受けなければならない罪人に対して神が体刑を用意されたのと同様に》と彼は書いている、《その体刑を与えるための物体的な場を神は区別し給うた。地獄は責め苦の場であり、天国は愉悦の場である。責め苦の場が低いところにあり、愉悦の場が高い所にあるのは当を得たことである。というのは罪は下に向かって重くのしかかるが、正義は上の方へと持ち上げるからである》。フーゴは、この低いところにある場所、すなわち地獄が地の底に位置していること、しかしこの点に関しては何ら確証はないことを付言している。地獄には消えることのない火がみなぎっていると言われる。その代りに、この世から浄められて立ち去るものは直ちに天国へ行く。

ここでフーゴは漸く浄罪の罰に言及する。

《最後に、浄罪の罰と呼ばれるいま一つの死後の罰がある。ある種の罪を負ってこの世を去る者は、たとえ彼らが義人であって永遠の生にあずかることになっているとしても、罪を浄められるために暫くの間、責め苦を受けなければならない。ひとがこの罰を受ける場所は決して一定していない。もっとも懲罰に処されている魂が姿を見せる数多くの例から見て、その場所はこの地上であり、またいくつもの証言が証拠立てているように、おそらくはその罪が犯された場所であると考えられるのではあるが。この罰がそれ以外の場所で与えられることがあるかどうか、それを知るのは困難である。》

さらにサン＝ヴィクトールのフーゴは、その悪の程度が不信仰者や大罪人ほどではない悪人は、地獄に送られて最大の責め苦を受ける前に、刑罰の場で待機するのではあるまいか、他方、善人ではあってもある種の罪を負っている者は、挙げられて天国の愉悦にあずかる前に、何らかの場所に逗留して待機するのではあるまいか、と考える。フーゴの判断はこうである。完全な善人（boni perfecti）は疑問の余地なく直ちに天国へ行き、極悪人（valde mali）は直ちに地獄に堕ちる。不完全な善人（boni imperfecti）に関して言えば、彼らが（死と審判との間の）中間時に、来るべき愉悦を識るに先立って、罰を受けるということは確かである。不完全な、あるいは比較的ましな悪人（imperfecti sivi minus mali）はどうかというと、復活の日に永遠の責め苦のなかに堕ちるまでの間、彼らが逗留し得る場所についてはは何ひとつ確かなことは分からない。

最後に、試練のなかで悪くなることなく却って良くなり、試練を自己矯正の機縁としている悩める人のためには、この世における浄罪の罰がある。死者のためのとりなしの祈りについては、フーゴはグレゴリウス大教皇を引用しながら、もし故人によって犯された罪が解消し得ないほどのものではなく、またその故人が立派な生活によって、死後助けを得るにふさわしい功績を積んでいたとすれば、聖体のいけにえが大きな助力たり得る、と判断を下している(18)。

聖アウグスティヌスおよびグレゴリウス大教皇とくらべてみて、サン＝ヴィクトールのフーゴは根本的にはほとんど問題を前進せしめてはおらず、彼らとともに亡霊の現実性にこだわっている。しかしフーゴは浄罪の罰のための「ひとつの場所」locus あるいは「幾つかの場所」loca を探求しようとする時代の強い傾向を証言している。たとえ彼がその場所の存在について無知あるいは懐疑を表明しているにせよ、またいずれは捨て去られることになる解答、すなわちこの地上における罪の浄化という解答をグレゴリウス大教皇とともに選びとっているにせよ、フーゴは自らも反省をめぐらし、死と審判との間に死後世界に一定の浄罪の場所が存在するという解答を選びとった人もあることを、認識しているのである。

シトー会士、聖ベルナルドゥス　聖ベルナルドゥスによる死後世界における浄罪の問題は、これまで推量されてきたこととは異なっているように私には思える。私の確信するところでは——この研究は私の確信の正当さを立証してくれると思うのだが——この問題に関して聖ベルナルドゥスの著作とされてきた主なテクストは、実は彼の書いたものではなく、一一五三年に彼を襲った死のかなり後（少なくとも二〇年ばかり後）のものである[19]。

聖ベルナルドゥスは二つの説教の中で、極めて明瞭にその立場を披瀝している。すなわち死後世界には人間の浄罪の場（loca purgatoria）が存在するというのである。

聖アンドレアの祝日のための、三種の幸福についての説教の中で、彼はこう言明している。《浄罪の場で（in locis purgatoriis）苦しむ魂が暗い泥だらけの場所をここかしこと駆けずりまわると言われるのには、それだけの理由がある。魂はこの世にあるときに思念のなかでそのような場所に住むことを怖れなかったからである》。また、《実のところわれわれは死者のために同情したり祈ったりするばかりでなく、希望の中にある彼らを祝福しもするのである。というのはわれわれは浄罪の場における（in locis purgatoriis）彼らの苦しみに心を痛めなければならないにしても、神が彼らの目から涙を拭い去りたまう時の近いことを、それにも増して喜ばなければならないからである。もはや死もなく、涙、叫び、苦しみもなくなるであろう、古い世が過ぎ去ったからである（黙示録二一・四）[20]》。

五年足らずの後に死を控えた一一四八年、クレルヴォーの修道士フンベルトゥスの追悼演説として行なわれたいま一つの説教の中で——ここでは当時まだ存在せず、彼も知らなかった煉獄という語は用いられていないが、――聖ベルナルドゥスはこう警告した。《この世で返すのを怠った負債は、死後、浄罪の場で(in purgabilibus locis)、最後の一スーに至るまで(マタイ五・二六)、百倍にして返済しなければならぬことを、いかにも心得べし》と[21]。

待降節に際してのまた別の説教では、聖ベルナルドゥスは《三層地獄》についてかなり錯雑した説明を試みている。私の読みにしたがってそのテクストを示すと、《第一の地獄は「強制の」obligatorius 地獄である。なぜならばそこでは最後の一スーに至るまで要求されるからで、その苦痛には果てしがない。第二は「浄罪の」地獄である。第三は赦免の地獄であるが、そう言われるゆえんは、それが「意志的」voluntarius で、そこでは「罰も罪過も」et poena et culpa 二つながら許されることがしばしばあるからである。第二の地獄(浄罪の地獄)においては、時に罰が免除されることがあるにしても、罪過が許されることは決してなく、そこで浄めを受けなければならない。キリストが受肉し給うかぎりにおいてそこで生まれ、そこで育てられ、そこで生き給うた貧しさの幸いなる地獄! この地獄から同胞を連れ出すために、キリストはひとたびそこに降り立たれたばかりでなく、「われわれをこの悪の世から救い出すために自らをお与えになった」(ガラテヤ人への手紙一・四)のであり、われわれを呪われた者の群から隔離し、われわれをそこから連れ出すまでの間、そこに集めておくために自らをお与えになったのである。この地獄には命の芽生えともいうべき初々しい娘たちがいて、彼女らはツィンバロンをたずさえ、シンバルを奏でる天使たちを先に立て、シンバルにのせて喜びを奏でる天使たちを後に従えている。他の二つの地獄においては責め苦を受けるのは人間であるが、この地獄では悪魔《デモン》である。彼らは水のない乾燥した場所を安息を求めて放浪するが、安息は得られない。彼らは信者たちの霊魂の周りを徘徊するが、聖らかな思念と祈りとによって、どこから近づいても押し返される。したがって彼らが「イエスよ、まだ時いたらぬというのに、

どうしてわれわれを苦しめに来たのか」(マタイ八・二九)と叫び声を上げるのも当然なのである[22]》

聖ベルナルドゥスは、本来の意味のゲヘナである(下層の)地獄、浄罪の行なわれる(中層の)地獄、それに地上にあっては将来のリンボ、あるいは伝統的なアブラハムのふところに相当する(上層の)地獄——そこでは罪のない魂はすでに平安のうちにあるが、悪魔は最後の審判の日まで憩いを期待しながら、はやくも責め苦を与えられる——の三つを区別しているように私には思える。

したがって聖ベルナルドゥスには死後世界の「空間化」探求と、「浄罪の地獄」あるいは「浄罪の場」loca purgatoria/purgabilia の存在の確信とが見られる。しかしこの空間は命名されていないし、死後世界の地理学は依然として甚だ漠としている。

教会法学者修道士、ボローニアのグラティアヌス　グラティアヌスの『教令集』(一一四〇年頃)の場合は特殊である。もし条文の収集、条文の選択、条文の章節への配列などから、事実上いちじるしい斬新さが醸し出されていなかったら、この条文集が独創性を呈することはなかったであろう。一二世紀末および一三世紀に教会法が帯びることになる重要性に鑑みて、中世教会法の最初の「集大成《コルプス》」であるこの主要文献に目をとめ、少なくとも、一二世紀の極めて活発な知的中心地ボローニアの方角に探りを入れてみることが、ともかく絶対に必要である。この都市は法律研究のメッカとなり、中世最初の大学同業組合はここで発展するのである。

われわれの視点からは、グラティアヌス『教令集』中の二つの章が重要である。それは第二部の事例第一三、問題二の第二二章と第二三章とである[23]。はじめの章は、すでに取り上げた教皇グレゴリウス三世のゲルマン宣教者ボニファティウス宛書簡(七三二年頃)の解釈から成る。この書簡はアウグスティヌスおよびグレゴリウス大教皇以来定まっている、とりなしの祈りのリストを反復している。すなわち、《死者の霊魂は四通りの方法で解放される。司祭のいけにえ（ミサ）によって、聖者の祈りによって、親しい者の施しによって、縁者の断食によって。》

『教令集』の中に置かれて、このテクストは非常な重みをもっている。それは死者のための生者の行為を公式に承認し、聖体のいけにえの優位に注意をうながし、教会（司祭）の仲保にたよる必要を強調し、聖人崇拝を涵養し、施しによる財の流通（あるいは教会への吸い上げ）を支持し、死者の親近――家族であれ友人であれ、血縁であれ精神的な縁者であれ――の果たす役割を浮き彫りにして見せているのである。第二三章は《審判の日の前に死者たちはいけにえ（ミサ）と施しとによって助けられる》という表題のもとに、聖アウグスティヌスの『エンキリディオン』の一〇九章と一一〇章（ここでは重要でない短い一節は除外して）を再録している。ここでこの重要なテクストを想起しておこう。

人間の死と最後の復活との間の期間、魂は秘密の収容所にとめ置かれ、そこで肉のなかで生きていたときに自らつくりあげた運命にしたがって、それぞれ自らにふさわしい安息あるいは苦痛を経験する。

とは言っても、故人の魂のために仲保者のいけにえが捧げられたり、教会において施しがなされたりするとき、いま生きている親近の祈りによって、故人の魂が重荷を軽減されることを否定しなければならぬいわれはない。しかしこうした行為も、死後それが自分たちの助けになるような生き方をした人たちにのみ、役立つのである。

実際、死後のとりなしを必要としないほどに良くもなく、さりとてそれが役に立たぬほどに悪くもない人生を送る人たちがある。反対にそうしたものが無くてもよいほどに立派な生き方をした人もあれば、死後その益を受けることができないほどに悪い生き方をした人もある。したがって功績が獲得されるのは常にこの世であって、その功績次第でめいめいは、この世を去った後、重荷を軽減されたり不幸を招いたりするのである。

したがって受洗して死んだすべての人たちのためにミサあるいは施しのいけにえが捧げられるとき、それは全面的に善良であった人たちにとっては神に対する感謝の行為であり、全面的には邪悪でなかった人たちにとっては償いの手段である。その悪が全面的であった人たちについて言えば、それは死者の重荷を軽減することにはならないまでも、どうにか生者のなぐさめにはなり得るのである。こうしたいけにえがその受益者たる死者に保証するのは、あるいは罪の完全な許しであり、あるいは少なくとも比較的堪えやすい形での劫罰である。

銘記したいが、このテクストにおいては、二つの重要な要素が煉獄の誕生の障害となっている。第一の要素は、よしんばアウグスティヌスが死と復活との間に魂がとどまるべき「場所」について語っているとしても、その場所はある種の穴、隠し場所、つまり本当に空間らしい空間ではない受け皿＝たまり場(receptacula)だということである。それればかりかその場所は秘められた(abdita)場所であって、物的な意味にも霊的な意味にも解釈し得る。物的な意味においてはその場所は踏査を免れており、発見は不可能ではないにしても困難である。霊的な意味においては、一つの神秘を表徴し、そこに分け入ろうとすることは多分――ある人たちの見解によると――瀆聖とまでは言わないにしても、禁じられた行為である。したがって、こうした観念が煉獄の地理学の途上に横たわる一つの障害となるのである。

第二点はアウグスティヌスの死者の四範疇――全面的に善良な人(valde boni)、全面的に邪悪な人(valde mali)、全面的には邪悪でない人(non valde mali)、それに含意として、全面的には善良でない人(non valde boni)――の想起である。ところで煉獄の対象となるのは、アウグスティヌスの体系に当然含まれてはいるが、このテクストでは明示的に名指されていない最後の範疇であろう。さもなければ――そして何よりもまず――煉獄は、全面的には邪悪でない人と、全面的には善良でない人という二範疇を、単一の範疇へと融合することを要求するだろう。

こうして、煉獄の基礎の一つとなるこのテクストは、暫時、煉獄の誕生の遅延要因ともなるのである。教会法が煉獄の誕生に僅かな役割しか果たさなかった理由の一つに、おそらくこの《権威のブレーキ》があげられよう。


パリの在俗教師、司教ペトルス・ロンバルドゥス　イタリア生まれのパリの教師で一一五九年パリ司教となり程なく没した(一一六〇年)ペトルス・ロンバルドゥスの思想は、他の多くの問題同様、煉獄の問題に関しても、世紀の半ばにあって、過去への傾斜面と未来への傾斜面とを最も鮮やかに露呈している。一一五五年から一一五七年にかけて編まれた『命題集四巻』において、一方のロンバルドゥスは、教父たちから一二世紀前半の神学者と教会法学者たち――サン＝ヴィクトールのフーゴ、アベラルドゥス、ギルベルトゥス・ポレタヌス、グラティアヌスなど――に至る彼の先駆者たちの見解を、力強さと明晰さと綜合的精神をもって要約している。もう一方のロンバルドゥスについてみると、この思想家の著作は偉大な独創性に欠けるとはいえ、《次にくる諸世紀の古典》となる資質を備えている。J・ド・ゲランクはペトルス・ロンバルドゥスの『命題集』が一二世紀の神学的動向の《展望の中心》であったとも言っている。

死後世界における浄罪についてのペトルスの見解の要点は、彼の著作の異なった二つの箇所、『命題集』第四巻の区分第二一と区分第四五に見出される。

区分第二一は秘跡に関する論述のなかにその位置を占める。洗礼、堅信、聖体の後に悔悛についての長い敷衍があり、それを締めくくるのが最終的悔悛についての一章、いま問題にしている区分第二一、《この世を去って後に許される罪》について論じている部分である。次いでこの著の巻末に、《さまざまの魂

の たまり場《レセプタクル》》について論じる区分第四五が、最後の時の展開、つまり復活と最後の審判との間に位置を占める。こうしたテクストの注解は一三世紀の大スコラ学者たちの理論の核心を形成することになるのに、ほとんど逆説的なことだが、テクスト自体は首尾一貫した全体を構成していない。未来の煉獄は片や悔悛と個々人の死、片や「終末」novissima との間に分割されている。やがて煉獄がやってきて、時間的にも空間的にも正に両者の中間を占めることになろう。ロンバルドゥスは生まれようとしている煉獄の位置を、いわば陰画、鋳型の形で強調したのである。

区分第二一においてペトルス・ロンバルドゥスはある種の罪が死後許されるかどうかを問題にしている。マタイの福音書（一二・三二）およびパウロのコリント人への第一の手紙（三・一〇―一五）にもとづいて、さらにパウロのテクストの解釈についてアウグスティヌスが示している歯切れのよくない見解（『神の国』二一、二六）に言及した後、彼は確然たる自己の見解を披瀝している。すなわち、聖パウロの問題の一節が《公然とにおわせていることは、木、草、藁で建てる者が担っているのは、浄罪の火の中で焼きつくされることになる可燃性の建物、すなわち小罪だということである》と。木、草、藁の間には序列があって、それぞれが代表する小罪の重さに応じて、死者の魂は程度の差はあれ速やかに浄められ解放される。新味は何もないが、ロンバルドゥスは事態をはっきりさせている――死と審判との間に、ある種の罪の浄めが存在すること、浄められる罪は小罪と見られること、浄罪の罰（火）は程度の差はあれ、ある時間持続すること。

区分第四五はさらに重要である。そこでは魂のたまり場と死者のためのとりなしの祈りとが論じられる。魂のたまり場に関しては、ロンバルドゥスはアウグスティヌスのテクスト、特に隠されたたまり場に関する『エンキリディオン』のテクストを引用するだけで満足している。とりなしの祈りに関しては、彼はここでもまたアウグスティヌスの見解を踏襲している。教会で行われるミサや施しは故人にとって有益ではあるが、故人はとりなしの祈りの有効性にあずかれるように人生をおくり、善行を積んでいたのでなければならない。ロンバルドゥスは、全面的に善良な人（valde boni）、全面的に邪悪でない人（non valde mali）、全面的に邪悪な人（valde mali）というアウグスティヌスの三範疇を反復する。これら三種類の人間に関して、教会のとりなしはそれぞれ「神への感謝」、「償い」、生ける縁者にとっての単なる「慰め」に相当するのであった。しかしロンバルドゥスは、アウグスティヌスの分類から自然に生じる二つの範疇を追加し、較べ合わせる。すなわち、とりなしの祈りが最終的には完全な罪障消滅に達する中程度に善良な人（mediocriter boni）と、罰の軽減に達する中程度に邪悪な人（mediocriter mali）という二範疇である。そして二つの場合をとりあげて、ペトルス・ロンバルドゥスは《中程度に善良な人》の例としている（区分第四五、第四章—第五章）。最後に全面的に邪悪な人に関しては、ロンバルドゥスは、アウグスティヌスがすでに示唆したのに倣って、神はとにかく彼らの間にも悪さの程度を区別し、彼らを永遠の地獄に留めおきながらも、罰を幾らかでも軽減することを得るのだと考えている。[24] ロンバルドゥスは重要な一歩を踏み出した。すなわち、全面的には邪悪でない人は、全面的に邪悪な人から遠ざけられると同時に、全面的には善良でない人に——融合するには至らないが——近づけられたのである。敢えて言えば、中間点に向かっての再編成が素描されているのであって、やがてわれわれはその中間なるものの重要さを見ることになろう。

副次的証言

その他の著作の中にも（その幾つかは「煉獄」purgatorium という語——したがって場所——が生まれ

る一一七〇年から一二〇〇年に至る期間を越えてもなお）、「煉獄」という語を用いないままに、一二世紀後半における宗教思想の努力、つまり死後の浄罪に場所を与え、死後世界における浄罪の過程を空間的に個別化しようとする努力を示しているものがある。いくつかの例をあげよう。

一一三四年に枢機卿、一一四五年にローマ教会の尚書院長となり、一一四六年ごろ没したロベルトゥス・プルス（あるいはプレン）もまた、その著『命題集』第四巻において、死後世界の地理学について考察をめぐらせている。地獄自体が一つの場所である（infernus … locus est）ことを確言した後で、彼は浄罪の罰がどこで加えられるか思案する。古代人は浄めを受けるために暫く冥府に行き、その後アブラハムのふところ、《すなわち安息の支配する高いところ》へ赴いた。われわれの時代すなわちキリストの来臨後は、燃やさねばならぬ残滓を身に帯びている故人たちは、死後、浄罪の罰（purgatoriis poenis）によって試練を受け、次いでキリストの傍ら、すなわち天国へ赴く。この罰は主としてある種の火、浄罪の火（ignis purgatorius）から成り、その激しさは地上の辛酸と地獄の責め苦との中間にある（inter nostras et inferorum poenas medias）。だが、ここまできてロベルトゥス・プルスは大いに困惑する。

《だが、この懲戒はどこで加えられるのであろうか。天国においてであろうか。地獄においてであろうか。だが、とりわけわれわれの時代においては、天国は辛酸をなめるにふさわしい場所とも、懲戒の責め苦を受けるにふさわしい場所とも思えない。なぜならば、もし天国が善人にのみふさわしいとすれば、地獄は悪人にのみふさわしいのではなかろうか。そしてもし天国があらゆる悪を排除するとすれば、どうして地獄は何らかの善を受けいれることができようか。神が天国を完全な人たちにのみ予定し給うたのと同様に、ゲヘナは不信仰の輩にのみ取っておかれたように思える。ゲヘナが罪人の獄舎となり、天国が魂の王国となるようにという意図からである。それでは罪を償わなければならぬ人たちは、死後どこにいるのであろうか。「浄罪（場）に」in purgatoriis いるのであるが、それではその場所はどこにあるのか。私はまだ知らない。[25]どれほどの期間、彼らはそこにいるのか。弁済（罪の償い）が終わるまでである。》

ロベルトゥス・プルスは次いで、罪を浄められた古代人が地獄の内部にある浄罪の場を去って、アブラハムのふところに熱を冷ましに入ったように、われわれの時代では、浄められた魂は地獄の外部にある浄罪の場を去って、天国に入るのだと考えている。[26]そして締めくくりにキリストの冥府降下の意義について述べている。[27]

死後世界の地理体系の首尾を一貫せしめようと努め、終末論に歴史的類推的次元を導入する注目すべき所説、位置決定の関心につきまとわれ、「どこに存在するか」Ubi sunt ? という主題を導入しながら、結局はこの神秘的な場所を包む秘密については謙虚に無知を告白して終る所説。しかしこの所説において目に立つのは「場所」locis を省略した「浄罪（場）に」in (locis) purgatoriis という表現である。「煉獄」purgatorium が誕生するためには複数から単数へ、形容詞から名詞へ移行するだけで十分であろう。

イタリア人ユーグ・エテリアン（ピサのフグッチョ）は一一五〇年後程なく『肉体を離脱せる魂』Liber de anima corpore exuta という書物を書いたが、そこでは議論はもっと手前でとどまっている。彼はグレゴリウス大教皇、および共同浴場で亡霊に出会った司教フェリクスの物語を引用するが、そこから浄罪の場所を決定するための結論を引き出してはいない。サン＝ヴィクトールのフーゴに非常に類似した一節で、彼は最後の審判と火の河を喚起している。この火の河は——洪水の波に似て——天地を浸すばかりか、人間を飲みこむ。飲みこまれた人間のうち悪人は焼きつくされ、善人は無事に浄めの火を通過する。これは古風な考え方を証言するものであるが、そこにはフーゴもまた、とりなしの祈りに関して、聖餅《ホスチア》の奉献が《眠れる者たちに》助力をもたらすことを主張しているのが認められる。[28]

一一六七年に没したムランのロベルトゥスは、パリのサント＝ジュヌヴィエーヴの学校でアベラルドゥスの後継者となった人物であるが、彼は一一四五年ないし一一五五年に書いた『聖パウロの手紙に関する諸問題』のなかで、もっぱらアウグスティヌスに倣って、《浄罪の罰》がこの世のいかなる罰よりも怖ろしいことに注意を喚起し、その罰が将来、すなわちこの世を去った後に、始まることを強調している。[29]

これに反してセルのペトルスは煉獄のすぐ傍まで来ている。トロワ近郊セルのサン＝ピエール修道院長、次いでランスのサン＝レミ修道院長、最後にソールズベリのヨアネスの後を襲ってシャルトルの司教を務め、一一八二年にシャルトルで死んだこの人物は、一一七九年に修道生活に関する論述『修道院の学校』De disciplina claustrali を著し、そのなかで死後の魂の住みかを問題にしている。《肉体を離れた魂よ、なんじはどこに住むか。天国にか。楽園にか。浄罪の火のなかにか。地獄にか。もし天国に住むのであれば、なんじは天使たちと共に幸せである。楽園に住むのであれば、なんじはこの世の悲惨から遠く離れて安全である。浄罪の火のなかに住むのであれば、なんじは懲罰によって責め苦を受けるが、いずれは解放される。地獄に住むのであれば、あらゆる希望は失われ、なんじは神の許しではなく、真理と苛酷とを待つことになる》[30]。このテクストには極めて速やかに煉獄の発明に行きつくことになる進化が見られる。浄罪の火がここでは天国、楽園、地獄と同様に一つの場所として扱われているからである。

しかし、「場所」locis を省略した「浄罪（場）に」in purgatoriis という表現は世紀末に最も頻繁に繰り返され、おそらくは次の世紀が始まってもなお同じ状況が続き、煉獄の定位に向かうこの探求がまだ形を——つまりは適切な語を——見出すには至っていない状況を証言している。

一一八〇年ないし一一九五年に作成された珍しい対話『教父たちの辺土《リンボ》に関するヘルヴェチアの争い』Conflictus Helveticus de limbo Patrum は、トゥール谿谷のベネディクト会聖ヨハネ修道院の初代院長聖ヨハネのブルヒャルトと、シャフハウゼンの同じく聖ベネディクト会万聖修道院の院長フーゴとの往復書簡であるが、このなかでこの二人の敵手は冥府へキリストが降下する以前の魂の運命について議論している。ブルヒャルトが主張するところによると、新約聖書におけるアブラハムのふところへの言及（ルカ一六・二二）が証言しているように——なおこのアブラハムのふところは「平安」（知恵の書三・三）、「安息」（アウグスティヌス）、「父なる神の秘密の安息」（グレゴリウス大教皇）と同じものと考えられるのだが——、多くの魂はキリストの冥府降下以前にすでに天国入りを果たしている。フーゴの方は議論に関与した人たちの大多数の支持を得て、いかなる人も原罪ゆえに、キリストの冥府降下に先立ってアブラハムのふところ、あるいは楽園に入ることを得なかったと主張する。

対話の過程でブルヒャルトは、「浄罪（場）で」in purgatoriis というようにまだ複数で指示されている煉獄に対して、良き定義を与えている。《三種類の教会がある。その一つは地上で活動し、いま一つは浄罪（場）＝煉獄で償いを待ち、最後の一つは天国で天使と共に、かちどきをあげるのである[31]》と。失念された地獄と向きあって注目すべき三重の教会像の喚起——ここでは、待機の教会として定義された被浄罪者の教会が、天と地との間に位置づけられている。このテクストは二重の証言をもたらす。それは煉獄とその空間的概念の成長を証言するばかりでなく、現実に勝利をかち得た概念とは異なる、しかし勝利をかち得る可能性のあった煉獄概念、つまり地獄的性質のもっと少ない可能的煉獄が決定的瞬間に存在したということをも、併せて証言しているのである。これは、まだよく知られておらず年譜も不確実な一二世紀の著作家、ラウール・アルダンの煉獄概念に近いものである。ラウール・アルダンは、おそらく世紀末に書かれたその著『聖書聖訓』Homiliae のなかで、浄罪（場）＝煉獄にいる魂についてこう語っている。《たとえ魂が浄罪（場）＝煉獄において罰を受けるとしても、魂はすでに安息の確実な希望のなかに憩っているのである[32]》と。ここにも希望としての煉獄の概念が認められよう。

パリの成果

二人の著名なパリの教師にして文書局長を以てこの章を閉じることにしよう。一一七〇年以前に書かれた『命題集五巻』のなかで、ペトルス・ピクタウィエンシス（一二〇五年没）は一つの問題を論じて、こう書いている。《こんなふうに推論する人がいるとする、――ふたりの人がいて、そのうちの一人は大罪と小罪とを同時に負っており、もう一人は初めの人の負っている小罪と同等の小罪しか負っていない場合、この二人は等しくない懲罰によって罰せられるであろう。何となれば、前者は永遠に罰せられるであろうが、後者はただ、浄罪（場）＝煉獄で（in purgatoriis）罰せられるだけであり、いかなる浄罪の罰（pena purgatoria）といえども、永遠の罰に及ぶものはないであろう。また後者はその小罪に関して、前者がその小罪の罰を受ける以上に、罰せられなければならぬいわれはない。したがって後者は不公平な取り扱いを受けていることになるだろう――。以上のような推論は間違っている。同等の小罪を負うこの二人は、この罪に関して等しく罰せられるに値する。しかし一方はこの世において罰せられ、他方は浄罪の火の中で(in igne purgatorio) 罰せられるであろう。そしてこの世のいかなる罰も、浄罪の火の（ignis purgatorii）罰に及ぶものはない。したがって後者は不公平に扱われることになるのである[33]。》

煉獄誕生の前夜にあって、浄罪域に関するすべての語彙を集めている注目すべき分析であるが、この分析は煉獄と小罪との関係を強調し、「浄罪（場）で」in purgatoriis という空間化表現を用い、償いと浄罪の収支決算に対する、すでに偏執的な趣さえある関心を表明している。この関心は一三世紀における煉獄の実際を特徴づけることになろう。

万霊節のためのある日付のない説教において、同じくパリの文書局長で一二一〇年に没したクレモナのプラエポジティーヌスもまた「浄罪（場）で」in purgatoriis という表現を用いている。《ある人たちは浄罪（場）＝煉獄で浄めを受けているのであるから、今日という日はわれわれは、劣れる者をいたわるごとく彼らに心を配らなければならない。彼らのために祈り、供物を捧げ、施しをするなどして[34]》。こうして前世紀にクリュニーにおいて制度化された一一月二日の万霊節と、誕生しつつある煉獄との間に関係が打ち立てられ、煉獄のまわりに生者と死者とをつなぐ典礼の環が結ばれたのである。

V　浄罪の場所《LOCUS PURGATORIUS》

一二世紀中葉の傾向として、火は一つの場所を想起させただけでなく、死者のある者が通過する浄罪の段階を空間的に具象化する働きがあった。しかし死後世界の一つの場所を明確に個別化するには不十分であった。ここで私は、徒らに煩瑣にわたり読者を倦ましめることのないように留意しながらも、ある種の技術的探究に読者をいざなわざるを得ない。一二世紀においてキリスト教の教理に磨きがかけられる幾つかの場所、ないしは環境に研究の焦点をしぼるためには、この探究は不可欠である。

煉獄が一定の場所として、また文法的には名詞 purgatorium として誕生しようとする瞬間に到達した今、私はテクストの信憑性の問題と、(1)年代決定の問題を提起しておかなければならないのである。

一一七〇年ないし一一八〇年——著作家と年代

実のところ過去においては、そして場合によっては今日でもなお然りであるが、誤って一一七〇年以前に死去した教会著述家たちのものとされているテクストに学者たちが欺かれて、その結果、煉獄の早産が信じられる事態を招くことがあった。私はもう少し先へ行って、二つのテクスト——その一つは一〇七二年没の聖ペトルス・ダミアーニのものとされ、いま一つは一一五三年没の聖ベルナルドゥスのものとされているが——について語るつもりである。それに先立ってここでは、一二世紀におけるロワール地方の

《詩的ルネサンス》[一四]を代表する一人、ル・マンの司教、一一三三年没、ラヴァルダンのヒルデベルトゥスのものと一九世紀末に至るまで見なされていた、ある説教からの抜粋をとり上げてみよう。

それは聖堂奉献に際しての説教であって、主題は詩篇一二二章三節の一句《すべてが一体をなす都市として建てられたエルサレム》である。一一―一二世紀における建築の異常な発展を感じさせる一つの譬えを用いて、この説教の筆者は次のように言っている。

《都市の建設においては三つの要素が協力する。まず槌や鉄棒を用い、人間の労力と汗とを多量に消費して、激しく石切場から石材を切り出す。次いで、のみ、斧、物差しを用いて、石材は磨かれ、平らにされ、直角に削られる。三番目に石材は職人の手によって然るべき場所に配置される。同様に天のエルサレムの建設においても、分離、研磨、配置の三局面を区別しなければならない。分離は激しく、研磨は浄めの行為であり、配置は永遠である。第一の局面においては、人間は苦悩と悲嘆のなかにある。第二の局面では忍耐と期待、第三の局面では栄光と歓喜のなかにある。第一の局面で人間は穀粒のように篩《ふるい》にかけられ、第二の局面で銀のように吟味され、第三の局面で宝物庫のなかに置かれるのである……》[2]。

説教の続きは、いくつかの聖書のテクストを援用しながら、すでにかなり明快なこの比喩をさらに明確にするが、パウロのコリント人への第一の手紙(三・一〇―一五)もそうしたテクストの一つである。第一の局面は死、すなわち魂の肉体からの分離であり、第二の局面は煉獄の通過であり、第三の局面は天国に入ることである。第二の局面に関して説教者は、煉獄で(in purgatorio)洗われるのは木、草、藁をもって通過するものである、と説明を加えている。今度は名詞としての煉獄という語がテクストに見られるのである。煉獄は存在する。それは神に選ばれた者が、約束されている天国に入る前に、まず(一時的に)おもむく場所である。なぜならば、説教の筆者はここでは神に選ばれた者の道程にのみ言及していて、直ちに地獄に行く劫罰を受けた者は話題とされていないからである。次いで筆者はひじょうに重要な一つの見方を展開する。すなわち、彼によれば、万聖節前夜、万聖節、万霊節と続く典礼の三日は、神に選ばれた死者のたどる道程の三局面に対応している。実を言うと、この対応は時間的継起関係の面から見ると、ちょっとした離れ技と引き換えに得られている。なるほど前夜、断食日は第一の局面、すなわち分離に対応しているが、象徴体系が適合性を保つためには、後続の二日の順序を逆転させなければならない。煉獄に対応するのは第三日目、すなわち万霊節である。《三日目に万霊節（死者の追悼）があるのは、煉獄で洗われる者たちが完全な罪の赦免、あるいは罰の軽減を得んがためである》[3]。「煉獄で」in purgatorio という表現がここでもう一度繰り返されている。最後に来るのが二日目で、これは《喜びの充溢を象徴する厳かな日》である。

ラヴァルダンのヒルデベルトゥスのものとされていたこの説教は、すでに一八八八年以来、本来の筆者であるペトルス・コメストルに復帰せしめられているが、最近の諸研究の結果、その判断の正しかったことが確認された[4]。ペトルス・コメストルあるいはペトルス・マンドゥーカートル、すなわち大食漢ピエールは――同時代人の証言によると、貪婪な読書家だったのでこう呼ばれたらしいが――ペトルス・ロンバルドゥスの弟子であった。パリの教会文書局長となり、一一五九年ロンバルドゥスが司教に昇進した後ノートル＝ダムの学校で教え、おそらく一一七八年あるいは一一七九年に没した。彼はロンバルドゥスの『命題集』の注解を書いた最初の人、少なくとも最初に書いた人たちのうちの一人である。彼は膨大な著述を遺した。彼のかずかずの説教の日付を決定することは困難である。ところが、やはり煉獄が問題となっている『秘跡論』(De sacramentis) は、その成立年代が一一六五年ないし一一七〇年と決定を見ている。

ここで、ペトルス・コメストルは悔悛に関して、まず第一に、神に選ばれた者の浄めが罪の軽重と償いの程度に応じて、あるいは速やかにあるいはゆっくりと浄罪の火の中で(in igne purgatorio)行なわれることに注意をうながし、アウグスティヌス(『エンキリディオン』六九)を援用する。次いで彼はこの世で成就され得なかった悔悛＝罪の償いがあの世で成就され得るか否かを知ろうとする問いに答えている。神は慈悲深く、かつ公正であるから、一方ではその慈悲を以て、重すぎる罰すなわち劫罰によって罰せられるべきではない罪人を許す。しかし他方では正義への顧慮から、神は罪を罰せられぬまま放置することはない。罪は人間によってであれ、神によってであれ罰せられなければならない。しかし、よしんばこの世で罪の償いを成就し得なかったにせよ、死者が浄罪の火によって赦免される(immunis erit ab igne purgatorio)ほどに、心の痛悔が大きい場合もあり得る。反対に、悔い改めないまま死ぬ者は永遠に罰せられる。もう一つの問いがある。すなわち、もし聖職者の怠慢あるいは無知によって、ある人が罪の重大さと較べて不十分な償いしか命じられていない場合には、その償いを全うするだけで足りるのか、それとも神がその人の死後、浄罪の火の中で(in igne purgatorio)罰の追加を彼に課するのか。ペトルス・コメストルによれば、ここでもまた、それは痛悔の心次第である。痛悔が十分に大きければ、罰の追加は免除され得る。しかしそれは神の評価次第である。次の問いはもっと直接に煉獄にかかわる。すなわち、《浄罪の火とは何か、また誰がそれを通り抜けねばならないか》Quid est ignis purgatorius, et qui sint transituri per eum? ペトルス・コメストルは次のように答える。ある人たちに言わせると、この火は《質料的》《マテリエル》な火であって《元素的》《エレマンテール》な火ではなく、木が燃料となるような火でもなく、月下天に存在し、裁きの日の後に一時的な事物と共に消滅する火である。また別の人たちにとっては、火は罰そのものにほかならない。火と呼ばれるのは、それが火のように苛酷で激烈だからである。そして、滅びに至らしめる永遠の罰というものがあって、ここで言われているのはそのような劫罰ではないのであるから、その火は「浄罪の」火と呼ばれる。つまり焼きつくす火ではなく、有期の刑罰によって罪を浄める火であって、永遠に人を罰するものではないのである。いずれにしても——とペトルス・コメストルは付言する——この火が何であろうと、信者は、ひとり残らずというわけではないが、それを通過しなければならない。そうしなければならないのは、この世で罪の償いを全うしなかった人たちである。しかし罪とその償いの量に応じて、また痛悔の強さいかんによって、他人より余計に苦しむ者もあれば、他人より速やかにこの火から解放される者もある。完全な善人だけが浄罪の火を免れるものと信じられている。なぜならば、いかなる人も必ず小罪は負っているものの、愛の炎（fervor caritatis）がその人の身において小罪を焼きつくすことが可能だからである(5)。

これらのテクストを前にして、二様の説明が可能である。第一の説教のテクストに、ペトルス・コメストルの死後、写本を作成した写字生によって修正の手が加えられたのか、つまりペトルス・コメストルは名詞としての煉獄についてはまったく何ごとも語らず、「浄罪の火の中で」（in igne purgatorio）という伝統的表現を用いていたのであろうか。だとすれば、「火」igne という小さな一語を補う（省かれたものと考える）だけで片付く問題である（補遺Ⅱ参照）。もし伝統の埒内にいたのだとすれば、彼は煉獄の出現が差し迫っていることを証言するいま一人の証人にすぎないということになろう。そして彼には、生まれようとしている煉獄と、一一月はじめの典礼とを直接関係づけた重要人物という手柄だけが残されることになろう。しかし、私の見解では、ペトルス・コメストルは実際に「煉獄」purgatorium という名詞を用いており、したがって死後世界の地理学の発展、私に言わせれば革命的な発展に結びついた新語の創始者、あるいは少なくとも最初の使用者の一人であった、と考える方が当を得ているように思える。二つの要素が——写本の古さということのほかに——この仮説の信憑性を高めている。ペトルス・コメストルはその晩年、パリの知識階級の中心的地位を占めるに至った。ところで煉獄誕生の場が、まさにこの知識人社会——さらに正確にいえばパリのノートル＝ダム大聖堂の学校——であることは、私には疑問の余地のないことなのである。他方、彼は当時の《最も独創的な人物の一人》（オレオー）と形容され得たほどのひとである。あまり研究の対象とされず、よくも知られていないこの知識人は、師ペトルス・ロンバルドゥスが新しい展開を可能とするような措辞で問題を提起した領域において、革新的な役割を演ずることができた。私の仮説では、彼は一一七〇年以前においては当時常用されていた浄罪の火という表現を用いていたが、一一七〇年から没年一一七八年ないし一一七九年に至る間に彼の思想が発展し、「煉獄」purgatorium という新語を用いるに至ったものと考えられる。したがって煉獄の誕生は一一七〇年から一一八〇年に至る一〇年間に位置づけられることになろう。これは、この議論同様に絶対的な証明力をもたないが同じ方向を指している他の証言とも、よく符合するであろう。そうした証言を吟味するに先立って、今度は「アブラハムのふところ」が問題となっているテクストから引用しながら、死と復活とのあいだの中間の時期に関するペトルス・コメストルの思想について、一件書類を補完しておきたい。

次のテクストはペトルス・コメストルの最も名高い著作、すなわち彼の生前および中世の残余の期間を通じて彼の名声のもととなった著作『スコラの聖書物語』Historia Scholastica から引いたものである。『スコラの聖書物語』第一〇三章で、彼は貧者ラザロと悪しき金持の物語（ルカ一六）をとり上げ、評釈を加えている。《ラザロはアブラハムのふところにおかれた。実は、彼は地獄の上部の境界に（in superiori margine inferni locus）いたのである。そこは僅かばかりの光があり、まったく肉体的な苦痛の存在しない場所である。その場所に、救霊を予定された人たちの魂は、キリストの冥府降下までいたのである。この場所は、そこを支配する静けさゆえに、あたかもわれわれが母のふところと言うのと同じように、アブラハムのふところと呼ばれた。アブラハムという名が与えられたのは、それが信仰の最初の道（prima cridendi via）だったからである……[6]》

族長時代とキリストの冥府降下との間に位するアブラハムのふところの《歴史的》定義。キリストが冥府に幕を引いたのと同様に、中世の人々は新約聖書の後にも生き残っていたアブラハムのふところに幕を引こうとしている。事実これから後は、中間的な時間と空間とは唯一の煉獄によって占められることになろう。そしてキリスト以前の義人と受洗せぬまま死んだ幼児のために、何かアブラハムのふところに似たものの必要が感じられる場合には、今後は、死後世界に付随する二つの場所、すなわち族長たちの古聖所《リンボ》と幼児たちの孩所《リンボ》に頼ることになろう。

厳密な意味での煉獄について語っている第二の（年代順で言えば、あるいは第一の）神学者はウルスカンのオド（またの名ソワッソンのユード）である[7]。彼はこの時代の最も重要な教師のひとりである。ロンバルドゥスの弟子であったにせよ、あるいは別の人たちが考えるように敵対者であったにせよ、彼はロンバルドゥスの例にならって非常に活気のある学校を営み、その活況は彼の去った後も衰えることがなかった。スコラ特有のジャンルである「問題」quaestio は彼によって決定的な刺激を与えられ、彼を俟って完成態に達する。すなわち《このジャンルが別個の二人物に配分された真の討論》（ラントグラーフ）となる。ウルスカンのオドはパリのノートル＝ダム大聖堂の学校で神学教師を務めた後、晩年にはシトー会のウルスカン修道院（エーヌ県）に隠棲し、一一七一年に没した。彼の弟子たちが師の『問題集』を分冊の形で刊行した。

ウルスカンのオドの名を冠したこうした問題集の一つで、われわれは煉獄に出会う。問題は「煉獄における魂について」De anima in Purgatorio である。

《肉体を離れた魂はただちに煉獄に入る（intrat purgatorium statim）。魂はそこで浄められる、ゆえに

魂は煉獄から利益を得る。反対意見——魂は意に反してこの罰を受ける、ゆえに魂は煉獄から利益を得ることはない。》

罰を受けることによってあるいは得られるかもしれぬ功徳に関して、いくつかの議論が後に続く。それから結論が来る。

《魂のなかには肉体を離れると、直ちに浄罪の火の中に入るものがある（statim intrant purgatorium quemdam ignem）というのは本当であるが、みながみなそこで浄められるわけではない。浄められるのは一部にすぎない。そこに入るものはみな罰せられる。したがって浄罪の（purgatorius）火と呼ぶよりは、懲罰の（punitorius）火と呼んだ方がいいのだが、この火は高雅なほうの呼称を得たのである。そこに入る魂のうち、あるものは浄められ、かつ罰せられる。他のものはもっぱら罰せられる。

浄められるとともに罰せられるのは、木、草、藁を担ってきた魂である。他は意図的にであれ不本意にであれ、結果として小罪の償いを終えていない魂、あるいは急死によって告解の時を得なかった魂である。告解を終えすべての罪を悔いた後で、司祭によって命じられた罪の償いを果たさないうちに死んだ者たちは、もっぱら罰せられる。彼らは浄められない。なぜならば、浄められるということを広義に解釈し、しかるべき罰から解放されるということと同義であるとしない限りは、いかなる罪も彼らに許されることはないからである。浄められるとは罪を許されるある人について狭義において言われているのである。以上から中程度に善良なる者が直ちに煉獄に入るのである（hi ergo qui sunt mediocriter boni, statim intrant purgatorium）。》

対話者はこんな問いを発して議論に弾みをつける。《もし司祭が、臨終の床ですべての罪を悔いている人にむかって、「私はなんじの受けるべき一切の罰を、煉獄において（im purgatorio）受けなければなら

ぬ罰をさえ、免除する」と言ったとして、その人はそれでも煉獄において罰せられるか。》

先生の答えはこうである。《これこそ（私よりも）神が答え給う方がよい種類の問いである。私の言い得ることは、司祭は分別を以て振舞わなければならぬということに尽きる》。しかし彼はたいへん示唆的な文句をつけ加えている。《この火は一種の物的な罰であるから、それは一つの場所にある。しかしその場所がどこなのか、私はその問いに答えるのを留保する。(8)》

このテクストで印象的なのは、思想の、とは言わぬまでも語彙の、雑多な様相である。煉獄が問題になるかと思えば、浄罪の火が問題になる。ある場合は煉獄をそれと名指しで呼ぶかと思えば、ある場合は火のあるべき場所として提示し、煉獄の局在的空間的性質を肯う。そして、この場所がどこにあるかについての無知の告白を以て、すべてが終るのである。

こうした点検の結果、A・M・ラントグラーフの見解が裏付けられる。すなわち、この時代の「問題集」、とりわけウルスカンのオドのものとされる『問題集』は、《概して作者推定の根拠がでたらめで》検証の容易でない幾人かの著作家の「問題集」を寄せ集め、編み直したものである(9)。

次のような解釈を考慮してみても穏当を欠くことにはなるまい。すなわち、ウルスカンのオドのものとされている『問題集』は、この教師の講義中にとられたノートを元にして編まれたものであるが、その形式（および語彙）には再検討が加えられ、おそらくオドの没年一一七一年から一一九〇年前後に至る間に、さらに言えば一一七一年から一一八一年に至る一〇年間に行なわれた編纂に際して、オドのものでないいくつかの考え方が導入された。オドがまだ浄罪の火について語っているところで、彼の弟子たちはすでに煉獄について語っているのである。浄罪の場の空間性は既定の事実として受けとられているが、その位置は不確定である。中程度に善良な（mediocriter boni）という表現は、おそらくペトルス・ロンバルドゥスに由来するものだが、これはこの体系のもう一つの面を露呈している。

煉獄の偽造者

さていよいよ、おそらく最も多くの問題を提起している二つのテクスト、とりわけ第二のテクストを吟味しなければならない。第一は一一世紀前半の著名なイタリアの隠士、枢機卿、聖ペトルス・ダミアーニのものとされていたテクストであるが、この支持しがたい推定は最近のダミアーニ史家たちによって虚偽であることが認定されている。(10) 第二のテクストは一一五三年に没した聖ベルナルドゥスのものと推定されている説教であって、最新の聖ベルナルドゥス全集刊行者、碩学ジャン・ルクレール師ならびにアンリ・ロシェは、この説教を収録する『説教集』Sermones de diversis には種々問題があって、聖ベルナルドゥスの他の説教集ほどには、その信憑性を確実性をもって主張することが難しい事情を指摘しながらも、この推定を支持している。しかし私の確信するところでは、この説教は聖ベルナルドゥスのものではない。(11) よしんばその基底が確かに聖ベルナルドゥスのものであるとしても、ひじょうに重大な変形を被っていることは間違いない。一一五三年以前に名詞によって指示された場所として煉獄を話題にすることは私には不可能に思えるばかりでなく、このテクストに見出される三極の空間構造をそなえた死後世界体系の完全な表現――《死者の魂がそれぞれの功徳に応じて、そのいずれかにおもむかねばならぬ三つの場所、すなわち、地獄、煉獄、天国が存在する》――も、すでに見たように死後世界の構造についてひじょうに大きな不安定が支配している一二世紀前半には、さらにありそうもないことに思えるのである。

仮説を立てる前にテクストを見よう。この二つの説教の主題は自然的および超自然的宇宙における五つの領域の存在である。

第一の領域は、「不同」dissimilitudo つまり人間と神との相違の領域である。神は人間を自分の姿に似せて作ったが、人間は原罪によって神から遠ざかったのであって、この領域が地上世界である。

第二の領域は修道院の楽園である。《まことに修道院は楽園なり》は二つの説教に一字一句違えずに共通して見出される数多い文句の一つである。この修道生活の宣揚が、修道院を現世からすでに来世につながる生活の場たらしめる。

第三の領域は罪の償いの領域である。この領域自体は、故人の功徳に応じて異なる三つの場所をふくむ。この三つの場所はどちらの説教でも同じ場所が問題になっているのであるが、同じ名で呼ばれていない。偽ペトルス・ダミアーニの説教では天国、ゲヘナの場所、浄罪の場所（caelum, loca gehennalia, loca purgatoria）である。偽ベルナルドゥスの説教では、すでに見たように、地獄、煉獄、天国（infernus, purgatorium, caelum）であり、列挙の順序も異なっている。

第四の領域はゲヘナの領域である。この領域がどの点で第三領域の地獄の部分と異なるのか疑念が抱かれよう。二つの説教のいずれにおいても、この点はあまり明瞭に説明されていない。ただ、一方と他方とでは説明が逆になっているように思える。偽ペトルス・ダミアーニの説教においては、第三領域の地獄は大罪の状態で死んだ罪人の行くところのようであり、第四領域の地獄はどちらかといえば不信心の徒の住む所である。偽ベルナルドゥスの説教においては、これとは逆に、第三領域の地獄は不信心の徒の行くところとされ、その旨明言されているが、第四領域の地獄は悪魔、その（悪）天使、悪魔に似た人間、すなわち犯罪者と悪人（scelerati et vitiosi）にあてられている。

最後に第五の領域は、偽ベルナルドゥスによれば至福者が聖三位一体と対面する至高天の楽園の領域であり、偽ペトルス・ダミアーニの言うところでは偉大なる王の国である。

基底的に著しい類似を呈しながらも、二つのテクストはいくつかの点で異なっている。読者の倦厭を誘うのは本意ではないので、一つの領域を実例としてとり上げるにとどめたい。それは第三領域、すなわちわれわれの煉獄が存在する領域である。

偽ペトルス・ダミアーニ

かくて、この世と選り抜きの生活様式（修道院）とを後にして、罪の償いの領域である第三領域に移るとせよ。この領域で慈悲ぶかい父なる神は、銹に汚れたその子たちを、銀を試すようにして試される。火と水の中をくぐらせて清涼＝蘇生（refrigerium 詩篇 六五）へと導かれるのである。魂がその功徳に応じて配分される三つの場所を区別しなければならない。獄舎を住みかとするようにして肉体に住まいながら、汚れなく純潔な人間的実体を失うことのなかった者は、直ちに天国に飛翔する。反対に、死に至るまで死罪に値する行為をなした者は容赦なく地獄に送られる。そのいずれでもなく両者の中間にあ

偽ベルナルドゥス

第三の領域は罪の償いの領域である。死者たちの魂がそれぞれ異なった功徳に応じて配分される場所が三つある。地獄と煉獄と天国とである。地獄にある者は贖われ得ない。地獄に贖いはないからである。煉獄にある者は贖いを待っているが、はじめに灼熱の炎、身を切る酷寒、その他ありとある苛酷な責め苦にさいなまれなければならない。天国にある者は本性においてはキリストの兄弟、栄光においては共同相続者、永遠の幸福においては同胞として、見神の喜びにあずかる。第一の者は贖われるに値せず、第三の者は贖いの必要がないのであるから、われわれになすべく残されているのは、人情によって

って、大罪を犯しながらも死期を迎えて悔悛し、まだその償いを全うせず、直ちに喜びにあずかるには値せずとも、永遠の業火に焼かれるにも値しない者は、その配当として浄罪の場を受けとる。そこで彼らは鞭打たれるのであるが、無意識（? insipientia）に至るまで鞭打たれることはなく、やがてそこを脱して王国へと移される。天国にある者たちのためには祈る必要はない。われわれは彼らに祈るのであって、彼らのために祈るのではないからである。地獄にある者のためには祈りは無益である。慈悲の扉は彼らには閉ざされており、救いの望みも絶たれているからである。反対に浄罪の場にあって制裁を加えられている者のためには、努めて祈らなければならない。慈悲深い父なる神が速やかに彼らの悔悛を償いの成就に、償いの成就を栄光に変じたまうように、（ミサの）いけにえによって（sacrificio singulari）彼らを助けるべく努めなければならない。深い敬虔の感情を抱いて彼ら

中間の者たちと一つになった後に、同情によって彼らの間に赴くことである。私はこの領域を訪れ、あの「大いなる見もの」（出エジプト記三・三）を見ることにしよう。この「大いなる見もの」によって自らの子らに栄光を授けるべく、憐れみ深い父は彼らを悪魔の手に委ねたまうのであるが、それは炎をもって彼らを焼き殺さんがためではなく浄めんがためであり、怒りによってではなく慈悲によってであり、滅ぼさんがためではなく教えんがためであり、これからさき、彼らが「滅びに備わった怒りの器」ではなく「王国に備えた憐れみの器」とならんがためなのである（ローマ人への手紙九・二二―二三）。そこで私は彼らを助けるために立ち上がろうと思う。うめき声によって語りかけ、ため息によって懇願し、祈りによってとりなし、もし幸いにして主が見そなわし裁きたまうならば（出エジプト記五・二一）、労苦を変じて憩となし、悲惨を変じて栄光となし、鞭を変じて冠となしたまう

の中に赴くがよい。なんじの荷をととのえよ、
憐れみという名の荷を。

ように、（ミサの）いけにえによって（sacrificio singulari）贖いを全うしよう。これらの、またこれに類した敬虔を捧げることにより、彼らの償いの期間は短縮され、労苦は終わり、苦役は除かれ得るのである。よって信仰あつき魂よ、罪の償いの領域を巡歴し、そこで行なわれていることを見よ。このとりなしの旅の荷をととのえよ、憐れみという名の荷を。

この二つのテクストの間には種々の相違があるにもかかわらず、きわめて印象的なことは、構成と発想が類似しているばかりか、その類似が幾つかの同一の表現によって強められていることである。また主な相違点を一つあげると、それは偽ペトルス・ダミアーニが「浄罪の場」loca purgatoria と言い、偽ベルナルドゥスが「煉獄」purgatorium と言っていることである。

したがって、この二つのテクストは別々の著者の手になるものであって、同一の典拠から想を得ているか、さもなくば第二の著者が第一の著者——おそらく偽ベルナルドゥス——を知って強い影響を受けたという推定が成り立たないではない。しかしこの仮説は私の採るところではない。専門家たちは、誤ってペトルス・ダミアーニのものとされているこの説教を書いたのが、《手練の文書偽造家》gerissen Fälscher（F・ドレスラー）として知られるクレルヴォーのニコラウスかも知れぬという見解を表明している。ところでニコラウスは聖ベルナルドゥスの秘書であって、知られているように聖ベルナルドゥスの偽作テク

ストをでっち上げた男である。誤ってペトルス・ダミアーニのものとされている一九篇の説教はもともとヴァチカン図書館のある草稿中に見出され、聖ベルナルドゥスの（あるいは聖ベルナルドゥスのものとされている）いくつかの説教と隣り合っていたものである。もっとも聖ベルナルドゥスのものとされるこの説教四二はそこには含まれていないが、二組の説教の併存はどうも気がかりである。私はクレルヴォーのニコラウスが二つの説教の作者であって、その文書偽造家としての天才にものを言わせて、一方をペトルス・ダミアーニの模作に、もう一方を聖ベルナルドゥスの模作に仕立て上げたのではないかと思う。[12]

二つの説教が、その作者とされている著名な二聖人の手になるものではないとしても、その代りにそれらは煉獄の誕生の、そして天国、煉獄、地獄から成る三極の死後世界体系成立の、すぐれた——こんどこそは正直な——証人である。まず、偽ペトルス・ダミアーニの成立が先で、「浄罪の場」loca purgatoriaという表現はそう考えることによって説明がつくとすれば、偽ベルナルドゥスの方は「煉獄」purgatoriumという語がすでに存在するようになっていた時期につくられたものだということになる。あるいはそうではなくて、（私が言ったように）もし二つのテクストが同じ文書偽造家の手になるものであるとすれば、おそらくこの偽造家は二人のものに間違いない他の著作をもとに、さらには聖ベルナルドゥスのこの説教の素案からさえヒントを得て、意識的にか無意識的にか、それぞれの擬作者にふさわしいと思える用語を割り当てたのであろう——一一世紀前半には「浄罪の場」loca purgatoria が、また一二世紀前半には「煉獄」purgatorium が見出されないにもかかわらず。そして、この文書偽造家がクレルヴォーのニコラウスである可能性は、年代学的にはまったく問題がない。偽ベルナルドゥスのこの説教と「煉獄」purgatorium という語を含む二つの最古の写本が、一二世紀の第三四半期末に作成された可能性はひじょうに大きい。[13] ところでクレルヴォーのニコラウスが死んだのは一一七六年以降である。われわれはこうして一一七

○―一一八○の一○年間に再びつれ戻されることになろう。

聖ベルナルドゥスのものとされている説教の作者が翻案家ないしは全面的な文書偽造家にすぎなかったとしても、彼はこの偉大なシトー会修道士の方向に沿ったテクストを作成したのであった。実際、聖ベルナルドゥスは死後世界をきわめて空間的に表象していた。献堂式の第四説教『三重の家』で彼は天国に関して、感動に身をゆだねてこう言っている。《愛する幕舎、望ましい聖所の庭にもまさって好ましい不思議の家よ！……幕舎のもとで人は悔悛に呻き、聖所の庭で人は喜びを味わい、なんじのうちにあって人は栄光に心足る……》(14)と。

最初の煉獄通過者たち――聖ベルナルドゥス

煉獄の父と推定されてきた聖ベルナルドゥスに対して、いまやこの発明を帰することは断念しなければならないのであるが、歴史の皮肉によって彼はこの新しい場所に対する信仰の、これまでに知られた最初の個人的受益者として立ち現われる。セント＝オルバンズのニコラウスがセルのペトルスに宛てた手紙、したがって一一八一年のペトルスの死以前、おそらくは一一八○年ないし一一八一年に書かれたものと思われる手紙には、聖ベルナルドゥスが天国に入るに先立って短期間煉獄に滞在したという言明が見られる。なぜ聖人に浄罪が必要なのか。聖ベルナルドゥスはマリアを深く信仰してはいたが、聖母の処女懐胎という観念には反対であった。処女懐胎を信ずる人たちは、人々の想像力を刺戟して敵対者の信用を失墜させるために、クレルヴォーの修道院長はこの小さな過誤が原因で（ゆるやかに）罰せられたのだと主張した。著名人の煉獄通過という主題は一三世紀に普及することになるが、聖ベルナルドゥスはその皮切りであったように思われる。一一八○年から一二二三年まで統治したフィリップ尊厳王《オギュスト》はフランス国王では最初の煉獄通過者となるだろう。

一二世紀末のある興味深いシトー会写本のなかで、われわれは煉獄の誕生とはっきり結びついた形で、ふたたび聖ベルナルドゥスと出会う。この写本はごく初期のいわゆる「教訓逸話」集 exempla の一つである。(15) 説教師たちはこうした逸話を説教の中にそっとすべりこませて利用したのであって、やがて見るように、それは一三世紀における煉獄の普及にひじょうに大きな役割を果たすことになる。この写本の第三四章が、死後の魂の懲罰について（De penis animarum post mortem）の解説にあてられており、ベーダの聖フルセウスの夢物語からの引用をもって始まっている。ついでいくつかの夢物語を紹介するに先立って《われわれがごく軽微なものと考えている不始末に対しても、煉獄では（in purgatorio）ひじょうに重い罰が課される》と述べられているが、これは言葉としても信仰としても煉獄が存在していたことの、いま一つの証言である。これらの夢物語のなかに、聖ベルナルドゥスの生涯に由来するものとして紹介されている物語が一つある。こういう話である。

《善意からではあるが、仲間の修道士に対して厳しすぎる態度をとり、思いやりに欠けるところのあった修道士がクレルヴォーの修道院で死んだ。死後日を経ずして、その修道士が尊いお方（聖ベルナルドゥス）の前に悲しみに沈んだ物言いたげな様子をして現われたので、万事その修道士の望んでいたようには運んでいないことが一目で察せられた。ベルナルドゥスが修道士にどうしたのかとお尋ねになると、修道士は四種類もの責め苦を課されていることを嘆くのであった。それだけ言うと修道士は背中を押されて、あっという間に尊いお方の前から消えた。尊いお方は大きなうめき声をあげて修道士の背中に向かって叫ばれた。「おまえの状況をすぐ私に知らせるよう、主の御名において要求する」と。尊いお方は祈りはじめられた。そして高い聖徳の持主であることをご承知だった仲間の修道士たちに対して、くだんの修道士のために聖体のいけにえを捧げるよう、また自分に力を貸してくれるようにとお求めになった。そして絶えず祈り続けられたところ、数日後、そうせよと言われていた通り、いまいちど件の修道士が姿を現わして、遂に赦免の慰めに値し得たことを尊いお方に告げたのである。》

この逸話は——同じ写本の他の逸話とともに——はっきりとその名で呼ばれている煉獄に魂が出現する物語のうちで、私の知る限り最古のものである。こうした物語のおかげで、一三世紀には、死後世界の新しい場所への信仰が民衆の間に普及することになる。ここでは早速だが、この物語に現われる亡霊がひじょうに特異な亡霊だという事実にのみ言及しておきたい。それは厳重に看視され、二重の管理、すなわち亡霊の出現を最小限に押さえようとする死後世界の刑執行人と、正確な状況報告を求めるこの世の助力者の管理の下におかれているのである。

さて次に来るのは一二世紀末および一三世紀初頭における「煉獄」の存在を異論の余地なく立証する、この語についての一群の証言である。とりわけそれは神学者たちに由来する。

最初の煉獄の神学者——ペトルス・カントルとトゥルネのシモン

煉獄を神学体系と神学教育とに組み入れたのは、私の考えでは、スコラ学の構築におけるその重要性がますます認識されるようになってきているペトルス・カントル（先唱者ピエール）である。一一九七年に没したこのパリのノートル＝ダム附属学校教師は、経済行為、社会的政治的構造、心性等の領域で変貌を遂げつつある周囲の世界に目を投じて、都市と王国の新しい状況を誰よりもよく理論化し、決疑論の脈絡のなかで把握した人物であった[16]。

彼の著書『秘跡大全』Summa de sacramentis et animae consiliis でも、煉獄は悔悛との関係において扱われている。ペトルス・カントルは小罪について論じつつ、小罪に対しては煉獄で（in purgatorio）一定の罰が課されると言明するに至る。次いで彼は劫罰を受けた者も地獄に堕ちる前に煉獄を通って（per purgatorium）、そこで罪を浄められ許されると考える人たちを攻撃している。カントルの反論によれば、それははばかげた見解である。その場合、神に選ばれた者の条件は罪に定められた者の条件と選ぶところがなくなり、それでは理屈に合わないからだ。ここで彼は議論の核心に入る。《来世では善人の場所と悪人の場所とは区別されなければならない。善人について言えば、もし焼かれるべき罪がなければ彼らは直ちに天国（patria）へ行くが、例えば小罪を帯びている人のような場合には、まず煉獄（purgatorium）へ、しかる後、天国へ行く。悪人には行き場の区別はなく、直ちに地獄に堕ちると言われている》と。ついでカントルは、煉獄は救霊を予定された者しか受け入れないことを主張するとともに、あらためてさまざまの意見を紹介している。たとえば悪人も煉獄を通るのだが、それは彼らにとっては真の煉獄ではなく、ただ地獄の業火へと彼らを運んで行く運搬手段にすぎないという人もある。またある者は悔い改めないまま死ねば小罪でも劫罰を受けるという。しかし、カントルに言わせると、悔い改めないということがなければ劫罰を受けることもないが、さりとて悔い改めないということが即ち劫罰を招くということではない。これらの議論がなされている数節には煉獄（purgatorium）という名詞が頻繁に、正確に言えば九回出てくる。煉獄という語もその観念も、世紀末には、少なくともパリでは広くゆきわたったものとなっており、地獄－煉獄－天国という体系は十分に仕上っていたように思えるのである。(17)

『秘跡大全』の別の箇所では、小罪の赦免を論じて、ペトルス・カントルはこう書いている。《わが師たちの言うところによれば、小罪は煉獄の罰によって（per penam purgatorii）許されるのであって、悔悛によって許されるのではない》と。もっともカントルはこの見解に与していない。ここでは煉獄という名詞が数行のうちに二回用いられている。[18] この著のまた別の部分、すなわち良心問題の事例を収録した第三部では、ペトルス・カントルは施しは小罪を贖い得るかという問いに答えている。《二つの煉獄がある。一つは死後の未来にあり、主としてミサをあげることにより、附随的には他の善行を積むことにより軽減される。いま一つの煉獄は義務として課される悔悛＝償いであって、これも同様の手段によって緩和される》と。ここで気付かれるのは、カントルが煉獄を当然視しながらも、必ずしもそれを純粋に空間的に表象してはいないことである。いま引いた箇所では煉獄は場所ではなくて、状態である。[19] 幾人かの学者によって一一九二年のものとされている『聖言摘要』Verbum abbreviatum は、彼の著作中おそらく最もよく知られているものだが、この中でペトルス・カントルはどれほどの量と強度の悔悛の業が煉獄の火に匹敵し得るかを問うている。ここで彼は「浄罪の火」という句と「煉獄」という名詞とを併用しているが、これはこの時代にはごく普通の習慣であり、一三世紀に入っても見られる現象である。[20]

パリのもうひとりの高名な教授でウルスカンのオドの弟子、一二〇一年に没したトゥルネのシモンは『討論集』Disputationes を遺した。この討論というジャンルはアベラルドゥスによって流行し、保守派（聖ベルナルドゥス、これについては沈黙しているサン＝ヴィクトールのフーゴ、ソールズベリのヨアネス、トゥルネのエティエンヌ）の敵意にもかかわらず、一二世紀後半には神学教育の一部となり、ペトルス・カントルによって聖書注解に導入される。トゥルネのシモンは三つの討論のなかで煉獄について語っている。[21]「討論四〇」で彼は、死後もなお功徳を得ることが可能か、という問いに答えている。一部の人は煉獄で耐え忍ぶ苦しみによって功徳を得るのだと主張する。その際用いられている表現は先に見た複数形の「浄罪（場）で」in purgatoriis である。だがこの見解に反対のシモンは、その返答のなかで、来世には功徳を得られるような場所は存在しないことを主張した後で、四回にわたって「煉獄」という語を用いているが、うち二回は煉獄の苦しみ（passio purgatorii）を描き出すため、一回は煉獄の罰（pena purgatorii）について語るため、残る一回は煉獄通過（transeundo purgatorium）に言及してのことである。「討論五五」には煉獄に関する二つの問題が見られる。その一つは浄罪の火が劫罰であり得るかどうかを知ることであり、いま一つは教会のとりなしの祈りによって完全に煉獄を免れ得るかどうかを知ることである。第一の問いに対してシモンは、小過を犯したか大過を犯したかを知ることが問題なのではなく、悔い改めないまま死んだか否かが大事なのだと力説して、いささか的外れの答えを与えている。第二の問いに対するシモンの答えは肯定的で、死者が存命中に、教会のとりなしの祈りによって完全に煉獄から解放されるに足る功徳を得ていることはあり得るし、煉獄に行かずにすむ（ne intraret purgatorium）功徳を得ていることすらあり得ると教えている。この討論に見てとれることは、トゥルネのシモンが場所を指示する名詞「煉獄」purgatoriumと、煉獄で被る罰を描写する浄罪の火（ignis purgatorius）とを慎重に区別して用いていることである。

最後に「討論七三」でシモンは、魂が煉獄あるいは地獄において、質料的火により罰せられるかどうかという問いに答える。彼は煉獄を指すのにあるいは名詞 purgatorium を用い、あるいは場所を言外に含む古形 in purgatoriis「浄罪（場）で」を用いている。彼の答えによると、地獄に存在するのは形而下的火であるが、煉獄にあるのは霊的・隠喩的な火、極めて苛酷な懲罰でなければならぬ。火はもっとも苛酷な肉体的苦痛を意味するからである。

ここで付言しておくと、もうひとりのパリの著名な教授、一二〇五年に没したペトルス・ピクタウィエンシス（ポワティエのペトルス）がその著『命題集』のあるテクストにおいて、「煉獄」という語に先立つ古い表現を網羅的に利用していることはすでに見た通りであるが、彼はまたその同じ著書中で、名詞を用いて《彼らは煉獄を通過するであろう》(transibunt per purgatorium)[22]とも書いているのである。もっとも写字生が「火」ignem という語を落したのでないとすればのことであるが。

最後に名詞「煉獄」purgatorium の一二世紀末ぎりぎりの用例をあげておく。それが見られるのは今度はもはや神学的なテクストではなく、聖人伝のなかである。ムーゾンの殉教者、聖ヴィクトールの生涯の一節で、そこでは煉獄(purgatorium)は燃焼の場所、浄罪の獄舎として定義されている。[23] 一二世紀末および一三世紀初頭における煉獄の誕生の意義を明らかにする上で、私にとって重要と思えるいくつかのテクストといくつかの問題を提示するに先立って、ここで煉獄誕生の概括を試みておくことは有益であろう。

パリの春とシトー会の夏

私はキリスト教世界のさまざまの地域に由来するできる限り多くの資料を参照し、とりわけ一二世紀から一三世紀への転換期に主だった知的文化的中心地が生み出した著作を精査して見た。煉獄信仰に仕上げを施し、煉獄という語を生み出した環境が二つあることを、私は確かな根拠に基づいて主張できると思う。第一にあげるべき最も活発な環境はパリの知識人社会、特に大聖堂附属学校、つまりノートル=ダム大聖堂参事会の学校である。知的活動の中心はやがてセーヌ左岸と新しい大学における教育活動、とりわけドミニコ会およびフランチェスコ会に属する托鉢修道会の教師周辺に移行するが、それ以前にこの学校が演じた中心的役割はいくら強調してもしすぎることはない。

つとにセーヌ左岸に位置を占めていた一つの重要な神学運動が、一二世紀、とりわけその前半に、この飛躍の前触れとなり、それに糧を与えている。サン=ヴィクトール修道院とサント=ジュヌヴィエーヴ修道院がそのリーダ格であった。前者ではサン=ヴィクトールのフーゴとその一派、後者ではアベラルドゥスとその弟子たち——彼らの学校の名声と栄光とをここでくだくだしく説明する必要はあるまい。

しかし新しい知的活動の息吹は、ペトルス・ロンバルドゥスの教えに導かれ著作に啓発されて、ノートル゠ダムの教師や文書局長たちの間から一気に噴出する。ウルスカンのオド、ペトルス・コメストル、ペトルス・カントルなどが特筆すべき名である。ルイ七世と若きフィリップ尊厳王《オギュスト》のパリ中心部では、橋上の両替商、セーヌの水運業者、職人、労働者——グレーヴ広場の労働市場で商われる打ちひしがれた人間商品——などと接触しながら、キリスト教の偉大な真理が創意と熱気のうちに再検討を加えられ、再編成される。諸々の思想が沸き立ち、議論がほとばしり、平和裡に対立する意見が激突する世界である。教師も学生も、問題集、討論集、講義筆録に首を突っこんで控えをとり、熱に浮かされたように書き続ける。幾人かの傑出した教師の権威はあるにせよ、そういう資料では、しかじかの見解を最初に唱えたのはそもそも誰なのかもう判然とせず、種々雑多な立場が対立し合っていて、時にはばかばかしい程度に達している。《甲が言うには……》、《乙の考えでは……》、《丙の見解だと……》といった具合なのだ。これはスコラ的衝動の最初の発動である。だが永続きはしない。早くも一二一〇年には教会と王国の統制権奪回が明確になる。薪の山に火がかけられ書物と人間が焼かれる。だがそれはほんの警告にすぎない。スコラ学は盛んとなり、一三世紀に最大の栄光を知る。だが、この知識の大聖堂、聖王ルイの世紀の集大成《スンマ》は、逸脱と奔出とを排した秩序整然たる記念碑なのである。これでも当時の検閲官にはまだ不十分であったと見えて、その証拠には、一二七〇年と一二七七年にパリの司教エティエンヌ・タンピエは独創的で新奇と覚しい一切のものに牧杖をふるい、ブラバンのシゲルスのような人物を、言いもしなかったことで打ちすえる。思われているほど大胆ではないトマス・アクィナスのような人も、彼の牧杖を被る。都市の主知主義と修道院の理想とが束の間の融合を見せるこの例外的に創造性豊かな瞬間に、煉獄はスコラ学の春とともに誕生したのである。

煉獄の第二の生誕地はいかにもシトーである。聖ベルナルドゥスが煉獄の生みの親ではないということはさして重要ではない。シトー会修道士たちは生者と死者との関係に特別の注意を払っていたし、また喧嘩相手だが継承する点も多々あったクリュニー会のひそみにならって、聖者と死者との仲をとりもつ一一月初めの典礼を新たに鼓舞しようとしていた。こうした状況が彼らを煉獄の縁にまでつれてくる。あとの仕上げは彼らが都市の知識人社会との間にもっていたつながりが、やってのけたに違いない。多くの、とりわけパリの大学教師たち、例えばウルスカンのオド、ペトルス・コメストル、ペトルス・カントル、リールのアラーヌスなどがシトー会の修道院で生涯を閉じている。二つの社会の交流点で、一一七〇年と一二〇〇年との間に、おそらくは一一七〇—一一八〇の一〇年間に、そして世紀末の一〇年間には確実に、煉獄が出現するのである。

煉獄と対異端闘争

ここで三つ目の前線、対異端の戦闘に目を転じなければならない。幾人かの教会著述家は、一二世紀から一三世紀への転換期に、煉獄の誕生に大いに貢献した。これらの著述家に共通の特徴は、異端者に反対して戦ったこと、また新しく誕生した煉獄を武器として利用したことである。煉獄の誕生には、他の多くの信仰の場合と同様、知識人の省察や大衆の圧力といった積極的な風潮ばかりでなく、それを信じない人間に対して戦わなければならないという防衛本能もあずかっているのである。この戦いを見ると、煉獄が当時どんなに大きな賭金であったかがはっきりと分かる。ローマカトリック教会に対して煉獄の教義に磨きをかける機会を与えた敵対者には、一二・三世紀の異端者、一三世紀から一五世紀に至るギリシア人、一六・七世紀の新教徒などがある。教会の敵から煉獄に対して加えられる攻撃の執拗さは印象的である。彼らはみな死後世界における人間の運命は、もっぱら彼ら自身の積んだ功徳と神の意志によるものと考えている。だから死ねば勝負は終りなのだ。死者は直ちに（あるいは最後の審判後）天国か地獄に行くのであって、死と復活との間にはいかなる贖いもない。したがって煉獄は存在しないし、死者のために祈るのは無益だというのである。教会に好意をもたないこうした異端者たちにとって、これはまた教会に対して死後におけるその役割を全面的に否認し、人間に対する支配権の拡張を拒む機会でもあった。

一一世紀初頭にカンブレのゲラルドゥスによって攻撃されたアラスの異端者たちの一件書類にわれわれはすでに目を通した。一二世紀初頭にも、あるいは個人のマスクをつけて、あるいは集団のなかに名をかくして現われる異端者たちに、同様の問題が見られる。例えばブリュイのペトルスの場合で、高名なクリュニーの修道院長、ペトルス・ウェネラービリス（尊者ペトルス）が彼に対して駁論を草している。さらに著しい事例をあげると、ブリュイのペトルスの弟子で師よりも更に過激なアンリという男がいる。彼は最初は修道士であったが後に放浪者となり、ローザンヌとル・マンで（一一一六年ごろ）、またその他の不明の場所でアラス派異端に類する思想を説き、そのために一一三四年に逮捕されてピサ教会会議に告発されている。一二世紀前半に書かれた作者不詳のある論文が、アンリとその同調者を論駁しようと努めている。それによるとアンリたちは《死者は死の瞬間から、劫罰を受けているか救われているかのいずれかであって、彼らを援助する手段は皆無である》という思想を抱いており、論者の目にそれは《あからさまに異端的》と映る。教会の伝統的文書（マカベア下一二・四一―四五、マタイの福音書一二・三一、コリント人への第一の手紙三・一〇―一五、聖アウグスティヌスの『死者のための供養』De cura pro mortuis gerendaなど）に基づいて、論者は二種類の火、すなわち浄罪の火と地獄の業火の存在を確言する。そして《罪のなかには、友人たちの施し、信者の祈り、あるいは浄罪の火によって、将来（死後世界において）消去されるものがある》と主張するのである。[24]

さて、この問題においてもわれわれは聖ベルナルドゥスの名に出会う。一一三五年に作成され、一一四三—一一四五年ごろ書き直された「雅歌」についてのある説教のなかで、ベルナルドゥスは《死後なお浄罪の火が存在することを信ぜず、魂は肉体を離れると直ちに安息あるいは劫罰に入ると考える》異端者たちを攻撃している。この異端者たちをベルナルドゥスは教会のしきたりにしたがって危険な獣と呼び、高貴な聖職者としての軽侮をこめて、《田夫野人、無知蒙昧、唾棄すべき輩》ときめつけている。ベルナルドゥスは彼らをしきたり通りにその首領の名で呼ぼうとするのであるが、彼らには首領はいない。ずらずうしくも自ら「使徒派《アポストリック》」と称し、結婚に、洗礼に、死者のための祈りに、聖人崇拝に反対を唱える。彼らは菜食主義者である（性交に由来するものは一切口にしない、したがって動物は食べない）。聖ベルナルドゥスはマタイの福音書一二章三二節に立脚しながら、彼らに煉獄ならぬ浄罪の火を対置し——煉獄はまだ知られていない——死者のためのとりなしの祈りの有効性を主張するのである。[25]

これらの異端とアラスの異端との間には継承も直接の類縁関係も存在しないが、《アラス的》系譜は明らかに見てとれる。一二世紀末と一三世紀の初頭には、新しい異端、ワルド派とカタリ派に煉獄の拒否が見られることになろう。もろもろの伝統的異端要素の存在にもかかわらず、そこでは煉獄への敵意が異なる宗教体系の一部となっている。しかしこの点では新しい異端の立場は実際上みな同じであると言ってよい。つまり生者は死者のために何もなし得ず、とりなしの祈りは無効なのである。カタリ派にあっては、おそらく輪廻《メタンプシコーズ》の教義が煉獄を排除しているに違いない。なぜならば輪廻は《期限つきの》浄化と同じ機能を果たすからである。論争の火蓋を切ったのはおそらくプレモントレ会修道院長フォンコードのベルナルドゥスで、彼は一一九〇年ないし一一九二年に『反ワルド派論』Liber contra waldenses を書いている。煉獄という語は見られないが、そこには死後世界における三つの場所の体系が、まったく新しい明晰さをもって呈示されている。[26]

第一〇章でフォンコードのベルナルドゥスは《浄罪の火を否定して、霊（spiritus）は肉体を離れると直ちに天国または地獄に行くと言う》人たちに攻撃を加える。彼はこのような見解を抱く人たちに三つの権威、すなわちパウロのコリント人への第一の手紙、『エンキリディオン』のアウグスティヌス、それにエゼキエル書第一四章――ここでエホバは、義人の祈りは不実の徒を解放し得ず、不実の徒自らが自己を解放しなければならぬ、と宣言している――を対置する。彼は聖パウロに注してその言葉が《未来の浄罪の火》に適用されるとし、アウグスティヌスに注して神は洗礼と（現世における）一時的な苦難の火の中で、さもなくば浄罪の火の中で罪を浄めたまうと明言し、エゼキエルに注してエホバは不実の徒を浄罪の火の中に置くよう命じたまうと結論している。

最も興味をそそる一節が第一一章に見られる。異端者のなかには死者の霊は最後の審判以前には天国へも地獄へも入ることなく、いくつかの魂のたまり場《レセプタクル》に収容されると主張するものがいる。ベルナルドゥスに言わせると彼らは間違っている。《実は、肉体から解放された霊を受けいれる場所が三つある。天国は完全な人たちの霊を、地獄は全面的に邪悪な人たちの霊を、浄罪の火は全面的に善良でも全面的に邪悪でもない人たちの霊を受けいれる。こうして全面的に良い場所は全面的に善良な人たちを受けいれ、極端に悪い場所は全面的に邪悪な人たちを受けいれる。また中程度に悪い場所は中程度に邪悪な人たちを受けいれる。そこは地獄ほど苛酷ではないが、現世よりは辛い場所である。[27]》

したがってフォンコードのベルナルドゥスは煉獄を知らず、浄罪の火だけを知っていたのである。しかし浄罪の火はすでに場所となっている。死と最後の審判との間にある死後世界は三つに区分されており、浄罪界（煉獄）ははじめて、二重の意味で――地形学的にも法規的にも――中間的場所として定義される。
ベジエのエルマンゴーについてはよく知られていない（それにこの名で呼ばれる人物が何人かいる）が、彼の『反ワルド派論』Contra Waldenses はおそらく一二世紀末あるいは一三世紀のごく初めに書かれたものに違いない。この書の第一七章で彼は、聖人の祈りは生者の助けとならず、また生者の寄進と祈りとによって死者は救われないと言い切るある種の異端者の邪説を攻撃している。彼らに対してエルマンゴーは死者には三種類あると主張する。すなわち助けを必要としない全面的に善良な人と、施すすべのない（地獄に贖いはないからであるが）全面的に邪悪な人と、第三の範疇として全面的に善良でも全面的に邪悪でもない人、すなわち告解をすませてはいるが償いを全うしていない人があるという。エルマンゴーは煉獄という語を口にしないばかりか、「浄める」purgare の語族に属するいかなる語も用いていない。彼はただ、第三の範疇に属する死者たちは《劫罰に処されもせず直ちに救われもせず、救いの期待のうちに罰を受ける》と言っている[28]。

一三世紀はじめの「対異端大全」の一つに、誤ってクレモナのプラエポジティーヌス――パリの文書局長、一二一〇年ごろ没――のものとされている一書があるが、この書は「パッサージニ」Passagini と称される異端者たちを、死者のために祈ることを拒むという理由で非難している。偽プラエポジティーヌスはまず、貧しいラザロと悪い金持の物語に対するこの異端者たちの解釈をしりぞけ、下層地獄と中層地獄とに関係して上層地獄を占めるアブラハムのふところ、《あるいは地獄の辺土《リンボ》》の存在をキリストの冥府降下以前の過去のものとした上で、死者たちのための祈りの問題に彼自身の解釈を与えている。すなわち《煉獄にいる中程度に善良な人たちのためには、彼らが更に善良になるためにではなく、更に速やかに解放されるために、また中程度に邪悪な人たちのためには彼らが救われるためにではなく、罰が軽減されるために》祈らなければならない。したがって偽プラエポジティーヌスはアウグスティヌス的立場をよく守っており、既に存在する煉獄における浄罪と、おそらく地獄において生じ得る《比較的耐えやすい劫罰》とを区別しているのである。とりなしの祈りに関するカトリックの教義は彼の考えでは次の諸権威にもとづいている。すなわちマカベア下第一二章、ベーダが注釈している格言の書第一一章七節の詩句《義人の死ぬとき、その望みは消えず》(「ラテン教父著作集」九一、九七一参照)、特に《ある種の罪が来世において許されることが明示されている》マタイの福音書第一二章三二節などである。したがって死者のために祈らなければならないのである。(29)

リールのアラーヌスの場合はまた事情を異にする。まず第一に、彼は第一級の教師である。(30) 草創期のモンペリエ大学で教鞭をとり、一二〇三年に世を去った彼はワルド派およびカタリ派に対する反異端闘争に加わって、『異端を駁す』Contra Haereticosを書いた。しかし彼はこの論文では《煉獄の問題を書き落して》いる。(31) その代り彼は悔悛と宣教に関する諸論文のなかでこの問題を取り扱った。

『説教術大全』Summa de arte praedicatoriaのなかで、悔悛に関係して彼ははっきりとこう言っている。《火は三つで、浄罪の火、試練の火、断罪の火から成る。浄罪の火は(罪の)償いであり、試練の火は検証(tentatio)であり、断罪の火は劫罰である……》と。さらに浄罪の火には二つあり、一つは途中(現世)で燃え立つ火であって、悔悛の業をいう。いま一つは死後の火で、浄罪の罰をいう。《三つの火のうち最初の火で罪を浄めると、第二、第三の火は免除される。第一の火を受けなければ第二の火を経験することになろう……。第一の火、浄罪界=煉獄(の火)は他の二つの火を排除する……。浄罪の火は第二の火の影、絵姿にすぎない。さらに質料的火の影、絵姿が何の苦痛ももたらさないのと同様に……悔悛の火は二つ目の（死後の）浄罪の火と較べると、辛いものではない》。こう言った上で彼はアウグスティヌスを引き合いに出している。[32]してみると、リールのアラーヌスの関心事は悔悛＝償いであって、彼は悔悛の概念が異常な進化を見せるこの時期に、アウグスティヌスが考察したこの世の苦悩の火を現世における悔悛と同じものと認定したのである。

アラーヌスはその『悔悛論』Liber poenitentialis（一一九一年後起草され、これには一一九九年と一二〇三年の間に書かれた長い異本を含めて幾つかの異本が現存する）に於て、教会は司教あるいは司祭の仲立ちで罪の償いを免除し得るかと問うている。アラーヌスの考えには、一見、人を面食らわせるところがないではない。彼にとっては本来の意味での浄罪の火は現世における悔悛＝償いの火なのであって、彼は司教あるいは司祭の権限を浄罪の罰、つまり悔悛の業を免除することに限る。だが教会は死後に関しては無力なのである。[33]この見解は一三世紀の聖職者のとるところとはならないであろう。

新旧両語彙を自在にするアラーヌスは、これらのテクストにおいて、浄罪の火（ignis purgatorius）、浄罪の罰（poena purgatoria）について語ると共に、狭義の浄罪界＝煉獄にも言及している。格別に興味をそそるある「問題」のなかでは次のように名詞形を用いているのが注目されるが、この「問題」については先へ行って《煉獄の時》について述べる際に評釈を加えることにする。《七年間（現世での悔悛の業を）全うしなければならぬのに全うしなかった人は、七年間煉獄に（in purgatorio）いることになるかどうかと問われたら、われわれはこう答える。疑いなくその人は煉獄において（in purgatorio）罪の償いを全うすることになるだろう。だがどれほどの期間そこにいるかは、秤で罪の重さをはかる方だけがご存知だ、と。[34]》これは煉獄における量刑の問題を提起することであり、死後世界の帳簿づけを始めることである。

教会法学者たちの遅れ

パリを中心とする神学の奔騰と時を同じうして、いま一つの知的運動が一二世紀後半のキリスト教界に波乱をまき起こす。教会法の沸騰である。この運動の知的、制度的、政治的中心はボローニアである。このことはかの重要テクスト、グラティアヌスの『教令集』（一一四〇年ごろ）に関してすでに言及しておいた。ところで教会法学者の運動は、奇妙にも煉獄の誕生には関与していない。もっと一般的な文脈においてだが、ラントグラーフはすでにこの点を指摘して、《覆うべくもないことだが、概して教会法学者たちは組織神学において進歩を促進するどころか、ほとんどの場合、前例を踏襲することに甘んじている》と、一九四八年に書き記している[35]。グラティアヌス『教令集』の最も初期の注解の一つ、『ケルンの大全《スンマ》』Summa coloniensis（一一六九年）を書いたある教会法学者も、死者のためのとりなしの祈り、つまりは煉獄に関してこの事実を認め、《私はこの問題を論じなかったが、それは教会法学者よりは神学者の問題だからである》と述べている[36]。したがって一二世紀末の大教会法学者ピサのフグッチョが無知を告白しているからとて、驚くには当たらない。彼は一一八八年から一一九二年の間に完成した『教令集注解大全』Summa Decretorum のなかで、浄罪の期間が死の瞬間から最後の審判におよぶことを明言しながら、浄罪の場所に関しては、アウグスティヌスが（グラティアヌス『教令集』に引用されているテクスト中で）秘密の隠された場所について語っていることに言及するのみで、自分もまたその点については知らない（Ignoro et ego……）と、正直に打ち明けているのである[37]。

とは言ってもこの沈黙は永くは続かないだろう。教会法学者たちも、やがて、それが今日性を帯びた重要問題であり、他人ごとではないことに気づくようになるからである。つとに一三世紀のはじめ、クレモナのシカルドゥス（一二一五年没）はグラティアヌス、つまりはアウグスティヌスに注して、《ここで言われているのは煉獄にいる人たちのことと理解すべきであるが、なかには浄罪の場でさいなまされていて、その罰のすべてについて軽減の可能性のある人たちを指すと考える者もある(38)》と書いている。興味深いのは、さきほど述べた『ケルンの大全《スンマ》』の写本を見ると、一三世紀の手でクレモナのシカルドゥスの見解が簡略に注記されていて、『大全』の著者の無関心の告白を補正しているのが認められることである。煉獄とその体系は例えば一二四五年に没したヨハネス・テウトニクス（チュートン人ジョン）が一二一五年直後、グラティアヌス『教令集』について作成した注解のなかにも存在する。ヨハネスは、われわれには隠されている秘密の場所に関する聖アウグスティヌスと『教令集』のテクストを踏襲しているが、中程度に善良な人にとっては、とりなしの祈りが有効であって、そのおかげで彼らは煉獄の火からより速やかに解放されると主張している(39)。

一二〇〇年ごろ――煉獄の定着

私の見るところ、三人の著述家が一三世紀のはじめに、煉獄の誕生から結果する死後世界の新体系を要約している。

インノケンティウス三世の手紙と説教　最初にあげるべきはやはり教皇インノケンティウス三世（一一九八―一二一六）である。教皇がかくも速やかに新しい考え方を受けいれたということは注目に値する。一二〇二年リヨンの大司教に宛てた手紙では、教皇はまだ慎重である。アウグスティヌスの死者の四範疇区分（グラティアヌス『教令集』に再録）――全面的に善良な人、全面的に邪悪な人、中程度に善良な人、中程度に邪悪な人――から引き出される諸結果に関して、また教会の仲立ちで生者の行なうとりなしの祈り

——全面的に善良な人に対しては神への感謝として、全面的に邪悪な人に対しては生者の慰めとして、中程度に善良な人に対しては贖いとして、中程度に邪悪な人に対しては神の憐れみを乞う祈りとして——の有効性に関して、教皇は大司教の判断に任せている。(40) しかし二人の熾天使《セラフィム》、三つの軍団、死者の霊が住む五つの場所についての万聖節の説教では、教皇ははるかに明確な態度をうちだしている。

二人の熾天使とは新約と旧約とである。三つの軍団とは天国における勝利の教会と、地上における戦う教会と、それに《煉獄に横たわる》教会である。第一の教会は称賛のなかを行動し、第二の教会は戦闘のなかを、第三の教会は火のなかを行動する。コリント人への第一の手紙でパウロが言っているのは、この第三の教会のことなのだ。さらに人間の霊が住む五つの場所がある。最高の場所はこの上なく善良なものの場所であり、最低の場所はこの上なく邪悪なものの場所である。中間の場所は善良かつ邪悪なもののための場所である。最高の場所と中間の場所との間に中程度に善良なもののための場所があり、中間の場所と最低の場所との間に中程度に邪悪なもののための場所がある。最高の場所は天国であり、そこには至福者たちがいる。最低の場所は地獄であって、劫罰を受けた者たちがいる。中間の場所、それは現世であって義人と罪人とがいる。最高の場所と中間の場所との間に（地上の）楽園があって、そこにはまだヘノクとエリヤとが生きているが、いずれは死ぬだろう。中間の場所と最低の場所との間に、この世で罪を償わなかった者、あるいは何らかの小罪の汚れを帯びたまま、死の世界に入った者が罰を受ける場所（煉獄）がある。場所は五つあるが、軍団は三つしかない。楽園にいる者は神の軍団に属しはするが、彼ら自身としては軍団を形づくらない。なぜなら彼らは二人しかいないからである。中間の場所にいる軍団は今日は天国にいる勝利の軍団を誉めたたえ、明日は煉獄にいる者たちのために祈りを捧げる。インノケンティウス三世はここで心理的次元の言葉をつけ加えている。《聖人たちの祈りと功徳とに助けられて、いつの日か自らも彼らのいる場所に行けると信じるなら、実際その聖者たちのために不可分の三位一体に誉めことばを進んで捧げない者があろうか。自らもいずれは死ぬ身であれば、死者たちのために不可分の三位一体に進んで祈りを捧げない者があろうか。また死んでのち人からしてもらいたいと思うことを、この世で人のためにしようと思わないものがあろうか》と。そして教皇は万聖節の厳粛さを賛美しながら説教を終えている。(41)

これはおどろくべきテクストである。インノケンティウス三世はここで数回にわたって煉獄に言及するとともに、伝統的な象徴的形式のもとに、この上なく完全で、明瞭で、強固な骨格を備えた表現を世界体系に与えている――すべての人間が誕生から時の終りに至るまで、一つの完全なプランのなかに取りこまれ、この世の部分は教会の厳格な統制下に展開されるのである。教会自体が三層となる。すでにアウグスティヌスは《遍歴する教会》と《天の》教会とを区別していたが、一二世紀は《戦う》教会――ペトルス・コメストルが創始した表現(42)――と《勝利》の教会という新しい用語を課した。そこへインノケンティウス三世は第三項を導入して、煉獄の教会をつけ加えるのである。これは《苦悩する》教会という名のもとに、やがて教会の三項体系を完成することになるだろう。偽ペトルス・ダミアーニと偽ベルナルドゥスが提示した五つの場所の体系の合理化が、ここに勝利をおさめるのである。さらに教皇はこの美しい秩序に感嘆の声をもらす。《この掟の体系のなんと道理にかない有益なことか!(43)》

煉獄と告解――チョバムのトマス　二つ目のテクストは、パリでペトルス・カントルのサークルにおいて教育を受けたイギリス人、チョバムのトマスの『聴罪司祭の大全《スンマ》』Summa confessorum からの抜粋である。告解、その煉獄の誕生との関連、ラテラノ第四回公会議(一二一五年)の諸決定がもたらした影響等については、後にもまたあらためて触れる機会があろう。さらに、信仰生活の大変化、新しく生じた人間良心の問題、現世と死後世界に関する疑問の増大、新社会を統御しようとする教会の努力等々を証言する聴罪司祭用手引書の作成についても、再論の機会があろう。

チョバムのトマスの『聴罪司祭の大全』は第四回ラテラノ公会議の直前に書き始められ、その閉会直後に書き終えられた。煉獄への言及は死者のためのミサに関連してなされている。《ミサは生者のためと死者のためにあげられるが、死者のためには二重の意味であげられる。なぜならば祭壇の聖体は生ける者のためには請願であるが、聖人のためには神への感謝、煉獄にある者のためには贖いであって、その贖いの結果として罪の赦免が与えられるからである。その意味で祭壇の聖餅《ホスチア》は三つに分割され、その一部は聖人のために、一部は聖化されるべき者たちのためにあてられる。前者は神への感謝、後者は祈願である(44)》と『大全』は述べている。

次いで『大全』は死者のためのミサが、地獄に堕ちた者にとり、いくばくかの有効性をもつか否かという問いに答えている。この問いの根拠は《比較的耐えやすい劫罰》について語っているアウグスティヌスの『エンキリディオン』第一一〇章である。チョバムのトマスは、ここでいう《劫罰》は《地獄に堕ちた者に対してはなすすべがないのであるから、煉獄の罰(45)》を意味するものと解さなければならぬとする見解を紹介している。見られる通りここでは、煉獄は承認ずみの既定事実として言及されており、しかも典礼と悔悛の業とに同時にくみこまれている。生者・死者間の紐帯が引き締められているのである。

死後世界の新旧語彙　最後に死後世界に関する古い用語を、新しい霊界地理学に適合させなければならない。ある人たちは《獅子の口》、《地獄の手》、《地獄の湖》、《冥闇界》、《タルタロス》などといった聖書の表現が、煉獄との関係において何を意味するかを問題にしている。一二〇〇年ごろ編まれたある著作では（そこにはペトルス・カントルとプラエポジティーヌスの名が挙げられているが）、コルベイユのパガーヌスと覚しきその著者は、《彼らの魂を獅子の口、地獄の手、地獄の湖から救いたまえ》という祈りにおいては、その強弱に応じて浄罪の火のことが言われているものと理解しなければならない、と断じている。(46) 一二三一年に死んだポワティエのジョフロワは、その『大全《スンマ》』のなかで、これとは違った説明を与えることになるだろう。《煉獄にはいくつかの住みかがあると言った方がよい。あるものは冥闇界、あるものは地獄の手、またあるものは獅子の口、またあるものはタルタロスと呼ばれる。そしてその苦罰から死者の魂が解放されるようにと教会は祈願するのである》と。(47)

ここでは浄罪の場所の方が区分されている。ヨハネのことば（一四・二）《わが父の家には住みか多し》も、かつては死後世界の全体に対して有効であったのだが、こんどは死後世界にできた新しい場所に適用されることになる。すでに煉獄の区画分割にわれわれは立ち合っていると言えようか。

VI　シチリア・アイルランド間の煉獄

ドリテルムスの夢からシャルル肥満王の夢に至るまで、死後世界の空想旅行は——たとえ《夢》somnia として描かれていても、中世人はそれを《現実の》ものと考えたのだが——生者の旅であって、肉体は地上に残っていて、やがて魂はそこへ舞い戻ってくるのである。この種の夢は一二世紀を通じて間断なく現われるが、その最後の夢物語「聖パトリキウスの煉獄」は、煉獄の誕生、複式地理学（現世の地理学と死後世界の地理学）の生成の上で、決定的な段階を画するものとなろう。

しかし以上と同時に、一三世紀に入って煉獄を大いに受けいれ普及することになるはずの別種の物語が、すでに芽生え始めているのが観察される。それは浄罪の罰を受けている死者が生者のもとに現われてとりなしの祈りを求めたり、浄罪の罰を避けたければ悔い改める必要のあることを生者に警告したりする物語である。結局、これはグレゴリウス大教皇の『対話』第四巻にあるいくつかの物語の焼き直しなのだが、ここでは亡霊はもはや罪の残りを償うためにこの世に戻っているのではなくて、夢の間だけの短期特別休暇をもらって帰省中なのである。

修道院の夢——亡霊

こうした亡霊の出現はとりわけ修道社会に著しいが、これは何ら驚くにはあたらない。グレゴリウス大教皇の著書は――『道徳論』Moralia ばかりでなく、その第二巻でもって聖ベネディクトゥスを《世に出した》『対話』もまた――修道院でもっとも熱心に読まれた書物だからである。さらに夢が鵜呑みにされなくなっている時代にあって（グレゴリウス大教皇がすでにそう勧告していたし、一一世紀にはペトルス・ダミアーニが同じことを言っている）、修道士こそ、夢、幻影、亡霊出現の特権的受益者であったということもある。なぜならば修道士は余人にくらべて、聖アントニウスの例もあるように、悪魔の幻術によく抗し得るし、本物の有益な神託を受けるにふさわしい存在だからである。

例えばイタリア隠修道士会の大立物で、一〇六〇年ごろ枢機卿となったラヴェンナの人、ペトルス・ダミアーニは、《祈りの共同体》としての隠修道士グループの祈禱において死者の追悼に大いに心を砕いた人であるが、彼は一〇六三年ないし一〇七二年に書いた『さまざまの亡霊出現と奇跡について』De diversis apparitionibus et miraculis 第二部第三四篇において、[1] 浄罪の罰に服役中の魂の出現を二例報じている。[2] ペトルスに情報を提供した司祭ヨアネスによると、はじめの話はペトルスがこの話を記録にとどめる数年前に、ローマで起こったことである。聖母被昇天の祝日の夜、ローマの人々が方々の教会で連禱を唱えているときに、サンタ・マリア・イン・カンピテルロ大聖堂にいたある女が、《一年ばかり前に死んだ代母の姿を見た。ひしめく群衆にさまたげられて近づいて声をかけることができないので、女は代母が聖堂から出てきたときに見失ってしまってはいけないと思って、路地の角で待ちうけることにきめた。代母が通りかかると女はすぐに尋ねた。「私の代母のマロジアさまではありませんか、すでにおなくなりになった……。」相手は答えた。「そう、私はマロジアです。」「で、いったいどうしてここにおいでなのでしょうか。」マロジアは言った。「今日まで私は軽くない罰を受けるために自由を奪われておりました。それというのも、まだ年端もゆかぬ娘だったころ、私は恥知らずな淫蕩の誘惑に身をゆだねて、同い年の娘たちと破廉恥な行為に及んでしまったのです。司祭さまにはちゃんと告解したのですが、何ということでしょう、そのことばかりは忘れてしまっていて、まだ（悔悛の）お裁きはいただいていなかったのです。けれども今日は、世の女王マリアさまが私どものために津々浦々に祈りを溢れさせてくださり、私を懲罰の場から（de locis poenalibus）解き放ってくださいました。今日、おとりなしによって苦業から救い出された者の数はおびただしく、ローマの人口をしのぐほどです。だから私どもは、こんなにも大きい恩恵に対してお礼を申し上げるために、栄光のマリアさまに捧げられた聖所を訪れているのです。」この話が信じてもらえそうもないので、代母はこう付言した。「私の言ったことが本当だという証拠に、今から一年後、今日と同じお祭の日に、あなたはきっと死ぬということを覚えておいでなさい。もしそれ以上あなたに命があったら、そんなことはないことですが、その時こそ私の嘘をとがめたらよいでしょう。」こう言うと代母は女の前から姿を消した。女は死の予言が気がかりで、その日から以前よりも用心深く暮らした。それから一年近くたって祝日の前夜に女は病いに倒れ、祭の当日、予言された通り死んだ。銘記すべきは、甚だ恐ろしいことであるが、この女が自分では忘れてしまっていた罪のために、汚れなき神のみ母のおとりなしがあるまで、責め苦を受けたという事実である。》

おどろくほど喚起力ゆたかな物語であるが、これはまた聖母マリアの浄罪の場への初登場を画する物語でもある。やがて恐るべき勢いで人心を掌握するに至るマリア信仰が、西方教会で遅まきながら発展の緒についた一一世紀末、聖処女はすでにはっきりと、将来の煉獄における死者たちの主たる救い手として立ち現われているのである。

いま一つの教訓物語は、ペトルス・ダミアーニによると、彼がキュメ（クーマエ）の司教レノーからきいたもので、レノー自身はそれを今はなき尊者、サント＝リュフィーヌのアンベール司教から教えられたという。《彼はこう語った。夜のしじまのなかで眠っていたある司祭が、夢のなかで、いまは亡き代父の呼ぶ声を耳にした。「いいものを見せてあげよう、無関心ではいられないはずだ。」そう言って代父が司祭をサンタ＝チェチリアの大聖堂へ連れて行くと、その前廊に聖女アグネス、聖女アガタ、聖女チェチリアそのひと、それに多数の輝くばかりの聖処女たちから成る聖歌隊が見えた。彼女たちは周囲の席よりも一段と高いところに壮麗な玉座をしつらえていて、見ると聖母マリアがペトロ、パウロ、ダヴィデをしたがえ、光り輝く殉教者と聖人の群にとり囲まれて、整えられた玉座にお着きになるところであった。かくも神聖なこの集いを静寂が支配し、うやうやしく皆が起立していたときに、ひとりの貧しいが毛皮のマントをまとった女が無垢の聖処女の足下にひれ伏して、いまは亡き総督ヨアネスに憐れみを垂れたまうように懇願した。三度懇願を繰り返したが何の返答も得られなかったので、女はこう付け加えた。「ご存知の通り、世の女王マリアさま、私はあなたの大聖堂（サンタ＝マリア・マッジョーレ）の前廊に裸でふるえながら身を横たえていたあの哀れな女です。あの方（総督ヨアネス）は私を目にとめるとすぐに私を哀れと思い、着ていたこの毛皮を脱いで私に掛けてくれたのです。」そこで聖母マリアはこう仰せられた。「そなたが私のとりなしを懇願している男は背負いきれぬほどの罪に圧しつぶされています。しかしあの男には二つ良い点がありました。貧者に対する思いやりと、聖所に対するうやうやしい崇敬です。事実、あの男は私の教会の灯明のためにと、しばしば肩に油をかついで、たきつけの木片も一緒に持ってきてくれました。」他の聖人たちも、男が自分たちの教会のために同じことをしている旨、証言した。世の女王は総督を集会の真ん中につれ出すように命じられた。直ちに一群の悪魔が、縛られ鎖につながれたヨアネスを引ったててきた。(3) すると聖母は、男を解き放ち、聖なる者（選ばれた者）の列を大きくするようにとお命じになった。だが聖母はまた、それまで男を縛っていたいましめを、まだ生きている別の人間のために取っておくようにとお命じになった』

それから聖ペテロみずから司会して彼の教会で式典が催され、それが済むと、《まだ幻を見つづけていた司祭は目を覚まし、夢は終った。》

最初の物語と同じく、この物語でも懲罰の場や責め具（loca poenalia, lora poenalia）が将来の煉獄にあたる。地獄から舞い戻れる者はない以上、このことは疑いを容れない。しかしこの物語の場所と罰とはまったく地獄的な性格をもっており、それは天使ではなく悪魔の存在によって際立っているのである。

ある手紙のなかでペトルス・ダミアーニは、カマルドリ会隠修道院に隠棲しているマルティヌスという非常に敬虔な人物から聞かされた話として、もう一つ亡霊譚を報告している。海辺のアド・ピーヌム修道院に、重い罪を背負って、苛酷な長期にわたる悔悛の苦行を課されているひとりの修道士がいた。彼は友情の絆で強く結ばれている仲間の修道士に、自分に力を貸し罪の償いの重荷を共にしてくれるように頼んだ。一点非のうちどころのない人生を送っていたその修道士は、仲間の申し出を受けいれたが、約束を果たす時間はまだ十分にあると思っているうちに、死んでしまった。死後何日かたって、死者が苦行中の修道士の夢枕に立ったので、彼は消息を尋ねてみた。死者は、彼のために苛酷な運命を負わされていると答えた。自分の罪の償いはすんでも、まだ仲間の罪を背負っているからというのである。死者はまだ生きている仲間の修道士と修道院全体の助力を求めた。全修道士が苦行に入った。死者が再び現われたが、今度は心静かな様子で、幸せそうでさえあった。仲間の修道士たちの祈りのおかげで、懲罰の責め苦から救い出されたばかりでなく、いと高き神の右手の驚嘆すべき裁可によって、最近、彼は選ばれた者の列に移されたということであった。《神の仁愛は死者を用いて生者を教えたまう》[4]、こう言ってペトルス・ダミアーニは話を締めくくっている。

その後一世紀近くを経て、クリュニー修道院長ペトルス・ウェネラービリスはその『奇跡論』De miraculis（一一四五年ないし一一五六年）において、自ら収集した《死者の夢あるいは啓示》を紹介し、解説しようと試みている。ペトルスの考えでは、彼の時代になって再び亡霊の出現が活発化し、しかもそのお告げの正しさが立証されているという。いずれにしてもそれは、信をおくに値する数多くの人から聞いたことだというのである。(5)

恐ろしくもあり興味をそそりもするこうした亡霊たちのなかに、ひとりの騎士がいて、彼は司祭ステファヌスのもとに姿を現わし、告解し忘れていた二つの非行を贖ってくれるようにと頼む。(6)その結果、課されていた罰から解き放たれると、騎士は謝意を表するためにもう一度姿を見せる。グレゴリウス大教皇の忠実な読者であったペトルス・ウェネラービリスは、死後の浄罪の場所をグレゴリウスとは違ったところに定めようとはしない。死者が罪の償いを全うするために戻ってくるのは、その罪の犯された場所なのである。一方、もっと重い罪を犯した死者は地獄にとどまることになる。(7)

世紀末ともなれば煉獄の存在はもう動かないから、こうした亡霊の出現は死後世界の新天地を描き出すことになるだろう。とりわけシトー会の環境でそれが著しいが、煉獄の誕生にシトー会が演じた役割を考えれば、何ら驚くにあたらない。例えばシトー会に由来するある写本、これはやがて栄えることになる教訓逸話（exempla）の最初の選集の一つであるが、それには死後、魂が受ける罰に関するいくつかの夢が紹介されている。ベーダの『イギリス教会史』Historia ecclesiastica Anglorum からとられた聖フルセウスの夢につづけて、《ある修道士の夢》が、さる騎士の受けた刑罰について物語る。その騎士は生前、狩猟用の猛禽に夢中になりすぎたために、死後十年間にわたって恐ろしい責め苦を味わった。彼のこぶしにとまったノスリが絶えずくちばしと爪とで彼の肉を引き裂く。とはいっても、この男はたいへん有徳な人生を歩んだと覚しい人物なのだ。しかしわれわれが大目に見るような不始末に対しても、煉獄では（in purgatorio）この上もなく苛酷な罰が与えられるのである。そういうわけで、この物語の修道士が出会う死者のなかには、生前、草や漿果を薬として用いず麻薬や催淫剤として利用したために、燃えている石炭を絶えず口の中で転がしていなければならないという罰を受けている者もあるし、げらげら笑ってばかりいたために、この悪習の罰として鞭で打たれる者もあるし、無駄話がすぎてひっきりなしに平手打をくらっている者もある。また淫らな仕草をした罪を問われて火の鎖につながれている罪人もある、といった具合なのだ。(8) 聖人でさえも、見たところ軽微な何かの過失のために、煉獄に短期間滞在する。この新しい信仰に対して最初に割勘を支払う者のひとりは、誰あろう、シトー会の大聖人、聖ベルナルドゥスその人なのである。彼は、すでに見たように、聖母の無垢受胎を信じなかった罪で煉獄に短期間滞在している。(9)

修道士の死後世界旅行記四篇

一二世紀に生まれた死後世界旅行の物語のなかから、私の目に最も重要と映るものを四つ選んでみた。第一の物語が重要なのは、それが世俗の一婦人——ノジャンのギベルトゥスの母——が見た夢で、ごく個人的な体験にかかわるものだからである。第二、第三の物語はセッテフラーティのアルベリクスの夢、およびトヌグダルスの夢であって、これらが重要なのは、煉獄誕生の前夜にあって細部が最も豊かである上に、その作者が死後の想像世界に大きな意義をもつ地域、すなわち南イタリアとアイルランドの出身だからである。第四の物語——「聖パトリキウスの煉獄」——が重要なのは、それがある意味で煉獄の文学的出生証書と見られるからである。こうした夢物語がわれわれの目的に資するところは、死後世界における煉獄のための特別の領域が、ごく伝統的なジャンルのなかで、最初はおぼつかない手つきながら下絵を描かれ、ついで輪廓こそまだぼやけているものの鮮明な画像となって存在するに至る経緯を、われわれに示してくれていることである。それらはまた、煉獄の場所の生成に修道院の想像世界がいかに寄与しているかを、評価する手がかりを与えてくれる。

死後世界の一女性——ノジャンのギベルトゥスの母　第一の夢は一二世紀の初めに、特に二つの著作によって独創的業績を遺した一修道士によって物語られる。二つの著作のうち一つは『聖者の遺物』De pignoribus sanctorum で、この著に対しては批判的精神の曙光を認知する試みがなされている。いま一つは『自叙伝』De vita sua で、この書もまた、いやこの書こそとりわけ、特に中世が幕をおろしてのち、特異な発達を遂げることになるジャンルのさきがけをなすものである。[10] ノジャンのギベルトゥスの『自叙伝』は大いに歴史家の関心をそそった二つの型の情報を提供している。そこではまず、フランス北東部の政治社会情勢が生き生きと描き出され、一一一六年当時、ランの自治都市《コミューヌ》が体験したさまざまのドラマチックな出来事とともに、自治都市運動の発端が物語られている。さらにまたそこには、歴史家をして精神分析家の門を叩かしめたり、彼らをして自ら精神分析家の役割を演じせしめたりすることとなった一連の心理学的性質の描写も認められるのである。[11]

さて、ノジャンのギベルトゥスの伝える彼の母の夢物語を見ることにしよう。

> ある夏の夜、日曜日、朝課を終えて狭いベンチに身を横たえると、彼女は間もなく眠りこんでしまった。彼女は、感覚は失せぬまま、魂が肉体から離脱して行くような気がした。回廊を縫うようにして進み、外へ出ると、彼女は井戸の口に向かって近づいて行った。すぐ傍までくると、幽霊の姿をした男たちが深い穴の底から出てくるではな

いか。見れば髪の毛は虬だらけ、亡者は両手をのばして彼女をつかまえ、穴の中へ引きずりこもうとする。と、彼女の背後で、亡者に襲われて喘ぐ脅えた女の声がして、「私に触らないで！」と叫ぶ。勢いに気おされて亡者は井戸の中に引っこむ。言い忘れていたが、回廊を渡るとき母は人間の状態を離脱して行くのを感じて、願いは一つ、再び自分の肉体に戻ることが許されるようにと神にお頼みしておいたのだ。井戸の住人どもから解放されて穴の縁にたたずむと、突然、母の傍らに私の父が現われたのである。父は若かりし日の姿をしていた。彼女はまじまじと父を見つめて、間違いなくエヴラール（それが父の名だった）なのかと、何度も繰り返し尋ねる。父は否認した。人間であったときの名で呼ばれることを霊が拒んだからとて、驚くにはあたらない。霊的実在は霊的名辞によってしか表わし得ないからである（コリント人への第一の手紙二・一二―一五）。霊がお互いをその名によって認知するなどと考えることは馬鹿げていよう。さもなければ、あの世では近親者しか識別できぬことになろう。霊に名前が必要でないことは明白である。霊の直覚は、というより直覚による認識は、まったく内的だからである。

エヴラールと呼ばれることを拒みはしても本人に間違いないという確信があったから、彼女は男にどこに住んでいるのかと尋ねた。ここからほど遠からぬ場所だと男は答える。で、暮らしはいかにと彼女が尋ねる。彼は衣服をたくし上げて腕と脇腹をあらわにする。肉は裂け無数の切り傷がついていて、見るからに身の毛もよだち、はらわたも捩れるほどの物すごさだ。おまけに子供のなりをした亡霊がいて、すさまじい泣き声を上げるので、その子を見ているだけで彼女はひどく気分が悪くなった。「殿、この子の泣き声がよく我慢できますね」と彼女は言う。「いやでも我慢しなければならないのだ」と男は答える。さて、子供の泣き声と、腕と脇腹の傷の意味はこうである。私の父がごく若かったころ、父は魔法の呪いをかけられて母との合法的な関係から脇道にそれてしまった。悪い入れ知恵をする人間がいて父の精神の未熟につけこみ、けしからぬことに、ほかの女たちと性交渉をもってみたらと説きつけたのである。若気の至りで父は彼らの言いなりになり、どんな女か知らぬが良からぬ女との唾棄すべき関係から子供がひとりできたが、その子は洗礼も授けられぬまま、生まれると同時に息絶えた。父の脇腹の傷、それは妹背の契りの破綻であり、耳を覆いたくなる泣き声、それは罪に生まれた子の劫罰なのだ……

祈り、施し、ミサが父の助けとなっているか、と母は尋ねる（母が父のために熱心にとりなしていることを、父は知っていた）。彼はいかにもと答え、「だが、おまえたちの間にリエジャルドとかいう女がいるはずだ」と付け加えて言う。母は父がその名を口にしたわけを悟って、女が彼についてどんな思い出をもっているのか、女に尋ねてみなければならないと思った。このリエジャルドは、たいへんこころ貧しい女で、この世の慣わしから遠く離れて、ひたすら神のためだけに生きていた。

父との会話が終わると母は井戸の方へ目をやったが、井戸の上には絵が一枚かかっていた。その絵には一族の間に令名を馳せている騎士レノーが描かれていた。その日が日曜日だったことは既に述べたが、このレノーはまさにその当日、食事の後、ボーヴェで近親者に謀殺されるのである。絵ではレノーは膝をついて少し前かがみになり、火をおこすために頬をふくらませ、息を吹きかけている。母がこの夢を見たのは朝だったのだが、彼は正午に、自分がおこした火の中に突き倒されて死んだ。

同じ絵の中に、母はレノーを助け起こそうとしている私の弟の姿を見た（だが弟が死んだのはずっと後のことである）。弟はイエス・キリストのお体と血潮にかけて恐ろしい悪態をついていた。それは神の御名とその聖なる秘義を汚すことにより、弟が懲罰の場へ赴いて罰を受けなければならない（hos meretur et poenarum locos et poenas）ことを意味している。

同じ夢のなかで母はある老婦人の姿を見た。それは母が回心してまだ日も浅い頃、一緒に暮らしていた婦人で、彼女は外目には体一面に苦行の傷痕をとどめているものの、実際には虚飾を追う気持からほとんど自由になれないでいるのだった。母はその婦人が、影の形で、二体の真黒な霊に運び去られるのを見たのである。老婦人がまだこの世にあって暮らしを共にしていた頃、いよいよ死を迎えたときの魂の状態について二人が話し合っていた際、神のお許しがあれば、先に死んだ方が生き残った者に姿を現わして、良くも悪くも死後の状態について説明することを互いに約束したのであった……。老婦人は死の瞬間、肉体をはぎとられ、同じような仲間と一緒に、寺院の方へ向かって進んで行く自分の姿を幻に見た。彼女は肩に十字架を担っているような気がした。寺院に着くと彼女は中に入れてもらえず、目の前で扉が閉められた。結局、死んだ後で、彼女は腐臭に包まれて友の前に現われ、友が祈りによって彼女を腐臭と苦痛から救ってくれたことにあつく謝意を表したのである。死の瞬間、老婦人はベッドの足もとに黒い巨大な目をもった恐ろしい悪魔がたたずんでいるのを見た。彼女は聖なる秘跡によって悪魔を倉皇として退散せしめ、彼女に何を求めることも一切無用であると申しわたした。このおそるべき祓魔によって悪魔は遁走したのであった。

自分の見たものを自分の知識と較べ合わせ、夢の真実性を確信することができたので、ギベルトゥスの母は夫を救うことに献身しようと決心する。確かに彼女は自分の見たものが地獄の刑罰の場（poenales locos apud inferos）であること、死ぬ直前の姿を彼女に見せたあの騎士は地獄に堕ちていることを理解したのであった。

彼女は孤児をひとり養子にしたが、その子の夜泣きには彼女も小間使たちもひどく悩まされた。子供の泣き声を我慢のならないものにしようとする悪魔の努力と、子供を捨てるようにせき立てる周囲の懇願にもかかわらず、彼女は耐え抜いた。この苦痛は夢で見た夫の苦痛を浄化するものであることを、彼女は知っていたのである。

ここでは家族関係および個人関係の諸問題、家門――それは中世人の紋章だが――に関する話の脱線などについては、残念ながら、端折ることにしよう。また、通例、別々に現われる幾つかの主題がこの物語では融合していること、例えば死後世界の刑罰の場についての夢、先に死んだ者が生存者に体験を語りに戻ってくることを約束する二人の人間のあいだの協定、眠りをさまたげる子供といったような主題[12]、それにこの物語の甚だ《近代的な》夢幻的悪夢的雰囲気についても語ることはさし控えることにしよう。そして煉獄への旅と滞在に関する諸々の物語のなかに再び見出されることになる諸要素、煉獄の《体系》の一部となるはずの諸要素に注目することにしよう。

まず、ギベルトゥスの父が住み、母が夢の中で引きずりこまれそうになった場所の「地獄的」な性格があげられる。それは「井戸」のそば、もう一つの夢では「寺院」のそばにある「場所」であって、そこから恐ろしい形相をしたいろいろの化物、黒い悪魔[13]、髪の毛に蛆のたかった亡者、黒い眼をした魔物などが出てくる。それは視覚、聴覚、嗅覚の恐怖、すなわちもろもろの異形、堪えがたい騒音、むかつくような臭気が、身体的苦痛と混じりあった世界なのだ。拷問の世界、懲罰の世界であって、そこでは火が際立った役割を演じている。また名の無い存在となって後も、肉体の拷問にさいなまれながら罪の償いをする霊たちの世界である。それは苦悶の世界であり、生ける者たちは、とりなしの祈りに関する伝統的神学に従って、祈りと施しとミサのいけにえにより、ゆかりのある死者たちをそこから救い出すことができるだけでなく、犯された罪に見合った性質の試練を分かちもつことによっても、そうすることが可能なのである。そして、とりわけ二つの主だった特徴が目にうつる。まず、地獄の全体からまだ判然と区別されてはいないが、ある「場所」の確信と探求であり——広場、井戸、寺院、刑罰の場 (poenarum locos, poenales locos) 等々……さらに幻視者は夫の亡霊にむかって、どこに住んでいるか (ubi commaneret) と尋ねている——、つぎに生者と死者との間の緊密な連帯の表現である。この連帯はまず第一に家族、肉的な家族の連帯であり、夫と妻とを同一の肉体と見るパウロの言葉を教会が反復力説していた当時にあっては、とりわけ夫婦間の連帯であった。第二に霊的な家族、例えばこの物語の回心者が回心を助けた老婦人とともにつくっている家族、に見られるような連帯である。最後に体系の核心をなすものは、苦罰による共同の償いであって、これは懲罰であると同時に浄罪である。この苦痛が人間の苦悩を消し浄めるのである(molestias istas molestiarum hominis…purgatrices)。

アルベリクスとトヌグダルスの二つの夢はもっと文学的であり、もっと伝統的であるが、そこには大きな想像力の働きが見られる。

モンテ＝カッシーノ――セッテフラーティのアルベリクス　一一〇〇年ごろ生まれたセッテフラーティのアルベリクスは一〇歳のとき病気にかかり、九日九晩昏睡状態が続いたが、そのとき一つの夢を見た。ゲラルドゥスが修道院長だったとき(一一一一―一一二三)、彼はモンテ＝カッシーノの有名なベネディクト会修道院に入り、その夢を修道士グィードに物語り、グィードがそれを書きとめた。しかし人の手から手へ、口から耳へと伝承されるうちに、この物語は歪曲されてしまった。そこでセニオレット修道院長(一一二七―一一三七)がアルベリクスに、ピエトロ・ディアコノに手伝ってもらって、それを書き直すように勧めた。今日に伝えられているのは、こうしてできた物語である[14]。この物語はモンテ＝カッシーノにおいて知られていた数々の夢物語――「ペルペトゥアとフェリキタスの受難」、「ウェッティヌスの夢」、「聖フルセウスの夢」、「聖ブレンダーヌスの生涯」など――の特徴を帯びている。さらにイスラム教の影響をそこに読みとろうとする試みもなされたが、その影響はごく限られたものでしかあり得なかったはずである。なぜならばイスラムの終末論は地獄を異教徒と多神教徒にあてており、煉獄については知らないように思えるからである[15]。

一羽の白い鳩にのって天に舞いあがって行く若きアルベリクスに、聖ペテロが天使エマヌエルとエロイを伴って現われ、彼を見学のために罰と地獄の場所（loca penarum et inferni）へと案内する。

この夢物語は際限もなく続く観を呈している。(16) かいつまんで紹介するしかないが、われわれの想像力の宝物庫に収蔵すべきイメージの鮮明さを損なわないようにするために、また聖ペテロが案内に立っているにもかかわらず、修道士の旅が与える足まかせの彷徨といった印象を保存するために、私はできるだけ原文から離れないように心掛けるつもりである。この放浪記に接することによって、やがてそのただ中に煉獄が出現するに至る整頓作業が、いっそうよく理解できるはずである。

アルベリクスがまず目にするのは火の玉と炎の蒸気が燃えさかる場所で、そこでは生後間もなく死んだ幼児たちの魂が浄められている。彼らがそこで受ける罰は軽微である。彼らには多くの罪を犯す暇がなかったからだ。実際、罪の曲線は人間の生涯とよく似た形をしている。それは青春期、壮年期とともに高まって罪を蓄え、老年期とともに減衰する。この浄罪の場ですごす期間は罪の量に、したがって罰を受ける亡者が死去した年齢に比例している。一歳の幼児はこの場所に七日間とどまり、二歳の幼児は一四日間とどまる、といった具合なのだ（アルベリクスはこれ以上詳しく述べてはいないが、それはこうした比例進行を続けて行けば、きっと厄介な問題を招くことになるからであろう）。

次に彼が目にするのは氷結した谷で、そこでは姦通者、近親相姦者、その他の姦淫の罪を犯した者、色欲におぼれた者などが拷問にかけられている。次にくるのは茨の生い茂った谷で、乳飲み子に乳を飲ませるのを拒んだ女たちが蛇の吸いつく乳房で宙吊りにされ、姦婦たちは髪の毛で火の中に逆さ吊りにされている。次は火の踏段のある鉄のはしごで、その足もとには煮えたぎるピッチを湛えたたらいが置かれていて、性行為の禁じられている日（日曜と祭日）に妻を抱いた男どもが、それを上ったり降りたりしている。続いて、硫黄の炎を吹き上げるかまどがあって、主人として臣下に接せず暴君として対した統治者たちや、嬰児殺しと堕胎の罪を犯した女たちが焼かれている。かまどの次に現われるのは血の池に似た火の池である。人を殺して悔い改めない亡者どもが、犠牲者の肖像を三年間首にかけた後、そこに突き落とされる。隣の大きなたらいには煮えたぎる青銅、錫、鉛、硫黄、松脂などがいっぱいはいっていて、教会の長であり責任者である司教が三年ないし八〇年の間、そこで火の試練を受ける。誓いに背いたり、不義を働いたり、破門になったりした司祭を、黙って聖職に従事させていた罪を問われているのである。

それからアルベリクスは地獄のそばに連れて行かれる。それは恐ろしい暗闇に閉ざされた深い穴で、そこからは吐気を催すような臭気、叫び声、うめき声が湧き上ってくる。地獄の傍らには大きな龍が鎖につながれていて、火を吐く口で無数の蝿に似た魂をむさぼり食っている。暗闇が深いために魂は暗闇の中に姿を消すのか、それとも地獄そのものの中にはいって行くのか判然としない。案内者がアルベリクスに言うには、そこにはユダ、アンナ、カヤパ、ヘロデ、そのほか裁きを俟たず劫罰を受けた罪人たちがいる。

また別の谷では、瀆神者が火の池で、聖職売買者が火焔のめらめらと昇降する穴の中で、焼かれている。また、まっ暗闇のなかには悪臭が立ちこめ、炎がパチパチと音を立て、蛇や龍がうじょうじょといて、かん高い悲鳴や身の毛もよだつうめき声のこだまする恐ろしい場所では、聖職者や修道士の身分を捨て、悔い改めることをせず、偽誓、姦通、瀆聖、偽証などの《重罪》を犯した者たちの魂が浄化されている。彼らはそこで、それぞれの罪の程度に応じて、パウロがコリント人への第一の手紙で言っている通り、金、鉛、錫、その他の物質のように浄めの火を受けるのである。

蛇と龍のうごめく硫黄質の水を湛えた大きな黒い池では、悪魔どもが数多くの偽証者たちの口や顔や頭を蛇で打っている。その傍らでは、犬と獅子の形をした二匹の悪魔が口から火の息を吐き、それが届く範囲内を通る魂を吹きとばして、ありとあらゆる種類の拷問にかけている。

とつぜん大きな鳥が一羽、翼に小柄な老修道士をのせて飛んできて、地獄の穴の暗闇の中にその修道士を落す。あっという間に修道士は悪魔にとり囲まれるが、鳥は舞い戻ってきて悪魔の手から彼を奪いかえす。

このとき聖ペテロはアルベリクスに、天使二人をつけて彼を置いて行くと言いわたす。アルベリクスは恐怖に生きた心地もしない。こんどは彼が恐ろしい悪魔に襲われる番だ。悪魔は彼を地獄に引きずりこもうとする。しかし聖ペテロが戻ってきてアルベリクスを救い、彼を天国へ送りこむのである。

天国の描写に移る前に、アルベリクスは懲罰の場で目撃した事柄について、二、三細かい点を補足している。

彼は盗人や誘拐者を見たが、彼らは裸のまま首と両方の手足を火の鎖でつながれ、身を起こすことができない。また地獄から流れ出る大きな火の河があって、それには鉄の橋がかかっている。義人の魂がわたるときは橋幅が広くなって容易に早くわたれるが、罪人がわたるときは糸の太さしかないほどに狭くなって、罪人は河に落ち、肉のように洗われたり焼かれたりして、橋をわたれるようになるまでそこにとどまるのである。聖ペテロはアルベリクスに、その河と橋とがそれぞれ浄罪の河、浄罪の橋と呼ばれていることを教えた(17)。

ついで聖ペテロは、どんなに大きな罪を背負っていても悔悛の苦行によってすべてを償うことができるのであるから、人間は決して絶望してはならない、とアルベリクスに言う。最後に使徒は横切るのに三日三晩かかるほど広大で、しかも足の踏み場もないくらいびっしりと茨に覆われた野をアルベリクスに見せる。この野には巨大な龍が一頭いて、それには騎士のいでたちをして手に大きな蛇をもった悪魔がまたがっている。この悪魔は野に落ちてくるすべての魂を追っかけまわし、蛇で打ちすえている。さんざん駈けずりまわって罪を償うと、さほど追い立てられることもなくなり、やがて魂は外に出られるのであった。浄罪の場からアルベリクスは、もっと楽しげな場所に移る。

「清涼域」refrigerium に達するのに値するものとなった魂は、百合やバラの香りのただよう愉悦に充ちた野に入る。この野の中央に天国があって、天使たちと、裁きを俟つことなく第六天に受容される聖人以外は、最後の審判の後でなければそこへ入れない。そこにいる聖人たちのなかで最も栄光ある者は聖ベネディクトゥスであり、野にいるすべての者のなかで最も栄光ある者は修道士である。アルベリクスの案内者たちは修道士を称え、栄光に値する者となるために彼らが従わなければならない生活指針について述べる。彼らは片時たりとも神と隣人への愛を忘れてはならない。しかしとりわけ彼らの生活指針は禁戒的である。彼らは雑言と迫害に堪え、悪魔の誘惑に抵抗し、自ら労働して富を望まず、悪習に染まらず、常におそれのなかにいなければならない。ついで聖ペテロは最も危険な三つの罪が大食(gula)、肉欲(cupidas)傲慢(superbia)であることを指摘した後、アルベリクスに七つの天界を訪ねさせるが、これについて立ち入った記述はなく、天使と大天使と聖人の居所である第六天と、神の玉座のある第七天に関して語られるにとどまる。次いで鳩は高い壁をめぐらした場所に彼を連れて行く。[18]壁越しに中にあるものが見えるが、見たものを口外することは、誰の場合も同じだが、彼にも禁じられている。

この物語において、その幾つかの文学的発想源の織りなすモザイクと、背後に脈打つベネディクト会的忠誠心は、この際問わないことにしよう。煉獄の生成という観点からはこの物語のもつ意義は限られたものではあるが、無視できない。それが守っている限界と、黙して語らぬ点までふくめて、そう言えるのである。

なるほど物語は錯綜を極めており、死後世界の地理については表象の混乱はなおのこと甚だしい。アルベリクスはまだ死後世界の三番目の王国について、明確な観念を抱くには至っていない。彼の死後世界は極端に区分されすぎていて、われわれはそこを聖ペテロの導くままに、刑罰の場から地獄の穴へ、あるいは天国へ、あるいはまたこの地上へと移動する。だが最も重大に扱われているのは、最後にそこを脱して救いに至る《徒刑の場所》なのである。概算してみると(というのは物語の錯綜が甚だしいからであるが)五〇の《章》のうち、天国と天国を取り巻く隣接域に一二章、本来の意味での地獄にはわずか一章しかあてられていないのに対して、将来の煉獄には一六もの章があてられていることが分かる。

浄罪の場の《理論》については、この夢物語は事実上なにも語っていない。あるいは、たかだか極く荒削りの神学を提示しているにすぎない。どんな罪を犯してもこの場所へつれてこられるが、どんな罪もそこで償うことができる。悔悛の役割は称揚されてはいるが、この世における悔悛＝償いが受けもつ分と、刑罰の場での償いが受けもつ分の相違は考慮されていない。重大な罪と軽微な罪の区別もなされていない(大罪と小罪の分化はまだ生じていないのである)。そして、一時的ではあるが地獄的な罰によって特にここで償われているように見受けられるのは、聖アウグスティヌスによれば地獄直行の「大罪」scelera なのである。最後に、罪の償いがすんで後、徒刑場から天国へ直行する道はなく、天国の入口にある控えの間で待たなければならない。それが幸福の野である。

といっても「死後の」post mortem 浄罪は重要な地位を占めている。河と橋に関してアルベリクスは「浄罪の」という言葉を用いているが、その用い方を見るとこの形容詞は著しく名詞に近づいているように思われる。また数的象徴体系があいまいであるにもせよ、死後世界の会計学、この世で犯された罪とあの世での償いの期間の比例的関係の樹立に向かう、はっきりとした傾向が見てとれるのである。

要するに、浄罪界の圧力にさらされながらも、伝統的文化——「清涼域《レフリゲリウム》」といった古い観念もその一つだが――を突き抜けて、新しい死後世界の確立に資するように自らの傾向を秩序づけるにはまだ至っていない古い修道社会、この物語の作者（たち）はそうした古い社会の人間であるという印象を受けるのである。

ベネディクト会王国の地理的対極に目を転じてみても、アイルランドのトヌグダルスの夢物語に接して、同様の印象を与えられる。(19)

アイルランド――トヌグダルスの煉獄なき死後世界

トヌグダルスの死後世界――彼の旅行記には現世のエピソードはふくまれていない――はアルベリクスの死後世界に較べるといくらか整然としている。未来のモンテ＝カッシーノの修道士として、まずトヌグダルスは、人殺し、裏切者、守銭奴、泥棒、誘拐者、大食漢、姦淫者など、さまざまの種類の罪人が拷問されているひと続きの場所を通る。彼らが罰せられている場所は、深い谷、そびえ立つ山、広漠たる湖、広大な家屋など、みな桁はずれに大きい。なかでも山はダンテを俟って特別の盛運に向かうことになるだろう。魂は山上で極暑と極寒とに交互にさらされる。暗闇と悪臭が支配する。怪獣がさらに恐怖心をかきたてる。一頭は氷に閉ざされた湖上に座し、火を吐く口で魂を食らい、消化しては吐き出す（古い印欧系遺産）。転生した魂は鋭くとがったくちばしを持っていて、われとわが身をついばんでは引き裂く。この怪獣のいけにえとなるのは姦淫者、特に女犯の罪を犯した修道士である。ピラネージ風のイメージのなかにトヌグダルスが見るのは、巨大なかまどの中でパンのように焼かれる大食漢の魂や、シューシューと音を立てて燃える炉の並ぶ谷間で、火の神《ウルカーヌス》という名を持つ鍛冶屋の獄吏に手術される、罪に罪を重ねた人間の魂である。見られるように罪と悪徳の特性とならんで、罪の量の観念が際立っている。そして、これは正義＝裁きの観念に憑かれた一二世紀の時代的特徴であるが、天使が恐れおののくトヌグダルスに対して、神はそれでも慈悲深く、とりわけ公正であることを強調して言う、《ここでは各人は裁きの判決にしたがって、功罪に比例して罰を受けるのだ》と。

次いで深い断崖に沿って下層地獄への下り坂があり、トヌグダルスの経験には較べるものがないほどの恐怖と悪臭と暗闇とで、そこに近づいたことが察知される。貯水槽のような長方形の穴があって、そこから、まるで火の粉のように見える悪魔と人魂とをいっぱい含んだ焔が、煤と悪臭を放ちながら燃え上っている。火の粉は舞い上ってきては掻き消え、再び奈落の底へ落ちて行く。とうとう地獄の門に着いた。暗闇に沈む劫罰を受けた者たちの目には見えないものを――トヌグダルス自身の姿も、もちろん彼らには見えない――生者として目撃する特権を彼は得るのである。ほかならぬ暗闇の帝王の姿も見える。これまでに見たどんな獣よりも大きな獣だ。

それから悪臭と暗闇とが消え去って、トヌグダルスと天使が目にするのは、大きな壁の下で悲しげに風雨にさらされている多数の男女の姿だ。天使の説明によると、この男女は全面的には邪悪でない人たちで、彼らは恥ずかしからぬ生き方をしようと努めはしたが、貧者に現世の富を分かち与えなかった咎で、数年の間、雨に打たれながら、よき平安 (requies bona) に導かれる日を待たなければならないのである。とある扉を通って壁の向こう側に出ると、トヌグダルスと連れの天使の目に映るのは、馥郁たる香りに包まれ、花々が咲き乱れ、光り輝いて心地よげな美しい野で、多数の男女が楽しそうに跳びはねている。彼らは全面的には善良でない人たちで、地獄の責め苦から救い出されるに足る功徳は積んだのであるが、聖人の仲間に加えられるにはまだ功徳が足りない。野原の中央には青春の泉があって、その水を飲む者は永遠の生命を得る。

物語はここで、甚だ興味深いことに、伝説上のアイルランド王たち――トヌグダルスは明らかに彼らを歴史的実在人物と見なしているが――を想起する。悪王といえども悔い改め、善王といえどもいくばくかの罪を犯した者たちである。彼らはここで服役中であるが、刑期が明けようとしている者もある。ベネディクト会的忠誠心がアルベリクスの夢に霊感を与えていたのと同様に、ここにはアイルランドの《民族主義》が顔をのぞかせている。そこにはまた王への戒告の伝統、シャルル肥満王の夢物語ですでに遭遇した死後世界の政治的利用の例が見られる。浄罪の場（この言葉はまだ用いられていないが）の存在は、王政への節度ある批判を可能にし、王政は称賛されると同時に厳しく罰せられもするのである。

ダマクス王とコヌア王が登場する。極めて残忍で不倶戴天の敵同士だったのが、後に温和な人間になり、互いに友情で結ばれ、死ぬ前には悔い改めたという王である。アイルランド諸氏族《クラン》統一への呼びかけをそこに読み取るべきか。とりわけ注目されるのはコルマクス（コーマック）王の出現である。彼は金銀の壁をめぐらせた美麗な屋敷の中にある玉座に着いていて、ドアも窓もないその屋敷には、どこからでも自由に入って行ける。王はこの世にあるとき財物を分ち与えてやった貧者や巡礼にかしずかれている。しかし程なく屋敷は暗くなり、住人たちは表情をかげらせ、王は涙を流し、立ち上って出て行く。霊魂はみな両手を天に挙げ、《あなたのしもべに憐れみをたれたまえ》と神に懇願する。すると、臍まで火につかり上体に苦行衣をまとった王が現われる。天使の説明では、王は毎日三時間責め苦を受け、二一時間休む。臍まで責め苦を受けるのは王が姦通者だからであり、上体の責め苦は聖パトリキウスに近いある伯爵を殺害させたこととと、偽誓の罪を犯したことに対する罰である。ほかの罪はみな許されている。

最後にトヌグダルスと天使は、壁に囲まれた三つの場所から成る天国に到着する。銀の壁は善良な夫婦の居住区を、金の壁は殉教者と純潔な乙女、修道士と修道女、教会の守護者と建設者の居住区を、宝石の壁は処女と九つの階級の天使たち、証聖者ルアダン、聖パトリキウスと四人の司教（アイルランド人！）

の居住区をとりかこむ。この夢を最後に、トヌグダルスの魂は彼の肉体に戻るのである。

トヌグダルスの夢がはっきりと示していることは、死後世界の地理が依然として細分化されたままではあっても——狭義の地獄が一つに見えるとしても、それは地獄が訪問不可能だからにすぎない——浄罪の場の区画区分が三つの原則にしたがって整えられようとしていることである。第一は地理学的原則であり、地形と気温の点で対照的な場所が交代して現われる。第二は道徳的原則であって、悪徳の種類に応じて浄罪者の振り分けが行なわれる。第三は神学的とは言わないまでも、本来の意味での宗教的原則であって、人間は次の四範疇に分類される。すなわち、死後直ちに天国へ行く全面的に善良な人と、死と個別的審判の後(トヌグダルスは劫罰に処せられる者は《すでに裁かれている》ことを強調している)直ちに地獄に送られる全面的に邪悪な人と、それに全面的には善良でない人と、全面的には邪悪でない人とである。だがトヌグダルスは最後の二範疇に関して、明瞭さを欠いている。文字通りにとると、この二範疇は上層地獄で拷問を受ける罪人の全体からはっきり区別されていることになろう。全面的には邪悪でない人に関して、トヌグダルスは徒刑場通過には一切言及せず、飢えと渇きに苦しみながら風雨のもとで《数年間》を過ごすという運命を彼らに課すことで満足している。全面的には善良でない人に関しては、天使はトヌグダルスに対して、《彼らは地獄の責め苦から救い出された》のだが、まだ真の天国に入るには値しないと言うのである。

この夢物語の成立年代を考えると、「浄罪」の観念(およびこの語の使用)が見られないのには、なおのこと驚かされる。トヌグダルスは文学的神学的遺産の全体を一つの夢物語にまとめ上げようと無器用につとめたのだが、統一に失敗した。一方では二つの地獄の存在を認めながら、上層地獄の役割を明確になし得なかった。他方では善悪に関して人間を四範疇に区分するアウグスティヌス的理論を採りながら、うまく上層地獄に配当することができず、はみ出た分を新しい場所をつくり出してそこに置いた。こうして死後世界の五地域分割の傾向が生じているのだが、これは死後世界の再編成のために一二世紀に粗描された解決策の一つである。この着想の最大の弱点は（私がここで敢えて価値判断の言葉を用いるのは、《合理化の》時代の聖職者のもとで、また大衆の間で、煉獄に成功を得さしめた一つの大きな要因は、煉獄体系の整合性であったと思うからであるが）、トヌグダルスが全面的には善良でない人と、全面的には邪悪でない人の待機の（そして罪に応じて緩和の度を異にする償いの）場所を、下層地獄の場所と関係づけ得なかったことである。まずある場所を、「次いで」別の場所をという具合に継起的に通過させることにすれば、アウグスティヌスの提起した問題に具体的な解を与え得たであろう。トヌグダルスがそうしなかったのは、きっと彼の空間概念がまだ混乱していたためばかりではなく、とりわけ（繰り返して言うが空間とは不可分の）時間概念が邪魔したからでもあろう。彼にとって死後世界は終末論的時間に支配されていて、その時間はこの世の歴史的時間とはほとんど類似点をもたない。ここかしこで、《数年》という期間が死後世界の中に紛れこんではいるが、その間に秩序立った継起関係はない。死後世界の時間は統一されていない。現世と来世における人間の二重の時間についてはなおさらである。

アイルランドにおける発見——《聖パトリキウスの煉獄》　第四番目の空想旅行記はある修道士——但しシトー会士——の手に成るものであるが、伝統的な諸特徴のただなかにいくつかの重要な新事実をもたらしている。とりわけ重要なのは、そこでは「煉獄」が死後世界の三つの場所の一つとして、その名を明示されていることである。煉獄の勝利に決定的ではないにしても重要な役割を演じているがゆえに、煉獄の歴史のなかで枢要の地位を占めるこの小品は、かの有名な『聖パトリキウスの煉獄』である。[20]

作者は執筆当時ハンティングドンシャー、ソールトレーのシトー会修道院に住んでいたHという名の修道士である（このイニシアルを一三世紀にパリのマタエウスがヘンリクス Henricus つまりヘンリーに変えているが、根拠はない）。Hにこの物語を書くように要求したのは、サーティス（今日のベッドフォードシャー、ウォードン）のシトー会修道院長で、彼はこの話をギルベルトゥス（ギルバート）という別の修道士から聞いたのである。ギルベルトゥスはルーダ（今日のハンティングドンシャー、ラウスパーク）のシトー会修道院長ゲルヴァシウスによって、修道院の創設に適した場所を探しに、アイルランドに派遣された人物である。彼はアイルランド語を知らないので、通訳兼ボディガードとして騎士オウエインを同伴する。このオウエインが『聖パトリキウスの煉獄』で自分が主人公となった冒険物語を、彼に語ってきかせるのである。

著述のまえがきで、ソールトレーのHはアウグスティヌスと、特にグレゴリウス大教皇とを引き合いに出して、死後世界に関する夢と啓示の物語が、どれほど生者の教化に有益であるかを想起させている。特に有益なのは「浄罪の」という形容詞を冠して呼ばれる（que purgatoria vocatur）刑罰のさまざまの形態であって、存命中かずかずの罪を犯しながらも義人としてとどまった者たちは、この罰を受けることでその罪を浄められ、予定されている永遠の生へと到達し得るのである。懲罰は罪の重さと、罪人の性質の善し悪しの程度に比例している。そしてこの罪と罰との段階に対応して、刑罰の場、つまり地下地獄——まっ暗な牢獄と考える人もある——にも階層が存在する。最大の拷問の場は下層にあり、最大の喜びの場は上層にあり、中程度に良くも悪くもある報いは中層にある（media autem bona et mala in medio）。ここで見てとれるように、ソールトレーのHは（アウグスティヌスの四範疇に代って）三範疇分割と中間の観念を採用したのである。

浄罪の罰においても量刑は功徳の多寡に応じ、罰を受けたのち神から地上の肉体に戻ることを許された魂は、記念、証拠、戒告として、肉体的な傷痕に似たしるしを帯びる[21]。

さて、聖パトリキウスが強情なアイルランド人たちに大した成功も得られぬまま福音を説き、地獄の恐怖と天国の魅力とに訴えて彼らを回心させようと努めていたときに、イエスはある荒涼たる場所で丸くて暗い穴（fossa）を指して彼にこう言った。もし本当に悔い改めと信仰の心に動かされている人がこの穴の中で一昼夜を過ごせば、その人はあらゆる罪から浄められ、悪人の業苦と善人の喜びを目のあたりにすることができるであろう、と。聖パトリキウスは急いでその穴のほとりに教会を建立し、そこに修道参事会員らを住まわせ、穴のまわりに塀をめぐらし、門を閉ざして、鍵は教会の小修道院長が保管した。聖パトリキウスの時代以来、数多くの悔悛者がこの穴を体験したものと思われるが、聖パトリキウスは彼らの報告を文書に記録するように命じたという。この場所は煉獄と名づけられ、聖パトリキウスが最初の体験者であったことから、聖パトリキウスの煉獄（sancti Patricii purgatorium）として知られるようになった[22]。

当時の習慣では、聖パトリキウスの煉獄を体験しようとする者は教区の司教の許可を得なければならず、司教もまずは志願者を思いとどまらせるよう努力しなければならないことになっていた。どうしても断念させることができない場合に司教は許可を与えるのだが、その許可は教会の小修道院長に委任され、こんどは小修道院長がこの体験で生命を落とした者が多い旨警告を発して、別の償いの方法を選ぶように説得に努める。これもまた失敗に終ると、小修道院長はまず教会で二週間祈りの日を過ごすように命じる。この二週間が終ると、志願者はミサに列して聖体を拝領し、聖水でもって厄払いを受ける。それから彼は聖歌を唱する行列に導かれて煉獄に向かう。小修道院長は、そこには悪魔がいて、これまでにそこを訪れて姿を消した者が多いことにあらためて注意を促しながら、門を開く。志願者の決心が変らなければ、彼はすべての司祭の祝福を受け、十字を切りながら中へ入って行く。小修道院長がふたたび門を閉ざす。翌日、同じ時刻に行列が穴のある場所に戻ってくる。悔悛者が門から出てくれば、彼は教会に帰り、そこで祈りのうちに二週間を過ごす。もし門が閉ざされたままであれば、彼は死んだものと見なされ、行列は引き上げるのであった。ここに見られるのはある特殊な形態の「神明裁判《オルダリー》」であって、おそらくケルトの伝統特有の類型に属するものであろう。

ここでソールトレーのHは話を自分の時代へと（hiis nostris temporibus）飛躍させているが、彼自身がはっきりと言っているように、それはスティーヴン王の時代（一一三五―一一五四）である。一三世紀になると、パリのマタエウスがさらに時を特定して――といっても何の根拠もないのだが――騎士オウエインの冒険を一一五三年に置くことになろう。どのような性質のものかはっきりしないが、とにかく重い罪を背負った騎士オウエインは、神明裁判の予備段階を無事に切り抜けて、自信をもって、元気に穴の中に入って行く。彼は結局、自分の企てを騎士道的な冒険と考えており、大胆不敵に単身それにいどむのである（novam gitur miliciam aggressus miles noster, licet solus, intrepidus tamen）……[23]。だんだん光量の少なくなる薄暗がりの中を進んで行くと、彼は修道士のような風体の、白衣をまとった人が一二名住んでいる修道院のようなところにたどりつく。彼らの長が試練の決りを教える。悪魔が彼をとりかこんで、恐ろしい拷問を見せて怖がらせようとしたり、もっともらしい言葉をあやつって誘惑しようとしたりするというのである。もし彼が恐怖あるいは誘惑に負けて道を引き返したりすると、霊肉ともに破滅である。くじけそうになったら、イエスの名を呼んで助けを求めなければならないという。

その時、悪魔がどっと乱入してくる。地獄の旅が終るまで悪魔は彼を離さない。まわりはといえば、まっ暗闇のなかに拷問の炎が時折チラチラと浮かび上がらせる恐ろしい光景、吐き気を催させる臭気、衣を裂く悲鳴。耐えるべき試練の一つ一つを騎士はイエスの名を呼びながら見事に克服し、一つの試練が終るたびに、断念と後退とを拒みつづけるだろう。したがって一つ一つの挿話の結末については語らないでおこう。悪魔たちはまず旅の発端となる家の広間に薪を積み上げ、その上に騎士を放り上げようとする。剣のように鋭く、かみそりのように身を切る風が吹きすさぶ荒涼たる暗黒地帯を通りすぎると、騎士は途方もなく広々とした野に出る。そこには裸の男女が地面に横たえられ、手足を貫く灼熱の釘で大地につなぎとめられている。二番目の野に足を踏み入れると、あらゆる身分の老若男女が、うつ伏せにあるいは仰向けに身を横たえて、火を吐く龍や蛇やひきがえるの餌食になっている。三番目の野では四肢を灼熱の釘で貫かれた男女が悪魔に鞭打たれている。次に四番目の野、これこそ手をかえ品をかえての真の拷問の場で、ある者は目、耳、のど、手、胸、あるいは性器に鉄の鉤を引っかけて宙吊りにされ、またある者は地獄の調理場の材料となって、オーブンやフライパンで焼かれたり、串に刺して焙られたりしている。次に騎士が見たのは大きな火の車輪で、これに男たちがくくりつけられ、全速力で炎の中を回転している。火の車輪の次は大きな浴場で、多数の老若男女が沸騰する金属を満たした桶に浸けられている。全身すっぽりと浸っている者もあれば、眉、唇、首、あるいは胸、あるいは臍、あるいは膝まで浸っている者もあり、なかには片足、片手だけ浸っている者もある。次いでオウエインは、険しい岩壁にはさまれ、そこから火の河が流れ出ている山に着く。山頂には大勢の人がいて、身を切るように冷たい暴風が吹き荒れ、その人たちを河へ吹き落す。山腹をよじ登って河から逃れようとしても、鉄の鉤をもった悪魔どもがいて、引きずり落す。

最後に騎士が見たのはすさまじい異臭を放ちながら井戸から立ちのぼる黒い炎で、数え切れぬほどの魂がまるで火の粉のように舞い上ってはまた落ちて行く。連れの悪魔どもが彼に説明して、《これが地獄の門、ゲヘナの入口、死の国への大道だ。ここへ入るものは二度と出てくることはない。地獄には贖いはないからだ。この業火は魔王とその手下のために用意されている。おまえもその仲間であることを否定できない》と言う。井戸にくわえこまれそうな気がして、オウェインはまたもや神の名をとなえる。すると彼は井戸から離れて、大きな火の河に面して立っている。河には橋がかかっているが、とても渡れそうにない。というのはあまりにも高すぎて目まいを覚えざるを得ないし、あまりにも狭すぎて足の置き場がないし、あまりにも滑りやすくて体を支えていることができないからだ。下の河の中には、悪魔どもが鉄の鉤をもって待ちかまえている。オウェインはもう一度イエスの名を呼び、橋を渡りはじめる。進むにつれて橋は安定の度を増し、幅も広くなり、中程にくると右を見ても左を見ても河は目に入らない。怒り狂う悪魔どもの最後の努力を逃れて橋を下りると、彼は高々とそそり立つ壮麗な壁の前に立っている。その門は宝石をちりばめた純金でできており、得も言われぬ芳香を放っている。門をくぐると不思議の国だ。

行列の先頭に立つ大司教のような二人の人物がオウェインに声をかけて言う。《そなたの見たものの理《ことわり》(rationem)を説明して進ぜよう(24)》。そう言って彼は言葉をつづける。

《ここは地上楽園なのだ。私どもがここに戻れたのは、そなたがここへ来る途中で見た責め苦のかずかずによって——というのも死ぬ前に地上で罪の償いを全うしていなかったからだが——罪ほろぼしを終えたためである。私どもは犯した罪の軽重によって一定の期間、責め苦の中にいたのだ。さまざまの刑罰の場でそなたが見た人たちは、地獄の入口の下にいる連中は別として、罪の浄めがすめば私どもが今いる安らぎに至り、最後には救われるのである。ああして拷問にかけられている者は、どれくらいの期間、刑罰の場にいなければならないかを知ることはできない。彼らのために行なわれるミサや、賛美歌や祈りや施しによって、試練を軽減したり短縮したりすることが可能だからである。同様に、このように大きな安らぎと喜びとを享受しながら、まだ天に上るだけの資格を与えられないでいる私どもも、いつまでも限りなくここにいるわけではない。毎日、私どものうちの何人かが地上楽園から天上楽園へと移っているのである。》

こう言って二人の男は騎士を山の上にのぼらせ、天国の門を指す。天国の門からは舌のような炎が降りてきて、彼らを甘美な感覚で充たす。だが《大司教》はオウエインを現実に引き戻す。《そなたが見たがっていたもの、福者の安らぎと罪人の拷問の一部を、そなたは見たわけだ。さあ、いよいよ来たときと同じ道を通って帰らなければならない。これからさき俗世で正しく生きれば、そなたは死後きっと私どもの仲間入りをするだろう。だが悪い生き方をすれば、どんな拷問が待っているかは、たった今そなたが見た通りだ。帰りはもう悪魔を恐れる必要はない。彼らがそなたを襲うことはなかろう。責め苦を恐れることもない。責め苦がそなたを傷つけることはないだろう》。騎士は涙ながらに帰途につき、ついに冒険のはじめに出会った一二名の人物に再会する。彼らは騎士を祝福し、罪が浄められたことを宣告する。小修道院長が門を開くと騎士は聖パトリキウスの煉獄から出てくる。そして教会で二度目の二週間の祈りを終える。この後オウエインは十字軍に参加し、エルサレムへの巡礼に旅立つ。帰国すると彼は主君である王のもとに伺候し、身を寄せるべき修道会を指示してくれるように求める。ちょうどルーダのギルベルトゥスが使命を帯びて出発しようとしていた矢先のことだったので、王はオウエインに彼の通訳を務めるように勧める。騎士は大いに喜んでこの申し出を受けいれる。《死後世界においてシート会ほど大きな栄光に包まれた修道会は見たことがない》からだ。彼らは修道院を建てることになるだろう。だがオウエインは修道士にも助修士にもなることを望まず、ギルベルトゥスの従僕であることに甘んずるであろう。

死後世界のイメージがこの物語の成功に大いに関与しているに違いないとしても、それはわれわれにとって物語の中で最も重要な要素ではない。ここに見られるイメージはパウロの黙示録以来の伝統的要素の大部分を含んでおり、その後の夢の要素、とりわけ『神曲』の要素を予告している。だがそれは特に煉獄のイメージというよりは、地獄のイメージである。とはいっても、いくつかの主題はここにはほとんど現われず、それらがここに欠如しているという事実は、後にそうした主題がほとんど姿を消してしまうという事情に、きっと影響しているものと思われる。例えば火は、事実上、寒気を放逐してしまっている——燃え立つ熱気と凍てつく寒気との一対が、かつては死後世界のイメージの典型的な一要素であったのだが。

ドリテルムスの夢においては、死後世界の探訪者は、左斜面は恐ろしい火で燃え立っているのに右斜面は猛吹雪に襲われている大きな深い谷に着く。同様に、トヌグダルスは下層地獄に行く前に通るある場所で、《狭い小道が走っていて、その片側は硫黄の火が鼻をつく異臭を放って煙を上げているのに、反対の側は氷に覆われ風が激しく吹きつけている大きな山》に出くわしている。

聖ベルナルドゥスのものとされている説教では、《煉獄にあって罪の贖いを待っている者は、まず、あるいは灼熱、あるいは極寒に身をさいなまれなければならず……》と述べられている。

しかし冷気が懲罰として持つ意味は、ずっと前から、もはや明瞭には感知されなくなっていた。恵みの「清涼域《レフリゲリウム》」という観念が多かれ少なかれ懲罰としての意味を覆いかくしてしまったのである。

「シャルル肥満王の夢」においては、冥界につれてこられた夢見る帝王は、父ルイ・ゲルマン人王（ルートヴィヒ・ドイツ人王）が煮えたぎる湯に腿までつかって立ちながら、彼にこう言うのを聞く。《怖がることはない。おまえの魂が肉体に戻ることは私には分かっている。おまえがここに来ることを神がお許しになったとすれば、それはどのような罪でこの私が、おまえが見たすべての人と同じように、このような責め苦を受けているかをおまえに見せるためなのだ。このように私はある日は煮えたぎる湯の池に入れられていても、次の日には冷たい水を湛えた別の池に移される……》と。このテクストでは、筆者は懲罰の儀式がもともと持っていた意味を見失ってしまって、冷水の通過は聖ペテロと聖レミギウスのとりなしによって、帝王が得る恩恵として提示されている。

『聖パトリキウスの煉獄』においては、冷気が問題になるにしても、それはもはや煉獄の涯に位置する山の頂を吹く冷たい風に因んでのことでしかない。一二世紀には浄罪の場そのものを表わした火が、浄罪の場から冷気を追いはらったのである。煉獄の誕生が「清涼域《レフリゲリウム》」にとどめの一撃を加え、アブラハムのふところの消滅を告げる。[25]

『聖パトリキウスの煉獄』は世に出るや直ちに大成功を博した。シェイン・レズリーは、この作品は《中世のベスト・セラーの一つ》であったと書いている。作品の成立年代は確かではない。通例一一九〇年前後とされているが、その理由はイングランドの著名な女流詩人マリ・ド・フランスによる仏訳が、一二世紀末の一〇年間より後のものであるとは、ちょっと考えられないからである。他方、聖人としてこの作品に引用されているマラキアスは一一九〇年に列聖されている。しかし起草年代を一二一〇年ごろまでおくらせる学者もある。[26]私は年代学的にできるかぎり正確に、「煉獄」purgatorium という語がはじめて現われた時期と、この語の出現が意味する死後世界表象における決定的進化の時期とを確定しようと努めたのであるが、『聖パトリキウスの煉獄』の成立年代として一一九〇年よりも一二一〇年を採るということは、われわれの研究目的からすれば、さして重要なこととは思えない。肝要なのは死後世界の新しい場所が二つの時期に(一つは一一七〇年ないし一一八〇年に、パリの教師たちとシトー会修道社会に盛り立てられて、神学的・霊的文学の領域で、いま一つは一一八〇年ないし一二一五年に、夢物語文学の領域で)具体的な形をとったということである。事実、一一八〇年ないし一一八三年にファーネスのジョスリンが書いた『聖パトリキウス伝』も聖パトリキウスの煉獄について語っており、その場所はコナハト地方のクルアハン・エーグル山ということになっている。[27] 信仰、心性、感受性の歴史における実際の出来事について、日付はおろか年代さえ滅多に確定できるものではない。煉獄の誕生は一二世紀から一三世紀への転換期における一つの現象というべきである。

ひるがえって、はっきりとその名で呼ばれ地上のある場所に存在するものとされる「煉獄」についての記述が、一二〇〇年ごろに現われたという事実はたいへん重要である。ソールトレーのHの作品が成立したのは、この伝説の出現および一つの巡礼地の誕生と、ほぼ同時代のことに違いない。聖パトリキウスの煉獄は――騎士オウエインの話には触れずに――ウェールズ人ギラルドゥスあるいはカンブリアのギラルドゥス（ギラルドゥス・カンブレンシス）の『アイルランド地誌』Topographia Hibernica にも現われる。といっても――この『地誌』の初版は一一八八年であるが――聖パトリキウスの煉獄には最古の写本では言及されておらず、ただ一三世紀前半の写本の欄外に書き加えられているにすぎない。ギラルドゥス・カンブレンシスは既に一一八五年から一一八六年にかけてアイルランド旅行をすませていた。『アイルランド地誌』第二部第五章で、彼はウルスター地方のある湖について述べている。その湖には島が一つあって、島は二つの部分に分たれている。その一つの部分は美しく快適で、正式の教会があり、聖人が頻繁に訪れるので有名な場所である。もう一つの部分は人跡未踏の恐ろしい場所で、悪魔の手に委ねられている。地面には穴が九つ開いている。勇を鼓してこの穴の一つで夜を過ごす者は、悪霊のとりことなって、一晩中あらゆる種類の恐ろしい責め苦と形容を絶した業火の洗礼を受け、朝になって行ってみると、ほとんど息も絶え絶えの状態で見出される。悔い改めのために一度この責め苦を受ければ、間に極めて重大な罪を犯した場合は別として、死後、地獄の罰を免れることができるという話である。[28]

この島はステーション・アイランドといって、ドニゴール伯爵領のロッホ・ダールグ（赤い湖）に浮かぶ。伯爵領はエール（アイルランド共和国）の一部で、英領北アイルランドとの国境にごく近い。聖パトリキウスの煉獄はその地で一二世紀末から巡礼の対象となっていたように思える。教皇アレクサンドル六世は一四九七年にこれを断罪したが、礼拝堂と巡礼とは一六世紀には復活し、一六三二年、一七〇四年、一七二七年の新たな破壊と禁圧にも堪えて生きのびた。一七九〇年以後、巡礼はことのほか活況を呈し、大きな礼拝堂が建立された。一九三一年には聖パトリキウスに奉献された新しい大教会堂が完成し、この巡礼地は六月一日から八月一五日までの間に、毎年およそ一万五千人にも達する巡礼を呼んでいる(29)。

しかし一二世紀末には、聖パトリキウスの煉獄は、そのアイルランドのキリスト教およびパトリキウス信仰との結びつきにもかかわらず、近代および現代におけるカトリック的・アイルランド的民族主義の色彩を、おそらくはまだ帯びていないであろう。巡礼地を世に出し、それを管理したのは、どうやらイングランドの修道士のようなのである。

マリ・ド・フランスの翻訳(30)に次いで、ソールトレーのHの『煉獄』はラテン語版とならんで、俗語、とりわけフランス語と英語の翻訳を数多く世に出す(31)。ラテン語版はウェンドーヴァのロジャーによって、一二三一年以前に編まれた『歴史の精華』Flores Historiarum に再録される。その著『大年代記』Chronica majora でロジャーの後を継ぐパリのマタエウスは、物語を逐語的に反復している。煉獄の普及に大いに貢献したドイツのシトー会士、ハイステルバッハのカエサリウスは、ソールトレーのHの作品を知ってか知らずか、その著『奇跡に関する対話』Dialogus miraculorum（第一二章三八節）で、《煉獄を疑う者はアイルランドに行き、パトリキウスの煉獄に入ってみるがよい。それからさき煉獄の罰を疑うことはあるまい》と書いている。一三世紀の、最も影響力の強かった教訓物語の著者たちのうち五人が、聖パトリキウスの煉獄を利用している——すなわち、ヴィトリのヤコーブスはその著『東方物語』Historia orientalis において（第九二章）、ドミニコ会士ボーヴェのヴィンケンティウスは『歴史の鏡』Speculum historiale において（第二〇巻二三—二四章）、同じくドミニコ会士エティエンヌ・ド・ブールボンはその著『説教提要』Tractatus de diversis materiis praedicabilibus において（後述）、ローマンのフンベルトゥスは『恐怖の恵み』De dono timoris において、そしてヴォラギネのヤコーブスはその有名な『黄金伝説』において——。『黄金伝説』には、はっきりと、こう書かれている。《聖パトリキウスは啓示によって、この井戸が一つの煉獄に通じていること、そしてそこに降りることを望む者は、そこで彼らの罪を償い、死後いっさい煉獄を免除されることを知った[32]》と。メッスのゴスアンもその著『世界の姿』のなかで聖パトリキウスの煉獄について語っている。この著は一二四五年と一二四八年に韻文で二度編まれ、一二四六年には散文版が出ている[33]。これらの版の一つから引用してみよう。

アイルランドに湖ひとつ
昼も夜も火のごとく燃え立ち
ひと呼んで聖パトリキウスの煉獄、
今日なお
悔い改めの足らざる者
この地にきたりなば
忽ちにして神隠しにあい
その運命《さだめ》知る者なし、
されど罪を告白し

悔い改めの心ある者
いくたの責め苦を堪えしのび
その罪より浄めらる、
罪多からば苦また多し。
この場所より戻りし者
世の快楽《けらく》に心冷え
笑いさざめくすべ忘れ
涙にかき暮れ
世の禍事《まがごと》(34) ひとの罪多きを
嘆くばかり。

博学の聖ボナヴェントゥーラはこの書を原典もしくは要約で読み、ペトルス・ロンバルドゥスの『命題集』への注解のなかで、これに言及している(35)。フロワッサールは、一三九四年にアイルランドに旅したイングランドの貴族ウイリアム・ライル卿に、聖パトリキウスの煉獄を訪れたか否かを問うている。ウイリアム卿は煉獄を訪れたばかりか、ひとりの仲間と一緒に有名な穴の中で一夜を過ごしたと答えている。彼はその穴のことを地下蔵《セリエ》と呼んでいる。彼らはそこで眠ってしまい、夢に幻影を見たが、ウイリアム卿の確信するところでは《それはみな、気の迷いにすぎない(36)》。時代には稀な疑い深さというべきか。

ダンテはソールトレーの H の作品を熟読した。この書の名声は、伝統的に中世と呼びならわされている時代とともに消え去ることはなかった。ラブレーとアリオストもこの書に言及している(37)。シェークスピアはこの物語をハムレットの観客にはすでに馴染みのものと見なしているし、カルデロンもそれを主題にして芝居を一つ書いている[38]。知識人向けと大衆向けとを問わず、文学における聖パトリキウスの煉獄の流行は、少なくとも一八世紀まで続いたのである[39]。

しかし聖パトリキウス崇拝およびソールトレーのHの作品において肝要な点は、いまや死後世界の新しい場所すなわち煉獄の描写が、はっきり煉獄と銘打って行なわれるようになったということであり、またオウエインの訪れた天国の控えの間は措くとして、この作品には死後世界の三つの場所があるということである。オウエインがまだ足を踏み入れていない地獄および天国とならんで、大胆な悔悛の騎士によって念入りに踏査され描写された煉獄が存在するのである。しかもこの死後世界の地理は現世の地理に組みこまれている。セッテフラーティのアルベリクスが示したようなぎこちない並置によってではなく、現世における煉獄の入口の位置を正確に定めることによってである。まだ作図法が揺籃期にあって、天国（実を言えば地上楽園）を生者の世界と連続に位置せしめていた時代の信仰と心性とに、これほど適合したものが他にあろうか。煉獄の空間化の過程が進行するにつれて、煉獄訪問を許された生者たちのためにその入口を見つけだし、現世との連絡路を提供することが必要となる。この入口は長い間、多少とも地獄の入口と混同され、その結果どうしても「井戸」というイメージが幅をきかすことになってしまったのである。煉獄の入口に関する地形図は、ほら穴や洞窟としっかり結びついてしまう。聖パトリキウスの煉獄の大成功は、それがアイルランドのある島の洞窟に位置するだけに、煉獄の井戸というイメージを強化することになるだろう。この成功の著しい徴候の一つは、一六世紀にオルヴィエト[一五]に造成された桁はずれの土木構築物に与えられている「聖パトリキウスの井戸」Pozzo di San Patrizio という伝統的呼称である。

はたしてイングランド・アイルランドのキリスト教は、その独自の煉獄を、競争相手なく全キリスト教圏に課すことになるであろうか。キリスト教世界の他端、南イタリア、大西洋岸ならぬ地中海の沿岸でも、ずっと以前から素描を試みられていたもう一つの煉獄が、いよいよ明確な形をとりはじめる。舞台はシチリア島である。

シチリアの試行

われわれの知るところでは、煉獄旅行に関するイングランド・アイルランドの記録は八世紀のはじめベーダにまで遡るのであるが、それと並んでシチリアの記録があり、これはイングランド・アイルランドの記録以上に長期間にわたり、七世紀から一三世紀におよぶ。それはすでに見たようにある隠修道士の物語であって、リパリ諸島のさるクリュニー会修道士が収集し、まずヨツアルドゥスが、次いでペトルス・ダミアーニがクリュニー会修道院長聖オディロ（在任九九四―一〇四九）の伝記のなかで紹介したものである。ある山の噴火口の中から、罪の浄めを受ける死者たちの嘆きの声がきこえてくる。[40]

一世紀後、ヴェズレーのユリアーヌスが行なった最後の審判に関する説教第二一は、二つの点でわれわれの研究を利する。まずわれわれの関心をそそるのは死に関するある種の感受性についての、かなり風変りな証言である。なるほどそこには、俗世の快楽を放棄しなければならないという古代的伝統と、現世の事物からの解脱を説く修道院の伝統の両方が、発想源として働いていることが認められはする。しかし現世に対する強い喜び、とりわけ、田舎の荘園、豪壮な邸宅、衣裳や毛皮、美術品や馬、肉体的快楽など、贅沢三昧にふけることのできた当時の支配階級の強い現世享楽の反響が、そこにははっきりと聞きとれるのである。こうしたさまざまの贅沢は新しい精神状態、つまり現世重視の心理の徴候であって、そうした心理は世界の存続に対する関心がなぜ増大し、したがってまた個人の死と世界の終末との間に介在する期間の性質が、なぜ熱心に問われるようになったかを説明する際の枠組となるものである。ヴェズレーのユリアヌスは、次のように明言している。

私には恐ろしいことが三つあり、思い浮かべるだけで、心が恐怖に打ちふるえる。それは死と地獄と来るべき審判とである。

だから私は近づいてくる死に脅えている。死は私を肉体から引きはなした後、みなが共有するこの快い光明から、信仰にあつい人たちのために用意された如何なるものとも知れぬ場所へ、私を移行せしめる……。私が去った後、人類の歴史は私のいないまま繰り広げられるだろう……

いざさらば、居心地のよい（hospita）大地よ、私はおまえの上で久しくはかないことのために骨身をけずり、おまえの上で泥の家に住まってきた。いま私はその家を出る——

泥の家とはいえ不承不承（invitus）出て行くのだ……そう、不承不承、追いたてられるから仕方なしに、出て行くのだ。青白い顔した死神が私の隠れ家に押し入って、いやがる私を戸口まで引っ立てて行く……

この世とともに、この世に属するすべてのものに別れを告げるのだ。この悲しい日、浮世の栄光とはお別れだ。いざさらば、栄誉よ、富よ、資産よ、心を魅する広大な牧場よ、豪邸の大理石の床よ、天井画よ！　それに、ああ、波紋織、リスの毛皮、千紫万紅のマント、銀盃、増上慢の富者がこれ見よがしに打ちまたがるいななく駿馬など、これらをいったい何といおうか！　だが、こんなものはみな、まだ大したことではない。見目うるわしい妻と別れ、子と別れ、自分の肉体を後に残して行かなければならないのだ、死神の手から解放できるなら、千万金を積むことも敢えていとわぬその肉体を……(41)

ウェズレーのユリアヌスの説教がわれわれの関心をそそる第二の点は、この世で死後世界への入口がある場所として、あらためてシチリアに言及されていることである。

次に引くのは永遠の業火に身を焦がす人たちと、浄罪の火の中で罪の償いをしている人たちへの、最初の言及である。

ゲヘナの火に焼かれている人たち、その永遠の業火ゆえに「エトナ」Et(h)na という語に因んで《異教徒《エトニック》》と呼ばれ、これからさき如何なる安らぎも期待できない人たちのことはさておいて、そういう人たちとは別に……肉体の死の後に、ひじょうに辛く長期にわたる苦役を体験する人たちがある。彼らは存命中、《悔い改めにふさわしい実を結ぶ（ルカ三・八）》ことを拒んだのであるが、死に臨んで告解し、悔い改めの感情を覚えた人たちである。それゆえに彼らは、《父なる神がすべての裁きをゆだね給うた（ヨハネ五・二二）》大司祭の決定に基づいて、浄罪の火の中で、この世でなおざりにしていた罪の償いを全うすることを許されるのである。《信仰の土台の上に積み上げられた木、草、藁》を焼きつくす火は、それによって浄められる人たちを焼く火であり、《その人たちは火を通るようにして救われるであろう》（コリント人への第一の手紙、三・一二―一三、一五）。なぜならば、その人たちは決して浄罪の火から永遠の業火へと移されることはないからである。すなわち《主は同じことを二度裁かれない》（ヨブ三三・一四）[一六]。

少し先で、ふたたびゲヘナの火について、ユリアヌスは次のようにさらに詳細な記述を試みている。

火は絶え間なく焼かれるものを舐めつづけるが、焼きつくしてしまうことはない。例えば火とかげ《サラマンダ》という小さな爬虫類が体に損傷をこうむることなく、火のついた石炭の上を歩くようなものである。また白色石綿が、ひとたび火がつくと、止むことなく燃えつづけながら損耗することのないようなものである。そしてまた、エトナ火山がおそらく天地開闢いらい絶えることなく燃えつづけながら、燃える物質が尽きることのないようなものである[42]。

以上から、中世の聖職者にはおきまりの遊戯、例の思いつき語源説（範を垂れたのはセヴィリアのイシドルス）によって、いかにしてエトナ火山が地上とゲヘナ、生者と死者の連絡地点として、その死後世界における役割を固めるに至ったかが、よく見てとれる。しかし、ここで、地獄と煉獄との境界は、地理的には、どこに設けられるのであろうか。

一三世紀のはじめに面白い資料が一つ出現する。一二一〇年ごろ起草され、ブーヴィーヌの戦（一二一四年）における敗者、ブルンスヴィックのオットー四世に献呈された『皇帝の閑暇』Otia Imperialia という作品がある。作者は、ゆたかな教養と旺盛な好奇心をもつ聖職者で、中世における本物の民族誌学者、イングランド人ティルベリーのゲルヴァシウスである。彼はこの作品において、死後世界について、一方では煉獄の新知識に無知な伝統的諸観念を開陳するとともに、他方では一つの特異な物語を呈示している。第三部の第一七章で、ゲルヴァシウスは二つの楽園と二つの地獄について論じている。地上楽園と天上楽園とがあるように――と彼は書いている――、《地獄も二つある。一つは大地の穴の中にあると言われる地上地獄で、この地獄には懲罰の場からひじょうに遠く離れた一つの場所があって、その静けさと隔たりのゆえに「ふところ」と呼ばれている。ちょうど海のふところ（湾）というようなものである。そして、聞くところによると、これが金持とラザロの譬え話に基づく「アブラハムのふところ」である……。もう一つ、天上の暗黒地獄があって、ちょうど良天使が天上楽園（最高天）にいるのとまったく同じように、そこには悪天使が罰せられるために落されてきている》(43)。ここでゲルヴァシウスの関心を引いているのは、案ずるところ、こうした悪天使（悪魔）たちが地上におりてきて人間の女性と性交し、魔法使メルランとか、未来の反キリストのような、《父無し》とか《処女の息子》とか呼ばれるような、特別の人間を生み出すことである。

もう少し先では、ゲルヴァシウスはさまざまの地理学的な《驚異》、とりわけシチリアのそれを叙述しながら、彼自身がシチリア旅行中に（一一九〇年ごろ）収集した次のような話を物語っている。

《シチリア島のカタニアの町にほど近く、硫黄の火の燃えさかるエトナ火山がある。民衆はこの山をモンジベル(44)と呼び、その地方の住民は、今の世に、その不毛の山腹で偉大なるアーサー王の姿を見たと語っている。ある日、カタニアの司教のひとりの馬丁が、食べすぎて動きが鈍くなり、彼が櫛で手入れしていた馬が逃げ出して、見えなくなった。馬丁は山の急斜面や絶壁のあたりを探したが馬は見つからない。彼の心配はつのり、山の暗い洞窟の中を探しはじめた。ごく狭い、しかし平坦な一本の道を行くと、広々としてうっとりするような、歓喜に溢れる草原に出た。

そこの、魔法で建てられた宮殿のなかで、彼は絢爛豪華な寝台に横たわるアーサー王を見た。王は彼がここに来た理由を知ると、その馬を引いてこさせ、少年にそれを司教のもとへ連れて帰るように引き渡した。王はまた少年に、かつて甥のモドレッドとサクソン侯チルデリックとの戦いで負傷して以来、絶えず開く傷口を癒すために、久しくそこに横たわっているのだと語った。そしてこの話を私に語ってくれた土地の人々によると、王は司教に贈り物をした。司教はそれらを感嘆する群衆に見せ、彼らはこの未曾有の話に呆然としたのである。(45)》

このテクストとこの伝説とに、大アルトゥーロ・グラーフは一篇のみごとな論文を献じている。(46) ここでは、煉獄の誕生に関する資料のなかで、この伝説のもつ特別の地位について指摘しておくだけで満足しよう。ティルベリーのゲルヴァシウスは煉獄を知らない。そして、依然としてアブラハムのふところにつなぎとめられているばかりか、ここではアーサー王を、どちらかといえば、異教的驚異の死後世界に接近した場所に置いている。このテクストは、まず第一に、北方的伝統と南方的伝統、ケルト的伝統とイタリア的伝統のおどろくべき出会いなのである。このアーサー王伝説とイタリアとの出会いは、一二世紀では、モデナ大聖堂の、ある彫刻によっても証言されている。(47) この出会いはまた、煉獄の位置決定にまつわる重大な不確定性の一つを証拠立てるものでもある。

二つの極、天国と地獄とが煉獄を牽引していた。煉獄は準天国でも準地獄でもあり得たのである。しかし非常に早い時期に、(下絵の段階にあった) 煉獄は地獄の方に引きずられ、地獄と分離するのに長い時間を要した。煉獄は一三世紀までは——ときにはもっと長引くこともあったが——人々が永遠の刑罰ではなくて、有期の刑に処せられる比較的浅いところにある地獄、要するに上層のゲヘナでしかなかった。

したがって煉獄は死後世界についての、ほとんどの場合、地獄的なイメージのなかで形成されたのである。

概して言えば、煉獄の長い潜伏期のあいだ、死後世界のこの部分は地下に位置し、地獄と密に境を接していた。つまり「上層地獄」であった。しかし、地理学的混乱の支配するこの時期に、煉獄の地獄的モデルは他の二つのモデルによって汚染され、修正を加えられた。その一つは準天国的な煉獄のモデルであった。(48) もう一つは、地獄と天国との間に、本当の意味で中間的な場所を見つけだそうとする意志から生まれつつあるモデルであった。

漠然と感知されていたこれらの問題に対して、筋の通りぐあいに優劣はあるものの、一三世紀までさまざまの解決が与えられた。ときには二つの場所が並置されていて、その一方はどちらかと言えば地獄的な様相を呈し、他方はほとんど天国的な外観を呈している。たとえば錯綜の甚だしい「トヌグダルスの夢」では、天国と地獄との間で同じ一つの壁を隔てて二つの領域が相対峙し、一方は風雨が吹き荒れているのに、他方はのどかで、生命の泉から流れ出る水に潤されている、といった具合である。第一の領域には全面的には邪悪でない魂が、第二の領域には全面的には善良でない魂が収容されている。またときには、浄罪の場が地表に位置しているように思えることがある。だが、それは狭く深い谷であって、地獄の闇に似た暗黒が支配している。ドリテルムスの夢の国の場合がそれである。

煉獄の地獄化とその限界

ティルベリーのゲルヴァシウスのテクストほど、煉獄に相当する場所に、安らぎの場に近いイメージを与えているものはない。このテクストに描かれている待機の場所は確かに死者の世界ではある（火の燃えさかる山中にあるこの世界へ、われわれはこの世の傷が癒えぬままに――アーサー王の傷口も絶えず開く――黄泉の国の案内をする黒馬に導かれて入って行く）。しかし、それは同時にアーサー王のような勇士が、うっとりとするほど美しい、ありとあらゆる甘美さを湛えた広大な草原のまんなかに、《魔法で建てられた宮殿のなかで》、《絢爛豪華な寝台に横たわって》暮らしている世界なのである。

生まれつつある煉獄の運命を決しようというこの時期に、ラテン・キリスト教世界は、煉獄をアイルランドに見出すかシチリアに見出すかで態度を決しかねているのであるが、同時に煉獄を天国に近い場所たらしめるか地獄に近い場所たらしめるかでも、はっきりした態度をとれないでいる。実を言うと、ティルベリーのゲルヴァシウスが現在よりはむしろ過去の諸観念を反映するこうした物語を収集していた時に、骰子はすでに投げられていた。火と拷問と激情と音響とに満ち溢れた東洋黙示文学の荷重をかけられ、アウグスティヌスによってこの世のいかなる苦痛よりも大きな苦痛を伴う刑罰の場として定義され、恐怖と戦慄のなかでしか救いを与えない教会によって仕上げをほどこされて、煉獄はすでに地獄の方へと傾いていたのである。エトナ山のアーサー王伝説に関して、アルトゥーロ・グラーフは、ティルベリーのゲルヴァシウスの物語から、五〇年後のドミニコ会士エティエンヌ・ド・ブールボンの物語に至るまで、いかにして挿話の地獄化、悪魔化が達成されたかを見事に示している。アーサー王の煉獄は仮地獄に変じたのである。(49)

シチリア（リパリあるいはエトナ）はまた、アイルランドとは反対に、煉獄の場所としては永続きしない。このことを理解するためには、シチリアにおける死後世界のキリスト教的源泉にさかのぼらなければならない。シチリアのキリスト教的死後世界は豊かな古代遺産（ウルカーヌスの地獄の住まいとその鍛冶場であるエトナ山の神話は、その最も見事な表現である）に大きく依存している。だがシチリアにキリスト教的死後世界の基礎を置いたのは、中世初期における偉大な煉獄創設者のひとり、グレゴリウス大教皇なのである。『対話』の二つの物語がそれを証言している。

第一のテクストでは、修道士ペトルスがグレゴリウスにむかって、善人は天国で（in regno）悪人は地獄で（in supplicio）互いに識別しあえるかと尋ね、グレゴリウスがラザロと悪しき金持の話を引いて答える。次いで彼は、当時すでに伝統的様式となっていた死にゆく者が見る夢の物語——例えば、ラテン聖者伝の典型、スルピキウス・セウェールスの『聖マルティーヌス伝』Vita Martini における聖マルティーヌスの夢を考えてみよ——へと話題を移す。まず語られるのは、死に際してヨナ、エゼキエル、ダニエルを見る一修道士の逸話である。次に若きエウモルフィウスの物語がくる。この男は、ある日のこと、友人のステファヌスのもとに奴隷を遣わして、《シチリアにわれわれを乗せて行く船の用意ができたから、はやく来い》と伝えさせる。奴隷が道を急いでいる途中に、二人の男は別々に、どちらも死んでしまう。この驚くべき話にペトルスは好奇心を刺激され、グレゴリウスに説明を懇請する。

ペトルス――しかしお伺いしますが、どうして旅立とうとする魂に船が現われたのでしょうか。それにどうして、死んだ後、シチリアにつれて行かれると彼は言ったのでしょうか。

グレゴリウス――魂に乗物（vehiculum）は必要ない。しかし、まだ自分の肉体のなかに置かれている人間に、その人が自分の肉体を道具として見慣れていたものが現われ、その人の魂が肉体を離れてからどこにつれて行かれるかを分からせようとすることは、不思議なことではない。その人が、例の男に、シチリアにつれて行かれると確言したことには一つの意味しかあり得ない。すなわち、火を吹く責め具の釜が口を開けているのは、他のどの場所よりも、シチリアの島々だということである。これらの釜は、専門家たちが言うように、日に日に大きくなっている。なぜならば、世の終りが近づいていて、すでに釜のなかに入れられている人間に加えて、これから、そこで焼かれるために新たに集められる人間の数がどれくらいか定かでないので、それを受けいれるために責め苦の場所が拡張されなければならないからである。全能なる神はこの世に生きる人間を矯め直す手段としてこういう場所を見せようとなさったのであって、それは地獄の責め苦が存在することを信じない疑い深い精神の持主（mentes infidelium）、ただ話に聞くだけのことを信じるのを拒む人たちが、責め苦の場を実際に見ることができるようにという配慮からなのである。

選ばれた者と、見捨てられた者とを問わず、同じ目的のために行為を共にした者について言えば、彼らは死後も共通の場所につれて行かれる。実例が無くとも、真理の言葉に耳を傾ければ、このことは納得できるはずである。[50]

異教的伝説と極めて正統的なキリスト教との、また火山学と世の終りの神学との、このおどろくべき混合は、終末論的な大教皇のもとにあってはさして意外なことではない。第二の物語はシチリアの火山島と地獄とをあつかうが、これはわれわれにはすでにお馴染みのものであり、リパリ群島の火山の中に投げこまれたテオドリクスの懲罰の物語である(51)。

死後世界の夢の政治的利用がこの物語の最も著しい特徴である。この物語は中世全体を通じて旺盛な生命力を維持し、すでにわれわれがシャルル肥満王の夢におけるカロリング王朝の君主たちと、トヌグダルスの夢におけるアイルランド王たちについて実例を見たような、あの死後世界で罰を受ける王たちの夢のさきがけとなるのである。しかしキリスト教における死後世界の懲罰の場がシチリアに位置しているという事実も、まったく同じように重要な意味をもつ。ヨツアルドゥスとペトルス・ダミアーニの物語も、明らかにこの伝統のなかに位置づけられなければならない。

グレゴリウス大教皇の物語と、一一世紀から一三世紀にかけてのテクスト(ヨツアルドゥスおよびペトルス・ダミアーニの聖オディロの伝記、ティルベリーのゲルヴァシウスによるエトナ山におけるアーサー王の物語)との間には、リパリ群島の地獄資料に属するひじょうに面白い一つの作品が位置している。この珍しい八世紀のテクストは、七二三年から七二六年に至る間に一つの噴火があったこと、それにこの特別の場所にまつわって、ある信仰が続いていたこと、以上の二点についてわれわれに教えてくれる。それはエルサレムへの一巡礼者、聖ウィリバルドゥスがこの地に立ち寄った話である。

そこから彼はカタニアの町へ、ついでカラブリアの都市レッギオへ来た。テオドリクスの地獄があるのはそこだ。到着すると一行は地獄見物に行くために船を下りた。ウィリバルドゥスは好奇心に駆られて、地獄の内部の様子をみるために、地獄が底で口を開けている山頂に登ろうと思ったが、果たせなかった。黒い奈落の底から吹き上る火の粉が穴の縁まで来ると凝固して、累々と辺りを覆う。あたかも雪が降り積っては、天空の穹窿が生み落した白い小山を連ねるように、山頂に堆積する火の粉がウィリバルドゥスが登るのを妨げるのであった。しかし彼の目には、火口から吐き出される無気味な黒炎が、雷鳴をとどろかせながら立ち昇るのが見えた。大きな炎と、もうもうたる水蒸気が凄まじく天に沖するさまに彼は目を凝らした。書物に記されているあの溶岩（pumex, fomex）、それが地獄から湧き上り、炎を上げて海へ吐き出され、さらに海から陸へと投げ返されるさまを彼は見たのだ。人々はその溶岩を拾っては持ち帰るのであった。(52)

これらのテクストの意味は明瞭である。古代からシチリアに、エトナ山にもリパリ群島の火山にも、存続しているもの——ここでもまたキリスト教は既存の信仰に新しい意味を与え、その信仰を「現場に」in situ 保存したのであるが——、それは地獄である。なるほど長期にわたってキリスト教の浄罪の場は、地獄に近く、地獄の一部とさえなるであろう。しかし、ひとたび煉獄が誕生すると、たとえ煉獄で受ける刑罰が有期とはいえ地獄の責め苦に等しいものであっても、煉獄の自律性を確保することが——まずは死後世界の地理学的体系の内部における地勢的自律性を確保することが——必要となる。アイルランドにおいては、聖パトリキウスの煉獄は、地獄的ではあっても、地獄の陰に覆われてしまってはいない。シチリアにおいては、偉大なる地獄の伝統が煉獄の開花を許さなかった。古代の地獄が若き煉獄の行く手に立ちはだかったのである。

Ⅶ 煉獄の論理

死者は生者を介して生者のためにしか存在しない。インノケンティウス三世はそう言った。つまり生者は自らが未来の死者であるがゆえに、死者にかかずらうのである。そしてキリスト教社会においては、とりわけ中世では、未来は単に年代学的意味をもつにとどまらず、まず何よりも、終末論的意味をもつ。自然と超自然、現世と死後世界、昨日、今日、明日そして永遠、これらは一体であって同じ横糸でもって織りなされ、出来事（誕生、死、復活）や、質的飛躍（回心）や、予期せぬ瞬間（奇跡）などを伴っている。どこへ行っても「教会」が存在し、両義的な役割を演じている。すなわち、既成の秩序に規制を加えるとともにそれを救い、正当化するとともにそれに異議を唱える。四世紀末から一二世紀のなかばまで、アウグスティヌスからフリードリヒ赤髯王の叔父の高僧フライジングのオットーに至るまで、社会は——可もなく不可もなく、いや可よりも不可多く——「神の国」という理想的モデルに基づいて存続してきた。要は地上の国が、不完全な点は多々あるにせよ、サタンの側へ、悪の方へと、傾いてはいなかったということである。それどころか一二世紀を越えてなおモデルは有効性を失わない。強者と弱者、善人と悪人、白い者と黒い者という（二元的）封建世界が存続するかぎり、サタンの激しい、憂慮されさえする攻撃は続くだろう。

しかし、一一世紀末から一三世紀半ばにかけて、あるいは知的指標で言えばアンセルムスからトマス・

アクィナスに至る間に、キリスト教世界の大発展という状況下で、事態はもはやそれほど単純なものではあり得なくなる。さまざまの中間的な状態、段階、移行が存在し、人間同士の、あるいは神と人間との交渉は複雑になり、時間と空間は細分化されたうえ新たに編成しなおされ、生と死、世界と永遠、地と天との境界はその位置をかえる。知的道具立てであれ、価値観であれ、物質的な技術であれ、事物の尺度はもはや昔と同じではない。一一世紀の半ばから一二世紀の半ばにかけてのグレゴリウス改革は、キリスト教世界の新しい構造の挑戦に対する教会の返答であるが、これはある種のレトリックを一掃してしまう。このレトリックはまだ暫くの間は舞台の前面で喋り立てるが、キリスト教劇の新しい現実をだんだんと隠しおおせなくなる。それは二元論のレトリックであって、例えば二つの国、二つの権力、二つの剣、聖職者と一般信徒、教皇と皇帝といった具合である。同様に軍隊にも、キリストの軍隊とサタンの軍隊の二つがあるとされたのであった。インノケンティウス三世は、有無を言わさぬ証人かつ立役者として登場する。彼が偉大な教皇であるゆえんは、古い正史が主張するようには、この教皇が実際には存在したことのない、いわゆる法制的封建制のモデルをキリスト教世界において勝利せしめたからではなく、数々の誤謬を犯したにもかかわらず（シトー会士が異端とたたかって勝利し得ないなどと、一二〇〇年ごろに考え得たものがあろうか）、教会権力を新しい社会の上に、それに対立してではなく適応しながら、復興し得たからである。インノケンティウス三世は、今や、三つの教会があるとする。すなわち、神の軍隊とザブロンの軍隊（二七）との間に、《煉獄にいる軍隊（1）》が存在する。

死後世界と正義の進展

死後世界における第三社会の出現は何に対応するのであろうか。救済理念——それには一般的に言ってか。

人間が死後世界についてもつ諸概念が関係づけられているが——に生じた進化に対応しているのであろうか。

しかし生者の死後世界についての省察は、救済への渇望よりは——終末論が沸点に達した若干の短い期間はおそらく別として——むしろ正義の欲求によって動かされているように私には思える。死後世界が現世の不平等と不正とを正すことが期待されるのである。しかし死後世界のもつこの矯正と補償の機能は、現世の司法的現実と無関係にはあり得ない。人間の永遠の運命は、キリスト教では最後の審判において決せられるのであるから、裁きのイメージは特別の重要性を帯びる。確かに新約聖書はこの世に幕が下り、永遠にむかって幕が開く情景をえがいている。それは羊と牡山羊とを分ける、つまり選ばれた者を右に、のろわれた者を左に置く大選別である（マタイ二五・三一—四六）。それは助け主《パラクレートス》の来臨なのだ。

ひとたび彼が来れば
罪について、
義について、
裁きについて、
この世の罪状を明らかにするであろう。
罪についてとは、
彼らが私を信じないからであり、
義についてとは、
私が父のもとに行き、
あなた方が私を見ることはもうないからであり、

裁きについてとは、
この世の君主が裁かれるからである。

（ヨハネ一六・八―一一）

そして最後に諸国の民の裁きである。

私はまた死者たちが、大きな者も小さな者も、玉座の前に立っているのを見た。数々の書が開かれ、さらにもう一巻の書が開かれた。それは、命の書であった。死者たちは、これらの書の内容にしたがい、各々の所業に応じて裁かれた。

…そこで死神と冥界の王が火の池に投げこまれ――火の池は第二の死である――命の書に記されていなかった者も火の池に投げこまれた。（黙示録二〇・一二―一五）

しかし、この未来の、最後の、包括的審判には二つの可能性しかふくまれていない。つまり生か死か、光か永遠の業火か、天国か地獄かである。煉獄は比較的略式の審判、すなわち死後直ちに行なわれる個別的な裁きに属することになろう。この裁きを中世のキリスト教徒は、良天使と悪天使、つまり本来の意味での天使と悪魔とが故人の魂を奪いあう闘争として好んで表象した。煉獄にいる魂は究極的には救われる選ばれた魂であるから、天使の管轄下にあるのだが、複雑な法的手続きの規制を受けている。魂は特赦とか早期釈放とかいった恩恵に浴することができるが、それは魂個々の品行ではなく、とりなしの祈りという外部からの干渉による。したがって刑期は、魂を悪魔の手から奪い返そうという天使の熱意に象徴される神の慈悲のほかに、存命中故人が積んだ個人的な功徳と、故人の縁者や友人の要望に応えて行なわれる教会のとりなしの祈りによっても左右されるのである。

　このような方式は明らかに現世における正義の諸観念とその慣行とに想を得ている。ところで一二世紀は二重の意味で正義の世紀である。理想としての正義はこの世紀のひじょうに重要な価値の一つであるが、同時に司法上の実践（としての正義）はこの時期に著しい変容を遂げる。正義＝裁き《ジュスティス》という両義的概念はこの理想と実践との両極間で進化する。領民支配の道具すなわち法として、また財政的利益源として、正義を占有している封建領主に対し、国王と領邦諸侯は正義の理想と現実の両面で権利要求を行なう。また聖職者たちはキリスト教的正義概念を深めたり、司教区裁判所の活動（宗教裁判）を盛んにしたり、とりわけ、新しい型の法律（教会法あるいはカノン法）を制定したりすることによって、社会の集団願望に対する支配の強化をはかる。

　公権力の保持者についてみると、司法領域への介入の増加、理想的正義へのますます切実な訴えが一二世紀を特徴づけている。このことは大封建君主国、まず第一にイギリスについて妥当するが、カペー王朝のフランスについても同じことが言える。フランスではルイ六世とルイ七世からフィリップ尊厳王《オギュスト》に至るまで、シュジェからフィリップ尊厳王の称賛者たちに至るまで、国王裁判所の活動と相俟って、正義の王というイメージが増大する。(2) 大きな領邦についても同じことが言える。一つの血腥い事件――フランドルのシャルル善良伯が、一一二七年、ブリュージュの礼拝堂内で、家人《けにん》（ministeriales）の一族の手にかかって暗殺された――を報ずる物語が今に伝えられているが、それは刮目に値する内容を含んでいる。そこにはフランドルの誕生しつつある経済力を背景に、暗殺された伯爵のいささか理想化された肖像を通して、一二世紀における統治の政治的理想が表出されている。この物語の作者、新政府要員のひとりで伯の公証人、ブリュージュのガルベールが伯の数ある美徳の筆頭に挙げているのは正義なのである。(3) そしてこの正義の伯には「善良伯」の異名が呈されたのであった。

一二世紀の教会法運動の偉大な指導者、司教シャルトルのイヴォは彼の編んだ『教令集』(一〇九四年)の「序文」で、教会の権威は場合によっては法の諸規定の非適用を認めることができるとする免除の理論を述べた。その際、彼は正義の諸規則に根本的な区別を立て、命令的規則(praeceptum)、勧奨(consilium)、寛容(indulgentia)の三つを分けている。[4] 一二世紀のはじめに、シャルトルのイヴォに想を得て、リエージュのアルジェ――サン=ランベール教会の助祭で付属学校長、ついで聖堂参事会員、最後にはクリュニーに隠棲(彼は誕生しつつある知識階級の花形ではなく、平均的な聖職者である)――が『慈悲と正義の書』Liber de misericordia et justitia を編む。[5]

この書の政治的イデオロギーは宗教的文脈に定位している。教会はキリスト教世界内部においても異教の徒に対する十字軍においても、この時代の暴力に一定の役割を演じているが、神の範例に基づいて、教会は慈悲と正義とを切り離さないのである。

アルジェは寛容の諸規則を定めているが、それは何よりも法的な証拠なしに人を告発しないということにある。厳格な法と寛容との対立はアウグスティヌス以来の古典的対立であるが、アルジェはこれをまったく異なった文脈、つまり一一世紀から一二世紀への転換期のイデオロギー的社会的激動という文脈の中で再びとり上げ、刷新し、明確化し、それを出発点とする。彼は自分の目的を明らかにしているが、彼に言わせれば、その目的は、当然、正義=裁きの目的でなければならぬはずのものである。すなわち和解をめざすこと、細心綿密に意図を調査すること、不法行為における意志の役割を十分に明確にすることである。

アベラルドゥスとグラティアヌスとにさきがけて、彼は聖書の矛盾したテクストに言及する。聖書には何と《食い違い》が多いことか（Tanta diversitas scripturarum …）！　なればこそ、もろもろの権威を操作することが可能になるのである。世紀末にはリールのアラーヌスは、神学者たちや教会法学者たちの解釈の巧妙さから教訓を引き出して、こんなふうに言うだろう。引用には蠟の鼻がついている……器用な人なら自分の思う方向にそれを曲げることができる、と。

アルジェは寛容の理念を遠くまで押しすすめる。彼は《不正な人を矯正することができないのなら、彼らを許すべきである》、また《統一――つまり平和――を維持するためには、悪人を許さなければならない》と書いている。彼の考えでは《断罪された者といえども、もし真に悔い改めているならば、復権され得る。なぜならば、正義を行なっている者が罪を犯すことはないからである（non peccat qui exercet justitiam）。》

最後に彼は被疑者が身の証を立てる方法、実際の罪であれ冤罪であれ、それから身を浄める方法について論じる。《被疑者は三つの方法によって身を浄める（expurgare）ことができる。確実な証人を立てることによって、徹底的な審問に応じることによって、あるいは罪状が広告される前に、罪を告白し悔い改めることによって（confessione et penitentia）》。要するに《被疑者が身を浄めることをのぞまず、後になって、あるいは有罪と認められたり、あるいは自ら罪を告白したりすれば、彼は断罪されることになる》(6)のである。

罪についての省察は教会法と同様に神学にも見出される。犯罪（crimen）、違法（delictum）、罪過（culpa）、罪（peccatum）、こうした語は一二世紀においては神学者と教会法学者とに共通であり、彼らはお互いに、それらの間に区別を立てようと試みている。

グラティアヌスからグレゴリウス九世の『教令集』に至る教会法では罪過について如何なる教えが説か

れているか、この問題に関する古典的な研究において、(7) シュテファン・クットナーは、まずその序文のなかで一二世紀における教会法学のデビューという知的社会的大運動の重要性を指摘し、さらに世紀後半に教令注解、大全《スンマ》、また聖職者管理の領域では教皇令——最後にグレゴリウス九世が集成し、一二三四年、編纂中の『教会法大全』Corpus に組み入れられる——といった教会法文献の生産が加速度的に増大する事実に言及している。その上で彼は《アベラルドゥスと罪の概念》を皮切りに、研究の本論を始めている。

罪と悔悛の新観念

リエージュのアルジェの言葉と思想はわれわれを煉獄のすぐそばまでつれてきている。リエージュのアルジェは彼に想を与えた思想家たちを引用しながら、自らを煉獄の教父たち、すなわちアウグスティヌスとグレゴリウス大教皇——といっても『対話』のグレゴリウスではなく、『道徳論』Moralia と『司牧の書』Liber pastoralis のグレゴリウスであるが——の衣鉢をつぐものとしている。われわれが煉獄に到達するのは信仰生活と物質的社会的生活との交点にある領域、すなわち「悔悛《ペニタンス》＝償い」の領域に足を踏み入れるときである。一二世紀においては、教会と社会とが試みている新しい賭けの枢要部分がこの領域で演じられる。

シュテファン・クットナーとは逆方向の、相補的な手順によって、神学史家ロベール・ブロムも『一二世紀前半期の神学諸派における罪の教義』(8) の研究において、この世紀の主要な特性をなす「正義《ジュスティス》＝裁き」の観念を再発見している。

世紀の後半に至ってペトルス・コメストルが現われるが、彼がおそらく煉獄の《創始者》である。『リベル・パンクリシス』Liber Pancrisis において、彼は《現代の教師による》(a modernis magistris) 諸教父からの引用と注解とを集め、それらに当時流行の《命題集》あるいは《問題集》の体裁を与えた。《現代の教師》というのは一二世紀はじめのラン学派の神学者たち、ギョーム・ド・シャンポー、ランのアンセルムスとラウール、シャルトルのイヴォなどである。(9) ところで、このランの学者たちは罪と悔悛に関する思想の進化において重要な役割を演じている。罪を無知に関係づけ、罪人の行為のなかにその意図を探ることによって、罪の観念を一新し、一二世紀および一三世紀はじめの悔悛＝償いの実践に深刻な変化をもたらした知的道徳的大変動については行き届いた研究があり、(10) それをここで反復するのはさし控えよう。

こうした変動の端緒を開いたのはカンタベリーのアンセルムスに違いあるまい。この大神学者は夙に、意志的に犯された罪と無知による罪との間には、本質的な相違があることを力説していた。『神はなぜ人となったか』Cur Deus homo（二・一五、二・五二、二・一一五）のなかで、彼はこう明言していた。《承知の上で犯された罪と無知で犯された罪との間には大きな違いがあるので、もし知ってさえいればその大きさのゆえに決して犯されることのなかったはずの罪は、知らずに犯されたのであるから、許され得る小罪にすぎない(11)》と。一二世紀前半の大きな学派はすべて、やがて伝統となるこの根本的区別を受けつぎ発展させる。ラン学派、アベラルドゥス、サン＝ヴィクトール学派などである。二つの区別が特に重要性を帯びることになろう。その一つは悪徳と罪との区別であり、罪は罪を犯す人間の「同意」consensusを当然予想させる。いま一つは「罪過」culpaと「刑罰」poenaとの区別であって、アベラルドゥスの一弟子は『ケンブリッジ注解』のなかで次のように解説している。《まず言っておかなければならないことは、罪には二つの相があるということである。一つは同意（consensus）あるいは神の軽視（contemptus Dei）たる罪過（culpa）にかかわるものであって、幼児には罪がないと言われるような場合がそれに当たる。いま一つは刑罰（poena）にかかわるものであって、われわれがアダムにおいて罪を犯した、つまり罰を課されたと言うような場合がそれである》[12]と。われわれの研究にとって重要なことは、普通なら劫罰に至る罪過(culpa)が痛悔と告解とによって赦免される一方、刑罰(poena)つまり罪を償うための懲罰は、罪償完済(satisfactio)つまり教会によって命じられる悔悛＝償いを全うすることによって消滅するということである。もし寄進と告解のいずれか、あるいはその両方がなされていても、意志的と無意識的(たとえば死の介入)とを問わず、罪の償いが全うされなかった場合には、浄罪の火のなかで、つまり世紀末からは煉獄において、刑罰(poena)が全うされなければならないのである[13]。

以後、信仰生活・道徳生活は意図の探求、意志的なものと無意識的なもの、つまり承知の上でなされたことと無知のゆえになされたことについての究明に集中する。そのことによって個人的責任という観念が著しく大きく、かつ豊かになる。罪の追求が、新しい悔い改めの実践を要求する道徳生活の《内面化と個人化》の一環をなすに至る。いまや求められるものは心の証よりは「告白」であり、重要なのは懲罰よりは「痛悔」である[14]。こうしたことのすべてが起因となって、「告解」、改革された告解が最重要の地位を占めるようになる。

構造的変動の時期である一一世紀から一二世紀への転換期に、いまなお作者不詳で成立の年代も不確実であり、ほとんど研究もされていないが重要な一つの著作が出現する。それは『真の悔悛と偽りの悔悛』De vera et falsa poenitentia という作品である[15]。早くも一二世紀にこの著作は大成功を博している。それは『教令集』でグラティアヌスによって、またペトルス・ロンバルドゥスによって、利用され引用されている。この著作の権威が、単に、多くの点におけるその内容の新しさにのみ由来するものでないことは事実である。それは聖アウグスティヌスその人の著作であると信じられていたのである。私はここで、やがて教会の実践に取り入れられ、煉獄の体系に痕跡をとどめることになる三つの思想だけを、この著作から取り上げることにする。

その第一は危急の場合、そして司祭がいない場合に、世俗の一般信徒に告解することは合法的であり、有効であるということである。俗人が告解者の罪を許すのではなく、告解の欲求が俗人を通して働き、痛悔の証となり、罪過（culpa）の消滅へと至り得るのである。このよんどころない手段は死の危機に際して辛うじて勧め得るものにすぎないから、もし一命をとりとめたら、罪の許しを与えることのできる司祭のもとへ改めて告解に赴かなければならない。もし一命をとりとめることができなければ、あとは刑罰（poena）の執行を受けるだけである。換言すれば、最も多くの場合、煉獄行きということになる。次はその一つの証拠である。

一二世紀の終りに、イギリス人ウォルター・マップは『宮廷人の四方山話』De nugis curialium のなかで、血気盛んな戦士で修道士となったある貴族の物語を紹介している。この貴族はある特別の状況下で戦うことを余儀なくされ、敵を敗走せしめはしたが、その直後、ひとりの平修士（puer）しか随行していないときに敵の伏兵の攻撃を受けて、ブドウ畑で致命傷を負う。《死の近いのを覚った彼は、ただひとり彼と一緒にいたその従者に罪を告白し、償いを命じてくれるようにと頼む。資格のない平信徒の従者は、なすすべを心得ないと答える。修道士は、あらゆる状況に敏速に対処することに慣れていたので、激しく罪を悔いながら、「いとしい息子よ、神の慈悲にかけて、私の魂が（最後の）審判の日まで地獄で罪の償いをするように命じてくれ――その日が来たときに主が私を憐れみたまい、私が不信心者とともに神の怒りの顔を拝さなくてもよいように」と従者に言う。すると従者は涙ながらに、「殿よ、あなたの唇がここで神のみまえに述べたことを、私は罪の償いとしてあなたに命じる」と修道士に言う。修道士は言葉と表情とで服従の意志を示し、うやうやしくこの命令を受けいれ、そして死んだ[16]》。ここで問題になっている地獄、審判の日に脱することのできる地獄は、もちろん上層地獄、換言すれば煉獄であるが、新奇を嫌う精神の持ち主でシトー会士の敵対者であったウォルター・マップは煉獄を知らないのである。

第二の思想は、悔悛は生涯に一度、ひじょうに大きな罪を犯した後とか死の間際だけになされるべきではなく、できれば何回か行なうのがのぞましいということである。

第三の思想は《ひそかに犯された罪には、ひそかな悔い改め》、《公然と犯された罪には、公の悔い改め》が必要だということである。こうして古くからある人前での悔い改めの衰微、衰退に拍車がかけられる。社会はもはや、人前での悔い改めが当然のことながら地歩を占めていた、信者の小集団の集合体ではなくなっている。聖アンブロシウスの課す償いの業を甘受したテオドシウスを範とする大きな《政治的》悔悛すらも、教皇と皇帝との闘争の人為的な舞台設定のなかで、白鳥の歌を歌っている。カノッサにおけるハインリヒ四世(一八)、ヴェネチアにおける赤髯王（フリードリヒ一世）(一九)、あるいはアルビジョワ(二〇)十字軍という特別の演出について言えば、パリのノートル＝ダムにおけるトゥールーズのレーモン七世など……。

以上の状況から浮上してくるのは、口から耳へ、罪人から司祭へ、一対一で行なわれる秘密告白（耳聴告白）のますます頻繁な実行であって、これは日常の、とは言わぬまでも正常の、宗教生活に完全に同化されてしまう。《告解の秘密》という観念が現われるのはもっと後になってからのことであるが、道はすでに通されている。一二一五年に大きな出来事、中世史の大事件の一つが持ち上がる。第四回ラテラノ公会議は、その決議第二一条「男女いずれを問わず……」Omnis utriusque sexusにおいて、すべての成人男女キリスト教徒に対し、少なくとも年一回の秘密告白を義務づけたのである。少なくとも一世紀このかた、キリスト教世界を告解へと向かわせてきた動きが、ここに定着し、普遍化し、深められたのである。それは万人に課された良心の吟味であり、キリスト教徒個々人の意識に開かれる開拓前線であり、それまでは聖職者、とりわけ修道士だけのものであった内観の実践を俗人へと拡張することであった。ところで、この決定は長期間にわたる進化の帰結であって、一つの必要の、世に言う認証なのである。それでもやはりこの決定は、一三世紀前半にあって、大いに人の意表をつくものがあった。告解の習慣は俗人にとっても司祭にとっても容易に身につくものではない。いかにして告解すべきか、またいかにして告解を聴くべきか、何を告解すべきか、また何を要求すべきか、そして最後に司祭にとっては、もはや大きな特別の罪ではなく、日常的でささやかな一般的罪過でしかないような罪の告白に対して、いかなる償いを課すべきか。当惑し、ときには新しい責任を前にしておぞけをふるいさえする司祭たち、とりわけあまり学問のない司祭たちに対しては、専門家が援助の手をさしのべることになる。専門家たちは時おり、いくつかの水準で──《単純な》司祭のためには単純化した形で──聴罪司祭のためのマニュアルを書くことになろう。たとえば、チョバムのトマスのそれは、この種のマニュアルの草分け的存在である[17]。提起されている諸問題、検分に付されている刑罰の諸領域、これらのなかで極めて重要な地位を占めるのが、煉獄という新顔である。告解というふるいの網の目を合法的にこぼれ落ちることのできる罪──つまり小罪──を負った罪人をも引き受けるだけに、煉獄の重要性はますます大きくなるのである。

小罪は部分的にはすでに見た通りの長い歴史を有する。小罪の聖書的根拠は、まず、ヨハネの第一の手紙(一・八)の《わが身に罪が無いというなら、それは心得違いをしているのであって、真理は私たちの中にはない》という章句に、そして、とりわけ次にあげる同じヨハネの手紙の別の一節(五・一六―一七)に求められる。

自分の兄弟が死に至らない罪を犯しているのを見たときには、その兄弟のために祈るがよい。神が彼に生命を与え給うだろう。これは死に至る罪を犯している人については言えないことである。なぜならば、死に至る罪があって、この罪について私は祈れとは言わない。すべての不正は罪である。しかし死には至らない罪がある。

まず、テルトゥリアヌスによって素描を試みられた小罪の観念は、アウグスティヌスとグレゴリウス大教皇とによって明確なものとなった。彼らが小罪を表わすのに用いている形容語は、「些細な」minuta、「小さい」parva あるいは「比較的小さい」minora、「軽微な」levia あるいは「比較的軽微な」leviora、そしてとりわけ、これは言い得て妙であるが、「日常的な」quotidiana などである。「許さるべき」veniale, venialia という用語が一般化するのは一二世紀になってからのことである。そしてA・M・ラントグラーフによれば、死に至る罪＝大罪と許さるべき罪＝小罪との対立体系は、一二世紀の後半に至って、ポレタヌス学派の人たち、つまり一一五四年に没した神学者ギルベルトゥス・ポレタヌスの弟子たちの手で仕上げられたのである。このグループには『問題集』の匿名の著者たち、トゥルネのシモンやリールのアラーヌスなどがふくまれていると思われる。(18) 許さるべき罪＝小罪という表現は、いずれにしても一二世紀に煉獄とともに出現し、煉獄とともに一つの体系を形づくる、もろもろの観念や語の集合に属するものである。さらに、小罪を表わすのに「許さるべき」という語を用いることには、この語が「免罪」venia に値するという意味をもつという利点がある。一二世紀の聖職者たちは語義を強く意識していた。小罪の観念は法的・宗教的表現を得たのである。

一二世紀のはじめ、ラン学派の神学的著作『アラス神学命題集』Sententiae Atrebatenses はこう言明する。《重罪と小罪とには違った償いが必要である。重罪、つまり劫罰を受けるべき罪とは、承知の上で故意に犯される罪である。いかんともしがたい肉の弱さから、あるいは、いかんともしがたい無知から生まれるその他の罪は、許さるべき、つまり劫罰に値しない罪である》[19]と。このような小罪は告解、施し、あるいはそれに類する行為によって容易に許される。一一一七年に没したランのアンセルムスは、その『命題集』のなかで同じ見解を述べている。アベラルドゥスは『倫理学』[20]において、重大な(criminalia)罪を、許さるべきあるいは軽微な(venialia aut levia)罪に対立させている。サン=ヴィクトールのフーゴおよびサン=ヴィクトール学派とともに、いずれ多様な展開を見せることになる一つの問題が提起される。すなわち、小罪(許さるべき罪)は大罪(死に至る罪)となり得るか、という問いである。サン=ヴィクトール学派は、それが根底に神の軽視をふくむ場合には、然りと答える。リールのアラーヌスは大罪と小罪との区別に関する大論議に没頭し、さまざまの見解を提示した上で、一二世紀を通じて発展した理論の、いわば要約を試みている[21]。

小罪の観念に触発されて始まった神学上の煩瑣な議論に立ち入ることはさし控えよう。たしかにこの種の議論には、時おり煉獄の問題がふくまれている。しかしここに至ってわれわれは、中世末期および近代のスコラ神学者は言うにおよばず、一三世紀の神学者たちがあまりにもしばしばうつつを抜かした、例の粒々辛苦の空理空論に足を踏み入れる思いがするのである。かくて煉獄は、愚にもつかぬ問題をひりだし、煩瑣きわまる区別立てをねり上げ、技巧を凝らした解決に悦然としている、熱に浮かされたスコラ学の屁理屈の渦の中に巻きこまれて行くことになる。小罪(許さるべき罪)は大罪(死に至る罪)となり得るか、小罪の積み重ねは大罪と等価たり得ぬか(すでにアウグスティヌスが提起した問いだが、用語は単純)、大罪と小罪とを負って、あるいは単に原罪と小罪とを負って死に行く人の運命やいかに(疑問視する向きもあるが、このようなケースがあり得ると仮定して)等々。一三世紀のキリスト教世界において実際に人々によって体験され論議された小罪と煉獄はいかなるものか、当時の資料を検討してみた結果、私が確信したことは、根無し草の知識人たちのするこうした微に入り細をうがちすぎた議論は、煉獄の理解に関して、一般の信徒たちにはほとんど何の影響も及ぼさなかったということである。せいぜいのところ、このようなたわごとの反響は、一部の素朴で健全な精神の持ち主が煉獄に背を向けたということくらいであろう。彼らとて教義上の異論があって煉獄を拒んだのではない。一二世紀末以来、煉獄が時おり生みだした知的スノビスムを前にしての腹立ちが原因なのである。一二世紀の神学者たち――きわめて多様で、その中には修道院の神学者がいたことを忘れてはならない――は、抽象的な精神の持ち主であった。というのは学問は抽象的であり、神学はすでに学問となっていたからである。しかし、概して言えば、彼らは新しい社会の上げ潮に洗われる大聖堂や修道院や都市の学校から目を外に転じて、周囲の社会との接触交流に関心を抱き、小罪について、あるいは煉獄について省察を加えることは、社会自体について考えることであることを心得ていた。これに反して、一三世紀の神学者や教会法学者は、彼らをして都市工房の知的労働者たらしめている同業組合運動の申し子であり、したがって彼らは大学の講座と、精神の専門家という自負の中にとじこもり、ますます孤立して行くことになったのである。

煉獄の素材――小罪

一二世紀は、まだそこまでは行っていない。小罪に関しては、われわれの研究と関係の深い二つの問題が提起される。まず、いかにして小罪から解放されるかという問題、つぎにこれと密接に関連して、小罪と煉獄との間にはいかなる関係が存在するかという問題である。

煉獄が本当にはまだ存在するに至らず、小罪の定義もはっきりしていない間は、すでに見た通り、罪は祈り(特に主の祈り)、施し、場合によっては告解を通じて、そしておそらくはまた、アウグスティヌス自身が示唆しているように、死後、浄罪の火の中で消去されると考えるのが一般の傾向であった。聖ベルナルドゥスは小罪を表わすのに「許さるべき」という形容語を用いず、「日常の」、「比較的小さい」minora あるいは「死に至らない」quae non sunt ad mortem などの表現を用い、また祈りをこのような罪を浄める最良の方法と見ているが、彼はこうした罪のうちのいくつかには告解が無効であるとさえ考えている。一二世紀における状況の進展の結果、小罪が煉獄に近づけられる。事実、神学者たちがますますその重要性を認識するようになっていた無知という判断基準は、特に小罪に対して適用される。こうして罪過(culpa)が除去され、煉獄において完済されるべき刑罰(poena)だけが残る。他方、パウロのコリント人への第一の手紙(三・一〇—一五)の釈義を通じて、木、草、藁の建物こそ小罪であるとされる上に、伝統的理解では、この建物が浄罪の火によって焼き尽くされても、それを建てた人は火をくぐり抜けて救われるのであるから、自ずと小罪は煉獄に通じることになるのである。このことは、例えば、一二世紀末にヨハネス・デ・デオが『悔悛大全』において言っていることである。《小罪には三つの段階がある。すなわち、木、草、藁である。小罪は火の中で浄められる》[22]と。すでにペトルス・ロンバルドゥスはその『命題集』において、パウロの手紙から《ある種の小罪は死後消し去られることが結論される》という考えを述べ、また小罪は《火の中で消滅する》と論じている。[23]したがって煉獄は小罪の通常の受け皿《レセプタクル》となり、この見解は一三世紀にはひろく民衆の間に浸透することになろう。だからといって煉獄を小罪専用の場所と考えてはなるまい。煉獄は一二世紀末には二つの型の罪障条件、つまり小罪と、悔悟し告解はしていても償いが全うされていない罪、この両方の浄罪の場である。次にあげる「問題」quaestio は、A・M・ラントグラーフによると、ウルスカンのオドの影響圏に由来するもので、用語は多少古めかしいが、この体系をよく表現している。《なるほど、一部の魂は肉体を離れると、直ちに浄罪の火のなかに入る。しかし、そこに入った魂がすべて浄化されるわけではなく、浄化されるのはその一部にすぎない。そこに入る魂はすべてそこで罰せられる。したがって、この火は浄罪の火よりは刑罰の火と呼ぶ方が適当かもしれないが、高尚な呼び名の方が選ばれたのである。そこに入る魂のうち、あるものは浄化され罰せられる。あるものはただ罰だけを受ける。浄化され罰せられるのは木、草、藁をたずさえてきた魂である……。ただ罰だけを受けるのは、犯した罪を悔悟し告解していても、司祭が命じた償いを全うする前に死んでしまった人たちである。[24]》

実をいうと、いかなる罪が煉獄に至るかを問うことは適切な問いではない。小罪と煉獄とがほとんど時を同じうして生まれ、両者間に密接な関係が打ち立てられていることが事実であるとしても、一二世紀末ないし一三世紀はじめの聖職者たちは、犯罪（crime）、罪（péché）、過失（faute）などといった抽象論議を彼らの省察の主たる目的とはしていない。彼らの関心事は何よりも人間であり、心を占めているのは社会なのだ。なるほど宗教的判断基準にしたがって解体再構成された社会には違いないが、教会の思想的霊的活動の本質はまさにそこに、つまり、生者と死者とを問わず、人間の社会を変じてキリスト教徒の社会たらしめることにあるのである。したがって教会が範疇による分類に心を用いるにしても、その関心をそそるのはキリスト教徒の諸範疇なのである。

その諸範疇の研究に入るに先だって、ここに一言しておくのが適当であろう。地上の正義、つまり封建社会の司法機構は、すでに述べたことだが、一二世紀ないし一三世紀はじめの神学者たちにとって、彼らが死後世界の正義についての理論をものするに際し、モデルとまでは言えなくとも、少なくとも参考として、しばしば役立っている。先刻、罪と償いとについて述べたことに鑑みて、私はここに二つの例を挙げておきたい。一二世紀前半、アベラルドゥスは意図の道徳を探求するなかで、同じ一つの犯罪に関して、二人の裁判官から同じ裁きを受け同じ刑を宣告された、ある犯罪者の事例に言及している。いずれの裁判官の場合も、その裁き自体は正義の要求する正当な行為である。だが裁判官の一方は正義愛に基づいて行動し、他方は憎しみと復讐の精神によって行動するのである。一二〇〇年ごろには、地上の裁判機構の発達に応じて、こうした観念はさらに発展を遂げた。

一二一〇年ごろ没したパリの文書局長、クレモナのプラエポジティーヌスは、後にオセールのギヨーム（一二三一年ごろ没）と、ドミニコ会士サン＝シェールのフーゴとによって再び取り上げられることになるある「問題」のなかで、一見愚にもつかぬことに見えて、その実（間々あることだが）ひじょうに明確な意義を蔵した一つの問いを提起している。彼は単なる小罪が、この世における悔悛の行あるいは煉獄において罰せられずに、地獄で罰せられるおそれがないかどうかを問題にしているのである。それはあり得ないことではなかろう、というのが彼の答えである。なぜならば、罪はそれ自体としてではなく、その罪を管轄下に置き得るさまざまの裁判権に応じて、裁かれなければならないからである。地獄の裁判権（for）という観点からすれば、その罪は永劫の罰に値し得るし、現世における悔悛あるいは煉獄の裁判権《フォル》という観点からすれば、一時的な刑罰にすぎない。例えば、こそ泥はパリでなら片耳をそぎ落されるだけですむのに、シャルトルでは足を切断されるようなものだ、と彼は付言している。サン＝シェールのフーゴは、これほど具体的ではなく、同じ明白な罪がパリでは重く、オルレアンではもっと重く、トゥールではひじょうに重く罰せられる、と言うにとどめている[25]。最も抽象的な神学的省察を、目もくらめよとばかり、最も具体的な歴史的現実に帰着せしめるスコラ的仮説である。そして、もし死後世界が、裁判権が区々として細分化され、まちまちの判断基準と刑罰をそなえた一つの封建王国にすぎないとしたら、どうであろうか。革命以前の、産業化以前の社会が生んだ一つの死後世界だとしたら？　この新しい王国、すなわち煉獄が、お互いの境界が定かでなく、地獄のような王国からの侵犯にさえさらされている、領主地のモザイクにすぎないとしたら……？　歴史は時おり、このように、史料の脇道で、その仮面をはずしてみせる。

二（あるいは四）から三へ――罪人の三範疇

ところで、煉獄が誕生し、存在し、広がりつつある今、その煉獄にいかなる人を住まわせるかを知るためには、人間つまりキリスト教徒の諸範疇に目を向けなければならない。ここでわれわれは歴史の重要なメカニスムの一つ、すなわち知的枠組みと論理的道具立ての変換のメカニスムに触れることになる。そして、思考のさまざまの操作――専門知識人はもちろん社会全般の次元での――のうち、一つの操作が特に重要である。すなわち分類とその亜属、範疇区分である。

ここでは具体的な社会的現実はさておいて、論理的図式に専念することが適当である。一二世紀末、事態は単純であるが、一つの困難にぶつかる。一方には人間の四範疇、すなわち四世紀にアウグスティヌスによって定められ、一一四〇年ごろグラティアヌスによって再びとり上げられたうえ、いわば建て直された四範疇がある。全面的に善良な人、全面的に邪悪な人、全面的には善良でない人、全面的には邪悪でない人、というのがそれである。で、彼らは死後どこへ行くか。いまや行く場所は――ヘノクとエリヤしかいない衰退をきわめた地上楽園、これまた消滅の途上にあるアブラハムのふところ、それに二つのリンボを別にすれば――三つである。二つのリンボについては同列には論じられない。キリストの冥府降下以来、族長たちの古聖所《リンボ》は空っぽであり、永久に空っぽのままのはずである。それはもはや歴史的追憶に属するものでしかない。幼児たちの孩所《リンボ》は、なお幾世紀にもわたって論議の対象であり続けるが、死後世界の他の三つの場所と同じレヴェルでは扱えない。それは何ら自罪（個人に由来する罪）は犯さずに、ただ原罪だけを負っている人間の行く場所であるが、地獄、煉獄、天国は自罪を犯した人間の三範疇にかかわるからである。自罪を犯した人間のあいだには責任と運命の序列があって、地獄に行く悪人と、天国に行くことを約束されている善人と、まったくの悪人でもまったくの善人でもない者とが区別され、この最後の者が天国に行く前に煉獄を通過しなければならないのである。一三世紀に入ってもなお、ダンテの出現に至るまで、何人かのスコラ学者の理論的著作のなかで死後世界の《五地域》体系に出くわすことはあるが、一二世紀末に安定の緒につくのは三つの場所の体系である。

したがって問題は単純であるように思える。つまり四範疇区分と空間の三分割とを対応させるべきなのである。具体的な歴史的文脈はいっさい捨象した上で考察を進めることにしよう。二つの体系を同時にくつがえしてしまうやり方が考えられないでもないが、とりあえず簡単な解決法が二つあるように思える。三から成るグループを四に拡大するか、四からなるグループを三に縮小するかである。ここで二つの要因が介入してくる。第一の要因は四種類のキリスト教徒というグループの創始者であるアウグスティヌスが、実際にはそのうちの三種類のキリスト教徒の運命しか明確にできず、全面的には邪悪でない人という一団は、《比較的堪えやすい劫罰》という甚だはっきりとしない運命を負わされているということである。

私はアウグスティヌスが二つの傾向の間で両極から引っ張られていたのだと思う。アウグスティヌスは彼の繊細さにもかかわらず、一方では、彼の時代――生きて行くためには単純化された知的枠組に依らざるを得ない古代末期――において、ますますその支配を強めていた二項対立的図式に歩調を合わせるべく牽引されていた。全面的には善良でない人と、彼らを選ばれた者たらしめ得る浄罪の火とに関しては、アウグスティヌスの立場は、全面的には邪悪でない人の場合ほど曖昧ではない。とはいえ、彼はこのもう一つの中間的集団の場合を明確に定式化することにも成功してはいないのである。しかし、詮じつめれば、アウグスティヌスは三項――天国、(浄罪の)火、地獄――から成る死後世界に向かって傾斜していた。

アウグスティヌス主義に深く浸透された一二世紀の思想家たちが、遂には三項鼎立的図式をはっきりと打ち出すに至るのであるが、その成功はアウグスティヌスの文字面よりは、その精神に対する忠実さを保つことによって得られたのである。

こうして罪人の三範疇区分が、死後世界の場所の三項体系と調和するに至るが、この進化を助けたのが第二の要因であって、それはと言えば、当時キリスト教世界が被っていた大変動のなかにあって、一二世紀の人間——まず第一に聖職者たち——に生じた論理的枠組の全体的な変換であった。二から四への（あるいは四から二への）移行には、なんら革命的な要素はない。一二世紀における全体的な構造的変化と一致した真の変化は、救霊という問題を前にして、人間の範疇区分がアウグスティヌスの四範疇から三範疇に減じたということなのである。

ここで私は読者に一考を煩わしたい。読者は興を覚えているか、苛立っているか、そのいずれかだと私は想像する。いずれにしても、次の二つに一つと読者は考えているに相違あるまい。ことは歴史的現実とほとんど何の関係もない抽象的遊戯か、さもなくば取り立てて言うまでもない自明の操作か、そのいずれかであると。なにしろ人類は、いつでも、至るところで、切り分けたり再編成したりしてきたのだから——二つなり、三つなり、四つなりに。これほど《自然な》ことがあろうか……と。だが待てよ、そんなことはない。読者はジョルジュ・デュメジル、クロード・レヴィ＝ストロース、ジョルジュ・デュビー、それに例えばシオドア・キャップロー(26)のような論理家の著書を読み、自分でも考えたことがあるのだ。したがって読者は、現実はこのようなあまりにも素朴すぎる二つの仮定とは異なることを心得ているはずだ。こんな仮定は斥けなければならない。人類は時と場所とに応じて、文化と歴史とにしたがって、自らが所有するいくつかの単純なコードのなかから選択する。一つのグループ、一つの集合、一つの体系をつくるということは、見かけほど簡単なことではない。三人の人物、三つの事物が一緒になっても、一箇の三幅対《トリアッド》を構成することは滅多にない。二項体系が長年月にわたる習慣となっているときに、一つの全体を表現するために二から三へと移行することは、容易なことではないのである。したがって私は、一二世紀のキリスト教世界における死後世界の体系にとって本質的に重要な事件は、天国・地獄（あるいは極楽・地獄）の二項体系に、天国・煉獄・地獄の三項体系がとって代わったことだと思う。なるほどこの交替は永遠に関して有効なわけではない。キリスト教の生きている社会は、永遠についてのキリスト教的観念を変える用意はまだない。それが有効なのは（時の終りまでの）中間の期間に関してである。この点もまたきわめて重要なことであり、後にまた改めて論ずることになろう。だが、この変化と、この変化の生じ方とは、一一世紀ないし一四世紀の封建社会の変動と深いところで関連していると、私には思える。まず、罪人の範疇に関して、四から三への明白な移行を見ることにしよう。

この変化は年代的にごく近接した二つの段階で生じた。第一の段階は、その発端についてはすでに見たが、アウグスティヌスの範疇区分において用いられている一つの副詞を取り替えることであった。アウグスティヌスが「全面的に」(valde) 善良な人あるいは邪悪な人について語っていたところを、「中程度に」(mediocriter) 善良な人あるいは邪悪な人について語るようになり、その結果、二つの中間的範疇が接近した。決定的瞬間は二つの範疇が融合してただ一つの範疇、すなわち、中程度に善良「かつ」(et) 邪悪な人という範疇をつくったときであった。この変移は一部の人たちの憤激を買ったが、それにはそれだけの理由があった。その大胆さは、文法的にも、イデオロギー的にも、著しいものであった。それは二つの対立物——しかも何という対立物か（善人と悪人、善と悪！）——を結合して、ただ一つの範疇に括ることにほかならなかった。だが、ひとたび実力行使が行なわれてしまえば、この新しい範疇を（必要ならいつでも）「中程度の人」mediocresという範疇に縮小することくらい、もはや朝飯前であった。

まず範を垂れたのは神学者たちである。ペトルス・ロンバルドゥスが一一五〇年ないし一一六〇年にこう言明する。《教会が死者のためにあげる儀式が、いかなる人のために、またいかなる目的のために役立つかは次の通りである。中程度に邪悪な人にとって、とりなしの祈りは刑罰の軽減に役立ち、中程度に善良な人にとっては完全な罪の許しに役立つ(27)》と。教会法学者たちは、すでにみたように、遅れをとる。しかし、例外はあるが、彼らは遅れを取り戻す。範疇区分は神学者よりは法律家の仕事なので、彼らはすぐに追いつくのである。

四つの範疇をもつアウグスティヌスのテクストはつとにグラティアヌスによって引用されていたが、それを注解する初期の大全《スンマ》の一つ、一一八六年ごろ編まれた『ライプチッヒの大全《スンマ》』Summa Lipsiensisを見ると、この問題に関する考え方の進化がいかに困難であったかが分かる。《また別の人に言わせると、劫罰は中程度に善良な人、あるいは中程度に邪悪な人が「煉獄で」受ける刑罰を表わす言葉である――普通は永遠に断罪された人についてしか、この言葉は用いられないのであるけれども。中程度に善良な人というのは、小罪に対する償いの業を課された後に死んだ人で、まだその償いを全うしていない人のことである。中程度に邪悪な人というのは、小罪を抱いたまま死ぬ人である――小罪は何ら害をなさないように思えるから、この人たちのことを善良な人と呼んでも構わないのであるけれども。また、ここで論じられていることはもっぱら中程度に善良な人に当てはまり、その人たちの一部が完全な罪の許しを与えられると解釈する者もある。そして彼らには比較的堪えやすい劫罰つまり刑罰が科されるにすぎないのである、と(28)》。一一八八年ごろ、かの有名なピサのフグッチョが事態の進展に抵抗して、その『大全《スンマ》』で激しく異議を申し立てる。《神学者のなかには独断的に三種類の人間しか区別しない者がある（アウグスティヌスとグラティアヌスが四種類を区別しているのに）。ある者は全面的に善良で、ある者は全面的に邪悪で、ある者は中程度に善良かつ中程度に邪悪だというのである。現に彼らは、中程度に善良な人と中程度に邪悪な人とは同じ人間、つまり浄罪の火の中にいる人間であって、早く解放されるために、とりなしの恩恵にあずかれるのはこの人たちだけである、と言っている。「劫罰」すなわち刑罰（は比較的堪えやすい）。なぜならば、浄罪の火の中で彼らは比較的軽く罰せられるからである。しかし、このような見解は私にはほとんど異端も同然に思える。それでは善と悪とを同一視することになるからである。それというのも、実際は中程度に善良な人は善人であり、中程度に邪悪な人は悪人だからである。同様に浄罪の火の中にいるのは善人だけである。いかなる人も大罪を負って、そこにいることはできないからである。しかし小罪をもってしては、誰も悪人たり得ない。したがって、浄罪の火のなかには悪人はひとりもいないのである[29]》と。

『ケルンの大全《スンマ》』（一一六九年）は、すでに見たように、神学者に任せると宣言している主題には触れていない。しかし、ラントグラーフの参照しているバンベルク写本には、誰かの手で、一二二五年に没したクレモナのシカルドゥスが練り上げた図式が付け加えられている。この図式は極めて明快、極めて確然としている。

死者のうち
- 全面的に善良な者——彼らのためには、神への感謝の祈りが捧げられる。
- 全面的に邪悪な者——彼らのためには、生者にとってのなぐさめ。
- 中程度の者——彼らのためには、完全な罪の許し、あるいは比較的堪えやすい劫罰。

そして、シカルドゥスは《彼らの劫罰が比較的堪えやすいものとなり得るためには、このことが煉獄にいる人たちについて言われているものと解さなければならない[30]》と、敷衍している。

最後に一三世紀の、ある『命題集』注解は、アウグスティヌスとペトルス・ロンバルドゥスの思想に、状況の進展に見合った新しい表現を与えようと努めている。

以下はこの教師がアウグスティヌスについて理解したことである。

死者のうち、ある者は全面的に善良な人であって、教会は彼らのために、とりなしの祈りを捧げることはない。彼らにはその必要がないからである……。彼らが栄光を与えられることは何の疑いもない。

ある者は全面的に邪悪な人であって、教会は彼らのためにも、とりなしの祈りを捧げることはない。彼らはその運命にふさわしい行為をしたからである。彼らが劫罰を受けることは何の疑いもない。

ある者は中程度の人であって、教会は彼らのために、とりなしの祈りを捧げる。彼らはそれにふさわしい行為をしたからである。彼らの運命については……（ここで参照すべき別の章が指示されている。）

注解は中間の範疇をその二つの構成要素に分解しながら説明を続行するが、行文はアウグスティヌスの憾みのようなものを漂わせる。

ある者は中程度に善良な人であり、とりなしの祈りは彼らに完全な罪の許しを得させる。この人たちが煉獄にいることは何の疑いもない。

ある者は中程度に邪悪な人であり、とりなしの祈りは彼らの刑罰の軽減に役立つ。この人たちについては、煉獄にいるのか、（劫罰を受ける者として）地獄にいるのか、それともその両方なのか、言明するのがためらわれる[31]。

ラウール・アルダンもまた、一二世紀末、三種類の死者を区別している。全面的に善良な人(valde boni)、中程度に善良な人(mediocriter boni)、全面的に断罪された人(omnino damnati)の三種類である。《全面的に善良な人は、死後ただちに安らぎに赴く。彼らには、われわれの祈りも、われわれの捧げものも必要ではない。むしろ、われわれの方が彼らの祈りや捧げものの恩恵に浴するのである。中程度に善良な人、そして真の告解と罪の償いのなかにいる人は、まだ完全には罪を浄められていないので、浄罪の場で(in purgatoriis locis)浄められるのである。そして、この人たちのために、祈り、施し、ミサが役立つことは何の疑いもない。彼らがこの恩恵を受けるのは、死後、あらたな功徳を積むことによってではなく、(生前)あらかじめ積んだ功徳の結果としてなのである。全面的に断罪された人というのは、このような恩恵に浴するに値しなかった人たちである。しかし、われわれ同胞は、誰がそれを必要とし誰が必要としないか、またそれが誰の役に立ち誰の役に立ち得ないかを知らないのであるから、われわれが確信をもてない人たちもそこにふくめて、すべての人のために、祈りと施しとミサを捧げなければならないのである。全面的に善良な人のためには、それは神への感謝の祈りであり、中程度に善良な人のためには罪滅ぼしであり、神に見捨てられた人のためには、生ける者にとっての、さまざまの種類のなぐさめである。結局、こうした捧げものの対象となる人たちにとって、それが役に立っても立たなくても、とにかく、この捧げものは献身的にそれを行なう人たちの役には立ち得るのである。……というわけで、他人のために祈る者は、自らのために勤めているのである。》(『ラテン教父著作集』一五五、一四八五)

ここではまだ、浄罪の場が煉獄として統一されてはいない。しかし、死者の三分割はすでに達成されている。

論理的図式と社会的現実──中心をはずれた中間項

三項図式のこのみごとな構成において、なお留意すべき二つの極めて重要な局面がある。

第一は、くどいようであるが、四項図式──実質的には二項図式（2×2）──が三項図式にとって代わられるということである。この変化は、一一世紀以来、キリスト教徒知識階級の知的枠組に広く浸透する。全般的にそれは、強者対貧者（potens/pauper）[32]、聖職者対一般信徒、修道士対聖職者といった優劣型の対立に、もっと複雑な三項体系を置き換える。

中世初期には、思考はごく自然に、二項対立的な図式をなぞった。例えば、宇宙を支配する力を考えるためには、神-悪魔という図式がものを言った（もっとも──きわめて重要な手直しであるが──キリスト教思想は教義の観点からはマニ教的二元論を斥け、悪魔を神の下位に置いていた）。社会を考えるためには、聖職者-一般信徒、強者-貧者という図式があった。道徳生活・信仰生活を考えるためには、美徳-悪徳という図式が機能した。これらの対立項は、プルデンティウスの詩を引き合いに出して言えば、美徳と悪徳とを対峙させる『魂の闘い《プシュコマキア》』風に、激しい争いをくりひろげる。人間の内部にも境界が引かれ、人間は神と悪魔、強者のおごりと貧者のねたみ、美徳の呼びかけと悪の誘いとの間に引き裂かれる。しかし西暦一〇〇〇年以来、多元論的図式──多くの場合、古代ギリシア・ローマ文化の、そしてさらに多くの場合、古代キリスト教文化の遺産だが──が二元論的図式を凌ごうとする傾向が生じた。一二世紀には七という数字に基づいて作られた図式が大成功を博する。七つの秘跡、七つの大罪、聖霊の七つの恵みといった七項体系である。

しかし、主要な傾向は二項図式が三項図式にとって代わられることにあり、後者は二範疇の露骨な対立、対置に、三要素のより複雑な作用を置き換えたのである。

こうした図式の一つが、祈る人－戦う人－働く人（聖職者－貴族－農民大衆）という三階級の図式である。この三項図式は特殊な型に属する。それはグループを構成する要素のうち二つを第三の要素に、つまり、支配されながらも自らのためにイデオロギー的表現の道を切り開き得た大衆に、対立させているからである。[33] これがシオドア・キャップローによって研究された論理的モデル、二対一のモデルである。

煉獄の誕生にモデルを提供した三項図式もまた、封建社会の変化する構造と関連を保つ。それは両極に位置する二つの範疇の間に、一二世紀後半以来、これに劣らぬ成功を収め、これと同じように密接に、一つの「中間的」範疇をすべりこませることで成り立つ。こうして「中間」の地位が高められるが、それは第三の範疇が最初の二範疇から、その「後に」そして「下に」立つものとして発現してくるということではない。二範疇の間が高まるのである。煉獄は二重の意味で中間的な場所である。そこは天国ほど幸福なところでもなければ、地獄ほど不幸なところでもなく、かつ最後の審判までしか存続しない。煉獄を真に中間的なものたらしめるには、後はそれを天国と地獄との間に位置せしめれば足りる。

ここでもまた、図式の適用は本質的に社会学的次元に属する。それは封建革命の第二段階、すなわち都市の飛躍的発達の結果生じた社会を表現――記述ではなく――するものであって、第一段階すなわち農業の進歩に関して三階級の図式がそうであったのと同断である。最も概括的、かつ最も普及した形態で示すと、この図式は上層の人々、中層の人々、下層の人々（maiores, mediocres, minores）の三者を区別する。[34] ラテン語の方が、この図式の意味と機能とをよく示している。図式は両端のグループを比較級で示し――maiores（より大きい＝地位の高い人たち）と minores（より小さい＝地位の低い人たち）――一つの関係、均衡、社会的作用を表現している。この機構のなかで、中間グループは何をなし得るか。隣接するグループの両方を、あるいはその一方だけを犠牲にして自己を拡張したり、外側の二つのグループのどちらか一方と、あるいは順ぐりにその両方と、同盟を結んだりすることである。アッシジの聖フランチェスコは、一三世紀のはじめ、彼が創設した修道会の修道士たちのために、この図式から名を借りている。すなわち「小さき修道士たち」(Les Mineurs)である。[35] 図式は都市の生長によって変容した封建社会に対して、もっとも普通に適用される。上層の人々(世俗および聖職者の)と下層の人々(農村労働者と都市労働者)との間に、一つの中間的範疇が誕生した。すなわちブルジョワである。このグループは極めて多様なので、私はブルジョワ階級(ブルジョワジー)という呼称は用いないでおきたい。

ここで図式の第二の特徴が現われる。すなわち、その中間を占める要素は両極から等距離にはないという特徴である。理論的に見ればその位置は、三項体系の中間範疇に対して、どちらか一方の極への融合あるいは滑動から利を引き出すことを可能にする。ブルジョワは下層の人たちおよび上層の人たちに対して、その位置を利用するだろう。しかし煉獄の場合には、一方の側、天国の方向で、動きが阻まれている。天国へ入る人はつねに僅かしかいないからである。したがって境界が動くのは煉獄と地獄の間で、ということになるだろう。中心点をはずれ、繰り返して言えば、暗い辺境の方向へとそれた中間、――中世初期の暗黒のイメージからはじまって、ほとんど明るさを増すことのない死後世界の記述を読むときに、そのことが認められよう。[36] いまや明らかなように、このモデルは――その社会学的利用において――三階級のモデル同様に重要である。後者は第三身分を、前者は中産階級をつくり出したのである。

誤解のないようにお願いしたい。当時すでにブルジョワジーなるものが存在したと仮定してのことだが、そのブルジョワジーが煉獄を創造したとか、煉獄がどのみちブルジョワジーに由来するとか主張するのは、馬鹿げたことであろう。わたしが仮説として、煉獄誕生の解読として、提起しているのは、煉獄が封建的キリスト教世界の変容と関連するある全体の一部をなしており、その変容の重要な一つの表現が、中間範疇の導入を伴う三項の論理的図式の創造であったということである。(37) このモデルは社会経済的構造のなかに、しっかりと根をおろしている。それは私にとって確かなことなのだ。しかし、それに劣らず確かなことに思えるのは、知的、イデオロギー的、宗教的構造の媒介が、体系が機能する上で不可欠だということである。煉獄はこの体系の一つの所産ではなく、一つの要素なのである。

私がこの歴史のなかで、語彙のいくつかのささやかな変化に対して与えた重要性に関しても、読者はおそらく懐疑的であろう。「浄罪の」という形容詞が「浄罪界＝煉獄」を意味する名詞に変る。一つの副詞句(non valde)が別の副詞(mediocriter)にとって代わられる。そしてこの二つの場合のいずれにも、私は深刻な変化の徴候を読みとる。事実、私はほんの僅かの言語的変化も、それが言説の戦略的箇所に位置している場合には、重要な現象の徴候であると信じている。そして私は、こうした語と意味の滑動が厳格なイデオロギー体系のただなかに生じているだけに、なおのこと意義深いものがあると思うのである。たしかに中世キリスト教世界は――この書物はそれを示すことを望んでいるのだが――不動でもなければ、不毛でもなかった。それどころか、何と豊かな創造性にみちていることか。しかし中世キリスト教世界は、イデオロギーの次元では、ささやかな一歩一歩、とるに足らぬ一語一語が刷新のペースなのだ。

知的枠組の変換――数

煉獄を可能ならしめ、それを受容しつつ、煉獄とともに自らも変化するのは、新しい精神風景の一部をなす思考習慣、知的道具立てである。煉獄とともに、数、時間、空間に対する新しい態度が出現する。

数に対する、というのは煉獄は終末論の中に一つの計算を導き入れることになるからである。計算といっても、象徴数とか、永遠の世界における尺度の廃棄とかいったことではなくて、それどころか一つの現実的な算定法なのである。それは法廷の算定法なのだ。煉獄は終身刑の地獄ではなく、有期刑の地獄だからである。すでに一二世紀のなかば、ストロンボリの火口から漏れてくるうめき声について語る際に、ヨツアルドゥスは、罪人の魂は定められた期間（ad tempus statutum）、そこでさまざまの刑罰を受けるのだと述べていた。一二世紀末には、ウルスカンのオドの影響圏に由来する書物中のある「問題」quaestio が、小罪は永遠にではなく《地獄で一定期間》罰せられると考える人たちに言及している。

煉獄の創造によって世界の空間化の進展と算術的論理とが結びつく。算術的論理は死後世界の三つの王国の彼方から、人間の行為と煉獄における状況との間の関係を統御することになるだろう。地上で罪のうちに過ごされた時間と、煉獄の責め苦のなかで過ごされる時間、それに煉獄にいる死者のために捧げられるとりなしの祈りの時間と、煉獄からの解放が早められる時間、この両者間に均衡が打ち立てられることになるだろう。一三世紀にはこの種の会計学が発展を遂げる。地図作成法が飛躍的に進歩し、計算に対する情熱が堰を切ったようにほとばしる世紀なのである。そして最後には、煉獄の時間は贖宥の目くるめく時間のなかに巻きこまれてしまうだろう。

《有期の》断罪という観念は、正義への関心に端を発し死後世界の真の会計学へと至る、もっと大きなある精神態度の一環をなすものである。初期の教父たちに由来し、アウグスティヌスに由来し、世紀から世紀へと絶えることなく引きつがれてきた根本理念は、刑罰の均衡の観念、つまり刑罰が——この場合には煉獄で過ごされる時間が——罪の重大さに比例するという観念である。しかし均衡の観念が質的から量的へと転換を遂げるのは、ようやく一三世紀に入ってからである。この観念は算術と数学の進歩に関連している。一三世紀前半にフランチェスコ会士となったパリの大学教師、ヘールズのアレクサンデルは、その著『ペトルス・ロンバルドゥス命題集注解』において、煉獄の刑罰が不公正で均衡を欠く（injuste et improportionalis）ことがあり得ないか否かを問うている。答えはこうである。《煉獄の刑罰（poena purgatorii）が、罪を犯すに際して覚えた快楽と釣り合っていないとしても、前者はやはり後者に比すべきものである。また煉獄の刑罰が、比という観点からすれば（secundum proportionem）、苛酷さの点で、この世の一時的な刑罰と釣り合っていないとしても、比例という観点からすれば（secundum proportionalitatem）、釣り合っているのである。蓋し「比例とは、要するに、比と比の相似である」から。ある罪を犯したためにこの世で受ける一時的な刑罰の、もっと重い罪を犯したために同じくこの世で受けるべき一時的な刑罰に対する比は、比較的小さな罪を犯したために課される煉獄の刑罰の、比較的大きな罪を犯したために課される煉獄の刑罰に対する比に等しい。煉獄の刑罰がこの世の浄罪の罰にくらべて、自分の意志に発するという点では同じであっても、釣り合いがとれぬほど苛酷でなければならない理由は、この世の浄罪の罰は肉体と共に苦しむ霊魂の責め苦であるのに対して、煉獄の刑罰は直接的に霊魂自体の責め苦であるということである。じっさい（一方で受ける）罰が（他方で受ける）罰に釣り合っていないのと同様に、苦痛も苦痛に釣り合っていないのである。さらに、この世で受ける刑罰は固有の意味で意志的であるのに対して、煉獄の刑罰は比喩的な意味で意志的である。》

これはおどろくべきテクストであって、現世の罰にくらべて煉獄の罰がこの上なく苛酷であるゆえんを、肉体に保護されずに直接責め苦を加えられる魂のこの上ない脆さによって説明するだけで満足せず、死後世界の刑罰の考察に、数学的、位相的観点を導入している。このテクストには《比例とは、要するに、比と比の相似である》という、権威からの引用がただ一つあるだけである。しかもその権威たるや、聖書でも教父でも教会でもなく、ユークリッド『原論』五巻、定義四からの引用なのである[38]。

一三世紀はじめのある『命題集』注解には、とりなしの祈りの量的有効性という問題が提起されているが、ラントグラーフによれば、これはおそらく算術比、幾何比という表現を用いた最初のテクストであろう[39]。煉獄と共に死後世界の会計学[40]が始まることが見てとれるのである。かつては、永遠あるいは無際限の待機しかなかった。いまや、罪の重さに応じて煉獄の時間が、とりなしの祈りの量に応じて煉獄の免除の時間が数えられ、この世で生きられる時間と、あの世で感じられる時間との関係が計算されるようになる。なぜならば時間の心理的印象も（煉獄では時間は極めて緩慢に経過するように思える）計算に入れられるからである。一三世紀の数々のテクストは、われわれをこのような計算になじませてくれる。それらは、アレグザンダー・マレー[41]がある示唆的な書物のなかで指摘したように、一三世紀が計算の世紀であることを、また一三世紀が会計学の時代であり、商人と、はじめて予算を作成した役人の時代であることを、想起させてくれるであろう。《フランス王国最初の予算》と呼ばれ得たもの（もっとも誇張がないわけではないが）は、フィリップ尊厳王《オギュスト》の治世に始まる。この王のもとで煉獄は誕生し、生長したのである。これからは、地上の時間と煉獄の時間との間に、教会と罪人たちは複式簿記を試みることになろう。黙示録によると、審判の日には帳簿が開かれ、死者たちはそこに記された内容にしたがって裁かれるという。しかし、それまでの間は、いまや別の帳簿が開かれることになったのである。煉獄の帳簿である。

空間と時間

煉獄はまた新しい空間概念と時間概念とに結びついている。煉獄は死後世界の新しい地理学に関与するが、それはもはや領主地のモナードのような小さな（魂の）たまり場《レセプタクル》が並置されてできているのではなく、広大な領土、ダンテの言う王国から成っているのである。キリスト教徒が十字軍の道筋に沿って、宣教と商取引の道筋に沿って、世界を踏査する時代が来ている。地図の歴史の偉大な専門家ジョルジュ・キッシュ(『文明の表徴、地図』)はこう書いている。《一二世紀末に、一つの変化が生じた。中世世界が動き出したのだ。その結果、旅人たちは一つの情報をもちかえり、これが一四世紀には中世の地図を変えた……》と。死後世界の想像地図作成法の変化もこれと同時に、おそらくはずっと速やかに、達成された。すでに、さまざまの種類の地勢的表意文字となり果ててしまっていた現世の地図作成法は、地勢表示のレアリスムに挑戦を試みる。死後世界の地図作成法が、まだ象徴主義をいっぱいに負いながらも、この空間探索の努力を補完する。[42]時間もまたしかり、時間自体が、煉獄信仰において、最も明白に測定を受け入れやすい要素である。まったくの新事態、いまや測定可能な時間が煉獄に登場したのだ。時間は算定、推算、比較などの対象となり得る。時間は、ヘールズのアレクサンデルに言わせれば、較べ得るものとして(comparative)、新しい説教法にも登場する。説教の目的は人を教化し救うことにあるが、一二世紀末から、説教師は自分の説教のなかに、説得効果を高めるために、逸話を挿入するようになった。「教訓逸話」exemplaがそれである。こうした逸話は、史実に基づく《実話》として提供される。説教の終末論的時間、回心と救済の時間のなかに、それは日付をもち計測可能な歴史的時間の切片を導入するのである。このことを死後世界の時間のなかで行なうのが煉獄である。煉獄は「教訓逸話」のお気に入りの主題の一つとなるであろう。

現世と個人死への方向転換

これまで述べたようなあらゆる変化、激動のなかに、煉獄の誕生を深いところで説明する二つの大きな底流が感じられる。

その第一は、中世初期の大常套句「現世蔑視」contemptus mundi[43]の衰微である。現世蔑視の精神を涵養したのは何といっても修道院の霊的生活であるが(ジャン・ドリュモーが示したように、修道院はルネサンス最盛期においてなお、この精神を維持しつづける)、多方面における時代の創造的発展と関連して、現世の諸価値に対する愛着が増大するようになり、この精神は衰退する。

グスターヴォ・ヴィネは一二世紀の楽天主義について熱のこもった一文を草している。《もし中世に陽気な世紀があるとすれば、この世紀こそまさにそれだ。西洋文明がおどろくべき生命力と、活力と、革新の意志をもって爆発する世紀なのだ。この世紀の風土は中世最良のものである。一二世紀は典型的に解放の世紀であり、人間が千年以上にもわたって抱きつづけ、内部から腐臭を放っている一切のものを捨て去る世紀なのだ》。だが、それはまた——と、彼は付け加えて言う——この《生命力の爆発》のただなかで、死と苦しみの恐怖が逆説的に生まれ出る時でもある。《この上なく幸せなときに、胸いっぱいに大気を吸いこんでいるときに、洋々たる前途を自覚しているように思えるときに、歴史が今まで経験したことのない次元をわがものとしたときに、中世は本当の意味で悩みはじめるのである》[44]と。

この情熱的で感性ゆたかなテクストに誇張があることは考慮に入れよう。それでもなお、一二世紀末に生じ、次の世紀へと持続する現世へのこの方向転換、そして実際、さまざまの苦悶、疑惑、退潮を伴いながらも決して息絶えることのないこの転換を、グスターヴォ・ヴィネはよく理解していると言わなければならない。死の恐怖が却って同時に強くなるということについて言えば、その逆説は表面上のことにすぎない。いまやこの世の生が価値あるものとなったのだから、その生と離別する瞬間がなおのこと恐ろしくなる道理なのだ。そして、この苦悩の瞬間、臨終に対する恐怖が、地獄の恐怖に付け加わる——取って代わる傾きさえある。煉獄は死後世界に対する新たな希望、死の瞬間に対する増感現象として、この価値の転換のなかに、その位置を占めるのである。

キリスト教徒は、全体としては、もはや最後の審判を明日に迫ったこととは信じていない。まだ幸福な状態にはほど遠いが、キリスト教徒は何世紀にもわたる、後退とは言わないまでも単なる再生産の時期を経て、いまや生長を経験したのである。彼らはますます多くの《財》を生産する。これまではもっぱら来世に位置せしめられていた諸価値が、多かれ少なかれ現世において具現される。正義、平和、富、美などの諸価値である。ゴチックの教会は天国を地上に降ろしたように見える。それは《清涼と、光と、平和の》場所のように思える。ゴチック教会に、私が「清涼界《レフリゲリウム》」とか、初期キリスト教の典礼とかの喚起をあらためて感じとったとしても、それは徒らに暗喩に耽ってのことではない。マイヤー・シャピロとアーウィン・パノフスキーは、サン＝ドニの新しい建築に関するシュジェの著述に注して、《シュジェの語法は、新プラトン派の教理が……似たようなやり方で表現されていた初期キリスト教の「銘文」tituli を想起させる》(45)ことを力説している。人類はこの地上に根をおろしたのだ。それまでは、死と復活とを隔てるものとされていたこの短い期間に、過度に思いをめぐらせることは甲斐ないことであった。だがいまや、地獄・天国という二項だけでは、社会の問いかけに対して十分に答え得ない。個人の死と集団的審判とを隔てる中間の期間が重大な反省の対象となるのである。このような反省を拒み、もっぱら「千年王国」Millenium あるいは「終りの日」の到来を渇望する終末論の狂信者たちと、反対にこの大地に根をおろし、したがって現世の補遺ともいうべき死と復活との中間の時に関心を抱く人たちとの間にあって、教会は後者に有利な裁定をくだす。もし待機が長期にわたらなければならないとすれば、その間に死者たちはどうなるのか、われわれは明日はどうなるのか、そのことを考えなければならない。もちろん、キリスト教徒の大多数がこのように地上に腰を落着けるという状況を前にして、ごく少数の人たちは反旗をひるがえし、キリストの再臨《パルシア》と、差し当たってはこの世における義人たちの統治「千年王国」とを、なおのこと強く要求する。フィオーレのヨアキムからケレスティヌス五世に至るまで、少年十字軍から鞭打苦行者《フラゲランテス》やフランチェスコ会厳格主義者に至るまで、《黙示録の狂信者たち》がこれまでになく活発に動きまわる。悔悛の十字軍の王、聖ルイさえ、彼の廷臣たちがせっせと計算計量に精を出し、王国を堅固な基盤の上に据えようとしているときに、国を終末論的冒険に引きずりこむことを考え、ドイツ皇帝の場合にもそんな例がいくつかあるようだが、自ら世の終りの王たらんと夢見ていたのではないかと疑われる。だが、その聖王ルイが《私ほどに、自分の人生を愛するものは他にない》と言うのである。[46]

ひと握りの《狂人》を別にすれば、実のところ、黙示録はもう流行らない。一一世紀と一二世紀のはじめには、それは聖書のなかで最もよく注解された書であった。[47] いまや黙示録は後退して、天上的情熱と共に地上的情熱に燃え立つソロモンの雅歌にその地歩を譲った。ゴチック聖堂のタンパンから黙示的主題は姿を消し、最後の審判にその席をあけわたす。そこにはまだ煉獄こそ姿を見せるには至っていないが、遠い時代の歴史が描かれている。世俗の社会を描いて、この世で正しくふるまうことができるようにと、社会を戒めるきっかけにしようというのである。

このように徐々に——そして相対的に——黙示録が最後の審判に席を譲って消えて行くという現象は、中世図像学の権威者たちによって強調されている。例えばエミール・マールはこう言っている。《はやくも一二世紀には審判の情景の新しい理解の仕方が……古い理解の仕方にとって代わる。もはや黙示録には何ひとつ負わず、聖マタイの福音書から想を得た壮大な構図が出現する。……一三世紀には、黙示録はあまり高い生産性をもつ書物であったとは言えない。[48] ……芸術家たちは世の終りの情景を好んで聖マタイの方から借りるようになる。福音史家のテクストは、なるほど強烈な光彩という点では劣るが、芸術的造形にはこちらの方が向いている。聖マタイにあっては、神はもはや何人《なんびと》もその光芒を正視し得ぬ巨大な宝石ではなく、人の子である。彼は大地にいたときの姿で玉座に現われる。諸々の民はその顔に見覚えがあるのである。コリント人への第一の手紙における、死者たちの復活に関する聖パウロの一章が、全体に対して、一二つ三つの特徴を付け加える》。エミール・マールは、聖マタイの福音書に想を得て刷新された代表的な主題として、《善人と悪人との類別》を挙げている。黙示録の描くところでは、神は《王者のように栄光にみちるとともに、裁判官のように威嚇的》であった。一三世紀の審判図では、神は《贖い主、裁判官、生ける神として》描かれた《人の子》なのである。[49]

アンリ・フォシヨンも同様の分析を試みている。《一二世紀の図像《イコノグラフィ》は……黙示録に支配され、その数数の恐ろしい幻像を、また栄光の中に座して非人間的な諸々の形象にとりまかれている裁判官キリストのイメージそのものを、黙示録から借りている。……一三世紀の図像は幻像、叙事詩、東洋、怪物などを一挙に捨て去る。それは福音的、人間的、西洋的であり、自然である。それはキリストをほとんど信徒のレベルにまで降下させる。……なるほどキリストは相変わらずタンパンの高みに座を占め、死者たちの目覚めと永遠の罰とをつかさどる。しかし、同時に彼はやはり福音書のキリストであって、その人性のやさしさを保っているのである。》[50]

ゴチック聖堂のタンパンのキリストが永遠の裁判官であることに変わりはないとしても、黙示録の雷光が捨て去られ、甦った人間群像と審判とが写実的に表現されるようになった結果、煉獄の誕生と密接に関連する正義が前面に押し出されてくる。キリストが天使に託し、天使に導かれて天国に入る選ばれた者たちは、煉獄を通過し浄化され純化された《聖人》として描かれることが、ますます多くなるであろう。

こうして地上に腰を据え、新しい時間支配をわがものとし、煉獄という形で現世を死後世界へと延長することになったのだが、そこには特に一つの関心、死者への心遣いがひそんでいる。といっても、死自体が関心の対象だということではなくて——この点で私はポール・ヴェーヌに同調する——、死を通じて、身辺の死者たちを通して、生者は現世において自分たちの力の増大をはかるということが、その理由なのである。[51] 一二世紀は追憶の豊饒化を経験する。その大きな受益者は、もちろん、貴族の家系であって、彼らは家系図を作り上げ、それを延長する。[52] 死はますます境界としての意義を失って行く。煉獄は現世の属領となって、生と追憶の時間を延長する。とりなしの祈りが、ますます盛んに行なわれるようになる。遺言の復活――そこで煉獄に言及されるようになるのは、ずっと後になってのことであるが――もまた、死という境界線の後退に力を貸す。

生者と死者との間に生じたこの新しい連帯――クリュニーの活動にその芽生えが見られる――は、家族の、同業組合の、同僚間の絆を強めはするが、煉獄は――信仰生活の個人化という文脈で押さえると――実際は個人主義《アンディヴィデュアリスム》に有利に働くのである。煉獄は個人の死と、それに続く審判とに関心を集中せしめる。

制度と法律の観点に立って、ウォルター・ウルマンは《一二世紀から一三世紀への転換期は、来るべき立憲的発展と、社会における個人の出現の種が播かれた時期であった》と断じている。[53] 彼はまた、この時期が《市民の出現》の時期であったことを示している。この個人の出現は、死と死後世界における運命という最前線にも、はっきりと認められる。個人の死と最後の審判との間に、煉獄とともに、死後世界の市民が誕生するのである。

典礼すら、この進化を証言している。

煉獄については相変わらず沈黙を守ったままであるが、典礼は死者の新しい分類を受けいれはじめ、そこから儀式上の諸結果をひき出す。儀式上の変化には、なおのこと、個人の運命に対する関心がはっきりと現われている。パリのノートル＝ダムの聖堂参事会員ジャン・ベレットが一一六五年以前に書いた『聖務大全』Summa de ecclesiasticis officiis には、その一例が見られる。「死者聖務の執行について」彼はこう書いている。《遺骸が洗われ、あるいは屍衣に包まれるに先立って、司祭またはその代理は聖水をたずさえて、遺骸の安置されている場所へ赴かなければならない。そして、死者のために神に祈りを捧げながら、聖人たちの助けを求め、死者の魂を受けとって、それを喜びの場所へ運んでくれるように祈らなければならない。なるほど肉体を離れると直ちに昇天する完全な魂がある。直ちに地獄に堕ちるまったく邪悪な魂もある。だが、中程度の位置に（medie）いる魂もあって、彼らのために、この種の臨終の祈りを唱えなければならないのである。邪悪な魂のためにも臨終の祈りが唱えられるが、これは念のためにそうするのである。洗われて屍衣に包まれた遺骸は教会に運ばれることになるが、その際、ミサを上げなければならない》と。続けて、選ばれた者と劫罰に処された者を両極とする四範疇に関するアウグスティヌスのテクスト――グラティアヌスの『教令集』に採られているテクスト――が引かれている。(54)

ブランドンはこう書いている。《七〇年の寿命しかない個人の利害と、何千年にもおよぶ人類の利害との間にある溝（ヘブライ人の宗教がまだ本当には埋めるのに成功したことのない溝）を埋めるために、教会は煉獄の観念を発明したのだ》と。(55)

第三部　煉獄の勝利

VIII　スコラ的体系化

一三世紀は組織化の時代である。キリスト教社会は次第に枠にはめられていった。経済の分野では、古代以来はじめて、農村経済論がいくつか出現した。また都市では、しばしば家内工業や、当時生まれつつあった建築、織物等の工業、そして商業、銀行を対象に規制が加えられた。社会活動は、労働分野では組合によって、信仰の分野では宗徒団体によって、さらに一層の制約を受けた。政治制度は、都市のレヴェル、とりわけ君主国家のレヴェルで、徐々に強制力を増した。フランスや教皇政に、より弱い程度にはイベリア諸国やイギリスにもそれがみられる。このような組織化は特に知的世界において著しく、そこでは大学や托鉢修道会の学校、あるいは都市の学校が、一二世紀の学問思想の奔流に方向を与え、落ち着かせ、さらに組織化した。また、神学や法学（ローマ法の再生と教会法の発展）は、知識とその使用の実際を秩序づけるスンマ、つまり議論・決定・適用の体系を編み出した。

不完全な勝利

この動向が煉獄をも巻き込み、その地位を高めると同時に統制を加えることになる。煉獄の誕生に決定的影響を及ぼしたスコラ学は、煉獄の勝利を確固たるものにしたが、それは限定された不完全な勝利であった。

ラテン教会において煉獄が正式に明文化されるのは第二回リヨン公会議（一二七四年）のときであるが、それまでの一三世紀スコラ学における、またスコラ学による、煉獄の設定過程をたどることは、ここではできない。私は一二二〇年から一二八〇年までの最も偉大な神学者たち（オセールのギヨーム、オーヴェルニュのギヨーム、ヘールズのアレクサンデル、聖ボナヴェントゥーラ、聖トマス・アクィナス、アルベルトゥス・マグヌス）が、煉獄について語っていることを調べてみたい。ただし、私の意図は、煉獄がこれらの教師《メートル》たちの思想全体といかなる関わりをもつかを示すことにあるのではなく、むしろ、煉獄が彼らの著作の中にどのような現われ方をしているかを示すことによって、煉獄に関する彼らの論述に解釈を加えることにある。

彼らの教えには、なるほど一二世紀後半のペトルス・ロンバルドゥスからペトルス・カントル、またギルベルトゥス・ポレタヌスからクレモナのプラエポジティーヌスに至る教師たちに感じられるような思想の勢いや情熱的論争はみられない。しかし一三世紀パリ大学の議論の激しさ、問題討議や自由討論《クオドリベタ》(1)の活発な雰囲気、修道聖職者教師と在俗教師の間の大論争に現われた意見の衝突や大胆な発想、また、アヴェロイスム事件、蒙昧主義者《オブスキュランテイスト》エティエンヌ・タンピエ司教による一二七〇年、一二七七年の非難などを忘れてはならない(2)。

煉獄の神学にとって、ほとんどの場合、背景でしかなかったこれらの有名なエピソードについてここで詳述するのは適当でない。ドミニコ会、フランチェスコ会という新興の托鉢修道会は、一三世紀のこの新しい権威、大学の学問に即座に興味を示した。前者にとっては最初から、さほど抵抗もなかったが、後者にとっては事はそれほど容易ではなく、ためらいがなかったわけでもない。しかもその教師の何人かは、スコラ学の第一線にいちはやく台頭し、彼らに対する嫉妬から、その托鉢思想や、権力志向、あるいは会派との連帯の欠如をとがめる在俗教師を尻目に、最も多くの学生聴衆を集めた。一三世紀の偉大な煉獄博士は托鉢修道会の教師たちなのである。

一三世紀の知識人とは、古代ギリシアの偉大な哲学者（プラトンと特にアリストテレス）、および中世アラビアの偉大な哲学者（アヴィケンナ、一〇三七年没と、アヴェロエス、一一九八年没）をラテン語訳で読んでいる人のことであった。ところが教会当局は、この《異教の》哲学者たちに対する興味を快く思わなかった。アヴェロエスに帰せられる教理は、理性的真理と啓示的真理を区別する。この教理は、その二つの真理の間に、対立ないしは両立不可能性さえ存在し得ることを認めている。この場合アヴェロエス的立場とは、信仰に対する理性の優位を主張することにある。アヴェロエスが、一三世紀にパリ大学で成功をおさめたことは否定できないが、パリの教師たちが実際に二重真理説を主張したかどうかは確かではない。しかし何人かはそのかどで非難され、彼らに対する活発な反論が起こった。アヴェロイスム論争と煉獄の教理とはまったく別個の問題であった。しかし、スコラ学者たちは単に権威に基づくだけではなく、理性によっても煉獄について論じるよう努めた。

遂に、ほかならぬパリから大きな反動がきた。一二七〇年に、エティエンヌ・タンピエ司教は、一三の命題を誤謬と断じ、異教哲学の息がかかったものとして非難したのである。さらに一二七七年、新たな非難が二一九の命題に対して加えられた。この二度にわたる謬説表は、一連のかなり雑多な《誤り》を扱ったものであったが、最大の標的となったのは、一二七〇年にはアヴェロイスム、あるいはこの名で呼ばれていた思潮であり、一二七七年にはトマス・アクィナスの教えの一部を含むアリストテレス哲学であった。エティエンヌ・タンピエの非難の射程を測ることは困難であり、また、私の意図するところでもない。これら苛烈な非難がかもし出した雰囲気は、神学研究一般に好ましからざる影響を与えはしたが、煉獄の神学に対する直接の影響はさほど大きくはなかった。それは第一に、この問題はパリでの論争に比べれば副次的であったからである。例えば、一二七七年に非難された条項のうち、死後世界の領域に触れるものは最後の二つだけであった。とりわけ、煉獄に関するラテン教会の神学的考察の重要部分は、一二七四年にすでに出来上っており、同年第二回リヨン公会議で正式に認められるのを待つばかりであったのである。

一三世紀の論争は、おそらく神学部より学芸学部――すなわち若い学生が基礎教育を受ける文理学部に相当しようが、あまりよく知られていない――においていっそう激しかった。しかし大学で、煉獄はまず第一に神学者の問題である。したがって特にパリの問題ということになる。というのも、昔からそうであったように一三世紀には、法律は特にボローニャが、神学は主にパリが研究教育の中心であったからである。しかしその学生にしても教師の顔ぶれから言っても、国際的雰囲気があった。フランス人オセールのギヨームやオーヴェルニュのギヨームと並んで、イギリス人ヘールズのアレクサンデルやドイツ人ケルンのアルベルトゥス、イタリア人バニョレッジョのボナヴェントゥーラ、そしてトマス・アクィナスがパリ大学の神学に光彩をそえていた。(3)

不完全な勝利と呼ぶ第一の理由は、公認のラテン神学における煉獄の成功にもかかわらず、キリスト教圏の多くの地域で、煉獄の失敗は覆うべくもないからである。つまりカタリ派とローマ教会の対立が非常に大きな意味をもつこの一三世紀に、異端者、ワルド派とカタリ派が煉獄を拒否したのである。第二回リヨン公会議(一二七四年)の結果、教会間の一時的和合が成立した際、いくつかの政治的理由からギリシア人は煉獄拒否の意向を表に出さなかったが、彼らの反感が原因となって、ラテン神学者は、この新しい死後世界を認めないギリシア人との議論を避けられなくなった。これらの議論のおかげでラテン教会は、一三世紀に煉獄をより明確に規定することができるのであるが、それはちょうど、一二世紀末に異端との戦いを通じて煉獄の存在を明確にするに至ったのと同様である。

　不完全な勝利と呼ぶ第二の理由は、ローマ聖庁や聖職位階制において、そしてもちろん大学において、徐々に大きな役割を演ずるようになったラテン知識人が、この新思想に対してある不信を抱いていたことである。この不信感の実態を指摘し、それに史料的裏づけを与えることは難しいが、はっきりと感じ取れる。彼らの著書の至る所にそれは露呈している。二重の不信感。それはおそらく、一方では、聖書の中にほとんど正当な根拠をもたない信仰に対するある種のとまどいに、また他方、とりわけ、この信仰が俗間の迷信的信心に呑み込まれてしまうのではないかという懸念に由来している。つまり民俗伝承文化と民衆的感覚に非常に近いあの世、理論より空想によって、霊的なものより感性的なものによって規定された死後世界に対する懸念である。煉獄を合理化し、標識をつけ、点検し、純化したいという意志がそこに感じられるのだ。

　次にあげる一例は、一三世紀のパリの最も偉大な神学者のひとりが、どのように煉獄の問題に取り組んだかを示している。

　スコラ神学にアリストテレスを導入した人のひとりであるオセールのギヨーム（一二三一年没）は、その『スンマ・アウレア』Summa Aurea（一二二二―一二二五年）の中で、「死者のためのとりなしの祈り」と「浄罪の火」という二つの観点から、煉獄を論じている。

　とりなしの祈りに関する問題（《煉獄にいる人々のためのとりなしの祈りにはどのような効用が在るか》、そして《慈悲の外にある人々のためになされるとりなしの祈りは煉獄にいる人々に有益であり得るか》[4]）は、死後世界の会計学《コンタビリテ》の展開という観点からは非常に興味深い。

　ギヨームは浄罪の火の問題と煉獄そのものの問題との中間に位置している。浄罪の火が魂を浄化する様態に関して、オセールのギョームは、浄化の作用因（causa efficiens purgationis）という純理的問題に特に興味をもっている。その際彼は、死後世界に《功徳の場所》（locus merendi）が存在するかどうかの問題に関しては、中庸の立場をとる。事実彼が、「死後はもはや功徳を積むことはできない」という偉大なスコラ学者たちの意見に賛成しているように見えるとしても、《魂に作用を及ぼし浄化しながら、その特性を刻印することのない》火（ignis purgatorius purgat animas agendo in eas tamen non intendit eis imprimere qualitatem suam）による悔悛の可能性を否定する人々には反対している。この問題は、功徳の転換が可能か否かを決するのであるから、極めて重要な理論的問題となる。しかし功徳の転換が認知されるのは、ようやく一五世紀になってからのことで、さしあたり煉獄の魂が生者のとりなしの受益者である。一方生者は、すでにみたように、現世で死者のために祈るという憐憫の行為を成し遂げれば、あの世での自分自身のために功徳を積むことになるという利得以外は、報いとして何を受け取るわけでもない。

偉大なスコラ学者たちの、煉獄に関するテクストは、さまざまに大学の方法論の特徴を見せている。私は特にその中の二つを強調しておこう。大学での教育はとりわけ教科書の注解を通じてなされる。一三世紀において、その主なものはペトルス・ロンバルドゥスの『命題集四巻』であった。ところで、すでにみたように、ロンバルドゥスは命題集第四巻で「浄罪の火」を扱っているのだが、それが一三世紀には「煉獄」となった。一一六〇年没のパリ司教ロンバルドゥスには、まだこの概念を用いるべくもなかったにもかかわらず、パリの教師たちはロンバルドゥスの著作に対する彼らの注解の中で、煉獄を論じるに至ったのである。パウロのコリント人への第一の手紙における例の一節は、常に、注解と参考書類の重要資料の一つであり続けるが、この聖書本文は基礎テクストとして、徐々に第二のテクスト、すなわちロンバルドゥスのものによって覆い隠されることになる。

一方、大学教育は方法的かつ合理的なカリキュラムに従って整備された。それは確かにアリストテレス哲学やアヴェロイスムのような知的流行等、その時代の関心事と無関係ではない。しかしすべての問題が、原則として正規のカリキュラムから外れる如何なる問題にも取り組めるように作られた自由討論《クオドリベタ》のシステムにおいてさえ、より広範な問題設定との関係において、はじめて扱われるのである。例えば煉獄は、「世の終りについて」De novissimis という章題のもと、《終末論》(5)の総体の中に位置を占める。要するに煉獄は、この時代の大神学者たちにとって、教会が受け入れ、公表し、また大学のカリキュラムにものるテーマとなった。しかもそれは彼らの興味を大してかき立てる材料でもないのだ。

一二世紀には、この中間的死後世界は、聖書解釈、罪の性質、償罪の慣行、幻や夢の価値規定等、神学者や神秘家に、また粗雑な形態ながら世俗社会の少なくとも一部に共通する、いくつかの大きな問題と密接に関係している。課せられたこれらの問題に対する解答の精密化については、すでにみたように、神学、とりわけパリの神学が、この世紀後半に大きく貢献したのであった。

一三世紀には、大学の神学――やはり主としてパリの神学――が煉獄の地位を確立し、それをキリスト教思想体系の中に組み込むのだが、実存の問題として煉獄が切実に生きられたとは思われない。そこでわれわれは、今度は㈠知識人、㈡司教と大衆という二つのレヴェルで検討をすすめなければならない。

現世における悔悛の継続としての煉獄――オーヴェルニュのギヨーム

中世思想に関する最もすぐれた歴史家のひとりM・ド・ヴルフはこう書いている。《偉大な思弁的神学者の系譜は、一三世紀前半の最も独創的な人物のひとりであるオーヴェルニュのギヨームに始まる。ギヨームは一三世紀最初の偉大な哲学者である》(6)と。煉獄に関しては、私はむしろこう言いたい、オーヴェルニュのギヨームは一二世紀最後の大理論家であると。[7] さらにエティエンヌ・ジルソンも、文体および思想傾向全般からみると、ギヨームは一二世紀末に属すると判断し、彼ギヨームが、アベラルドゥスやクレルヴォーのベルナルドゥスにつづく中世最後のフランス人大神学者であることを強調した。オーヴェルニュのギヨームのこの多少《古風》な面は、従来言われてきたようにアリストテレス哲学に対する敵意（おそらくそれは主張されてきたほど強くはなかった）に起因するものではあるまい。むしろ、偉大な神学者であったとはいえ、この在俗の牧者《パスツール》が、新スコラ神学（おそらく大学の新しい知識人はこの神学を、形成途上にあるカルティエ・ラタンの象牙の塔の中に閉じ込める傾向があった）にあまり詳しくない、彼の教区民に近い関心や心性の持ち主であったことに由来するのではあるまいか。

一一八〇年オーリヤックで生まれ、一二二二年から一二二八年までパリで神学教授をつとめ、その後一二四九年の死に至るまでパリ司教であったオーヴェルニュのギヨームは、一二二三年から一二四〇年の間に一巻の大著を著わした。それは七つの論考から成る『神学研修講座』Magisterium divinale sive sapientiale であり、その中で最も重要な『宇宙論』De universo は一二三一年から一二三六年の間に書かれた。

ギヨームは死後世界と現世を結ぶ一つの地理学の粗描を試みて、魂の幸福の場所を宇宙の頂、最高天に、魂の不幸の場所を宇宙の底、地中の深淵に、そして幸福と不幸の混在する場所を生者の世界にあるとした上で、煉獄について論じる。彼は「位置決定」と「火」という二つの古典的問題を考察する。「煉獄」が既得の語彙となった今、パリ司教ギヨームは、ただちに浄罪の場所の問題を提起する。《もし煉獄と呼ばれる浄化の場所が人間の魂の浄化のための特殊な場所であり、地上楽園でも、地獄でもなく、われわれの現に住む所でもないとするなら、それはどこなのか》[8] と。

肉体の死後に、浄化すべき多くのものが残るということ、それはオーヴェルニュのギヨームにとって

《明白なことである》(manifestum est)。そしてただちに、煉獄は悔悛の継続であるという彼の煉獄観の眼目を提示する。この償いの場としての煉獄概念を彼以上に明確に表現した者はいないが、これはすでに私が明らかにしたように、まさしく一二世紀の伝統の中にある。

浄罪が明らかに必要とされる第一の理由をギョームは挙げている。それは、例えば《剣、窒息、あるいは過度の苦悩によって》突然の、不慮の死を遂げた人、つまり罪の償いを終えることができないうちに死んでしまった者は、この償いを成就するための「場所」を必要とする、ということである。しかし煉獄の存在理由は他にもいくつかある。大罪と小罪の違いはその一つである。すべての罪は等価ではないので、例えば殺人や略奪といった最も重い罪に対してと、笑いすぎ、飲食の喜びといった最も軽い罪に対してとでは、必要とされる償いが同じではあり得ない。前者に対しては罰による(per poenam)償いが必要であり、後者に関しては償いは悔悛によって(per poenitentiam)得られる。

小罪に関しては、それを負った死者は、その罪を持ったまま天国にいくことはできないし、罪が軽い以上、地獄に行くこともあり得ないことは明らかである。そこで死者は、天の栄光に導かれる前に、それらの罪を是非とも償わなければならない。したがって、将来この償いがなされる場所が存在しなければならない。というわけで、オーヴェルニュのギョームは煉獄の時に関してはまったく疑いを持っていない。それは肉体の死と復活との間にある。

また彼は地獄と煉獄をはっきり区別している。しかし、後に一三世紀になって一般に行なわれたほどには彼は死後の浄化の苦痛を強調してはいない。しかし一方ではまた、煉獄の浄罪を「現世の罪滅ぼし」と、煉獄の試練を悔悛の刑罰(poenae purgatoriae et poenitentiales)と同一視している。事実、この点にこそ彼の思想の眼目があるのである。すなわち、《煉獄の刑罰とは、現世で始められた悔悛による罪の浄化を補完する刑罰である》。さらに彼は、これらの刑罰が《多くの魂にとって必要》(necessariae sunt multis animabus) なのは、不慮の死を遂げたり、罪の償いを全うせぬうちに死んだり、小罪を犯したまま死んだりする場合が多いからである、と述べている。つまり煉獄は多くの人間で満ちあふれる可能性がある。こう考えると、煉獄のために地獄の方が比較的閑散とすることは明白である。だからといって、煉獄の存在が、現世のキリスト教徒としての実際生活を損なうものでも、現世における弛緩した生活を教唆するものでもない。その逆である。《というのは、他の動機はなくとも、死後の浄罪への恐れから、人々はこの世にあるうちからすすんで、悔悛による罪の浄化を始め、いよいよ激しい熱意をもってそれを続け、死ぬ前に全うしようとするからである》。

こうして煉獄の存在が、論理的に、しかも罪の償いという観点から証明される。オーヴェルニュのギヨームはひき続き他の論拠をいくつか挙げる。まず経験に由来するもの。死後こうした浄罪の罰を受けている人の魂が数多く見られたり頻繁に出現したりする事実が煉獄の実在を証明している。死後の浄罪界に関する文学の重要性(これこそ私が本書で強調したかったことなのだが)を自覚していた彼は、単に面白いだけでなく(quae non solum auditu jocundae sunt)、有益でもある、こうした亡霊が出現して要求したり、予言したり、啓示したりする物語や文書のもたらす具体的情報の重要性を強調する。そこから死者のためのとりなし、すなわち祈り、施し、ミサ、その他の敬虔な行為が必要とされる。

さて、煉獄の存在の最後の理由、それは正義への要求である。ギヨームは、煉獄やそこでの魂の浄化の存在を否定した者たちは、悔悛というものを知らなかった、と繰り返し語っている。ところで悔悛とは、罪ある魂が自らを責め、自らに不利な証をし、己を告発する霊的な裁きである。しかしどんな裁きも正義にかなったものでなければならない。すべての過ちが等しく重大なわけではないし、同じ懲罰に値するわけでもない。人間の正義がこうした量刑の混乱を許さないとすれば、慈悲にほかならない神の正義はなおさらである。この点でもまた、オーヴェルニュのギヨームは、すでに述べたように、罪の償いと正義の追求に熱心な一二世紀の趨勢に沿っている。

　煉獄の存在には疑いの余地がなくなった今、残るはその場所の位置決定である。オーヴェルニュのギヨームはむしろこの点でこそ困惑を示している。というのは《それを明らかにしたいかなる律法もテクストもない》(nulla lex, vel alia scriptura determinat) からである。それゆえ、幻視や亡霊の出現が啓示することを信じなければならない。それらによれば、この種の罪の浄化とは、現世の至る所でなされることになる。ギヨームもこのことに理論的かつ合理的な説明を与えようとして、こう言っている。《こうした罪の浄化は、悔悛による償いの補足にほかならない以上、事は驚くに当たらない。つまり、それらに悔悛者《ペニタン》と別の場所を割り当てるのはふさわしくないのである》。さらに、《全体にも部分にも同じ場所が当てられる。ちょうど、人間のための場所があれば、それすなわちその手や足のための場所でもあるように。そしてこの種の罪の浄化は、悔悛の業の一部にほかならない》。ギヨームはこうして、彼の悔悛の煉獄の教理によって、煉獄を現世に位置づけるに至る。おそらく彼は、合理的説明 (apparere etiam potest ex ratione) を求めるグレゴリウス大教皇の読者にすぎなかったのであろう。とりわけ、自己の地理学的な宇宙構造を開陳した後では、こうした結論に到達するほかはなかったと思われる。つまり天国は上に、地獄は下にあり、この地上は中間段階を占めている。まさにこの地上にこそ、すぐれて中間領域たる煉獄を位置づける必要があった。約一世紀後のダンテも、煉獄に関しては、オーヴェルニュのギヨームの考え方の線上にある。ダンテの煉獄は、地獄より天国に近い場所で、入るとまず急死あるいは非業の死の犠牲者や、番人カトーネのような自殺者にさえ出会う場所である。しかしダンテは、大地を半球状とみたおかげで、煉獄の山に中間的であると同時に特別の位置を与えることができた。

『宇宙論』の中でオーヴェルニュのギヨームがとりあげた煉獄に関する第二の問題は、当時単に煉獄の必要不可欠の小道具であったばかりか、しばしばその具現でもあった「火」の問題である。

アラン・E・ベルンシュタインは、ギヨームが煉獄の火に充てたいくつかの章には矛盾があると感じた。ギヨームは、非物質的で純粋に《比喩的》（この語を用いているわけではないが）な火とさえみる傾向があるように思われるのに、結局は物質的な火の観念を容認している、というのである。ベルンシュタインは、オーヴェルニュのギヨームが一個の理論を次のような二つのレヴェルで説いたものと推測すれば、その矛盾を解決できると考えた。まず学生および知識人（彼自身を含め）に対してはオリゲネスの見解に近い「擬火」の仮説を提示し、一方信者大衆には、教養の低い精神にも理解できるように、物質的で現実的な火だという考えを述べたのであると。確かにパリ司教ギヨームは、一流の神学者であると同時に「衆生済度」cura animarum を、信者の幸福を第一におもんぱかる牧者《パスツール》ではある。しかし、アラン・ベルンシュタインがギヨームの中にみている「教えの二重性」は、一三世紀前半の司教にはほとんどあり得ないことであるし、『宇宙論』の本文を説明するものでもないと私は思う。

被造物の宇宙を論じている（そのことを忘れてはいけない）このスンマの中で、オーヴェルニュのギヨームは火の目録作成を試みた上で、一種の火の現象学を粗描している。彼はさまざまな火があると言う。例えばシチリアでは、毛髪を焼くことなく燐光を発せしめるだけという、奇妙な特性をもった火が知られている。またサラマンドルの如き、火によって焼け滅びることのない生物も存在する。これが火に関する地上の科学的真実である。しかるにどうして神が、軽い罪や完全には償われなかった罪を消す特別な火を、創られなかったということがあろうか。このように、ギヨームにはまず、煉獄の火は他の火と異なることを示そうとする配慮がみられるのだ。この火は特にゲヘナ、すなわち地獄の火とは異なる。実はギヨームの意図は煉獄と地獄をはっきり区別することにあり、したがって煉獄の火も地獄の火と異なっているのでなければならない。しかもなお、地獄の火でさえ、われわれがこの世で経験する火、つまり焼き尽くす火とは違う火である。劫罰を受ける人は地獄で永久に苦しめられるのであるから、地獄の火は焼き尽くすことなく燃える。もし焼き尽くすことなく永久に燃える火があるのなら、罪だけを焼き尽くし、罪人を浄めながら燃える火を神が創られなかったはずがあろうか。しかし、焼き尽くすことなく燃えるこれらの火もやはり現実のものである。一方、煉獄の住人が亡霊となって立ち現われたときの話から、確かなこととして考えられることだが、煉獄では火が罪を償う唯一の形式ではないと指摘する人がある。ギヨームはこういう人々の意見にも関心を向けている。要するに「火」は比喩ではなく、煉獄の魂が耐え忍ぶ償いと浄化の過程全体を指すための総称語なのである。

残るは、アラン・ベルンシュタインが、オーヴェルニュのギヨームにおける比喩的な火の理論と称する仮説を主張すべく拠り所とした重要な議論である。例えば悪夢の中で、現実でないのに火が恐怖を与えるように、想像の中の火も実効をもち得る、とギヨームは言う。しかし彼はすでに、煉獄への信仰が、現世でのより優れた悔悛の実践に導くと論じたと同様に、単にここで、浄罪の火が永遠の救いのために有効であることを示したいだけなのである。つまり彼は、例えば夢を見ている人の想像の裡にしかないときでさえ火はすでに効果的なのであるから、それが現実である場合はなおさらである、と言いたいのではないだろうか。なにしろ、煉獄の火が現実的物質的であることを信じると公言しているギヨームをどうして疑うことができよう。アラン・ベルンシュタイン自身、ギヨームによればこの火は《肉体的かつ現実的に魂の肉体を責め苛む》(corporaliter et vere torqueat corpora animarum)と指摘した。《魂の肉体》。これ以上見事に、しかも大胆に、煉獄の舞台は影絵（＝亡霊）芝居ではなく生身の舞台であることを語った者があるだろうか。そこでは魂が己の肉体に喰い入る物質的な火の苦しみに耐えているのである。

煉獄と托鉢修道会教師

托鉢修道会の大神学者たちに関しては、彼らの個性や各修道会の性格によって個々に独創的であるが、その教理は一まとめにして扱うことができる。

A・ピオランティは、若干の見通しの誤りは犯しながらも、大スコラ学者たち（ヘールズのアレクサンデル、聖ボナヴェントゥーラ、聖トマス・アクィナス、アルベルトゥス・マグヌス）の全体的な姿勢を見事に規定した。すなわち、《一三世紀の大スコラ学者たちは、ペトルス・ロンバルドゥスのテクストを注釈しながら[9]、より一貫性のある総合的立場を築き上げた。例えば小罪の赦免、刑罰の重さと期間、煉獄の場所など、二次的な問題点については議論をたたかわせながらも、煉獄の存在と刑罰の時間的限定とは信ずべき教義とみなし、火を現実の火と考えることでも意見が一致した》のである[10]。

フランチェスコ会士

ペトルス・ロンバルドゥスの注解から死後世界の学へ――ヘールズのアレクサンデル　すでに引用した（三四三頁）、ヘールズのアレクサンデルによるロンバルドゥス『命題集』注解の抜萃は、数学的観点から煉獄に関する[11]「比例」の問題を深めるものであった。パリのこの偉大な教師の注解の構造と要旨は次の通りである。

一一八五年頃生まれ、一二一〇年以前にパリ大学学芸学士となったこのイギリス人は、一二二五年頃から一二四五年の急死に至るまで、パリで神学を教えた。一二三六年にはフランチェスコ会に入り、パリ大学でフランチェスコ派の最初の神学専任教授となった。彼は、《哲学の王》といわれたアリストテレスの作品を読むことが何度も禁じられたにもかかわらず（これはそうした禁止措置が無駄であったことを証明している）、アリストテレスを注釈した最初のパリの神学者の一人である。長い間彼のものとされてきた『神学大全』は彼の著書ではなく、彼の教えの影響を大きく受けたフランチェスコ派大学教師たちの著作である。そのかわり、彼が最初に大学における神学教育の基礎テクストとして使用した『ペトルス・ロンバルドゥスの命題集に関する注解』（一二一五年の第四回ラテラノ公会議は事実上ロンバルドゥスを公認の神学者として認めていた）と『規定討論集』とは、彼が書いたものである。前者はおそらく一二二三年から一二二九年の間に書かれ、後者も同様にフランチェスコ会入会以前に書かれたもので、『修道士となたる以前の規定討論集』Questiones disputatae antequam esset frater というそのタイトルはそこに由来する。

『ペトルス・ロンバルドゥスの命題集』第四巻の注解のうち、アレクサンデルは区分第一八と、特に区分第二〇《遅まきの悔悛、煉獄の刑罰、および軽減》[12]、区分第二一《小罪の赦免と罰について、金、草、藁の建物について、罪の赦免の方法について》[13]で、煉獄に言及している。

明らかに、彼もまた、悔悛が遅きに失して不完全に終った罪人と、小罪しか負っていない罪人とにもっぱらあてられた煉獄の問題を取り上げ、パウロのコリント人への第一の手紙を利用するのである。

アレクサンデルはまず火について考察を加える。魂をこの世の終りまで浄化する火が存在するのだ。《二重の火がある。一つは浄罪の火であり、（最後の）審判の日に至るまで、今、魂を浄化しつつある。他は、審判に先立ってこの世を焼き尽くす火であり、金等々を用いて建てる者たちがそのとき何か燃えるものと共にあるなら、彼らを浄化する火であろう。火は光・炎・燠（lux, flamma, carbo）の三つの形質をもつこと、またこの形質区分は上・中・下の三つの部分に振り分けられ、上部は選ばれた者に、中部は浄化されなければならない者に、下部は劫罰を受ける者にあてられる》ことに留意しなければならない。

《燠、炎、光はそれぞれ異なる》(『トピカ』五・五)と書いたアリストテレスや、聖パウロへの参照以外に、ヘールズのアレクサンデルは火に関する伝統的見解の対立(火はある者にとっては復活の前に、他の者にとっては復活の後の最後の審判の際に活動する)を次のように調停するのが見てとれる。すなわちアレクサンデルは二種類の火があると言明するのである。一つは死と復活の間の浄罪の火、もう一つは復活と最後の審判の間の焼き尽くし、あるいは浄化する火である。三つの火というアリストテレス的区分のおかげで、アレクサンデルは、煉獄の中間的、媒介的性格をうまく定義することができた。浄化の炎がそれに相当し、他方、光は選ばれた人々のもの、燠すなわち赤熱の炭は劫罰を受けた人々のものである。これはアリストテレスから一三世紀のスコラ学者に与えられた論理的装備の好個の一例である。

㈠「煉獄の火は小罪を浄化する」(purgans a venialibus)。《現世では、罪は、燃えるかまどの中の一滴の水のように、聖体の秘跡、堅信、終油の秘跡等々、さまざまな方法で、愛徳(charitas)により許され、浄化される。死後には罪は煉獄で浄化される》。

㈡「煉獄の火は、まだ十分に償われていない大罪による刑罰をも執行する」(et a poenis debitis mortalibus nondum sufficienter satisfactis)。

㈢「これは現世の如何なる刑罰より大きい刑罰である」(poena maior omni temporali)。地獄を多少とも閑散ならしめる考え方に、寛解主義《ラキシスム》の名を付与することができようが、これはここではそうした思想を打破したいという配慮から、アウグスティヌスのテーマを反復したものである。

㈣「これは不当かつ不均衡な刑罰ではないか」(nonne iniusta et improportionalis)。この問題に関しては私は前章でその重要性を示した。

(五)「そこには信頼と希望はあるが、(至福の)直観はまだない」(ibi fides et spes, nondum visio)。多くの人と同様、アレクサンデルは、煉獄は天国の控えの間であり、それゆえ「希望」であると主張しているが、同時にそれはまだ天国ではないこと、またそこには神の直観が欠けている点を強調している。

(六)「煉獄を避けたり、逃れたりすることのできる人は数少ない」(illud vitantes seu evolantes pauci)。《煉獄を通る(transire per purgatorium)必要がないほどに十分な功徳を積んだ人々は、教会には少ない》。煉獄は大多数の人間、死者たちの暫定的な死後世界である。ここで煉獄の量的優位が確認されている。

他方、ヘールズのアレクサンデルは教会と煉獄の関係について論じた。第一の問題は、煉獄の魂を管轄する裁判権、法廷《フォール》(for)の問題である。

《一時的刑罰への減刑という形で浄罪の刑罰を緩和することは、鍵の権(すなわちイエスからペテロに与えられ、ペテロを通じてすべての司教・司祭に与えられた、罪を許す権限)の中に含まれないとの反論に対しては、煉獄に(in purgatorio)いる者はある意味では戦う教会の「法廷」の管轄に属し、また(悔悛を完成する)補足的刑罰に適合する限りにおいて、浄罪の火もまた同様である、と答えなければならない。ところで信者たちが、あるいは戦う教会に、あるいは勝利の教会に属するように、煉獄にある者はその中間に(in medio)あるのである。つまり彼らは、全面的には戦う教会にも勝利の教会にも属していないので、鍵の権ゆえに、司祭の権限(potestati sacerdotis)下に置かれるということがありうるのである》。

これは、教会の裁判権が理論面でも実際面でも教会法規の中で整備されるこの時代にあって死後世界に開かれた新しい領域に、少なくとも部分的には教会裁判権が及ぶということを主張している重要なテクストである。それまでは、霊の裁判権、魂の法廷(for)は、死を境として截然と区分されていた。すなわち現世では、人間は教会と教会の「法廷」に属し、あの世では、もっぱら神と神の「法廷」に属していた。なるほど、列聖すなわち聖者の決定布告に関する新しい法規の制定によって、教会は若干の死者に対する権限を得て、死後ただちに彼らを天国に送り、至福直観の喜びに与らしめることができるようになった。しかしなお、《教会は、ごく少数の死者への運命に関与するのみである》[14]。ところが、煉獄への干渉は、すでにみたように信者の大多数に関わる。この新しい領域は、おそらく完全には教会の管轄に入ることはなく、その中間的位置を守って神と教会の共通の「法廷」に服するのである。そこには、封建体制がこの時代に発展させた共同裁判権にも似た、煉獄に関する神と教会の「パリアージュ」(封建法の いわゆる 共同領主権)がみられるといえるだろう。それにしても信者に対する教会の支配力の何という増大であろう。現世の悦びに宗旨がえした人々(無頓着派《アンスシアン》と呼ばれた)の穏やかな抗議と、異端者の側の激しい抗議と、現世での教会権力が二重に異議を唱えられているときに、教会は信者に対する権限を死後にまで拡大するのである。

事は教義上、最も充実した最も広い意味での教会に関わり、「諸聖人の通功」の役割について、煉獄の観点からはじめて明確な説明を与えるのもヘールズのアレクサンデルなのである。ここで次のような問題が提出される。問い《教会のとりなしは煉獄の死者にとって有益であるか》。答え《特定の苦悩が罪に対する償いをもたらすように、同様に「普遍教会の共同の苦悩」は死んだ信者の罪に涙し、また呻きつつ嘆き悲しみながら彼らのために祈り、こうして償いの不足を満たす。その苦悩はそれ自身としては完全な償いを生みはしないが、悔悛者の刑罰と併せて償いの充足に資するのである。これこそとりなしの定義そのものである。すなわちとりなしとは、教会の一員の刑罰を軽減すべき教会全体の功徳である》[15]。こうして、新しい苦痛・苦悩の観念が明るみに姿を現わし始めるのである。つまり、苦悩は単なる罪の償いから功徳の源へと変貌を遂げるのであって、その功徳が煉獄の魂をして生者の助力による罪の浄化を成就せしめるばかりでなく、逆に彼らが、これらの生者に有利な裁量をしてくれるよう神に働きかける資格を得ることを可能にするのである。

いずれにしても聖職者集団としての教会は、死後世界の新体系から大きな権力を引き出した。教会は、生者が死者のために行なうあらゆる種類の祈り、布施、ミサ、供物を管理もしくは統制し、そこから利益をあげた。煉獄のおかげで、教会は免罪のシステムを発展させ、それが、逆にわが身に振りかかる危険な武器となるまでは、権力と金の大いなる源泉となるのである。

この点でもまた、ヘールズのアレクサンデルは、この変遷の理論家であり証人でもあった。彼は慎重にもこう書いている。《教会が、完全な人々を理由として、それ以外の人々の罪の償いを得るなどということはできない、との反論に対して、私は次のように答えた。教会は何がしかの助力を得ることができるのであって、完全な償いを得ることができるというのではない。だが人はさらにこう尋ねる。われわれの亡き縁者がすでに生ける神の御手に委ねられた今、主は「私が定める時が来れば、私は公平をもって裁く」(詩篇七四・三)と言われるのに、どうして彼らのためにこのような赦免を得られようかと。われわれはこう答える。魂の量り手だけが、それぞれの罪にふさわしい刑罰の大きさを知っている。人がそれを詮索するのは適当ではない。しかし愛により聖地の救援に赴く人は、彼ら自身あらゆる罪から解放され、縁者のためにも償いを果たして、彼らを煉獄から解放することができるほどに、敬虔で高邁な人と言えるのであると。》

死者の免罪という恩恵の源泉を汲む機会は、十字軍兵士という、この一三世紀には次第に稀になっていった例外的な種類のキリスト教徒のためにのみ辛うじて許されたわけである。しかし装置はすでに整い、動き出そうとしている。一三世紀末、ボニファティウス八世は一三〇〇年の全贖宥に際して、この装置を最大限に活用することになるだろう。

ヘールズのアレクサンデルは、『規定討論集』(一二二六—一二三六年)の中で、さらに何度か煉獄に言及している。彼は、問題第四八の中で、小罪に区別を設け、過失 faute、罪過 coulpe は終油の秘跡によって消されるが、刑罰 peine は煉獄ではじめて除かれるとしている。(16) 他の箇所では、煉獄の刑罰の辛さ、厳しさ(acerbitas)について述べている。(17) 煉獄にいる者には希望はあるか、という問題に対し、彼は船上の旅人という美しい比喩をもって答える。彼らの希望は、彼らの功徳ではなく他人の行為に由来する。旅人は、足を使っても、例えば馬や船など、自分以外のものを使っても進むことができる。煉獄にある死者は《船上の旅人のようなものである。つまり彼らの旅は已に徳をもたらさず、その代価を支払わねばならない。同様に煉獄の死者は、船上で徳を得ることのできる船長とは違って、単に運ばれる者として彼らが負うている罪科を償うのである。(18)》

ボナヴェントゥーラと人間の終末　後にボナヴェントゥーラと名乗る、ヨハネス・デ・フィダンツァは一二一七年頃、ラティウムとウンブリアの境バニョレッジョで生まれ、若くしてパリに出、一二四三年フランチェスコ修道会に入った。一二四八年に「聖書担当バカラリウス」(つまり聖書を説明する資格を与えられる)となり、一二五〇年には「命題集担当バカラリウス」(ペトルス・ロンバルドゥスの『命題集四巻』を注解する資格を与えられる)、一二五三年には神学教師となった。(19) 彼がロンバルドゥスに関する『注解』を書いたのは、大学職就任当初、つまり一二五〇—一二五六年頃のことであり、ついで一二五七年にはフランチェスコ会の総会長に、一二七三年には枢機卿となった。その『注解』には、アウグスティヌスの深

い影響がみられ、このフランチェスコ会博士の特色となっている。(20)

『命題集注解』の第四巻、区分第二〇の中で、ボナヴェントゥーラは《煉獄の刑罰の本性について》論じている。彼は、この刑罰を死後に位置させなければならないことは疑いの余地がないと断言している。《煉獄の刑罰は一時的刑罰の中で最大のものであるか》(utrum poena purgatorii sit maxima poenarum temporalium)という問いに対し、彼は、それは《その種のものとしては》魂が肉体と結合しているとき受ける如何なる現世的刑罰よりも重い、と答えている。ボナヴェントゥーラは、アウグスティヌスの伝統の中で、煉獄で被る罰の苛酷さを主張し、この刑罰と現世の刑罰との間に成り立つ関係を認めながらも、煉獄の特殊性を強調している。おそらくそこには、事実上彼の師であったヘールズのアレクサンデルによる、煉獄の刑罰に関する「比例」理論の残響がききとれる。次に、ボナヴェントゥーラは、すべての大スコラ学者の関心をうばった問題、つまり、煉獄の刑罰は意志的性格をもつか否かの問題を論じている。スコラの学説では自由意志が特別の地位を占めるからである。ボナヴェントゥーラの場合もその通りで、例えば彼は、『神に至る精神の行程』により定義されている観照六段階の第三段階における魂を、次のように描き出している。《魂は己の裡に神の似姿が輝くのを見る。なぜなら魂は、記憶、知性、意志という己の三つの力の中に、己の似姿の中に見るように自力で神を見るからである》(J-C・ブージュロール)と。

大スコラ学者たちは、皆彼ら独自の学説に由来するさまざまな形態のもとにではあるが、煉獄の刑罰に対しては限られた意志的性格しか認めていない。なぜなら、ヘールズのアレクサンデルがすでに説いたように、死後には自由意志は働かず、功徳は不可能となるからである。したがってこれらの神学者にとって、小罪は、「その刑罰に関しては」(quoad poenam)煉獄ではじめて許されるが、過失や罪過に関しては(quoad culpam)そうではなく、まさに死の瞬間に許される。余人にましてロンバルドゥスの字句に従うトマス・アクィナスは、彼の『命題集注解』の中で次のように教えている。《あの世では小罪は、その罪過自体についても、恩寵に浴して死ぬ者に対して煉獄の火によって許される。なぜなら、この刑罰はある意味で意志に依存しており、「成聖の恩寵」に相反しないすべての過失を償うに足る力をもつからである》。彼は『悪について』De malo の中でこの立場を撤回し、煉獄にはもはや小罪は存在せず、その罪過に関しては、死の瞬間における完全な愛徳の行為によって消されていると主張している。

煉獄の刑罰の意志的性格の問題については、ボナヴェントゥーラは、意志的性格は極めて微弱であると考える（minimam habet rationem voluntarii）。なぜなら、意志は刑罰に《耐える》[21]が、《その反対を希求する》からである。すなわち刑罰の中止と天の報酬を求めるのである。次の問題は、煉獄と天国の関係に関わる。《煉獄の刑罰には、道中（つまり人間が巡礼 viator として渡るこの世）におけるよりも、栄光の確実性は少ないのか[22]》。それに対しボナヴェントゥーラはこう答える。《煉獄には道中におけるよりも栄光の確実性は多くあるが、天なる祖国におけるよりは少ない》。ここでは「希望」としての煉獄が問題となっているが、ボナヴェントゥーラは確実性を話題としている以上、いわば希望の埒外に出ている。しかし彼は確実性に段階を設けている。彼は、《中間》としての、仲介としての煉獄という、基本的なものとなった概念に従って、天国における二つの場所とは言わずとも、二つの位相を区別している。その一つは「祖国」（patria[23] この概念は他の著者にもみられる）であり、それは魂が休息を見出すところ、アブラハムのふところの観念に近いように思われる。もう一つは「栄光」であり、それは至福直観の喜びであると同時に、いわば、魂が復活し《光り輝く》ものとなった、肉体を回復した人間の《神格化》である。

ボナヴェントゥーラは、ここで、われわれにとって大層興味深い問題を導入している。というのも、その問題によって彼は、煉獄が辿った歴史の中でも極めて重要な「想像の領域」に踏み込むことになるからである。彼は、《煉獄の刑罰が課されるのは悪魔の仲介（ministerio）によるのであるか》という問題に対して、《煉獄の刑罰は悪魔の仲介によるのでも、天使の仲介により課されるのでもない。しかしおそらく、魂は良き天使によって天に導かれ、悪しき天使によって地獄に導かれる》と答えている。

このようにボナヴェントゥーラは、煉獄を、天使の領域と悪魔の領域の間の一種の中間地帯、ノーマンズ・ランドと考えている。しかし彼は、封建社会の人間の精神の基本的論理構造である、あの平等もしくは対等存立における不平等（これに関してはすでに述べた）の観点からは、これを天国の側に位置づけている。後にダンテが言うように、煉獄から魂を両王国に導く者は良き天使である限りにおいてそうなのである。したがってこれは、あの世の夢の大多数に、とりわけ「聖パトリキウスの煉獄」に背馳する意見である。煉獄は、一三世紀のキリスト教信仰がもつ劇的に緊張した雰囲気の中にとっぷりと浸り込む。この雰囲気は特に、暗鬱なヴィジョンの数々にもかかわらず一二世紀末に優勢であったと思われる概念、つまり煉獄を前駆天国的とは言わずとも、非地獄的なものとみる考え方と、アルトゥーロ・グラーフが一二世紀の煉獄の漸進的《地獄化》と呼んだ傾向との間の葛藤から生じている。この点ではボナヴェントゥーラはむしろ伝統に忠実なのである。煉獄のいわゆる位置決定に関してもそうだ。《煉獄の場所は上か、下か、中程か》（superius an inferius an in medio）。その答えが独創的で、《煉獄の場所は、世間の法に従えばおそらく下（inferius）であるが、神の構想（dispensationem divinam）によれば中程（medius）である》という。天使と悪魔に関するさきほどの問題においてと同様に、われわれは確実性の領域にではなく、意見の蓋然性の領域にいるということにまず留意しておこう。およそ想像界や具体的事象に関する限り、大スコラ学者たちは多少とも逃げ腰である。しかしボナヴェントゥーラの意見は、煉獄を地下に置く一種の慣習法と、死後世界の新体系の論理に従って煉獄を中間位置に置く神の構想とを、（対立ないしは相違を確認しつつ）

比較していて、極めて興味深い。要するに煉獄は、世間の法と神の構想という二つの次元、伝統と神学的傾向との二元性の間で機能しているのである。煉獄の位置決定に関するボナヴェントゥーラのためらいは、『命題集第四巻に関する注解』の、他の二節においてもみられる。

ボナヴェントゥーラは煉獄の火を論じ、またパウロの「コリント人への第一の手紙」三・一五に関するロンバルドゥスの注解を今度は彼自身が注解して、(24)《この火は、懲罰的価値に加えて、「霊的」浄化の価値をもち、したがって罪(軽いものであれ、重いものであれ)、つまり過失や罪過を、秘跡によると同じように浄める》という意見に反対している。彼は、煉獄の火の中に懲罰以上の新しい効力(vis nova)をみることを拒否する根拠として、グレゴリウス大教皇の証言に訴えている。グレゴリウスは、罪過の浄化は恩寵によるほかはないとして、様々な場所で(per diversa loca)多くの魂の浄化がなされると考えた。したがって、ここでは、浄化の場所を現世の、罪を犯したその場所とするグレゴリウス的伝統が復活しているわけである。

ボナヴェントゥーラは、すでに区分第二〇、問題六の中で、煉獄の位置決定のもう一つの事例、「聖パトリキウスの煉獄」の例に論及していた。彼はこの煉獄のヴィジョンから、浄罪の場所は聖人のとりなしに左右されるという結論を引き出した。というのは、彼によれば、《ある人》が聖パトリキウスから地上のある場所で罰を受ける許しを得て、以来その場所が煉獄であるという伝説が生まれたからである(in quodam loco in terra, ex quo fabulose ortum est, quod ibi esset purgatorium)。しかし彼自身の結論は、単に浄罪の場所は種々あるということでしかなかった。こうして「聖パトリキウスの煉獄」の大衆的人気を証拠立てつつも、彼はこのような位置決定は特殊ケースとしては真実であるかもしれないが、別の観点からみれば《伝説》の源でしかないと考えたのである。後にみるように、ハイステルバッハのカエサリウスのようなシトー会士の意見はそうではなかった。ここにはまさに、煉獄の幻想の民俗伝承文学に対するひとりの知識人の不信感があるのである。

ボナヴェントゥーラは、第四巻区分第四四第一条における《魂のたまり場《レセプタクル》》という古典的問題の中で、「煉獄の位置決定」の問題を再び取り上げる。[25] 彼は死後世界の地理を、キリストの来臨すなわち受肉の、以前と以後とで慎重に区別している。キリスト以前には、地獄は二つの層から成っていた。一つは最下層の場所（locus infimus）で、そこでは感覚の罰（肉体的懲罰）と喪失の罰（至福直観の剝奪）とに同時に服し、もう一つの場所も低い所（locus inferior）ではあるが、第一の場所より上にあって、そこでは喪失の罰しか受けない。後者はリンボであり（limbus, 中世には、ただ一つのリンボを指すためにも、複数のリンボを指すためにも、定冠詞単数形を添えて le limbe と言われた）、「幼児たちの孩所《リンボ》」と「族長たちの古聖所《リンボ》あるいはアブラハムのふところ」を含む。

キリスト以後は「四つ」（私はこの点を強調しておく）の場所——天国、地獄、リンボ、煉獄——がある。この思想が明確に言い表わされているわけではないが、煉獄は、キリストの来臨に始まる罪の赦しに結びついた、受肉の一結果であるという印象がある。他方、今や残るのは幼児たちの孩所《リンボ》だけなのだが、ボナヴェントゥーラはこれを地獄とは明確に区別するので、したがって、全体で四つの場所ということになる。（これに対して、後述するように、例えばアルベルトゥス・マグヌスは地獄とリンボとを接合している）。ボナヴェントゥーラは、彼が好んでやることであるが、この四つの場所の体系をもう一つの三元の体系、つまり「報い」の状態（天国と読もう）、「安息における待機」の状態（quietae expectationis, アブラハムのふところと読もう）、浄化の状態（煉獄と読もう）から成る、選ばれた人々の《三様態》という、抽象的体系と交叉させながら、説明を続けている。彼はこう付け加える。《浄化の状態について言うと、その状態にはわれわれとの関係においても、またそれ自体としても不確定な場所（locus indeterminatus et quoad nos et quoad se）が対応する。というのはおそらく多くの者は一定の場所で浄化されるであろうが、全員が同じ場所で浄化されるとは限らないからである》と。そして彼はここで、お気に入りのアウグスティヌスの権威を持ち出している。

結局、ボナヴェントゥーラは煉獄の位置決定に関しては明確な観念をもっていない。問題の複雑さについては比較的明確な認識が見られるのだが、その一方では、サン＝ヴィクトールのフーゴのような一二世紀の優柔不断な神学者の言葉を聞く思いがするであろう。しかしボナヴェントゥーラは、煉獄を唯一の場所とする信仰が徐々に確立されてきている事実は認めざるを得ないのである。ただ彼にとってはその唯一の場所が、多くの魂の行く場所にすぎず、浄罪の場所の多様性は残されたままなのである。しかも、そこにはグレゴリウス大教皇が望んだように現世さえ含まれているのだ。彼は、権威がまちまちの見解を呈示しているのを前にして、当惑したのであろうか。それもあろうが、まず考えられることは、煉獄を「状態」よりは場所とすることに対する強い抵抗感である。もちろん状態といえどもその位置を定めなければならないが、それは一つの抽象的な位置であって、それが物質的でしかも暫定的な多様な場所へと細分化されるのである。

《刑罰の軽減》（relaxationes）の恩恵に浴することができるのは煉獄においてか、それとも単にこの世にあるときかを考えるに際して、(26)ボナヴェントゥーラは、ヘールズのアレクサンデルの方針に従って、一般に教会の、そして特に教皇の、煉獄に対する力を主張するに至る。この部分は、贖宥と、死者に対する教皇の力（一三〇〇年の全贖宥に際してボニファティウス八世が端緒を開くことになる）の発展途上に位置する、非常に重要なテクストである。

次に、ボナヴェントゥーラは煉獄の火の問題に戻る。[27] それが物体的であるか、精神的であるか、あるいは形而上学的でさえあるかを問い、学者たちの意見が多岐にわたる事実と、師アウグスティヌスの逡巡とを確認した上でなお、それは《質料的あるいは物体的》火であると結論（つまり《譲歩》）する。問題のこの局面は、フランチェスコ会士とボナヴェントゥーラ自身が非常に大きな役割を演じている、当時のギリシア人との議論に関係づけて、研究されるべきである。[28]

この問題とは逆に、[29] ボナヴェントゥーラは、最後の審判の前に煉獄の魂が解放されるか否かという問題については、断固として激烈の趣さえある態度をとり、彼と反対の意見を支持する者たちを馬鹿者(stulti)扱いしている。彼は、至福直観の観点からその現実性を、特にギリシア人に対して、強く主張する。彼は権威と同時に合理的議論に依拠する。権威中、彼がまっ先に引用するのは、良い盗賊に向かって十字架上のイエスが述べた言葉、《今日あなたはわたしと共に天国にいるであろう》(ルカ二三・四三) である。次に挙げる三つの議論は面白い。㈠煉獄における浄罪の後、「遅延」要素はあり得ない。浄罪が完了するや、魂は飛び立つ。㈡傭兵に給与を拒むこと、それは正義を犯すことであるが、神は優れて正義であるので、人間が報いられるべき状態にあるのを見出すや、直ちに神は人間に報いる（一二世紀の伝統における正義と、スコラ学者たちが賃金制度の発展との関係で練り上げようとしていた社会経済道徳の枠内での、「正当な報酬」の問題への興味深い言及）。㈢最後に、不当に希望を長引かせるのは残酷であり、もし最後の審判まで聖人たちを報酬から遠ざけようとすれば、神は残酷である、という心理学的議論。

ボナヴェントゥーラは、『命題集注解』の末尾近くで、とりなしの祈りについて述べている。[30] 彼は、アウグスティヌスを少し修正した路線をとって、本質上、死者を三つのカテゴリーに分ける。天国にいる善良な人 (boni)、中位に善良な人 (mediocriter boni)、そしてまったくの悪人。彼は、中位に善良な者だけが生者のとりなしの祈りの恩恵を受けられると言っているが、これは以後古典的なものとなる答えである。しかし、ボナヴェントゥーラがはっきり断っているように、彼らは功徳を積む状態（in statu merendi）にはない。なぜなら死んでしまえばもう功徳はないからだ。

大学教育の一環として、ペトルス・ロンバルドゥスの『命題集四巻』を注解した後、ボナヴェントゥーラは、神学者に課せられている諸問題の全体について、トマス・アクィナスが『神学大全』で行なったようにもっと個人的な方法で、自分の意見を述べる必要があると感じた。その所産が一二五四―一二五六年の『小論集』Breviloquium であった。この本の中で煉獄の占める場所のつつましさは、おそらくボナヴェントゥーラが、このテーマに関する彼の考えの要点は『命題集第四巻に関する注解』の中で、表明される、あるいは表明ずみである（この点に関して両著作のいずれが先行するかを確定するのは困難である）と考えていたことを示している。『小論集』の中で[31]彼は、煉獄の刑罰に関し、それは《罰》としては質料的な火によって行なわれ、《浄化》としては霊的な火の形をとると説明している。

とりなしの祈りに関しては、[32]彼はそれを迷わず《教会の》と形容することによって、この領域における教会の支配的な役割を示しながら、明快にこう説明する。とりなしの祈りは《中位に善良な人々、すなわち煉獄にいる人々》には有効であるが、《完全な悪人、すなわち地獄にいる人々》や《完全に善良な人々、すなわち天国にいる人々》には無効である、そのかわり、彼らのための功徳や祈りは戦う教会のメンバーに多くの恩恵を得させる、と。[33]

最後に、ボナヴェントゥーラは、一一月二日の死者の記念日、つまり《霊魂の日》のための二つの説教の中で、煉獄について述べている。その第一の説教の中で、[34]彼は、劫罰を受ける人、選ばれた人、浄められるべき人（damnati, beati, purgandi）を区別している。彼はこの最後の範疇の存在を根拠づけ、聖書からのさまざまの引用に基づいて、[35] 彼らを《不完全な者たち》の中に数える。第二の説教の中では、彼は特に祈りに訴え、《根深い罪のため煉獄で責め苦を受けてはいるが、いずれはそこから永遠の喜びに運ばれる》人々にとって有効なユダ・マカベアの祈りを引用し、ユダ、ヨナタン、シモンといった人物を、《煉獄にいる者を解放する、誠実、素朴、謙虚な祈り》として寓意的に解釈している。[36] 以上、煉獄に関するボナヴェントゥーラの立場の手短な検討を、祈りについての言葉で終えることは、偉大な祈りの神学者のひとりであったこの高名なフランチェスコ会士にふさわしいことであった。[37]

ドミニコ会士

このままパリに踏みとどまり、だが数年後戻りして、アルベルトゥス・マグヌス、トマス・アクィナスという二人の最も偉大なドミニコ会教師の煉獄に関する教理を検討してみよう。パリの神学者たちの世界を研究するにあたって、むろん年代順は無視できないが、ここではパリにおける教育の継承の年代とは別の関連を選ぶ方が適当と思われるからである。この際、二つの大きな托鉢修道会それぞれの内部における教理の系譜こそ、最良の導きの糸となろう。アルベルトゥス・マグヌスは煉獄に関する彼の思想の要点を一二四〇年から一二四八年の間に公にする。彼の思想は、弟子のひとり、ストラスブールのフーゴ・リペリンにより、一二六八年に普及される。それはまた、アルベルトゥスのもうひとりの弟子――これは大物だが――トマス・アクィナスの独創的著書の中にも跡をとどめている。彼は、一二五二年から一二五六年にかけてパリで教鞭をとっているとき、はじめて、その煉獄観を明らかにする（彼はボナヴェントゥーラとほとんど同時期にペトルス・ロンバルドゥスの『命題集』を注解している）。彼の思想は、一二七四年に彼が急死した後、弟子たちの手で、とりまとめられるであろう。このドミニコ会士たちの《一団》はアリストテレス的方法とキリスト教的伝統との間のスコラ的均衡の頂点、一三世紀の大学教育・思想の《合理的》構造の《極致》を具現するものである。アルベルトゥスとトマスの教理の特性は、ストラスブールのフーゴの『提要』Compendium や、ピペルノのレギナルドゥスおよび彼の共同研究者たちによる『神学大全補遺』などによって受け継がれ、確実に一般に普及する。

煉獄のスコラ的設計図——アルベルトゥス・マグヌス　ラウインゲンのアルベルトゥス。彼は一二〇七年頃の生まれで、一二二三年パドヴァのドミニコ会説教者兄弟団に加わり、ケルン他、ドイツのいくつかの修道院で教育を受け、ついでパリに学んだ。パリでは一二四〇年から一二四二年にかけて命題集担当バカラリウス、ついで神学の教師となり、一二四二年から一二四八年の間、大学でドミニコ会の占める二つの講座のうち、一つを担当した。[38] アルベルトゥスが二つの大部の神学書を書いたのは、まさにこの期間、つまりアリストテレスの読者ではあるが、まだ真の意味で《アリストテレス学者》になっていないときであった。二つの神学書とは、第一に『被造物大全』Summa de creaturis であって、「復活について」De resurrectione という論考をおそらくその一部として含む。後者はこの表題でいくつかの写本に現われており、一二四六年以前に書かれたものである。[39] 第二は『ペトルス・ロンバルドゥスの命題集注解』である。アルベルトゥスはこの二つの著書の中で煉獄について述べている。

「復活について」は、おそらく《世の終りについて》の論考《De novissimis》、つまり《終末論》に当たるものであって、『被造物大全』をしめくくっていたのであろう。この論考は、それを伝える諸写本では未完成であって、予告されていた《永遠の至福、永遠の王冠、神の宮居と天国》には触れないまま、最後の審判で終っている。

第一部で復活一般を、第二部でキリストの復活を論じた後、アルベルトゥスは第三部で悪人の復活について述べる。彼は、《刑罰の場所は、地獄、煉獄、幼児たちの孩所《リンボ》、族長たちの古聖所《リンボ》である》と言明している。地獄が場所であるかどうかという問いに対しては、アルベルトゥスは、地獄は二相をもち、それは質料的場所である外なる地獄と、劫罰に処される人々がどこにいようと受ける刑罰としての内なる地獄とであって、その場所はとならば《大地の心部》で、そこでの罰は永遠である、と答えている。引用されている「権威」は、例によって、アウグスティヌス、ついでサン゠ヴィクトールのフーゴであり、場所と火の問題に関してはグレゴリウス大教皇と「聖パトリキウスの煉獄」である。論理に関わる問題点ではアリストテレスが援用されている。

「復活について」によれば、煉獄は確かに一つの場所であり、地獄の傍にある。それは地獄の上層部でさえある。グレゴリウスとパトリキウスが地上の煉獄について語っているのも、それは、人類に警告を与えるために、煉獄の魂が特別の許可を得て、この世に出現する場合があるからである。サン゠ヴィクトールのフーゴおよび聖パウロ（Iコリント三）のテクスト（後者はアウグスティヌスの注解によりその真義が明らかにされている）から、小罪が煉獄で消滅することは明らかだと言うのである。アリストテレスに基づく論理的証明の煩瑣な手続きに訴える機会をアルベルトゥスに与えたこの議論は、相当の長さである。ついでアルベルトゥスは、比較的手短に、煉獄の刑罰の性質と厳しさについて論じている。彼によると、煉獄の魂は地獄で課されるような刑罰を受けない。というのは、彼らは信仰の光と恩寵の光を受けており、彼らには至福直観こそ与えられていないが、それは一時的なことであって、この欠如は内的暗黒と同一視されるべきではないからである。悪魔は魂が煉獄で浄められるようにそこに連れて行くだけであって、自分の手で魂を浄めるわけではない。また、煉獄には酷寒の刑罰（gelidicium）はない。というのはこの刑罰は慈善において冷淡であったことを罰するためのものであり、それは浄化すべき魂にはあてはまらない。アルベルトゥスはここで火という重要な刑罰の名を挙げていないが、それは彼が地獄を論じるに際して地獄の火と煉獄の火を区別したとき、すでに指摘する機会があったからである。最後に、アウグスティヌスに基づいて煉獄の刑罰を現世の如何なる刑罰より《苛酷》(acerbitas)と考える人々に対し、また地獄の刑罰と比べて煉獄の刑罰を真の火に対する火の映像、線に対する点にすぎないと考える人々に対し、アルベルトゥスは論理に訴え、議論の水準を高めつつ答えている。彼は、比較可能なものしか、つまり有限としか比較できないと言明するアリストテレス(『自然学』)を援用する。したがって「苛酷」の問題は排除されるべきことになる。煉獄と地獄の差は強度の問題ではなく、「期間」の問題である。他方、煉獄において魂が願うこと、それは自分の肉体を再び見出すことではなく、神のもとに復帰することである。煉獄の火のことを考えなかったアウグスティヌスの真意はまさにそこにあるものと、理解しなければならない。「復活について」のこの第三部は、刑罰の場所についての総括的検討(De locis poenarum simul)で終っている。この事実はアルベルトゥスに、死後世界の場所の体系の単一性、物質的かつ霊的単一性に対する鋭い意識があったことを物語るものである。つまり、死後世界の地理は「一つ」しかなく、死後世界の神学も「一つ」なのである。

例の《魂のたまり場《レセプタクル》》の問題を、アルベルトゥスは三つの観点から考察する。

第一の観点は、その《たまり場》が決定的場所であるか、一時的場所であるかの検討にある。もしこれが決定的場所であるなら、栄光と刑罰という二つの場合が考えられるべきである。栄光の場合には一つの場所しかない。それは「天の王国」、すなわちパラダイスである。刑罰の場合についていえば、喪失の罰だけの場所である「幼児たちの孩所《リンボ》」と、感覚の罰と喪失の罰の場所である「ゲヘナ」つまり地獄とを区別しなければならない。《たまり場》が一時的場所にすぎない場合も、喪失の罰のみの場合（「族長たちの古聖所《リンボ》」）と、喪失の罰と感覚の罰の両方がある場合とを区別しなければならない。後者が煉獄である。

第二の観点は、功徳の原因の考察にある。功徳は良いか、悪いか、あるいは良くかつ悪いか（bonum conjuctum malo）のいずれかである。良い功徳には、「天の王国」がふさわしい。悪い功徳は自分自身か他人の罪の結果（ex culpa propria aut aliena）である。自分の罪には「ゲヘナ」が、他人の罪（原罪）には「幼児たちの孩所《リンボ》」が対応する。善と悪が混在しているときには、その悪は極度のものであるはずがない。というのは極悪は、善と結びつく恩寵と相容れないからである。したがってそれは、個人的過失にも他人の過失にも由来し得る軽い悪である。そして、個人的過失の場合は煉獄に行き、他人の過失の場合は「族長たちの古聖所《リンボ》」に行くことになる。

最後に、これらの場所に存在するものは何かという観点から出発することもできる。これらの場所のもち得る性質については四つの場合が考えられる。すなわち、責め苦に満ちているか、暗黒であるか、光り輝いているか、歓喜に溢れているか（afflictivum, tenebrosum, luminosum, laetificativum）である。もしその場所が光り輝き歓喜に溢れているなら、それは「天の王国」である。もしその場所が責め苦に満ち、暗黒にとざされているならば、それはそこでは至福直観が延期されているからであり、それは「煉獄」である。[40] 直接的に暗闇にとざされていて責め苦がなければ、それは「幼児たちの孩所《リンボ》」であり、間接的に暗闇にとざされていて責め苦がなければ、それは「族長たちの古聖所《リンボ》」である。アルベルトゥスは、これらの場所の四つの性質の間に可能な組合せを網羅したわけではないことに気づいていて、考察の対象とされている場合だけが矛盾のない組合せであると主張している。[41]

以上、長々とアルベルトゥス・マグヌスの論証を紹介してきたが、それは単に、スコラ学が煉獄をいかなるものとしたか、つまり一つの信仰の合理化の過程（すでにみたようにこの信仰は、想像力と理性によって、また権威のテクストと空想物語によって生じ、彷徨、遅滞、躊躇、矛盾のさ中からいまや非常に緊密な一つの構造体にまとめ上げられたのであるが）を示すためだけではない。それはまた、半世紀前、多少とも自然発生的に生じた姿のままであった煉獄に関して、アルベルトゥスが他のいかなるスコラ学者よりも巧みに体系的理論を樹立することができた、と私には思われたからである。

このテクストは他にもいくつか面白い特色を備えている。アルベルトゥスは、煉獄のような一つの信仰体系の中で、想像に属するものと論理から生じるもの、権威に由来するものと理性の働きがもたらすものを、誰よりも見事に調和させる術を心得ていた。彼は悪魔を煉獄から締め出しはするが、煉獄の周辺までは自由に来させる。彼は寒冷を拒否するが、暑熱、火は受け入れる。彼は内的空間と外的空間を区別するが、死後世界が質料的場所の体系であることは認める。彼は、粗雑な比較には論駁を加えるが、比較自体は死後世界の体系を考える上で正当な要因、欠くことのできない要因とさえ見なす。想像的なものを除去しようとする意志があるとすれば、それは根本的反感からではなく、その想像的なものが論理や真実、あるいは信仰の深層の意味に反するときである。

このテクストはまた、アルベルトゥスにとって、煉獄と地獄をはっきり区別することは必須ではないまでも重要である、ということを示している。彼にとっては、これまた体系に由来することなのである。煉獄は罪の或る状態、つまり悪が善に混合している状態に対応する。そこからまず、体系は結局は三つの部分から成り、《五つの部分から成る》のではないという結論が導かれる（aut est bonum aut est malum aut bonum coninactum malo: 善であるか、悪であるか、あるいは悪と結合した善であるか）。またとりわけそこから導かれるのは、煉獄が善、高み、天、神の方へ中心をはずれ、偏った中間であるという結論でである。というのは煉獄の悪は軽い悪で、滅びに至る悪ではなく、他方、善はすべての善と同様、恩寵の善であるから。したがって一三世紀の煉獄思想が全面的に《地獄化》を指向したと信じるのは間違いである。やがて見るように、煉獄は最終的にはその傾向をたどるのであるが、その理由はこの時代の制度としての「教会」が、一般に、恐怖による司牧（そこでは宗教裁判所判事が、現世および死後世界の責め苦を操作している）を選んだことの中に求められるべきである。

「復活について」の後、日を経ずして書かれたに違いない『命題集注解』の中では、アルベルトゥスの煉獄の扱い方は以前よりも完全で、掘り下げられたものとなっており、そこにはある種の進化が認められる。煉獄に関する論述のきっかけとなっているのは、もちろんここでも第四巻の区分第二一と区分第四五である。私はこのドミニコ会教師の注解を、その展開に即して要約提示してみることにする。なぜならば、この注解はアルベルトゥスの方法を浮き彫りにし、彼がどういう過程を経て、「復活について」とは必ずしも正確に一致しない立場に到達したかを、改めて明らかにしてくれるからである。

区分第二一の中で[42]、アルベルトゥスは次の諸点を検討している。福音書の中でキリストが《聖霊に対し罪を犯す者は、この世でも、きたるべき世でも許されることはない》（マタイ一二・三二）と言っているように、死後に罪が存在するというのは本当であるか。これらの罪は、アウグスティヌスが木、草、藁（Iコリント三・一二）によって暗示している小罪のことであるのか。また、その浄化は一時的な浄罪の火によって為され、この火は人間が現世で被るあらゆる試練より厳しい（アウグスティヌス『神の国』二一・二六）ということを信じることができるか。というのはパウロが、人は火の中をくぐるようにして（quasi per ignem）救われるであろうと言っており（Iコリント三・一五）、それはこの火の軽視を招くことにならざるを得ないであろうから。

アルベルトゥスはこれらの問題を検討し、一二の条項を設けてそれに答えている。

第一条、ある種の小罪は来世において許されるか。答えは然りだ。いくつかの権威、とりわけグレゴリウス大教皇の『対話』第四巻に基づいているが、ほかにいくつかの推論もその根拠となっている。その推論の中から二つだけ挙げておこう。㈠死後はもはや功徳を増す時ではなく、(現世で得た)功徳を、その功徳が関与する目的のために使用すべき時である。㈡死の苦痛そのものは、殉教者の場合のように、この目的のためにそれが全うされるのであれば、十分罪を消すであろうが、他の、普通の死を遂げる者たちに関しては(in aliis communiter morientibus)その限りでない。煉獄は現世の行動全体と密接に関係していて、普通の人間のためにあるものである。

第二条、木、草、藁によって建てる(パウロ、Iコリント三・一二)とは何を意味するのか。答え、さまざまな種類の小罪である。引用される権威は聖ヒエロニムスとアリストテレス。

第三条、これらの建物の基礎は何か。信仰はもっぱら善行のために命じられているのであって、小罪は善行ではないのであるから、その基礎は信仰ではあり得ないように思われる。答え、基礎は帰するところ正に信仰なのであって、この信仰がわれわれの中に希望を存続させるのである。建物に実質を与えているのはそれらの材料であっても、壁面は永遠のものに向かう希望であり、屋稜には、完成の場所としての愛徳(charitas)がある。煉獄に関する考察は、このように枢要徳の神学に接合されている。

第四条はアルベルトゥスにとって最も重要である。事実、ここでの問題は《死後、浄罪の火が存在するか否か》という問いに答えることである。かのロンバルドゥスはまだ煉獄を知らないのであるから、この問いに答えることは、「煉獄」の存在と浄罪の「火」の存在の両方に関し、同時に態度を決することである。この問題は、煉獄に関する当時のギリシア人との論争の中心であるだけに、しかもアウグスティヌスとグレゴリウス大教皇という二人の《煉獄博士》（この表現は私のものであり、アルベルトゥスのものではない）がこの火を疑っただけに、なおのこと微妙である。

アルベルトゥスは、いくつかの権威や理性的反論を検討しながら、《われわれが煉獄と呼ぶのはこれである》と繰り返し答えている。彼はまず、マタイによる福音書の一句（一二・三一―三二）とパウロのテクスト（Iコリント三・一五）をとり上げ、それにある無名のギリシア人《解釈者》の証言をつけ加える。アルベルトゥスはこの証言を、教会統合《エキュメニスム》の精神をもって、死後の浄罪の火の存在に関する共通理解の形成に資するのである。さらに彼はアリストテレスと、注目すべきことに、聖アンセルムスの『神はなぜ人となったか』Cur Deus Homo を利用する。このようにして彼は煉獄の存在を証明しようとして、古代ギリシア人から、ラテン・ギリシアの一二世紀著述家に至るまで、哲学と神学に関して鮮やかな一本の線を描いてみせる。ついで彼はいつもの流儀に従って、スコラ学者たちが一般にするように死後の浄罪の必要を列挙しながら、合理主義的議論に取りかかるのである。

すべての反論に対して、アルベルトゥスは形容詞 purgatorius（言外に「火」を含む）と名詞 purgatorium を巧みにない混ぜてこう答える。《何はともあれ、すべての道理と信仰に照らして、浄罪〔界〕（の火）purgatorius が存在することは必然である。これらの理由は主として倫理的であって、そこから整合的に、浄罪界＝煉獄 purgatorium は存在するということになる》と。

アウグスティヌスの躊躇に関しては、アルベルトゥスは、それは煉獄の存在に関する躊躇ではなく、聖パウロのテクストの解釈に関する躊躇であると断言している。さらに彼は、他の聖人たちもはっきりと煉獄について語っていること、また「煉獄の存在を否定することは異端である」ことに読者の注意を向ける。この点では、アルベルトゥスは（後に弟子のトマス・アクィナスが彼に続くが）当時のどの神学者よりも先に進んでいる。

《倫理的》理由に関しては、アルベルトゥスは火に固執せず、浄罪の問題に立ち戻る。彼は、善悪の賞罰に関する平行論を論駁し、正義の秤に愛の重みを載せ、神は《死後、愛により神に似るものにしか報いず、神に背き神を憎む者以外は誰も断罪しない……。浄化される者たちは誰も劫罰に処せられることはない》と断言して、煉獄に対する反論をくつがえしている。

第五条は理論的かつ実際的な問いに対する答えである。《地獄の刑罰がいくつもの名で呼ばれるのに、煉獄の刑罰の名は一つ、すなわち火だけであるのはなぜか》。アルベルトゥスによれば、地獄は罰するために作られているので、例えば暑熱と同様寒冷によってもというように、罰する方法がいくつもあるが、それに反し、浄化するために作られている煉獄は、浄化し焼き尽す力を持つ一つの要素によってはじめてその目的を達し得るのであって、それに相当するのは寒冷ではなく火であるからである。明らかにアルベルトゥスはここで自然学に対する自分の嗜好を満たしているのである。

第六条で、アルベルトゥスは、やはり光、炎、燠という アリストテレス的区分に拠りつつ、コリント人への第一の手紙の、金、銀、宝石に関する注釈を仕上げた後、第七条で浄罪は意志的か否かという問題に取り組んでいる。魂は浄化され救われることを望むが、煉獄で浄化されることを望むとすれば、それは単に、他には浄化され救われる可能性がないという理由からである。彼らの自由意志は「条件付き」である。

第八条は劫罰を受ける人の小罪を扱う。これは学校の練習問題風である。劫罰を受ける人は、その小罪のためではなく、大罪のために、永遠の罰を受けるというのである。

第九条は、ボナヴェントゥーラの場合と同様、煉獄の魂が悪魔によって罰せられるかどうかという問題を提起している。このフランチェスコ会の博士と同じように、アルベルトゥスは、悪魔は煉獄の罪を司るものではないと考えているが、確信はしていない。それどころか、死後世界の夢に関して面白い仮説を提起している。悪魔たちは煉獄の魂の刑罰を見て大いに楽しみ、ときどき刑罰に立会うと彼は考えるのである。《それは、ものの本で時に目にすることである》、『聖マルティーヌス伝』の一節がそうだと彼は言う。この聖者伝ではしばしば聖マルティーヌスの枕元に悪魔が立つが、この聖人の行状からして彼が劫罰を受けないことは悪魔も承知の上なのだから、聖者が死ぬと彼を煉獄へ拉致できると思ってのことだ。こう主張する人々がいたが、アルベルトゥスの見物説はこの解釈をくつがえす。

第一〇条は、《最後の審判の日以前は、誰も天国にも地獄にも入らず、（審判後）どちらかに連れて行かれるのを待ちながら、中間の場所に（in locis mediis）とどまる、と主張するギリシア人たちの誤り》について長々と論じている。問題の切実さがそうさせるのである。

アルベルトゥスは、議論の中でギリシア人の見解について客観的に縷々説明を加えた後、こう結論する。人が、あるいは死の直後、あるいは死と最後の審判との間に、天国か地獄に行くことができるということに疑問の余地はない。こう考えると煉獄の時が根拠づけられ、魂は遅かれ早かれ煉獄を離脱すると信じることができる。そして今度は、それがとりなしの祈りに根拠を与える。結論の中でアルベルトゥスは、この意見を否定することは異端、しかも非常に悪い異端（haeresis pessima）であると繰り返し述べているが、彼はこの結論を、福音書（ルカ二五・四三および一六・二二）、黙示録（六・一一）、パウロの手紙（ヘブル二・四〇）および、例によって、合理的議論に依拠せしめている。それらの議論の中から一つ、当時の社会・思想的文脈からみて特に面白いものを取り上げよう。ギリシア人側は、死者は一つの共同体を形成しており、選ばれた者と劫罰を受ける者から成る全体のための決定は、共同で決定を行なう都市共同体に倣って(in urbanitatibus in quibus in communi decertatur)[43]、同時に行なわれ、同時に実行されなければならないと主張する。一方アルベルトゥスは、仕事を終えた労働者（operarii）に直ちに給料を支払わないのは正当でないことを強調し、また農業労働者の雇主が最良の労働者に特別手当（consolatio specialis）を支給するのが現にみられる（videmus）ことを指摘している。[44] ところで、これはアルベルトゥスが好んでする考え方であるが、「正当な報酬」（当時の理論的かつ実際的問題）を口にするなら、神が最高に正当であることを忘れてはならない。敢えて言うならば、神は最も正当な雇主、《仕事を与える人》なのである。

第一一条、第一二条は、告解を取り扱い、煉獄については述べていないが、罪過（culpa）、大罪、小罪の問題に言及することにより、間接的に煉獄の問題に触れている。ロンバルドゥスからアルベルトゥス・マグヌスに至るまで、新しく誕生した煉獄に関しては神学論争が展開したのは、悔悛の文脈においてであったが、その文脈が再びここに見られる。

アルベルトゥス・マグヌスは、この注解書の区分第四四、第一部、第四五条の中で、一三世紀における死後世界の地理体系に関して、私の知る限り、最良の説明を与えている。

問題《肉体から分離した後の、魂のたまり場《レセプタクル》は五つあるのか》。答え《この問いに対しては、たまり場はさまざまであると答えなければならない。それは次の如く多様である。それらは到達あるいは通過の場所であるが、到達の場所としては二つある。すなわち、悪業に応じては「地獄」、功徳に応じては「天の王国」がある。しかし悪業に応じる到達点、つまり地獄も二重で、本来の悪徳に見合う場合と、自然との不運な契約に見合う場合とに区別される。前者に相当するのが劫罰を受ける者たちの下層地獄であり、後者に相当するのは幼児たちの孩所《リンボ》、つまり上層の地獄である。……通過の場所に関して言えば、それは本来の功徳の欠如、あるいは代価の返済の欠如に由来する。……第一の場合は「煉獄」、第二の場合はキリスト到来以前の「族長たちの古聖所《リンボ》」である》[45]。

結局、実際は三つの場所しかない。天国、地獄、煉獄の三つである。ただ、地獄はゲヘナと、幼児たちの孩所《リンボ》（煉獄の先駆形態としての古い上層地獄に代る）とに二分され、煉獄もまた、もう一つの半分、族長たちの古聖所《リンボ》に隣接せしめられているが、この古聖所《リンボ》はキリストの降臨以来空《から》で、永久に閉じられているのである。明らかに聖書と伝統とに基づくとはいえ、純粋に抽象的な推論によって、三つの場所と五つの場所の問題に手際のよい解決が与えられたわけだ。最後に、死者のとりなしの祈りに関する区分第四五、第四条で、アルベルトゥスは煉獄にいる死者たちのためのとりなしの祈りの有効性を再確認する。彼は、とりなしの祈りが教会の裁判権《フォール》に属すること、戦う教会の愛徳（Charitas Ecclesiae militantis）がとりなしの祈りの源であり、たとえ生者が死者にとりなしの恩恵を与えることができても、その逆は真ではないことを強調するのである[46]。

ここには「復活について」以来の充実ぶりがうかがえる。なるほど、内容の充実には、著作の性質が多少とも関与していることは確かである。ロンバルドゥスから出発することで彼は、煉獄誕生の環境との連関、秘跡と悔悛の神学を再発見するに至ったのであるし、とりなしの祈りに言及することによって、生者・死者間の連帯のテーマを取り扱わざるを得なくなったのである。しかし、その間に、アルベルトゥスの考察が深められたことが感じとられる。煉獄の存在を証明するためには、新たな論拠を提示しなければならなかった。彼の利用する《権威》は豊富かつ多様になった。彼のテクスト注解、とりわけパウロのコリント人への第一の手紙の注解は、さらに精査の度を加えた。煉獄で何が起こるかを考えるとき、彼は刑罰よりも浄化の過程にいっそう注目した。彼は、「復活について」では、煉獄は最後の審判まで続くがそれ以上ではないと述べるに甘んじていたのに対し、ここでは長短違いのある個々人の滞在期間の問題にとり組みながら、煉獄の時間についてさらに詳細に論じている。とりなしの祈りについて語るに際して、彼は諸聖人の通功に言及し、さまざまの比較を試みながら議論を進めているが、そのことによって彼のテクストは当時の経済的、社会的、政治的、思想的現実に対する鋭い洞察の中に位置づけられるのである。最後に彼は、死後世界の場所の体系を一つの論述に要約する。そして族長たちの古聖所《リンボ》はキリストの来臨まででしか存在しなかったことを明確にして、五つの場所の体系を四つに、事実上、三つに還元する。つまりキリスト教の死後世界地理学の深層論理に帰着させるのである。

アルベルトゥス・マグヌスは、大スコラ学者たちの中で最も明確に、最も確固とした姿勢で煉獄を論じた人である。また一般の信仰を攻撃することも、一般の信仰と相容れない命題を支持することもせず、おそらく若干の問題に関しては沈黙を守ると共に、手管を弄することも敢えてして、言うならば煉獄に高い神学的地位をもたらした人なのである。

ある通俗神学書　アルベルトゥスの影響はある通俗的な神学書を通して継続する。この神学書はアルベルトゥスの全集の一部として刊行されているが、実は彼の弟子の一人が書いたものである。ドミニコ会士フーゴ・リペリンの著作『神学的真理提要』Compendium theologicae veritatis がそれである。この人物はストラスブールのフーゴとも呼ばれ、一二六八年から一二九六年までストラスブールのドミニコ会修道院院長であった。『提要』は一二六八年の作とされる。[47]

第四巻には、死後世界の地理と、キリストの冥府降下に関連してアブラハムのふところの消滅とが、きわめて明瞭に説明されている。

キリストがどの地獄に降りたかを知るには、地獄が二つの意味を持ち、あるいは刑罰、あるいは刑罰の場所を意味することに注意しなければならない。第一の意味における地獄は、悪魔が常にこれを持ち運ぶと言われる。地獄が第二の意味、刑罰の場所を示す場合には、四つ（の場所）を区別しなければならない。まず、呪われた者の地獄があり、そこでは感覚の罰と喪失の罰（神の現前の剝奪）が与えられ、そこにあるのは内的および外的闇、すなわち恩寵の不在である。それは永遠の喪である。その上方に、幼児たちの孩所《リンボ》があり、そこでは喪失の罰を受けるが、感覚の罰はなく、外的および内的闇がある。

　この場所の上に煉獄（フーゴは locus「場所」を含意する男性の purgatorius を用いていて、中性の purgatorium を用いていない）がある。そこでは一定期間、感覚の罰と喪失の罰があり、外的闇はあるが内的闇はない。というのは、いずれは救いにあずかることが分かっているので、恩寵によって内的光を与えられているからである。さらにその上にある場所は聖なる父祖（族長）の古聖所《リンボ》である。そこで課されたのは感覚の罰ではなく、喪失の罰であり、外的闇はあったが、恩寵喪失の闇はなかった。キリストが降下して、キリストに属する者たちを助け出したのはこの場所であり、彼はこのようにして地獄を《噛みとった》、つまりその一部を持ち去り他の部分を残した。しかし選ばれた者たちに関しては、ホセア書一三・一四に《おお死よ、私はお前の死となろう。地獄よ、私はお前の噛み傷となろう》とあるように、神は完全に死を滅ぼし給うた。そこは最高天《エンピリウス》という名の天で、アブラハムのふところとも呼ばれた場所である。アブラハムがその後ずっとそこにいるからである。かつて、第三の場所から第四の場所、すなわち煉獄から聖なる父祖（族長）の古聖所《リンボ》へは通路があったが、それを別にすれば、これらの場所のどれ一つとして他の場所への通路を持っていない[48]。

　たとえこのテクストが『命題集注解』におけるアルベルトゥスの諸概念を想起させるとしても、煉獄はここでは地獄集合の中に入れられている上、アルベルトゥスが煉獄から切り離した後に地獄に隣接させた幼児たちの孩所《リンボ》と、アルベルトゥスの場合ほど明確に区別されていない。この点に関しては、フーゴはアルベルトゥスより保守的であり、彼の見解は煉獄の地獄化の過程を示している。逆に、彼の合理化の努力が一層はっきり現われるのは、歴史的観点においてであり、しかもこの点で彼はアルベルトゥスの精神に忠実である。そこではアブラハムのふところの歴史的消滅にはっきりと注意がはらわれているが、アブラハムのふところを消滅させたり、天に上げたりしたのは、キリストの冥府への降下、つまり実証的歴史的用語でいえば福音書の時代ではなく、一二世紀から一三世紀への転換期における煉獄の誕生であることをわれわれはよく知っている。

煉獄に関する重要な部分は、第七巻「終末の時代に関して」(De ultimis temporibus) に見られ、この世の終わりに充てられた第一章と、反キリストに関して論じられるいくつかの章との間に置かれて、第二章から第六章までを占めている。(49)『提要』はまず、煉獄にいる者は《自分たちが地獄にいるのではないことを知っている》ので、煉獄とは「希望」である、と主張する。そしてさまざまの理由から煉獄がなければならないと付言している。まず、アウグスティヌスが言ったように、人間には三種類あるという事実があげられる。非常に邪悪な者、非常に善良な者、非常に邪悪でも非常に善良でもない者の三種類で、この最後の者が煉獄の刑罰によって小罪を清算しなければならないのである。他の六つの理由は、主として、至福直観を享受する前の、ある種の洗礼による浄化の正当性と必要性に基づく。しかし魂は浄化されるや、天国に向かって、栄光に向かって飛び立つ。

煉獄の刑罰は喪失の罰と感覚の罰の二重であり、非常に厳しい (acerba)。煉獄の火は物質的であると同時に非物質的であるが、それは隠喩の二重性ではなく、イメージの二重性、直喩なのだ。それはあたかも《本物のライオンと描かれたライオンのように》二つながら現実のものなのである。もっとも今日なら、《張り子》のライオンは本物のライオンではないというところだろうが。

煉獄の位置決定の問題では、フーゴは、キリストの冥府降下に関してすでに述べたことを引き合いに出し、こう付言している。煉獄が慣習法に従って地獄の一区画に位置するとしても、幾つかの亡霊の出現が明らかにしているように、特別の免除により、罪を犯した場所で浄められる魂もあるのだと。

教会のとりなしの祈り（第四章）は、永遠の生命の獲得に有効なのではなく、刑罰の緩和にせよ、早期の放免にせよ、つまるところは刑罰からの解放に有効なのである。とりなしの祈りと言われるものは、祈り、断食、施し、祭壇の秘跡（ミサ）の四つの行為をふくむ。これらのとりなしは、現世にいるときすでに、死後その恩恵に浴するだけの功徳を積んだ人に対してしか有効でない。ところで、独創的かつ風変わりなやり方で、『提要』は、とりなしの祈りが、選ばれた人々や劫罰を受ける人々にも利益をもたらす旨、付け加えている。それが選ばれた人々を利するのは増大によるという。つまり煉獄から解放された魂が加えられることにより、選ばれた人の数が増加し、その結果、至福者全体の《偶有的》栄光が増大するというのである。他方、とりなしの祈りが劫罰に処された人々を利するのは減少によるという。つまり先の場合とは反対に、劫罰を受ける人の数が減ることによって、彼ら全体の苦痛が結果として減少するからだというのである。仮にこの理屈が選ばれた人々に関してはもっともらしくきこえるとしても、劫罰を受ける人々に関しては、私には馬鹿げているとしか思えない。ここに至って、シンメトリーに飢えたスコラ的機械が脱線した感がある。

最後に、『提要』は、ボナヴェントゥーラ同様、平信徒は善行を行なうことによってしか、死者にとりなしの恩恵を受けさせることができないと明言する。贖宥の受益者は、この贖宥を生者にも死者にも譲渡することはできない。それに反して教皇は、そして教皇のみが、権威による贖宥と、愛徳（charitas）による善行のとりなしを、同時に、故人に施すことができる。こうして、ローマ教皇の絶対性はその権勢を現世の領域を超えて死後世界にまで拡張し、以後、列聖によって聖人を天国に送り、魂を煉獄から救い出すのである。

主知主義の核心における煉獄——トマス・アクィナスと人間の神への帰還　これまで私は、幾人かの大スコラ学者について、彼らがどのように煉獄を語っているかを示そうと試みてきた。彼らは煉獄の存在を力説しながら、その位置に関しては多少のためらいを残し、その最も具体的な面に関しては慎重であり、彼らの神学体系の中で煉獄に与えられている地位は比較的小さなものでしかなかった。一三世紀において最も複雑な構造をもつ神学体系、トマス・アクィナスの体系の中で煉獄が占める位置を数ページで明確にすることは、これまたなかなか厄介な課題である。

トマス・アクィナスは、その著書の中で何度か繰り返し煉獄を論じている[50]。

トマスはアクィノ伯を父として、一二二四年末あるいは一二二五年の初めに南イタリアのロッカセッカの城で生まれ、一二四四年ナポリのドミニコ会に入会、ナポリ、パリ、ケルンでアルベルトゥス・マグヌスに師事した。彼が、ペトルス・ロンバルドゥスの『命題集四巻』の、真の注解ではないが、このテクストに関する一連の問いと議論から成る一つの『手稿』Scriptum を書いたのは、一二五二年から一二五六年にかけて、パリで命題集担当バカラリウスだったときである。彼はそこで明らかに第四巻問題二一と問題四五における煉獄について述べている。トマスの『手稿』の構想は、《完全に神中心的》構造に由来するものとされている。この著は、《神の本質、神に由来するものとしての被造物、神に帰るものとしての被造物[51]》の三つの部分から成る。帰還（redditus）に充てられた第三部はさらに二分される。煉獄が問題になるのは、この第三部の後半である。

トマスは、イスラム教徒、ギリシア人、アルメニア人に対する、さらに、恐らくユダヤ教徒と異端者を含む異教徒一般に対する、数々の論争的著作の中で、煉獄をも取り扱った。それらはイタリアで、そして大部分は一二六三、六四年にオルヴィエトで書かれた。教皇ウルバヌス四世の要請に基づいて執筆された『ギリシア人の誤謬を駁す』Contra errores Graecorum、『サラセン人、ギリシア人、アルメニア人を駁して信仰の理由を論ず。アンティオキアの聖歌隊員のために』De rationibus fidei contra saracenos, Graecos et Armenos ad Cantorem Antiochiae、『対異教徒大全』Summa contra Gentiles の第四巻などである。これらに関しては、後にギリシア人とラテン人の交渉というコンテクストにおいて煉獄を論じる際に述べることにする。

煉獄は一二六六—一二六七年にローマで討論された問題、『悪について』De Malo の中にも登場する。トマス・アクィナスは一二七四年三月七日フォサノヴァのシトー会修道院で死んだ。リヨンの第二回公会議に赴く途中であった。彼の大著、『神学大全』Summa theologiae は未完のまま残された。その中で彼は、ロンバルドゥスの『命題集』第四巻に関してかつて『手稿』の中で論じた問題を、ボナヴェントゥーラの『小論集』Breviloquium にならって、もっと個人的な（しかしボナヴェントゥーラとは逆にずっと詳細な）論述の中で再び取り上げるという気の入れようである。ピペルノのレギナルドゥスが率いるトマスの一群の弟子たちが「補遺」を付け加えて『大全』を完成させる。「補遺」の大部分はトマスの旧稿から、特に『手稿』から取られている。煉獄に関する部分がそれで、《世の終り》についての論述の一部分をなし、著作の末尾近くに置かれている。

必要の場合には『手稿』を参照しながら、私は分析の的を「補遺」に絞ることにする。[52]

この選択に、あるいは反対のあろうことは理解できる。トマス自身の書いたものだけを利用することを望む、良心的で恭順な弟子たちの手で編まれたものではあっても、「補遺」は聖トマスの純正なテクストではない。抜萃文からの合成はトマスの思想を歪め、それを二重に裏切ることになる。つまりトマスの思想を実際より硬直したものにする一方、トマス理論の比較的古い状態を彼の神学体系の達成たらしめることによって、その思想を貧困化する。しかし反面、「補遺」は、単に本文に忠実な引用と一貫性において優れているだけでなく、中世後期の聖職者たちが死後世界の問題に関するトマスの決定的見解と考えたものを示しているのである。

「補遺」の問題六九は、復活と、それに何よりもまず《死後の魂のたまり場《レセプタクル》》（『命題集』第四巻注解、区分第四五、問題一）に関係する。《以前、間、以後》[53]型の年代的符号が付されているので、「補遺」の執筆者たちは、『神学大全』の構想を、まず第一に線的な展開において見ているようだ。だが、トマス・アクィナスは、全過程を redditus（被造物の神への帰還）の観点から捉え、その過程をこの目的から出発して方向づけているのであって、歴史的展開に基づいてではない。私は次の章で、一三世紀の信徒大衆にとっての煉獄の時間の思想を、終末論的時間と継起的時間との結合として説明しようと試みるつもりである。一三世紀の大スコラ学者たちの中では、トマスが一番、当時の人々の《世の終り》に関する共通経験から離脱していたように私には思われる。それは、言葉の最も強い意味において、昂然たる思想である。永遠を思惟する彼の思想においては、煉獄のような一時的現実の地位はさして重要ではない。そこでは人間はもはや功徳をもたないのであるから、なおさらである。私の印象では、トマスは煉獄を本質的問題としてではなく、いわば規定問題として、学生用語で言えば《必修問題》として、論じているのである。これはトマスの言葉ではないが、煉獄は彼には《卑俗な》問題と思われたのであろう。

私は、トマスの煉獄理論に対して、「補遺」がそれに与えている、かなり厳格な形式を保存せざるを得ないと思う。
死後の魂の問題は七つの項目に分けられる。《㈠死後の魂それぞれに指定された場所があるか。㈡魂は死後すぐにそこに行くのか。㈢魂はそこから出られるか。㈣「アブラハムのふところ」という表現は地獄の辺土《リンボ》を指すのか。㈤この辺土は劫罰を受けた人々の地獄と同じか。㈥幼児たちの孩所《リンボ》は族長たちの古聖《リン》所《ボ》と同じか。㈦たまり場《レセプタクル》の正確な数を明らかにする必要があるか》。

第一の問いに対しトマスは、一見相反する二つの見解、すなわちボエティウス（《非肉体的存在は、ある場所にはない、というのが賢者に共通の見解である。》）およびアウグスティヌス（『創世記逐語解』一二 XII Super Genesim ad litteram）から出発して、肯定の答えを与えている。因みに両者共に、周知の通り、トマスお気に入りのキリスト教思想家である。さらに、トマスは魂の行き先を抽象的に限定して、こう言っている。《……引き離された魂に対し、それぞれの尊厳の程度に応じた、有形の場所が割り当てられる》、しかもそこでは魂は《あたかも、ある一つの場所にいるかのように》（quasi in loco）存在する、と。アウグスティヌスの「あたかも火をくぐるようにして」quasi per ignem を想起させる例の「あたかも」quasi がここにも登場する。だが、トマスが《魂は、しかじかの場所が自分に割り当てられているということを知っているので、そのことで喜んだり悲しんだりする。このようにして、彼らの住まいは彼らの褒賞あるいは懲罰となるのである》[54]と言うとき、彼は最も高尚かつ最も動的な神学概念を、世人一般の心理と合流させるのである。

第二条ではトマスは、物体の重力との比較に基づいて、次のように結論する。《魂に割り当てられる場所は魂が値した褒賞か懲罰に相当するので、魂は肉体から引き離されるとすぐ、地獄に呑み込まれるか、あるいは天国に飛び立つ。後者の場合、神の正義に対する負債が、魂に前もっての罪の浄化を余儀なくさせ、その飛翔を遅延させる場合は別である[55]》と。議論の過程でトマスは、最後の審判（そのとき、資格を有する魂をもつ肉体はすべて共に栄光に参与する）をまたず、魂が煉獄から離脱することを正当化するために、共同体[二]（アルベルトゥス・マグヌスのいうウルバニターテス urbanitates）理論家たちとギリシア人との間の議論に対する答えとして、《すべての魂の同時栄化は、すべての肉体の同時栄化ほど絶対的なものではない》と明言している。

第三条は亡霊の問題である。社会的想像力の歴史において重要な一章を占めるべきこの問題は、従来、歴史家によってあまりにも軽んじられてきた[56]。トマス・アクィナスの関心は明らかに、亡霊、幻、夢の本性であり、それらが覚醒時に現われるのか睡眠時に現われるのか、またそれらの性格が仮現的なものか現実的なものか、といった問題である。中世キリスト教社会は夢とその解釈をうまく制御することができなかった[57]。明らかに抵抗を覚えながらも夢・幻の文学を考慮しているトマスによれば、選ばれた者も、劫罰を受ける者も、そして煉獄にいる魂も、死後世界のそれぞれの場所から出て、生者のもとに立ち現われることがあるのである。神がこうしたことを許すのは、もっぱら生者の教育のためであり、劫罰を受けた者の場合は、生者を恐れさせるため（ad terrorem）である。また程度は劣るが煉獄にいる魂の場合も同様である。選ばれた者は自由に出現することができるが、その他の者は神の許しを得てはじめてそれができる。選ばれた者と劫罰を受ける者に関しては、彼らの出現は有難いことに（と言ってもトマスの意を歪めることにはなるまい）まれである。なぜなら《死者にして、およそ天国に赴くほどの人は、摂理の諸条項に適合していないように見えるものは何も許容されないと思うほどに、彼らは神の意志に合致している。死者が地獄にある場合は、彼らは己の被る責め苦に圧倒されて、わが身の上を嘆くことに余念なく、生者の前に立ち現われようなどと考えはしない》からである。残りはグレゴリウス大教皇も保証するように煉獄にいる者たちということになる。彼らは《とりなしを乞い求めて来る》のだが、トマスはこの者たちに対しても、後に見るように、彼らが迷い出る可能性を最小限にとどめようとしている。これに反して、煉獄で浄化された魂が天国へと出て行くのは当然なこととされる。

第四条。アブラハムのふところは確かに地獄の辺土であったが、キリストの冥府降下以来もはや存在しない。トマスはここでは師アルベルトゥス・マグヌスの教えを踏襲している。第五条で、《族長たちのリンボはおそらく地獄と同じ場所か、あるいはそれより上層とはいえ隣接した場所を占めていた》と言明され、第六条では、幼児たちのリンボと族長たちのリンボが区別される。前者はなお存続するが、幼な児たちは原罪によってのみ罪があるのであるから、極く軽い罰しか受けない。しかもトマスは、罰というよりむしろ単に至福受理の遅れ（dilatio gloriae）にすぎないのではないかと推測する。

第七条でトマスは、死後の魂のたまり場に関する一種の類型学を略述する。[58]

仮説その一。《たまり場は功徳《メリツト》あるいは罪障《デメリツト》に相応じている》。この場合、あの世には、二つの住みかがなければならないことになる。功徳に対する天国と罪障に対するもう一つの住みかがそれである。

仮説その二。《人が生きている間に功徳をなすのも罪障をなすのも、唯一の、同じ場所においてである》。とすれば、死後も万人に唯一、同一の住みかがあてがわれるものと予想される。

仮説その三。魂を迎え入れる場所は、原罪、小罪、大罪の三種の罪のいずれかに対応するはずである。そうすると三つのたまり場がなければならないことになる。《悪魔たちの牢獄と表現される闇の空間》のことも、ヘノクとエリアのいる地上楽園のことも考慮に入れることができる。結局、魂のたまり場は五つ以上になる。

それだけではない。さらに、原罪と小罪だけでこの世を去る魂の場所が必要であると考えることもできる。その魂は恩寵をもたないので、天国にも族長たちのリンボにも行くことができない。また、幼児たちのリンボには小罪に起因する感覚の罰がないので、そこにも行けない。永遠の罰が担われるべき場合であるから、人が永遠にとどまる場所ではない煉獄にも行けない。滅びに至る罪のみがわれわれを送り込む地獄にも行けない。これはキリストによって最終的に閉鎖された族長たちのリンボをも勘定に入れた上、小罪を煉獄に属さない、死後の赦免の不可能な過失とみなすなど、練習課題じみた奇妙な仮説ではある。

しかしさらに、魂のたまり場は、無限の段階をもつ功徳と罪障に対応するのであるから、功徳と罪障に応じた無数のたまり場を区別することもできる。魂が、現世の罪を犯した場所で罰せられる可能性も排除できない。また、恩寵の状態にあるが、軽い過失を負った魂が、天国とは異なる特別の住みか、煉獄をもつのと同様に、大罪の状態にあるが報われるべき何らかの善行を行なった魂は、地獄と区別される特別のたまり場をもつはずである。最後に、キリストの来臨以前族長たちは、魂の栄光を待っていた。同様に彼らはいまや、肉体の栄光を待っている。キリスト来臨以前彼らは特別なたまり場で待っていた。同様に彼らは今、復活後に行く所——すなわち天国——とは別の場所で待っているはずだということになる。

こうして仮説をひとわたり検討した後、トマスは結論として、魂のたまり場は魂の様々の状態に応じて異なる、という。ここで彼は「状態」status の一語を用いているが、これは一三世紀に広く用いられた語であって、現世の人間の様々の社会的・職業的身分も、また個人の法律的、精神的、道徳的な、種々の状況をも表わす。しかしその主たる指示機能は法律的な性格のものなので、そこに神学に対する法律学の影響がうかがわれる。死に際して、最終的な善の報酬を受くべき状態の魂は天国に行き、悪の報酬を受くべき状態の魂は地獄に行き、原罪のみを負う魂は幼児たちのリンボに行く。まだ最終的な報いを受ける状態にはない魂は、それが人格に起因する場合は煉獄に行き、自然のみに起因する場合は族長たちのリンボに行くことになろうが、これはキリストの冥府降下以来もはや存在しない。

トマスは次にこの結論の正しさを証明する。偽ディオニソスとアリストテレス（『エチカ』二、八・一四）に依拠して、彼は、《善良な生き方は唯一つだが、邪悪な生き方は数多くある》と断言する。したがって善の報酬としては唯一つの場所しかないが、罪に対しては複数存在することになる。悪魔たちの住みかは大気中ではなく地獄である。地上の楽園は現世にかかわり、あの世の魂を受け容れる所ではない。現世で罪の罰を受けることは問題外である。というのはそうした罪がその人の功徳《メリット》もしくは罪障《デメリット》の状態に変化をもたらすことはないからである。悪は決して純粋な、善の混らない状態で現われることがないように、その逆も同様であるので、至高の善である至福に達するにはあらゆる悪から浄化される必要があり、死に際して純粋でない以上、完全な浄化のために何らかの場所が死後に存在する必要がある。それが煉獄である。

そしてトマスは、地獄にいる者も善をまったく奪われているということはありえず、現世で行なわれた善行は劫罰を受ける者に刑罰の軽減をもたらしうると付け加える。トマスはおそらくここで、アウグスティヌスの《完全に悪くはない》者たちのための《より耐えやすい劫罰》という仮説を、暗々裏に想起しているのであろう。

このように、死後世界には、天国、幼児たちのリンボ、煉獄、地獄という四つの開かれた住みかと、族長たちのリンボという閉ざされた住みかが一つ存在する。死後の浄化の場所である煉獄の存在は、彼にとってまったく疑いの余地のないものであるとしても、トマスが興味をもったのは、その中間的性格ではなく、その一時的存在であった。トマスのとる永遠性の見地からすれば、あの世には真の場所は三つしかない。すなわち天国、幼児たちのリンボ、地獄である。すべてのスコラ的体系の中で、トマスの体系は、死後世界の場所に関する諸問題の最も完全な、最も豊かな見通しを具えたものであるが、同時にまた最も

《知的》で、彼の時代の一般的心性からは最も離れた体系でもある。

問題七〇は、肉体から離れた魂の状態と、形而下的な火によって魂に課せられる刑罰を論じている。この問題は、ペトルス・ロンバルドゥスの『命題集』第四巻区分第四四に関する『手稿』の一部（問題三三、第三条）に相当する。トマスはここで形而下的な火の概念を擁護している。

「補遺」はここで、原罪のみによる刑罰、つまり幼児たちのリンボの問題と、煉獄に関する問題を展開する。後者をレオ版[59]の編者は付録の位置に回しているが、この措置はおそらく正しい。なぜなら『大全』全体の構成《プラン》の中で、終末論の陳述の流れを断つような議論の展開を、トマスが意図してこの位置に挿入するはずがないからである。同時にそれは、煉獄が『大全』の体系の中で本質的な要素ではなかったということを強調している。しかし私としては、煉獄こそ私の関心の焦点なので、今それについて検討をすすめる。

煉獄の問題は次の八つの問いから成る。[60] ㈠この生を終えた後に、煉獄のごとき場所は存在するか。㈡魂が浄化される場所と、劫罰を受ける者が罰せられる場所は同じであるか。㈢煉獄の刑罰は現世のあらゆる一時的刑罰を凌ぐものであるか。㈣この罰は意志によるものであるか。㈤煉獄の魂は悪魔によって罰せられるのか。㈥煉獄の刑罰によって、小罪は、罪過に関する限り償われるか。㈦浄罪の火は自罪によらざる罰から人を解放するか。㈧ある者は他の者より早くこの刑罰から解放されるか。

トマスは第一の問いに答えて言う。神の正義は、罪を悔いて赦免を受けたが、罪の償いを全うしないうちに死んだ者が死後罰せられることを要求する。したがって《煉獄を否定する者は神の正義に反してものを言っている、つまりそれは誤謬であり、信仰から遠ざけるものである》と。ここでニッサのグレゴリウスの権威を盾に取ったことは、ギリシア人との論戦のためには巧妙な策と思われる。トマスはさらに言う。

《教会は、死者が罪から解放されるように彼らのために祈れと命ずる。それは煉獄にいる者を指してのことととしか考えられないのであるから、煉獄を否定する者は教会の権威にさからっているのであって、彼らは異端である》。トマスはこうして、アルベルトゥス・マグヌスの見解に一致する。

第二の問いに答えたトマスの死後世界の地理は、今しがた見たばかりの問題六九に提示された地形や議論とは多少異なる。この相違が「補遺」の著者たちを困惑させたともみえないが、これはレオ版の刊行者たちがしたように、この問題を付録の方に回すことを良しとする補足的な理由となる。しかしわれわれは、この新たに提出された煉獄の位置づけを検討しなければならない。《聖書は煉獄の位置に関して明確なことは何も述べていない》、したがって決定的な合理的議論はありえないとトマスは記す。[61] しかし煉獄の場所が二面性をもつことは、聖人たちの断言するところ、また多くの生きてある者になされた啓示から推して、ほぼ確かである。つまり《慣習法》によれば、煉獄の場所は地獄に隣接した下方（地下）の場所であり、また煉獄で義人を焼くのも、今なお地上にある呪われた人を焼くのも、同じ火である。一方《神の配分》によれば、周知のように現世の様々の場所で罰せられる者がいるが、それは《生者への教訓としてか、あるいは、生者に死者の受けている刑罰を知らしめ、教会のとりなしでその苦しみを和らげてもらうようにさせて死者を慰めるため》なのである。もっとも、トマスは、人が罪を犯した場所で浄罪の刑に服するという考えには反対する。彼はここでも明らかに、地上への亡霊の出現を極力限定しようと配慮している。[62] 最後にトマスは、慣習法によって、煉獄の魂はその身分に関する限りわれわれと神との中間にあるのだから、煉獄はわれわれの上（つまり天空）に位置する、と考える者たちの意見を斥ける。あり得ないことである、と彼は答える。なぜなら、煉獄の魂は己の持つ優れた《シュペリウール》ものののために罰せられるのではなく、自分の中の劣った《アンフェリウール》もののためなのであるからだと。いかにももっともらしい議論であるが、言葉の遊びに近く、中世の聖職者が愛用した偽語源説を思わせる。ともかくも、この指摘は、トマスが一三世紀の煉獄の《地獄化》に力を貸していること、しかし他方には煉獄が地下ではなくほぼ天上にあると考える聖職者がいたことを示す点で、興味深い。彼らこそ、煉獄の山を地上に、しかも天に向かって聳え立たせたダンテの先駆者たちである。

煉獄の刑罰の厳しさ（第三の問い）に関して、トマスは、感覚の罰にせよ、喪失の罰にせよ、《双方の最小程度のものですら、人が現世で被る最大の刑罰をも凌ぐ》と推測する。煉獄の刑罰の苛酷さ（acerbitas）は、罰せられる罪の量に起因するのではなく、罰せられる者の位置の所為である。つまり罪は煉獄においては現世よりも一層厳しく罰せられるからである。明らかにトマスは、現世で犯した罪と、煉獄で受ける刑罰の間に量的関係があり得るという考えを支持しようとはしない。彼は、この件に関する神の公平さを強調しはするが、「比例」関係を云々することはない。彼は何ごとにまれ、死後世界の会計学に乗り出したりはしないのである。

第四の問いに対する答え。トマスは、煉獄の刑罰が自由意志によるのは、魂が罰を望むからではなく、それが救われるための方法であることを魂が知っているからであると考え、煉獄の魂は己を責める苦しみに気を奪われているあまり、それらの刑罰が彼らを浄化しているとも知らず、自分たちは劫罰を受けつつあるのだと思い込むと考える人々の意見を反駁する。煉獄の魂は己がやがて救われることを知っているのである。

アルベルトゥス・マグヌスと同様に、トマスも、煉獄で魂を責め苛むのは悪魔ではないが、悪魔はそこまで付き随ってきて、魂が苦しむ様を見て喜ぶということはあり得ることと考える。それが第五の問いに対する答えである。第六と第七の問いに対してトマスは、浄罪の火は確かに小罪を浄めると答えるが、彼はここではこの火を一種の比喩的な火とみなしているようである。この点に関して、彼は聖アウグスティヌスと同様に躊躇の色を見せているのである。

最後に、煉獄では、ある者が他の者より早く解放されるということがあるかとの問いに、トマスは肯定的な答えを与え(彼はそこでⅠコリント三・一〇—一五の箇略な注解を試みる)、また今度は《比例》の一語を用いるのだが、それは煉獄の刑罰の苛酷さ (acerbitas) がどれほどのものかを評価するに際して、強度と持続時間とに同時に言及する目的からである。トマスは明らかに、煉獄の時間に関する通俗的算術の確立を避けようとしているのだ。

「補遺」の著者たちは、終末に関するトマスの論述の脈絡に再び立ちかえり、問題七一において、ロンバルドゥスの『命題集』第四巻に関する『手稿』の区分第四五、問題二を用いて、トマスに死者のためのとりなしの問題を論じさせている。これは私の知る限り、一九世紀までになされたこの問題の論究の中で最も徹底したものである。[63]トマスはそこで一四の問いに答える。㈠ある死者のためになされるとりなしは別の死者に利益をもたらし得るか。㈡死者は生者の行為によって助力を得られるか。㈢罪人によってなされるとりなしは死者に利益をもたらし得るか。㈣故人のためになされるとりなしはそれをなす者に有益であるか。㈤とりなしは劫罰を受けた者に対して有益であるか。㈥それは煉獄にいる者に対して有益であるか。㈦それはリンボにいる幼児に有益であるか。㈧それは福者に有益であるか。㈨教会の祈禱、祭壇の犠牲、施しは、故人に対して有益であるか。㈩教会によって認められた贖宥は、故人に対して有益であるか。⑪葬儀に関わる諸種の式典は死者に有益であるか。⑫とりなしは、他の故人に対してよりも、その対象となる当人に対して一層有益であるか。⑬同時に大勢のためになされるとりなしは、一個人のみに向けてなされる場合と同程度に、その一人一人に有益であるか。⑭共同代禱は、それ以外のとりなしを得られない者にとって、特別代禱と共同代禱がその両方の恩恵を受ける者にとって有益であると同程度に有益であるか。

次に順序を追って、特に煉獄に注目した場合のトマスの答えの要点を示す。私はトマスの思想からこれ以上離れることを恐れるので、必ずしもこの順序を入れ替える必要はないと思う。

一、われわれの行為は二つの結果を生むことがある。まず、「一つの状態」の獲得。次に、たまさかの報酬や刑罰の赦免のごとき、「一つの状態に由来する善」の獲得。状態の獲得は、行為そのものの功徳《メリット》によってしか得られない。永遠の生命に関してはそうである。これに対して、《諸聖人の通功》(sanctorum communio)によって、人は他人に善行を一種の贈与として差し出すことができる。つまり、祈禱には他人に恩寵を得させる力がある。そしてその恩寵を正しく用い、みずからそれに値した場合には、永遠の生命が得られる。個人の功徳《メリット》と連帯性、集団の愛徳との間のみごとな均衡である。

二、《教会の成員を結びつける愛の絆は、単に生者のみならず、愛徳(charitas)の状態で死んだ故人にも有効である。死者は生者の記憶の中で生きる……。したがって生者のとりなしは死者に対して有効であり得る》。こうしてトマスは、《生者と死者の間には如何なる交渉もあり得ない》(『エチカ』一、一一)とするアリストテレスの見解を反駁する。こうした見解が妥当するのは、市民生活上の関係だけであって、神の慈悲と愛に基づく霊的生活上の関係にはあてはまらない。《神にとって死者の霊は生きている》。トマスのこの思想は、煉獄の研究において私が出会った、生者と死者の絆に関する最も美しい表現である。

三、然り、罪人によるとりなしの祈りでさえ死者には有効である。とりなしの価値は、生者の条件にではなく、故人の条件に依存するからである。さらに言えば、とりなしは、それ自身で有効な秘跡と同様に、それを行なう者とは無関係に作用する。

四、罪を償うもの（刑罰の補償）としてのとりなしは、その唯一の受益者たり得る故人の所有に帰するが、永遠の生命の獲得に資するものとしては、それが慈悲心に発したものであるゆえに、それを受ける者と与える者の双方に有益であり得る。

五、然り。若干のテクスト（特にマカベア下一二・四〇）によれば、とりなしの祈りは劫罰を受けた者にも有益であり得るが、トマスは、劫罰をもっと広義の加罰と解釈しなければならず、特にそれは煉獄の刑罰についても言えると考える。ともかくそのことは奇跡に属し、極く稀にしか起こらないに違いない（多分トラヤヌス帝の場合がそうであった）。ついでにトマスは、オリゲネスやプラエポジティーヌス、ギルベルトゥス・ポレタヌスの弟子たち、そしてオセールのギヨームの意見に反駁を加える。それから再び、今度は極く明らさまに、比例の思想全体を、煉獄にいる者に有益であり、特に彼らのためにこそあると言える。現に、とりなしの祈りは完全に善でも完全に悪でもない者に向けられるとアウグスティヌスも言っている。さらに、とりなしの機会の増加によって煉獄の罰を消滅させることさえできる。

六、とりなしの祈りは、煉獄にいる者に有益であり、特に彼らのためにこそあると言える。グレゴリウス大教皇の引用に基づくものでさえ、論駁している。

七、これらのとりなしは、洗礼を受けずに死んだ、恩寵の状態にない幼児たちには無益である。とりなしの祈りは故人の状態を変えることはできないからである。

八、とりなしは、欠けたものが何もない者にはふさわしくない援助であるから、福者にも無効である。

九、とりなしの有効条件は、《生者と死者》の間の、愛徳（charitas）における結合である。最も有効な三つのとりなしは、愛の主たる結果としての「施し」、意図によっては最良のとりなしとなる「祈り」、そして最後に「ミサ」である。聖体の秘跡は愛徳の源であり、その効力を他に伝達可能な唯一の秘跡なのである。最も有効なミサとは故人のための特別な祈りを含むものであるが、そのミサを執行する者あるいはさせる者の信心の強さが要点である。断食も有効であるが、この方がより外面的であるので、その程度は劣る。ダマスカスの聖ヨハネによって勧められた蠟燭や油の奉納も同様である。

一〇、然り、贖宥は死者に適用可能である。なぜなら、《教会が、贖宥の源である共同の功徳《メリット》を生者に移譲することはできるが、死者にはできないという理由はない》からである。この点でトマスは慎重さを欠いている。彼はあまりにも《教会の人間》でありすぎる。

一一、トマスは、葬儀の有効性に関してアウグスティヌスを援用しているが、アウグスティヌスよりは鷹揚な態度を示している。アウグスティヌスは、《人が死者の肉体のためにすることはすべて、彼らの永遠の生命のためには何の役にも立たない、ただ人間としての義務にすぎない》と言った[64]。一方、トマスによれば、埋葬の儀式は教会や貧者のために善行をなす機会となり、また故人のための祈りを促すので、死者にとって間接的に有益であり得る。さらに良いことに、故人を教会堂や聖なる場所に埋葬させることによって、それが虚栄心のためではないとすれば、傍に眠る聖人の助力を死者に得させることができる。トマスはここでは、彼の時代や彼の修道会と考えを同じくしている。ドミニコ派は（フランチェスコ派も同様だが）俗人（特に権力者や金持）を彼らの教会や墓地に埋葬することを受け入れ、勧誘さえした。そして平信徒も、それまで聖職者、修道士に限られていた教会への埋葬の恩恵を受けることを、徐々に求めるようになっていく。しかしこの問題で最も興味深いのは、おそらく聖トマスが聖パウロの一節（エペソ人への手紙五・二九）《自分自身の肉体を憎んだ者はいまだかつて一人もいない》に基づいて、《肉体は人間の本質の一部であるので、人間がそれを愛するのは当然である》と明言している点であろう。これは《この魂のいまわしい衣[65]》たる肉体に対する、伝統的な修道士的軽蔑から遠く隔たっている。

一二、諸聖人の通功にもかかわらず、とりなしの祈りは他の者よりむしろその対象となっている人に特に効果があるとトマスは考える。というのは、死者はもはや功徳をつむことができないので、とりなしを行なう生者の志がトマスにとって特に重要なものとなるからである。すると煉獄では、この個別救済方式の所為で、富者の方が貧者よりも有利になるという議論にはトマスは屈しない。彼はこう答える。刑罰の償いは天の王国の所有に比すればほとんど無に等しく、天の王国では貧者こそ優遇されるのだと。

一三、《祈る者は、同じ一つの祈りをもって、多数者のためにも、唯ひとりのためにも、同じ程度に償いをすることはできない》。トマスの姿勢はここで、個人主義とは言わないまでも、個人の方にはっきりと傾いている。

一四、《特定個人のためになされたとりなしの祈りが、その人々にあり余るほどである場合、その余剰分は神の慈悲のおかげをもって、救いを必要としているのにこのようなとりなしをもたない他の死者たちに充当される。》

これらの問題を通して、トマスは常に善＝財の負債や譲渡の問題に対して敏感に反応した。彼の語彙は好んで法律・経済用語から借用したものである。トマスは死後世界の会計学を斥けはするが、商人階級よりむしろ借金を背負った小貴族階級を思わせる、ある種の取引関係を排除してはいない。彼の思想が常に本質的に宗教的であることは言う必要もあるまい。彼はもっぱら「事物」より「状態」、「場所」より「状況」、「所有」より「存在」に関心を向け続けたのである。

さて、残るは聖トマス自身の著書から二箇所を援用して、「補遺」の叙述を補足し、もしくは多少の修正を加えることである。それらによって、ペトルス・ロンバルドゥスの『命題集』に関する『手稿』以来、トマスの思想がどのような点で変化を遂げたかを跡づけることも可能である。

トマス自身の手による『神学大全』の最も重要な部分に含まれていて、煉獄が問題となっている二つの条りを検討しよう。

『大全』第一部、問題八九、第八条において、トマスは死者の出現、亡霊について論じている。彼は、これらの幻の出現は、あるいは天使の業によって、あるいは悪魔の業によってなされることを神が許し給うのであるから、神の奇跡の一つとみなすべきであると強調する。トマスはこれらを、夢の中で生じる幻の出現と比較し、どちらの場合も、その中に登場する死者の与り知らぬうちに起こり得ることだと指摘する。実のところトマスは死者のためのとりなしについて語っているにもかかわらず、ここでは煉獄に言及せず、しかも奇妙なことに、生者のとりなしを嘆願しに出て来る亡霊、したがって己の運命や立場を明らかに自覚した亡霊という特殊ケースには触れていない。ここでもあらためて、これら死後世界の放浪者たちに直面したトマスの不安が感じられる。すなわち、トマスはできる限りその数と自立性を制限しようと努めるのである。彼らは完全に神に操られ、《神の特別な差配によって》(per specialem Dei dispensationem)のみ、彼らのたまり場もしくは牢から出る許可を得られるのである。実を言うと、われわれの探究にとって極めて興味深いこと、それはトマスがここで、(肉体から)離れた魂に関する彼の理論を、場所とその距離(distantia localis, 問題八九、第七条)に関する一考察中に位置づけていることである。例えば、隔たりは認識の障害となるか。悪魔はその動きの迅速さ、敏捷性(celeritas motus, agilitas motus)に恵まれているか。空間的距離は、神の光との関連で特に重要であるが、時間的距離もまた同様である、なぜなら、肉体から分離した魂が未来を知ることができるだろうか、など。つまり、トマスは死後世界における魂の状況の《通俗的》空間化に口を閉ざしてはいても、彼は場所と時間に関する抽象的考察の重要性を意識しているのである。その際、場所と時間は空間的距離と時間的距離が同一の《尺度《ラチオ》》に属さない以上、[66]異なる体系によってではあるが、互いに関係づけられている。

『悪について』De Malo（一二六六―一二六七）の問題七、第一一条で、トマスは再び、小罪は死後煉獄で許されるかどうかを問題にした。もちろん彼の答えは然りであるが、彼の関心は、大罪と小罪との間に重さの違いではなく、性質の違いがあることを論証する点にあった。他方トマスは過失（罪過）と刑罰の問題を再検討する。『命題集』第四巻に関する『手稿』の中では、彼はロンバルドゥスと同じように、《恩寵の状態で死ぬ者の小罪は、罪過そのものに関する限り、来世で煉獄の火によって許される。というのはこの刑罰は、いわば自由意志に基づくもので、成聖の恩寵と両立しうるあらゆる過失を償う効力をもつからである》と考えていた。しかし『悪について』では、《小罪は、罪過に関しては、もはや煉獄には存在しない。義人の魂は肉体の絆を解かれるや否や、完全な愛徳の行為によってその過失が消され、償うべく残るはただその刑罰のみであろう。それは、魂がこの刑罰の減少あるいは免除に値しえない状態にあるからである》という。[67]

相変わらずトマスの関心の的は、罪、つまり魂の状態であって、一時的場所の付随的諸条件ではない。後者については、それが教理と教会の権威の中にあり、かつ神と人間の関係の合理的証明にも一致する以上、彼もその存在を最終的には甘んじて肯定するのである。

煉獄の拒否

異端者たち　スコラ学派が煉獄を承認したのに対して、異端者とギリシア人はこれを拒否した。煉獄に対する異端者の反対は、後にみるように、実践においても理論においても存続する。それは、死者のための祈り――とりなし――に対する古く執拗な拒否の念に根をおろしている。その所為で、正統派の人々が一二世紀末に煉獄の存在をもっと明確に定式化するに至ったことは、既にわれわれが確認した通りである。一〇二五年アラスの異端者たちによって斥けられたとりなしの祈りは、さらに一一四三―一一四四年にケルンの異端者たちによって否定される。彼らに対抗するため、小修道院長シュタインフェルトのエベルヴィヌスは、聖ベルナルドゥスに助けを求める。《彼らは死後に浄罪の火が存在することを認めず、「木がもし南か北に倒れるならば、その木は倒れた所に横たわる」（伝道の書一一・三）というソロモンの言葉にしたがって、魂は地上を離れると即座に休息あるいは永遠の罰に赴くと教えている[68]》と。

既にみたように、フォンコードのベルナルドゥスがワルド派に対抗して、死後世界の新しい構造を説いている頃、『対異教徒大全』と称する書（誤ってクレモナのプラエポジティーヌスのものとされてきたが、刊行者たちによれば一二世紀末のものであるに違いない）は、パッサージニと呼ばれる異端者たちの、死者のための祈りに対する反感に触れ、そこで煉獄について論じている。このテクストでは「煉獄」は存在するが、死者はまだ三つのカテゴリー[69]にではなく、四つに区分されているので、このテクストの作成年代は一二世紀末頃というのが適切であろう。

パッサージニの拒否に対して、この書はアウグスティヌスの思想に従った次のような回答を与えている。

われわれは、たとえそれが邪な者であろうとも、差別なく生者のために祈る。それは、彼らが劫罰を受けるか選ばれた者となるか、われわれにはわからないからである。しかしわれわれは特に、われわれの兄弟や死者のために祈る。完全に善なる者のためには祈らない。彼らはそれを必要としないからである。また完全な悪人に関しても同様である。彼らにとってそれは無益だからである。しかし煉獄にいる中程度の善人のためには祈る。それは彼らがより良くなるためではなく、より早く解放されるようにである。また中程度の悪人のためにも、彼らが救われるためではなく、彼らの罰が減るように、祈る[70]。

ラルフ（一二〇七年から一二一八年まで、英国コギショールのシトー会修道院院長）の年代記は、ティルベリーのゲルヴァシウスの青春時代の冒険を語りながら、パブリカンと呼ばれる異端者の思想に言及している。(71) これはフランスのいくつもの地方、特に一一七六―一一八〇年に彼らが魔術騒ぎで名を馳せたランスに広まっていた。《彼らの主張するところでは、子供は、分別のつく年齢に達するまで、洗礼を施されるべきではない。さらに、死者のための祈りを行なってはいけないし、聖人のとりなしを求めてもいけないと言う。彼らは結婚を断罪し、己の淫蕩を覆い隠すために純潔を説く。彼らは乳およびすべての乳製品、そして性交から生じるすべての食物を忌み嫌う。彼らは死後の浄罪の火を信ぜず、魂は解放されるや、直ちに休息あるいは劫罰に向かうと考えている》。(72)

一三世紀には、異端および異端者を扱ったほとんどすべての論考が、これらの教派《セクト》（《正統派の》著者たちはしばしばこれらに明確な区別を設けていないことが多い）の大部分、とりわけワルド派の誤謬の中に、煉獄の否定を加えている。ドミニコ会士エティエンヌ・ド・ブールボンは、一二六一年の急死に先立つ数年間に書いたある説教者用手引（これについては後述する）の中で、一二三五年頃のヴァランス地方（ドーフィネ）のワルド派に関して次のように述べた。《彼らは、この現世以外には浄罪の罰はないとも断言する。死者のためには教会の調停も、彼らのために人ができる如何なることも役に立たない》と。(73) ドミニコ派宗教裁判所判事、アレッサンドリア（北イタリア）のアンセルムスは、一二六六年から一二七〇年の間に書いたある論考の中で、ワルド派とカタリ派を区別し、ワルド派の中ではロンバルディアのワルド派とアルプスの向こう側のワルド派（いわゆるリヨンの貧者たち）の相違を明らかにしようと努めた。ワルド派のこの二グループに共通の信仰の一つとして、彼は煉獄の拒否を挙げている。《アルプスの彼方の者たち同様、ロンバルディアの者たちも、煉獄、宣誓、裁判権を信じない。……また、（双方にとって）煉獄は存在しない。死者のために聖人の墓に参っても、十字架を拝んでも、教会を建てても、祈りやミサを挙げても、施しをしても、得るところは何もない[74]》。

ドミニコ会士ベルナール・ギーの晩年、すなわち一四世紀初頭に記録された、彼の長い経験の果実たる有名な『異端尋問提要』Manuel de l'inquisiteur の中でも、同じ調子である。《ワルド派は、この世の生を終えた後の魂に煉獄が存在することをも否定する。したがって、祈り、施し、ミサ、その他死者のための信者の敬虔なとりなし行為は何の役にも立たないと断言する》。さらに、《彼らは、真の悔悛と罪のための煉獄は、あの世ではなく現世の生の中にしかあり得ない、と信者に説き、教える……同様に、彼らによれば、魂は肉体を離れると、救われるべき者は即座に天国に、劫罰を受けるべき者は地獄に行くのであって、現世の後に天国と地獄以外の魂の場所(住みか)はない。彼らは、天国にいる者に祈りは必要でなく、地獄にいる者に休息はないのであるから、死者のための祈りはまったく死者の役には立たないとも言う[75]》。

カタリ派はと言えば、煉獄に対する彼らの態度はもっと複雑であったように思われる。その問題は後で検討しよう。具体的信仰(特にモンタユーにおける)に関する史料は、かなり混乱した、ニュアンスに富んだ状況をわれわれに示している。ここで検討するいくつかの理論的テクストも、概して煉獄に対して否定的態度を強調している。一二五〇年、ライネリウス・サッコーニ(ヴェローナのペトルスにより改宗させられた異端者。ペトルスと同じくドミニコ会士、宗教裁判所判事となった。ある襲撃事件に遭い難を免れたが、ペトルスはその時命を落とし、教会は間もなくペトルスを殉教者聖ペトルスとした)は、その著『カタリ派およびリヨンの貧者に関するスンマ』Summa de Catharis et Pauperibus de Lunduno の中で次のように書いている。《彼らの第二の過ちとは、神がいかなる浄罪の罰も課されず(なぜなら彼らは完全に煉獄を否定するのであるから)、またいかなる一時的罰も課されない(なぜなら一時的罰はこの世で悪魔により課されるのであるから）としたことである[76]》。

さらに、アルバ（清浄無垢）派（この語がしばしばアルビ派と変形された）と呼ばれた、これもイタリアのカタリ派に関して、おそらくあるフランチェスコ会士が一二五〇年から一二六〇年の間に書いた無署名の短い大全《スンマ》が、次のように語っている。彼らは煉獄のみならず地獄も信じない。なぜなら、地獄は神によって創られたのではないからである。創世記によれば、神はこの世、すなわち悪魔《ルシファー》を創られたのである。この観点から、《彼らは煉獄の火も煉獄も存在しないと言う[77]》。

ギリシア人　司牧神学と論争のレヴェルで、死後の償いなどというものを軽蔑する異端者に対する教会の闘いが、既にみたように一二世紀末、遂に教会をして罪の浄化の場所たる煉獄への信仰を採択させ、かつ明記するに至らしめたとすれば、一三世紀にラテン教会が煉獄の教理を初めて定式化しなければならなくなったのは、ラテンおよびギリシアの聖職者各階層の間で行なわれた神学的次元での議論や取り引きによってである。実践を土台として、その頂点に理論の冠がかぶせられたわけである。煉獄は、一方では人人の待望の中で、他方ではまた闘争の中で生まれた。

遅くとも紀元四世紀に始まったラテン教会とギリシア教会の分裂は[78]、徐々に深刻化し、その結果生じた一〇五四年の破綻以来、両教会を統合するための議論と折衝が頻繁に行なわれた。そこでは死後世界の問題は出番がなかった。それでもギリシア教会は、煉獄に通じる教義の形成の源泉となったのであって、ただその萌芽を育て上げることなく、単に死後の贖いの可能性や、ラテン教会とほとんど変わることのない、死者のための祈りやとりなしの宗礼に対する漠然たる信仰に甘んじていた。しかし、死後世界の第三の場所の誕生と、あの世の地理の大修正という形でラテン的信仰が花開こうとするとき、煉獄の問題が議論と紛争の前面に浮き出てきた。論争の第一段階は、主に煉獄の火の問題をめぐって展開した。

一三世紀に限って言えば、まず想起しなければならないのは、世紀前半にあってこれらの折衝が純粋に宗教上の難問以外に、とりわけ政治的な障害に突き当ったことである。教皇庁は、一二〇四年の第四回十字軍によってコンスタンチノープルに樹立されたラテン帝国を支持したのに対して、ギリシア人はニケアに退却させられたビザンチン帝国皇帝しか認めなかった。

裏で種々の工作がなされていたまさにその時、煉獄が爆発的に浮上するのだ。ダニエル・スティエルノン神父の滑稽な、しかも的確な言いぐさそのままに。《戦いの火蓋が、ああ、切って落とされた、しかもそこには煉獄の火もまじり、一年後には人々の精神をかっと燃え立たせるだろう。一二三五年一一月にその火花が生じたプーリア地方から、炎は総主教の玉座にまでまわる。この新たな論争の中で答えを求められたゲルマヌス二世が、このテーマ（おお、何と手を焼く、そして消えにくい跡を残す主題であろう）に関する文書をしたためたことがまさに本当とすればの話だが……[79]》。

事実上、煉獄に関する東西間の論争の、最初の重要な痕跡は、それより少し前のことだ。一二三一年末に、オトラント近傍カゾルのギリシア修道院で、コルフーの総主教ジョルジュ・バルダネスと、教皇の使者、フランチェスコ会士バルトロメオの間に戦わされた論争の報告書がそれである。その報告書はおそらく部分的なものだが、ギリシア人司教のものである。ジョルジュ・バルダネスはまず、フランチェスコ会士たちが、《浄化の火（πυρ καθαρτήριον）というものが存在して、告解をした後、罪の償いをする時間がないまま死んだ者たちはそこに連れて行かれ、最後の審判の前に浄化され、最後の審判の前に刑罰からの解放を得る、などと偽りの教義を説き広めている[80]》と断言した。フランチェスコ会士たちが典拠としたのは《対話の聖グレゴリウス》（グレゴリウス大教皇を他の多くのグレゴリウスと区別するためにギリシア人はこう命名した）であった。

議論はおよそ次のように展開した。

バルトロメオと名のるラテン人の質問はおよそこうであった。

《私はあなた方ギリシア人の教えを乞う。悔悛をせずに死に、聴罪司祭が命じた悔悛の苦行《エピティミー》(81)を果たす間もなく死んだ者たちの魂はどこに行くのか》と。

われわれギリシア人の答え。

《罪人の魂はこの世から永遠の地獄へと直行するのではない――なぜなら、全宇宙を裁くべき者は、未だ正義の者と罪人とを区別すべき栄光をもって来臨していないからである――罪人が受けるべき責め苦を前もって味わせる暗い場所へと行くのである。というのは、救世主の言葉によると(82)、正義の人々のために父の家にいくつもの場所といくつもの休息が用意されたように、罪人のためにもさまざまな罰が存在するからである。》

ラテン人

《われわれにはその信仰はない。しかしわれわれは特別に《浄罪の》火(83)、すなわち浄化する火が存在すること、そしてその火により、泥棒、姦通者、殺人者あるいは小罪を犯すすべての者たちのように悔い改めることなく現世を去る者たちが、暫時この火の中で苦しみ、その罪の汚れから身を浄め、その後、罰から解放されることを信じている。》

私

《しかし、わが卓越せる友よ。そのようなことを信じ、教える者は、オリゲネスの徒以外の何ものでもないと私には思われる。実際、オリゲネスおよび彼に従う者たちは、地獄の終末の教義を説き広めた。しかも悪魔でさえ、幾年か後には許しを得、永遠の罰から解放されるなどと。あなたは神によって示された福音の言葉を参照しつつ、自身の知恵に訴えてみさえすればよいのだ。主はこれらの者、つまり義人は、蘇って永遠の生を受け、悪を行なった人々は蘇って裁きを受けると呼ばわり給う。[84]「私を離れて、悪魔とその使いたちのために用意されている永遠の火に入ってしまえ」[85]とも言われている。また他の箇所では、「彼はそこで泣き叫んだり歯がみをしたりするであろう」[86]、そしてそこではうじが尽きず、火が消えることもないと。[87]》

主は、悪い行ないと（悔悛によって）浄められない罪悪を背負ってこの世を去る者たちに対して、このような威嚇の言葉をこれほど多く与え給うたのに、一体誰が、浄化の火があるとか、最後の審判による裁定以前にいわゆる罰の終りがあるなどと、敢えて保証するであろうか。しかし、どのような方法であれ、何らかの罪を負って現世を去る者たちを（最後の審判の）前に責め苦から引き離すことが可能であるとしよう。それなら、あの慈悲の心なき金持が、深く胸を打つ言葉で指先から垂れるただ一滴の水を乞い求め、渇きを癒そうとしたとき、信仰篤く神に愛された者アブラハムが、彼を消えることのない火から救い出してやることを、一体何が妨げたのであろうか。だがそのとき男は、「子よ、あなたは生前よいものを受け、ラザロは悪いものを受けた。しかし今ここでは、彼は慰められ、あなたは苦しみもだえている」[88]という声を聞いた。しかもアブラハムは、その男と貧者ラザロの間には越えられない深い淵があると教えた。

しかしそのフランチェスコ会士はこれを聞いても納得せず、耳をふさいでいたので、われわれは、神を負った（霊感を受けた）教父たちの、聖書に関するテクストを彼の目の前に置いた。最大の教師たちの権威を前にすれば、彼も畏敬の念に捉われ、己の反論を取り下げると思ったのである。

書物の権威は遂にそのフランチェスコ会士を揺るがすことなく、各自それぞれの見解を変えるには至らなかった。

煉獄の、教皇による最初の定義（一二五四年）

インノケンティウス四世の教皇在位期間最後の数年間に、ギリシア人とラテン人の間の議論の空気は変わり、一二五四年に教皇が死んだ時には、ある種の和合に向かいつつあると考えることができた。三月六日の死の数週間前に、教皇はキプロスのギリシア人たちのもとにいる教皇特使シャトールーのオド枢機卿に、一通の公文書（sub catholicae）を送っていた。それは煉獄の歴史の画期的な出来事の一つであった。教皇は、ギリシア人とラテン人の間には十分一致点があると考え、浄罪の火を通過する時期は死者の復活の前か後かという厄介な問題を明らかにしないまま（実際今から見てもかなり横暴にみえるのだが）、煉獄の定義に同意するようギリシア人に要求した。

もし誰か聖霊を冒瀆するなら、その罪はこの世でもあの世でも許されることはない、と「真理」は福音書の中で断言している。したがってわれわれは、ある過失は現世で許され、ある過失は来世で許されると解釈することができる。また使徒パウロは、どんなものであれ各人の行為は火によって試練を受け、その行為が燃えれば、その者は損失を被るが、彼自身は火の中をくぐってきた者のようにではあるが救われると認めている。さらにギリシア人自身、悔悛の秘跡を受けたがそれを全うする間もなく死ぬ者、あるいは大罪ではなく小罪や些細な過失を犯して死ぬ者の魂は、死後浄められて、教会のとりなしにより助力を得ることができると信じ、実際、何のためらいもなくそう明言している。しかしわれわれは、一方でギリシア人が、この浄化の場所を指す確かな固有名詞は彼らの博士たちの著作にまったく見出されないと主張していること、また他方では、伝統と聖なる教父たちの権威によって、その名は煉獄と呼ばれていることに鑑み、将来この名称が等しく彼らにも受け入れられることを望む。なぜなら、この一時的な火の中で罪は浄められるからである。もちろん悔悛によって前もって許されることもない、死に値する重罪や大罪のことではなく、軽い、些細な罪である。この世に生きている間に許されなかった罪は、死後に魂の重

荷となるのである。(89)

この手紙は場所としての煉獄の、教義上の出生証明書である。

第二回リヨン公会議と煉獄（一二七四年）

新たな一歩が一二七四年のリヨン公会議によって踏み出された。

一三世紀の第三四半期におけるギリシア・ラテン間の論争の入り組んだやりとりを示すエピソードは数多いが、まずその一つに触れておく方が良いだろう。

一二六三年トマス・アクィナスは、ギリシア人との論争のエキスパートとして意見を述べなければならなくなった。《ラテン語、ギリシア語の博識家》クロトナの司教ドラッツォのニコラウスが書いた『ギリシア人の誤謬を駁す。聖霊発出と三位一体に関する小論』Libellus de processione spiritus sancti et de fide trinitatis contra errores Graecorum のラテン語写本の一つが一二六二年ウルバヌス四世のもとに送られた。教皇はトマス・アクィナスの意見を求めた。特に「フィリオクェ」filioque（聖霊が父および子より発出すると主張する西方教会の立場）に関心を示す『小論』は、一三世紀のギリシア人たちが、ラテン人と同じ教理をうたったはずのギリシア教会の教父たちにさえ従っていないことを証明しようとしていた。事実上、『小論』は虚偽や偽造あるいは著者同定上の誤りの寄せ集め(90)であった。しかし教皇庁はそれをギリシア人との交渉のための基本資料にしようと考えていた。トマス・アクィナスは『小論』を読んで《不安感》を抱いたらしい。彼は『小論』に引用されたテクストの真正性は問題にしなかったが、その中の一部の有効性に異議を唱え、しばしば他の典拠に基づくことをよしとした。それでもなお、トマスが一二六三年の夏オルヴィエトで作成し、ラテン人にとってギリシア人との論争の装備ともなった『ギリシア人の誤謬を駁す』Contra errores Graecorum の影響力は、『小論』によって減殺された。[91]『駁論』Contra の枢要部分である三二の章は、三位一体における聖霊発出に関するものであり、他方七つの短い章のうち、五つはローマ教皇権の優位に、残りの二つは聖餐のための種なしパンの聖別と煉獄に充てられている。後者の場合、トマスは煉獄の存在を擁護するのであるが、その方法は、われわれが検討した『神学大全』の「補遺」の中で再びとられるものである。

しかし、一二六一年のギリシア人によるコンスタンチノープル奪回と、ビザンチン帝国の見かけ上の完全復興の翌日に生じた政治的状況が、ラテン人とギリシア人の間の和解の試みの気運を生み、それは一二七四年の第二回リヨン公会議に結実した。[92]

いくつかの政治的理由から、ラテン人とギリシア人の団結を望んでいたのは、まずグレゴリウス一〇世である。十字軍を編成しようと望んでいた彼は、それをやりおおせるに必要な前提条件の一つを、まさにそこに見ていた。もうひとり、皇帝ミカエル八世・パライオロゴスも、いつとも予測しがたいアンジューのシャルルの攻撃を避けるためのみならず、ジルベール・ダグロンが的確にも指摘した、《東西の有機的結合》という伝統的な一大政策の再開を望んでいた。

事柄の徹底した究明もないまま、曖昧な事態の中で議論された教会再合同は、ギリシア聖職位階制に対するビザンチン帝国皇帝の介入によって、合同を拒否していた総主教ヨゼフ一世を解任した挙句、一二七五年一月一六日に宣言された。それは当然空文にとどまった。しかしそのおかげで、煉獄はラテン教会内部でその存在をいっそう確かなものにすることができた。採択された定文は、既に教皇クレメンス四世によって、一二六七年三月四日付皇帝ミカエル八世宛ての手紙に調整済みの妥協案であった。この定文は、グレゴリウス一〇世が一二七二年一〇月二四日、皇帝ミカエル八世・パライオロゴスに宛てた手紙と、一二七四年三月に皇帝が返事として送った信仰告白の中で繰り返された。それは、一二七四年一一月一日、文面に僅かな修正を加えて発布された公会議憲章 Cum sacrosancta の付録となった。以下はその内容である。

しかし、ある人々が無知から、また他の人々が悪意から導入した数々の誤謬のために、ローマ教会は次のように断じ、かつ宣言する。すなわち、受洗後に罪に陥った者は再洗礼を受けるべきではない、彼らは真の悔悛によって罪の許しを得ると。もし彼らが、真に悔悛する者であって、悔悛の然るべき成果をもって自らの犯したことと怠ったことの償いを果たす前に愛徳のうちにあって死ぬなら、彼らの魂は、兄弟ヨハネがわれわれに示したごとく、彼らの死後「浄罪的」もしくは「浄化的」刑罰によって浄められる。またこれらの刑罰の軽減には、生きている信者のとりなし、すなわちミサの犠牲、祈り、施し、その他教会の定めるところに従って信者が他の信者のために捧げる慣例となっている、諸々の慈善行為が役立つ。洗礼を受けた後、いかなる罪の汚れにもまったく染まらなかった者の魂、また罪の汚れに染まった後の魂が、あるいはまだ肉体の内にとどまっている間に、あるいは肉体から離脱した後に浄められた場合も、上述のごとく、ただちに天国に迎え入れられる。

このテクストは二〇年前のインノケンティウス四世の手紙へと後退している。ここでは、ギリシア人がギリシア語化したラテン語に対応させて、ラテン語化されたギリシア語を用いつつ、《poenis purgatoriis seu catharteriis》(浄罪的もしくは浄化的刑罰)と言われている。しかし purgatorium「煉獄」という名詞は現われていない。「場所」も「火」も問題になっていない。この後退は単にギリシア人の反発によるものなのか、あるいは若干の西方神学者の間にあったためらいにも起因するのではあるまいか。これはあり得ないことではない。ある史料によると、少なくともビザンチン帝国の尚書局では「煉獄」という語を受け入れる態勢は整っていたと考えられるだけに、なおさらである。一二七七年ミカエル八世が教皇ヨハネス二一世、次いでニコラウス三世に送った信仰告白の中に、「煉獄の」あるいは「浄罪界の」刑罰が、ラテン語版でも（poenis purgatorii seu catharterii）、ギリシア語版でも（*ποιναῖς πουργατορίου ἤτοι καθαρτηρίου*）、言及されているのである。数年後のアンドロニクス二世の告白においても同様である。したがって、第二回リヨン公会議が、今は散逸した定文をすでに発布していて、そこでは一二六七年のクレメンス四世の手紙ではなく、一二五四年のインノケンティウス四世の手紙の用語が踏襲されていたものと推定することもできる。[94]

煉獄と思考様式——東と西

重要なことは他にある。それはまず、A・ミシェルの指摘通り、《教義の点からみると、ギリシア人に押しつけられたテクストは、確実にカトリックの教理を表わしていて、「教皇座宣言」（definitio ex cathedra）と等価である[95]》ということである。それは、「煉獄」そのものではないまでも「浄罪の過程」に対する信仰の、教義としては最初の宣言であった。

興味ある第二の事実は、ローマ・キリスト教における煉獄の教義を決定的に確立することになる二つの会議——再びギリシア人と対峙する一四三八—一四三九年のフェララ＝フィレンツェ公会議[96]と、今度は対新教徒の一五六三年のトリエント公会議——において、煉獄は教理の次元ではもはや、教会によって特定の場所あるいは火として規定されることはないということである。

神学者たちの逡巡、教会の慎重さにもかかわらず、煉獄が成功をかち得た原因は、煉獄の空間化と、そのことによって想像界の充実した展開が可能となったことであるという私の確信に変わりはない。しかし私は、一三世紀における浄罪の場としての煉獄の《民衆的》大成功を検討するに先立って、ギリシア人とラテン人の論争に関係する史料の中から、煉獄の誕生と大衆化の時代における西欧キリスト教徒の心性を明らかにする一つの告白を取り上げてみたい。第二回リヨン公会議（一二七四年）の後、ミカエル八世・パライオロゴスはビザンチンの聖職者たちに統一を尊重させようと努めた。アトス山の修道院は抵抗の中心地の一つであった。一二七六年五月、《アトス山の手入れ》のとき、帝国の警察は修道者たちを強制退去させ、その中の二人、ニケフォルスとクレメンスを捕虜とした。この二人を皇帝は、ラテン人に対する敬意ゆえに、ヴェネチアの船に乗せてサン＝ジャン・ダクル（アクレ）に連行させ、そこで彼らをローマ教皇特使に引き渡した。その特使というのが只者ではない。ドミニコ会士、レンティニのトマスといって、四〇年ばかり前に、トマス・アクィナスを修道会に受け入れた人物である。

アクレの司教であると同時にエルサレムの総大司教でもあるこの特使は、ギリシアの二修道士と率直な議論を交わし、結局彼らにキプロス居住を命ずるにとどめた。(97) その議論の中で煉獄の問題が持ち上がる。まぎれもなく煉獄（τὸ πυρκατόριον）が問題になったのだ。

ラテン人——で、煉獄ですが、それについてはどう思いますか。
ギリシア人たち——煉獄とは何ですか。聖書のどこからあなたはそれを学びましたか。
ラテン人——パウロからです。（人間は）火によって試されると彼が述べているところです。《ある人の仕事が焼けてしまえば、損失を被るが、その人自身はこのように、火をくぐるようにして救われる》と。
ギリシア人たち——実際は、彼は果てしなく罰せられるのです。

ラテン人——私たちに言わせればこうです。もし誰かが、罪を犯した後、告解しに行き、過失を償うための苦罰を受けるが、償いを全うしないうちに死んでしまうとしましょう。そのような場合は、天使たちがその人の魂を浄化の火の中、つまり火の河の中に投げ入れます。そして彼は、（父なる）霊が彼に定め給うた時間の残り、つまり予期しない突然の死によって全うできなかった時間を全うするまでそこにとどまるのです。彼が浄められてあの永遠の生命に赴くのは、この残っている時間を終えた後だと私たちは言うのです。あなた方もそう思われますか。この通りでしょうか、違いますか。

ギリシア人たち——こう申し上げましょう。私たちはお説を容認できないばかりか、公会議で神父さまたちがなさるように、それを異端として排斥します。主のみことばによれば、《あなた方は迷っている。聖書も神の力も知らずに》。

実際、ギリシア人に言わせれば、煉獄については何も言っていない聖書を前にして、ラテン人が引き合いに出せるのは死後世界の責め苦から救われたと称する魂の幻視ばかりである。《しかし、——とギリシア人は付け加えて言う——人が語るこうした夢中の出来事は支離滅裂なことだらけで、確実な証拠にはなりません》。したがって、《生きている間にこそ善をなしなさい。なぜならば死後あらゆるものは活性を失い、そのため、存命中に善をなさなかった者たちのための祈りはかなえられないからです》。

しかしレンティニのトマスは反論する。

ラテン人——今、義人たちの魂はどんな場所に眠っているのですか。また罪人たちの魂はどこにいるのでしょう。

ギリシア人たち——主のみことばによれば、ラザロのような義人はアブラハムのふところにいます。そして慈悲心のない金持のような罪人はゲヘナの火の中にいるのです。

ラテン人——私たちの教会の素朴な信徒の多くはその考えを容易に受け入れることができません。彼らによると、万物復興（アポカタスタシス）の時はまだ到来していない、したがって魂は（永遠の）罰も休息もまだ感じていないのです。そういう事情である以上……

写本はここ、まさにわれわれにとって最も重要な情報が完成しようという矢先で、脱落している。したがって私の解釈は仮説の域を出ない。

まず私は、このラテン人が逆説的にアポカタスタシスというオリゲネス的概念に頼っていることに注意したい。しかし重要点は、教理にではなく、レンティニのトマスが示唆しているラテン人たちの心的傾向にあると私には思われる。素朴な信者たちの多くは、もはや個々人の死に始まるゲヘナ対アブラハムのふところ、地獄対天国という対立に満足できない。煉獄、つまり死と復活の間に最後の山場を設け、罪の償いと救済の過程を死というこの偽りの境界の彼方に延長する必要が大衆の要求となった。それは「民の声」Vox populi であった……少なくとも西側では。

IX　社会的勝利――司牧と煉獄

煉獄は一三世紀に、神学において、教義のレヴェルで勝利を得た。煉獄の存在は確実であり、それは信仰上の、また教会の真理となった。煉獄は、その形態はまちまちながら、ごく具体的な意味で、あるいは多少抽象的な意味で、一つの場所である。煉獄のこういう規定が公に認証される。煉獄は、死者のためのとりなしの祈りという、非常に古いキリスト教的慣習に十全な意味を与えることになる。しかし神学者や聖職者階級は煉獄を統制し、想像界におけるその無際限な膨張を抑止する。

一般大衆、信者全体、さまざまの社会的・職業的階層によって煉獄がどのように受容されたかを、私はこれから、歴史家に可能な範囲内で明らかにしてみたいが、このレヴェルにおいては、煉獄の進展は神学者や聖職者階級におけるよりも著しいものがある。

教会が、想像界の諸資源を動員しつつ、煉獄を神学的思弁の高みから日常的教化活動、つまり司牧の実践に引き下ろすとき、その結果は大成功であったように思われる。一三世紀末には、煉獄は、説教、遺言(おずおずとだが)、民衆語文学等、いたる所に姿を現わす。一三〇〇年の全贖宥は、信者大衆の強い願望と、教会の教えとの出会いがもたらした煉獄の勝利である。知識人、それに異端者の間でさえ反論は次第に減少する。ただ煉獄のイメージだけがこの勝利に抵抗し続ける。イコノグラフィーの保守性によるものなのか。中間的、一時的、束の間の世界の表現の難しさゆえであろうか。それとも煉獄を地獄の傍に維持し、そればかりか煉獄を《地獄化する》ことにさえ腐心する教会が、恐怖よりは安堵を与えるような表現を避けようと配慮した結果なのか(1)。ともあれ、浄化を目的とする刑罰のためには一定の場所を見つけなければならない、罰を受ける魂をいつまでもさまよわせておくことはもはや許されない、という理由から、その場所を定めようという観点において煉獄は生まれた。この場所の性格は単純ではないが、トマス・アクィナスも指摘するように、空間と時間とは常に密接不可分なのである。

算出される時間

煉獄は《有期の》地獄と定義され得るのであるから、それは時間でもある。したがって煉獄の時間というものがあり、場所と同じように一二世紀から一三世紀への転換期に明確な形をとるのであるが、それはこの時代における時間構造の一般的再検討の一環をなすものである。

それまで、生活や思考様式は、一方ではある種の時間のイデオロギーによって、他方では時間の多様性の経験によって支配されていた。教会は、世界には六つの時代があり、今は第六番目にして最後の時代、老年期、衰退期に至っているという理論を説いていた。また、創造に次ぐ堕落、贖罪の源であるキリストの化肉という、過去の二つの大きな出来事が画する歴史性の中に、世界をしっかりと固定すると同時に、時間を終末にむかって、つまり《最後の審判》と《永遠における時間の廃棄》へと方向づけていた。教会はこの終末が近いと信じ、且つそう主張していた。この説得の結果、ひとは《個々人の死》を《肉体の復活》と《全体的審判》とから隔てるごく短い期間のことを、あまり気にかけなくなった。やかまし屋、あるいは反対派、あるいはそのいずれでもある個人や団体が、この図式に二つの変形を導入した。

ある者は、世界の若返り、つまり黄金時代伝説のキリスト教的形態としての初代教会への復帰を熱望した。またある者は――ときには前者も含めて――黙示録の説くように世界の終りは反キリストの試練の後に来ると信じ、それに先立って長期の正義、「千年の至福」(Millenium)が支配することを望んだりした。一三世紀初頭には、長い間教会から非難されてきた千年至福説に新しい預言者が現われた。それはフィオーレの修道院長ヨアキムであり、彼の思想は一三世紀を通じて多くの信奉者、とりわけフランチェスコ会士の信奉者を燃え上がらせた(2)。

一方、人間の生活は多種多様な時間によって節目をつけられていた。まず、典礼の時間、つまり教会が布告管理し、聖堂の鐘によって日々告知される暦日の時間。次いで田園の労働の時間、これは自然のリズムに厳しく支配されるが、多少ともキリスト教化された年中行事の祭礼がそのマークとなる。例えば、クリスマスから公現祭に至る旧暦年頭の一二日周期、謝肉祭と四旬節の時期、豊年祈願祭と聖ヨハネの祝日の時期、収穫の季節など。さらに封建的時間があって、春の軍役、貢租支払期日、聖霊降臨節の大集会などが印を刻む。すべての時間は、循環的とは言わないまでも反復的である。

にもかかわらず、線的時間の線分、つまり一定の方向を与えられた時間が、姿を現わす。この時間は個人的かつ集団的記憶の新たな適用に依存する。過去の思い出に及ぶ記憶は、ベルナール・グネが示したように、一〇〇年を超えて遡ることはまずない(3)。こうした記憶は、権力者や貴族の水準では、文書、すなわち多少とも偶然に保存された証書の示す日付や、祖先、つまり家系の創始者に関する言い伝えなどが示す年月日と結びついて、家系図の作成を可能にする(4)。特に、われわれの考察との関係で言えば、一一世紀および一二世紀、煉獄の位置がまだ定まらないうちから、とりわけクリュニーで盛んに行なわれた死者の追悼の源には、こうした記憶があるのである。「記念の書」Libri memoriales といわれる過去帳の編纂と、万聖節の翌日一一月二日の「死者の記念日」の制定とは、死後救うべき死者たちについてのこうした記憶の、文書化、典礼化である。[5]

一三世紀の、時間に対する新しい態度の特色は、終末論的時間と、ますます直線性を強め、とりわけ節目となる日付や行事などによって区切られるようになった現世的時間との結合である。

この継起的時間は語りの時間でもあって、一一五〇年、とりわけ一二〇〇年以後目覚ましい発展をとげる物語文学において顕著である。物語小詩《レ・ナラティフ》、滑稽小話《ファブリオー》、物語《ロマン》等は、数十年で流行のジャンルとなる。[6] 煉獄の成功はそれと同時代である。そればかりか、この二つの現象には密接な関係がある。煉獄は救済の個人史に一つの波瀾を導入する。そして何よりも、このプロットは死の彼方まで続くのだ。

死後直ちに、地獄あるいは天国で永遠と結びつくにせよ、あるいは個人の死と最後の審判とを隔てる期間中ずっと、ユダヤの冥府《シェオール》型の、中性的だが相当に陰鬱な場所で、というよりむしろアブラハムのふところのような魂のたまり場で待つにせよ、いずれにしても故人はまさしく終末論的時間の中に入って行かなければならない。しかし、一二世紀までは何といってもキリスト教会の寵を得ていたたまり場の理論は、もはや教科書の文句にすぎぬまでに変貌を遂げる。族長たちの古聖所《リンボ》は決定的に閉ざされ、アブラハムのふところは空になり、地上楽園にはヘノクとエリアしかいない。残るは幼児たちの孩所《リンボ》と煉獄だけである。

煉獄は、とりわけアウグスティヌスに由来するためらいの痕跡を残しながらも、以後一三世紀には、その時間的境界が明確に定められる。つまり、死後はじめて煉獄に行くのであって、現世では浄化は始まらない。おそらく悔い改めの信仰と実践が煉獄の誕生を容易にしたのであろう。しかし、オーヴェルニュのギヨームのような人の煉獄の《償罪》概念は、彼以後再び同じ力をもって現われることはない。トマス・アクィナスは、罪の償いが生存中にしかあり得ず、死後は刑罰のみであると強調することで、理論的解答を与える。なればこそ、煉獄入りは死を俟ってはじめて開始されるというのである。煉獄が死に先行して現世の時間内に始まることはもはやないのと同様、それが復活後という本来の終末論的時間に食い込むこともなくなる。

果たして、《火》は最後の審判の《間に》ではなく、《前に》浄化することになるのである。最も重要なのは、個々の死者にとって、煉獄の時間は必ずしも死と復活の間の全期間に及ぶわけではないということである。それに、煉獄の魂は、浄めなければならない残りの罪の質と量や、生者によってなされるとりなしの程度に応じて、早い遅いの差はあっても最後の審判の前に解放される公算が高い。つまり死後世界には、可変的で、測定可能な、それればかりか操作可能な時間が厳として存在するに至ったということなのだ。こうして煉獄の魂の出現を語る話が綿密になる。そして魂自身もまた生者への話の中で、死後経過した時間、煉獄ですでに勤め上げた刑期、時にはさらにまだ勤めなければならない刑期の予測、(7) そしてとりわけ煉獄を去って天国へ向かう時機などを精確に語りかける。こうして、煉獄で過ごされる時間が測定可能なものとなるのだ。

まさにここに至って、この世で犯された罪の量、それらの罪の償いとしてなされるとりなしの量、煉獄で過ごされる期間等の関係に基づいて、ある種の計算、一つの会計学が確立されていく。トマス・アクィナスが阻止しようと努めたこうした計算に対して、ヘールズのアレクサンデルは、比例に関するその考察によって、一種の理論的正当化を試みた。贖宥制度の発展が、この種の会計学の氾濫に門戸を開くことになろう。いずれにせよ、こうして現世の時間と死後世界の時間、罪の時間と浄罪の時間が関係づけられた。

煉獄の体系は、さらに二つの重要な結果をもたらす。

その一つは、死に先行する期間に対して、新たな重要性を与えたことである。なるほど、罪人は常に急死の可能性について警告を受け、手遅れにならないうちに地獄を免れる準備をするよう促されてはいた。しかし地獄の重い劫罰を避けるには、早く強力な手を打つこと、あまりに破廉恥な生活を営まぬこと、あまりに法外な罪を犯さぬこと、そして道を踏み誤った場合には、出来るだけ速やかに模範的な悔い改めを行なうこと、できるなら遠距離の巡礼をすることが必要であった。修道会に容易に受け入れられる人々、つまり在俗の聖職者、貴族、権力者などにとっては、老衰の時を迎えて法衣をまとうことが地獄を免れるよき保証となった。いまや、煉獄の体系のおかげで、もっと多様な、しかし単に地獄を免れるためだけなら等しく効果のある種々の行為を、実践的に、明確に規定することが可能となったのである。聖人のような生活を送るのでなければ、最良の方法は依然として悔悛（告解に先立たれることがますます多くなる）であるが、少なくとも悔い改め始めたかぎりは、地獄を免れ、煉獄しか課せられないという希望を「今はの際にも」（in extremis）もつことができるのである。「臨終の痛悔」はしだいに、煉獄の恩恵を受けるための最後の手段となる。したがって臨終の時が新たな重要性を帯びるに至った。なぜなら、死の床にある大多数の人間にとって、直接天国へ行くのはとうに手遅れになっているとしても、煉獄を通って救われるにはまだ間に合うからである。『死を前にした人間』においてフィリップ・アリエスが言ったこととは違って、《いまや（フィリップ・アリエスにとっては一四、一五世紀）不死の魂の運命が、肉体の死の瞬間に決定される》と言えるのは早くも一三世紀からであり、死の瞬間がこのように劇的に誇張されるようになった重要な原因の一つは煉獄であると私には思われる(8)。

なるほど、フィリップ・アリエスは《亡霊のための場所や、亡霊の出現はますます少なくなるであろう》と続けて書いており、それは私の確認と一致する。しかし、この傾向は――少数の煉獄の魂、さらに少数の選ばれた者たち、あるいは神の《特別の許しにより》、生者を教化するために、生者のもとに僅かの間だけさまよい出る劫罰に処された者たちを別にすれば――早くも一三世紀に始まっているのである。一二〇〇年頃書かれたドミニコ会士ヴォラギネのヤコーブス（ヤコポ・デ・ヴァラッツェ）の『黄金伝説』を、その半世紀後、モンタユーの住民たちが異端審問官に語った物語と比べてみると、煉獄を受け入れようとしない異端の村人たちの周辺を魂がしきりに徘徊し、煉獄信仰の普及に意を用いている説教師の書物の中に亡霊がまったく登場しないことに驚かされるのである。(9)

しかしルネッサンス期には、再び亡霊が出没するようになった。たとえ煉獄が死者と生者の間の絆という役割を果たし続け、そればかりか新しい信仰形式によってこの機能をさらに豊かにしているのに、もはや煉獄は罰を受ける魂の幽閉場所としては十分に機能しているようには思えないのである。一六世紀の歴史家たちは、亡霊が煉獄から逃れ出て再びあたりを徘徊したり、墓地で踊ったりする様子を描いている。(10)したがって私は、フィリップ・アリエスが《反対に、長いあいだ、学者や神学者、あるいは詩人だけのものであった待機場所としての煉獄の信仰が真に民衆のものとなるのは、ようやく一七世紀中葉に至ってのことである》と付言しているのは、正しくないと思う。地方によっては、たとえばトゥールーズ地方では、早くも一八世紀に入ると煉獄の流行が終っていたのではないかとの問いが提起されているくらいなのだ。(11)

煉獄の体系がもたらすもう一つの結果は、とりなしの祈りに際して効果を発揮する生者と死者との絆が、比較的明確に規定されるということである。

煉獄の魂は、救いを求めるとき、誰に現われるか。まず、父祖であれ子孫であれ、その肉親に現われる。次いでその配偶者に現われる。とりわけ一三世紀には、煉獄にいる死者の寡婦が重要な役割を演じた。第三に、その人為的家族、もしそれが修道士の魂であればその属している修道会に、もし俗人の魂であればその関係する修道会にまっさきに現われる。最後に、故人は長上者に現われることがある。それは、例えば小修道院長や大修道院長に懇願しに来る修道士の場合に明らかである。しかし、まるで封建家臣契約により確立された領主の保護義務が、死の彼方まで、煉獄の時間という、異質であると同時に補足的なこの時間の間も続くかのごとく、家臣、家人《けにん》、下僕が領主や主人に訴えかける場合もある。一三世紀から一六世紀にかけて、煉獄の連帯は少しずつ信心会という新しい社交形式の中にとり込まれる。しかし、ここで間違えてはならない。フィリップ・アリエスはこの重要な時期をあまりにも遅い時代に位置づけているが、煉獄が死の境界に新たな意味を与えるという事実はよく把握していた。煉獄は、一方では、死後世界にまで罪の許しの可能性を広げることにより、死の境界を一層超えやすいものにしているように思えるが、他方では、煉獄は生から、栄光ある——あるいは呪われた——永遠への移行という、いわば縫目のない時間の織物のような通過に終止符を打つ。ガブリエル・ル・ブラの言葉を借りれば、死者の数が増大するので、現世の生と天の報酬とを隔てる死後世界に、《研修期間《スタージュ》》が設けられるのである。

亡霊の出現や、生者と死者の交渉からうかがい知られる煉獄の時間的図式は、次のように記述することができる。死後しばらくして（数日、数カ月あるいはまれにそれ以上後のこともある）、煉獄にいる故人が、在世中関係のあった生者のもとに立ち現われ、一般に死後世界での、とりわけ煉獄での自分の状態を長短さまざまに綿々と物語り、自分のためにとりなし（断食、祈禱、施し、特にミサ）を行なってくれるように、また自身でできぬなら誰か他の親族か近しい人に頼んで、あるいは修道会などの手で行なってもらえるようにしてほしいと訴える。亡霊は、執行されたとりなしが有効であったか（あるいは無効だったか）を、今度現われたときに報告すると約束する。亡霊の再出現は一度で済む場合もあれば、二度にわたる場合もある。後の場合には、最初の出現のとき、一般に死者は生者に対し、自分の罰のどれだけの部分がすでに贖われたかを教える。それはほとんどの場合、ほんの一部分、半分あるいは三分の一だけであって、それは亡霊の《身体》（あるいは《着衣》）が半分黒い（まだ贖われていない部分）、あるいは三分の二黒いといった具合に、その外観によって象徴的に示されている。

驚くべきことには、（煉獄がまだ陳腐な場所となりおおせていない一三世紀の人たちも、この驚きを隠していないのであるが）、大概の場合、煉獄の滞在期間はごく短く、数日あるいは数カ月程度であったらしい。因みに極めて興味深い初期の事例の一つ、リエージュの高利貸の場合だと、浄罪は七年を二期で、一四年も続いているのである。[12] つまり、煉獄では、受ける罰の苛酷さ（acerbitas）のため、時間が非常に長く感じられるのである。先へ行って見るように、ある人々にとって、一日は一年と同じくらい長く感じられる。煉獄の時間のこの密度は、いくつかの理由から、注目すべきである。これはまず、現世の時間と浄罪のための死後世界の時間との間に、不均等で、異質でさえある二つの時間を関係づけるべき比例関係を樹立するという問題に対する、かなり大ざっぱではあるが、一つの解答である。これはまた、この時代の文学を特徴づけている《心理的解釈《プシコロジザシオン》》の流行と相呼応する一つの心理的観念（持続の主観的感覚）に訴えたものでもある。最後に——同様に驚くべく且つ重要なことだが——、煉獄の時間は民間伝承の伝統的死後世界の時間とは逆である。後者は、アールヌおよびトンプソンによる民話の分類の反対類型四七〇において、次のように定義されている。[13]《数日のごとく生きられる数年。あの世で過ぎ去る数年は、忘却のゆえに数日に思われる》、さらにそれはあの世の生が快適であるからでもある、と。快適なケルト的死後世界から、煉獄という非常に苛酷な死後世界への移行にともなって、時間感覚の逆転が生じた。注目すべき変化である。というのはこうした学問的文化と民間伝承文化の間の逆転劇においては、世界をさかさまに想像するのは一般に民間伝承の方であるが、この場合は、学問的思想の方が、魂がそこから戻ってくるという死後世界のテーマを民間伝承から借用した上で、自分に都合のいいように転換を行なっているからだ。ここには確かに、学問的文化と民間伝承文化の相互借用と、対称的思考法が働いているのがうかがえる。私はそこに、煉獄の生成過程に民間伝承が存在することの、一つの証拠を見る。(14) 例えば、「ブランの航海」が頭に浮かぶ。物語の終りで、ブランと仲間が、死後世界にほかならぬ不思議な島々を巡った後、船出した土地に戻りたいと思う。彼らのひとりが岸にとび下りると、その男は《まるでこの世で数百年生きたかのごとく》くずおれて灰と化するのである。幻視文学は聴衆や読者に対する魅力を、一三世紀に枯渇させてしまったのではない。いまや死後世界への旅は公然と、そして名指しで煉獄に道をあけるのである。

新しい死後世界旅行

一三世紀初頭、ドイツ人シトー会士コンラート（クレルヴォーの修道士であったが、後にタウヌス山地のエベルバッハ大修道院長となった）は、修道会の草創期をいきいきと物語る一連の奇跡や逸話、『シトー修道会草創記』Exordium Magnum Cisterciense Sive Narratio de Initio Cisterciensis Ordinis を著した。そこには亡霊の話がいくつか収められている。煉獄への言及はほとんど見られないが、それはこの作品が、自ら標榜するごとく一二世紀という一時代の物語であって、一二世紀といえば一一八〇年頃まではまだ煉獄がなかったからである。クレルヴォーのヘルベルトゥスの著『奇跡の書』（一一七八年）から取られたある物語に出てくるランスの城主ボードワン・ド・ギーズは暴力と掠奪に明け暮れている男だが、それでも彼はイニーの修道院長ペトルスを尊敬し、前非を悔いながらも罪を償ういとまのないまま死去する。彼は死んだその日の夜、ある修道士に現われ、聖ベネディクトゥスの助けを請うた。一方、ひとりの天使がイニーのペトルスに現われ、この死者のためにシトー会修道院のとりなしを求めた。それからしばらくして、ふたりの天使がイニー修道院の教会の祭壇にぬかづくペトルス院長の前に故人をつれて現われる。故人は黒衣をまとっているが、それは黒衣とはいえ見るからに立派で、イザンブランという上質の布でできている。院長は、黒衣は罪の償いの象徴であるが、祭壇の前にこのように現われたことはこの死者が救われることを予想させるものであることを理解する。以後ふたたび死者が出現することはなかったので、人々は彼が、未来の救済を約束する浄罪の場所に（in locis purgatoriis）受け入れられたことを確信した。

この死者が、煉獄から天国への移行を生者に知らせに来ない以上、ここでは体系はまだ完全にはでき上っていないことがわかる。[15]

別の物語の中では、聖アウグスティヌスがクレルヴォーの聖なる修道士の夢に現われ、無数の刑場を通って彼をゲヘナの井戸の入口まで導く。[16]

さらに別の場合には、コンラートは浄罪の火の試練（examen ignis purgatorii）がいかに恐ろしいものであるかを示そうとして、ある修道士のことを物語る。この修道士は死ぬ前に霊の状態で地獄のような場所に（ad loca infernalia）つれて行かれるのであるが、そこで彼が垣間見る光景は「聖パトリキウスの煉獄」（およびパウロの黙示）に非常に近い。ついで彼は蘇生の場所に（ad quemdam refrigerii locum）導かれる。コンラートは、死者はその罪の量と質に応じて、長短の差はあるが償いのための刑期をつとめ上げた後、この場所に迎え入れられると説明し、クレルヴォーの副修道院長フンベルトゥスの死に際して聖ベルナルドゥスが行なった説教を引用する。それによると現世で犯した罪は、浄罪の場所で（in purgatoriis locis）、最後の一スーまで、百倍にして償わなければならない。[17]

『シトー修道会草創記』中のこうした幻視や亡霊出現は、煉獄の陣痛が始まってはいたが、まだ誕生に至っていなかった時代の置土産として、古風な香を保っている。これとは違って、少し後、ベーダ以来ケルトとアングロ・サクソンの偉大な伝統の継承者である二人のイギリス人ベネディクト会修道士によって報告された夢物語の中には、煉獄は立派に存在する。まず、セント＝アルバンズ修道院修道士ウェンドーヴァのロジャー（一二三六年没）は、一二〇六年の日付をもつ『歴史の精華』Flores historiarum の中で、サーチルの死後世界旅行を物語る。[18]

サーチルはロンドン司教区のティドスチュード村の農夫だが、彼が畑で働いているとひとりの男が現われ、かの慈悲深き聖ユリアーヌスと名乗る。そして農夫に、彼が信仰している守護聖人ヤコーブスのところに彼を連れて行き、神の許しを得て人間には隠されている秘密を明かすため翌晩迎えにくる、と告げる。その夜が来ると、男は言葉通り農夫を起こしに来て、彼の魂を肉体の外に出させる。肉体は寝台に横たわったままであるが、死んではいない。彼の案内人は、壮麗なバジリカの中に彼を導き入れる。中には、北側にあまり高くない壁が一つあるだけで、ほかに壁はない。聖堂の守護者、聖ユリアーヌスと聖ドムニウスがサーチルを案内して聖堂を見せる。それは、神が死者たちに、劫罰を受けるか、煉獄の刑罰によって（per purgatorii poenas）救われることになるかを告げる場所であった。サーチルは壁の近くで、黒と白の斑点のある魂たちを見る。最も白いものが最も壁に近く、最も黒いものが最も離れている。その壁の傍らに地獄の井戸が口を開けており、サーチルはその猛烈な臭いをかぐ。この臭気は、十分の一税をきちんと教会に支払わないことに対する警告である、と聖ユリアーヌスが言う。次にユリアーヌスは、聖堂の東で燃えさかる浄罪の火を見せる。魂はそこを通ってから、もう一つの煉獄で浄められるのだが、そこは氷のように冷たいところで、聖ニコラウス（すでに煉獄の聖人として出会った）が通過をとり仕切る酷寒の池である。最後に魂たちは、ある者は早く、ある者はゆっくりと、先端が鋭くとがった杭と釘の橋を渡り、天国の山（喜びの山 mons gaudii）に向かうのである。聖堂の中に戻ると、ユリアーヌスとドムニウスはサーチルに魂の選別と計量を見せる。大天使聖ミカエルと聖ペテロ、そして聖パウロが神に代ってそれを行なう。聖ミカエルは、完全に白い魂たちに浄罪の火と他の刑罰の場所を通らせる。魂たちは傷つくことなく出てきて、ミカエルにより天国の山に導かれる。黒と白の斑点のある魂は、聖ペテロが浄罪の火の中に入れ、炎によって浄める。完全に黒い魂は、聖パウロと悪魔の間で行なわれる計量の対象となる。もし秤がパウロの方に傾けば、パウロが魂を浄罪の火の中で浄めるために連れて行く。もし秤が悪魔の方に傾けば、悪魔が彼を地獄に連れて行く。次にサーチルは聖ドムニウスに伴われ、サタンの案内で地獄をゆっくりと見てまわるが、下層地獄は訪問しない。喜びの山の入口にある前庭に近づいたとき、彼は聖ミカエルが、待機している魂たちを、ある者は早くある者はゆっくりと進ませているのに気付く。その速度は、彼らの解放のために友人や普遍教会が唱えさせるミサの回数で決まるのである。それからサーチルは、聖ミカエルの案内で、天国の山にある多数の家を急いで見てまわり、最後に地上楽園を一周する。再び聖ユリアーヌスが現われ、見たことを語るよう彼に命じる。その年の万聖節の日から、毎年サーチルは彼の見た幻を物語ることになろう。彼はもちろんその土地の言葉で語るのだが、驚いたことに、以前は教養もなく訥弁だったこの田舎者が、さわやかな弁舌を発揮するのである(19)。

古風な点を多々残しているこの物語は、確かに死後世界を、天国、地獄、煉獄という三つの場所に分けているが、地理的な三分割はまだ完全ではない。地獄は相変わらず上部と下部を含み、天国には数多くの家があって、その山はバベルの塔に似ている。煉獄は、どうにかこうにか接合された三つの要素――火と、身を切るような冷水を湛えた池と、橋と――から成り立っている。

説教の中の煉獄――《教訓逸話》

こうした物語は、まだ修道院という限られた世界の聴衆しか対象としていなかった。一般信徒大衆は手つかずのままであった。

煉獄普及の主な手段には説教のほかに、説教者が福音書講話の中に頻繁に挿入するようになった寸話があり、これが逸話の面白さを通して教えを広めることになるのである。短い物語形式に頼ることは、教会が長い伝統の中にとどまりながらも、布教を時代の嗜好に合わせるための主要な手段の一つであった。その際、これらの教訓的逸話（exempla）は、いくつか著しい相違があるにもかかわらず、グレゴリウス大教皇の『対話』の中の物語を受け継いでいる。ところで周知の通り、これらの物語は、煉獄への途上にある一つの重要な道しるべである。一三世紀における煉獄と「教訓逸話」との決定的な出会いは、既に六世紀前半にグレゴリウス大教皇が粗描していたシナリオの、輝かしい帰結なのである。[20]

説教は教会の布教活動で常に重要な位置を占めてきたが、一三世紀はより写実的な直截な表現による説教の復興の世紀であり、やがて托鉢修道会士がその主唱者となる。[21] ミサやとりわけ長たらしい説教を逃れて、教会よりは酒場に入りびたる方がお気に召す連中もいないではなかったが、説教――およびその象眼細工たる「教訓逸話」――は、一三世紀における大衆伝達の主要な手段であって、そのメッセージはすべての信者によって受け取られたのである。「逸話」を詰め込んだ説教は、今や聖務中の待ち望まれた瞬間であるにとどまらず、教会や広場で、講演や会合の先ぶれとして独立の発達を遂げる。主に貴族を聴衆とする吟遊詩人《ジョングルール》に対し、人気のある説教者はキリスト教徒大衆の《アイドル》となる。彼らが信者大衆に煉獄を示し、教えるのである。

先駆者ヴィトリのヤコーブス

ヴィトリのヤコーブスは、後に非常によく使われることになる「教訓逸話」をふんだんにまじえた説教手本を最初に書いたひとりである。一三世紀はじめの数年パリ大学に学び、北フランスのオワニーの司祭となり、さらにベギン会修道女（隠遁しても市井にあって、俗人と修道女の中間の生活を営む）の社会に触れる。彼はキリスト教世界の一部、とりわけフランスでよく知られた説教者で、パレスチナのアクレの司教、最後にトゥスクルムの司教枢機卿となり、一二四〇年に没した重要人物である[22]。煉獄は、彼の説教集の中では大した位置は占めていないが、そこではすでに死後世界の新体系が十分に認容され、興味ある特色をいくつか示している。現に、彼の煉獄観を示す説教の理論的部分は、「教訓逸話」と結びつけて考えなければならない。

特に重要な箇所が二つある。その一つは「夫たちに」（Ad conjugatos）と題する説教手本の中にある。《痛悔は地獄の刑罰を煉獄の刑罰に、告解はそれを一時的刑罰に、適当な償いはそれを無に変える。痛悔において罪は死に、告解において罪は家から取り去られ、償いにおいて罪は埋葬される[23]》。煉獄を痛悔と償罪過程に結びつけ、地獄からの決定的脱却が煉獄においてなされることを強調する注目すべき説明である。

日曜日の説教のためのある手本の中では、ヴィトリのヤコーブスは煉獄における主日の安息という観念に言及している。《主の日には教会が死者のためにミサをとり行ない、憐憫の情をもって彼らを救う習慣があるが、その日、死者の魂は月曜日まで煉獄で休息するか、あるいは少なくとも普段より刑罰が緩和される、と信じることは敬虔なことであって、多くの聖人がそれを肯定している。したがって、肉体労働や世俗の仕事を控えるのを拒んだり、さらに悪いことに宴会、酒盛り、その他さまざまの肉の欲望に耽った、り、あるいは淫蕩な踊りや歌に熱中したりして、現世で主の日を称えるのを怠った者たち、また、けんかや口論、くだらない無駄話や人を傷つける暴言によって日曜日を穢したり辱めたりすることを恐れなかった者たちが、煉獄における主日の安息の恩恵を取り上げられるのは当然である。[24]》

地獄における安息日の休息から、煉獄における主日の安息への転換、現世の安息日の行動と死後世界での安息日の刑罰との関連。このように教会は、教化的な対応関係のうちに、見事に煉獄を現世の実践と結びつけたのである。

ヴィトリのヤコーブスのさまざまの階層向けの説教手本（sermones vulgares もしくは ad status）の中から、私は煉獄が重要な役割を果たしている「教訓逸話」を二つしか拾い出せなかった。

その一つは、おそらくシトー会士フロワモンのエリナン（ヘリナンドゥス）から借用されたもので、シャルルマーニュの周辺で生まれた伝説に由来し、《縁者あるいは友人の死を悲しむ人たち》に向けられている。したがって、生者と死者の間の新しい交渉形式のなかに位置するものである。サラセン人を討つべくスペインへ遠征するシャルルマーニュに随行する騎士のひとりが、縁者の一人に遺言して、自分が死んだら馬を売って貧乏人のために使ってくれと頼む。その縁者は心無い男で馬を自分のものにする。一週間後その男に死者が現われて、煉獄からの解放を遅延させたことをなじり、明日にも悲惨な死を遂げて罪を償うことになろうと予告する。翌日、数羽のカラスがその不幸な男をさらって、空中から岩の上に落とす。男は首を折って死ぬ。[25] 煉獄の死者に対する生者の役割が十分感知されるように描き出され、小罪と大罪の区別も具体的である。この説教の目的は、遺言執行人に遺言を、とりわけ償いに関する条項については誠実に執行させることにある。煉獄と地獄がセットとなって脅迫手段を豊かにしている。

第二の「逸話」はほとんど煉獄について言及していない。しかしやはり重要な逸話で、十字軍のための説教に関係している。ある女が夫の邪魔をして、ヴィトリのヤコーブス自身がする十字軍の説教を聞きに行かせない。しかし夫は首尾よく窓から説教を聞く。聖なる戦いの苦業に加われば、煉獄の刑罰とゲヘナの刑罰を逃れ、天の王国に至ることができると説教師が力説するのを聞くと、男は妻の監視の目をかすめて窓からとび出し、率先して十字軍に志願する。十字軍と贖宥と煉獄、そして死後世界の三極体系の喚起、ここでも、煉獄が徐々に重要な仲介的役割を演じる一つのパターンが設定されている。

二人の偉大な煉獄普及者

説教と「教訓逸話」による煉獄の偉大な普及者は、修道聖職者の中に、しかも都市環境ともっと密接な接触があるところに求めなければならない。一頭地を抜く人物が二人いる。彼らはヴィトリのヤコーブスとは非常に異なっており、彼ら自身の間の対照も同じように大きい。二人とも修道聖職者だが、ひとりはシトー会士、もうひとりはドミニコ会士である。彼らは、一三世紀前半に生き、前者は一二四〇年、後者はその二〇年後の一二六一年に死んだ。一人はドイツ人でその地理的、文化的出自はケルンである。もう一人はフランス人であり、その経験は、パリにおける大学教育から、リヨンのドミニコ会修道院を中心として広範囲にわたる異端審問官としての活動に及ぶ。しかし両者共に、間接的にせよ直接的にせよ説教者向けの著作をものしていて、いずれもそれを「逸話」で充たしたので、彼らの作品は（誤って）「教訓逸話集」とみなされたほどであった。特記すべきは両者とも「逸話」においても、それを含む理論構成においても、煉獄にきわめて大きな重要性を与えている点である。この二人を俟って、地獄、煉獄、天国が相対的均衡を保つ三極の死後世界が明確に現出し、『神曲』において頂点に達することになる。

シトー会士、ハイステルバッハのカエサリウス

シトー会士ハイステルバッハのカエサリウスは、一二一一

九—一二二三年に、わざわざグレゴリウス大教皇を想起させる対話形式を用いて、『奇跡に関する対話』Dialogus Miraculorum を書いた。それは事実上逸話集であり、そこには奇跡譚という伝統的ジャンルが、「教訓逸話」という教化的寸話へと変貌しているのが見られる。(27) しかし集められた話は全体として一定の方向性を持つ。その方向性とは終末、死後世界へ向かってのキリスト教徒の巡礼である。『奇跡に関する対話』の一二編(＝区分 distinctiones)を構成するこの巡礼の一二段階とは、回心、痛悔、告解、誘惑、悪魔、純真、聖母マリア、幻視、聖体の秘跡、奇跡、臨終の人、死者の報いである。(28) この最後の章は煉獄が完全に現出する章である。それは「逸話」の数と描写の詳細から見ても、作品の構成から見ても明らかである。

最後の区分、第一二章の構造は簡単である。死後の報酬には三種類ある。ある者には天国の栄光(天上楽園)、ある者には地獄の永遠の罰、あるいは煉獄の一時的罰が与えられる。五五の「逸話」のうち二五が地獄に、一六が煉獄に、一四が天国に充てられている。この数字を見ただけでわかることは、カエサリウスの寛大で慈悲深い人柄にもかかわらず、また煉獄の地獄化が、この世紀、後に見られるほど進行していないにもかかわらず、最も多くの教訓が引き出される場所は依然として地獄だということである。恐怖を与えることが、第一の関心事でないとしても、少なくとも重要関心事となっている。(29) それでも煉獄は、地獄と天国の間で、実質的にそれらと同等の地位を獲得したのである。

上述のような次第だが、煉獄は『奇跡に関する対話』の最終区分に至ってはじめて現出するのではない。アンドレ・デュビーは『対話』の最初の一一区分中から八つの《煉獄の逸話》を取り出している。(30) その中のいくつかは、カエサリウスの煉獄理論をトする上で重要である。現に、煉獄がいまやキリスト教のスンマの最終章、つまり《世の終り》、終末論《ノウイスイマ》を扱う章に属することになったとしても、信仰生活のどの段階でも煉獄は望見されるのである。

最後の《区分》中の一群の逸話について述べる前に、最初の数章から重要な逸話を四つ紹介しておこう。『回心』について論じる第一章で、ハイステルバッハのカエサリウスは、才能のない学生が学業に成功するために、悪魔の助言を容れて魔法にたよる話を物語っている。サタンがくれた護符をにぎりしめて、彼は試験ですばらしい成績をおさめる。しかし彼は病いに倒れる。今はの際に司祭に告解すると、司祭は護符を遠くに投げ捨てさせる。彼は死に、その魂は恐ろしい谷に運ばれる。長く鋭い爪のある手で悪魔たちが彼の魂をまるでボールのようにもてあそぶ。もてあそばれるうちに魂はひどい傷を負う。神は学生を哀れんで、魂を苦しめるのを止めよと悪魔たちに命じる。すると、魂は学生の肉体に戻り、学生は甦る。彼はその眼で見、その身をもって体験したことに恐れおののいて回心し、シトー会士となる。後に、彼はモリモンの修道院長となるだろう。ここで修練士と修道士すなわちカエサリウスとの間で対話が交される。修練士が聞く。学生が責め苦を受けた場所は地獄か煉獄か。カエサリウスはこう答える。もし刑罰の谷が地獄に属するとすれば、それは学生の告解に痛悔が伴わなかったことを意味することになるだろうし、学生は魔法の石を持つことに同意しはしたが、悪魔に敬意を表することは拒否している、と。だが、カエサリウスはこのモリモンの修道院長の見たものが煉獄だと明言するのをためらっている。それは彼の夢に出てきたのが天使ではなくて悪魔だからである。ところで、ケルンにおける修学時代の師ロドルフがカエサリウスに与えた教えによると、悪魔は決して選ばれた者の魂に触れることはない。良天使が魂を煉獄につれて行くのであるが、それも《その魂が煉獄にふさわしければ》である――この表現は煉獄が天国の約束であり、希望であり、そして神の慈悲深い裁きの授与であることを示すものである[31]。

痛悔に関する第二章で、カエサリウスは、修道院を去って大道の追剥となり、ある城館の包囲に際して致命傷を負った若い修道士の物語を語っている。彼は死を前にして告解する。聴罪司祭にはこの男の罪があまりにも大きく思われて、彼にどのような悔悛の業を課すべきか思い浮かばない。瀕死の男は自ら二千年の煉獄滞在を提案し、その期間が過ぎれば神の慈悲が与えられることを希望する。男は息を引き取る前に、ある司教に宛てたとりなしの祈りを求める手紙を司祭に託する。男は死んで煉獄につれて行かれる。この元修道士を、その背教にもかかわらず、愛し続けた司教は、まる一年の間、自ら彼のために祈る一方、司教区の全聖職者にも祈らせる。一年後、《顔は青ざめ、頬はこけ、やせさらばえた身に黒衣をまとい》、死者は司教の前に現われる。だが死者は、この一年間のとりなしの祈りのおかげで、煉獄の千年が免除されたといって、司教に感謝する。そして、さらに一年の助力が得られれば、完全に解放されるであろうと言う。司教と聖職者たちはさらに努力を重ねる。二年目が終ったとき、死者は再び司教のもとに現われる。《白い法衣をまとい、さわやかな様子》はシトー会士の装いだ。彼は天国へ出発することを告げ、司教に感謝する。この二年が二千年として数えられたというのである。修練士は、死者を解放した痛悔の力と祈りの力に驚く。カエサリウスは、痛悔がとりなしの祈りより有効であることを力説する。とりなしの祈りは罰を減少させるが、栄光を増しはしないからである(32)。

『奇跡に関する対話』の最終章の中で再び登場することになる、ハイステルバッハの若い修道士クリスティアヌスの物語も、煉獄の会計学に関するカエサリウスの教えで満たされている。クリスティアヌスというのは非常に敬虔な修道士で、生あるうちからすでに、死せる聖者が放つという香にも似た芳香をただよわせていた。しかし、この男は知恵遅れであった。彼は聖処女、天使、それればかりかイエスそのひとさえ幻に見るという恵みを授かると共に、数々の誘惑の試練、たとえば十字架の口づけが与える涙の賜を失うというような試練を課されている。彼の最後の試練は苦しい病いであった。聖女アガタが彼に現われ、この苦しみの六〇日は六〇年として数えられるのであるから、信心深く病いに耐えるよう励ます。この出現の六〇日後、聖女アガタの祝日に、彼は死ぬ。カエサリウスに言わせると、聖女アガタの言葉は二通りに解釈できる。すなわち、六〇日間の病いによって、六〇年間の煉獄に値する罪が浄められたか、あるいはむしろ六〇日間の苦痛の耐え方によって六〇年相当の功徳が獲得されたかである。[33] カエサリウスは現世における功徳の働きを単に消極的に解釈するのではなく、積極的にその価値を高めるやり方をとる。前例に見られるように、カエサリウスは受動的な美徳よりは人間の能動的意志を優位に置くのである。

修道士ヘメンロードのクリスティアヌスの物語が明らかにしようとしているのは聖母マリアの力である。このクリスティアヌスもたいへん純朴な人物で、修道士になる前から、つまり学生時代とそれに続く司祭の時代に、さまざまの誘惑に抵抗し、聖女マグダラのマリア、とりわけ聖母マリアにより幻視を授けられた。ヘメンロードで修道士となり、ある日煉獄の刑罰について思いをめぐらしていたとき、彼は幻視を経験する。一群の処女たちに取り囲まれ、故フリードリヒ赤髯王をしたがえた聖母マリアがクリスティアヌスの埋葬を取り仕切っている。聖母自らクリスティアヌスの魂を天につれて行く。幾群もの悪魔が死者の魂を要求して火の塊を吹きつけるが、どうしようもない。天使たちは魂を非常に大きな火のあるところにつれて行く。そしてクリスティアヌスに、死後再びここを訪れ、この火をくぐらなければならない、と教える。甦ったクリスティアヌスは、修道院で、幻視と恭順に充ちた聖らかな生活を営みつづける。この恭順の態度は、彼が若いとき童貞を失っただけでなく、二人の私生児（二人ともシトー会に入ったが）をもうけたという事実によって説明がつく。それだけ一層、彼は聖母マリアの助けを必要としたのである。マリアの助けに欠けるところはなく、クリスティアヌスの死に際して、聖母と幼な児イエスがシトー会の法衣をまとって彼に現われ、息を引き取ると彼を天国に迎えいれる。したがって彼が夢に見た煉獄の火は現実とはならなかった(34)。

この二人のクリスティアヌスの例で、カエサリウスが示したかったことは、死後の運命について決して悲観してはならないということである。つまり第一のクリスティアヌスは地獄を免れて煉獄に行き、第二のクリスティアヌスも、煉獄が免除されて天国が与えられたのである。

煉獄を扱った最終《区分》、第一二章の中の「逸話」は、一見したところ、新しい考察と伝統的思想をとり混ぜた基準に基づいて、三つのグループを形成している。まず、時代精神に合致しているのは、新しい死後世界を罪のカテゴリーに結びつけていることである。これとは逆に、とりなしの祈りを様々なタイプに細分しようとしている点では伝統と一致する。最後に、一三世紀の特色を示すものとして(カエサリウスのように極めて寛容な心の持ち主ですら)、煉獄の刑罰の厳しさを強調しようという意志を見せている。

第一グループ(逸話第二四—三一番)は吝嗇(貪欲)、色欲、魔術、不服従、邪な頑固さ、軽薄、怠惰に関するものである。

リエージュの高利貸——煉獄と資本主義　一連の「逸話」の冒頭におかれた話は特別重要であると私には思われる。以下はそのリエージュの高利貸の物語である。

修道士——さきごろ、リエージュのひとりの高利貸が死んだ。司教は彼を墓地に埋葬することを拒んだ。彼の妻はローマ教皇座に赴き、夫を聖地に埋葬させてくれるよう嘆願した。教皇は拒否した。そこで彼女は夫を弁護して言った。《猊下、夫と妻は一体をなすと申します。また、使徒パウロによれば、不信心な夫も信心深い妻によって救われると聞きました。私の夫がし忘れたことを、夫の肉体の一部であるこの私が、夫にかわって喜んで致します。夫のために私は隠者となって、夫の罪を神から贖いたいと思います》。枢機卿たちの請願に屈して、教皇は彼を墓地に移した。妻は彼の墓近くに住居を選び、隠者として蟄居した。そして昼夜の別なく、夫の魂の救いのために、施し、断食、祈り、徹夜の行によって、神の怒りを静めようと務めた。七年後、夫が黒衣をまとって彼女に現われ、礼を言った。《神がそなたに報われんことを。お前の試練のお蔭で、私は地獄の底から引き上げられ、この上なく恐ろしい刑罰も免れた。もしお前が更に七年、私のためにこのような勤めを続けてくれるなら、私は完全に解放されるだろう》。彼女はその勤めを果たした。七年後、夫が再び彼女に現われたが、今度は白い服を着て、幸せそうに見えた。《ありがたや、神とお前のおかげをもって、私は今日解放された。》

修練士――一体どうして、いかなる贖罪もありえない地獄から、今日解放されたなどと言うことができるのでしょうか。

修道士――地獄の底というのは煉獄の厳しさを言うのである。同様に、教会が故人のために《栄光の王、主イエス・キリストよ、地獄の手から、深淵の底から、すべての信心深い者の魂を救いたまえ……等》と祈るのは、地獄におちた人のためではなく、救うことのできる者のために祈っているのである。地獄の手、深淵の底とは、ここでは煉獄の厳しさを意味している。この高利貸の場合も、もし彼が臨終の痛悔の祈りをしなかったとしたら、彼は罰から解放されることはなかったであろう(35)。

このテクストにはいくつかの特色がみられる。当時教会は、世襲財産の保護を志向して結婚の絆の唯一性・解消不可能性を軽視する貴族的・男性的モデルに対して、夫婦の平等に基づく一夫一婦制の婚姻形式を課そうとしていた(36)。そういう状況の中で、このテクストは結婚の絆の強さを強調している。煉獄の魂のためのとりなしの体系において機能するのは、一般に貴族階級の血族関係の構造であり、そこでは妻の役割は二次的である。ここでは逆に、つまり都市的・ブルジョワ的環境では、あの世でもこの世でも夫婦の結びつきが最も重要なものとなる。また、この世でのとりなしの祈りの時間と煉獄の刑罰の時間の間に時間的比例関係が成り立ち、しかもこの時間関係の分割によって、亡霊の出現が調整され、演出されている。つまり七年を一期として二期にわたるこの世の時間が、それぞれ死者の黒衣と白衣によって明示される。施し、断食、祈り、徹夜の行といった、一連のとりなしの方法の列挙。そこにはミサが欠けているが、これを補い、かつ要約しているのが諸聖人の通功の極端な一形式——隠遁生活——である。これは都市的環境における償罪的隠遁主義の形をとった、生者による代理償罪にほかならない。また、地獄と煉獄の関係が語彙面で明確にされており、聖書的な地獄の語彙が、新しい煉獄の語彙に転用されていて、後者は地獄を志向し、期限つきとはいえ、その苛酷さを保持している。

しかし最も驚くべきはその点ではない。このテクストの意想外(そしてそれはこの逸話の聴衆、読者にとってもおそらくそうであったろう)は、この物語の主人公たる恩恵の受益者が高利貸であることである。教会がラテラノ公会議第二回(一一三九年)、第三回(一一七九年)[37]、第四回(一二一五年)、第二回リヨン公会議(一二七四年)、さらにヴィエンナ公会議(一三一一年)と努力を重ねて、高利貸業を厳しく断罪した時代である。しかもキリスト教社会では、反高利貸キャンペーンが広がり、一三世紀初頭、北部イタリアとトゥールーズで特に激しかった。また、当時、大罪の中でも貪欲が傲慢から第一の罪の座を奪いつつあり[38]、高利貸は、ふくらんだ財布を首に吊してゲヘナに拉致されていき、確実に地獄の餌食になるという、ロマネスク期版画の気に入りのテーマは常に信者の目に触れていた。ところがここに示されているのは、聖職位階の最高位によって代表される教会の抵抗にもかかわらず、あくまで憶測されるだけの臨終の痛悔と妻の献身によって救われる、一人の高利貸なのである。

私は別の場所で[39]、この逸話の示すように、高利貸が一三世紀の間にどのように、ある条件の下では地獄を免れ、煉獄によって、煉獄を経て、救われるようになったかを示した。煉獄は高利貸の救済を可能にすることによって、資本主義の誕生に貢献したのだという挑発的な意見さえ述べた。私はここで特に、社会的・職業的領域での煉獄の役割を強調したいと思う。実のところ、煉獄の果たした役割の一つは、過ちの性質や重さによって、あるいは職業に対する伝統的反感によって、以前には地獄を免れる可能性がほとんどなかった部類の罪人たちを救出することであったのだ。

一方には、背教や色欲のような、特に修道院的環境で最も重い罪があって、従来はこれは絶望的なケースであったのに、いまや煉獄に多少長く留まることを代償として、最終的な救済に与ることができる。確かに彼らは幸いにも、当時飛躍的に広まったマリア崇拝熱（絶望的と見受けられる場合、聖母以上にどんな有効な仲介者があろうか）や、教団という共同体の絆の固さに、特にシトーでは、恵まれた。しかし他方、血を流す者や金を取り扱う者、不浄に穢れた者ら、軽蔑され、断罪された社会的・職業的範疇の人々でも、もし彼らが現世で十分に（不正行為によって得た富を用いてもであろうか）近親の者たちとの絆を結ぶことができれば、希望を持つことができるのだ。ここでは、聖母にかわって、奇跡を行なうことができるのは妻であり、一三世紀の反高利貸的立法や判例も、高利貸の未亡人たちに行き届いた関心を示している。

煉獄とは希望である　貪欲の罪に関する第二の「逸話」では、ひとりのシトー会修道女の前に、最近死んだばかりの小修道院長が、蒼白ながら満ち足りた顔付で、擦り切れた僧服をまとって現われる。そして彼女に、自分は、部下の修道士のひとりのとりなしにより、聖母マリアの祭典の際、ようやく煉獄から解放されることになると打ち明ける。修道女は何と驚いたことか。皆があれほど彼を《聖者》と尊敬していたのに。彼が煉獄を経なければならなかった理由というのは、欲に駆られて修道院の財産を必要以上に増やしたことであった。ここでは小修道院長、修道士、修道女という三者間の、シトー会内部的な体系が作用している。女性は煉獄の機能様態において重要な役割をになうが、特にシトー会、そしてとりわけハイステルバッハのカエサリウスの場合は、そうである。(40)

フリースランド、シオンの修道女が極く重い罪を犯す。彼女はある神学生に誘惑され、産褥で死んだ。死ぬ前に彼女は肉親、すなわち父母、二人の嫁いだ姉妹、一人の本いとこに告白する。しかし彼らは、彼女を救える見込みはないとあきらめて(それほど彼女の罪は明白であった)、いかなるとりなしの祈りも行なおうとはしなかった。そこで彼女はあるシトー会修道院長の助けを求めに行った。彼女と面識のない院長は、彼女の霊の出現に驚いた。彼女は恥じて、おずおずと、《少なくとも詩篇集の朗誦とミサをいくつか》求めるが、自分の過ちも、自分の素性も完全には明かそうとしなかった。やがて、院長は死者のおば(これもシトー会修道女)と偶然出会い、彼女が彼にすべてを説明する。事情を知らされて、両親は希望を取り戻す。そして彼女の肉親やその地方のすべての修道士、修道女にも話が伝えられる。この物語は、人々のこうした奔走がどのような結末を迎えたかを語っていないが、この罪人が間もなく救われたことは疑いの余地がない。聖母は直接にはこの救済に介入しないが、主人公の名前(彼女はこれだけを修道院長に明かした)はマリアである。実に軽妙な語り口と心理的真実を具えたこの短い物語は、十三世紀初頭における煉獄の基本的役割を浮彫りにしている。この不幸な女の両親は絶望し、それから再び希望を見出した(de animae ejus salute desesperantes…spe concepta)。煉獄とは希望なのである。(41)

もう一つの「逸話」は、死んだ妻のために祈る夫の話である。彼女は、隠遁生活を送る義理の姉に現われ、彼女が煉獄で受けている極めて苛酷な刑罰について語る。この一見善良で正直な女は、夫の愛を引きとめるために魔術に没頭したのであった。この行為の迷信的局面を軽視していた修練士は、自分が小罪と考える罪に対する神の厳格さに驚く。注意せよ、われわれの見方は必ずしも神のものではない、とこのテクストは言っているかのようだ。(42) カエサリウスはさらに言う。神は極めて厳格で、極めて気難しくさえある。修道士が長上者のすべての指図に従わず、彼らに執拗に抵抗したりすると、たとえそれがどんなに小さいことであっても、神はいささかも容赦されない、と。(43)

煉獄で罰せられるものとして、投げやりの次にその反対の頑迷がくる。頑迷も一種の不服従である。プリュイーの修道院の修道士となったある教師が、あまりに厳格な態度をとるので、修道院長がそれを抑えようとしたが無駄であった。彼の死後、ある夜、修道院長が賛課のために教会の聖職者席にいたところ、燃える蠟燭に似た三人の人物が内陣に現われるのを見た。院長にはそれが誰であるかがわかった。最近死んだ二人の助修士を左右に従え、中央にあの教師がいた。院長は死者に話しかけた、《どうしていますか》。《元気です》と死者が答える。彼の生前の頑迷を想い起こして、院長は驚いた。《あなたはあの不服従の罪で苦しむことは何もないのですか》。亡霊は白状して、《苦しんでいますとも。多くの、実に大きな苦しみを受けています。しかし私の意図は良かったので、主は私に劫罰を下されなかったのです》と答えた。助修士たちに関しては、院長は、背教者である一人の方が、何らとがむべき点のないもう一人よりも輝いていることに驚くが、修道士の説明によれば、前者は過失の後、悔い改めた。そして生半可な人間でしかなかった後者よりも熱意に勝っているというのだ。ここで瑣末ながら興味ある出来事が介入する。つまり、死んだその修道士が、自分の亡霊の出現を議論の余地ないものとして証し立てるため、煉獄が存在しそこから一時的に立ち戻ることができるという証拠に、詩篇詠唱者用の壇を足で強く蹴ってひびを残すのである。こうしていわば煉獄の《聖遺物》が生まれる。その最古のものは一三世紀の末に遡り、最近では二〇世紀中葉のものまで、ローマの煉獄博物館に収められている。さて、この「逸話」からどのような教訓を引き出すべきであろう。カエサリウスと修練士は、飽くまで厳格な態度を持してやまない者も、あまりに

《軽薄な》者をも共に非難する聖ベネディクトゥスの価値体系が、あらためて確認されたと見る点で一致している。[44] つまりこれは、ベネディクト派的穏健主義の称揚と、煉獄によるその検証なのである。軽薄さへの言及が巧みなつなぎ目となって、次に、聖職者であるにもかかわらず言動が (in verbis et signis) 軽薄であった、ヴィレール修道院の香部屋係ジャンの例に話が移る。ジャンは煉獄行きを宣告されて修道院長に現われ、彼を恐れさせるのである。[45]

煉獄で罰を受ける修道士の罪の概観を締めくくって、最後に、怠惰の罰が語られる。ヘメンロードの修道院長は、万事に修道院の規律を守っていたが、ただ他の修道士たちと共に自ら手を下して働くことだけはいやがった。死ぬ前に彼は、特に可愛がっていたひとりの修道士に、死後三〇日たったら自分の境遇を知らせるために彼に現われると約束した。その当日、彼は帯より上は輝き、その下は真黒な姿で現われた。彼が自分のために祈りを求めるので、修道士たちはその通りにした。すると彼は再び現われて煉獄から解放されたと告げる。[46] 対話のこの段階で、修練士は、とりなしの価値序列を教えてほしいと求める。祈りは施しよりも死者にとって有効であるのか、と。いくつかの「逸話」がそれに答えをもたらす。

死者が友人に現われてその有効性の段階を教える最初の事例では、第一に祈り（実をいえばこれはかなり効力微弱なとりなしである）、次に施し、そして特にミサが有効である。ミサにおいてはキリストが祈り、彼の肉体と血とが施しとなるからである。[47]

クレルヴォーで助修士となったひとりの貴族青年が、修道院農場の羊の番をしていた。

死んだ本いとこが彼に現われ、今受けている非常な苦しみから解放されるように、ミサを三つあげてくれと頼む。それがすむと、彼は再び現われて感謝し、聖餐の功徳に驚いてはいけない、ある種の魂はわずかな赦免で十分に責め苦から解放され得るのだから、と教える。[48]

ここで、先に話題とした修道士ハイステルバッハのクリスティアヌス（区分四・三〇）が再び登場する。彼は修道院長の留守中に死んだ。七日後、院長が戻って《彼の眠りの安らかならんことを》と祈っただけで、クリスティアヌスは煉獄から解放されるのである(49)。

とりなしは、たとえささやかなものであろうと、有効な仲介者によってなされなければならないことにかわりはない。ボンに近いリンドルプの修道院のベネディクト会修道女は、福音史家ヨハネの熱烈な信者であった。死後、彼女は、彼女のために祈る血を分けた姉妹の修道女に現われ、煉獄から解放されたと告げる。しかし彼女は死者にむかって、あなたの仲介者は聖ヨハネではない、聖ベネディクトゥスこそあなたのために神の前にひざまずいてくれたのだと知らせる。こうして、修道士・修道女に、彼らの修道会の聖なる創始者を崇める御利益が示される(50)。

煉獄に関するカエサリウスの「逸話」の最後の数篇は、煉獄の刑罰の厳しさを強調することを狙っている。修練士はカエサリウスに対して、煉獄の最も小さい刑罰でさえ、現世で想像し得るどんな刑罰をも上まわるというのは本当ですかと尋ねる。カエサリウスは、その点に関して参考にしたある神学者の意見をもって、自分の答えとしている。彼によれば《それは本当ではない。ただし同種の刑罰について語るなら別である。たとえば煉獄の火は現世のいかなる火より強く、寒さは現世のいかなる寒さより厳しい、等》。しかし煉獄には、現世のある種の刑罰に劣る刑罰もあり得る。煉獄の刑罰の苛酷さを認めながらも、穏健な精神カエサリウスは、煉獄の体系の柔軟性を余すところなく示そうとして、極めて多様な懲罰を見せるその責め苦の領域の広さを強調する。

たとえば、エクス＝ラ＝シャペルに近いモン＝サン＝ソヴール修道院の、やっと九歳になる幼い修道女ジェルトリュードが、礼拝中いつもおしゃべりの相手にしていた同年の仲間、修道女マルグリットに現われる。彼女は、罪を犯したその場所で煉獄の刑を務めあげるようにと宣告を受けて、彼女の朋輩にしか見えないながら、この世に四度立ち戻って、修道院の礼拝に加わらねばならなかった。修練士は、この刑罰がある種の現世の刑罰と比べると、取るに足らないものであることを確認する。[51] 最後にカエサリウスは、いわば「煉獄の零度」を表わす一つの「逸話」を提示する。まったく罪の汚れを知らぬ少年ギヨームが修道院に入って、一年の修練を積んだ後、死んだ。彼はある修道士に現われ、自分は今、刑罰を受けていると言う。修道士は恐れ驚いて、《清浄無垢のお前が罰せられるなら、哀れな罪人であるこの私は一体どうなるのか》と言うと、《安心なさい――と幼い死者は答えた――私が受けている罰というのは、まだ神様のお姿を見ることができないことだけなのですから》。七日間に何度か祈りがあげられた。それが早くも効を奏して、彼は再び現われた。彼は、聖母マリアの外套に包まれて天国に行くところであった。

カエサリウスはここで、煉獄が幼児たちのリンボに間近いことを示し、幼いギヨームのケースが例外ではないことを強調する。事実、ある神学者は、無数の極く些細な罪しか償う必要のない何人かの義人は、煉獄の罰として、ある期間見神を許されないだけであると彼に確言したというのである。[52]

今やカエサリウスは煉獄の教理の一極点に達している。つまり彼は罰の範囲を最大限に広げるだけでなく、煉獄に関する神学的考察を、明らさまにではないがしばしば煉獄と関係づけられてきたにちがいないもう一つの関心事、すなわち至福直観についての考察と、明確に結びつけている。中間的時間――つまり死の瞬間と復活および一般的審判とを隔てる時間――に関する中世の神学的考察の広汎な展開を認知するためには、次のことを理解しなければならない。すなわち、よしんば煉獄が、そこで浄化された魂が首尾よく脱した地獄によって下方からおびやかされているとしても、それらの魂は、天国の呼び声によって上方へ引きつけられていること、そして天国とは、つきつめれば煉獄における唯一の、しかし本質的な欠如たる至福直観に還元されうること。個別的審判の直後に義人には至福直観が許されるという教理が決定的な形をとるのは、まさしく一三世紀の大神学者たちにおいてなのである。(53) 煉獄は要するに、上述のような上限的ケースでは最後の審判以前にも至福直観が実在することの証となり得る。

カエサリウスは煉獄の概観を終えるにあたって、煉獄を現世のさまざまの場所に位置づけ得ることが、いくつかの夢物語から明らかであると指摘している。グレゴリウス大教皇はその実例をいくつか挙げているが、最も説得力のあるのは、聖パトリキウスの煉獄の場合である。《煉獄を疑う者はアイルランドに行くがよい。そして聖パトリキウスの煉獄に入れ。その者はもはや煉獄の刑罰の実在を疑わないであろう》と彼は言い切る。(54)

中世キリスト教徒の信仰の中に煉獄の場所を設定する問題に関して、最良の証人であると同時に関与者でもあったハイステルバッハのカエサリウスにとって、煉獄の体系の本質とは何であるかが、これまで私が強調してきた局面全体を通して見てとれよう。それはまず、悔悛の過程の到達点である。この過程では、たとえばリエージュの高利貸の場合に見られたように、臨終の痛悔が必要かつ十分な条件であるが、一般に痛悔、告解、償いという段階を経る。次に、それは一つの場所および刑罰の性格規定である。それらはまだ完全に安定したわけではないが、現世との関連、リンボとの関連、天国との関連、特に地獄との関連によって、徐々に独自のものになっていく。煉獄と地獄を明確に区別することは、カエサリウスの重要な関心事であった。

一種の会計学の適用もある。それは、時として少々単純化しすぎはするが、象徴的会計学という修道院の慣習と、商業から悔悛の領域へ広がりを見せる実用的会計学の新しい慣習との十字路に位置するのである。

カエサリウスは何よりもまず死者と生者の連帯性を強調しているが、そのモデルとなったのはシトー会の家族的結束であった。それは貴族階級の血縁関係と修道者共同体の人為的同族関係が結びついたものだが、そこにはリエージュの高利貸の場合をその最も顕著な例とするような、婚姻もしくは職業にもとづく新しい連帯関係も姿を現わしている。

ドミニコ会士エティエンヌ・ド・ブールボンと煉獄の地獄化　シトー会士ハイステルバッハのカエサリウスの『奇跡に関する対話』Dialogus miraculorum（一二二〇年頃）から、およそ一二五〇年と一二六一年の間にドミニコ会士エティエンヌ・ド・ブールボンが書いた『説教提要』Tractatus de diversis materiis praedicabilibus（一二六一年死亡のため未完に終った）までの間に、煉獄の雰囲気は一変した。それはもはや希望ではなく、恐怖を呼ぶものとなった。

一一九五年頃、ベルヴィル＝シュール＝ソーヌで生まれたエティエンヌは、マコンのサン＝ヴァンサン、次いでパリ大学で学んだ後、ドミニコ会に入会した。彼はしばしばリヨンの修道院を出て、説教師として、また宗教裁判所判事として、オーヴェルニュ、フォレ、ブルゴーニュ、アルプスの各地方を巡回した。晩年、説教者用の大きな著作の執筆を企て、そこに彼もまた多くの「教訓逸話」を挿入した。しかし、カエサリウスの逸話の大多数が、伝聞によって知った最近の逸話であり、主に自分自身の経験から汲み取られているのに対して、エティエンヌは当時の伝承と書物から借用した。しかも彼は、物語のそれぞれに、カエサリウスほど自律性を与えることなく、むしろ聖霊の七つの恵みに範をとった構成に厳密に従っている(55)。エティエンヌ・ド・ブールボンはスコラ精神に引きずられるまま、むやみに区分・下位区分を重ね、しばしば極めて不自然な印象を与えるが、煉獄は聖霊の第一の恵み「恐怖の恵み」を扱う巻（De dono timoris）

の第五章の表題に現われる。[56]

この第一巻「恐怖の恵み」は、次の一〇章から成る。㈠七種の恐怖について、㈡主への恐怖の効果について、㈢神を恐れねばならないこと、㈣地獄について、㈤来るべき煉獄を恐れなければならないこと、㈥最後の審判の恐怖について、㈦死の恐怖について、㈧罪の恐怖について、㈨現在の危険を恐れなければならないこと、㈩人類の敵（悪魔）の性質について。

冒頭ただちに、われわれはエティエンヌと共に、いわば恐怖のキリスト教の只中に投げ込まれる。煉獄は終末論的恐怖の文脈にはめ込まれ、地獄と隣り合わせである。

とまれ、煉獄は第五章で論じられる。エティエンヌ・ド・ブールボンはこの章を、今度は七つの項目に分けているが、これは極めて不自然なことで、著者は象徴的数字（七、一〇、一二、等）に従って論述を構成しているのである。その七つの項目とは、現在の煉獄、未来の煉獄、煉獄に関連をもつ罪人や過失の性質、煉獄を恐れるべき七つの理由（これはさらに三項目に分かれる）、そして最後に、煉獄の魂を救うことのできる一二種のとりなしに充てられている。

エティエンヌ・ド・ブールボンは、当時一般には顧みられなくなっていた伝統的概念に後退して、地上の生は第一の煉獄とみなすことができ、そこで人は一二の方法で浄化される（読者にそれを列挙することは省略する）と考える。これに関する論証はここではまったく行なわれず、聖書の典拠がいくつかつなぎ合わされているだけである。第二項は、将来肉体を取り去られることになる魂にも、一種の煉獄が存在することの証明をめざしている。その証拠はいくつかの典拠（マタイ一二、グレゴリウス大教皇の『対話』四、パウロのコリント人への第一の手紙三）と、未来の火と試練について語る旧約聖書のテクスト全体である。死後に罪の許しがあるはずなのだから、この最後の浄化にふさわしい場所がなければならず、それは地獄でも天国でもありえない。そこでエティエンヌは異端者、とりわけワルド派を非難する。彼らは《将来、煉獄の刑罰はないと言い》、死者のためのとりなしの祈りを否認するからである。エティエンヌは——彼のいつもの流儀だが——脇道にそれて、「法」の巻で論じられる八種の刑罰に言及するが、一体どうしてそれらが煉獄と関係し得るのかは述べず、煉獄を拒む者は神に対して、またすべての秘跡に対して罪を犯すことになると断言する。

煉獄で罰せられるのは誰か。第三項の冒頭で、エティエンヌは煉獄に送られる罪人のカテゴリーを定義する。すなわち、《回心》が遅すぎた者、死ぬときに小罪しか負っていない者、現世で十分に悔悛をしなかった者の三つである。この点に関する短い説明も、要するに、事実上パウロのコリント人への第一の手紙三章一〇—一五節の簡略な注解にすぎない。

第四、五、六項は、人間が煉獄の刑罰を恐れなければならない理由を述べる。その数七つ、すなわち厳しさ（acerbitas）、多様さ（diversitas）、持続時間（diuturnitas）、不毛性（sterilitas）、有害性（dampnositas）、責め苦の性質（tormentorum qualitas）、助力の得がたさ（subveniencium paucitas）である。

煉獄の刑罰のこうした極めて否定的な性格は、主に「逸話」を用いて具体的に示される。たとえば刑罰の厳しさと多様性とを同時に示すために、パウロの黙示録に由来する責め苦の描写を伴って、「聖パトリキウスの煉獄」が詳細に描き出される。持続時間は煉獄の魂の時間感覚に関係する。彼らはそこで受ける苦しみのために時間が極めて緩慢に流れると感じるのである。この世とあの世の間の等価関係は、主として贖いの等価性である。煉獄の一年はおそらく一日で贖われうる、と多少（いや、「大いに」と彼は言うであろうが）躊躇しながらエティエンヌは述べている。不毛性とは、死後功徳を得るのが不可能なことに由来し、有害性というのは見神の欠如ゆえにである。ハイステルバッハのカエサリウスのように、神の剝奪は人が煉獄で受ける罰の中で最小のものであると考えているらしい人々とは逆に、エティエンヌは、たとえ一日たりとも見神を剝奪されることは小さな損失ではないと指摘して、次のような名文句を吐いている。《聖人は、天国にあって神を見られないよりは、その必要があれば地獄にあって神を見ることを選ぶであろう》と。かなり蒙昧主義的な彼の文章の中で、至福直観に関するこのくだりは、雲間から漏れる太陽の光のようである。

責め苦の性質については、エティエンヌは地獄の刑罰に関して先に述べたことを参照するよう指示しており、このことは意味深い。助力の得がたさというのはエティエンヌの悲観主義に由来する。彼によると《生者はすぐに死者のことを忘れる》。そして地獄にいる者たちは、ヨブのように叫ぶ、《私を憐れんでくれ、せめてあなた方、私の友よ、私を憐れんでくれ。主の御手が私に触れたのだから》と。さらに《かりそめの友、俗界の友は犬に似ていて、巡礼が手に骨をもって食卓についている限り、親愛のしるしに尻尾を振るが、素手のときにはもう知らぬ顔をする》。ここでもまた、地獄との比較がなされている、《なにしろ地獄は忘却を誘うもの》だからである。

最後にエティエンヌ・ド・ブールボンは、煉獄の魂への力添えとなる一二種のとりなしについて詳述する。ここでもそれを証しするものとして「教訓逸話」が用いられる。このドミニコ会士の論証は、ここでかなり混乱しているが、一二のとりなしを次のように枚挙することができる。すなわち、ミサ、敬神の奉納、祈り、施し、悔悛、巡礼、十字軍、敬神の遺贈の執行、不正に得た財産の返却、聖人の仲介、信徳、諸聖人の通功に基づく教会の一般的代禱。エティエンヌは次の三点への配慮に動かされているようだ。つまり、近親者の役割を強調すること（煉獄の魂に最も貢献できる人は、死者の《身内の者》sui と友人 amici である）、善人・義人によって行なわれるとりなしの価値を強調すること、そして、これらのとりなしの供与と管理における教会の役割に注意を促すこと、これである。

ここでエティエンヌ・ド・ブールボンによる《煉獄の逸話》三九篇に言及することは、その多くがグレゴリウス大教皇、ベーダ、尊者ペトルス、ヴィトリのヤコーブス等、われわれがすでに検討もしくは引用した古い源泉からの借用であるだけに、問題にならない。

私はただ、エティエンヌ自身が、他人の口から聞き書きしたと称して、《私はこう語られるのを聞いた》audivi という言葉で切り出している話から三篇をここに引用しよう。

最初のものは、ティルベリーのゲルヴァシウスの『皇帝の閑暇』Otia imperialia（一二一〇年頃）にも見出されるので、本から取った可能性もあるが、あるいはゲルヴァシウスを読んだ人が彼に情報を提供したのかもしれない。いずれにせよ、ゲルヴァシウスの話をエティエンヌのそれと比較してみると興味深い。ティルベリーのゲルヴァシウスによれば、話はこうである。

シチリア島のカタニアの町にほど近く、硫黄の火の燃えさかる山、エトナ火山がある。民衆はこの山をモンジベルと呼び、この地方の住民は、今の世にその不毛の山腹で、偉大なるアーサー王の姿を見たと語っている。ある日、カタニアの司教のひとりの馬丁が、食べすぎて動きが鈍くなり、彼が櫛で手入れしていた馬が逃げ出して見えなくなった。馬丁は山の急斜面や絶壁のあたりを探したが、馬は見つからない。彼の心配はつのり、山の暗い洞窟の中を探し始めた。極く狭い、しかし平坦な一本の道を行くと、広々としてうっとりするような、歓喜に溢れる草原に出た。

そこの、魔法で建てられた宮殿の中で、彼は絢爛豪華な寝台に横たわるアーサー王を見た。王は彼がここに来た理由を知ると、その馬を引いて来させ、少年にそれを司教のもとへ連れて帰るよう引き渡した。王はまた少年に、かつて甥のモドレッドとサクソン侯チルデリックとの戦いで負傷して以来絶えず開く傷口を癒すために、久しくそこに横たわっているのだと語った。そしてこの話を私に語ってくれた土地の人々[57]によると、王は司教に贈物をした。司教はそれらを感嘆する群衆に見せ、彼らはこの未曽有の話に茫然としたのである。

一方エティエンヌ・ド・ブールボンの話はこうである。

私は、ジャンと名のるアプリアのある修道士から、自分の住む地方で起きたという次のような話を聞いた。ある男がカタニアの町に近い、煉獄があると言われているエトナ山中で、ある日主人の馬を探していた。そしてある町に入った。その中には小さい鉄の扉から入るのであった。彼が門番に、自分は馬を探しているのだがと尋ねると、門番は、私の主人の宮廷に行きなさい、そうすれば主人がおまえに馬を返してくれるか、何か教えてくれるかするだろうと答えた。そこで門番にどうすればよいのか教えてくれるよう懇願した。門番は、差し出される料理を食べないように気をつけよと言った。この町には、地上の住人と同じくらい数多く、あらゆる種類、あらゆる職業の住民がいた。いくつもの中庭を通り抜けてその中の一つに入ると、そこに一人の帝王が家来に囲まれているのが見えた。彼のために多くの料理が出されたが、彼は食べるのを断わった。彼は四つの寝台を見せられ、その一つは彼の主人のために、他の三つは高利貸たちのために用意されているのだと教えられた。そして王は、彼の主人と三人の高利貸がここに来るべき日を指定する、もしその日を守らなければ、彼らは力ずくで連れて来られるだろうと言って、彼に金の蓋で被われた金の器を与えた。おまえはそれを絶対に開けてはいけない、おまえの主人にこれを一つの前触れとしてもって行き、中のものを飲ませるように、と言われた彼は、馬を返してもらい、戻って命じられた通りにした。その器が開けられると、そこから燃え立つ炎が噴き出した。器ごとそれを海に投げ捨てると、海が燃え上った。他の者たちも告解をしはしたが、真の悔悛によるものではなく、単なる恐怖による悔悛であったので、定められた日に四頭の黒馬に乗せて連れ去られた[58]。

ゲルヴァシウスからエティエンヌへの変化は、明瞭に名指されることのなかった煉獄がその名で呼ばれ、町はその魅惑を失い、煉獄の火の前兆が器の火によって示されている点である。用意された寝台はもはや休息の床ではなく、責め苦の床の匂いがするし、姿を消した馬は、霊をあの世へ導く、死の前触れとしての黒馬を予示している。アルトゥーロ・グラーフの指摘した通り、前者から後者へ、たしかに物語の地獄化が進んでいる(59)。

ある敬虔な老修道司祭がエティエンヌ・ド・ブールボンに語ったというもう一つ別の物語がある。昔、神も人も恐れない教会参事会主事がいた。神は彼を憐れに思われ、彼に重い病いを給うた。男は薬その他手段のために全財産を使い果たしたが、まったくその効果はなかった。五年経って、相変わらず病いは癒えず、起き上がることもできず、もはや生き延びるいかなる手だてもなくなったので、彼は己の貧しさと、惨めさと苦しみに絶望し、自分をかかる苦悩の裡にこれほど長く生かし給う神に対して不平を鳴らし始めた。一人の天使が彼に遣わされ、彼のそんなつぶやきを咎めて、忍耐せよと励まし、もし彼があと二年苦痛に耐えたら、完全に浄められて天国に行くことになろうと約束した。すると男は、それはできません、死ぬ方がましですと答えた。天使が言うには、神がおまえを天国に行かせる前に、おまえは二年の苦悩か、煉獄で二日の刑罰を受けるか、どちらかを選ぶことができると。彼は煉獄の二日を選び、天使によってそこに連れ去られた。煉獄の刑罰の苛酷さ (acerbitas) はあまりにも厳しく、半日と経たないのにすでにもう何日も何日も前からそこにいるように彼には思われたほどである。彼は泣き叫び、呻き声をあげ、天使を嘘つき呼ばわりし、あれは天使ではなく悪魔だとさえ言い始めた。天使がやって来て、忍耐するように励まし、彼の不満のつぶやきを咎め、おまえがここに来てからまだ少ししか経っていないと言った。そこで彼は天使に懇願して、前の状態に戻して下さい、もしそれが許されるなら、二年のみならず最後の審判までも辛抱強く病気に耐えてみせましょうと言い切った。天使はそれに同意し、その教会参事会主事は二年の残りの期間、あらゆる苦痛に辛抱強く耐えた[60]。

ご覧のように、煉獄の日々と現世の歳月の間の基本的な比例関係と、この世のあらゆる刑罰を遙かに上回る煉獄の刑罰の厳しさとが、明確に——簡略に過ぎるきらいもないではないが——示されている。

最後の「逸話」。《私の聞いた話だが、とエティエンヌ・ド・ブールボンはこう語る。ある大家の子供が約九歳で死んだ。賭事に熱中して、彼は父母の家から利子付きで借金をしていた(原文通り)。彼は死ぬときそのことを考えなかったので、告解はしたが、負債の返却はしなかった》。ほどなく、彼は家族のひとりに現われ、借りていたものを返さなかったために厳しく罰せられていると言った。亡霊を見たその人は、事実を調べて彼の負債をすべて返済した。子供がその人に再び現われ、私はあらゆる刑罰から解放されましたと告げ、大層うれしそうであった。《この子供はブルゴーニュ公の息子ユーグであり、亡霊を見たのは公爵の母、彼の祖母であって、彼女が私にこれを語ったのである[61]》。ここには煉獄の魂の出現する仕組みが図式的に示され、煉獄から解放されるには、借財の返却が重要であることが強調されている。つまり、煉獄は魂の救済手段であると同時に、現世の経済生活の調整機構となったのである。

エティエンヌ・ド・ブールボンの提要は大成功を収めたものとみえ、彼の「逸話」はよく利用された。こうして地獄化し、通俗化した煉獄、あまりにも簡略化された貸借計算の対象としての煉獄のイメージが普及した。

「煉獄逸話」の最終的な姿を見るために、ここで『分類物語集成』Alphabetum narrationum を参照してみよう。この「教訓逸話」集は分類見出しのアルファベット順に整理されたもので、ドミニコ会士リエージュのアルノルドゥスによって一四世紀初頭に作成されたものである。そして一四、一五世紀には、忠実さの度合に差はあれ、ラテン語や俗語（英語、カタロニア語、フランス語）による数多くの模倣作を生んだ。アルノルドゥスは「煉獄」（purgatorium）の見出しで一四篇の「逸話」を載せている。それらは八つのテーマに分類される。そのうち四つは煉獄の刑罰、その烈しさ、時間、刑罰の恐ろしさに関するものである。《煉獄の刑罰は多様である》（六七六番）、つまり刑罰は浄罪の火に限られない。《煉獄の罰は厳しく（acerba）長い》、これはアウグスティヌスの教えである。《煉獄の刑罰はたとえほんのわずかの時間でも長く続くように思われる》、ここには民間伝承の死後世界の逆転された時間がみられる。最後に、《煉獄は悪人よりも善人によって恐れられる》、つまり、煉獄は地獄より天国に近いということと同時に、刑罰の苛酷さを示すものでもある。次の二つは、煉獄の位置決定に関するもので、煉獄をこの地上にあると認めている。《ある者は生者の間で浄化され》、また《ある者は自分が罪を犯した人々の間に現われて罪の償いをする》。最後の二つはとりなしの祈りに関するものである。《煉獄の罰は祈りによって軽減される》、また、《煉獄の罰はミサによって消される》。これらの「逸話」は、グレゴリウス大教皇、尊者ペトルス、聖パトリキウスの煉獄、シトー会士フロワモンのヘリナンドゥス（エリナン・ド・フロワモン）、ハイステルバッハのカエサリウス、ヴィトリのヤコーブス、そして最後に『恐怖の恵み』De dono timoris（エティエンヌ・ド・ブールボンの作に極めてよく似ている）の著者ローマンのフンベルトゥスからの借用である。(62)

私は、一三世紀の説教と「逸話」による煉獄の普及に関するこの研究を、一方では初期ドミニコ会士たちの伝記やベギン修道会の布教活動、他方では種々の政治的ねらいをもって煉獄の幻を利用することが相次いだことに言及することで補足しておく。

煉獄のドミニコ会士

一三世紀中葉、シトー会士を引き継いで、托鉢修道会が社会の精神的骨格を形成するに至る。しかしフランチェスコ会士やドミニコ会士の中にも一部、修道会の伝統を守ろうとする者がいた。たとえば、エティエンヌ・ド・ブールボンと同時代のジェラール・ド・フラシェは、煉獄について、ドミニコ会士たちの関心とは著しく異なるイメージをもっている。

ジェラール・ド・フラシェの証言は、特にドミニコ会内部における煉獄信仰の浸透程度を知る上で貴重である。シャリュ（オート・ヴィエンヌ県）出身のこのリムーザン人は、一二二五年パリでドミニコ会に入会し、リモージュの小修道院長を経てプロヴァンス地方管区長となり、一二七一年リモージュで死んだ。彼はドミニコ会の記録（memorabilia）に基づいて一二〇三年から一二五四年に至るその歴史を書いた。それは五部から成る。第一部は修道会の創始、第二部は聖ドミニコ、第三部はドミニコの後を継いだ総会長ザクセンのヨルダン、第四部は会の変遷（de progressu ordinis）、第五部は修道士の死に充てられている。

この書物の構成は意味深い。最後の第五部は、教会における伝統と革新とを共に代表する一会派の態度を良く表わしている。死は生に意味を与えるものであり、地上の生と終末論的運命の出会いとして位置づけられる。ジェラール・ド・フラシェは、こうした死後との関連で焦点と化した死の瞬間というものを明白に示しており、それは煉獄の成功を説明するものでもある。

この第五部《説教者修道会士の生活》あるいは《一二〇三年から一二五四年に至る修道会編年史》をより詳細に検討しよう。ここには修道士の身に起こり得るあらゆる死の様態と死後の境遇とが示されている。まず修道会の殉教者たち、幸福な死に方、死に伴う幻視と啓示の問題が扱われ、次に死後の状態が来る。ここで、最初に煉獄の修道士たちが描き出され、ついで悪魔の罠、死者を援助する方法、背教者の不幸な運命、そして逆に奇跡によって死後に顕揚される者たちの栄光、とつづく。したがって煉獄の修道士たちの「逸話」は中間的位置を占め、転回点となっているが、これはまさに新しい場所としての煉獄の占める位置でもある。

ジェラール・ド・フラシェは一四篇の「逸話」を挙げている。それら一四の煉獄の物語は、ハイステルバッハのカエサリウスやエティエンヌ・ド・ブールボンの場合とは異なり、論考の中に挿入されているわけではない。それらは修道会を称えるためのもの、あるいはむしろ修道会内部用であり、栄光を得た幸福な修道士の事例と、修道士に反省を促す事例とを交錯させている。それらは、エベルバッハのコンラートが一三世紀初頭にシトー会のために書いた『草創記』を思い出させ、特にカエサリウスと比べると極めて伝統的な匂いを発散している。

第一の物語。ケルンの修道院で、老説教師と修練士が同じ日に死んだ。三日後、その修練士が現われた。生前の彼の熱意が報われて、煉獄の通過が非常に短くすんだのである。逆に説教師は一月後に初めて現われた。俗人との妥協がたたって彼の試練の方が長かったが、その代り、宝石のちりばめられた彼の衣服と金の冠が物語っているような一層輝かしい運命が与えられた。それは彼が多くの人を回心させたことに対する報酬なのである。

これにつづく四つの物語の舞台は、イギリスである。ダービーの若い一修道士が死に際に相次いで喜びと苦悩の経験をする。喜びとは、聖エドモンドと、ついで聖母が彼に現われたことである。苦悩とは、自分が選ばれた者であることをほとんど確信しながら、それでもやはり自分が身に負う小さな（modica）罪が劫罰に値するのではないかという恐れのためである。小罪と大罪、煉獄と地獄の境界は狭いという警告である。

イギリスの読師である修道士リチャードの死の床に、はじめ恐ろしい霊たちの出現があり、次に、自分がドミニコ会士と、常に敬愛してきたフランチェスコ会士たちの助力のお陰で救われる、という啓示を得る。つまり両修道会の協力の呼びかけである。

ヨークの小修道院長である修道士アランも同じく死に際に恐ろしい幻影に襲われる。彼は自分に現われた悪魔どもの姿を再び目にするくらいなら、最後の審判まで恐ろしい火の中にとどまる方がよいと考える。要するに、どれほど耐え難い形式のもとであれ、煉獄の方がその最も外面的な様相における地獄よりはましなのである。

ある司祭が、彼に地獄を予告する夢に怯えてドミニコ会に入る。死後、彼の聴罪司祭に現われ、自分は救われた、そしてあなたも救われるであろうと告げる。

つづく物語二篇は《スペイン》(現在はポルトガル)のサンタレムで起こる。一方の話では、死に際に俗人たちが居合わせたという理由で、ある修道士が煉獄へ行くことになる。もう一つの物語では、別の修道士が、歌がうまいことを誇ったために同じ運命となる。

ボローニアのあるイタリア人修道士は、建築に熱中しすぎたために煉獄で苦しむ。リスボンのポルトガル人修道士は、写本に没頭しすぎて、やはり煉獄で罰せられる。一方、修道士ガイヤール・ドルテスは、新しい修道院の建設に関心を寄せすぎたために、胸と脇腹に火傷した姿で現われ、修道士たちに祈禱をあげてくれるよう求める。リモージュの修道士ジャン・バレスティエは、犯した過失のために煉獄で七日間を過ごす。また小罪の償いとしてそこで受ける刑罰が極めて厳しいことを証言し、さらに天使たちが自分を天国に導くために迎えに来たと言う。

この報告は煉獄図を予示していて、非常に興味深い。天使たちが死者をこの新しい場所から引き出し、天に昇らせようと彼らに手を差し延べる図が、やがて見られることであろう。

修道士ピエール・ド・トゥールーズは、自分の属する修道会に対して忠実そのものであったし、また多くの者を回心させたにもかかわらず、夢に現われ、どんな罪のためか煉獄で数ヶ月を過ごしたと告げる。ある卓越した修道士が、顔に恐怖の色を浮かべて死んだ。死後数日してその亡霊が現われ、何を恐れてのことなのかと尋ねると、亡霊はヨブ記四一の一六の一句《彼らは恐怖の中で罪を浄められるであろう》(Quia territi purgabuntur)をもって答える。一四番目の修道士は、生《き》のままで飲むワインが大好物で、その度が過ぎて責め苦を受けているのである。

これらの「逸話」は、期間や亡霊の出現といった煉獄の体系の特徴的要素をいくつか示している。また、ドミニコ会内部でこれらの逸話がどのように用いられたかを明らかにして、特に示唆に富む。つまり、これは一方では小罪に関するまぎれもない一個の決疑論であり、他方では修道士の生きた姿を伝えるものである。彼らを——幾人かの偉大な人物の例に基づいて——理知的な傾向をもつ人々と性格づけるむきもあるが、むしろ彼らは、修道院的環境から脱却しようとするその意欲にもかかわらず、むしろ伝統的な関心に捉われている。

ドミニコ会士の次に、同じように新しい形の修道生活を営みたいという欲求に動かされた女性たち、とりわけ煉獄に思いを凝らすことを促された人々が来る。ベギン会修道女である。

煉獄とベギン会修道女

ベギン会修道女は一三世紀に極めて興味ある社会を形成した。この女性たちは、町の同一区域の家々に、個別にあるいは少数のグループで住み、修道女としての生活と俗人としての生活の中間をゆく、敬虔な生活をひっそりと送るのである。彼女たちは教会の好奇心と同時に不安をかき立て、特殊な布教活動の対象となる。

一二六〇年頃聖王ルイによって創立されたパリ・ベギン会修道院の聖カトリーヌ礼拝堂で、一二七二―一二七三年に、主としてドミニコ会とフランチェスコ会の説教師たちが行なった説教の研究において、ニコル・ベリウは、そこにしばしば煉獄が登場することに気づいた。(63) 一人の説教師は、エルサレムに象徴された天国の栄光ある死者たちが、エジプトに象徴された煉獄の兄弟たちを励ます話をしている。煉獄の刑罰は重く、われわれは煉獄にあって責め苛まれる、無力な縁者の身の上を慮らねばならないのだ。(64)

別のある説教師は、神が《煉獄という牢から彼の囚人》を解放して下さるように《煉獄の人々》のために祈ることを、ベギン会修道女たちに勧めている。(65)

煉獄の人々のために祈れば得るところがある。彼らが天国に行ったときに、今度は彼らが、自分を煉獄から引き出してくれた者たちのために祈ってくれるからという考えが明確になってきたことがうかがえる。事実、第二の説教師は、《彼らは恩知らずではない》と断言している。また別の説教師は、地獄にいる人のためではなく、煉獄にいる人々、主の牢獄にいて、俗な表現をそのまま借りれば《泣き叫び、がなり立てている》者たちのために祈れと説く。生者は施しと断食、祈りによって彼らを解放してやらねばならない、と。(66)

悔悛をやり遂げるのに、煉獄や地獄を待つ必要はない、とひとりが強調する(67)一方では、あるフランチェスコ会士が、ふだん祈ってやらなければならない人々 (pro quibus solet orari) を八種類挙げて、その中に煉獄の人々を数える。(68) また別の説教師は、特に《血縁者や友人のために》祈らなければならないと言明している。(69) 悔悛の最初の成果は煉獄の責め苦からの解放であると指摘する者もあれば、(70)《「悔悛は煉獄でやればよい」などと言う人たちは愚かである。煉獄の刑罰の厳しさはこの世のどんな刑罰とも比べものにならないのだ》と警告する者もある。(71) 特に興味深いのは、枝の主日(二三)にひとりのフランチェスコ会説教師が行なった言明である。彼は、人々を二手に分けて地獄か天国に送るあの《偉大な、魂の計量者》としての聴罪司祭ではありたくない(non consuevi esse de illis magnis ponderatoribus)という。《私には中間の道が最も確かだと思われる。だから、私に雑多な人々の心がわからないとき、彼らを見限って地獄に送るよりも、煉獄に送ることを私は選ぶ。そしてその後は最高の師たる聖霊にお任せする。聖霊は内部からわれわれの心を教えて下さる(72)》。煉獄の機能に関するこれ以上みごとな表現がかつてあっただろうか。

パリのベギン会修道女に対する説教を集めたこの小資料体は、煉獄の三つの重要局面を際立たせている。㈠煉獄は神の牢獄である。したがって、これはまさしく魂の大幽閉であって、その解放は生者の祈りに依存する。こうした考え方は、囚人のための祈りという、正義と愛の感情に鼓舞された、初期の迫害時代以来の長いキリスト教的伝統の内部にあるのである。㈡煉獄は、ほとんどすべての説教者が強調する生者と死者の連帯を強めずにはおかない。㈢しかも、悔悛が人を煉獄から解放するにせよ、煉獄が悔悛を成就するにせよ、煉獄と悔悛とは密接に結びついている。

煉獄と政治

一四世紀初頭、コルマールのドミニコ会修道院で作成されたある年代記の中に、煉獄が昔から教会の手に握られた政治的武器であったことを示す物語がある。それは、ローマ人の王ロドルフの息子、ハプスブルクのロドルフ(一二七一—一二九〇年)に煉獄で出会ったあるパントマイム俳優の物語である。

ドミニコ会士オットーが語るこの物語は、ルツェルンが舞台であると考えられている。この町に二人の友人、鍛冶屋とパントマイム俳優ツァルヒャルトがいた。ある日、俳優が婚礼の場所へ演じに行っている間に、鍛冶屋が死んだ。鍛冶屋は大きな馬にまたがってツァルヒャルトに現われ、愛用の楽器ヴィエールを抱えた俳優をある山に連れて行った。山は口を開けて二人を中に入れた。彼らはそこで、今はなき多くの高貴の人物に出会うが、中にローマ人の王ロドルフの息子、アルザス公ロドルフがいた。死者たちはツァルヒャルトに近寄り、ある者は掠奪の罪で、またある者は高利貸の罪で非常に大きな罰を受けていることを、妻や友人たちに知らせてくれるようにと頼む。彼らは、自分たちが奪ったものを、生きている縁者が代って返還してくれることを望んでいるのである。ロドルフもまた、相続人たちへの伝言をツァルヒャルトに託して、横領した財産を返還させようとする。同時に、彼の父、ローマ人の王が間もなく世を去り、責め苦の場所に来ることになっていることを、本人の耳に入れるようにツァルヒャルトに依頼する。証拠の印として、ロドルフはツァルヒャルトの首に、二本の指で痛い焼印を二つ残す。山は開いて彼を生者の世界に戻し、彼は頼まれたメッセージを伝える。だが、彼の首の印(intersignum)が化膿して、一〇日後に彼は死ぬ。

この物語は全体が民間説話的ムードに浸っている。鍛冶屋は霊魂をあの世に導く悪魔であり、パントマイム俳優は悪魔のヴァイオリン弾きである。その煉獄はといえば、あまりにも《地獄化》されていて、ツァルヒャルトがロドルフに「あなたはどこにいるのか」と尋ねると、ロドルフが「地獄に」と答えるほどだ。(73)

煉獄は聖人や聖人伝の世界にも浸透した。一三世紀は、いまや聖性が教皇の管理下におかれる時代である。聖人はもはや民の声(vox populi)によって(もちろん奇跡の保証を得た上で)作られるのではない。教会の声(vox Ecclesiae)が聖人を作るのである。一三世紀はまた聖性の概念が変化する時代でもある。

聖人の認知に奇跡は相変わらず不可欠であるが、その他に、徳、品位、霊的雰囲気がますます重要になってくる。アッシジの聖フランチェスコは、殉教者、告解師、あるいは奇跡を行なう人を超えでて、直接キリスト自身をモデルとする新しい型の聖人を具現している。(74) しかし知識人と庶民とをひとしく動かす一つの民衆的信仰、大衆的信心が、聖人伝という伝統的源泉によって函養された。個々の聖人の伝記と並んで「聖人伝説集」が普及するが、これは新しい精神で作られたものであって、中世の目録そのものがそれを「新しい伝説」(legenda nova) と呼んでいるのである。なるほどこうした「伝説集」の特権的読者は《共同生活を送る聖職者の小さな世界》であり、《大衆》が直接それに触れることはない。しかし説教師を通して、あるいはしばしばフレスコ画、写本挿絵、彫刻等のモチーフをこれらの伝説に仰いでいる芸術家を介して、大衆もまた影響を受けるのである。それればかりか民衆語への翻訳、翻案、要約が大々的に試みられた結果、これらの伝説は助修士や修道女のようなラテン語を理解できない修道院の人々にも手の届くものとなり、俗人社会へ直接流布する通路が開けたことも大きく物を言っている。(75)

《黄金伝説》における煉獄

イタリアは、聖人伝説の産出に比較的遅れをとるが、一三世紀、一二六〇年頃には、ドミニコ会士ヴォラギネのヤコーブスの『黄金伝説』Legenda aurea を生む。この伝説集は凡作ながら、大成功を収めることになるだろう。『黄金伝説』はさまざまの出典からの寄せ集めであるが、それでもやはり信仰の《最新》テーマに門を閉ざしてはいない。煉獄を歓迎しているのである。(76) 煉獄は「聖パトリキウス」を主題とする章と、「死者の記念日」について論じる章において、重要な位置を占めている。

ヤコーブスによると、「聖パトリキウスの煉獄」の由来はこうである。《聖パトリキウスはアイルランドで福音を説いていたが、思うように成果が得られないので、彼は、アイルランド人を恐れさせ、彼らを悔悛に導くために、しるしを現わすように主に祈った。主の命令に従って、彼はある場所に杖で大きな円を描いた。すると円内の大地が口を開け、巨大な深い井戸が現われた。これぞまさに煉獄の場所であるという啓示が聖パトリキウスに与えられた。自らすすんでこの場所に降下する者はそれで悔悛の業を全うしたことになり、ほかに煉獄の罰を受けて罪の償いをする必要はないであろう。多くの者はそこから戻らない。しかし戻ってくる者は、朝から次の朝までそこに留まらなければならない。こうして多くの者がそこに入ったが、戻らなかった》。次に、ヴォラギネのヤコーブスはソールトレーのH（名前を明示していない）の小品を要約しているが、主人公の名を変え、騎士オウエインの代りにニコラスという名の貴族を登場させている(77)。

この伝説集は典礼暦と対応していて、典礼年の重要な期間および時期に関連して簡単な教理解説を添えているが、煉獄は一一月二日の「死者の記念日」に再び登場する(78)。そこでは最初から煉獄の問題が論じられている。死者の日は、特別の恩恵による救いを得られない死者のために、とりなしを行なうべく定められた日として示されている。ペトルス・ダミアーニによると、その起こりはクリュニーの修道院長オディロの発意にある。われわれの知るテクストでは、ペトルス・ダミアーニに改変の手が加えられていて、オディロは、巡礼から戻った修道士の話を聞くのではなく、施しや祈りにより死者の魂が奪い去られるのを見て怒り狂う悪魔たちの叫びや怒号——拷問を受ける死者たちの叫びや怒号ではなく——の直接の証人ということになっている。

次にヴォラギネのヤコーブスは二つの質問に答える。㈠煉獄にいるのは誰か。㈡そこにいる者たちのために何ができるか。

このリグリア人のドミニコ会士は、番号を付して分類するスコラの方式に従って、最初の問題をさらに三つに分ける。㈠誰が浄化されるべきであるか。㈡誰によって。㈢どこで。第一の問いへの答え。浄化される者は次の三種である。㈠悔悛の業を全うせずして死ぬ者。㈡聴罪司祭により命じられた償いが必要以下であったために煉獄に降りる者（qui in purgatorium descendunt）（ヤコーブスは、償いが必要以上に課されたため、故人が余分の栄光に浴する場合も想定している）。㈢《木、草、藁をたずさえる》者。このようにパウロのコリント人への第一の手紙を引き合いに出して、ヤコーブスは小罪を考察の対象とする。

ヤコーブスは右の諸原則を発展させ、煉獄の算術の概要を示す。たとえば彼は、《煉獄で二ヶ月の刑罰に耐えなければならない場合、（とりなしの祈りの）助けがあれば一ヶ月だけで解放され得る》と言う。彼はアウグスティヌスに基づいて、浄罪の火の刑罰は永遠ではないが非常に厳しく、現世のあらゆる刑罰、たとえば殉教者の苦痛をさえ凌ぐものであると明言する。ヤコーブスの考えでは、煉獄で死者を苦しめるのは悪魔、悪天使であるから、いきおい煉獄の地獄化はかなり徹底したものとなる。だがサタンや悪魔たちが喜んで受刑者の拷問に立ち会いに来ると考える人が多い中で、ここでは逆に、良い天使たちが受刑者を救護し慰めに来る（らしい）。煉獄の死者たちにはもう一つの慰めがある。彼らが待つ《未来の栄光（天国）》は《確実》だということである。この未来の栄光に関して、彼らは《中間タイプの》（medio modo）確実さを有するものとされる。こうして「中間」という範疇の重要性が強調されるのである。つまり生者は不確実なままに待ち、選ばれた者は確実さのうちにあってしかも待つことなく、煉獄にある者は待つが確実さのうちにある。以上のように述べる一方で、ヴォラギネのヤコーブスは（実のところ独自の見解は何ひとつなく、ひとの意見を並べ立てることに終始して）結局（in fine）この問題の結論として、煉獄の刑罰は悪魔によってではなく、ただ神の命によってのみ執行されると信じる方が、多分良いであろうと言うのである。

　次の問題、すなわち煉獄の位置決定に関しては、ヤコーブスは、当時支配的となっていた見解を表明した後、彼にとってそれと矛盾するとは思われない他人の見解を次々と並べ立てる。通説では《浄化は、地獄の傍の、煉獄と呼ばれる場所で行なわれる[79]》。しかし彼は、《これが大部分の学者（sapientes）の意見（positio）であるが、煉獄は空中の酷熱地帯に位置すると考える者もある》と付け加える。さらに続けて彼はこう言う。《しかし、神の免除により、魂によっては異なる場所が割当てられることが時としてある。それは、あるいは刑罰を軽減するため、あるいはより早い解放に備えて、あるいはわれわれを教化するため、あるいは過失が犯された場所で刑罰が執行されるように、あるいは聖者の祈りのお蔭で、等さまざまの理由による》と。この仮説の証拠として、彼はいくつかの権威や教訓逸話を引用している。とりわけ、グレゴリウス大教皇からの借用が多いが、シロ師の物語[一三]（ペトルス・カントルに由来するが、ヴィトリのヤコーブスやエティエンヌ・ド・ブールボンの中にもみられる）からも借りられており、最後の聖者のとりなしに関しては、「聖パトリキウスの煉獄」が典拠となっている。

　とりなしの祈りに関しては、彼はまったく型通りに、友人たちの祈り、施し、ミサ、断食の四種が特に有効であることを指摘する。引き合いに出されている権威は、グレゴリウス大教皇（パスカスィウスの物語他数篇）、尊者ペトルス、ペトルス・カントル、マカベア書下、一三世紀後半のパリの有名な教師ゲントのヘンリクスなどで、そのほかに面白い話が一つ引かれている。面白いというのは十字軍（ここでは、アルビジョワ十字軍）に結びついた贖宥に言及されているからである。《教会の贖宥もまた有効である。たとえば、ローマ教皇特使がある勇敢な戦士にアルビジョワの地で教会のために戦うことを求め、戦士に対して彼の亡父の贖宥を与えた。戦士は四〇日間戦地にとどまった。四〇日後、戦士の父は光り輝いて彼

に現われ、解放の礼を述べた(80)》
最後に彼は、とりなしの祈りの恩恵に与る者として、中位に善良な人間という範疇を指定する。また、悪しき生者のとりなしは煉獄の魂にとって無益であるという考えは最後に至って撤回される。ミサをあげることは常に有効であるし、故人によって託された善行はたとえ悪しき生者が行なっても効果を失うことはないとされるのである。

以上の長い論述をしめくくるのは、一三世紀初頭の、シトー会士フロワモンのヘリナンドゥスの年代記から取られた「教訓逸話」で、話はシャルルマーニュの時代、正確には八〇七年のこととされている。《シャルルマーニュの対ムーア人戦争に出発した一人の騎士が、身内の一人に、戦死したら馬を売って、その金を貧しい人たちに与えるようにと依頼した。この身内の者は馬が非常に気に入って、騎士が死んだ後もそれを手離さなかった。暫くして、故人は太陽のように輝いて彼のもとに現われ、こう言った。「お前が馬の代金を貧者に与えなかったおかげで、私は八日間煉獄で刑罰を受けなければならなかった。だが、お前はその馬を天国に連れては行けないだろう(impune non feres)。なぜなら悪魔が今日にでもお前の魂を地獄に連れて行くからである。一方、私は浄められて神の王国に行く」と。たちまちライオン、熊、狼を思わせる吼え声が空中に響きわたり、男は地上からさらわれていった(81)》。これは、ヴィトリのヤコーブスの『説話集』sermones vulgares に一篇見られる煉獄の逸話の一つと同じものであって、ユード・ド・シェリトンやカンタンプレーのトマスにも見出される。これは「教訓逸話」中の古典である。『黄金伝説』に再録されて、この古典はいわば一三世紀における煉獄の袖珍版となるであろう。『黄金伝説』には、アウグスティヌス以来の煉獄に関する史料の重要な部分が含まれており、理論的補足と例証に資するための新しいテクストも加えられている。

煉獄の聖女ルトガルディス

聖人伝文学は煉獄の流行の驚くべき証言を提供している。

煉獄の魂は助けを必要とする。助けは特に自分の縁者、友人、共同体から来る。しかし、とりなし人あるいは補助者としての務めを果たさなければならないのは、聖人たち、特定の聖人たちではなかろうか。もちろん聖母はこの上ない仲介者であり、特に有効である。ニコラウスのような聖人はすでに数多くのものの守護聖人であったが、新たに、いわば煉獄の守護聖人となりつつあった。しかし特に注目すべき例が一つある。一三世紀に、真の煉獄の聖女、聖ルトガルディス信仰が芽生えるのである。彼女はサン＝トロンのベネディクト会修道院で教育を受けたシトー会修道女、多分単なる助修女で、一二六四年、ナミュール教区、ブラバン地方のエイヴィエール修道院で盲人として死んだ。彼女はベギン修道女社会と関係を持っていたようであり、ヴィトリのヤコーブスと交際があった。少なくとも手紙を一通受け取っている。さらに、ヴィトリのヤコーブスが伝記を書いているかの有名なベギン修道女オイグニスのマリアとも交際があった。(二四) 彼女は特に神秘神学の歴史に名を残し、幾人かのベギン修道女と共に、イエスの聖心崇敬の促進に貢献した。(82)

彼女の死の直後、一二四六—一二四八年の間に、著名なドミニコ会士、カンタンプレーのトマスが彼女の『伝記』を書いた。しかしルトガルディスは正式には聖列に加えられない。トマスによると、ルトガルディスはついにフランス語を自由に操ることができなかった(彼女は俗人と接触するとき、彼女の生国文化の言語であるフラマン語を放棄したくなかったのではないか)ので、公教会から胡散臭く思われていたようである。インノケンティウス四世はカンタンプレーのトマスに、彼女の伝記の初版を訂正するよう要求した。このドミニコ会士はルトガルディスを単に《敬虔な》(pia) と呼び、決して聖なる (sancta あるいはbeata）という呼称を用いてはいないのであるが、彼女は《昔風に》聖女とみなされ、崇められた。『伝記』によると、彼女はもっぱら煉獄の魂の解放にたずさわった。知名の士、いや極めて高名な人物も幾人か、彼女によって救われている。

最初に話題とされているのは、フイイの修道院長シモンである。彼は《熱烈な信仰心の持主であるが、下の者に対して厳しい男》であった。彼は若くして死んだ。彼は敬虔なルトガルディスを特に可愛がっていたので、彼女は彼の死に動転した。彼女は特別な苦行（afflictiones）と断食をやり遂げ、故人の魂の解放を主に祈った。主が彼女に答えた。《おまえのために、私はおまえが祈っている人に心を配ろう》と。煉獄の魂の解放に決然と戦うルトガルディスは言う。《主よ、私は懇願することを止めません。私は主に哀願している者が解放されるのを見るまで、主の約束に満足できません》と。その時、主が彼女に現われ、煉獄から解放されて主につき従ってきた魂を彼女に引き合わせた。《その後シモンはしばしばルトガルディスに現われ、もし彼女が慈悲深い神に祈って助けてくれなかったら、私は煉獄で四〇年過ごさなければならなかったところだ、と言った(83)》

臨終の床にあって福者オイグニスのマリアは、ルトガルディスの祈りや断食や尽力が大きな力を持つことを証言した。彼女はこう予言した。《天下に、修道女ルトガルディス以上に誠実で、祈りにより煉獄から魂を解放する力をもつ仲介者はいない。彼女は、今生きて霊的奇跡を行ない、死後は肉体的奇跡を行なうであろう(84)》と。

枢機卿ヴィトリのヤコーブス自身、ルトガルディスの仲介の恩恵を受けることができたかもしれないのだ。彼が死んで四日後、彼の死を知らなかったルトガルディスは、天に運ばれた。そこで彼女は、天使たちにより天国に連れて来られたヴィトリのヤコーブスの魂に会った。《ルトガルディスの霊はヤコーブスを祝福して言った。「いとも尊き神父よ、私はあなたの死を知らなかった。いつあなたは肉体を去ったのか」。彼は答えた。「四日前に。そして私は三晩と二日を煉獄で過ごした」。彼女は驚いた。「どうしてあなたは死の直後に、後に残った私に合図をしてくれなかったのか。修道女たちの祈りの力を借りて、私があなたを刑罰から解放できるように」。「主は、と彼は答えた。私の刑罰であなたを悲しませることを望まれなかった。主は私の解放と、私の全うした浄罪と、私の栄化によりあなたを慰める方を好まれた。しかしあなたも間もなく私の後に続くだろう」。この言葉で、敬虔なルトガルディスは我に返った。彼女は大きな喜びをもって修道女たちに、彼の死と、彼の浄化と、彼の栄化を告げた》。カンタンプレーのトマスによると、ヴィトリのヤコーブスの煉獄通過にはもうひとり証人がある。それはヴィトリのヤコーブスが最初に埋葬されたローマのドミニコ会修道院の修道士で、神は、ヤコーブスの死後四日目に、この修道士にも彼の煉獄通過と栄化とを啓示したというのである(85)。

最後に、福者オイグニスのマリアがルトガルディスに現われ、元エイヴィエールの礼拝堂付司祭であった彼女らの友人、オイニグスの小修道院長ボードワン・ド・バルバンゾンのために仲介してくれるように頼んだ。彼女は、死に際しての助力を彼に約束していたのである(86)。

カンタンプレーのトマスはこう結んでいる。《おお尊者マリアよ、何とあなたは証《あかし》において真実であり、約束において忠実であることか。すべての死者のために、敬虔なるルトガルディスに祈りによるとりなしを求める労をとったあなたは。まだこの世にあったときには、煉獄の魂を解放するために最も力あるその人に懇願し、浄化されて至福の中にある今なお、死んだ友人のために、その人の助けを求めに来たあなたは》

生者と死者——遺言と死者ミサ基金簿

煉獄は、一三世紀における生者・死者間の新たな連帯形式を示す主要な現象の中にも現われる。まず思い浮かぶ史料は遺言であるが、一三世紀には煉獄は遺言に遠慮がちにしか現われないという事実を認識しておかなければならない。煉獄が遺言に本格的に取り入れられるのはようやく一四世紀になってからで、しかも地方によってばらつきがあった。[87] たとえば、一二九六年のモンペリアール伯ルノー・ド・ブルゴーニュの遺言書（一三一四年、遺言補足書付加）では、死後借金があればそれを返済して故人の魂の荷を軽くすること、また《魂の癒しのために》(pro remedio animae)（贈与証書の中で昔から用いられていたこの表現は、やがて、一二世紀以来遺言書の中でも盛んに用いられるようになった）故人の命日のミサを行なうことが指示されている。つまり煉獄にいる故人のためのとりなしの祈りに言及されているのであるが、煉獄という言葉は用いられていない。[88] ここで、したたかな《遺言書瞞着者》として知られる一方、とにもかくにも説教と「教訓逸話」による煉獄の偉大な普及者でもあった托鉢修道会の姿勢を吟味しておく必要があるだろう。彼らは一三世紀にシトー会士の後を承けて、煉獄普及者としての役割を担ったと言えようか。

宗教施設には相変わらず死者の記念簿が保存されている。しかし、一時代前の過去帳は「死者ミサ基金簿」と呼ばれる新しい覚え書に場所を譲った。そしてたとえ煉獄はそこに直接現われないとしても専門家ジャン＝ルー・ルメートルが見るように、煉獄の発達はその変化に大いに貢献している。

早くも一二世紀から、遺言の復活、宗教的遺贈の増加、あるいは煉獄信仰の発展に伴って、死亡者名簿が著しい変貌を遂げた。追悼ととりなしの祈りを伴う単なる故人名登録簿にとって代ったのは、挙げるべき祭式を並記した登録簿である。当時までは例外的であった「盛儀」(officium plenum) が徐々にしきたりとなっていった。死者ミサは盛大に挙行するか否かを問わず余分の祭式であるので、基金により挙式を確実にしておくことが重要であった。そこから記載事項の性格に変化が生じた。故人の名前、身分、職業以外に、一般に金利収入の形態をとるこの基金の構成要素が付記された。すなわち、基礎資金、債務者、債務者の相続財産等が付記されたのである。時には司式者にいくら、助手にいくら、灯明料としていくら、鐘つき男にはいくらというふうに、使途の細目にさえ及ぶことがあり、また挙行すべき祭式の型を指定することさえ行なわれた。基金が受益者の存命中に設けられることもあり、その際この基金に基づいて行なわれる祭式は、最も多くの場合、聖母あるいは聖霊のミサであった。そしてその人の死後は命日のミサに変わった。

というわけで、記載方法は変化し、面目を一新した。最初のうちは、共同体の成員、霊的朋輩の年忌供養と、執行方法の示された命日の基金とが並記された。徐々に基金の記載が優勢となり、記念すべき名前のみの自動的かつ無料の記載は後退した。修道院にとりなしの要請のあった故人の名前を、参事会室や大食堂で読み上げることは相変わらず随意に行なわれはしたが、要は、どのような死者ミサを行なわなければならないか、誰のためにその祭式が挙げられるべきか、場合に応じてどのような食事、どれくらいの金額がその祭式の執行に予定されているかを知ることであった。したがって、帳簿には二重の用途があったが、もはや、修道院における基金の裏付けのある命日ミサの記載にしかほとんど役立てられなかった。

このような次第で、早くも一三世紀には共同体の成員が徐々に帳簿から姿を消し(この傾向は特に修道院共同体で著しい)、宗教的基金という手段を用いて救済の確保と煉獄滞在の短縮に腐心するブルジョワや貴族の俗人が、羽振りをきかせるようになるのである。(89)

最後に、同業者信心会に属する人たちの関心事の中で煉獄が占めていた地位に関する明白な証言が、少なくとも一つある。こうした結社の主たる関心事の一つに、古代の葬儀組合と同様に、物故した成員のために葬儀やとりなしの祈りの世話をすることがあった。一二四七年のアラスの理髪業者信心会の認可状には次のようにうたわれている。

次にあげるテクストは、原文が方言、つまり古フランス語で書かれていて（床屋という職業はラテン語を知らない俗人により構成されるから）、非常に重要である。煉獄は、新しい都市社会特有の宣誓団体たるこの結社の中心を占める。こうした結社において、都市共同体型の選出代表（市長と助役《エシュヴァン》）に管理される職業の男女成員と、布教活動上新しい都市社会と密接な関係に立つ新しい托鉢修道会の一つ、ドミニコ会修道士とが結びつくのである。

> 今あるすべての人、来るべきすべての人に告げる。アラスのドミニコ会小修道院長および同修道院は、同修道会長の権限により、神と聖母と聖ドミニクス猊下崇敬に基づくアラス理髪業者信心会《カリタス》の結成を認める。同会に入会し会員としてとどまり、会員として死ぬすべての男女に対し、永久に年三回のミサが与えられる。第一のミサは聖ドミニクス猊下遷移の祭日に、他の二つは彼らの亡き父母の年忌に行なわれるものとする。信心会で自らを恩寵の状態に保って生き、かつ死ぬすべての者のために、煉獄の刑罰を短縮し永遠の休息の到来を早めるべく、アラスの修道院において、また聖なるキリスト教国のわが修道会すべてにおいて、かつて日夜行なわれ、今後も行なわれるすべての善行への完全な協同（compaignie）と完全な参加が保証される。小修道院長および修道士は、右の理髪業者の立てる市長および助役を介してこの信心会に加入するすべての男女を、上述のすべての事柄に参与させる（acompaignie）。このことを保証し、確固たる（estande）証拠とするために小修道院長および同修道院は本証書に押印するものである。我らが主の托身年、一二四七年四月、これをつくる。[90]

このテクスト（実は私の知る限り、この種のものとしては現存する唯一のテクストである）に関して、私は二つの仮説を立てたい。一つは、死に対する新しい態度の普及者である托鉢修道会士たちが、煉獄の大衆化において果たした役割である。いま一つは、いかがわしい軽蔑に値する職業の一つが煉獄に対して示した関心である。肉体や血と接触する床屋＝外科医は賤業（inhonesta mercimonia）の一つに数えられていた。高利貸の場合と同じように、床屋たちは地獄を逃れる最良のチャンスを煉獄に見ていたのではないだろうか。煉獄の発達がもたらした重大な結果の一つは、精神的に立場の弱い社会職業的範疇の名誉を救済の観点から回復したこと、彼らの社会的向上を宗教的に補強したことではないだろうか。

俗語における煉獄——フランス語の場合

俗語文学についても探究を試みなければなるまい。それがもたらす利益は、俗人が直接《消費》する文学作品において、新しい死後世界がいかに一般化したかを知ることができることであろう。もちろん俗語で書かれた「教訓逸話集」や、『ランスの吟遊詩人の物語』Ménestrel de Reims のような《ごたまぜ》年代記の中にも煉獄は登場する。しかし一三世紀には、俗語、たとえばフランス語による文学作品の生産はあまりにも豊饒化するので、抜き取り調査で満足するしかない。幾人かの学者が示しているサンプルによると[91]、煉獄は、さまざまの文学ジャンルにおいて一種のアクセサリーと化しているように私には思われる。トブラーおよびロマッチュの『古フランス語の語彙』が指摘するように、煉獄は叙事詩においてはまったく問題にされない（たとえ一三世紀に作られることがあっても、武勲詩は煉獄以前のジャンルである）。フランス語で最初に煉獄について語った文学作品は、マリ・ド・フランスの『聖パトリキウスの煉獄』なのである。

法学者兼作家で、聖地とキプロスの問題に関与したイタリアの騎士ノヴァラのフィリップ（フィリップ・ド・ノヴァール）は、一二六〇年以後、引退して六〇歳を過ぎてから、キリスト教世界の文学語であるフランス語で、自らの体験を要約する『人生の四時期』IV âges d'omes と題する論考をものした。フィリップによると、若者は軽率な振舞が多く、狂気の沙汰に及ぶことさえある。彼らはこの世では少ししか罪を償わないので、煉獄では厳しく長い償いをしなければならない。[92]
『ボードワン・ド・スブールの物語』Li Romans de Baudouin de Sebourc には次のようにある。

彼は天国に行く……
煉獄を通らずに。[93]

この句は煉獄の仲介的役割、通路としての地位を思い起こさせる。
ソワッソンの聖堂参事会員で、一二二三年に韻文物語集『聖母の奇跡』Miracles de Notre-Dame（聖母奇跡物語中もっとも浩瀚かつ著名）を著したゴーティエ・ド・コワンシーは、煉獄を懲罰の場所として語っている。

煉獄は重荷を負うところ、
この世で犯した罪ゆえに
彼はそこに連れて行かれた。[94]

ピカルディーの領主ジャン・ド・ジュルニは、一二八八年キプロスで書いた『悔悛の十分の一税』La

Dîme de pénitence の中で次のように歌っている。

かしこい人はできるだけ
行ないをつつしまなければならぬ。
いのちあるうちに施しをせよ、
死んだら煉獄に行き
罪を浄めて
天国にはいれるように……[95]。

しかし、これらすべての文学作品の中で最も面白いのは、おそらく、滑稽小話《ファブリオ》『天の宮居』La Cour de paradis の一節であろう。

それゆえ彼女はあなた方に言う、
魂の日は諸聖人の祝日の後である、
誰もみなそれを信ずべしと。
さらに彼女が語るには
煉獄の魂は
この二日間を休息する。
しかし許されない魂
罪ゆえに劫罰を受ける魂には

休息も滞在もないことを
肝に銘ぜよと。

万聖節と死者の日（一一月一日、二日）の関連が明示され、両祭日の煉獄とのつながりが強調されている。この詩の独創性は特に次の事実に認められる。すなわち、地獄の安息日、つまり地獄で劫罰を受ける人たちの週休が否定されて、代りに煉獄における二日間の休息という観念が現われ、ヴィトリのヤコーブスに見られた日曜日の安息という理念にとって代っていることである。ゲヘナにおける休息というテーマが煉獄に移るほどに、煉獄の地獄化は決定的に進行しているのである。

一三世紀から一四世紀への転換期に一つの大きな事件がもちあがり、教会の意向と信者の熱望に応えて、煉獄の地位を向上させる。それは一三〇〇年の全贖宥であった(96)。

煉獄と免償——一三〇〇年の全贖宥

教皇ボニファティウス八世はすでにフランス王フィリップ四世（美男王）との戦いに巻き込まれていたが、王の背後にはますますローマ教皇の束縛に耐えられなくなっていた俗人キリスト教社会があり、教皇はこれとも戦わなければならなかった。この年、一三〇〇年、ボニファティウス八世は「レビ記」第二五章に示されているモーゼの律法を記念し、全贖宥を挙行するために初めて全信者をローマに招集した。これは超安息年とも呼ぶべき償いと休息の年、七年が七回、つまり五〇年の周期でめぐって来る解放と原点復帰の年である。おそらく未だかつて実際に行なわれたことのない象徴的聖年。キリスト教はこの点でもユダヤ教を引き継いでいるし、福音も《主の恩寵の年》（ルカ四・一九）を告げている。全贖宥は中世初期以来、教会によって実施されることのないまま、幾人かの聖職者作家によって、悔悛と許しに関する新しいキリスト教概念の中に組みこまれていた。したがって、この復活した全贖宥が、やはり歴史的にも理論的にも悔悛と結びついている新顔の煉獄と遭遇することになったとしても不思議ではない。

セヴィリアのイシドルスは、その著『語源《エティモロジー》』において、全贖宥を赦免の年（remissionis annus）と定義している(97)。一三〇〇年の主唱者たちはそれが赦免の年であると同時に、新世紀の始まりであることも強調した。それは、償いの成就として、いわば教会と聖座により厳密に管理された「千年至福」の代替物を信者に提供することになったのである。

教皇はこの機会に、その時までは十字軍兵士にしか認められなかった全贖宥（plenissima venia peccatorum）、つまり罪の完全な赦免をローマ巡礼者に与えた。その上、彼はこの恩恵を死者、すなわち煉獄の魂にも拡張するのであるが、免償のこの未曽有の拡張は、遅ればせに、いわば回り道をして行なわれた。

一三〇〇年クリスマスの決定で、ボニファティウス八世は、巡礼の途中あるいはローマに着いて死んだすべての巡礼者と、巡礼を成就する固い決意を抱きながら故障があって果たせなかったすべての人に対して、完全な免償を与えることにした(98)。だが節度はやはり大切であった。

教皇が《煉獄のある種の魂をあらゆる刑罰から即時解放する》決定を下す気配は見えていた(99)。確かにこの分野における教皇権に関する理論は、すでに見たように、聖ボナヴェントゥーラと聖トマス・アクィナスによって予め作り上げられてはいた。しかし、その理論が実際に適用されたことはなかったようである。それまでは、生者はとりなしによって（per modum suffragii）しか、すなわち善行を通じて獲得した功徳を死者に移すことによってしか、死者を煉獄から解放し得なかったのである。

煉獄の魂の解放に係る教皇権は、一三〇〇年に爆発的に行使された後は、一五世紀まで再び理論の域を出ることはなかったようである。たとえば教会法学者アレッサンドロ・ロンバルド（一三一四年没）が、教皇は贖宥という手段によって間接的あるいは《偶発的に》、煉獄にいる者に救いをもたらすことができる、《煉獄にいる死者のために祈りを捧げ、善行をなす》すべての人々を免償することができる、と繰り返し述べても無駄であった。一四世紀のボニファティウスの後継者たちは、われわれの知る限り、死後世界に対してこの途方もない権力を行使しようとはしなかった。しかし、たとえ限界はあっても、すでに第一歩は踏み出されていた。煉獄体系へ贖宥を組み入れる一段階はすでに越えられていたのである。

煉獄に対する執拗な敵意

一三〇〇年の全贖宥は大成功を収めたが、ボニファティウス八世のこの決定は、いわば一三世紀における煉獄の勝利の延長記号《フェルマータ》であった。しかしこの世紀の曲がり角で、煉獄がキリスト教徒全体に支持されていたわけではないということを忘れてはならない。

まず異端者がいる。

一四世紀初頭（一三三五年）にはまだ、ピエモンテのジアヴェノで多数のワルド派が、《来世には天国と地獄しかなく、煉獄が存在するのはこの世だけである》とドミニコ会士の宗教裁判所判事に言明している。(100)しかし明白な異端容疑者、あるいは異端とみなされていた人々が、死後世界に関する民間伝承的信仰の下地に煉獄を同化させたり、煉獄の想像世界に敏感に反応したりして、多かれ少なかれ煉獄を甘受したと見られる場合もある。

一二八八年ナルボンヌの宗教裁判所で審問されたリクサンダという女性の場合がそうである。この女性はフランチェスコ会厳格主義者たちとつながりのあるベギン修道女の世界に属していたらしい。彼女は、八年前、聖マタイの祝日に《天に上げられ、そこで身を起こして座したままイエスを、そのすぐ傍に聖母マリアを、そしてこのお二方の傍らに聖フランチェスコを拝した》と言明した。さらに《彼女は煉獄で罪を償う父母に出会った。父母が言うには、彼らを救うには……(ここに写本の欠落あり)、そして父母は、彼女の祈りのお蔭で多くの魂が、とりわけ彼らと従妹のオクラディスとが煉獄から救い出されると言うのだった。また彼女は、天上へ引き上げられて行く途中、ベジエのフェラルギエールという女が三日間煉獄で殴られ、打たれ、責めさいなまれているのを見たとも言った……彼女は天国の門で両親を見た。ほどなく両親は彼らの住まいに迎えられた》。翌日になって彼女は、魂は煉獄から出ると直ちに天国に入るのではなく、暫くの間、自分たちの住まいで待つのだと説明する。このようにして、彼女が祈りを捧げ、借りていた麦を返してやって煉獄から解放した父母は、天国の門で一昼夜待たなければならなかったのである。[101]

モンタユーのカタリ派の村民たちの一部についても同じことが言える。エマニュエル・ル・ロワ・ラデュリは、《こうした物語のすべてには大きな忘れものが一つある。それは煉獄である》と言うが、彼の見解には少し修正を加えておく必要があるように、私には思われる。アックスのレモン・ヴェシエールの裁判で宣誓した証人ジャン・バラは、こう言明している。《われわれ二人がアンカステルにいた時、この男は私に、異端者、故ピエール・オティエの宗派に加わるように言った。そうすれば、私の魂は肉体を離れると直ちに天国に向かうか、直ちに天国に入るかして、地獄も、奈落も、煉獄も見ることはない、というのである。[102]》

エマニュエル・ル・ロワ・ラデュリの注意を引いた最も完璧な事例は、アルノー・ジェリス、またの名マ＝サン＝タントナンの司酒官《ブーテイエ》のそれだが、そこでは亡霊と煉獄とが共存し、混じり合っているのが見られる。彼は、サン＝タントナン教会の中で、彼に現われたパミエの聖堂参事会員、故ピエール・デュランの魂に対し、親しみをこめて、お決まりの質問をする。《彼にどうしているかと尋ねると、「今はまあ元気だが、ひどい場所を経験した」と彼は言った。どんな場所かと聞くと、「私は厳しく辛い煉獄の火を通った。しかし私はそこを通過しただけだ」と答えた。彼はまた自分のために祈ってくれるように私に頼んだ……それからもう一度、修道院の回廊で私は彼の姿を見た。その後ふたたび彼を見ることはなかった。私が思うには、いまや彼は安らぎを得たからだ。[103]》

アルノー・ジェリスの次の言葉には煉獄による地獄の後退がうかがえる。《私以前に誰もが言ったことだが、劫罰を恐れる必要はない。劫罰を受けないためには、忠実なキリスト教徒であり、告解し、悔い改めていれば十分であるから。》

もっともピエール・デュランの場合は例外である。アルノー・ジェリスが受けた啓示によると、死者の魂の自然な状態とは、放浪し、教会を訪ね回ることである。《彼らは方々の教会を訪ねることにより償いを行なう。最も大きな悔悛の業を負う者が、そうでない者より速く回るという意味で、速く行く者もあれば、ゆっくり行く者もある。したがって高利貸は風のごとく走る。だが、もっと小さい悔悛の業を負う者はゆっくり歩く。煉獄の火をくぐったという、件のピエール・デュランを除いて、この巡礼以外の悔悛の業を課されたという話を私は誰からも聞いたことがない。彼らはこのように教会を訪問し終ると、「休息」の場所に行き、最後の審判の日までそこに滞在する。これは、これらの死者が私に語ったことである。[104]》

したがって、アルノー・ジェリスは異端を棄てるに際して、煉獄をもっと重要視する立場に戻らなければならない。《彼は、第一の事項に関し、かつては既述の通りを信じていたのであるが、そこに含まれている誤りを取り消し、今では、死せる男女の魂は煉獄に行き、そこで彼らが現世で成就し得なかった償いを果たすと確信している。償いが終ると、彼らはキリスト、聖母、天使、聖人たちのいる天国に行くと。[105]》

煉獄に対する別の形の抵抗が、幾人かの聖職者や詩人に、特にイタリアにおいてみられる。ある者は——保守主義者や伝統主義者だが——、古くからの地獄対天国の対立を固守することを望み、知識人神学者の創造にかかるこの新しい第三の場所に目を閉ざす。

ミラノの人で、一三世紀後半に生き、抑謙修道会第三会員であったボンヴェシン・ダラ・リヴァ(106)は、『三色文字の書』Libro delle Tre Scritture の著者である。そこでは、地獄の一二の罰を記述する《黒》文字と、天国の一二の栄光を描く《金》文字の間に、キリストの血で出来た《朱》の文字があって、これが描くのは煉獄ではなく、化肉、贖い主の受難である。同時代のもうひとりの詩人、フランチェスコ会士ジャコミノ・ダ・ヴェロナは、『天上のエルサレムと地獄のバビロンについて』という詩の中で、ボンヴェシンの《三色文字》のうち、黒と金だけを用いて、天国の歓喜と地獄の刑罰を描いたが、その中間には浄罪の場所はもはやない。神学者たちの《煩瑣》を諷し（第一九詩行）、善と悪とを截然と対立させ、

悪は、この堕天使をもって死に導き
善は、やさしきイエスをもって生を与う。
（第三三一—三三二詩行）

明らかに煉獄という中間次元の排除を意図しているようである。(107)

こういう人たちとは別に、煉獄そのものではないにしても、信心が過ぎて煉獄を誇張することに対する反発もあり、それは異教徒的迷信に陥ることに対する懸念に属するものと思われる。たとえば、ドミニコ会士ヤコポ・パサヴァンティの有名な『悔悛の鑑』Specchio di vera penitenza は《異教から承けつがれ、もしくは悪魔の偽りの教説によって導入された根も葉もない謬説》を告発するものであるが、彼はその一

節で、《神の正義をわがものとすることを望み、その行為、言葉、供物によって、期限以前に魂を煉獄から引き出そうとする輩の空しい欲望》を攻撃している。《これは怖るべき傲慢であり、危険な誤謬である。》(108)

ボンヴェシン・ダラ・リヴァとジャコミノ・ダ・ヴェロナはダンテの先駆者とみなされている。『神曲』の詩人の才能と大胆さは、彼らに比較するとき一層際立つことであろう。

X　詩的勝利――『神曲』

煉獄は、誕生後百年余にして、異例の幸運に恵まれる。一二六五年フィレンツェに生を享けたダンテ・アリギエリの詩的天才により、煉獄は人類の記憶の中に特権的地位を得るに至るのである。ダンテは、一三〇二年フィレンツェを追放されてから、一三二一年ラヴェンナで世を去るまでの間に、『神曲』Divina Commedia を書いた。その最初の二篇、「地獄」と「煉獄」は、ボローニャの学者ジョヴァンニ・デル・ヴィルジリオの一通の手紙が証明するように、一三一九年に完成された。

私が『神曲』をもってこの研究の締め括りとするのは、煉獄の歴史の中で偶然がいかに重要な役割を演じているかを、あらためて指摘するためだけではない。また、いまやダンテを得て頂点に達した煉獄を、この書の末尾に置きたいためばかりでもない。その理由はとりわけ次の点にある。すなわち、処々に散在していた煉獄の諸テーマ（この研究はその跡をたどってきたのであるが）の大部分を、ダンテが一つの稀有の作品を通じて、一つのシンフォニーにまとめ上げたということである。「煉獄篇」Il purgatorio は、煉獄の緩慢な形成過程の、一つの崇高な到達点なのである。それはまた、考え得る限り多様な、そして時には競合する煉獄像（教会は教義の枢要を明確にするにとどまり、煉獄のイマージュに関しては、キリスト教徒の感性と想像の選択に任せた）の中にあって、人間精神の生んだ最も気品にみちた煉獄表象である。ダンテ学者の汗牛充棟ただならぬ注解の山に、私ごときが足を踏み入れるのは正気の沙汰ではあるまいが、私が試みたのは素朴な詩篇読解である。そして道案内に立つのは、煉獄の探究において『神曲』に先行した数々のテクストである。(1) まず、物語の進行をなぞってみよう。

ダンテの煉獄体系

ダンテは「地獄篇」の最終行で、すでに煉獄について多くを語っている。詩人と案内人ヴィルジリオは《再び星を仰ぎ見ようと》外に出るのだ。煉獄は地下にあるのではない。それが位置するのは星空の下の地上なのである。ひとりの老人、古代の賢者、ウティカのカトーネが彼らを迎える。カトーネは煉獄の番人なのである。煉獄は山で、そのふもとは前域、つまり本来の煉獄に入るにまだふさわしくない死者が待機する控えの場所である。その山は、ダンテが典拠にしているプトレマイオスによると、生きている人間を寄せつけない無人の大洋が広がる南半球にそびえている。山はエルサレムの対蹠地にそそり立つ(二・三、四・六八以下)。本来の煉獄に二人の巡礼が近づくのは第九歌においてである。そこでヴィルジリオはダンテに告げる。

君はもう煉獄に着いた。
周囲をとりまくあの絶壁(balzo)を見よ、
その裂目と覚しい入口を見よ。
(九・四九—五一)

煉獄は段状に重なる七つの環状の岩棚(cerchi, cerchie, cinghi, cornici, giri, gironi)から成り、その

周囲は頂上に行くにしたがって小さくなる。魂たちはそこで七つの大罪を浄める。順に、高慢、羨望、憤怒、怠惰、貪欲、大食、色欲である。山頂で、ヴィルジリオとダンテは地上楽園に入る。そこが、「煉獄篇」の最後の六歌(二八―三三)の舞台となる。ヴィルジリオは、地上楽園の入口で案内者の役目をやめ、彼がそのときまで導いてきた者に言う。

もはや私の言葉も合図も期待してはならない。
君の意志は自由で、正しく、健全なのだ。
それに従わないのは誤りであろう。
それゆえ私は君を自律の者とし、君に王冠と法冠《ミトラ》を与えよう。

(二七・一三九―一四二)

詩人はダンテを泣くにまかせて姿を消す(三〇・四九―五四)。やがてベアトリーチェが現われ、巡礼の最後の段階、第三王国、天国への旅の案内に立つ。

神の創造になる現世と死後世界の体系的連関をダンテ以上に見事に表現した者はいない。われわれは地獄から、中間的な一時的世界へと歩み出る。それはこの地上にほかならず、そこから天に向かって煉獄の山がそびえ立ち、頂上に地上楽園がある。地上楽園はいまや世界の辺鄙な片隅に位置することをやめ、それにふさわしいイデオロギー的水準に置かれている。すなわち煉獄における浄化の頂点と、天における栄光の始まりとの間の、無垢の水準である。ここで比較的軽視されているように思われるのはリンボである。一三世紀には職業的神学者たちが得々としてリンボについて弁じ立てているが、その割にはこの辺境は、信仰と宗教的慣行のなかに深く根を下ろしていなかったようである。信者大衆が本当に採用した死後世界体系は、五つの場所の体系ではなく、三つの場所の体系である。とはいえ『神曲』の中にもリンボはある。古代の賢人および族長たちの古聖所と、キリスト教世界の子供たちの孩所の二つである。ここにはダンテが、片や異教の偉大な人物たちに対する賛美、感謝、愛情（案内人としてヴィルジリオが選ばれていることは意味深長である）、そして幼くして死んだ子供たちへの憐憫と思いやり、片や彼の厳格なキリスト教的正統性との間に引き裂かれているのが感じられる。洗礼を受けずしては、いかなる人も天上で救われ得ない。しかしダンテの巡礼中、二つのリンボの住民は彼につきまとって離れないのである。キリスト以前の賢人と義人には二つの異なった運命がある。古い戒律の下で生きた者たちは、地獄の、族長たちの古聖所となっている場所に下りたキリストにより救われた。

そして彼は彼らを至福にあずからしめた。（地獄篇四・六一）

次いでキリストは地獄のこの部分を永久に閉鎖した。異教徒はどうかというと、彼らは暗黒界の水準にとどまらなければならない。しかし神は彼らに対して、第一環、冥府の最高所に、一つの高貴な城（nobile castello）を与えた。彼らはそこで、《ひろびろと光輝く高処》に一端を接する《緑さわやかな草原》の中で暮らす（地獄篇四・一〇六以下）。巡礼中、片時もダンテの脳裡を去ることのない古代の賢人たちは「煉獄篇」に至ってもなお健在である。アリストテレス、プラトン、その他もろもろの人たちで、ダンテは真の神を知ろうとした彼らの《実りなき願望》（三・四〇―四五）に言及する。《地獄のリンボに》（二二・一四）下るジョヴェナーレまた然り、この名はヴィルジリオが口にする。スターツィオも姿を見せ、ローマの偉大な作家たちが劫罰を受けているか否かと、不安げに師のヴィルジリオに尋ねる。ヴィルジリオは答えて言う。彼らはヴィルジリオと共に《常闇の獄の第一圏》にいて、そこでしばしば話題となるのは、彼らの育ての親ムーセたちの住む山、煉獄の山である、と(二二・九七以下)。さらに彼らのひとりを、神は煉獄の山の番人として置き給うた。ウティカのカトーネである。この役割が異教徒、しかも自殺者に委ねられたのを知って驚いた者もいる。しかしダンテは、生命と引き換えに自由を守った闘士に熱烈な賛美を捧げるのである(煉獄篇一・七〇—七五)。『饗宴』においてヴィルジリオは、自らを《自分自身のためばかりではなく、祖国と世界全体のために》生まれたと考えるカトーネを、市民と市民生活の英雄の象徴とみなしている。(2)

洗礼以前に死に、原罪の刻印のみを負う幼児たちはどうかというと、彼らは異教の賢人たちと共に、地獄の第一環にある同じこの城の中にいる。ヴィルジリオは煉獄前域で出会った吟遊詩人《トルバドゥール》、ソルデロにそのことを明かす。

そこには、責め苦のゆえにではなく、
ただ闇のゆえに悲嘆に満ちた場所がある。
そこでは嘆声は苦悩の叫びではなく、ただ溜息である。
私はそこに、
人の罪を洗い浄めれないうちに死の歯に噛まれた
無邪気な幼児たちと共にいる。

(七・二八—三三)

「天国篇」でも、ダンテは地獄のリンボに留め置かれた幼児たちに言及する。

しかし、恩寵の時が来てからは、
キリストの全き洗礼を受けない
この無垢なるものは、かなたの低い所に留め置かれている。

（三二・八二―八四）

ダンテがこれほど見事に、煉獄に対してその全幅の広がりを与えることができたのも、彼が煉獄の積極的仲介の役割を理解した上で、煉獄の空間的な具体化と、また煉獄をその一部として包含する霊的世界の論理の形象化によって、その役割を示したからである。ダンテは、自らの宇宙創成論と自らの神学を結びつけることができた。注解者の中には、ダンテが、彼自身の言葉によると《修道士の学校や哲学者の論争》（彼は一二九〇年のベアトリーチェの死後、そこに全身全霊を投じた）に頻繁に加わって得た知識を、まるで埋草のように『神曲』に盛り込んだのだと主張する者もある。彼の宇宙創成論ばかりか哲学と神学が、彼の詩の素材そのもの――素材にして精髄――であることを看取しえないものがあろうか。

煉獄は確かに、地獄と天国の間の《第二の王国》である。しかしダンテは、この中間の死後世界について、極めて動的かつ霊的な見方をしている。煉獄は無性格な中間の場所ではなく、地上から天空へと方向性を与えられている。地上はやがて選ばるべき者が死ぬ所であり、天空には彼らの永遠の住居がある。その途上で、彼らは自らを浄化し、次第に純粋の度を高めて、頂点へ、彼らの目ざす高みへと一層近づいてゆく。ダンテは、何世紀も前からの死後世界想像が提供していたあらゆる地理学的形象の中から、煉獄の真の論理を表わす唯一のもの、つまり人が昇り行く場所、山を選んだ。終末を視野において最も新しい観念（煉獄）と、最も伝統的な観念（地獄への恐怖と天国への願望）との総合の実現を図るダンテにとって、死をめぐる感情の結晶化は問題になり得ない。死は、煉獄篇第二歌で意味ありげに喚起されるにすぎない。そこには、天使の操る小舟の中で、魂たちが詩篇一一三「イスラエル人、エジプトをいでし時」（これは中世には、死者を家から教会へ、教会から墓地へ運ぶ間に歌われていた）を、《全員声をそろえて歌う》とある（二・四六—四八）。重要な点は、人々がこの山を登ることである。絶えず山への言及があり（ダンテは「煉獄篇」全体を通じて山を登り続ける）[3]、《畏敬すべき山》（il sacro monte, 一九・三八）、《聖なる山》（il santo monte, 二八・一二）とさえ呼ばれている。ダンテが次の二行で（多義性を一挙に喚起するその手腕は彼の独壇場だ）poggio（簡潔に火山を想起させる語である）と呼ぶこの山は、天に向かってそびえ立ち、人を天空へと導くのである。

私は天に向かってそびえ立つ
この上なく高い山の方へ目をやった。
(e diedi il viso mio incontro al poggio che'nverso il ciel più alto si dislaga)

（三・一四—一五）

極めて高く、険しく、登りにくい山。ヴィルジリオは文字通りダンテを引きあげ、二人は四つん這いになってこれをよじ登る。

私たちは砕けた岩の裂け目をぬって登った。
岩壁が左右から迫っていて

足元の地面は足も手も要求した。
私たちが高い崖の上端の
うち開けた所に着くと、私は言った、
「師よ、どの道を行くのですか。」
すると彼は私に、「決して下ってはいけない。
私にしたがってただ山の高みに向かって進め。」

（四・三一―三八）

その頂きは余りにも高く、見通すことができなかった。

（四・四〇）

この《第二の王国》はそれ自身が一つの世界であるが、いくつかの領域に分かたれており、ダンテはそのおのおのをも王国と呼ぶ。ヴィルジリオが番人のカトーネに二人を通してくれと頼む、あの《七つの王国》である。

私たちが七つの王国を通るのを許して下さい。

（一・八二）

王国から王国へ、一つの環から上の環へと、旅人たちはいくつもの険しい階段（scale, scaglioni, scallo, gradi, etc.）を登って行く。たとえば、彼らは

左右の硬い岩壁の間を
第四から第五の環へと昇って行くのである。（一九・四八）

浄罪の山

しかしこの山は浄罪の山であり、浄めこそ、この山でなされる本質的な行為なのである。ダンテは冒頭、まずこのテーマを設定する。

そして私はこの第二の王国を歌おう。
そこで人の魂は浄められて
天に昇るにふさわしくなる。（一・四―六）

ヴィルジリオはカトーネに声をかけて、ダンテにその浄化のありさまを見せることが、ここを遍歴する目的であると言う。

今度は、あなたの見張のもとで
身を浄めている魂たちを彼に見せたいのです。（一・六五―六六）

ダンテは集団的浄罪の場にあっても個人の浄罪に留意する。たとえば色欲の罪人たちの第七環における詩人グイド・グイニツェルリの場合。

私はグイニツェルリだが、はや私は浄めを受けている。

（二六・九二）

山上での浄化は三通りの方法で行なわれる。第一に、悪い情熱を殺して徳に向かわせる肉体的罰。第二に、浄化すべき罪と、その正反対の徳とについての瞑想。つまり「煉獄篇」では、ある意味で徳と悪徳とが共に論じられているのだ。瞑想が奨励され、その際、それぞれの環で出会われる高名な死者たちが範例となる。煉獄の死者を種々の政治目的に利用することは古くから行なわれているが、ダンテはここで再びそれをやり（ダンテ以上に政治的な詩人がいたであろうか）、より高次の霊的教訓へと発展させている。最後に、(4)浄化は祈りによって実現される。祈りが魂を浄め、神の恩寵の内で魂を強化し、魂の希望を表明する。

煉獄の各環に種々の魂を配分する原理は、愛である。ヴィルジリオは、憤怒の者たちの第三環と、怠惰の者たちの第四環の間の山路で、その仕組みをダンテに説明する。

立ち止まって、ダンテは案内者に尋ねる。彼は進みつつたえず教えを受け、それは停止中も止むことがない。

私のやさしき父よ、言って下さい、
この環ではどんな罪が浄められるのか。

たとえ足は止まっても、あなたの教えは止めないで下さい。

（一七・八二―八四）

すべての罪に共通の基礎、それは神への愛という善の不在である。正道を踏み外し、悪に向かう愛、あまりにもなまぬるい愛、憎しみに変わる愛、これこそ罪の根底をなす動きである。煉獄の山では、真の愛が回復され、煉獄の登攀は善への遡行、罪が遅滞させた神への航海の再開なのである。ここでダンテは、海原から山が突き出したこの場所で、山と海の隠喩を結合している。事実、ヴィルジリオもこう答える。

善への愛に怠りがあれば、
その務めの内で回復され、
邪に遅れた櫂はここで再び早められる。

（一七・八五―八七）(5)

向上の法則

煉獄の山の論理は、要するに登りつつ果たされる進歩の内に存する。一歩毎に魂は進歩し、より一層清くなる。これは肉体的かつ霊的な、二重の意味での上昇である。その進歩の印となるのは苦痛の軽減である。徐々に罪が減じていく魂に、あたかも登攀が一層容易となり、山は険しさを減じるかのように。ヴィルジリオは、煉獄前域からすでに、ダンテにそれを予告している。

そして彼が私に言った、
「この山は裾野の登り始めはいつもつらい、
だが登るにつれて楽になる」と。

（四・八八―九〇）

そしてまたしても、登攀と航海の混成イメージ。

それゆえ、この山がきみに極くなだらかなものとなり、
流れに沿って舟で下るように、
登るのが軽くなる時、
そのとき君はこの小径の果てにつくであろう。

（四・九一―九四）

早くも第一環から、事態の改善がみられ、崖の急坂が階段に変わっている。

来なさい。この近くに階段があるが
今度は容易に登れよう。

（一二・九二―九三）

この最初の階段を昇りきったところで、ダンテは向上にほかならない前進の法則を、次のように指摘している。

私たちは階段の頂に達した。
登るにつれて悪を消すこの山は
ここで再び平坦に切り取られている。

（一三・一―三）

次の環では、ひとりの天使が、この二人の登山者に、登攀が一層楽に継続されることを告げる。

彼は私たちにはずんだ声で言う。ここから入りなさい。
この階段は他のものほど急ではない。

（一五・三五―三六）

第五環に着くと、死者たちが地面に打ち伏して泣いている。ヴィルジリオは、登攀即向上の原理をほのめかすように、彼らにこう言って助けを求める。

おお、自らの苦悩を正義と希望で減らしている
神に選ばれた者たちよ、
より高く登る階段へ私たちを導いて下さい。

これは、煉獄の本質的諸条件を表わす新たな総括的要約である。つまり、煉獄に滞在する魂は天国に入ることを約束されている。それらは選ばれた人々の魂であり、そこで苦しみはするが、慈悲と一体になった神の完全な正義と、これらの場所を支配している希望とが苦しみを和らげ、登るにつれて苦しみは減少する。

（一九・七六―七八）

第六環で、ダンテは友人のフォレーゼ・ドナーティに、「私が今いるこの山、私がヴィルジリオに連れて来られたこの山は、あなた方を立ち直らせ、あなた方を正しくする場所である」と教える。

彼の励ましにそこから高みへと私は引き揚げられ、
この世が歪めた君たちを矯正するこの山を
よじ登り、かつ、回っているところだ。

（二三・一二四―一二六）

煉獄と罪

この煉獄は確かに人が罪を償う煉獄なのであるが、ダンテはここで、神学者たちの教えを少なくとも部分的に切り捨てたようである。そこで償われるのは小罪ではない。ダンテは小罪について、アウグスティヌスがすでに一例として挙げた《軽い》罪の一つ、身内の者に対する過度な愛情に言及して暗示している以外は、ほとんど語っていない。ところが、肝要なことには、まったく地獄と同様に、七つの大罪が七つの環で浄められるのである。煉獄の隠れた論理を常に意識していたダンテは、そこにいわば有期の地獄を明確に見てとった。それは堕地獄の場合と同じ罪が受けるべき地獄的責め苦を、暫定的なものとして、調子を弱めて喚起するものであり、それらの罪も、悔悟や償いによりその一部がすでに消えているとか、劫罰を受ける人々のものほど根深くはなかったとか、あるいは罪が生涯の一時期を汚しただけで、その余は神への愛に駆り立てられた生であった、といった理由で、比較的に重い罪ではなくなるのだ。

煉獄の入口で一人の天使は、剣先で額に七つのPの字(peccato 罪)を書くことによって、こうした罪の刻印を象徴的にダンテに施す。

「中に入ったら、これらの傷を
洗うよう心せよ」と彼は言う。
(九・一一二―一一四)

事実、各環を出るたびに、ひとりの天使がダンテの額に印された傷、すなわち罪の一つを消していく。第一七歌で、ヴィルジリオは、愛に対する違犯の数々を列挙し、説明を終えた後、ダンテのために七つの大罪の体系をこの原理に照らして明らかにしてみせる。

善に対する愛から悪に対する愛への堕落の最初の三つの形は、そのまま隣人に対する三種の憎しみ、あるいはむしろ隣人の不幸に対する三種の愛にほかならない(l mal che s'ama è del prossimo)。すなわち、隣人をおとしめようとする意志、隣人の優越に対する苛立ち、あらゆる侮辱に対する復讐の欲求、これである。したがって最初の三つの大罪とは、高慢、羨望、憤怒である(一七・一一二―一一三)。

他方、《秩序を乱して善を追い求める》（一七・一二五以下）、もう一つの愛の三つの形がある。ヴィルジリオはダンテに、この方向を誤った三つの愛が何であるかは、上に昇りながら自分で見つけるがよいと言う。それらは貪欲、大食、色欲である。

体系の中心には、弛緩した、なまぬるい愛、《緩慢な》愛（lento amore）が位置している。それは山の中腹で償われる罪であり、修道士社会で生まれたあの無関心、生に対するあの嫌悪である。これはラテン語で acedia（イタリア語の accidia）と呼ばれる。第四環の《悲しむ者たち》（tristi）はこの罪を浄めなければならない。

環から環へ移りゆくにつれて、魂は向上するのである以上、明らかにこの七つの大罪は罪の段階的列挙である。ダンテはこの点でも、伝統主義者であると同時に革新者でもある。一三世紀には一般に貪欲が高慢に取ってかわって罪の首座を占めるのに対して、ダンテは依然として後者を筆頭に置いている点で伝統的である。(6) しかし彼が、高慢、羨望、憤怒という隣人に対する精神の罪の方が、貪欲、大食、色欲という、概ね自己自身に対する肉の罪よりも重いと考えている点では革新的である。この最後の悪徳、色欲に関して言えば、ダンテは彼が地獄で劫罰に処したのとまったく同様に、同性愛・異性愛の別なく、淫欲にふけった者たちを煉獄の恩恵に欲させている（第二六歌）。

煉獄に通じる罪のメカニズムの中でも、ダンテは遅きに失した悔悟の問題に、特に気を配ったものと思われる。彼は繰り返しこれに言及している。煉獄前域に留まるベラクアの場合がそうだ。彼は、煉獄の門まで進み出てもむだだ、門は自分に対して開くことはないと固く信じている。

なぜなら私は臨終のときまで救いの嘆息を繰り延べたので

と彼は言う。

また暴力死を遂げたために、臨終にやっと悔悟したという者が大勢いる。

（四・一三二）

われわれは皆暴力死を遂げた者で
最後の瞬間まで罪人でした。

（五・五二―五三）

第一環では、臨終の時まで悔い改めを遅らせた死者は、援助がなければ煉獄に入ることができないことに注意が喚起されている（一一・一二七―一二九）。ダンテが、死後五年と経たないのに煉獄でフォレーゼ・ドナーティに出会って驚いた理由はそこにある。悔い改めることに熱意を示さなかったこの男は、煉獄前域

もっと下の
時が時によって償われる所

（二三・八三―八四）

に留め置かれるはずであったのだ。

煉獄前域

実のところ、ダンテの独創は、多くの罪人は、浄化の過程が展開される空間に入る前に、山の麓の待機場所である煉獄前域で研修を受けると想像したことである。臨終における（in extremis）痛悔の祈りだけに終った人々にも煉獄が徐々に約束されるようになってきた状況下で（既にこの傾向はハイステルバッハのカエサリウスにみられる）、ダンテは神の慈悲の極めて広やかなることを信じつつも、煉獄の前での待機というこの補足的試練を設定する必要があると考えたのだ、と推測される。

煉獄への道を知らない不安に満ちた群衆が、ヴィルジリオとダンテに尋ねる。

もし知っていたら
山に行く道を教えて下さい。

（二・五九―六〇）

煉獄前域で友人のカゼルラに

君はどうしてここへ来るのにこんなに時間がかかったのか

と問うダンテに対して、カゼルラは単にこう答える。

人をも時をも意のままに選ぶ天使が
一度ならず私がここへ渡るのを拒んだからといって
それは私に不当な仕打ちでは全くない。
彼の意志は正しい意志の反映なのであるから。

（二・九四―九七）

劫罰には値しないが浄められなければならない死者の魂は、テーヴェレ河口のオスティアに集まるという古い伝説があるが、カゼルラはこれを現実のものとして喚起する。

そこで、テーヴェレ河の水が塩水となる所、
海をながめられる所まで行くと
私は天使に親切に迎えられた。
そして彼はこの河口に再び翼を差し向けた。
アケロン河に下る必要のない魂は
いつもここに集まることになっているからだ。

（二・一〇〇―一〇五）

あの誇り高きシエナ人プロヴェンツァン・サルヴァーニが煉獄前域で待たずにすんだのは、ひとえに、彼にとっては屈辱的な、ある敬虔な行為のお陰であった。友人の身代金を支払うために、彼は町の広場で物乞いをしたのである。

この行ないにより彼は留置の罰を免れた。（一一・一四二）

グイド・グイニツェルリの場合、彼はダンテにこう語る。

「臨終の時を迎える前に悔悛したので」（二六・九三）

はや浄めを受ける身である、と。

しかし、ダンテが死後世界への旅を果たした時代に、煉獄の入口から障害を取り除き、待機している魂の群を浄罪の山へと駆り立てる一つの事情が存在した。（二五）それは一三〇〇年の全贖宥の際に、教皇ボニファティウス八世が決定した免罪である。渡し守の天使に触れて、カゼルラはヴィルジリオとダンテにそのことを語っている。

実を言うと、この三ヶ月の間、
彼は乗りたい者を拒まず、皆乗せた。（二・九八―九九）

ボニファティウス八世の革新が、煉獄に結びついた諸慣習に大激変をもたらした証拠として、これ以上適当な例を見つけることができようか。

煉獄に入りたい者が、意のままに入れるわけではないばかりか、ダンテの煉獄はすでに天国のようなものだなどと思ってはいけない。ダンテの煉獄のどの環も泣き呻く声に満ちているのだ。夢の中で煉獄に近づいたダンテは、恐怖にとらわれる。ぞっとして、顔蒼ざめる、

激しい恐怖に縮み上がる男のように。

（九・四二）

ヴィルジリオはダンテを安心させるべく心を砕かなければならない。

確かにこの山は刑罰の場所である。たとえば第二環には、愛で編まれた綱の鞭とはいえ、ねたみ深い者を打つ鞭がある。

この環は羨望の罪を罰する。
それゆえに鞭の綱は
愛で編まれている。

（一三・三七―三九）

これらねたみ深い者たちの亡霊は、さらに厳しい刑罰をも受ける。

というのは、野性のハイタカが
静かにしない時にされるように
彼らの目は鉄線で縫われていた。

（一三・七〇―七二）

現世で犯した罪と、刑罰の厳しさ、期間、とりわけ煉獄前域での待機時間との間には、過失を浄める山の高さの差という以上に、既に私が煉獄の特色の一つとして示したあの比例関係がある。破門されて死んだマンフレディ（フリードリヒ二世の私生児で、後に正嫡と認知された）が煉獄前域でこう説明する。

聖なる教会に背いて死んだ者は
終りに臨んで悔悛しても
傲慢であった期間の三十倍の間
煉獄の山の外に留まらなければならない。

（三・一三六―一四〇）

ベラクアにしても、

私は臨終の時まで救いの嘆息を繰り延べたので
生前天が私をめぐったのと同じ期間めぐるのを
まずこうして外で待たなければならない。

（四・一三〇―一三二）

ヴィルジリオの大崇拝者スターツィオは、想像でこの比例関係を逆転して、ヴィルジリオと同じ世に生きることができていたら、煉獄でもう一年余分に過ごすことも厭わなかったであろうにと断言する（二一・一〇〇―一〇二）。

しかしダンテは、煉獄の刑罰は現世の最も厳しい刑罰を越える、というアウグスティヌスに由来する主張を繰り返す。ただし、彼は煉獄に険しい山のイメージを与えることによってそれを表現するのだ。

そうしている間に私たちは山の麓に着いた。
そこは非常に険しい岩山で
足の速い者でも役に立ちそうになかった。
レリチとトゥルビアの間の最も荒れた
最も激しく崩れた坂でさえ、
これに比べれば広やかで昇りやすい階段である。

（三・四六―五一）

火

ダンテは、彼以前には多少とも煉獄の刑罰と同一視されてきた火にしばしば言及する。山に近づいたとき、ダンテは悪夢に苦しみながら火の夢を見る。

そこで私は焼けるように思われたが
夢の中の火が余りにも烈しくなって
ついに私の眠りは破れた。

（九・三一—三三）

ダンテはこうして、自分は地獄に立ち戻ったかと思う。

地獄の闇でも、どれほど暗雲に包まれた
みじめな空の、星のない夜の闇でも、
私たちをおおった煙ほど、厚いヴェールで私の目を遮ったものはない。

（一六・一—五）

最後の第七環で、火は色欲の罪を犯した者たちを焼く（二五・一三七）。

ここでは岩壁が炎の矢を吹きおろし、
それを谷から吹き上がる風が押し戻し、

縁から遠ざけている。
それゆえ私たちは一人ずつ谷側を歩かねばならず、
私は一方では火を恐れ
他方では谷底に落ちるのを恐れるのだった。

（二五・一一二―一一七）

火勢があまりに強いので、ダンテは師グイド・グイニツェルリの腕の中にとび込むことができない。

しかし、火のために、私はそれ以上近寄れなかった。

（二六・一〇二）

それに対して吟遊詩人《トルバドウール》アルノー・ダニエルは、

彼を浄める火の中に姿を消した。

（二六・一四八）

最後に、煉獄を去って地上楽園へ行くためには、火の壁を通りぬけなければならない。最後の環の天使がそう告げる。

聖なる魂たちよ、まずこの火に噛まれなければここより先に行くことはできない。
さあ中に入りなさい……

（二七・一〇―一一）

ダンテは恐る恐る火を眺める。

手を組み合わせ身を前に傾けて
火をみつめていると、かつて見た火刑のさまが
まざまざと目に浮かんだ。

（二七・一六—一八）

ヴィルジリオはこう言って彼を安心させる。

固く信じなさい、
たとえ君がこの炎の中に千年以上留まったとしても
この炎は髪の毛一本損なうことはない。

（二七・二五—二七）

ヴィルジリオはダンテより先に火の中に入ってみせたが、それでもやはり試練は耐え難い。

私がこの火の中に入ったところ、その熱は限りなく高く、
溶けたガラスの中に飛び込んででも
体を冷やしたいと思うほどだった。

ヴィルジリオはダンテにたえずベアトリーチェの話をしてやる。するとある歌声が向こう岸から彼らを呼ばう。こうして初めて、ダンテはその試練を耐えぬくのである。

（二七・四九―五一）

地獄を想起させはするが、それとは明らかに異なる火。ヴィルジリオはダンテとの別れ際に、こう指摘している。

わが子よ、君は見た
束の間の火と永遠の火を。

（二七・一二七―一二八）

煉獄と地獄――悔悟

確かに煉獄は幾度となくダンテに地獄を思い出させた。煉獄前域、煉獄の七つの環、そして地上楽園という九つの滞在場所から成る山が、登攀中のダンテに天国の九つの圏域を予告するにせよ、何にもまして、それは彼に地獄の九環を思い出させるのだ。しかしダンテは地獄と煉獄の間に存在する基本的相違を表示し、これをみごとに感得させてくれる。まず、地獄の門の広さとは対照的な門の狭さ（九・七三―七五）であり、福音書による救いの狭き門を思い出させる。《狭い門から入れ。滅びに至る門は大きく、その道は広い。そしてそこから入っていく者が多い。命に至る門は狭く、その道は狭い。そしてそれを見出す者が少ない》（マタイ七・一三―一四）。さらに、《狭い戸口からはいるように努めなさい。はいろうとしても、はいれない人が多いのだから》（ルカ一三・二四）。

ダンテはまた一層あからさまにその差を示す。

ああ、これらの小道は地獄の小道と何と違うことか。
ここでは歌に伴われて入るのに、
あちらでは恐ろしい嘆きの声をききながらだ。

（一二・一一二—一一四）

ダンテが他の誰にもまして、しかも巧みに、煉獄を中間的死後世界としたとすれば、彼は彼の煉獄を、一三世紀の教会による煉獄の地獄化から守ったということになる。煉獄を両極から不等距離にある中間点とし、天国の方に片寄った場所にした点で、煉獄の論理に教会より正統的に忠実だと言えるダンテは、煉獄をまさしく希望と喜びの始まり、光への漸進的侵入の場所として示している。

つまりダンテは、ある意味では大部分の大スコラ学者以上に、煉獄を悔悛に基礎づけた一二世紀の神学者たちの偉大な伝統に忠実なのである（オーヴェルニュのギヨームは、そのほとんど過度なケースであった）。

その表われは、たとえば煉獄前域における罪の償いと浄化に必要な謙虚の歌ミゼレレ（五・二二—二四）である。また煉獄の入口にある三つの階段の、完璧かつ巧緻な象徴法がそうである。

私は一つの門と、その下に
そこに通じる異なる色の三つの段と、

未だにものを言わない一人の門番を見た。
……
私たちはそこに行った。すると第一の段は
白大理石で、大層清くなめらかだったので、
まるで鏡のようにそこにそっくり自分の姿が映っているのが見えた。
第二の段は暗色の、赤みがかったというよりむしろ黒い、
縦横にひびの入った粗い焼石でできている。
その上の第三段はどっしりした斑岩で、
動脈からほとばしり出る血のように
赤く燃え上がるかと思われた。
……
この三つの段を登ろうとする私の熱意を助けて
案内者は私を引っぱり上げながら言った、
「君のために門を開けてくれるよう、謙虚に頼むのだ。」
(九・七六―一〇八)

生誕七百年記念伊仏対訳版の注解が説明しているように、《この光景は悔悛の表現である。天使は司祭を表わす。彼が無言でいるのは、罪人の方から彼に言葉をかけなければならないからである。異なる色の三つの段は悔悛の秘跡の三つの行為、すなわち痛悔、告解、償いを象徴する。それら自身はそれぞれ異なる行為であるが、三つの段が唯一の入口に通じるように、三つで一つの秘跡を構成する》(7)。

第一の段は、悔悟者を大理石の純白無垢に化すべき痛悔(contritio cordis)を象徴している。第二の段は、悔悟者に赤黒い羞恥心を生じさせる告解(confessio oris)を表わす。第三の段は、悔悟者を鼓舞する愛すなわち慈悲心の、炎のように赤く燃える償いの行為そのものを具現している。

この浄化の閾を一歩越えれば悔悛する死者は

罪を犯すことももはやわれわれの思うままにならない世界

(二六・一三一―一三二)

に入り込むにもかかわらず、あいかわらず自由意志をもつ人間として浄化の意志を示さなければならない。ダンテは煉獄で《熱意をもって》(di buona voglia) ヴィルジリオにつき従うのである。

煉獄で出会うスターツィオは、ヴィルジリオとダンテに、魂は浄化を「意欲」しなければならないと語る。

魂が居場所を自由に変えることができるようになるや、
魂を突然襲う意志こそ、浄化の唯一の証であり、
魂にその意志の良き報いを得さしめる。

(二一・六一―六三)(8)

煉獄の刑罰が《自由意志》に基づくか否かを問題にしたスコラ学者たちの抽象的で難解な教えをダンテはこのような形で保持したのだ。

悔悛は苦悩（神学者や司牧者のいう acerbitas）をもその一部とする。

第五環の吝嗇家と浪費家の場合を見よう。

> 貪欲の罪は、悔い改めた魂の浄化の業に
> 明白に表われている。
> この山ではこれ以上に苦しい刑罰はない。
> （一九・一一五―一一七）

地上楽園においても、依然ヴィルジリオに付き添われたダンテを歌と踊りで迎える美しい婦人マテルダは、悔悛の詩、詩篇三二

> 幸いなるかな、その罪をおおい消された者は（Beati, quorum tecta sunt peccata!）

を歌う（二八・四〇）。

この悔悛過程において、悔い改めは特に重要で、涙を伴うものが良い。

煉獄前域にいる暴力死の犠牲者たちは、絶命までにほとんど時間の余裕がなかったにもかかわらず、それでも悔い改めることができたばかりでなく、彼らを殺害もしくは処刑した者を許すことができた。

そこでわれわれは、みずから悔い改め、人の罪を許しながら、
見神の願いをわれらの心に燃え立たせ給う神と和解して、世を去ったのだ。

（五・五五—五七）

煉獄前域のブオンコンテ・ダ・モンテフェルトロの話によれば、彼は死に際の悔い改めによって、地獄の使者が大いにくやしがるのを尻目に、神の使者の手に委ねられた。悪魔はひと粒の小さな涙によって per una lacrimetta 獲物が彼の手を逃れるのを見たのだ。

神の使者が私を捉えた。すると地獄の使者が叫んだ。
「おお、天の者よ、なぜ私の物を横取りするのか。
ただ一滴の涙ゆえに私は彼を奪い取られ、
君はその者の不朽のものを持ち去る。」

（五・一〇四—一〇七）

吝嗇家たちの第五環で、恥じて身を隠そうとする教皇アドリアーノ五世を見つけたダンテは、彼にこう呼びかける。

「それなくしては神の御もとに帰れない痛悔の果実を、
涙で熟させている魂よ……」

（一九・九一—九二）

この第五環で、深淵の縁に蝟集するのは、涙により悪を消滅させる者の群である。

全世界にはびこる悪を一滴また一滴と、
その目から洗い落とす者たちよ

（二〇・七―八）

地上楽園に入るとき、ダンテは最後にもう一度、この幸福を味わうにはまず涙を伴う悔い改めでその代価を支払っておかなければならない、と指摘するであろう（三〇・一四五）。

希望

しかしダンテが強調するように、煉獄には希望が君臨している。非物質的身体を恵まれた魂（抱き締めようとしても虚しい、この亡霊のテーマは倦むことなく繰り返された[9]）は、既に救われ、解放された魂なのである。

希望はしばしば祈りの中に現われる。「煉獄篇」全体にわたって、節目節目に祈りや歌が折りこまれている。ダンテは、スコラ学者が多くの場合除外した典礼を、詩篇中に統合する術を心得ていた。また、煉獄の死者の祈る姿は、まさに中世末期の芸術家たちが煉獄を地獄と区別するために選ぶことになる形象なのである。地獄にはいかなる希望もないので、祈りが一体何になろう。逆に煉獄では救済の確実性は祈りに具体化され、祈りによって証言され、祈りによってその到来が早められるはずなのである。純潔と希望の色、白と緑によって象徴される希望。
旅する二人が煉獄前域に足を踏み入れるや、白が現われる。

その左右に何か白いものが見え、
下の方からも
次第に白いものが現われた。

（二・二二―二四）

ヴィルジリオはダンテを励まし、光を求めるよう促す。

愛し児よ、決して希望を捨ててはならない。

（三・六六）

山を登り始めた巡礼たちは、新たな欲求と希望と光に後押しされる。

しかしここでは人は飛ばねばならない。
私に希望を与え、その光で私を照らす案内者に従い、
軽快な翼と大いなる願望の羽を用いて。

煉獄前域の魂が祈りながら通りかかる。

（四・二七―三〇）

そこではフェデリゴ・ノヴェルロとあのピサの人が、
手を差し伸べて祈っていた。

（六・一一六―一一七）

そこで見守る天使たちは、希望の色の衣と翼を身につけている。

そして私は見た、切先の折れた
二振りの燃える剣をたずさえて、
二人の天使が高みから現われ、舞い降りて来るのを。
彼らの衣は萌え出たばかりの若葉の緑色で、
緑色の翼をあおって飛ぶ
彼らの後方になびいていた。

（八・二五―三〇）

緑色の翼に空気が裂かれるのを聞くと、
蛇は逃げ去った。

（八・一〇六―一〇七）

また、第一環では、高慢の罪を負った者たちが主の祈りを唱える重要なエピソードがあるが、彼らは、悪から解放を求める主の祈りの最後の詩句を形式的に唱えるだけである。というのは、既に罪から解放された彼らには、もはやその必要がないからである。

この最後の祈りは、愛すべき主よ、
その必要なきわれらのためではなく、
われらの後にとどまった者のために唱えるものです。
（一一・二二―二四）

煉獄前域でダンテが見た最初の魂は、既に、選ばれた《幸福な魂》（二・七四）である。ヴィルジリオは彼らに向かって、

ああ、善く成し終えられた者たちよ、既に選ばれた魂たちよ
（三・七三）

と呼びかけている。
ダンテも、第二環で羨望の罪を償う者たちにこう話しかける、

高き光を必ず見ることになる人々よ。
（一三・八五―八六）

煉獄の魂の救済は、罰しはするが同時に慈悲と恩寵でもある神の正義によって定められる。それはまた、魂自身に残された意志によって早まりもする。吝嗇家たちの環でユーグ・カペーがそれを指摘している。

われわれのうち、ある者は大声で、他の者は小声でその熱意に応じて善徳を語る。
その熱意がわれわれの歩みを刺激して、
時には大股で時には小股で進ませるのだ。

（二〇・一一八―一二〇）

生者の助力

浄罪の進行と天への上昇は、とくに生者の助力に依存するところが大きい。この点で、ダンテはとりなしの祈りに対する信仰を全面的に採用している。煉獄の死者の大部分は、親戚や友人の助けを求めているが、他方には、もっと広く諸聖人の通功に訴える者もいる。

煉獄の入口で待たされているマンフレディは、ダンテにこう頼む――あなたが地上に戻ったら私が今どういう状態にあるかを私の娘、《いとしいコンスタンツァ》に知らせてほしい、と。娘は彼が破門されたことを知っているので、彼が劫罰を受けたと思っているかもしれないからである。

というのは、ここでは生ある者の助けが大そう役に立つから。

（三・一四五）

ベラクァは、すぐに煉獄に入る希望を失っている。

恩寵のうちに生きる者の心から湧き出た祈りが、
早く私を助けてくれるのでなければ。

（四・一三三―一三四）

ヤコポ・デル・カッセロはファーノの全住民の助力を懇願する。

お願いです。ロマーニャとカルロの国の間にあるあの国を訪れることがあれば、
私が重い罪を浄めることができるよう
祭壇にぬかづいて祈ってくれと、
どうかファーノの人々に頼んで下さい。

（五・六八―七二）

ブオンコンテ・ダ・モンテフェルトロは、妻のジョヴァンナにも身内の者にも見棄てられたと嘆く。

ジョヴァンナも他の者たちも私のことを案じてくれないので、
私は頭を垂れてこの者たちと共に歩いているのです。

（五・八九―九〇）

ダンテは、煉獄の門前で待つこれらの魂たちの要求に、圧倒されそうになる。

一刻も早く清浄の身となるように、
他人が自分のために祈ってくれることをひたすら望む霊たちから、
私が解放されたとき……

（六・二五―二七）

ニーノ・ヴィスコンティも、自分を助けるよう娘のジョヴァンナに促してほしいとダンテに頼む。

あなたが拡がる波のかなたに行ったら、娘のジョヴァンナに言って下さい、
罪なき者に答え給う天にむかって
私のためにとりなしてくれるように。

（八・七〇―七二）

傲慢の罪を償う魂たちは主の祈りを朗唱した後、生者に助けを求める。そのかわり、彼ら自身、彼らに能う限り、地上の人々のために祈るからというのである（ダンテは功徳の相互性を認める立場を取るようである）。ダンテも彼らの訴えに加わる。

もし彼らがこちら側で絶えず地上のわれわれの幸福を祈っているのであれば、
その意志を恩寵に根づかせている現世の者は、

彼らのために何をし、何を祈るべきであろう。
われわれは彼らが浄められ、
身軽になって星空に昇ることができるよう、
現世から持ってきた汚れを洗い落す手助けをしなければならない。

（一一・三一―三六）

つまり、煉獄には忘れ去られた者がいるわけであり、救われた者もまたいる。シエナ人サピアは悔い改めるのが遅すぎたが、フランチェスコ会第三会員である同国人のピエル・ペッティナイオに助けられた。

私は臨終のとき、神との和解を願ったのですが、
もしも慈悲の心から私のために悲しんでいたピエル・ペッティナイオが、
聖なる祈りの中で私を思い出してくれなかったら、
私の負債は悔悛によっても減じることはなかったでしょう。

（一三・一二四―一二九）

生者にではなく、神に祈ってくれとダンテに頼む煉獄の魂が時にはある。憤怒の罪が償われる第三環の、ロンバルディア人マルコの場合がそうである。

高みに行き着いたら私のためにとりなして下さい。

（一六・五〇―五一）

さらに第五環で、スターツィオが煉獄の魂のために祈り求めるのも、神の助力である。

主よ、早に彼らを高みへ登らせ給え。

（二一・七二）

しかしもちろん、それ以上に煉獄の苦悩する魂が求めるのは、第二環の羨望者の場合のように、聖母と諸聖人のとりなしである。

「マリアよ、われらのために祈り給え」と叫び、
また「ミケレ」、「ピエトロ」、「諸聖人よ」と叫ぶのが聞こえた。

（一三・五〇―五一）

煉獄の時間

ダンテとヴィルジリオの煉獄の旅は、復活と、死に対する勝利と、救済の約束の時たる復活祭の四日間にわたる。彼らは第一日を煉獄前域で、次の月曜日と火曜日を煉獄の山で、四日目の水曜日を地上楽園で過ごす。この旅の間、ダンテは、山をめぐりつつ昇る彼らを照らす太陽や星の動きを、注意深く眺める。その運行は彼らに付き添い、煉獄の魂を天に導く神の恩寵を象徴している。

しかし、時間の指標が散見されるのは「煉獄篇」だけである。「地獄篇」では、ヴィルジリオとダンテの旅程のしるしだけが、唯一、時間を示していた。「天国篇」では、ダンテが通過するその短い間、時間

は廃棄されさえする。逆に、煉獄は時間の内にある王国である。(10) ダンテは煉獄の時間が歴史的時間の総体といかなる関係にあるかを指摘して、煉獄滞在は、最大限で死から最後の審判までの期間とみなす。この点に関して詩人は読者にこう語りかけている。

読者よ、神がどのように負債の償いを課し給うかを聞くがよい。
しかし苦罰の形式にこだわらず
その後に来るものが何かを考えなさい。
責め苦は、最悪の場合でも、最後の審判の後まで続くことはないのだから。

(一〇・一〇七―一一一)

この交響楽的時間性。つまりここでの時間は、ダンテの旅の時間と、彼が行きずりに会う煉獄の魂たちの生きられた時間との錯綜なのである。それはとりわけ、地上と天空の間、現世の生と永遠の間で試練を受ける魂の、交錯したさまざまの時間から成る。加速された時間と減速された時間、生者の記憶と死者の不安の間で揺れ動く時間、未だ歴史に踏みとどまりながら既に終末論にのみこまれている時間。

煉獄そのものにおいては、時間の経過は魂の上昇のリズムによって測られている。神の永遠と人間の時間の間のこの接合部を、いくつかの奇跡的事象が特徴づけており、それは煉獄でしか起こり得ない出来事を際立たせている。

ヴィルジリオとダンテが吝嗇家の第五環にいると、突然山が揺れ動く。

私たちが力の限り道を進もうと努めていたそのとき、
突然何かが崩れ落ちるように、山が鳴動するのを私は感じ、
死に赴く人を襲うような悪寒が私の背筋を走った。

（二〇・一二七—一二九）

しかし奇妙なことに、そのとき歓喜の歌声が湧き起こる。

ついで四方から叫び声が湧き起こった。
師は私の方を向いて、
「私が君を導いている限り怖れることはない」と言った。
それは《いと高きところに神に栄光あれ《グロリア・イン・エクセルシス・デオ》》と
声をそろえて歌っているのであった……

（二〇・一三三—一三七）

次の第二一歌で、スターツィオがこの地震の意味を二人の巡礼者に説明する。

ある魂が、完全に浄められたと感じて身を起こしたり、
天に昇ろうと動き始めるとき、
山は震動し、（あなた方が聞いた）あの喚声がそれに続くのです。

（二一・五八—六〇）

煉獄の出来事のこうした衝撃は、要するに、天に昇るにふさわしくなり飛び立つことも可能となった魂の飛翔である。この震動、この叫び声は、時間から永遠への魂の移行に伴う動揺なのである。

おそらくダンテの煉獄も、やはり苦悩と試練の時間ではある。煉獄の魂は、いずれにせよ真の喜び、至福直観の喜びを奪われているのである。教皇アドリアーノ五世は悲しげにこうつぶやく。

私の眼は地上の物に注がれたまま
高く挙げられたことがかつてない。
同様に、神の裁きはここでもそれを地に沈める。

（一九・一一八―一二〇）

光に向かって

しかし煉獄全体は高みを憧れ求めている。ヴィルジリオに代ってダンテを天国に導くベアトリーチェが出現するのは、ようやく地上楽園（第三一歌）に入ってからであるが、それをヴィルジリオは、既に煉獄前域でダンテに予告している。

私の言うことがきみにわかったかどうか。それはベアトリーチェのことなのだ。
やがて君は、この山の頂で微笑む
幸福な彼女の姿を見るであろう。

（六・四六―四八）

煉獄の魂を引き受けるのは悪魔か天使かをスコラ学者たちは、問題にした。ダンテはためらわず、それは良い天使、天上の使者、神の御使であると答える。煉獄の門には大罪の七つのPを額に印す天使がおり、各環にも、魂や巡礼者を導き入れ、出口でその環に相当するPを消す天使がいる。

とくに、闇、煙、夜（ただし星空の下の夜である）のエピソードにかかわらず、煉獄の山は徐々に明るさに包まれる。登攀は光に向かっての行進である。地獄の闇と天国の光の間にあって、煉獄は絶えず明るさを増す薄明りの中に浸っている場所だ。[11]

冒頭から、島の浜辺に日は昇り、景観もダンテの顔も紅に染まる。

まだ涙にぬれている私の頰を師の方にさし出すと、
師は地獄の煤に汚れた膚を拭ってくれた。

（一・一二七―一二九）

明るさは天使からも来る。彼らは満面にかがよう天の光を煉獄に照り返すのである。

金髪の頭ははっきり見てとれたが
顔のかがよいに私の眼は眩んだ。

（八・三四―三五）

第二環に入るとき、ヴィルジリオは太陽を見上げる。

おお、うるわしい光よ、あなたをたよりに私は新しい道に踏み入る……
……
あなたの光こそ常にわが道しるべ。
（八・一六―二一）

第二環から第三環へと登るとき、ダンテは眩暈さえ催す。

……私の額に射す光の輝きが
いちだんと圧迫の度を加えるのを覚え
未知の体験に私は茫然とした。
（一五・一〇―一二）

そこでヴィルジリオがダンテに説明する。

天の僕《しもべ》が今なお君の眼を眩ませようとも
驚くことはない……
これこそ人をさらに高みへと誘う使者なのだから。
（一五・二八―三〇）

最後に、地上楽園は既に天の光に浸されている。

闇は八方に逃げ去った。

（二七・一一二）

最後の浄化が行なわれる。一つの泉から二筋の川が流れ出る。その一つレーテは、人間から罪の記憶を奪い去る。もう一つの川エウノエ（ダンテの創作）は、かつて行なったすべての善行を人に思い出させる（二八・一二七ー一三二）。これは、悔悛と浄化のプロセスに関するダンテの最後の言葉であり、そこでは記憶が非常に大きな役割を演じている。記憶自体が罪を洗われ、決定的変貌を遂げる。悪は忘れ去られ、人間の中の不滅のもの、すなわち善の記憶のみが存続する。記憶もまた終末論的闘に到達したのだ。

ここでダンテは真の明るさと接触する。

おお、永遠の生ける光の壮麗よ。
(Ô isplendor di viva luce etterna.)

（三一・一三九）

煉獄の旅を終えた詩人は、エウノエ川の水を飲み、浄化された魂のように、「煉獄篇」の最後の詩句にたどり着く。

身を浄らに、星々まで昇るべく。
(puro e disposto a salire alle stelle)

（三三・一四五）

今なぜ煉獄か

キリスト教社会における煉獄の歴史は、一四世紀初頭に終ったわけではない。煉獄がキリスト教信仰、次いでカトリック信仰に深く根を下ろし、最も熱狂的かつ最も《栄光に満ちた》時代を迎えるのは、一五―一九世紀である。説教や文書（手書本に代わって刊本が登場する）等の伝統的な布教形式に画像が加わる。[1] フレスコ画、写本挿絵《ミニアチュア》、版画、礼拝堂や特殊祭壇の芸術的装飾などによって、煉獄という想像界に具体的なイメージが与えられるようになったのである。建築、彫刻、絵画などは、死後世界に関する夢物語のいくつかに纏いついているあの妄りに人を幻想へと誘う力は欠くものの、煉獄に対して直接的な視覚効果を保証し、位置と実在性と内容とをもつ存在としての煉獄を完全な勝利に導くのだ。[2]

信仰と宗教的慣習の次元でも著しい発展が見られる。それまでは、遺言における煉獄への言及はごく限られたものでしかなかった。ところが一四世紀からは、地方によりその時期と程度に多少の差はあっても、煉獄が遺言書に侵入を開始し、時には氾濫と呼ぶべき状態にまで達する。[3] 教会などが遺贈の不足を補塡したり、信者に施しを呼びかけてそれを補うこともあった。たとえば、個別審判と第三の場所に対する抵抗ないしはためらいの残る南仏地方では、《煉獄の魂のための浄財盆》が普及する。それは、教会でミサのとき《信者の浄財》を集めるために回され、《煉獄の慈善》（ミッシェル・バスタール＝フルニエによる立派な研究がある）という特別会計をうるおす。こうして集められた小口の資金は諸聖人の通功に充てられる。

こうした図像表現や宗教的慣行を見れば、煉獄に結びついた信仰に変形と拡大がもたらされたことが肯われる。祭壇や、煉獄の魂への奉献物によって表される信心は、いまや煉獄の魂がただ功徳を受けるに終始することなく、生者たちに功徳を移す、つまり生者から得た助力を生者に送り返すことができることを示している。一二、一三世紀には疑問視され、多くの場合は否定されていた功徳の転換がここに確立を見たのである。煉獄を通しての生者・死者間連帯の体系は、終りのない環状連鎖、完全な相互交流となった。円環が閉じられたのである。他方、《煉獄の魂のための浄財盆》の制度は、とりなしの祈りが、一一月二日の死者の日に限らず、煉獄にいると想定されるすべての死者に適用されるということ、たとえ信者が自分の喜捨を特に《身内の》死者の試練を短縮する手段と考えているとしても、この事情に変わりはないということを証拠立てている。諸聖人の通功が全容をあらわにし、その適用が一般化するのである。

ダンテの偉大な詩を別にすれば、煉獄が一三世紀に生んだ霊性の具体的表現はごく限られたものでしかなかった。聖女ルトガルディスは煉獄の魂の熱烈な援助者ではあったが、煉獄信仰を、彼女をその先駆者のひとりとするもっと深い霊的思潮、特にキリストの聖心信仰に結びつけたとは思われない。この聖心信仰はベギン修道女の間に生まれ、ハデヴィックと、マグデブルクのメヒティルディスと共に、次いでハッケボルンのベネディクト会修道女メヒティルディスとゲルトルーディスと共に発展し、一三世紀末に、特にザクセンのヘルフタの修道女たちに霊感を与えた。煉獄はゲルトルーディス・マグナ（一三〇一ないし一三〇二年没）を俟って、最高の神秘神学の領域に入る。そして特に、『煉獄論』の著者、ジェノヴァの聖カタリーナと共に、神秘主義の頂点（あるいは深淵）に達することになる。

フィレンツェ公会議（一四三九年）ではギリシア人に、トリエント公会議（一五六二年）ではプロテスタントに対決して、煉獄が教義と神学の領域でカトリック教会の教理に確たる地位を占めるに至るのも、やはり一五世紀半ばから一七世紀の初めにかけてであった。しかし、司牧者よりは神学者と為政者の仕事であったトリエントは、煉獄を決定的に教理に組み込みながらも、一三世紀同様、第三の場所の想像的内容には冷淡であった。イエズス会士ベラルミーノとスアレスがそれぞれ行なった大きな総合において、煉獄はトリエント後の公教要理の神学にしっかりと根を下ろしているが、そこでも想像的世界の占める場所は微々たるものである。

しかし煉獄は、一五世紀から一九世紀に至る主要なカトリック様式の中に、さらに広汎な生を得ている。ゴチック・フランボワイヤン様式とデヴォチオ・モデルナ〔二六〕の煉獄がある。もちろん反宗教改革の煉獄もあるが、おそらくそして特に、古典主義の煉獄、バロックの煉獄、そして最後に、ロマン主義の煉獄、聖シュルピス会〔二七〕の煉獄がある。一六世紀から今日に至る人間の死に対する態度の主だった歴史家たち（フィリップ・アリエス、ピエール・ショーニュ、フランソワ・ルブラン、アルベルト・テネンティ、ミシェル・ヴォヴェル等）は、それぞれ、その大著において煉獄に頁を割いている。だが彼らが煉獄に与えている地位は、必ずしも期待されるほど明瞭ではない(4)。歴史によって継子扱いされてきたこの煉獄は、たとえそれが滅びるべき死後世界であり、歴史家たちの研究の主領域たる死の思想に不可欠な構成要素たり得ない（少なくとも表面的には）としても、死後世界の一部であることに変わりはない。私が既に示したように、一三世紀以来、煉獄は人生の最後の瞬間に直面したキリスト教徒の態度を変えているのである。煉獄は現世の生の最後の段階を、それに恐れと希望の混在する激しい緊張を与えることにより、劇的なものにした。煉獄が天国を保証する控えの間となったからには、最後になお可能なのは結局地獄か天国かという重要問題であった。最後の瞬間が最後の好機となった。そこで私は、一四世紀から二〇世紀に至る、煉獄と死の関係を明らかにする仕事が残されていると考える。

私はこの書物において、四世紀から一四世紀までのキリスト教的死後世界の体系、イデオロギーと想像の体系の形成を示し、説明を加えようと試みたのであるが、この書を終えるにあたって、私はある種の不安にとらえられている。死後世界の体系において中心的な地位を占めるのは、中間的で一時的で心もとなくはあるが枢要の要素、すなわち天国と地獄の間をその場所とする煉獄であることを示唆するのが私の目的であった。

だが果たして、煉獄はこの体系の真理であろうか。

体系に動きと統一を与えている要素は天国ではなかったのであろうか。天国はこれまで歴史家の興味を引くことはほとんどなかったが、私の資料に徴してみる限り、天国が言われるほど色褪せているとも、単調であるとも思えないのである。洋々と流れる河に野を潤され、燦々と光降り注ぎ、こよなく美しい歌の調べが耳を喜ばせ、馥郁たる香気ただよい、エーテルみなぎる最高天の無限の広がりの中に立ち現われる言語を絶する神の現前に満たされた天国は、未開拓の世界として残されているのだ。(5) 煉獄——救済の希望と確実性、さらに微妙かつ間然するところのない正義の要求、神への《帰還》の最終段階に必要な完璧な清浄への一層入念な準備——の彼方にあってこの体系を息づかせているもの、それは十字架上のキリストが盗賊に与えた約束ではないのか。《今日あなたは私と共に天国にあるであろう》(ルカ二三・四三)。

煉獄は、その地獄的比喩にもかかわらず、天国に向かって傾いていて、煉獄の魂たちを天に向かわせる天国願望こそ、カトリック教徒の死後世界信仰の原動力となっているものと思われる。『神曲』においては魂たちは絶えざる神への帰還として天をめざし、一つの帰還が果たされるたびに、雷鳴がことほぐようにどよもすのである。

このような観点からすると、私は、ほとんど黙して語らぬテクストの背後に隠された至福直観の問題を、十分明らかにしなかったことになろう。至福直観の喪失状態は煉獄のゼロ段階というよりは、永遠と魂とを隔てる最後の一線と見た方がよいかもしれない。現世の生の「後」にくる煉獄の時空を解く鍵は、ピエール・ショーニュのいわゆる《死後持続《シュルデュレ》》、あるいはフィリップ・アリエスのいわゆる《死後伝記《シュプレマン・ド・ビオグラフィー》》に求めるべきではなく、至福直観の「前」、永遠の「前」なる不可避の空虚にこそ求めるべきではないのか。ヨハネス二二世は正しかったのであろうか。煉獄は後‐現世である以上に前‐永生ではないのか。

しかし私の不安の本当の原因は他にある。煉獄の歴史全体を通じて、教会の主たる関心は永遠の地獄を存続させることだったのではないか。一時的な浄罪の火は、消すことのできない火の引き立て役ではなかったのか。第二の王国は、地獄王国を保護する辺境ではなかったのか。煉獄は、劫罰という絶対的武器を保持するために教会が支払った代価ではなかったのか。これは、キリスト教の一時期、ジャン・ドリュモーのいわゆる恐怖のキリスト教に対応する時期の、地獄的照明ではなかろうか。

これで、今日の大多数のカトリック教徒と教会の、煉獄に対する態度が更によく理解できるように思える。

そこでは死後世界の体系全体、とりわけ煉獄に照準が合わされている。教会の関心事は、自らの歴史の中で今ひとたび、時代に即した「手直し」を実現することである。人それぞれおのれの信ずるところに従って、この手直しを、原点への復帰であると同時に成就でもあるような《理想的》キリスト教の実現に向かう緩慢だが着実な歩みと考えることも、あるいは時代に遅れをとった制度が歴史の有為転変に追いつこうとする単なる試みと見なすこともできる。いずれにせよ死後世界の想像的内容は、またしても、純化の名目で信仰の《原始的》諸形態を拒絶する態度の犠牲に供される。過去に通じ、他者をおもんぱかり、均衡に気を配る人たちでさえ、せいぜい、コンガール神父のように《ここでもわれわれの表象を純化し、イメージとまでは言わずとも――なぜなら人はイメージなしでは考えることができないし、なかには有益なイメージ、美しいイメージさえあるから――、少なくともある種の妄想は捨て去らなければならない(6)》と言うにとどまる。罪を浄めるものとはされていても本来的に地獄的な煉獄の責め苦は、残念ながらまだ無くなったとはとてもいえない浮世の辛酸の引き写しであることが余りにも明白であるから、その責め苦の幻視を後退させたいという願いに同意しない者がいるだろうか。偉大なドミニコ会神学者コンガールが素描している綱領からは、これまで歴史があまりにもしばしば対立させてきた二つの傾向を結びつけようという意志をしっかりと汲みとらなければならない。すなわち人間の記憶および存在の本質的部分である想像領域を損なわずに、信仰を社会と心性の変化に合わせようという意志がそれである。理性はイメージを糧とする。深層の歴史がそれを明らかにしているのである。

ところが実を言うと、私はこの表象純化の願望の中で特に煉獄が割りを食っているのではないかと思う。既に示したように、煉獄の誕生、発展、普及は想像界と密接に結びついているので、カトリック教会が現実に採っている見解のなかで煉獄を救うためには、コンガール神父の言葉はほとんどオリゲネス的口調を帯びざるを得ないからである。

一般信徒に関しては、彼らの煉獄離れには聖職者の場合とは別の、いやむしろ逆の理由があると私は思う。聖職者の側にあるのは煉獄の非地獄化と非物質化である。一般信徒や宗教的信条の変化に敏感な人々の側に見られるのは、死後世界の中間的時間に対する無関心の増大である。今日ふたたび、とりわけいわゆる先進国の社会においては、時代の問いかけ、希望、不安が二つの極に集中している。現世においてまず人々の視線が向けられるのは、ごく少数の《楽天派》を別にすれば、死の地平である。そこではどちらを見ても古い死の模式は危殆に瀕している。いかに死すべきか。カトリック教徒だけでなく、あらゆる宗教の人々にとって、いやもっと単純におよそ自分の死を考えなければならないすべての人々にとって、選択の余地は再び天国か地獄かに狭められているように思える。天国は現世のさまざまの夢の投影であり、地獄は新たな想像的現実性を見出すに至った一つの恐怖の投影である。今日あるのは核の黙示、既にこの世でその恐るべき体験がなされている黙示なのだ(7)。

しかし、人間の夢には、差異《ニユアンス》、正義＝公正、語のあらゆる意味における度合《ムジユール》、理性(おお、道理にかなった煉獄よ!)そして希望のための場所が常に存在するであろうことを私は信じたい。げに煉獄は束の間などと明日にも耳にしたくはないものだ。

補遺

I　煉獄に関する文献

煉獄に関する現存の文献の数は膨大である。煉獄の歴史を対象とする著作の多くは情報が不十分なまま、カトリックとプロテスタントにあっては共に論争精神に、カトリックにあっては護教的精神に動かされて書かれたものである。残念ながら、ベラルミーノやスアレスの昔から二〇世紀前半にいたるまで、カトリックの学識の煉獄観はほとんど更新されていないという印象をわれわれはあまりにも頻繁に受けるのである。『カトリック神学辞典』(E. Vacant, E. Mangenot, E. Amann, Dictionnaire de Théologie catholique, t. 13, 1936, col. 1163-1326) の大項目、ミシェル (A. Michel) の《煉獄》は非常に内容が豊かであり、基本文献たるを失わない。その精神は伝統的かつ反プロテスタント的である。ピオランティの『煉獄の教義』(A. Piolanti《Il dogma del purgatorio》in *Euntes docete*, 6, 1953, pp. 287-311) は最もすぐれた簡潔な総括であると私は思う。『神学教会辞典』の《煉獄》の項 (Lexicon für Theologie und Kirche, IV, 1960, col. 49-55) も簡略である。プロテスタントのフライシュハーク (E. Fleischhak) の『煉獄論、死者の運命に関するキリスト教的表象史』(Fegfeuer. Die christlichen Vorstellungen vom Geschick der Verstorbenen geschichtlich dargestellt, 1969) は、同宗者にカトリックの立場についての知識を与える目的で書かれたものであり、好感の持てる書物であるが、二番煎じで、情報も不足しており、必ずしも正確ではない。

最も示唆に富む著作は、民族学者で歴史家のマルクス・ランダウ（Marcus Landau）による『民間信仰、文学、教義における地獄と煉獄』(Höll und Fegfeuer in *Volksglaube, Dichtung und Kirchenlehre*, Heiderberg, 1909) である。だがこの書の情報が古く、部分的であること、とりわけこの民族学者の年代学軽視の弊が見られることは残念である。

煉獄の発展に不可欠な一テクストの中世的解釈に関しては、グニルカの『コリント人への第一の手紙三・一〇は煉獄の聖書的証拠たりうるか――釈義的＝歴史的研究』(J. Gnilka, Ist I Kor. 3, 10 ein Schriftzeugnis für das Fegfeuer? Eine exegetisch-historische Untersuchung, Düsseldorf. 1955) を見よ。

煉獄の古代史はジョゼフ・デディカ（Joseph Ntedika）のすぐれた業績によって面目を一新した。すなわち『聖アウグスティヌスにおける煉獄の教義の展開』(Evolution de la doctrine du Purgatoire chez saint Augustin, Etudes augustiniennes, Paris, 1966) および『死者のための祈りにおける死後世界の喚起――ラテン教父学・典礼の研究』(L'Evocation de l'au-delà dans la prière pour les morts, Etudes de patristique et de liturgie latines, Louvain, Paris, 1971) である。

グーベールとクリスティアニによる『死後世界資料選』(J. Goubert, L. Cristiani, Les plus beaux textes sur l'au-delà) は価値とレヴェルを異にするさまざまのテクストのアンソロジーであるが、その中には煉獄に関する重要な作品もいくつか含まれている。

II 《PURGATORIUM》――ある語の歴史

重要な事実は、一二世紀後半に、形容詞 purgatorius, a, um（浄化の）と並んで、名詞 purgatorium（煉獄）が出現したことである。この言語学的事件は、死後世界に関する信仰の重大な変化の徴候であると私には思われるのに、奇妙なことに、煉獄の歴史家たちにまったく気付かれずにきたか、あるいは少ししか注意を惹かなかった。ジョゼフ・デディカでさえ、purgatorium という語を最初に用いた栄誉をラヴァルダンのヒルデベルトゥスあるいはル・マンのヒルデベルトゥス（一一三三年没）に与えるという誤りを犯している（『聖アウグスティヌスにおける煉獄の教義の展開』、前掲書一一頁、注一七）。同じまちがいが『神学教会辞典』の「煉獄」の項（Lexicon für Theologie und Kirche, vol. IV, col. 51,《Fegfeuer》）にも見られる。ピオランティは、《この世紀（一二世紀）に、「煉獄論」の最初の草案がいくつか現われる（以来、形容詞が名詞に変形した）》と言うに甘んじている（『煉獄の教義』、前掲書三〇〇頁）。フライシュハークは、出典を示さないで（それもそのはずである！）、《purgatorium という語は、カロリング朝時代から用いられた》と主張している（『煉獄論』、前掲書六四頁）。

私がしているように、この用語（名詞 purgatorium）がおそらく一一七〇年と一一八〇年の間に現われると主張することができるためには、テクストの作者同定上の誤りを正すと共に、一一七〇年以前のいくつかのテクストについて刊本を改訂しなければならない。というのは、この語は一一七〇年以前は特に ignis purgatorius, poena(e) purgatoria(e), loca purgatoria という表現や in 〔locis〕 purgatoriis の形で（形容詞として）使われており、名詞としての purgatorium が見られるとすれば、それは単に、校訂本が一一七〇年以後のいくつかの写本に基づいて作成されているからにほかならない。つまりそれらの写本が作成された時代には名詞の使用が一般化していたために、写字生が例えば ignem purgatorium を purgatorium 一語に置き換えるということが自然に生じたにちがいないからである。

ペトルス・ダミアーニ（一〇七二年没）は、聖ニコラウスの祭日のための説教五九の中で、purgatorium という語を使わずに、死後、人間を受け入れる「五つの地域」の一つとして、浄化の場所を設けたといわれる。㈠ regio dissimilitudinis（現世）、㈡ paradisus claustralis（現世の楽園、つまり修道院）、㈢ regio expiationis 償いの場所（煉獄）、㈣ regio gehennalis（地獄）、㈤ paradisus supercoelestis（天の楽園）。

償いの場所を区別するために、彼は loca purgatoria（『ラテン教父著作集』PL, 144, col. 838）という表現を使っている。しかしこのテクストはペトルス・ダミアーニのものではなく、聖ベルナルドゥスの秘書をしていた、かの有名な文書偽造家クレルヴォーのニコラウス（一一七六年以後没）のものであることが認められた。たとえばドレスラーの『ペトルス・ダミアーニ、生涯と業績』（F. Dressler, Petrus Damiani. Leben und Werk, Anselmiana XXXIV, Rome, 1954, Appendice 3, pp. 234-235）は、説教五九を、ダミアーニのものでない可能性が非常に高い一九の説教のリストの中に入れており、さらに、それらが《多分》《手練の文書偽造家》クレルヴォーのニコラウスのものであろうと言っている。ライアンの『聖ペトルス・ダミアーニとクレルヴォーのニコラウスの説教——一つの解明』（J. Ryan, 《Saint Peter Damiani and the sermons of Nicholas of Clairvaux: a clarification, *Medieval Studies*, 9, 1947, 151-161）を参照せよ。さらに、ミーニュの『ラテン教父著作集』（Migne, Patrologie latine）は同じ説教五九を二回、つまり一回目はペトルス・ダミアーニの名のもとに（PL, 144, col. 835-839）、そして二回目はクレルヴォーのニコラウスの名を冠して（PL, 184, col. 1055-1060）上梓している。聖ベルナルドゥスのものであるとされる説教四二《五つの取引と五つの場所》（De quinque negotiationibus et quinque regionibus）も、おそらくは、クレルヴォーのニコラウスの作であろう。それはペトルス・ダミアーニの説教に非常に似ているが、そこには（五つの場所の中の）三つの場所の体系と、煉獄（purgatorium）という話がはっきりと姿を見せる。この明瞭さは一一五三年、すなわち聖ベルナルドゥスの死の年以前にはあり得ないことと私には思える。「死者の魂がそれぞれの功徳に応じて、そのいずれかにおもむかねばならぬ三つの場所、すなわち地獄、煉獄、天国が存在する」Tria sunt loca, quae mortuorum animae pro diversis meritis sortiuntur: infernus, purgatorium, caelum.（聖ベルナルドゥス『全集』、Saint Bernard, Opera Omnia, éd. J. Leclercq—H. M. Rochais, 6, I, p. 259）。ルクレール師とロシェ氏はそれぞれ別の論文において発表された内容を、文書であるいは直接口頭で、私のために再確認するという労をいとわれなかった。ルクレール『クレルヴォーのニコラウスの説教集』（《Les collections de sermons de Nicolas de Clairvaux》in *Revue Bénédictine*, 1956）、およびロシェ『聖ベルナルドゥスの説教と命題に関する研究』（Enquête sur les sermons divers et les sentences de saint Bernard, in *Analecta SOC*, 1962）がそれらの論文である。要するに、説教四二を聖ベルナルドゥスのものとする主張が確証を欠いているとしても、この説教の作者が聖ベルナルドゥスでないという主張にも、同じように決め手となる証拠が欠けているというのである。《私たちは説教四二を聖ベルナルドゥスのものであるといたしました……だからといってその判断に更改の余地がないということではありません。思うにこのテクストは、聖ベルナルドゥスのほかに、クレルヴォーのニコラウスあるいはその他何人かの手が入っていて、そう考えれば、後の時代の要素の導入が説明されると私は思います》（ジャン・ルクレール、一九七九年一〇月五日の手紙）。モニク＝セシル・ギャラン夫人には、おそらく最古のものと思われるパリ国立図書館蔵ラテン手書本二五七一およびカンブレ蔵一六九を調査する労を忝うした。彼女は古文書学的基準に基づいて、慎重に、前者を一二世紀の第三四半期（しかし、聖号（sanctus）が表題に見られず、エクスリブリスに後から付け加えられているので、おそらく一一七四年のベルナルドゥス列聖以前）のもの、後者を一二世紀後半のものと主張している。私は、この説教は聖ベルナルドゥスのものでなく、最も早くて彼の死後二〇年を経た頃のものであると確信している。クレルヴォーのニコラウスに関しては、コンステーブル『尊者ペトルス書簡集II』（G. Constable, The letters of Peter the Venerable II,

Nicolas of Montieramey and Peter the Venerable, pp. 316–330, Cambridge (Mass.), 1967) をも参照せよ。

purgatorium という語は、聖ベルナルドゥス以前では、ル・マンの司教ついでトゥールの大司教となったラヴァルダンのヒルデベルトゥス（一一三三年没）のテクストで用いられたものとされており、すでに見たように、デディカのような俊秀すらこの間違った判定を受け入れている。説教八五『建てられるエルサレム』(Jerusalem quae aedificatur) は、一七〇八年、ボージャンドルによってヒルデベルトゥスの説教と一緒にその一部として出版され、ミーニュの『ラテン教父著作集』に再録されたが〔Migne, Patrologie latine, 171, col. 741, (hi, qui *in purgatorio* poliuntur)〕、オレオの『ラヴァルダンのヒルデベルトゥスのものとされる説教について』によって本来の作者ペトルス・コメストルに復帰せしめられた（Hauréau, 《Notice sur les sermons attribués à Hildebert de Lavardin》 in *Notices et extraits des manuscrits*……, XXXII, 2, 1888, p. 143)。ウィルマール『ヒルデベルトゥスの説教』（A. Wilmart, 《Les sermons d'Hildebert》 in ***Revue Bénédictine***, 47, 1935, pp. 12–51) を参照せよ。説教をペトルス・コメストルのものとする見解は、ルブルトンの『ペトルス・コメストルの説教を含む写本についての研究』(M. M. Lebreton, 《Recherches sur les manuscrits contenant des sermons de Pierre le Mangeur》 in *Bulletin d'Information de L'I. R. H. T.*, 2, 1953, pp. 25–44) によって裏付けられた。フランソワ・ドルボー氏（François Dolbeau) のご教示によると、氏もまたペトルス・コメストルのものであることを確認しておられる諸説教の最古の写本（一二世紀末、アンジェ写本三一二〔三〇三〕、二四七〔二三八〕）の中には、確かに in purgatorio という句が見出されるが、それらより古い、一二世紀中葉の写本、ヴァランシエンヌ市立図書館蔵二二七〔二一八〕には、in purgatorio を含む文全体が欠落しているということである。

名詞 purgatorium は、イギリス人ベネディクト会士セント＝オルバンズのニコラウスが一一七六年にクリュニー会のセルのペトルスに送った一通の手紙（ボーティエ氏 A. M. Bautier 提供の情報によると一一八〇年ないし一一八二年）の中に確かに存在するようである〔Porro facto levi per *purgatorium* transitu intravit in gaudium Domini sui（ついで魂は易々と煉獄を通りぬけて、主の喜びの中に入った）（PL, 202, col. 624)〕。また、一一七九年に死んだペトルス・コメストルはその説教（Jerusalem quae aedificatur）で名詞の purgatorium を用いてはいるが、一一六五年から一一七〇年の間に書かれた『秘跡について』(De sacramentis) の中ではまったくその例は見られないようである。したがって名詞として purgatorium が最初に用いられたのは、一一七〇年後間もなく、シトー会士クレルヴォーのニコラウス、ベネディクト会士セント＝オルバンズのニコラウス、パリのノートル＝ダム附属学校在俗教師ペトルス・コメストル等によってであろう。

特に、私が決定的には解明できなかった問題が一つ残っている。『真の悔悛と偽りの悔悛』De vera et falsa poenitentia という作者不詳の論文があって、それは中世には聖アウグスティヌスのものであるとされていたが、実際には一一世紀末、あるいはもっと高い可能性をもって、一二世紀前半のものであると推定される。ミーニュ版のテクストには、名詞として使われている purgatorium という語が見出される〔ita quod nec ***Purgatorium*** sentiunt qui in fine baptizantur（かくて死に臨んで洗礼を受ける者は煉獄も識ることがないゆえに）(PL, 40, 1127)〕。このテクストが、それより数行さきで、ignis purgationis（浄化の火）について語っているという事実は何を証明するものでもないが、とにかく purgatorium という語は単独で用いられており、私は、もとのテクストは ignem purgatorium であったはずなのに、一二世紀末から写本に purgatorium 一語だけが残されるに至ったものと確信している。『真の悔悛と偽りの悔悛』が一二世紀中葉以前のものであることは疑いがない。というのは、この書からの引用が一一六〇年に死んだペトルス・ロンバルドゥスに見られるだけでなく（PL, 192, 883)、一一四〇年頃書かれた『グラティアヌス教令集』

にも見られるからである（PL, 187, 1559, 1561, 1637）。フランソワ・ドルボー氏、アゴスティノ・パラヴィチニ・バリャニ氏（Agostino Paravicini Bagliani）、マリ＝クレール・ガスノー夫人（Marie-Claire Gasnault）らの助力を得て探索したにもかかわらず、『真の悔悛と偽りの悔悛』の、一二世紀以前の写本を参照することができなかったので、私の確信は仮説にとどまっている。後は、一二世紀における神学と宗教的慣行の重要テーマ、悔悛の歴史にとって欠くことのできないこのテクストの科学的校訂版の刊行がひたすら待たれるのみである。テテール『八―一四世紀ラテン教会における非聖職者への告解』（A. Teetaert, La confession aux laïques dans l'Église latine depuis le VIIIe jusqu'au XIVe siècle, Paris, 1926, pp. 50-56）、およびファンティニ『偽アウグスティヌス「真の悔悛と偽りの悔悛」』（C. Fantini, 《Il tratatto ps. agostiniano De vera et falsa poenitentia》 in *Ricercche di storia religiosa*, 1954, pp. 200-209）を参照せよ。ignis purgatorius という表現が、一二世紀末から purgatorium に変化するという現象は、特に新しい方のテクストの名詞と、もとのテクストの形容詞が文法的に同じ格であるときに生じているが、その変化の様態について重要な例を一つ挙げておこう。

ヘールズのアレクサンデルは、その著ペトルス・ロンバルドゥスの『命題集注解』（一二二三―一二二九年）の中で、一一七三年に死んだサン＝ヴィクトールのリカルドゥスの『罪の譴責と赦免の権能』De potestate ligandi et solvendi を次のように引用している。《per incendium *purgatorii* scoria peccati excoquitur》（煉獄の炎によって罪の残滓は除去される）（Glossa in IV libros sententiarum Petri Lombardi, lib. IV, dist. XX, éd. Quaracchi, t. IV p. 354）。ところがサン＝ヴィクトールのリカルドゥスの原文は《per incendium *purgatorii ignis* scoria peccati excoquitur》（浄化の火の炎によって……）（PL, 196, 1177）なのである。

一二世紀末と一三世紀初めには、purgatorium と ignis purgatorius とは、ほぼ同義語として、そして時には同じ著者において共存する。セント＝オルバンズのニコラウスは一一八〇年頃セルのペトルスに宛てた手紙の中で（聖ベルナルドゥスに関して）purgatorium について語っているが、セルのペトルスは、一一七九年に書いた論文『修道院の学校について』De disciplina claustrali の中では ignis purgatorius という表現しか用いていない（PL, 202, col. 1133）。一二世紀のいくつかの作品の最古の写本は保存されていないので、purgatorium の最古の使用を正確に割り出すのは困難であろう。

アンヌ＝マリ・ボーティエ夫人には、煉獄の最も古い定義の一つを御教示いただいた。それは、最近ドルボー氏によって刊行されたモゾンの殉教者、聖ヴィクトールの伝記の中に見られる（Revue historique ardennaise, t. IX, p. 61）。《Purgatorium ergo, locum conflationis, ergastulum purgationis, iste sanctus repperit in gremio ecclesiae in qua conflari injuriis et passionibus meruit, quibus ad remunerationem victoriae laureatus pervenit.》（こうしてこの聖人は教会のふところに煉獄を見出した、火の燃える場所、浄罪の獄舎を。そしてそこで、迫害と受難により罪の焼滅に値する身となり、さらに桂冠を頂く勝利の報いを得た）。聖人の中には直接天国に行かず、煉獄を通る者もある（聖ベルナルドゥス自身についてもそう考えられた）ということがわかる。

最後に、中世ラテン語の辞書、語彙集にあたって見ると、デュ・カンジュ（Du Cange）が引いている purgatorium の最古の例は、インノケンティウス四世が一二五四年にシャトールーのニードに送った手紙であることが確かめられる。ニールメイエル『中世ラテン語小辞典』（Niermeyer, Mediae Latinitatis Lexicon Minus, Leyde, 1976）には《subst. neutre ***purgatorium*** le Purgatoire, the Purgatory, s. XIII》とある。ブレーズ（A. Blaise）は『中世作家羅仏辞典』（Dictionnaire latin-français des auteurs du Moyen Âge, Corpus Christianorum, Continuatio Maedievalis, Turnhout, 1975, pp. 745-755）において、この語は一二世紀に現われ、それ以前には purgatorius ignis のごとき迂説法が用いられていたと述べている。そして偽アウグスティヌス（『真の悔悛と偽りの悔悛』）、一三世紀初めのインノケンティウス三世の手紙、ラヴァルダンのヒルデベルトゥスの説教などを引いている。もっともヒルデベルトゥスはペトルス・コメストル（一一七九年没）に改められるべきである。ブレーズはまた《séjour pénitentiel situé dans une île et appelé "purgatoire de S. Patrice" ou Patrick》（ある島に位置し、「聖パトリキウス——あるいはパトリック——の煉獄」と呼ばれる償いの場所）という語義も示している。

バクスターとジョンソンの『イギリス・アイルランド文献中世ラテン語彙集』(J. H. Baxter & Ch. Johnson, Medieval Latin Word-List from British and Irish Sources, Oxford, 1934) は、単に《purgatorium, purgatory (eccl.), C. 1200》と記しているのみである。レイサムは『改訂イ・ア文献中世ラテン語彙集』(R. E. Latham, Revised Medieval Latin Word-List from British and Irish Sources, London, 1965) において、《purgatorium (theol.), C. 1150》と《purgatorium Sancti Patricii (in Lough Derg), C. 1188》とを区別している。一一五〇年頃という年代は、Purgatorium Sancti Patricii（聖パトリキウスの煉獄）の伝説の中で、騎士オウエインの冒険に与えられた一一五三年という年代に由来しているように私には思える。その年代は（そしておそらく物語も）確たる根拠のないものである。

土俗語について見ると、フランス語で「煉獄」に言及している最も古い文献はおそらくマリ・ド・フランスの『聖パトリキウスの煉獄』(Marie de France, Espurgatoire Saint Patriz) であり、「煉獄」は espurgatoire という形で現われている。年代は一一九〇年頃〔あるいは、ロックの仮説によると (F. W. Locke, in Speculum, 1965, pp. 641-646)、一三世紀初め、一二〇八—一二一五年〕であろう。

私の友人ジョゼフ・マセク（Joseph Macek）の指摘によると、チェコ語で煉獄を指す語 Očistec は、ようやく一三五〇—一三八〇年になって、ラテン語作品の翻訳の中に現われるという。しかしこの煉獄は、リンボあるいは地獄とさえ、はっきり区別されていないようである。ヤン・フスにとって、煉獄は《第三の地獄》である（*třetie pehlo* in Vyhlad viery, Ms M, Bibl. de l'Université de Brno, MK, fol. 16 a)。一五世紀の初めにも、タボル派(二八)は煉獄を信じることを拒否し、očistec を ošistec（欺瞞）ともじったり、煉獄を purgáč つまり「下剤」と呼んだりしている。ワルド派やフス派における煉獄の拒否に関しては、ロモロ・チェニャ『聖遺物と聖人崇拝、ニコラ・デラ・ロサ・ネラの煉獄……』〔Romolo Cegna, 《Le De reliquiis et de veneratione sanctorum: De purgatorio de Nicola della Rosa Nera detto da Dresda (di Cerruc), maître à Prague de 1412 à 1415》 in *Mediaevalia Philosophica Polonorum*, t. XXIII, Wroclaw-Varsovie-Cracovie-Gdansk, 1977〕を見よ。

III　初期の画像——図版解説——

名著『キリスト教図像学辞典』の FEGFEUER（煉獄）の項（Lexicon der christlichen Ikonographie, éd. E. Kirschbaum, vol. II, 1970, col. 17）において、W・ブラウンフェルスは《初期キリスト教の造形の世界には、一四世紀までの中世の場合と同じく、煉獄の表現はまったく存在しない》と書いている。煉獄の図像はようやく一四世紀末以降に普及を見たということに間違いはないとしても、その前の世紀にも煉獄の表現は見られるし、入念な図像学的調査を試みれば、おそらく一四世紀末以前の煉獄の画像はもっと豊富に得られるであろう。

そうした図版を三点ここに紹介しておきたい。

㈠最古のものは、パリの聖務日課書、いわゆるフィリップ美男王の聖務日課書（パリ国立図書館蔵ラテン手書本一〇二三）の第四九葉に見られる装飾画《ミニアチュール》で、私がこれを知り得たのはジー神父の御教示による。この手書本は一二五三―一二九六年の期間に属するものと推定され、形式上の規準からは一二九六年近くのものと見られるべきである。この年のルーヴルの出納簿が証言するように、一二九六年、フィリップ美男王がパリの有名な画家オノレ親方に命じて挿絵を画かせた聖務日課書である可能性が極めて高い。

第四九葉の小さな装飾画（3.5cm×4cm）はおそらく魂の審判を表現している。尊厳に満ちたキリストと彼をとり囲む二熾天使《セラフィム》が上部三分の二を占める。下部には煉獄の四人の魂が描かれている。二人はまだ火の中に沈んでおり、残る二人を、二天使が雲の底を破って火の中から引き上げようとしている。図には層をなして重なる四つの場所、すなわち金色の空、雲域、網目模様の月下域、火が描かれている。（ルロケ『フランス公共図書館蔵手書本聖務日課書』参照。V. Leroquais, Les Bréviaires manuscrits des bibliothèques publiques de France, t. II, Paris, 1934, n° 487, pp. 465-485)。（図版1）

㈡右の装飾画といくつかの点では類似し、いくつかの点では異なる一枚の装飾画が、シャルル五世の聖務日課書と呼ばれるパリの聖務日課書の中にある。この手書本はおそらくフランス王家のある女性の求めに応じて、一三四七年から一三八〇年の間に作成されたもので、事実それはこの時期にシャルル五世の蔵書に加えられているのである（パリ国立図書館蔵ラテン手書本一〇五二、第五五六葉裏。ルロケ上掲書参照。Leroquais, t. III, pp. 49-56)。同じように小さいこの装飾画は一一月二日の、《死者の日に》という句に添えられている。他方、㈠の装飾画は詩篇一一四、すなわち詩篇作者がヤーヴェに対し、冥府《シェオール》の網から彼を解放してくれたことを感謝する詩篇 Dilexi（ワレハ愛シタリ）を飾る。これとは異なり、㈡においてはキリストは姿を現わさない。大きな二天使が天に向かって二人の魂を引き上げ、足だけが火の中に残っている。

一一人の頭が火の中に沈んでいて、それはさまざまの社会的身分に属する多数の煉獄の魂を表わしている（教皇、司教等の姿もそこに認められる）。三つの場所が層をなしている――ごく細い青空（上部約十分の一）、上部半ば以上を占める網目模様の中間地域、海綿岩から成り火の充満した大穴が一つ口を開けている地獄世界。私がこの装飾画を知り、ここに複製することを得たのは、フランソワ・アヴリル氏のご好意によるものである。（図版3）

㈢第三の煉獄図は、サラマンカの古い大聖堂のフレスコ画にみられるもので、これは死後世界が四つの場所から成るという観念に基づく一四世紀初頭の体系全体を表わしている。向かって左に天国、右に地獄が描かれている。中央には魂たちのたまり場があり、その左の部分は煉獄を、右の部分はリンボを表わす。煉獄の上部のたまり場には、天使がひとりの魂を天に導くために迎えに来ている。銘文によるとこの絵はスペイン暦一三〇〇年のものである。つまりは一二六二年のものということになろう。だがフランソワ・アヴリル氏は、様式上の理由から、このフレスコ画が一四世紀前半以前のものではあり得ないと考えておられる。この絵をここに複製し得たのは、ルイス・コルテス教授のご好意によるものである。ホセ・グディオル・リカルト『イスパニア芸術』第九巻「ゴチック絵画」参照（José Gudiol Ricart, Arts Hispanica, vol. 9, Pintura Gótica, Madrid, 1955, p. 47）。（図版2）

Ⅳ　最近の研究

一九八一年一月にこの書を書き終えた後、私は、多少とも煉獄に関係する種々の研究を知った。

パオロ・サンタルカンジェリ『詩人の地獄降下』（Paolo Santarcangeli, La discesa dei poeti agli Inferri, in *NEKYIA*, Milan, 1980）は、島嶼に位置する地獄の象徴的地理に関し、聖パトリキウスの煉獄とアイルランドに言及している（七二頁）。

夢物語と死後世界旅行に関する重要な研究が三つある。

その一。ミシェル・オーブラン『六世紀から一一世紀に至る西欧における夢物語の性格と宗教的社会的意義』(Michel Aubrun《Caractères et portée religieuse et sociale des *Visiones* en Occident du VIe au XIe siècle》in *Cahiers de Civilisation médiévale*, avril-juin, 1980, pp. 109-130)。著者は、夢物語の宗教的心理的環境について、きわめて精緻な分析を試みている。中世初期の教会が夢に対して抱いている不信感を背景に、留保と懐柔との間で揺れ動く聖職者階級の態度を、著者は鋭く浮き彫りにしている。彼の研究は一二世紀初頭で終っているので、煉獄の《問題》はほとんど提起されていないが、彼は、たとえばベーダのドリテルムスの夢には、いわば《北東の煉獄＝償罪》、《南東の煉獄＝待機》が存在することを的確に指摘している。この煉獄二分法は、ケルト伝承の二つの死後世界、つまり一方はほとんど地獄的で他方はほとんど天国的な死後世界に対応し、煉獄前域を持つダンテの煉獄《プルガトリオ》を予告するものである。

その二。ソヴィエトの偉大な中世学者アーロン・グルジェヴィッチ（Aaron J. Gurjewitsch）には『中世文化の諸範疇』を扱った著作があり（一九七二）、これは『中世人の世界像』(Das Weltbild des mittelalterlichen Menschen, Dresde, 1978）という表題のもとにドイツ語に翻訳されているが、近くフランス語訳が、この「歴史文庫」(Bibliothèque des Histoires）の一冊としてガリマール社から刊行されることになっている。彼は、一九八一年五月、国立科学研究センターが主催してパリで開かれたシンポジウム「キリスト教的時間（四―一三世紀）」に出席できなかったが、代りに『個人と死後世界の想像』(L'individu et l'imagination de l'au-delà）について一篇の重要な論文を寄せており、これは『経済・社会・文明年報』誌(*Annales E. S. C.*）に掲載されるはずである。グルジェヴィッチは、ピエール・ショーニュ、特にフィリップ・アリエスに対して、彼らが煉獄についての諸観念を、もっぱら煉獄を遅れて受容したもろもろの典拠（遺言、特に図像）に基づかせていることを非難している。他の重要な典拠——私がこの書物で大いに活用した死後世界の夢物語や教訓逸話——が欠くべからざるものであり、煉獄の歴史について新しい視点をわれわれに提供すると考える点では、私は彼に賛成である。われわれは共に煉獄の歴史の決定的時期は一二世紀末と一三世紀初頭であると結論している。しかし私はグルジェヴィッチの方も神学や典礼や宗教的慣行を無視しすぎていると思うのである。上述の典拠が明らかにしている煉獄と死後世界体系の全体が、死および死後世界の個別化の過程を示し、その個別化は、死後直ちに個々人の審判が行なわれることを徐々に強調するようになると考える点では、私も彼と同じである。しかし、典拠全体、特にとりなしの祈りについて述べている典拠が証拠立てていることは、私がすでに証明したように、この個別的救済の促進が、個人の属する共同体（肉親のあるいは人為的の家族という現世の共同体であれ、諸聖人の通功という超自然的共同体であれ）の行為と結びついているということなのである。

その三。一九八一年四月、クロード・カロッジ（Claude Carozzi）は、「初期中世文化における民衆と地方」（Popoli e paesi nella cultura altomedievale）を主題としてスポレトで開催された中世初期研究センター第二九回歴史週間（XXIXᵉ Settimana di Storia del Centro Italiano di studi sull'Alto Medioevo）で、『中世初期における死後世界の地理とその意義』（La géographie de l'au-delà et sa signification pendant le haut Moyen Âge）と題する注目すべき研究発表を行なった。これは、六世紀から一三世紀に至る幻視文学に関して、彼が準備している学位論文の草案である。煉獄が研究発表の中心であった。死後世界信仰の発展における地理の重要性を強調している点、また主要な段階を区別してグレゴリウス大教皇の『対話』、ベーダのドリテルムスの夢物語、カロリング王朝における死後世界の政治的利用、そして一二世紀と一三世紀初期の主要テクストにおける煉獄像の決定的明確化などを論じている点に関しては、私に異論はない。しかし、私が枢要と考える一つの点で、われわれの見解は分かれる。クロード・カロッジの煉獄は六世紀ないし八世紀にさかのぼる。私が《唯名論者》であるところで彼は《実在論者》であり、私が語彙の変化の意義を重大視するのに対して、彼は《実在論者》であるがゆえに、一二世紀の終りに煉獄の誕生を見るよりは、むしろ煉獄とは明確に区別された劫罰の死後世界としての地獄の誕生を見るのである。挑発的警句として、カロッジの仮説は示唆的である。しかし、私はこの仮説が歴史的現実と一致するとは思わない。クロード・カロッジは、非常な博識と知性を駆使して、文学の一ジャンルを研究しているが、煉獄の誕生のような歴史的現象は原資料の総体を、全体的な歴史的状況を背景に分析することによって説明されるべきである。しかし私の要約は、クロード・カロッジの主張をごく単純化したものであるから、彼の学位論文が完成され公表されるのを待たなければならない。私はその内容が豊かで興味深いものであることを確信している。

こうした最近の研究に接した結果、私は現存する八世紀から一三世紀までの死後世界の夢物語すべてを研究対象としたわけではないということを、あらためて明確にしておく必要を感じる。私は、どんなに興味をそそりそうな内容をもっていても何らかの意味で私の証明に資するところのないテクストだけを、排除したつもりである。もちろんそうしたテクストのどれにも purgatorium という語は出てこない。私はここで、右にあげた三人の著者が分析している夢物語のいくつかを、なぜ実例として取り上げなかったかを簡単に述べておきたい。因みに、これらの夢物語はベッカー（Becker）、ドッズ（Dods）、マカラック（MacCullogh）、シーモア(Seymour)、パッチ(Patch)、比較的最近ではディンツェルバッヒャー（Dinzelbacher）といった人たちによって——三人の場合ほど深く掘り下げられてもおらず、歴史的見地も不十分とはいえ

――すでに分析の対象とされていたものである。

中世初期、七世紀。ボネルス（Bonellus）の夢物語（PL, t. 87, col. 433-5）。

七世紀の九〇年代に死んだイスパニアの修道院長ヴァレリオが、修道士ボネルスの死後世界の旅を物語る。奪魂状態にある時に、彼は天使によってある住居につれて行かれる。それは、彼が倦むことなく苦業を続ければ、将来彼の住まいとなるべき、宝石の輝く小部屋である。二回目の奪魂の時、一人の悪魔が彼を地獄の井戸につれて行く。何らかの浄化を暗示する言葉はまったく見られないが、いくつかの細部は未来の煉獄体系を想起させる。その場所は地下の深部にあって、そこには悪魔が魂を投げ入れる恐ろしい火が燃えている。ボネルスはそこで、鎖につながれた恐ろしい悪魔を見るが、それはサタンであるはずがない。というのは彼は、《さらに厳しくさらに苛酷な刑罰が課される、奈落のさらに下方の井戸》を指し示されるだけだからである。彼が地上で助けたことのあるひとりの乞食が彼を助けに来ようとする――これは、とりなしの体系を暗示している。彼は十字を切り、その力を借りて耐える。同じことが聖パトリキウスの煉獄でも行なわれるだろう。彼は最後に地上につれ戻される。繰り返して言うが、浄化の観念はまったく見られず、懲罰の場所の階層構造だけが存在する。体系は二元的である。名付けられていない非常に快適な場所と地獄（infernus）と呼ばれる深淵（abyssus）と。

中世初期、七世紀。バロントゥス（Barontus）の夢物語（六七八―九年）（『ゲルマニア史料集成、メロヴィング朝著作家篇』Monumenta Germaniae Historica, Scriptores Rerum Merovingicarum V, pp. 377-394）。

ロンゴレトゥス修道院（ブールジュ近郊サン＝シラン）の修道士バロントゥスは重病を患っている間に

二頭の悪魔にさらわれるが、聖大天使ラファエロと聖ペテロに救われる。二人は彼に天国の四つの門を見せ、また地獄を垣間見させる。そこでは罪状ごとに集められた男女の群が悪魔に拷問されている。浄化は話題にならない。

中世初期、八世紀。ウェンロック（Wenlock）の修道士の夢物語（七一七年頃）（『ゲルマニア史料集成、書簡篇』Monumenta Germaniae Historica, Epistolae, t. 3, pp. 252-257）。

女子修道院長タネットのエアドブルが宛ての手紙の中で、聖ボニファティウスは、イングランド、シュロプシャー州、ウェンロック修道院の修道士の夢物語を語っている。天使たちが彼に世界一周の旅をさせ、冥界の火の井戸を見せる。下層地獄にいる魂たちのうめき声と泣き声がきこえる。天使たちは修道士を非常に快適な場所にも案内し、神の天国であると教える。煉獄の先史として興をそそる唯一の点は、火の河の上に張り出している橋の存在である。そこから魂が落下して、全身あるいは体の一部分をあるいは体半分、あるいは膝まで、あるいは腋の下までといったぐあいに火の河に浸す。《この魂たちは死すべき肉体の生を終えた後、小罪からまだ完全には解放されていなかったので、神に召されるにふさわしくなるために、慈悲深い神の聖なる罰を受ける必要があったのだ》と修道士は教えられる。ここには、言葉こそないが、浄化の観念が見られる。しかしこのテクストは、ほとんど同じ時代の、ベーダのドリテルムスの夢物語と比べると後退が著しい。

一一世紀。サン＝テメランのオトロー（Otloh de Saint-Emmeran）

サン＝テメランの（後にフルダの）オトロー（一〇一〇—一〇七〇年）は、聖アウグスティヌスの『告白』

と比較されるまでになった中世最初の自伝の作者である。彼は『夢の書』(PL, t. 146, col. 341-388) を書いている。この書は修道院の伝統の中に位置し、彼自身が体験したり書物で読んだりした幻視を紹介しているが、後者では特にグレゴリウス大教皇の『対話』が主たるものとして挙げられる。異国の夢物語の中には、聖ボニファティウスによって報告されたウェンロックの修道士の夢 (col. 375-380) と、ベーダによって語られたドリテルムスの夢 (col. 380-383) がある。オトローの典拠の古さから考えると、こうした夢物語において煉獄は問題にならないばかりか、ignis purgatorius, poenae purgatoriae といった表現に出あうことすら稀である。たとえば、夢一四では、ボヘミアのある修道院の修道士イサクは、非常に快適な草原で、聖グンテルス、聖マウリキウス、聖アダルベルトゥスに出会う。聖人たちはイサクに語って、彼らはこの「清涼域《レフリゲリウム》」に入る前に《浄罪の火を通る》ことが必要だったと言う。このように、オトローは未来の煉獄に対して新しいものは何ひとつもたらしていない。彼の夢物語は副次的な部分で大へん面白いが、一例をあげると、オトローは一方で俗人による修道院財産の横領が死後世界における懲罰の理由となることをしきりに強調する (夢七では、この罪を犯したある領主が、空中を騎行して、彼の二人の息子に現われる――これはいわゆる夜鬼王《エルルケーニヒ》の行列の最も古い形態の一つにちがいない) と共に、他方では、これらの幻視を政治的目的に利用しようとするのである。たとえば、修道士イサクの夢は、プラハの司教座に対する、レーゲンスブルクの司教座の優位を示す目的に奉仕せしめられている。夢一七では、オットー二世の妻で、オットー三世の母、女帝テオファノがある修道女に現われて、死後世界で被っている責め苦から救い出してくれるようにと頼む。この世にあるとき、東洋の女たちがするように、あまりにも豪奢な装いをひけらかした罰を受けているのだという。死後世界を西洋と東洋の文化的隔絶を表現する手段として利用する見事な例というべきである。

一三世紀初頭。サーチルの夢物語。

もう一度サーチルの夢に戻ろう。これは文学的には感嘆に値する夢物語であって、私は数年前、私のセミナーでこの作品について解説を試みたことがある。しかし本書では詳述しなかった（本書四四三—四四四頁参照）。その理由は、聖パトリキウスの煉獄とあらまし同時代、おそらく少し後のものであるこの夢物語は、ソルトレーのHの小品とは反対に、煉獄に成功をもたらしていないからである。一二〇六年に書かれたと推定されるこの夢物語は、おそらく英国人シトー会士、コギショールのラルフ（Ralphe de Coggeshall）の作品である。これはベネディクト会士ウェンドーヴァのロジャーにより、その『歴史の精華』Flores historiarum に、同じくベネディクト会士パリのマタエウス（一二五九年没）により、その『大年代記』Chronica Majora に挿入された。ロンドン地区のただの農夫にすぎないサーチルは、睡眠中に、慈悲ぶかい聖ユリアーヌスと聖ドミニウスによって死後世界に導かれる。彼らは、聖ヤコブの依頼により、彼に死後世界の巡礼をさせる。修道院の回廊に似た、壁のない大バジリカ聖堂の内部で、彼は《悪人を罰する場所と、義人の住居》を訪れる。煉獄に関する語彙は、一三世紀初頭の通例として、古い表現（loca poenalia, ignis purgatorius）と、新しく生じた名詞 purgatorium（per purgatorii poenas）を併せもつ。サーチルの死後世界の地理はまだ幾らか漠然としていて、多数の「魂のたまり場」（receptacula animarum）という古風なイメージを保存する煉獄は、まだ十分に統一されていない。したがって、いくつかの浄罪場の一つとして、聖ニコラウスの管理する煉獄があるのである（qui huic purgatorio praeerat）。サーチルの夢物語は、一三世紀初頭の心性を表わす二つの特色を呈示している。一つはゴシック彫刻にもうかがえる魂の計量の重視である。いま一つは死後世界の徒刑場の住人を分類する観点が、いわゆる「煉獄」の観念と結びついている点である。ただしこの際、大罪（高慢者に対する罰）と、ある種の社会的範疇特有の罪（司祭、騎士、法曹家——社会の三機能図式の興味ある一形態——に対する罰）とが混在している。サーチルの夢物語の注釈者たちを特に驚かせたのは、この物語のもつ劇的性格である。悪魔たちが煉獄の住民を責めさいなむ見せ物あるいは遊戯（ludos vestros）を、この巡礼が見物するという驚くべきエピソードにおいて、それは頂点に達する。アンリ・レ＝フローは『中世のドラマトゥルギー』（Henri Rey-Flaud, Pour une dramaturgie du Moyen Âge, Paris, 1980, pp. 82-83）において、サーチルの夢物語を、当時の芝居の筋立てに、とりわけまったく同時代の、アラス人ジャン・ボデルの『聖ニコラ劇』に関連づけた。しかしながら、図像の場合と同様、この煉獄の演劇化は流産に終ったようであるし、聖史劇は天国と地獄の二元論的体系の支配を脱し得なかったようである。

最後に、聖パトリキウスの煉獄およびサーチルの夢物語と並んで、一二世紀から一三世紀への転換期における第三の死後世界幻視として逸することが出来ないのは、エインシャム（あるいはイーヴシャム）の修道士の夢物語である。これもコギショールのラルフの『イギリス年代記』（Chronicon Anglicanum (éd. J. Stevenson, 1875, pp. 71-72)、ウェンドーヴァのロジャーの『歴史の精華』、パリのマタエウスの『大年代記』（vol. II, pp. 243-244）に収録されている。この物語はドリテルムスの夢物語にあまりにも似通っており、そこでは煉獄はまだあまりにも断片的であるので、私は採り上げなかったのである。

フランソワ・ドルボー氏の御教示により、私はブライアン・グローガンの論文『初期アイルランド教会における終末論の教義』（Brian Grogan《Eschatological Teaching of the Early Irish Church》, in *Biblical Studies*, The Medieval Irish Contributions, éd. M. McNamara, Proceedings of the Irish Biblical Association, no. 1, Dublin, 1976, pp. 46-58）を知り得た。この論文は煉獄に多くの頁をさいている。グロー

ガンは煉獄の一語を不当に早い時期に対して用いたために、事態を明確に語り得ていないが、事実上彼は地獄と「浄罪の火」(ignis purgatorius) とは一二世紀末までは未分化であり、「聖パトリキウスの煉獄」(Purgatorium Sancti Patricii) が、purgatorium という語の現われる、アイルランド関係の最初のテクストであることを裏づけている。

私はジルベール・ダグロンの論文『差異の知覚――《煉獄論争》の発端』を受領したが、利用できなかった (Gilbert Dagron, 《La perception d'une différence: les débuts de la "Querelle du Purgatoire" in *Actes du XVe congrès international d'Etudes byzantines*, IV, Histoire, Athènes, 1980, pp. 84-92)。

原注

第三の場所

1 ルターと煉獄に関しては *Luther Jahrbuch*, XXIII, 1941, pp. 22-28 所収の、P. Althaus, 《Luthers Gedanken über die letzten Dinge》を見よ。

2 M. Gourgues は *À la Droite de Dieu――Résurrection de Jésus et actualisation du Psaume CX, 1, dans le Nouveau Testament*, Paris, 1978 において、新約のテクストは父の右手に座るキリストの位置に対してほとんど関心を払っていないと主張している。

3 C. Ginzburg, 《High and Low: The Theme of forbidden Knowledge in the XVIth and XVIIth c.》in *Past and Present*, n°73, 1976, pp. 28-41 を見よ。

4 これ以前に、煉獄の成立に至る諸状況に言及したテクストは、形容詞 *purgatorius*, *purgatoria*（浄めの）を、ただ次のような公認された表現で用いているだけである。***ignis purgatorius*** 浄罪の火、***poena purgatoria*** あるいは複数形で ***poenae purgatoriae*** 浄罪の責め苦（懲罰）、そしてこれより稀に、浄罪の *flamma, forna, locus, flumen*（炎、炉、場所、川）がある。一二世紀には名詞を省略して、しばしば ***in purgatoriis*** (*poenis*) 浄化の（責め苦の）中でという言い方がされた。この用法はおそらく、***igne*** を略した ***in purgatorio***（浄罪の火の中で）という表現の流布に有利に作用したであろう。しばしば ***in purgatorio***（煉獄で）という形で用いられた中性の名詞 ***purgatorium***（浄罪所）が誕生したのは、***in*** (***igne***) ***purgatorio***（浄罪の火の中で）との類似を利用してのことだとみて、まず間違いない。一二世紀末および一三世紀初めに出くわす ***in purgatorio*** は、「浄罪所で」と解すべきか「浄罪の火の中で」と読むべきか、しばしば判断が難しい。しかしそれはもはや大して重要なことではない。なぜなら、その頃には既に名詞が、つまりはその場所が存在して、どちらの表現でも同じことを指すことになるからである。

5 煉獄に関する研究書の著者でこの問題に気づいた人は数少ないが、彼らは一般に注記欄で、簡略に、しかも不正確にこれを提起している。二冊の優れた基礎的研究書を著わしたジョゼフ・デディカ Joseph Ntedika も、ル・マンのヒルデベルトゥスについて、《彼はおそらく ***purgatorium*** の語を用いた最初の人であろう》と言っている（*L'Évolution de la doctrine du purgatoire chez saint Augustin*, p. 11, n. 17. しかしかつてル・マンのヒルデベルトゥスに帰せられた説教は、久しい以前から彼のものではなくなっている（補遺IIを参照）。***Euntes Docete***, 6, 1953, p. 287-311 所収の注目すべき《Il dogma del purgatorio》における **A. Piolanti** は、ただこう述べているだけだ（三〇〇頁）。《この時代（一二世紀）に『煉獄論』De purgatorio を準備する最初の粗描が現われる（その時から形容詞が名詞に変形した）。》Erich Fleischhak の ***Fegfeuer. Die christlichen Vorstellungen vom Geschick der Verstorbener geschichtlich dargestellt***, 1969 はと言えば、こうである（六四頁）。《*purgatorium* の語はカロリング時代以来、浄化作用についても浄罪の場についても同様に用いられることになる》。参照資料も示さずに（それも当然だが！）。

6　たとえば地理学の観点では、J. Jakle ほかの *Human Spatial Behavior, A social Geography*, *North Scituate, Mass*, 1976. J. Kolars et J. Nystuen, *Human geography: Spatial Design in World Society*. New York, 1974. 動物学の分野では H. E. Howard, *Territory in Bird Life*, Londres, 1920. 言語学の立場では B. L. Whorf, *Language, Thought and Reality*, New York, 1956. 学際的な視点からは、C. R. Carpenter, *Territoriality: a Review of Concepts and Problems* in A. Roe et G. G. Simpson, *Behavior and Evolution*, New Haven, 1958. H. Hediger, *The Evolution of Territorial Behavior* in S. L. Washburn éd. *Social Life of Early Man*, New York, 1961. A. Buttimer, *Social Space in Interdisciplinary Perspective* in E. Jones éd. *Readings in Social Geography*, Oxford, 1975. を見ること。アルベルト・アインシュタインの序文を添えた A. Jammer, *Concepts of Space*. New York, 1960 も忘れることはできない。

7　E. T. Hall, *The Hidden Dimension*, New York, 1960. 仏訳 *La Dimension cachée*, Paris, 1971.

8　*Le Jugement des morts* (Egypte, Assour, Babylone, Israël, Iran, Islam, Inde, Chine, Japon) Coll. Sources orientales, IV, Paris, éd. du Seuil, 1961, p. 9.

9　トマス・アクィナスは霊魂が形而下的な火の苦痛を感じることができるとする難点に特に気をつかっている。彼は特に聖書の権威（マタイ二五・四一）と、肉体から分離した魂と悪魔のアナロジーに依拠して、《分離した魂は、故に物体的なもので苦しむことができる》と肯定している（『神学大全』第三部第七〇問題第三項への補遺）。魂の有体性の問題はおそらく九世紀のヨハネス・スコトゥス・エリウゲナや、彼の弟子たる一二世紀のホノリウス・アウグストドゥネンシスをも悩ました。*Faire Croire*, actes du colloque de l'école française de Rome (1979), A. Vauchez, éd. Rome, 1980 所収の Cl. Carozzi, 《Structure et fonction de la vision de Tnugdal》を参照。書物に先んじて彼のテクストを読むことができたことに対し、クロード・カロッジに感謝するが、ここでは彼の議論を追うつもりはない。

10　Cl. Lévi-Strauss, 《Les organisations dualistes existent-elles?》 in *Anthropologie structurale*, I, Paris, 1958. 特に一六八頁。

11　G. Van der Leeuw, *La Religion dans son essence et ses manifestations*. (仏訳)、Paris, 1955, p. 53.

12 C.-M. Edsmann, *Ignis Divinus. Le feu comme moyen de rajeunissement et d'immortalité : contes, légendes, mythes et rites*, Lund, 1949. 既に乗り越えられてはいるが、先駆的かつ古典的な研究、J. G. Frazer, *Myths of the origin of Fire*, Londres, 1930. と、Gaston Bachelard の美しい試論 *Psychanalyse du feu.* を想起しておこう。イランの聖なる火に関しては、K. Erdmann, *Das iraniische Feuerheiligtum*, Leipzig, 1941. を参照。*Lexicon für Theologie und Kirche*, 4, 1960, 106-107 の項目《Feuer》(A. Closs 執筆)、また特に *Dictionnaire de théologie catholique*, V/2, Paris, 1939. における A. Michel の執筆項目《Feu de l'enfer》、《Feu du jugement》、《Feu du purgatoire》、そして *Dictionnaire de spiritualité*, V, Paris, 1964. における J. Gaillard の項目《Feu》は、火の宗教の古代的形態に関しては得るところ少ない。外典福音書には火による洗礼が多様な形態のもとに見出される。三世紀前半の(エジプトの)ギリシア語原典に由来する(*Deux livres du jeu* では、復活後のイエスが使徒たちに、水、火、聖霊による三重の洗礼を与えている(E. Hennecke——W. Schnee-Melcher, *Neutestamentliche Apokryphen*, 3e éd., I, Tübingen, 1959, p. 185)。グノーシス派とマニ教徒が用いた、おそらく二世紀のエジプトで書かれたらしい『ピリポの福音書』*Évangile de Philippe* には、水と火による洗礼が出てくる(*Ibid.*, p. 198.)。

13 Tusculanes, V, 77.

14 Factorum et dictorum memorabilium libri novem, III 3, ext. 6. エッズマンも指摘したように、モーツァルトの『魔笛』で《タミーノとパミーナは二つの洞穴を通りぬける。一つには滝があり、もう一つには火が燃えさかっている。》

15 《純化》され、しかしそれだけに狭隘な神学的ヴィジョンに関して、たとえば次のような見解を参照せよ。《ラザロの指とか悪しき金持の舌について語る主なる神の、この民衆向きの言葉が、必然的に、魂と肉体を不可分な群として結びつけることに馴れた人々にも、分離した魂に一種独特の肉体を付与することを正当とみなす可能性を与えた。想像力は、魂にも肉体があると必然的に考える傾向があるからである。こうしたことが一つ一つ教義の真の哲学にとっての障害となる。》(*Dictionnaire de théologie catholique*, I, Paris, 1909, p. 1001 の J. Bainvel 執筆による項目《Âme》。このような推論は、歴史の理解をみずからに閉ざすことになる。

16 Heinrich Günter はこう書いた。《来世のイメージは民衆的主題となってどんな時代にも流行したし、また神秘的思索と同様に古くからある。》(*Die christliche Legende des Abendlandes*, Heidelberg, 1910, p. 111.)

17 *Pour un autre Moyen Âge*, Paris, 1977, pp. 223-235. 所収の J. Le Goff,《Culture cléricale et traditions folkloriques dans la civilisation mérovingienne》、および《Culture ecclésiastique et culture folklorique au Moyen Âge: saint Marcel de Paris et le dragon》(ibid. p. 236-279)、また『経済・社会・文化年報』一九七六年、九四一—九五三頁所載 J.-Cl. Schmitt,《Religion populaire et culture folklorique》を見よ。

第一部　煉獄以前の死後世界

I　古代の想像的形象

1　以上の抜萃は「チャンドギャ・ウパニシャッド」から取られたもの。*Le jugement des morts* (Sources orientales, IV), Paris, 1961, pp. 225-226 所収の Jean Varenne,《Le jugement des morts dans l'Inde》に引用され、解釈を施されている。

2　*Ibid.*, pp. 215-216. また *Festschrift* Konrad Hofmann *Romanische Forschungen*, 5, 1890, pp. 539—582 所収の L. Scherman,《Eine Art visionärer Höllenschilderung aus dem indischen Mittelalter. Nebst einigen Bemerkungen über die älteren Vorstellungen der Inder von einer strafenden Vergeltung nach dem Tode》を見よ。

3　J.D.C. Pavry, *The Zoroastrian doctrine of a future life*, New York, 1926. J. Duchesne-Guillemin, *La Religion de l'Iran ancien*, Paris, 1962 を参照。

4　《ERE》, t. 2 所収の G. A. Frank Knight 執筆項目《Bridge》を見よ。

5　J. Duchesne-Guillemin, *La Religion de l'Iran ancien*, p. 335.

6　J. Yoyotte,《Le Jugement des morts dans l'Égypte ancienne》in *Le Jugement des morts*, p. 69.

7　E. Hornung, Altägyptische Höllenvorstellungen. Abhandlungen der sächsischen Akademie der Wissenschaften zu Leipzig, Philologish-historische Klasse, Bd. 59, Heft 3, Berlin, 1968.

8　*Ibid.*, pp. 9-10.

9　E. A. W. Budge, *The Egyptian Heaven and Hell*, t. III, Londres, 1906, introd. p. XII, cité et traduit par C. M. Edsman, *Le Baptême de feu*, p. 73.

10　たとえば Victor Bérard, *Les Navigations d'Ulysse, IV. Circée et les morts*, Paris, 1929, pp. 281-372 を見よ。彼は現実の地理学的位置を探求することに執着しすぎている。この地理学的レアリスムは時として、想像界の構造と文化的伝統の結合という本質的事態を隠蔽する。煉獄を想い描く際に、地中海人はこれを酷熱の地とし、北方人は寒冷の地と想像した、というふうな振り分けが意図されなかっただろうか。既に見たように、そもそもの起源において冷と熱の一対関係は存在し、おそらくはインド・ヨーロッパをその起源とする。だからといってそこにチベットやコーカサスの気候風土が反映していると見る理由にはならない。

11 V. Goldschmidt, *La Religion de Platon*, Paris, 1949. 特に《Châtiments et récompenses》の章（七五―八四頁）を見よ。

12 A. Boulanger, *Orphée, Rapports de l'orphisme et du christianisme*, Paris, 1925.

13 *Idid.*, p. 128.

14 Pindare, t. I, Coll. G. Budé, Les Belles Lettres, trad. Aimé Puech, Paris, 1922, p. 45.

15 Brooks Ottis, *Virgil, A Study in civilized Poetry*, Oxford, 1964.

16 E. Norden, *P. Vergilius Maro. AEneis Buch VI*, 4e éd., Darmstadt, 1957, pp. 207-349. キリスト教側の反応については次の論文を見よ。P. Courcelle, 《Les Pères de l'Eglise devant les enfers virgiliens》 in *Archives d'histoire doctrinale et littéraire du Moyen Âge*, 22, 1955.

17 Hinc exaudiri gemitus, et saeva sonare
verbera, tam stridor ferri tractae catenae
constitit AEneas, strepituque exterritus haesit (vers 557-559).

18 Ahi quanto son diverse quelle foci
dall'infernali! chè quivi per canti
s'entra, e là giù per lamenti feroce（*Purgatoire*, XII, 112-114）

19 …camposque nitentis
desuper ostentat…（*Énéide*, VI, 677-678).

20 Trad. A. Bellessort, Coll. Budé, pp. 191-192.

21 E. Ebeling, Tod und Leben nach den Vorstellungen der Babylonier, Berlin-Leipzig, 1931. を参照。古代ギリシア人における闇の両義性、《聖性》については、次の書を見よ。Maja Reemda Svilar, *Denn das Dunkel ist heilig. Ein Streifzug durch die Psyche der archaischen Griechen*, Berne-Francfort, 1976.

22 J.-M. Aynard, 《Le Jugement des morts chez les Assyro-Babyloniens》 in *Le Jugement des morts*（Sources orientales, IV), pp. 83-102.

23 P. Dhorme, 《Le Séjour des morts chez les Babyloniens et les Hébreux》 in *Revue biblique*, 1907, pp. 59-78. 参照。

24 シェオールの網はサミュエル記下、二二・六にも、ヨブ記、一八・七―一〇にも出てくる。このテーマはエジプト人の間でも見うけられる。M. Eliade, *Images et Symboles. Essais sur le symbolisme magico-religieux*, Paris, 1952, pp. 124-152 を参照。

25 旧約聖書のほかに次の諸書を参考した。J. Pedersen, *Israel, its life and culture*, I-II, Londres-Copenhague, 1926, p. 460 sqq. R. Martin-Achard, *De la mort à la Résurrection d'après l'Ancien Testament*, Neuchâtel-Paris, 1956. N. J. Tromp, *Primitive Conceptions of Death and the Other World in the Old Testament* (Biblia et Orientalia, 21) Rome, 1969. この最後に挙げた研究は、ラス・シャムラで発見されたウガリット文書に照らして旧約聖書を解明している。

26 Znadef, *Death as an Enemy according to Ancient Egyptian Conceptions*, Leyde, 1960. 参照。

27 このほかヨブ一三・一三、一五・一三、一七・一三、一八・一八、一九・八、二八・一三、三八・一六―一七を見よ。

28 私はこの版の翻訳および注解の書 François Martin, *Le Livre d'Hénoch traduit sur le texte éthiopien*, Paris, 1906. に従った。

29 *The Fourth Book of Ezra, The latin version.* Éd. R. L. Bensly avec une introduction de M. R. James, Cambridge, 1895.

30 Si inveni gratiam coram te, domine, demo istra et hoc servo tuo, si post mortem vel nunc quando reddimus unusquisque animam suam, si conservati conservabimur in requie, donec veniant tempora illa in quibus incipies creaturam renovare aut amodo cruciamur (VII, 75).

31 …in habitationes non ingredientur, sed vagantes errent amado in cruciamentis, dolentes semper et tristes per septem vias (VII, 79-80).

32 Quinta via, videntes aliorum habitacula ab angelis conservati cum silentio magno (VII, 82).

33 Habitacula sanitatis et securitatis (VII, 121).

34 Septem diebus erit libertas earum ut videant septem diebus qui predicti sunt sermones, et postea conjugabuntur in habitaculis suis (VII, 199-201).

35 Quintus ordo, exultantes quomodo corruptibile effugerint nunc et futurum quomodo hereditatem possidebunt, adhuc autem videntes angustum et (labore) plenum, a quo liberati sunt, et spatiosum incipient recipere, fruniscentes et immortales (VII, 96).

36 Animarum autem superiora esse habitacula (*De bono mortis*, X, 44, Migne, *Patrologie latine*, t. 14, col. 560).

37 Eo quod spatium, inquit (Esdras) incipiunt recipere fruentes et immortales (*Ibid.*, col. 562).

38 ユダヤ・キリスト教的黙示に関しては J. Daniélou, *Théologie du judéo-christianisme*, I, Paris-Tournai, 1958, pp.

131-164 を見よ。

39 エチオピア語テクストとギリシア語テクストが存在する。いずれも見事なドイツ語に翻訳された。E. Hennecke-W. Schneemelcher, *Neutestamentliche Apokryphen in deutscher Ubersetzung*, 3e vol., II Tübingen, 1964, pp. 468-483.

40 A. Harnack, 《Die Petrusapokalypse in der alten abendländischen Kirche》 in *Texte und Untersuchungen zur Geschichte der altchristlichen Literatur*, XIII, 1895, pp. 71-73. を見よ。

41 *Apocalypsis Esdrae, Apocalypsis Sedrach, Visio Beati Esdrae*, éd. O. Wahl, Leyde, 1977. を見よ。

42 長いラテン訳本は M. R. James によって刊行された。Apocrypha anecdota (Texts and studies, II, 3, 1893, p. 11-42) 所収。短いラテン訳本のうち最も知られた訳本四は、H. Brandes によって刊行された。*Visio S. Pauli: Ein Beitrag zur Visionliteratur, mit einem deutschen und zwei lateinischen Texten*, Halle, 1885, pp. 75-80 所収。古フランス語版は *Romania*, XXIV (1895), 365-375 に、P. Meyer 《La desente de saint Paul en Enfer》として刊行された。その他の短い版本は、Theodore Silverstein, *Visio Sancti Pauli. The History of the Apocalypse in Latin together with Texts*, Londres, 1935 によって刊行された。これの注目すべき序論は基本的なものである。

43 Augustin, *Tractatus in Joannem*, XCVIII, 8.

44 安息日の休息という観念は、ユダヤ人の間での民間信仰から借り来ったものである。Israël Lévi, 《Le repos sabbatique des âmes damnées》, in *Revue des Études juives*, 1892, pp. 1-13. を参照。また Theodore Silverstein, *Visio Sancti Pauli*, pp. 79-81: 《The sunday Respite》を見よ。

45 私は特に、*En quête de la Gnose*, I, Paris, 1978, pp. 119-141 に再録された H.-Ch. Puech, 《La Ténèbre mystique chez le pseudo-Denys l'Aréopagite et dans la tradition patristique》 (1938) と、*Études carmélitaines*, 1948, pp. 136-174 (サタン特集) 所収の《Le Prince des Ténèbres en son royaume》の二作を読んだ。地獄の時間に対する不安に関しては *En quête de la Gnose*, I, pp. 247 以下を見よ。

46 J. Bonsirven, *Eschatologie rabbinique d'après les Targums, Talmuds, Midraschs. Les éléments communs avec le Nouveau Testament*, Rome, 1910.

47 J. Bonsirven, *Textes Rabbiniques des deux premiers siècles chrétiens pour servir à l'intelligence du Nouveau Testament*, Rome, 1955, pp. 272 et 524.

ルネ・ギュトマンは私に次のように指摘してくれた。《タルムードの文書「ラビ・ナタンの原理」は、不信者の魂は、休みなくうなりをあげながら世界中をさまよいめぐると主張している。世界の一方の果てに一人の天使がおり、他方の果てにもう一人の天使がいて、彼らは共に、これらの魂を前に後に投げ飛ばすのである。律法博士たちはまさに空中の煉獄を想像していたわけである。罪を犯した魂は、そこで彼らを天国に入れるように浄化する猛烈な旋風の中に投げこまれ、翻弄される》と。

48 これら律法博士のテクストの歴史的背景については、古典的な書物 P. Volz, *Die Eschatologie der jüdischen Gemeinde im neutestamentlicher Zeitalter*, Tübingen, 1934 を見よ。

49 私は故意にこの語を用い、寓話《パラボル》とは言わない。この点で、一二世紀に、これは比喩ではなく「実話」exemplum であると説明したペトルス・コメストルにならう。

50 M. Eliade, *Traité d'histoire des religions*, Paris, 1953, pp. 175-177.

51 このテクストの教父時代および中世の注解を分析した優れた研究が二篇ある。A. Landgraf, 《I Cor. 3, 10-17, bei den lateinischen Vätern und in der Frühscholastik》 in *Biblica*, 5, 1924, pp. 140-172 および J. Gnilka, Ist 1 Kor. 3, 10-15 ein Schriftzeugnis für das Fegfeuer? Eine exegetisch-historische Untersuchung. Düsseldorf, 1955. C. -M. Edsman, *Ignis Divinus* が同書一九頁注三に引用されている。

52 J. Kroll, *Gott und Hölle. Der Mythos vom Descensuskampfe*, Leipzig-Berlin, 1932. W. Bieder, *Die Vorstellung von der Höllenfahrt Jesu Christi*, Zurich, 1949.

53 S. Reinach, 《De l'origine des prières pour les morts》 in *Revue des Études juives*, 41 (1900), p. 164.

54 *Orphicorum Fragmenta*, éd. O. Kern, Berlin, 1922, p. 245, cité par J. Ntedika, *L'Évocation de l'au-delà dans la prière pour les morts. Études de patristique et de liturgie latines* (IVe-VIIIe siècles), Louvain-Paris, 1971, p. 11.

55 Diodore de Sicile, I, 91, cité par S. Reinach, p. 169.

56 *Ibid.*, p. 64.

57 H. Leclercq, article 《Défunts》 in *Dictionnaire d'Histoire et d'Archéologie ecclésiastiques*, t. IV, col. 427-456 および article 《Purgatoire》, *ibid.*, t. XIV/2, 1948, col. 1978-1981. F. Bracha, *De existentia Purgatorii in antiquitate christiana*, Cracovie, 1946.

58 *Dictionnaire d'Histoire et d'Archéologie ecclésiastiques*, t. XIV/2, col. 1980-1981.

59 *Ibid.*, t. IV, col. 447.

60 C. Mohrmann, *Locus refrigerii* in B. Botte-C. Mohrmann, *L'Ordinaire de la messe. Texte critique, traduction et études*, Paris-Louvain, 1953, p. 127. また、同じ著者の 《*Locus refrigerii, lucis et pacis*》 in *Questions liturgiques et paroissiales*, 39 (1958), pp. 196-214.

61 《Eam itaque regionem, sinum dico Abrahae, esti non caelestem, sublimiorem tamen inferis, interim refrige-

rium praebere animabus iustorum, donec consummatio rerum resurrectionem omnium plenitudine mercedis expungat…》

62 《…Temporale aliquos animarum fidelium receptaculum…》

63 《Herodis tormenta et Iohannis refrigeria; mercedem…sive tormenti sive refrigerii (*Adv. Marc.*, IV, 34), per sententiam aeternam tam supplicii quam refrigerii (*De anima*, XXXIII, 11); supplicia iam illic et refrigeria (*De anima*, LVIII, 1); metu aeterni supplicii et spe aeterni refrigerii (*Apologeticum*, XLIX, 2); aut cruciatui destinari aut refrigerio, utroque sempiterno. Cf. H. Fine, *Die Terminologie der Jenseitsvorstellungen bis Tertullian*, Bonn, 1958.

64 Trad. de J. Goubert et L. Cristiani: *Les plus beaux textes sur l'au-delà*, Paris. 1950, p. 183 sqq.

65 A. Stuiber, Refrigerium interim. *Die Vorstellungen vom Zwischenzustand und die frühchristliche Grabekunst*, Bonn, 1957, De Bruyne, 《*Refrigerium interim*》 in *Rivista di archeologia cristiana*, 34, 1958, pp. 87-118 et *ibid.*, 35, 1959, pp. 183-186.

66 De Bruyne, 1959, p. 183.

67 E. R. Dodds, *Pagan and Christian in an Age of Anxiety*, Cambridge, 1965.

68 *Passio sanctarum Perpetuae et Felicitatis*, éd. C. van Beek, Nimègue, 1936. *Antike und Christendum*, 2, 1930[1], 1974[2], pp. 1-40 所収の F. J. Dolger 論文《Antike Parallelen zum leidenden Dinocrates in der *Passio Perpetuae*》は、このテクストをめぐる一般的雰囲気を強調しながらも、根本的に独自なものがあるその意義については、さほど解明していない。E. R. Dodds, *Pagan and Christian in an Age of Anxiety*, pp. 47-53 は、*Passio Perpetuae* に興味深い注釈を施しているが、煉獄の予示という観点とはまったく別の観点に立っている。

69 Éd. Van Beek, p. 20.

70 *Ibid.*, p. 22.

71 L. Vouaux, *Les Apocryphes du Nouveau Testament. Les Actes de Paul et ses lettres apocryphes*, Paris, 1913.

72 Enimvero et pro anima eius orat, et refrigerium interim adpostulat ei (*De monogamia*, X, 4).

73 《死者の渇き》については Mircea Eliade, *Traité d'Histoire des religions*, Paris, 1953, pp. 175-177 を見よ。

74 H.-I. Marrou は、*Corsi di cultura sull' arte ravennante e bizantina*, Ravenne, 1970, p. 199 所収の P. A. Février《Le culte des martyrs en Afrique et ses plus anciens monuments》を引用して、彼の死の直前に、refrigerium の概念にとって興味深い或るアフリカの墓碑銘に注意を喚起した。《ティパザの墳墓群から一つの興味ある新事実がもたらされる。

これらの貯水槽や井戸の存在と、水が重要視された点とである。水は単に食事を構成する一要素と見られるだけでなく、墓に撒かれたらしく、碑文の語る refrigerium に必要不可欠なものではないかと考えられる。周知のように、この refrigerium という語は、その当初の語義からして、まず異教的な、ついでキリスト教的な古代の人間にとって（使徒行伝三・二〇）、死後の幸福を連想させる最も含蓄に富んだイメージの一つなのである。語義の拡張によって、この語はあの葬いの宴を指すようになり、直接もしくは間接の象徴的解釈によって、来世に望まれる幸福と関係づけられた。この墳墓のようなモニュメントを前にすると、海産動物の装飾の上に注がれて貯った水は、葬礼の宴と結びついた refrigerium、つまり「冷たい飲物」の観念を、いわば具体的に実現しえたのだと想像することができるのである。》（《Une inscription chrétienne de Tipasa et le *refrigerium*》 in *Antiquités africaines*, t. 14, 1979, p. 269).

II 煉獄の父たち

1 煉獄の生成という観点からのアレクサンドリアのクレメンスとオリゲネスについては、依然としてアンリッヒの研究が重要である。G. Anrich, 《Clemens und Origenes als Begründer der Lehre vom Fegfeuer》 in *Theologische Abhandlungen, Festgabe für H. H. Holtzmann*, Tübingen, Leibzig, 1902, pp. 95-120. カトリックの視点から、A. Michel, 《Origène et le dogme du Purgatoire》 in *Questions ecclésiastiques*, Lille, 1913. は好論文であり、著者によるその要約が *Dictionnaire de Théologie catholique*, col. 1192-1196 の彼の執筆項目《Purgatoire》である。煉獄前史の観点から、短いながら正鵠を射ているのは、A. Piolanti, 《Il Dogma del Purgatorio》 in *Euntes Docete*, 6, 1953 である。火による洗礼については C.-M. Edsman, *Le Baptême de feu*, pp. 3-4、パウロのコリント人への第一の手紙注解については J. Gnilka, *Ist 1 Kor. 3, 10-15 ein Schriftzeugnis für das Fegfeuer?* 特にその一一五頁。

2 G. Anrich, p. 99, n. 7 et p. 100, n. 1. に引用された主なテクストは、『ゴルギアス』三四・四七八と八一・五二五、『パイドン』六二・一一三d、『プロタゴラス』一三・三二四b、『法律』第五巻七二八cである。

3 Clément d'Alexandrie, *Stromata*, V, 14 et VII, 12.

4 Origène, *De Principii*, II, 10, 6 et *De oratione*, 29.

5 aliis sub gurgite vasto
infectum eluitur scelus, aut exuritur igni
……
donec longa dies perfecto temporis orbe
concretam exemit labem, purumque relinquit

aetherium sensum…

6 Clément d'Alexandrie, *Stromata*, IV, 24.

7 *Id*., *Stromata*, VII, 6.

8 Origène, *In Exodum*, homélie 6, in *Patrologie Grecque*, XIII, 334-335, *In Leviticum*, homélie 9, *PG*, 12, 519.

9 たとえば *In Jeremiam*, homélie 2: *In Leviticum*, homélie 8; *In Exodum*, homélie 6; *In Lucam*, homélie 14, etc.

10 *De principiis*, II, 11, n. 6: *In Ezechielem*, homélie 13, n. 2; *In Numeros*, homélie 26.

11 K. Rahner, 《La doctrine d'Origène sur la pénitence》 in *Recherches de Science religieuse*, 37, 1950. 参照。

12 《Aliud pro peccatis longo dolore cruciatum emundari et purgari diu igne, aliud peccata omnia passione purgasse, aliud denique pendere in die judicii ad sententiam Domini, aliud statim a Domino coronari.》

13 A. Michel, article 《Purgatoire》 in *Dictionnaire de théologie catholique*, col. 1214.

14 P. Jay, 《Saint Cyprien et la doctrine du Purgatoire》 in *Recherches de théologie ancienne et médiévale*, 27, 1960, pp. 133-136.

15 《emundatio purtitatis… qua iudicii igni nos decoquat》 (*PL*, IX, 519 A)

16 *In Psalmum CXVIII, sermo 20, PL*, 15, 1487-1488. 火の試練については *In Psalmum CXVIII, Sermo 3, PL*, 15, 1227-1228. および *In Psalmum XXVI, 26, PL*, 14, 980-981 をも見よ。

17 《et si salvos faciet Dominus servos suos, salvi erimus per fidem, sic tamen salvi quasi per ignum》 (*Explanatio Psalmi* XXXVI, n. 26, *Corpus Scriptorum Ecclesiasticorum Latinorum*, 64, p. 92).

18 *De obitu Theodosi*, 25, *CSEL*, 73, 383-384.

19 *De excessu Satyri*, I, 29, *CSEL*, 73, 225.

20 《Et sicut diaboli et omnium negatorum atque impiorum qui dixerunt in corde suo: Non est Deus, credimus aeterna tormenta; sic peccatorum et tamen christianorum, quorum opera in igne probanda sunt atque purganda, moderatam arbitramur et mixtam clementiae sententiam iudicis》 (*In Isaïam*, LXVI, 24, *PL*, 24, 704 B).

21 《Qui enim tota mente in Christo confidit, etiam si ut homo lapsus mortuus fuerit in peccato, fide sua vivit in perpetuum.》

22 《Ideo autem dixit: sic tamen quasi per ignem, ut salus haec non sine poena sit, quia non dixit: salvus erit per ignem; sed cum dicit: sic tamen quasi per ignem, ostendit salvum illum quidem futurum, sed poenas ignis

passurum; ut per ignem purgatus fiat salvus, et non sicut perfidi aeterno igne in perpetuum torqueati ut ex aliqua parte operae pretium sit, credidisse in Christum》(*PL*, 17, 211).

23 《Transivimus per ignem et aquam et induxisit nos in refrigerium.》

24 *Epist.*, 28 (*CSEL*, 29, 242-244) et *Carmen*, 7, 32-43 (*CSEL*, 30, 19-20)

25 「罪障消滅の火」ignis purgationis とか（マニ教徒に反駁して創世記注解二巻二〇・三〇)、「矯正の火」ignis emendatrius という表現も見出される（詩篇注解三七・三)。『神の国』第二一巻第一三章の条りで、一二行に三度「浄罪の責め苦」poenae purgatoriae という表現に出会う箇所があり、アウグスティヌスはそこで同義語として、「贖罪のための罰」poenae expiatoriae という言い方もしている。特にこれが、purgatoriae を「浄化の」purificatrices と訳したくない理由である。

26 *Bibliothèque augustinienne*, t. 37, pp. 817-818 を見よ。

27 《nec usque adeo vita in corpore male gesta est, ut tali misericordia iudicentur digni non esse, nec usque adeo bene, ut talem misericordiam reperiantur necessariam non habere.》

28 マタイ二五・三四、二五・四一―四六。

29 《et post hanc vitam habebit vel ignem purgationis vel poenam aeternam.》

30 《Quanquam illa receptio, utrum statim post istam vitam fiat, an in fine saeculi in resurrectione mortuorum atque ultima retributione judicii, non minima quaestio est sed quandolibet fiat, certe de talibus qualis ille dives insinuatur, nulla scriptura fieri pollicetur.》

31 《Ita plane quamuis salui per ignem, gravior tamen erit ille ignis, quam quidquid potest homo pati in hac vita》(*Enarratio in Ps.* XXXVII, 3 *CCL*, 38, p. 384).

32 *Bibliothèque augustinienne*, vol. 37, pp. 806-809, G. Bardy の注四五、《Les miséricordieux》を見よ。

33 《Porro si utraque regio et dolentium et requiescentium, id est et ubi dives ille torquebatur et ubi pauper ille laetabatur, in inferno esse credenda est quis audeat dicere dominum Iesum ad poenales inferni partes venisse tantum modo nec fuisse apud eos qui in Abrahae sinum requiescunt? ubi si fuit, ipse est intellegendus paradisus, quem latronis animae illo die dignatus est polliceri. Quae si ita sunt, generale paradisi nomen est, ubi feliciter vivitur. Neque enim quia paradisus est appellatus, ubi Adam fuit ante peccatum, propterea scriptura prohilita est etiam ecclesiam vocare paradisum cum fructu pomorum.》

34 ギリシア語で《手引》を意味する語。一六世紀以降、この言葉は周知の運命を辿る。

35 私は中世西欧における夢とその解釈についての研究の概略を、《Les rêves dans la culture et la psychologie collective

de l'Occident médiéval》in *Scolies*, I. 1971. pp. 123-130 において粗描した。これは *Pour un autre Moyen Âge*, pp. 299-306 に再録されている。

36 千年至福説については、聖アウグスティヌス『神の国』第一九巻第二二章における G. Bardy の注 *Bibliothèque augustinienne*, t. 37, Paris, 1960, pp. 768-771 および *Encyclopedia Universalis* vol. 11, 1971, pp. 30-32 の J. Le Goff の執筆項目《Millénarisme》を見よ。

37 アンブロシウスのテクストは *Patrologie latine*, t. 14, col. 950-951 に見出される。
Et ideo quoniam et Savaltor duo genera resurrectionis posuit, et Joannes in Apocalypsi dixit: *Beatus qui habet partem in prima resurrectione* (Apocalypse, XX, 6) isti enim sine judicio veniunt ad gratiam, qui autem non veniunt ad primam resurrectionem, sed ad secundam reservantur, isti urentur, donec impleant tempora inter primam et secundam resurrectionem, aut si non impleverint, diutius in supplicio permanebunt. Ideo ergo rogemus ut in prima resurrectione partem habere mereamur.

38 『告白』、『エンキリディオン』、『神の国』、『死者のための供養』の翻訳文は *Bibliothèque augustinienne* のそれぞれの巻から引用した。ただ、翻訳が不正確と思われるいくつかの語にのみ修正を加えた。たとえば「浄罪の火」ignis purgatorius という表現で「純化する」purificateur のかわりに purgatoire を用い、「一時的な責め苦」poenae temporariae という表現で temporelles のかわりに temporaires を用いた。

39 P. Jay,《Le Purgatoire dans la prédication de saint Césaire d'Arles》in *Recherches de théologie ancienne et médiévale*, 24 (1957), pp. 5-14.

40 Césaire d'Arles, *Sermones*, éd. G. Morin et C. Lambot, *Corpus Christianorum*, Turnhout, 1953, t. 104, pp. 682-687 et pp. 723-729.

41《non pertinet ad me quamdiu moras habeam, si tamen ad vitam aeternam perrexero》――「もし私がその後で永遠の生に至るのであれば、待つ時の間がどうであれ構いはしない」。この文はどこで待つのかを語っていないが、先行する一文からそれが浄罪の火の中で (in illo purgatorio igne) であることは明らかである。ピエール・ジェイは、トマス・アクィナスもまた聖アウグスティヌスの詩篇三七注解を取り上げて、彼は「煉獄のこの火」ille ignis purgatorii と書いた、という適切な注を付しているが、しかしそれは一三世紀のことである。

42 グレゴリウス大教皇については、C. Dagens, *Saint Grégoire le Grand. Culture et expérience chrétiennes*, Paris, 1977, 3e partie,《Eschatologie》, pp. 345-429. グレゴリウスの終末論については N. Hill, *Die Eschatologie Gregors des Grossen*, Fribourg-en-Brisgau, 1942. R. Manselli,《L'eschatologia di S. Gregorio Magno》in *Ricerche di storia*

religiosa. I, 1954, pp. 72-83. をも見よ。

43 Gregoire Le Grand, *Moralia in Job*, éd. A. Bocognano, 3e partie, Paris, Sources chrétiennes, 1974, p. 167.

44 *Ibid*., pp. 315-317.

45 《Discere vellim, si post mortem purgatorius ignis esse credendus est.》この研究で私は U. Moricca 版 Grégoire Le Grand, *Dialogi*, Rome, 1924 を使用し、引用テクストは私が翻訳した。その後 A. de Vogüé, P. Autin の優れた版本および翻訳 Paris, éd. du Cerf, Sources chrétiennes, 1980 が出た。ここで注釈した一節（第四巻第四一章）は一四六—一五一頁に見出される。パスカシウスの話（第四巻第四二章）は、同書一五〇—一五五頁。

46 ヨハネ一二・五五、イザヤ四九・八、パウロⅡコリント六・二、伝道の書九・一〇、詩篇一一七・一、マタイ一二・三二。

47 《sed tamen de quibusdam levis culpis esse ante judicium purgatorius ignis credendus est》, hoc de parvis minimisque peccatis fieri posse credendum est, sicut est assiduus otiosus sermo, immoderatus risus, vel peccatum curae rei familiaris.》この章の末尾で、グレゴリウスは来るべき罪障消滅の火について《de igne futurae purgationis》、火による救済の可能性について《per ignem posse salvari》、また再び《peccata minima atque levissima quae ignis facile consumat》について語っている（*Dialogi*, IV, 41）。

48 Gregoire Le Grand, *Dialogi*, IV, 57, 1-7, de Vogüé-Autin, t. III, pp. 184-189.

49 Gregoire Le Grand, *Dialogi*, IV, 57, 8, 17, de Vogüé-Autin, pp. 188-195. この話では火は問題になっていない。

Ⅲ　中世初期——教義上の停滞とヴィジョンの増殖

1 《et quodam purgatorio igne purganda》（*PL*, 83, 757).

2 Julien de Tolède, *Prognosticon*, livre II, *PL*, 96, 475-498.

「浄罪の火」ignis purgatorius は第四八三—四八六欄《コロンヌ》を占めている。一二世紀における煉獄の教義、特にペトルス・ロンバルドゥスにおけるそれの完成に果したトレドのユリアヌスの役割の重要性については、次の研究がある。N. Wicki, *Das* 《Prognosticon futuri saeculi》 *Julians von Toledo als Quellenwerk der Sentenzen des Petrus Lombardus*.

3 *Liber de ordine creaturarum. Un anonimo irlandés del siglo VII*, éd. M. C. Diaz y Diaz, Saint-Jacques de Compostelle, 1972.

ただ一つ惜しむべきは、マヌエル・ディアス・イ・ディアスのこのすぐれた版が、作品の紹介に際して些か時代錯誤を犯しがちである点である。作品構造の研究（二九頁）の中で、infierno（第一三章）、purgatorio（第一四章）、y gloria（第一五—一六章）を云々するのは、テクストを歪曲するものである。同様に、第一四章の表題は写本には「浄罪の火について」de igne purgatorio とあるのに対して、スペイン語で del purgatorio「煉獄について」と訳すのは二重に遺憾なことである。第一に、煉獄が存在するまでにはなお五世紀間待たねばならず、第二に、煉獄に到達すべき教義の発展全般について、この論考は明らかに後退しているからである。

4 ディアス・イ・ディアスも適切に指摘しているように、これらの《罪》は特に修道院という環境で或る意味をもっている。

5 Saint Columban, *Instructiones, Instructio IX, De extremo judicio*, *PL*, 246-247. Videte ordinem miseriae humanae vitae de terra, super terram, in terram, a terra in ignem, de igne in judicium, de judicio aut in gehennam, aut in vitam: de terra enim creatus es, terram calcas, in terram ibis, a terra surges, in igne probaberis, judicium expectabis, aeternum autem post haec supplicium aut regnum possidebis, qui de terra creati, paululum super eam stantes, in eamdem paulo post intraturi, eadem nos iterum, jussu Dei, reddente ac projiciente, novissime per ignem probabimur, ut quadam arte terram et lutum ignis dissolvat, et si quid auri aut argenti habuerit, aut caeterorum terrae utilium paracarassimo (paracaximo) liquefacto demonstret.

6 *PL*, 87, col. 618-619.

7 *PL*, 89, col. 577.

8 *PL*, 94, col. 30.

9 *De fide Sanctae Trinitatis*, III, 21, *PL*, 101, 52.

10 *Enarrationes in epistolas Pauli*, *PL*, 112, 35-39.

11 *Expositio in Mattheum*, II, 3, *PL*, 120, 162-166.

12 *De varietate librorum*, III, 1-8 in *PL*, 118, 933-936. 聖パウロのコリント人への第一の手紙三・一〇―一三の注釈は、*PL*, 117, 525-527 に見出される。

13 *Expositio in epistolas Pauli*, *PL*, 134, 319-321. 大罪と小罪の対比に関する一節を次に示す。

《attamen sciendum quia si per ligna, fenum et stipulam, ut beatus Augustinus dicit, mundanae cogitationes, et rerum saecularium cupiditates, apte etiam per eadem designantur levia, et venialia, et *quaedam minuta peccata*, sine quibus homo in hac vita esse non potest. Unde notandum quia, cum dixisset aurum, argentem, lapides pretiosos, non intulit ferrum, aes et plumbum, per quae *capitalia et criminalia peccata* designantur (col. 321).

14 Rathier de Vérone, *Sermo II De Quadragesima*, *PL*, 136, 701-702. Mortui enim nihil omnino faciemus, sed quod fecimus recipiemus. Quod et si aliquis pro nobis aliquid fecerit boni, et si non proderit nobis, proderit

illi. De illis vero purgatoriis post obi um poenis, nemo sibi blandiatur, monemus, quia non sunt statutae criminibus, sed peccatis levioribus, quae utique per ligna, ferum et stipula indesignatur.

この驚くべき人物、ヴェローナのというよりむしろリエージュの著作家については、*Raterio di Verona*, Convegni del Centro di Studi sulla spiritualità medievale, X, Todi, 1973 を見よ。

15 *PL*, 150, 165-166.

16 *Periphyseon*, V, *PL*, 122, 977.

17 *De praedestinatione*, chap. XIX, *De igni aeterno*…, *PL*, 122, 436.

18 Burchard de Worms, *Decretorum libri*, XX, XX, 68-74, *PL*, 140, 1042.

19 *Acta synodi Atrebatensis Gerardi* 1 *Cameracensis Episcopi*, chap. IX, *PL*, 142, 1298-1299.

20 私はテスペシオスの夢を E. J. Becker, *A contribution to the comparative study of the Medieval Visions of Heaven and Hell, with special Reference to the Middle English Versions*, Baltimore, 1899, pp. 27-29 により、またティマルコスの夢を H. R. Patch, *The other World according to descriptions in medieval literature*, Cambridge, Mass., 1950, pp. 82-83 によって要約する。

21 P. Dinzelbacher, 《Die Visionen des Mittelalters》 in *Zeitschrift für Religions-und Geistesgeschichte*, 30, 1978, pp. 116-118 (これは未刊の大学教授資格論文 *Vision und Visionsliteratur im Mittelalter*, Stuttgart, 1978 の要約)。同じ著者の《Klassen und Hierarchien im Jenseits》 in *Miscellanea Medievalia*, vol. 12/1. *Soziale Ordnungen im Selbstverständnis des Mittelalters*, Berlin-NewYork, 1979, pp. 20-40.

クロード・カロッジは、《中世初期における死後世界への旅》に関する学位論文を準備中である。

22 Kuno Meyer, édition et traduction en anglais. The voyage of Bran son of Febal to the land of the living…, 2 vol., Londres, 1895-1897 を見よ。この書には Alfred Nutt の研究 *The happy other-world in the mythico-romantic literature of the Irish. The celtic doctrine of re-birth* が含まれている。これは場合によっては《楽園的》煉獄とも呼ぶべきもののケルト的根源を論じたものである。

23 Maurer, 《Die Hölle auf Island》 in *Zeitschrift des Vereins für Volkskunde*, IV, 1894, p. 256 sqq. 参照。H. R. Ellis, *The Road to Hell. A study of the conception of the Dead in Old Norse Literature*, Cambridge, 1943 をも見よ。ヴァルハラ《Valhöle》については G. Dumézil, *Les Dieux des Germains*, n^elle^ éd. 1959, p. 45 を見よ。近代のゲルマン民衆文化の観点からは、H. Siuts, *Jenseitsmotive deutschen Volksmärchen*, Leipzig, 1911. 参照。

24 *Carmen ad Flavium Felicem de resurrectione mortuorum et de iudicio Domini*, éd. J. H. Waszink, Bonn, 1937.

25 歴史家ベーダについては以下の諸論文を見よ。
P. H. Blair, 《The Historical writings of Bède》および Ch. N. L. Brooke, 《Historical Writing in England between 850 and 1150》、論集 *La Storiografia altomedievale*, Spolète (1969), 1970, pp. 197-221, pp. 224-247. 所載。また J. M. Waalace-Madrill, *Early Germanic Kingship in England and on the continent*, Oxford, 1971, chap. IV, 《Bède》, pp. 72-97.

26 *Historia ecclesiastica gentis Anglorum*, III, 19. ベーダによってほとんど書写された最初の『フルセウス伝』Vita Fursei は、B. Krusch によって *Monumenta Germaniae Historica. Scriptores rerum merowingicarum*, t. IV, 1902, pp. 423451 に掲載された。

27 《Vallis illa quam aspexisti flammis ferventibus et frigoribus horrenda rigidis, ipse est locus in quo examinandae et castigandae sunt animae illorum, qui differentes confiteri et emendare scelera quae fecerunt, in ipso tandem articulo ad poenitentiam confugiunt, et sic de corpore exeunt: qui tamen quia confessionem et poenitentiam vel in morte habuerunt, omnes in die iudicii ad regnum caelorum perveniunt. Multos autem preces viventium et eleemosynae et jejunia et maxime celebratio missarum, ut etiam ante diem judicii liberentur, adjuvant.》

28 ドリテルムスの夢は、一一世紀および一二世紀に第一級の著作家たちに採り上げられることになる。たとえば、その聖書講解におけるアルフリックス(éd. B. Thorpe, vol. II, 1846, p. 348 sqq.)、『夢の書』*Liber Visionum* (*PL*, 146, 380 sqq.)におけるサン＝テムランのオトロー、そして一二世紀・一三世紀の交におけるシトー会修道士フロワモンのヘリナンドゥス(*PL*, 212, 1059-1060)。

29 『ウェッティヌスの夢』Visio Guetini は *PL*, 105, 771-780 と、*Monumenta Germaniae Historica Poetae latini*, t. II. にも入っている。ヴァラフリードス・ストラーボの韻文版は、David A. Traill の優れた研究 *Walahfrid Strabo's Visio Wettini: text, translation and commentary*, Francfort s/Main, 1974 において、翻訳および注釈つきで刊行された。

30 ギリシア語訳聖書とラテン語訳聖書（中世にはこれが用いられていた）の番号で詩篇一一八は、今日通常使用されているヘブライ式のナンバリングでは詩篇一一九となる。この章について、エルサレム聖書の刊行者はこう述べている。《熱烈な倦むことのない忠誠心の連禱……心の躍動が委細を尽くして表現されている。言葉を発し、掟を与える神、掟は深い思念の対象となり、愛され、守られる。神こそ生命と安心と、真の、そして全き幸福の源である。》

31 B. de Gaiffier, 《La légende de Charlemagne. Le péché de l'empereur et son pardon》, *Études critiques d'hagiographie et d'iconologie*, Bruxelles, 1967, pp. 260-275. 所収。

32 W. Levison, 《Die Politik in den Jenseitsvisionen des frühen Mittelalters》, *Aus rheinischer und fränkischer*

Frühzeit, Dusseldorf, 1948. を見よ。このテクストは一一〇〇年頃、Hariulf によってその *Chronique de saint Riquier* (éd. F. Lot, Paris, 1901, pp. 144-148) に、一二世紀には Guillaume de Malmesbury によってその *De Gestis regnum Anglorum* (éd. W. Stubbs I, pp. 112-116) に、また一三世紀に Vincent de Beauvais によってその *Speculum* に挿入された。数多くの写本中にも、これだけ単独に見出される。サン＝ドニの修道士たちは、これを彼らが恩恵を受けたシャルル禿頭王の書いたものとみなしたが、それは、この修道院でなされた多数の事実歪曲の一つである。聖パウロにより回心し、この修道院を創設したと称される偽ドニ（＝ディオニソス）に関する歪曲は、一二世紀初頭にアベラルドゥスに告発されたが、その事が後者の困窮の一因となった。

33 皇帝ルートヴィヒ・ドイツ人王。

34 翻訳は *Textes d'histoire médiévale du Ve au XIe siècle*, Paris, 1951, p. 144 sqq. 所収の R. Latouche のもの。プロヴァンスのルイ盲目王については、R. Poupardin, *Le Royaume de Provence sous les Carolingiens*, Paris, 1901, Appendice VI, *La Visio Karoli Crassi*, pp. 324-332. を参照せよ。《ウェッティヌスの夢》と同様、九世紀初頭に書かれた《ロトシャリウスの夢》(éd. W. Wattenbach in Auzeigen für Kunde der deutschen Vorzeit, XXII, 1875, col. 72-74) では、罪人は胸まで火の中に沈められ、頭から熱湯を注がれることによって罪を浄められるのであるが、ここではシャルルマーニュは、忠臣たちの祈りによって懲罰を免れた、選ばれた人々の一人である。

35 *Fecunda Ratis*, d'Egbert de Liège, éd. Halle, 1889.

36 D. Sicard, *La Liturgie de la mort dans l'Église latine des origines à la réforme carolingienne*, Liturgiewissenschaftliche Quellen und Forschungen. Veröffentlichungen des Abt-Herwegen-Instituts der Abtei Maria Laach, vol. 63, Münster, 1978.
八九一九一頁に三つの祈禱のラテン語テクストが見られる。ガリア式祈禱は、アブラハムのみならず、族長三人に言及して、《あなたの友なるアブラハム》に《あなたの選ばれたるものイサク》と《あなたの愛されたるものヤコブ》が付け加えられる。同様にゲラシウス典礼書でも、三人の族長たちのふところ (in sinibus) が云々される。

37 J. Ntédika の優れた研究 L'Évocation de l'au-delà dans la prière pour les morts. Étude de patristique et de liturgie latines (IVe-VIIIe siècle), Louvain-Paris, 1971. を見よ。特に pp. 118-120.

38 これは《L'intercession dans la messe romaine》in *Revue bénédictine*, 1955, pp. 181-191 における B. Capelle の言葉である。*Travaux liturgiques*, tome 2, 1962, pp. 248-257. に再録。

39 D. Sicard, *La Liturgie de la mort*…, p. 412. 第1の復活については D. B. Botte,《Prima ressurectio. Un vestige de millénarisme dans les liturgies occidentales》in *Recherches de théologie ancienne et médiévale*, 15, 1948, pp.

5-17. 黙示録を支えとして、この概念は存続するだろう。たとえば、一二世紀末のギー・ド・スートウィック（Guy de Southwick）の告白に関する或る小論文にもこれが見られる。この小品は Dom. A. Wilmart によって *Recherches de Théologie ancienne et médiévale*, 7, 1935, p. 343 に発表された。

40 J. Leclercq, 《Documents sur la mort des moines》 in *Revue Mabillon*, XLV, 1955, p. 167.

41 N. Huyghebaert, *Les Documents nécrologiques*, in Typologie des Sources du Moyen Âge occidental, fasc. 4, Turnhout, 1972, J.-L. Lemaître, 《Les obituaires français. Perspectives nouvelles》 in *Revue d'Histoire de l'Église de France*, LXIV, 1978, pp. 69-81. を参照。

「命の書」libri vitae は七冊しか残っていない。そのうちの一冊、ルミールモンのものは、模範版の刊行対象となった。E. Hladwitschka, K. Schmid et G. Tellenbach, *Liber Memorialis von Remiremont*, Dublin et Zurich, 1970. がそれである。G. Tellenbach, 《Der liber memorialis von Remiremont. Zur Kritischen Erforschung und zum Quellenwert liturgischer Gedenkbücher》 in *Deutscher Archiv für Erforschung des Mittelalters*, 35, 1969, pp. 64-110. を参照。

42 J. Dufour の論文《Le rouleau mortuaire de Bosson, abbé de Suse (v. 1130)》 in *Journal des savants*, pp. 237-254 および《Les rouleaux et encycliques mortuaires de Catalogne (1008-1102)》 in *Cahiers de civilisation médiévale*, XX, 1977, pp. 13-48. に、死者の巻物に関する書誌がある。

43 K. Schmid et J. Wollasch, 《Die Gemeinschaft der Lebenden und Verstorbenen in Zeugnissen des Mittelalters》 in *Frühmittelalterliche Studien* I, 1967, pp. 365-405.

44 W. Jorden, *Das cluniazensische Totengedächtniswesen*, Münster, 1930, J.-L. Lemaître, 《L'inscription dans les nécrologes clunisiens》 in *La Mort au Moyen Âge* (colloque de la Société des historiens médiévistes de l'enseignement supérieur public, 1975), Strasbourg, 1977, pp. 153-167.

45 ヨツアルドゥスのテクストは『ラテン教父著作集』第一四二巻八八八―八九一欄に、またペトルス・ダミアーニのそれは第一四四巻九二五―九四四欄に見出される。

第二部　一二世紀　煉獄の誕生

大発展の世紀

1　G. Duby の大著、*Les Trois Ordres ou l'imaginaire du féodalisme*, Paris, 1979. 参照。インド・ヨーロッパの三極構造イデオロギーはジョルジュ・デュメジル George Dumézil の労作によって明らかにされている。問題の現状に関しては、J. Le Goff,《Les trois fonctions indo-européennes, l'historien et l'Europe féodale》in *Annales E. S. C.* 1979, pp. 1187-1215 を見よ。

Ⅳ　浄罪の火

1　本書補遺Ⅱ参照。

2　ローマのエコール・フランセーズ近刊予定の論集 *Faire croire* 中の論文、Claude Carozzi,《Structure et Fonction de la Vision de Tnugdal》参照。私の見解ではクロード・カロッジは一二世紀における「物質論者」と「非物質論者」の、可能性の域を出ない論争の重要性を誇張し、煉獄の存在を実際よりも早く想定しているように思えるが、彼の説くところはたいへん刺戟的である。彼が信じているように、一二世紀に、たとえばホノリウス・アウグストドゥネンシスにおいて、死後世界の事物のなかにもっぱら精神的な現象（spiritualia）しか見ようとしない傾向があったとしても、この傾向はまだ漠としていた煉獄の生成にはほとんど影響するところはなかったし、むしろそういう傾向はその生成をさまたげたであろう。ホノリウス・アウグストドゥネンシスが『教えの手引』において、あの世で霊魂のいる場所について言及するに至るとき、やがて見るように、彼はその場所にある種の物質性を与えざるを得ない。最も頻繁に浄罪の手段として指示されている懲罰を構成するのは火であるが、その火の性質が実在的なものか、それとも隠喩的なものかをめぐる論争は、キリスト紀元後最初の数世紀を超えて長く続くことはなかった。霊魂に身体はなく、したがってそれは物質的ないかなる場所にも存在し得ないという考えは、九世紀にヨハネス・スコトゥス・エリウゲナによって唱えられたものであるが、この考えはこの孤立した思想家の大部分の教説と同様に、ほとんど反響を呼ばなかった。M. Cappuyns, *Jean Scot Érigène. Sa vie, son oeuvre, sa pensée.* Louvain-Paris, 1933 参照。一三世紀前半にヘールズのアレクサンデルは、神学者たちの一般的見解に形を与え、当時ひろくゆきわたっていた信条を裏書きすることになろう。すなわち、《罪は二重の罰なくしては許されない。赦免は身体の側の苦痛がなければ価値を持たない》(*Non ergo dimittitur peccatum sine duplici poena; non ergo valet relaxati cum nulla sit poena ex parte corporis, Glossa in IV Libros Sententiarum,* IV, dist. XX.)。肝要な点は、おそらく、「精神的」(spirituel) は「肉体を離れた」(désincarné) という意味ではないことを理解することであろう。

3 『ラテン教父著作集』*PL,* 172, 1237–1238. クロード・カロッジがこの版に疑念を抱いていることは、おそらく正しい。

4 *PL,* 40, 1029.

5 Y. Lefèvre, *L'Elucidarium et les Lucidaires,* Paris, 1954 参照。

6 *PL,* 153, 139.

7 イニーのグウェリクスの説教（第一巻）は J. Morson と H. Costello により、P. Deseille の翻訳を付して刊行されている (Sources chrétiennes, vol. 166, 1970)。私が利用したのはその翻訳であるが、ただ、原文中 ***purgare, purgatio, purgatorius*** とあるところは、本書における私の原則にしたがって、訳文中の ***purifier, purification, purificateur*** に代えて、***purger, purgation, purgatoire*** を用いた。グウェリクスは ***purificare*** という語も用いている。しかし心得ておかねばならぬことは、彼にとっては ***purgare*** と ***purificare*** とはほとんど同義語であったらしいということである。その上、それには聖書的な根拠があった。第四説教の主題はルカ・二・二二の一句、***Postiquam impleti sunt dies purgationis eius*** (*Mariae*). である。私が抜萃を引用した二つの説教は、上掲書の三五六—三八五頁に見出される。イニーのグウェリクスと《煉獄》については次を参照せよ。D. De Wilde, *De beato Guerrico abbate Igniacensi ejusque doctrina de formatione Christi in nobis,* Westmalle, 1935, pp. 117–118.

8 後述、二一〇頁以下を見よ。

9 *PL,* 157, 1035–1036. P. Glorieux,《Les *Deflorationes* de Werner de Saint-Blaise》in *Mélanges Joseph de Ghellinck,* II, Gembloux, 1951, pp. 699–721 参照。

10 A. M. Landgraf, *Commentarius Porretanus in primam epistolam ad Corinthios* (Studi e Testi, 177), Cité du Vatican, 1945.

11 Achard de Saint-Victor, *Sermons,* éd. J. Châtillon, Paris, 1970, p. 156.

12 J. Longère, ***Œuvres oratoires de maitres parisiens au XIIe siècle,*** Paris, 1975 参照。《煉獄の誕生》については述べられていないが、死後世界に関していくつか興味ある指摘がなされている（第一巻一九〇—一九一頁、第二巻一四四—一四五頁）。フランス語による説教文学の始まりについては次の書を参照せよ。M. Zink, ***La Prédication en langue romane avant 1300,*** Paris, 1976.

13 ***Li Dialoge Gregoire lo Pape,*** 一二世紀フランス語訳『教皇グレゴリウスの対話』、付ラテン語テクスト (éd. W. Foers-

ter, Halle-Paris, 1876)。引用箇所は二五四―二五五頁にある。*le feu purgatoire, le feu de la purgation* という表現に注目されたい。*purgatorium*（煉獄）という名詞が現われる以前のテクストを翻訳するに際して、私は一貫してここに見られるような語を用い、*purification* という語を退けた点に注意を喚起しておく。この語は厳密には同じ意味ではないからである。こうして私は中世の用語に立ち戻っているわけだが、私がこのような表現を用いたのは懐古趣味をてらってのことではなく、正確を期してのことである。

14 Ch.-V. Langlois, *La Vie en France au Moyen Âge*, t. IV, Paris, 1928, p. 114. に引用。

15 Recueil des historiens des croisades, I/1, 1884, p. 44.

16 サン＝ヴィクトールのフーゴに関しては次を参照。R. Baron, *Science et Sagesse chez Hugues de Saint-Victor*, Paris, 1957. および A. M. Landgraf, *L'introduction à l'histoire de la littérature théologique de la scolastique naissante* (A.-M. Landry, P. Boglioni 増補改訂のフランス語版、Montréal-Paris, 1973) の書誌、九三―九七頁、および同書四三―四四頁。救済理論の観点からは次を見よ。H. Köster, *Die Heilslehre des Hugo von St. Victor, Grundlage und Grundzüge*, Emsdetten, 1940.

17 O. Lottin, 《Questions inédites de Hugues de Saint-Victor》 in *Recherches de théologie ancienne et médiévale*, 1960. pp. 59-60.

18 *PL*, 176, 586-596. 逐語訳によって引用した箇所は 586 CD 欄にある。

19 本書補遺Ⅱ「《PURGATORIUM》――ある語の歴史」を見よ。なお、私は、重要ではあるが聖ベルナルドゥス自身の立場に対して何ひとつ付加しない一つのテクストを、さし当たっては問題にしないでおくことにする。その代り、このテクストは死後の浄罪に反対する異端の見解を提示しているので、異端と煉獄の関係について述べるときに、とり上げたいと思う。

20 Saint Bernard, Sermon XVI *De diversis*, in *Opera*, éd. J. Leclercq et H. Rochais t. VI/1, pp. 144 et 147.

21 Le sermon *in obitu Domni Humberti, monarchi Clarae-Vallensis* (Éd. Leclercq-Rochais t. V, p. 447).

22 *Opera*, éd. Leclercq-Rochais, t, VI/1, pp. 11-12.

23 *Decretum Magistri Gratiani*, éd. A. Friedberg, Leipzig, 1879, t. 1, col. 728.

24 *Ibid*., p. 1006 sqq.

25 《*Ergo ubi sunt poenitentes post mortem? in purgatoriis. Ubi sunt ea? nondum scio.*》

26 《*Unde peracta purgatione poenitentes, tam nostri, ex purgatoriis* (*quae extra infernum*) *ad coelos, quam veteres ex purgatoriis* (*quae in inferno*) *ad sinum Abrahae refrigerandi jugiter conscendere videntur.*》

27 このテクストは *PL*, 186, col. 823-830 に見られる。引用文は八二六欄、八二七欄。

28 *PL*, 202, col. 201-202, 224-226.

29 R. M. Martin, *Œuvres de Robert de Melun*, t. II, *Questiones* (*theologia*) *de Epistolis Pauli*, Louvain, 1938, pp. 174 et 308.

30 Pierre de Celle, *L'École du cloître*, éd. G. de Martel (Sources chrétiennes 240), 1977, pp. 268-269. 私はこの訳文中の feu ***du*** purgatoire（浄罪界＝煉獄の火）をラテン語原文 ***in igne purgatorio*** に合わせて、***feu purgatoire***（浄罪の火）に改めた。

31 *Conflictus Helveticus De Limbo Patrum*, éd. F. Stegmüller in *Mélanges Joseph de Ghellinck*, II, Gembloux, 1951, pp. 723-744. 引用箇所は七三七頁。

32 *Homiliae de tempore*, 1, 43, *PL*, 155, 1484.「場所」***loca*** の代りに「罰」*poenae* が省略されていると見ることもできる。しかし「浄罪の場」*loca purgatoria* という表現も同時代に見られるから、私は ***in purgatoriis*** を本文のように解釈したい。いずれにしても、この表現は位置決定の意志を示している。

33 *PL*, 211, 1064.

34 《*Quia vero sunt quidam qui in purgatoriis poliantur, ideo de eis tanquam de indignioribus hodierna die agimus, pro eis orantes, obligationes et elemosinas facientes.*》（次の書を参照。J. Longère, *Œuvres oratoires de maitres parisiens au XIIe siècle*, t. II, Paris, 1975, p. 144, n. 16.）

V　浄罪の場所《LOCUS PURGATORIUS》

1 詳細については本書補遺Ⅱ「《PURGATORIUM》――ある語の歴史」を見よ。

2 *PL*, 171. col. 739 sqq. この箇所の最も興味をそそる部分のラテン語原文は次の通りである。《***Ad hunc modum in aedificatione coelestis Jerusalem tria considerantur, separatio, politio, positio. Separatio est violenta; politio purgatoria, positio aeterna. Primum est in angustia et afflictione; secundum, in patientia et exspectatione; tertium in gloria et exsultatione. Per primum (cribratur) homo sicut triticum; in secundo examinatur homo sicut argentum; in tertio reponitur in thesaurum.***》(col. 740).

3 《*Tertio, memoria mortuorum agitur, ut hi qui* in purgatorio *poliuntur, plenam consequantur absolutionem, vel poenae mitigationem.*》(*PL*, 171, col. 741.)

4 Hauréau, 《Notice sur les sermons attribués à Hildebert de Lavardin》 in *Notices et Extraits des manuscrits de*

la Bibliothèque nationale et autres bibliothèques, XXXII, 2, 1888, p. 143. ／R. M. Martin, 《Notes sur l'œuvre littéraire de Pierre le Mangeur》 in *Recherches de théologie ancienne et médiévale*, III, 1932, pp. 54-66. ／A. Landgraf, 《Recherches sur les écrits de Pierre le Mangeur》 in *Recherches de théologie ancienne et médiévale*, III, 1932, pp. 292-306 et 341-372. ／A. Wilmart, 《Les sermons d'Hildebert》 in *Revue bénédictine*, 47, 1935, pp. 12-51. ／M. M. Lebreton, 《Recherches sur les manuscrits contenant des sermons de Pierre le Mangeur》 in *Bulletin d'information de l'Institut de Recherche et d'Histoire der Textes*, 2 (1953), pp. 25-44. ／J. B. Schneyer, *Repertorium der lateinischen Sermones des Mittelalters für die Zeit von 1150-1350*, t. IV, 1972, p. 641. シュナイヤーはここで，ボージャンドル Beaugendre の古い版（1708）にある説教八五（*Jerusalem quae aedificatur*）――この版ではヒルデベルトゥスを著者としている――をペトルス・コメストルのものとする説を受けいれている。ミーニュMigneもこれにならう（*PL*, 171, col. 739 sqq.）。今日までに知られている最も古い二つの写本に当たってくれたドルボー氏 F. Dolbeau の労を多としたい。彼はそれがペトルス・コメストルの著とされている事実，および *in purgatorio* の読みを確認してくれている（Ms Angers 312 (303), f. 122 v° および Angers 247 (238) f. 76v°. いずれも一二世紀末のものである）。しかし彼はさらに古い写本（Valenciennes, Bibliothèque municipale 227 (218) f. 49）を探り当てた。そこでは *in purgatorio poliuntur* という句は見られない。情報通のジョゼフ・デディカ Joseph Ntedika がヒルデベルトゥスについて「彼は多分 *purgatorium* という語を最初に用いた人であろう」（*L'Evolution de la doctrine du purgatoire chez Saint Augustin*, Paris, 1966, p. 11, n. 17）と書いているのは意外である。ペトルス・コメストルについては，さらに次の論文が参考になる。I. Brady, 《Peter Manducator and the Oral Teachings of Peter Lombard》 in *Antonianum*, XLI, 1966, pp. 454-490.

5 Pierre le Mangeur, *De Sacramentis, De penitentia*, chap. 25-31, éd. R. M. Martin in *Spicilegium sacrum Lovaniense*, XVII, appendice, Louvain, 1937, pp. 81-82.

6 *PL*, 198, col. 1589-1590.

7 情況の更なる解明に資することにはならないが，一二世紀後半には何人かのオド，あるいは教師オドがいて，そのうちの一人は一一六四年から一一六八年まで文書局長であった。M. M. Lebreton, 《Recherches sur les manuscrits des sermons de différents personnages du XIIe siècle nommés Odon》 in *Bulletin de l'Institut de Recherche et d'Histoire des Textes*, 3, 1955, pp. 33-54.

8 《*Cum materialis poena sit ille ignis, in loco est. Ubi ergo sit, quaerendum relinquo.*》これら「オドの問題」*Quaestiones magistri Odonis* はピトラ J. B. Pitra により刊行された。*Analecta novissima spicilegii Solesmensis altera continuatio*, t. II, Tusculum, 1888, pp. 137-138.

9　A. M. Landgraf,《Quelques collections de *Quaestiones* de la seconde moitié du XIIᵉ siècle》in *Recherches de théologie ancienne et médiévale*, 6, 1934, pp. 368-393 et 7, 1935, pp. 113-128. 第七巻一一七頁でラントグラーフはピトラが刊行した「問題」について留保の態度を表明し、次の著を引いている。M. Chossat,《La Somme des Sentences》in *Spicilegium Sacrum Lovaniense*, 5, Louvain, 1923, pp. 49-50, および J. Warichez, *Les disputationes de Simon de Tournai*, *ibid.*, 12, Louvain, 1932.

10　O. J. Blum, *St Peter Damian, His Teaching on the Spiritual Life.* Washington 1947, および J. Ryan《Saint Peter Damiani and the sermons of Nicolas of Clairvaux》in *Medieval Studies*, 9, 1947, pp. 151-161, そして特に F. Dressler, *Petrus Damiani, Leben und Werk* (Studia Anselmiana, XXXIV), Rome 1954. とりわけ Anhang, 3, p. 234-235.

11　すでに『ラテン教父著作集』*Patrologie latine* はこの説教をクレルヴォーのニコラウスのものとしている（*PL*, 184, 1055-1060）がそれはペトルス・ダミアーニの名を冠して *PL*, 144, 835-840 にも見出される。この説教は聖ニコラウスの祝日のためのものである。聖ニコラウスは《煉獄の守護聖人》のひとりであった。聖ベルナルドゥスのものとされる説教は J. Leclercq et H. M. Rochais, *Opera*, VI/1, pp. 255-261 に収められている。聖ベルナルドゥスのものとされる『説教集』*De diversis* とりわけ説教四二については次を参照せよ。H.-M. Rochais,《Enquête sur les sermons divers et les sentences de Saint Bernard》in *Analecta SOC*, 1962, pp. 16-17. および *Revue bénédictine*, 72, 1962.

12　クレルヴォーのニコラウスについては次を参照せよ。J. Ryan,《Saint Peter Damiani and the Sermons of Nicolas of Clairvaux》in *Medieval Studies*, 9, 1947. ／A. Steiger《Nikolaus, Mönch in Clairvaux, Sekretär des heiligen Bernhard》in *Studien und Mitteilungen zur Geschichte des Benediktinerordens und seiner Zweige*, N. F. 7, 1917, pp. 41-50. ／J. Leclercq,《Les Collections de sermons de Nicolas de Clairvaux》in *Revue bénédictine*, 66, 1956, 特に p. 275, n. 39.

13　最古の三写本のうち二つ（Paris, Bibliothèque nationale, ms latin 2751 & Cambrai 169）を検証していただいたギャラン M. C. Garand 夫人の労を多としたい。彼女の私宛書簡には次のようにある。「聖ベルナルドゥスの聖という称号が表題に見られず、エクスリブリスに訂正が加えられていることから見て、この写本はベルナルドゥスが列聖された一一七四年以前のものでしょう。しかし、そんなに古いものとは思われません。なぜならば書体が既にかなり断裂的《ブリゼ》で、一二世紀の第三四半期のものと考えられるからです。カンブレーの写本について申しますと、その書体とさまざまの特徴は、これもまた一二世紀後半を思わせます。」

14　Saint Bernard, *Opera*, éd. J. Leclercq-H. Rochais, v, 383-388, 特に 386 参照。同じ主題についての説教 LXXVIII *De diversis* は、私には、完全に真正なテクストというよりは、むしろ不自然かつ単純化された聖ベルナルドゥスからの剽窃に見える。だがこれは私の印象にすぎない。この説教に関しては、私はまだまったく研究に手をつけていない。B. de Vrégill, 《L'attente des saints d'après saint Bernard》 in *Nouvelle Revue théologique*, 1948, pp. 225-244. を参照せよ。

15 これは「パリ国立図書館蔵ラテン手書本一五九一二」である。ジョルジェット・ラガルド夫人には、私が本書に要約した箇所を転写する労をとっていただいた。***in purgatorio*** という表現は folio 64b に、ベルナルドゥスの生涯からとった「教訓逸話」*exemplum* は folio 65c-66a に見られる。

16 J. Baldwin, *Masters, Princes and Merchants. The Social Views of Peter the Chanter and his Circle*, 2 vol., Princeton, 1970.

17 Pierre le Chantre, *Summa de Sacramentis et Animae Consiliis*. éd. J. A. Dugauquier in *Analecta Mediaevalia Namurcensia*, 7, 1957, pp. 103-104.

18 *Ibid.*, pp. 125-126.

19 Pierre le Chantre, *Summa de Sacramentis*…, 3ᵉ partie, III, 2a. *Liber casuum conscientiae*, éd. J. A. Dugauquier in *Analecta Mediaevalia Namurcensia*, 16, 1963, p. 264.

20 *PL*, 205, col. 350-351. 一一九二という年代を提唱したのは次の論文である。D. Van den Eynde, 《Précisions chronologiques sur quelques ouvrages théologiques du XIIᵉ siècle》 in *Antonianum* XXVI, 1951, pp. 237-239.

21 J. Warichez, *Les* Disputationes *de Simon de Tournai*, Texte inédit, Louvain, 1932. 討論 XL, LV, LXXIII は一一八一一一二〇、一五七一一五八、二〇八一二一一の各頁に見られる。

22 *PL*, 211, col. 1054. 次を参照せよ。Ph. S. Moope, *The Works of Peter of Poitiers, Master in Theology and Chancellor of Paris* (1193-1205), Publications in Mediaeval Studies, Notre-Dame (Ind.), I, 1936.

23 《Vie de Saint Victor, martyr de Mouzon》, éd. F. Dolbeau, *Revue historique ardennaise*, t. IX, p. 61.

24 R. Manselli, 《Il monaco Enrico e la sua eresia》 in *Bolletino dell' Istituto Storico Italiano per il Medio Evo e Archivio Muratoriano*, 65, 1953, pp. 62-63. 一二世紀の異端については次の基本図書参照。R. Manselli, *Studi sulle eresie del secolo XII*, Roma, 1953.

25 Saint Bernard, *Opera*, éd. J. Leclercq-H. Rochais, vol. II, p. 185. 編者の序文を見よ (vol. I, p. IX.)

26 *PL*, 204, 795-840 (一〇章、一一章は八三三一八三五段にある)。以下の書を見よ。A. Paschowsky et K. V. Selge, *Quellen zur Geschichte der Waldenses*, Göttingen, 1973. ／L. Verrees, 《Le traité de l' abbé Bernard de Fontcaude contre les vaudois et les ariens》 in *Analecta praemonstratensia*, 1955, pp. 5-35. ゴンネ G. Gonnet は、このような思想は「少なくともその端緒においては、ワルド派以外の諸宗派によって唱えられた」と考えている (《Le cheminement

des vaudois vers le schisme et l'hérésie (1174-1128)》 in *Cahiers de civilisation médiévale*, 1976, pp. 309-345).

27 《*Tria quippe sunt loca quae spiritus a carne solutos recipiunt. Paradisus recipit spiritus perfectorum. Infernus valde malos. Ignis purgatorionis eos, qui nec valde boni sunt nec valde mali. Et sic, valde bonos suscepit locus valde bonus; valde malos locus summe malus; mediocriter malos locus mediocriter [malus, id est levior inferno, sec pejor mundo.*》 (*PL*, 204, col. 834-835.)

28 《*Et hic non damnantur, nec statim salvantur, sed puniuntur sub exspectatione percipiendae salutis.*》 (*PL*, 204, 1268)

29 *The Summa contra haereticos ascribed to Praepositiuus of Cremona.*, éd. J. N. Garvin et J. A. Corbett, Notre-Dame (Ind.), 1958. 特に二一〇―二一一頁を見よ。

30 次の基本的研究参照。M.-Th. d'Alverny, *Alain de Lille, Textes inédits avec une introduction sur sa vie et ses œuvres*, Paris, 1965.

31 G. Gonnet in *Cahiers de civilisation médiévale*, 1976, p. 323.

32 *Summa de arte praedicatoria*, *PL*, 210, 174-175.

33 *Liber poenitentialis*, éd. J. Longère, t. 2, Louvain-Lille, 1965, pp. 174-177.

34 *Ibid.*, p. 177: 《*Item quaeritur si iste debebat implere septem annos et non implevit, utrum per septem annos sit in purgatorio? Respondemus: procul dubio implebit illam satisfactionem in purgatorio, sed quamdiu ibi sit, ille novit qui est librator poenarum.*》

35 A. M. Landgraf, *Einführung in die Geschichte der theologischen Literatur der Frühscholastik*, Ratisbonne, 1948 (仏訳増補改訂版、Paris, 1973, p. 58)。

36 A. M. Landgraf, *Dogmengeschichte der Frühscholastik*, IV/2. Ratisbonne, 1956, p. 260, n. 3. に引用。

37 Bibliothèque nationale, ms latin 3891, fol. 183v° (ジー P. M. Gy 師のご教示による)。

38 A. M. Landgraf, *Dogmengeschichte…*, IV/2, p. 261, n. 6. に引用。

39 Johannes Teutonicus, fol. CCCXXXV V, CCCXXXVI.

40 *PL*, 214, col. 1123.

41 *PL*, 217, col. 578-590. 重要部分（のラテン語原文）を次に掲げる。

Deus enim trinus et unus, tres tribus locis habet exercitus. Unum, qui triumphat in cælo; alterum, qui pugnat in mundo; tertium, qui jacet in purgatorio. De his tribus exercitibus inquit Apostolus: "In nomine Jesu omne genu flectatur, cælestium, terrestrium et infernorum (Philippiens II)". *Hi tres exercitus distincte clamant cum seraphim, Sanctus Pater, sanctus Filius, sanctus Spiritus. Patri namque attribuitur potentia, quae convenit exercitui, qui pugnat in via; Filio sapientia, quae competit exercitui, qui triumphat in patria; Spiritui sancto misericordia, quae congruit exercitui, qui jacet in pæna. Primus exercitus in laude, secundus in agone, tertius autem in igne. De primo legitur: "Beati qui habitant in domo tua, Domine, in saecula saeculorum laudabunt te* (Psaumes, LXXXIII)"; *de secundo dicitur: "Militia est vita hominis super terram; et sicut dies mercenarii, dies ejus* (Job VII)." *De tertio vero inquit Apostolus: "Uniuscujusque opus quale sit, ignis probabit* (I Corinthiens, III)." *Sane quinque loca sunt, in quibus humani spiritus commorantur. Supremus, qui est summe bonorum; infimus, qui est summe malorum; medius, qui est bonorum et malorum: et inter supremum et medium unus, qui est mediocriter bonorum; et inter medium et infimum alter, qui est mediocriter malorum. Supremus, qui est summe bonorum, est cælum, in quo sunt beati. Infimus, qui est summe malorum, est infernus, in quo sunt damnati. Medius, qui est bonorum et malorum, est mundus, in quo justi et peccatores. Et inter supremum et medium, qui est mediocriter bonorum, est paradisus; in quo sunt Enoch et Elias, vivi quidem, sed adhuc morituri. Et inter medium et infimum, qui est mediocriter malorum, in quo puniuntur qui pænitentiam non egerunt in via, vel aliquam maculam venialem portaverunt in morte.*

42 Ch. Thouzellier, 《Ecclesia militans》 in *Études d'histoire du droit canonique* dédiées à Gabriel Le Bras, t. II, Paris, 1965, pp. 1407-1424.

43 《*O quam rationabilis et salubris est hujus observantiae institutio.*》, *PL*, 217, col. 590.

44 Thomas de Chobham: *Summa Confessorum*. éd. F. Broomfield, Louvain-Paris, 1968, pp. 125-126.

45 *Ibid.*, p. 127.

46 Manuscrit Paris, Bibliothèque nationale, ms latin 14883, folio 114 (A. M. Landgraf: *Dogmengeschichte*…, IV/2, p. 281, n. 61. に引用)。

47 《*Melius est, ut dicatur, quod diverse mansiones sunt in purgatorio: alia appelantur obscura tenebrarum loga, alia manus inferni, alia os leonis, alia tartarus. Et ab istis penis petit Ecclesia animas mortuorum liberari.*》 (*Ibid.*, p. 281, n. 61)

VI　シチリア・アイルランド間の煉獄

1　この小品のテクストは Migne, *PL*, 145, col. 584-590 に見出され、それには編者により章の表題が付されているが、その表題はしばしば時代錯誤的である（例えば「煉獄の罰から解放する」*liberat a pœnis purgatorii* という表現）。ペトルス・ダミアーニと死者の追悼に関しては次の書を見よ。F. Dressler: *Petrus Damiani. Leben und Werk*, Rome, 1954. 修道社会に於ける死に関しては次を参照。J. Leclercq,《Documents sur la mort des moines》in *Revue Mabillon*, XLV, 1955, pp. 165-180.

2　*PL*, 145, 186, 188.

3　この箇所はラテン語原文は力のこもった写実的な筆で次のように描出している。《*Poenalibus undique loris astrictum et ambientium catenarum squaloribus vehementer attritum.* 「懲罰の革紐にがんじがらめに縛められ、纏う鉄鎖の粗剛に激しく膚を擦られ……」》

4　*PL*, 144, 403.

5　*De miraculis*, I, IX, *PL*, 189, 871.

6　*De miraculis*, I, XXIII, *ibid.*, 891-894.

7　De miraculis, I, XVIII, *ibid.*, 903-908.

8　ここにとり上げた写本は ms. latin 15912 であって、社会科学高等学院の「教訓逸話」*exemplum* に関する西洋中世歴史人類学共同研究の一環として、ジョルジェット・ラガルドにより部分的に転写されたものである。問題の夢物語は f. 64. に見られる。

9　聖ベルナルドゥスの煉獄短期滞在に関するこの逸話（p. 222 sqq.）はヴォラギネのヤコーブスの『黄金伝説』*Légende dorée* には採録されなかった。聖母の無垢受胎は一八五四年をまって漸くカトリックの教義となった事実を想起しよう。

10　ノジャンのギベルトゥスの *De vita sua*（原題は *Monodiae*、単声歌、つまり覚え書《メモワール》）はミーニュの『ラテン教父著作集』第一五六巻に見られる。これを自叙伝の歴史に位置づけたのは次の書である。G. Kisch, *Geschichte der Autobiographie*, 1, 2, Francfort, 1959. さらに次を見よ。J. Paul,《Le démoniaque et l'imaginaire dans le *De vita sua* de Guibert de Nogent》in *Le Diable au Moyen Âge*, Senefiance, n° 6, Aix-en-Provence, Paris, 1979, pp. 371-399.

11　この書の英訳 *Self and Society in Medieval France. The Memoirs of Abbot Guibert of Nogent*, New York, 1970. に付された John F. Benton の序文を見よ。あわせて、次の示唆に富む論文を見よ。Mary M. McLaughlin,《Survivors and Surrogates: Children and Parents from the IXth to the XIIIth centuries》in *The History of Childhood*,

Lloyd de Mause éd., New York, 1975, pp. 105-106.

12 J.-Cl. Schmitt, *Le saint lévrier. Guinefort, guérisseur d'enfant depuis le XIIIe siècle*, Paris, 1979.

13 中世における黒色と悪魔との関係については、次の著を見よ。J. Devisse et M. Mollat, ***L'Image du noir dans l'art occidental***, II.《Des Premiers siècles chrétiens aux grandes découvertes》, 2 vol., Fribourg, 1979.

14 テクストは Dom Mauro Inguanez により ***Miscellanea Cassinese***, XI, 1932, pp. 83-103 に掲載、はじめに Dom Antonio Mirra の研究《La visione di Alberico》, ***ibid.***, pp. 34-79 を付す。

15 イスラム教の影響に関しては、M. Asin Palacio, ***La Escatologia musulmana en la《Divina Comedia》***, Madrid, 1919 および ***Dante y el Islam***, Madrid, 1929 を見よ。この二著の主張には行き過ぎが見られる。併せて E. Cerulli, ***Il《libro della Scalla》et la questione delle fonti arabo-spagnole della Divina Comedia***, Rome, 1949 を見よ。この書の主張は比較的穏当である。イスラム教における煉獄の欠如に関しては、特に次を見よ。E. Blochet,《Étude sur l'histoire religieuse de l'Iran》in ***Revue de l'histoire des religions***, 20, t. 40, Paris, 1899, p. 12. 併せて次を参照せよ。M. Arkoun, J. Le Goff, T. Fahd, M. Rodinson, ***L'Étrange et le Merveilleux dans l'Islam médiéval***, Paris, 1978, pp. 100-101.

16 印刷して二〇頁を占める。

17 刊本のテクスト (p. 93) には次のようにある。***Hoc autem insinuante apostolo, purgatorii nomen habere cognovi.*** 私は ***fluminis*** という語が省かれているものと考えて、このラテン文を《……私はそれには浄罪〔界〕(の河) という名がついていることを知った》と読む。事実、編者によって稿本から転記されたこの章の見出しは《***De flumine purgatorio***》(浄罪〔界〕の河について) である。ボーティエ A.-M. Bautier 氏のご教示によれば、デュ・カーンジュ Du Cange の新しい「用語集《グロッサール》」の索引には ***purgatorii*** (*purgatorius*) は属格形容詞として出ており、この箇所が出典として指示されている。

18 典拠についての言及はないが、この禁止が聖パウロの「コリント人への第二の手紙」一二・二—四に由来することは明らかである。ここで旅は終る。聖ペトロは最後に、アルベリクスにこの世の五一州——旧ローマ帝国の諸州——を案内し、聖人たちの聖所と数々の教化的な「奇跡」***mirabilia*** を見せる。物語は、聖ペテロについての記述、この使徒の語録、アルベリクスの魂の肉体復帰、聖パウロの図像にアルベリクスの平癒を祈る母の幻、アルベリクスのモンテ゠カッシーノ修道院入りをもって完結する。

19 ***Visio Tnugdali***, éd. Albrecht Wagner, Erlangen, 1882. 既に引いたクロード・カロッジの最近の研究に注意を喚起しておきたい (本書プロローグ「第三の場所」原注(9)、および第二部、IV、原注(2)を見よ。)

20 『聖パトリキウスの煉獄』***Purgatorium Sancti Patricii*** は一七世紀に二度刊行された。一つは Messingham の刊で、彼の編んだ ***Florilegium Insulae Sanctorum*** (1624) 中に見られ、『ラテン教父著作集』(***Patrologie latine***, t. 180, col. 975-

1004）に再録されている。いま一つはイエズス会士 John Colgan が *Triadis thaumaturgae…acta*, Louvain, 1647 におさめたものである。近代の諸版には次のようなものがある。S. Eckleben, *Die älteste Schilderung vom Fegfeuer des heiligen Patricius*, Halle, 1885.／Ed. Mall, *Zur Geschichite der Legende vom Purgatorium des heiligen Patricius*, in *Romanische Forschungen*, éd. K. Vollmöller, VI, 1981, pp. 139-197.〔これは Colgan 版のテクストに対立して、原文に最も近いと目し得る写本のテクスト（ms. EVII 59 de Bamberg 一四世紀）と、大英博物館蔵写本（Arundel 292 一三世紀末）の異本を提供している。〕／U. M. Van der Zanden, *Étude sur le Purgatoire de saint Patrice*, Amsterdam, 1927.（これは一五世紀のユトレヒトの写本のテクストを刊行したもので、Arundel 292 写本の改訂版を付録している。）

他に Warncke による刊本（1938）がある。私が利用したのは Mall 版である。*Purgatorium Sancti Patricii* はラテン語版でも俗語版（特にフランス語と英語――マリ・ド・フランスの翻訳 *L'Espurgatoire saint Patriz* は別格）でも、数多くの研究を刺戟してきた。その幾つかは古くはあるが依然として価値を失っていない。こうした研究の大部分は、このテクストを古代以来の死後世界信仰の歴史のなかに、そしてまた民間伝承のなかに位置づけている。しばしば考証が不十分で、今日では時代遅れとなってはいるが、これらの研究は闊達な歴史的精神の範例たるを失わない。例を上げよう。Th. Wright, *St. Patrick's Purgatory; an essay on the legends of Purgatory, Hell and Paradise, Current during the Middle Ages*, London, 1844.／Baring-Gould, *Curious Myths of the Middle Ages*, 1884, repr. Leyde, 1975: *S. Patrick's Purgatory*, p. 230-249.／G. Ph. Krapp, *The Legende of St. Patrick's Purgatory, its later literary history*, Baltimore, 1900.／Ph. de Félice, *L'autre monde. Mythes et légendes: le Purgatoire de saint Patrice*, Paris, 1906.

最も完全なものと目されている研究、Shane Leslie, *St. Patrick's Purgatory: A record from History and Literature*, London, 1932 は最も面白い研究ではない。V. et E. Turner は現代における聖パトリキウスの煉獄への巡礼について、ひじょうに示唆に富む人類学的解釈を提供しているが、われわれの主題に寄与するところはない（*Image and Pilgrimage in Christian Culture*: chap. III *St. Patrick's Purgatory: Religion and Nationalism in an Archaic Pilgrimage*, Oxford, 1978, pp. 104-139）。

21 ローマのサクロ・クオーレ・デル・スッフラージョ教会には小さな《煉獄博物館》があり、煉獄の霊魂が生者へ出現した痕跡（多くは煉獄の火のしるしとして、片手でつけられた火焦痕）を一ダースばかり保存している。このような煉獄の証言は一八世紀末から二〇世紀はじめにかけて、一定の間隔を置いて見られる。煉獄体系の息の長さが思われる。

22 五世紀の人間であった聖パトリキウスに関するこうした委細は、こしらえごとである。聖パトリキウスの古い伝記はこの主題については沈黙している。現今の資料から判断するかぎり、「聖パトリキウスの煉獄」への言及が最初に見られるのは、一一八〇ないし一一八三年にファーネスのジョスリン Jocelyn de Furness によって書かれた聖人の新伝記中である。そこには騎士オウェインの名が見られないので、一一八〇―一一八三というこの期間が、一般にソールトレーのHのこの著述が成立した年代を考究する際の出発点と見られている。

23 Erich Köhler: *L'Aventure chevaleresque, Idéal et réalité dans le roman courtois*, Paris, 1974.

24 私はこの物語の後を要約パラフレーズして続けることにする。引用は二人の《大司教》の言葉の完全な翻訳ではない。

25 このような死後世界の心象は今日のマヤ族の後裔、メキシコ南部のラカンドン族の間にも見られることに注意したい。《「賢者」チャンキン・マーシュは……いくつもの氷の川と火の川とが並んで流れている影の国について、倦むことなく語るのだった…》(J. Soustelle, *Les Quatre Soleils*, Paris, 1967, p. 52)

26 F. W. Locke, 《A new date for the composition of the *Tractatus de Purgatorio Sancti Patricii*》 in *Speculum*, 1965, pp. 641-646. この研究は一一八九年ごろという伝統的な年代を排して、この著述の成立を一二〇八―一二一五に遅らせている。その結果、*Espurgatoire Saint Patriz* の成立年代も二〇年ほど遅くしなければならないことになる。Richard Baum (《Recheres sur les œuvres attribuées à Marie de France》, in *Annales Universitatis Saraviensis*, 9, Heidelberg, 1968) は、最近、*Espurgatoire* が実際に一二世紀最後の一〇年間よりも遅い時期に成立したばかりでなく、それがマリ・ド・フランスのものではないことを主張した。先へ行って見る通り、カンブリアのギラルドゥスの『アイルランド地誌』*Topographia Hibernica* およびファーネスのジョスリンの『聖パトリキウスの生涯』*Vie de saint Patrick* は、ソールトレーのHの著述の成立年代決定に決め手となる論拠を提供するものではない。

27 ファーネスのジョスリンの『聖パトリキウスの生涯』は、一七世紀に Messingham によって、ソールトレーのHの『煉獄』と同じ選集で刊行された (Florilegium insulae Sanctorum…, Paris, 1624, pp. 1-85)。Colgan による刊本もある (Triadis thaumaturgae…, Louvain, 1647. この書の一〇二七頁に Cruachan Aigle 山の煉獄に関する一節が見られる)。これは *Acta Sanctorum*, 17 mars, t: II, pp. 540-580 に再録された。

28 Giraldus Cambrensis, *Opera*, t. V, éd. J. F. Dimock, London, 1867, (*Rerum Britannicarum medii aevi scriptores*) pp. 82-83. この箇所のすぐ後に、一三世紀前半の写本では、《この場所は住民たちによってパトリキウスの煉獄と呼ばれている》という句が付加され、いかにして聖パトリキウスがそれを創設したかが述べられている。次を参照せよ。C. M. Van der Zanden, 《Un chapitre intéressant de la *Topographia Hibernica* et le *Tractatus de purgatorio Sancti Patricii*》 in *Neophilologus*, 1927. カンブリアのギラルドゥスが『アイルランド地誌』を書いたのは、罪の償いの巡礼――おそらく神明裁判に似たもの――がロッホ・ダールグ湖の西北端にある最大の島、聖者たちの島（セインツ・アイランド）からステイション・アイランドという小さな島に場所を移され、一つの島が聖人と悪魔とに分有されるという総合が生じたときであったと思われる。

29 ターナーのひじょうに興味のある研究（本章原注⒇参照）以外には、この巡礼地については平凡な、あるいは概略的な研究しかない。Cf. John Seymour, *St. Patrick's Purgatory. A Mediaeval Pilgrimage in Ireland*, Dundald (1918). ／J. Ryan, New Catholic Encyclopedia, vol. XI, 1967, p. 1039／Philippe de Félice, *L'Autre Monde, Mythes et Légendes, Le Purgatoire de saint Patrice*, Paris, 1906.〔この書の第四章《ロッホ・ダールグの聖地の歴史》はなかなか面白く、次のような適切な評言をもって終っている。すなわち、《聖パトリキウスの煉獄が数百年にわたって存続してきたということは明確な争うべからざる事実であって、この事実のもつ重みに対して社会学者は注目してしかるべきである》と。またこの書は（九頁以下）、いとこと共に著者が、苦労の末、一九〇五年、ロッホ・ダールグと煉獄の島にたどりついた模様を語っている。〕

一九一三年、アイルランドの主座司教ローグ枢機卿は、ステイション・アイランドを訪れた後、次のような声明を発した。《ここロッホ・ダールグで伝統的な巡礼、罪の償いの業、断食、幾多の贖宥に値する祈りを終え、その後死去した者はみな、あの世において苦しむことが極めて少ないものと私は信じる》（V. et E. Turner, p. 133 に引用）。一九七二年ロッホ・ダールグと聖パトリキウスの煉獄を訪れたアンヌ・ロンバール＝ジュールダン Anne Lombard-Jourdan は、私のために、現地クロッハの司教監修の正式の修業日程《プログラム》を入手してくれた。つとに中世には償いの苦業の期間は一五日から九日に短縮されていた。教会にとっては自然なノヴェナ（九日間の祈り）という期間を採ったのである。近代に入ってこの期間はさらに三日に短縮され、それが今日の規定となっている。だが、巡礼の核心は今日でも二四時間の試練である。一九七〇年の修業日程には《寝ずの行は巡礼の最も重要なお勤めであって、完全に一睡もせず、二四時間続けることを意味する》とある。信仰と信心業の見事な持続というべきか。図版4を見よ。

30 マリ・ド・フランスの *L'Espurgatoire Saint Patriz* は Thomas Atkinson Jenkins によって刊行された（フィラデルフィア、一八九四年）。L. Foulet《Marie de France et la Légende du Purgatoire de saint Patrice》in *Romanische Forschungen*, XXII, 1908, pp. 599-627 参照。

31 Paul Meyer は「聖パトリキウスの煉獄」の韻文フランス語版を七種指摘している（*Histoire littéraire de la France*, t. XXXIII, pp. 371-372 et *Notices et Extraits des manuscrits de la Bibliothèque nationale*, t. XXXIV, Paris, 1891)。すなわち、㈠Marie de France 版、㈡—㈤一三世紀の無名版四種、㈥Béroul 版、㈦*Bible des sept états du diable* 第四巻の紹介する Geoffroy de Paris 版。このうち一つが Johan Vising により公刊されている——Le *Purgatoire de saint Patrice des manuscrits Harléien 273 et Fond français 2198*, Göteborg, 1916. 名詞 *Purgatoire* が、そこでは何度も繰り返して用いられている。例えば、

Par la grant hounte qu'il aveit
Dist qe mout bonnement irreit

En purgatoire, *qe assez*
Peust espener_ses pechiez (v. 91-94)
……
Com celui qe ne velt lesser
En purgatoire *de entrer* (v. 101-102)

同様に、散文フランス語版も何種類かある。その一つを公刊したものに、Prosper Tarbé, ***Le Purgatoire de saint Patrice. Légende du XIIIe siècle, publiée d'après un manuscrit de la Bibiothèque de Reims***, Reims, 1842. 最も古い英語版（一三世紀）を公刊したものとしては Hortsmann, ***Alten Englische Legenden***, Paderborn, 1875, pp. 149-211／Koelbing, ***Englische Studien***, I, pp. 98-121, Breslau, 1876／L. T. Smith, ***Englische Studien***, IX, pp. 3-12, Breslau, 1886. 一五世紀はじめのオック語版を刊行したものは、A. Jeanroy et A. Vignaux, ***Raimon de Perelhos. Voyage au purgatoire de saint Patrice***, Toulouse, 1903 (Textes languedociens du XVe siècle). この版には、トヌグダルス Tindal (Tnugdal) の夢物語と聖パウロの夢物語のオック語版も含まれており、Raymond de Perelhos はそれを『聖パトリキウスの煉獄への旅』同様、自分の仕事であるとしている。これらのテクストの出所はすべて、トゥールーズ市立図書館蔵 manuscrit 894 であって、死後世界と煉獄の夢物語に対する一五世紀の関心を証拠立てている。この小資料体においてはトヌグダルスの夢が煉獄の夢に変わってしまっている。その表題 (f. 48) は ***Ayssi commensa lo libre de Tindal tractan de las penas de purgatori.*** である。聖パトリキウスの煉獄のイスパニアにおける運命については、J. Pérez de Montalban, ***Vida y Purgatorio de San Patricio***, éd. M. G. Profeti, Pise, 1972.

32 *Légende dorée*, trad. française. T. de Wyzewa, Paris, 1920, p. 182. エティエンヌ・ド・ブールボンとローマンのフンベルトゥスについては次の論文を見よ。L. Frati, 《Il Purgatorio di S. Patrizio secondo Stefano di Bourbon e Umberto de Romans》 in *Giornale storico della letteratura italiana*, 8, 1886, pp. 140-179.

33 メッスのゴスアンの散文版の刊本としては、O. H. Prior, ***L'Image du monde de maître Gossouin Rédaction en prose***, Lausanne-Paris, 1913.

34 ここに掲げたメッスのゴスアンの『世界の姿』Image du monde からの引用は Le comte de Douhet, ***Dictionnaire des légendes du christianisme***, éd. Migne, Paris, 1855 (colonnes 950-1035) 中のテクストに僅かに手を加えて現代語化したものである。

35 Éd. de Quaracchi, t. IV, p. 526. この偉大なフランシスコ会の指導者は、煉獄がここに存在するという「伝説」の出所が、この書であると言っている (*ex quo* fabulose *ortum est*, ***quod ibi esset purgatorium***)。

36 Froissart, éd. Kervyn de Lettenhove, *Chroniques*, t. XV, Bruxelles, 1871, pp. 145-146.

37 シェークスピア『ハムレット』。父の亡霊がハムレットに出現して（第一幕、五場）、罪を焼き浄められるまで、一定の期間、夜はさまよい歩き、昼は炎の中にいて断食するという罰を課されていることを打ち明ける（少し先では、弟の手にかかって謀殺されたために、死に先立って告解し罪の償いをする暇がなかっただけに、なおのことその謀殺が憎いと亡霊は語る）。

I am thy father's spirit
Doom'd for a certain term to walk the night
And, for the day, confin'd to fast in fires,
Till the foul crimes, done in my days of nature,
Are burnt and purg'd away.

亡霊が姿を消すと、ハムレットは亡霊の語ったことをホレイショにもマーセラスにも打ち明けずに、聖パトリキウスの名を口にする。

Horatio——*There's no offence, my lord.*
Hamlet——*Yes, by Saint Patrick, but there is, Horatio,*
And much offence, too. Touching this vision
It is an honest ghost.

38 Calderón: *Le Purgatoire de Saint Patrice*, trad. franç. de Léon Rouanet, *Drames religieux de Calderón*, Paris, 1898. *El Purgatorio de San Patricio* の初版は一六三六年刊。

39 Le comte de Douhet は《Saint Patrice, son purgatoire et son voyage》と題するひじょうに興味をそそる項目中で、一八世紀当時なお極めて高い評価を得ていた一つの異本を公にしている（*Dictionnaire des légéndes du christianisme*, éd. Migne, Paris, 1855, col. 950-1035)。彼はこう書いている (col. 951)。《幾多の異本の中から、われわれは最近のを一つ選ぶが、それは前世紀なお広く流布していたものであり、中世の意図をきわめて完全に伝えてくれるものである。》

40 Jotsuald (Jotsald, Jotsaud, Jotswald 等の異綴あり), *Vita Odilonis* in *Patrologie Latine*, t. 142, col. 926-927.／Pierre Damien, *Vita Odilonis*, *PL* t. 144, col. 935-937. 本書第一部末尾参照。

リパリ諸島の火山、聖バルトロメオ崇拝（彼の聖遺物がリパリ島に現われたのは五八〇年ごろ）、聖カロジェロ崇拝（彼はシチリアの隠修道士で一時リパリ島で暮らしたことがあり、九世紀のセルジオの修道士頌歌のなかに出てくる——一六世紀末列聖）などと結びついた民間信仰に関しては次を見よ。

G. Gozza Luzi, 《Le eruzioni di Lipari e del Vesuvio nell' anno 787》 in *Nuovo Giornale Arcadico*, ter. III, Milan,

1890. ／G. Iacolino, 《Quando le Ecolie diventarono colonie dell' Inferno. Calogero un uomo solo contro mille diavoli》 in *Arcipelago*, anno II, n°4, Lipari, 1977. なお Bernabo Brea は古代から現代に至るこうした伝承についての研究を準備中である。

41 Julien de Vézelay, Sermons, éd. D. Vorreux, t. II (collection Sources chrétiennes, 193), Paris, 1972, pp. 450-455. 彼は *ethnici*（異教徒）が Etna に由来し，語源を同じくするものとしている（sermon I X, t. I, p. 224）。

42 *Ibid.*, pp. 456-459 et 460-463.

43 Gervais de Tilbury, *Otia Imperialia* in *Scriptores Rerum Brunsvicensium*, Hanovre, 1707, t. I, p. 921.（ライプニッツの版で，序文には啓蒙主義者の中世に対する深い反発が露呈されている。）

44 この語にはアラビア語の *Djebel*（山）が含まれていることが知られている。これはシチリアにイスラムの影響が及んでいた証拠であると共に，「山」そのものをおのが名とするエトナ山の威信を物語るものである。

45 Otia Imperialia, éd. Leibniz, p. 921

46 A. Graf, 《Artù nell' Etna》 in *Miti, leggende e superstizioni del Medio Evo*, vol. II, Turin, 1893, pp. 303-335.

47 R. S. Loomis, 《The oral diffusion of the Arthurian Legende》 in *Arthurian Literature in the Middle Ages. A Collaborative History* (éd. R. S. Loomis), Oxford, 1959, pp. 61-62. および A. Viscardi, 《Arthurian influences in italian literature from 1200 to 1500》, *ibid.*, p. 419 を参照せよ。

48 早くも七世紀に書かれ，一〇世紀に手を加えられ，その最も古い幾つかの写本を一二世紀の初めに持つ北欧伝説『ブランの旅』の Kuno Meyer 版（*The voyage of Bran, Son of Febal, to the Land of the Living. An old Irish Saga*, London, 1895）に付属する次の論文を見よ。Alfred Nutt, *The happy otherworld in the mythico-romantic literature of the Irish. The celtic doctrine of re-birth.*

49 エチエンヌ・ド・ブールボンの物語については，後述する（本書第三部，IX，四六八頁）。

50 Grégoire le Grand: *Dialogi*, IV, XXXIII-XXXVII, éd. V. Moricca, pp. 278-285.

51 Grégoire le Grand: *Dialogi*, IV, XXXI. 本書第一部，IIの末尾一四三頁を見よ。

52 *Hodoeporicon S. Willibaldi* in *Itinera hierosolymitana*, éd. T. Tobler et A. Molinier, Genève, 1879, pp. 272-273. 私がこのテクストの存在を知ったのは，アンヌ・ロンバール＝ジュールダンのご教示による。

VII 煉獄の論理

1 《pro exercitu qui jacet in purgatorio》, *PL*, 217, col. 590. 本書第二部二五九―二六一頁を見よ。

2 Suger, *Vie de Louis VI le Gros*, éd. et trad. de H. Waquet, Les classiques de l'Histoire de France au Moyen Âge, Paris, 1964.

シュジェはルイ七世伝に着手したが、はじめの部分を書いただけで未完に終っている (éd. J. Lair, Bibliothèque de l'École des chartes, 1875, pp. 583-596)。Rigord, *Gesta Philippi Augusti* および Guillaume le Breton, *Philippis* は F. Delaborde により刊行された (Société de l'Histoire de France, Paris, 1882-1885)。

3 *Galbert de Bruges, Le meurtre de Charles le Bon* (J. Gengoux によるラテン語からの翻訳。R. C. Van Caeneghem が監修し、歴史的解説を序文として付す。アントワープ、一九七七。)

4 Yves de Chartres, *Prologus in Decretum* in *PL*, 161, 47-60. とりなしの祈りに関して、シャルトルのイヴォはグレゴリウス大教皇のテクスト (Dialogues IV, 39 et IV, 55) を引用している。*PL*, 161, 993-995 et 999-1000 参照。

5 G. Le Bras, 《Le *Liber de misercordia et justicia* d'Alger de Liège》 in *Nouvelle Revue historique de droit français et étranger*, 1921, pp. 80-118. 『慈悲と正義の書』のテクストは Migne, *PL*, 180, col. 859-968 に見られる。

6 Alger de Liège, *Liber*…, chap. XXVIII, XLIII-XLIV, LXXXIII, XCIII. 浄罪について述べた箇所は chap. LXI-LXII に見られる (*PL*, 180, col. 929-930.)。

7 St. Kuttner, *Kanonistische Schuldlehre von Gratian bis auf die Dekretalen Gregors IX*, Cité du Vatican, 1935.

8 R. Blomme, *La Doctrine du péché dans les écoles théologiques de la première moitié du XIIe siècle*, Louvain, Gembloux, 1958.

9 O. Lottin, 《Pour une édition critique du *Liber Pancrisis*》 in *Recherches de théologie ancienne et médiévale*, XIII (1946), pp. 185-201.

10 ブロムの前掲書のほかにPh. Delhaye et al., *Théologie du péché*, vol. 1, Paris-Tournai-New York-Rome, 1960.

11 Anselme de Cantorbéry, *Cur Deus Homo* (*Pourquoi Dieu s'est fait homme*), texte latin, introduction, notes et traduction par R. Roques, Paris, 1943.

12 *Commentarius Cantabrigiensis in Epistolas Pauli e Schola Petri Abaelardi 2: In epistolam ad Corinthias Iam et IIam, Ad Galatas et Ad Ephesos*, éd. A. Landgraf, Notre-Dame (Ind.), 1939, p. 429. (R. Blomme: *La doctrine du péché*…p. 250, n. 2 により引用。

13 この点を洞察し力説したものに、H. Ch. Lea, *A History of Auricular Confession and Indulgences in the latin Church*, vol. III: Indulgences, Philadelphia, 1896, pp. 313-314.

14 R. Blomme, *La Doctrine du péché*…p. 340 を見よ。

「告白」の重要性を明らかにした書として、Michel Foucault, *Histoire de la sexualité*, 1: ***La volonté de savoir***, **Paris,** 1976, p. 78 sqq.

15 ミーニュの刊行したテクスト（*PL*, 40, 1127-1128）は私にはとうてい原文《オリジナル》とは思えない（補遺II参照）。この著述の重要性については次を見よ。A. Teetaert, ***La confession aux laïques dans l'Église latine depuis le VIIIe jusqu'au XIVe siècle***, Paris, 1926, pp. 50-56.

16 Walter Map, ***De nugis Curialium***, éd. M. R. James, Oxford, 1914. この著から引用しているものに J.-Ch. Payen, ***Le Motif du repentir dans la littérature française médiévale (des origines à 1230)***, Genève, 1968, p. 109. 著者はここで問題になっているのが煉獄であることを明察しているが、ウォルター・マップがそれを地獄と呼んでいることには触れていない。

17 C. Vogel, Les《*Libri paenitentiales*》, Typologie des sources du Moyen Âge occidental, fasc. 27, Turnhout 1978.／J. Le Goff《Métier et profession d'après les manuels de confesseurs du Moyen Âge》in ***Miscellanea Mediaevalii***, Vol. III: ***Beiträge zum Berufsbewusstsein des mittelalterlichen Menschen***, Berlin, 1964, pp. 44-60（***Pour un autre Moyen Âge***, Paris, 1977, pp. 162-180 に再録）

18 主要文献として、ラントグラーフの次の諸著作が上げられる。A. M. Landgraf, ***Das Wesen der lässlichen Sünde in der Scholastik bis Thomas von Aquin***, Bamberg, 1923.／***Dogmengeschichte der Frühscholastik***, Ratisbonne, 1956〔第四部 ***Die Lehre von der Sünde und ihren Folgen***, II, 特に III. ***Die Nachlassung der lässlichen Sünde***, pp. 100-202.〕

併せて次を参照せよ。Th. Deman, s. v.《Péché》in ***Dictionnaire de théologie catholique***, XII/1, 1933, col. 225-255.／M. Huftier,《Péché mortel et péché veniel》, chap. VII, de Ph. Delhaye et al. : ***Théologie du Péché***, 1960, pp. 363-451（聖アウグスティヌスに quotidiana とあるのを venialia とするなど、誤引用が惜しまれる。）／J. J. Obrien, ***The Remission of Venialia, Washington***, 1959（抽象的なトマス主義者、煉獄への言及を巧みに避けている。）／F. Blaton,《De peccato veniali. Doctrina scolasticorum ante S. Thomas》in ***Collationes Gandavenses***, 1928, pp. 134-142.

19 O. Lottin,《Les *Sententiae Atrebatenses*》in ***Recherches de théologie ancienne et médiévale***, t. 10, 1938, pp. 344.（R. Blomme, La Doctrine du péché…, p. 61, n. 1. に引用）

20 Abélard, éd. V. Cousin, t. II, p. 621.

21 A. M. Landgraf, Dogmengeschichte…, IV/2, p. 102 sqq.

22 A. M. Landgraf, *Dogmengeschichte*…, IV/2, p. 116 に引用。

23 *Libri Sententiarum*, Quaracchi, t. II, 1916, pp. 881-882.

24 A. M. Landgraf, *Dogmengescbicbte*…, IV/2, p. 165, n. 34. 《*verum est quod quaedam animae, cum soluuntur a corporibus, statim intrant purgatorium quemdam ignem; in quo tamen non omnes purgantur, sed quaedam. Omnes vero quotquot intrant, in eo puniuntur. Unde videretur magis dicendus punitorius quam purgatorius, sed a dignioi nomen accepit. Earum enim, quae intrant, aliae purgantur et puniuntur, aliae puniuntur tantum. Illae purgantur et puniuntur, quae secum detulerunt ligna, fenum, stipulam. Illi puniuntur tantum qui confitentes et poenitentes de omnibus peccatis suis decesserunt, antequam iniunctam a sacerdote poenitentiam peregissent.*》

25 A. M. Landgraf, *Dogmengeschichte*…, IV/2, p. 234.

26 Th. Caplow, *Deux contre un. Les coalitions dans les triades*. 1968, trad. franç., Paris, 1971.

27 *Libri IV Sententiarum*, Quaracchi, t. II, 1916, pp. 1006-1007.

28 A. M. Landgraf, *Dogmengeschichte*…, IV/2, p. 262, n. 7.

29 *Ibid*, IV/2, p. 262, n. 9.

30 *Ibid*., IV/2, p. 261, n. 6.

31 *Ibid*., IV/2, pp. 270-271.

32 K. Bosl, 《Potens und pauper Begriffsgeschichtliche Studien zur gesellschaftlicher Differenzierung im frühen Mittelalter und zum *Pauperismus* des Hochmittelalters》 in *Frühformen der Gesellschaft im mitteralterlichen Europa*, Munich-Vienne, 1964, pp. 106-134.

33 G. Duby, *Les Trois Ordres ou l'imaginaire du féodalisme*, Paris, 1978, ／J. Le Goff, 《Les trois fonctions indo-européennes, l'historien et l'Europe féodale》 in *Annales E. S. C.*, 1979, pp. 1187-1215.

34 *mediocres* については次を見よ。D. Luscombe, 《Conceptions of Hierarchy before the XIIIth c.》 in *Miscellanea Mediaevalia*, 12/1. *Soziale Ordnungen im Selbstverständnis des Mittelalters*, Berlin-New York, 1979, pp. 17-18.

35 J. Le Goff, 《Le vocabulaire des catégories sociales chez François d'Assise et ses biographes du XIIIe siècle》 in *Ordres et classes* (Colloque d'histoire sociale Saint-Cloud, 1967), Paris, La Haye, 1973, pp. 93-124.

36 逆に、終末論的観点からすれば、中間は天国の方へそれる。それは必然的に天国に通じるからである。

37 同等、例えば等距離、のなかにある種の不等が存在するという観念は《封建的》心性に特有のものである。領主・家臣関係について拙著を参照せよ (J. Le Goff, *Pour un autre Moyen Âge*, pp. 365-384)。

38 Alexandre de Hales, *Glossa in IV libros sententiarum Petri Lombardi*, Bibliotecca Franciscana scholastica

Medii Aevi, t. XV, quaracchi, 1957, pp. 352-353.

《*Cum enim proportionalis esset poena temporalis culpae temporali poena autem purgatorii improportionaliter babeat acerbitatem respectu poenae hic temporalis, punit supra condignum, non citra. Respondemus quod…licet autem poena purgatorii non sit proportionalis delectationi peccati, est tamen comparabilis; et licet non sit proportionalis secundum proportionem poenae hic temporali quoad acerbitatem, est tamen proportionalis secundum proportionalitatem. "Est autem proportionalitas similitudo proportionum"* (Euclide, *Elementa*, v, défin. 4). *Quae enim est proportio poenae temporalis hic debitae alicui peccato ad poenam temporalem debitam hic maiori peccato, ea est proportio poenae purgatorii debitae minori peccato ad poenam purgatorii debitam maiori peccato; non tamen est proportio poenae purgatorii ad poenam hic temporalem. Ratio autem propter quam convenit poenam purgatorii esse acerbiorem improportionaliter poena purganti hic, licet utraque sit voluntaria, est quia poena purgans hic est poena animae per compassionem ad corpus, poena vero purgatorii est poena ipsius animae immediate. Sicut ergo passibile improportionale passibili, ita passio passioni. Praeterea, poena temporalis hic simpliciter voluntaria, poena purgatorii voluntaria comparative.*》

たいへん面白いが難解なこのテクストの解読にあたっては、ジョルジュ・ギルボー Georges Guilbaud 氏には数学者ならびにスコラ学の識者としての力量を以て、またジー P. M. Gy 神父には神学者としての学殖を以て、ご助力をたまわった。謝意を表したい。

39 A. M. Landgraf, *Dogmengeschichte*……, IV/2, p. 294, n. 2. 一三世紀初頭の、『命題集』に対する次の注解をいう。《*sciendum quod secundum quosdam suffragia prosunt damnatis* (*purgatorio*) *quantum ad proportionem arithmeticcam, non geometricam.*》

40 この表現は次の注目すべき研究の表題である。J. Chiffoleau, *La comptabilité de l'au-delà. Les hommes, la mort et la religion en Comtat Venaissin à la fin du Moyen Âge*, École française de Rome, Rome, 1980.

41 A. Murray, *Reason and Society in the Middle Ages*, Oxford, 1978. マードックは一六世紀のオックスフォード大学人の間で流行した計測熱 (frenzy to measure) について語っている。J. E. Murdoch et E. D. Sylla, éd. *The Cultural Context of Medieval Learning*, Dordrecht, 1975, pp. 287-289 et 340-343 を見よ。この熱狂は少なくとも一世紀早くから始まっており、オックスフォードに限られない。

42 中世の地図作製法《カルトグラフィ》に関しては特に次を参照。J. K. Wright, *The Geographical Lore of the Times of the Crusades*, New York, 1925. ／G. H. T. Kimble, *Geogrpahy in the Middle Ages*, London, 1938. ／L. Bagrow, *Die Ge-*

schichte der Kartographie Berlin, 1951. ／M. Mollat, 《Le Moyen Âge》 in *Histoire Universelle des explorations*, éd. L. H. Parias, t. I, Paris, 1955. ／G. Kish, *La carte image des civilisations*, Paris, 1980.

43 「現世蔑視」については次を参照せよ。
R. Bultot, *La doctrine du mépris du monde en Occident, de saint Ambroise à Innocent III*, Louvain, 1963.

44 G. Vinay, *Il dolore e la morte nella spiritualità dei secoli XII e XIII*, Todi, 1967, pp. 13-14.

45 E. Panofsky の引用による。Meyer Schapiro, *Architecture gothique et pensée scolastique*, trad. franç., Paris, 1967, p. 42

46 Joinville, *La Vie de Saint Louis*, éd. N. L. Corbett, Sherbrooke, 1977, pp. 85-86 et p. 214.

47 G. Lobrichon, *L'Apocalypse des théologiens au XIIe siècle* (thèse de l'École des Hautes Études en sciences sociales soutenue en 1979 à l'Université de Paris X-Nanterre).

48 マタイ二五・三一―四六。パウロ「コリント人への第一の手紙」一五・五二。

49 É. Mâle, *L'Art religieux du XIIIe siècle en France*, Paris, 9e éd. 1958, pp. 369-374.

50 H. Focillon, *Art d'Occident*, t. 2, *Le Moyen Âge gothique*, Paris, 1965, pp. 164-165.

51 フライブルクとミュンスターのドイツ人史家 (G. Tellenbach, K. Schmid, J. Wollasch) の業績を参照。J. Wollasch, 《Les obituaires, témoins de la vie clunisienne》 in *Cahiers de Civilisation Médiévale*, 1979, pp. 139-171 に引用あり。また Paul Veyne, *Le Pain et le Cirque*, Paris, 1976 を見よ。

52 特に次を参照せよ。G. Duby, 《Remarques sur la littérature généalogique en France aux XIe et XIIe si ècles》 in *Comptes rendus de l'Académie des Inscriptions et Belles lettres*, 1967, pp. 335-345 (*Hommes et Structures du Moyen Âge*, Paris-La Haye, 1973, pp. 287-298. に再録)

53 W. Ullmann, *The Individual and Society in the Middle Ages*, Baltimore, 1966, p. 69.

54 Jean Beleth, *Summa de ecclesiasticis offciis* éd. H. Duteil, Corpus Christianorum Continuatio Mediaevalis XLI A, Turnhout, 1971, p. 317 sqq.

55 S. G. F. Brandon, *Man and his Destiny in the Great Religions*, Manchester University Press, 1962, p. 234.

VIII　スコラ的体系化

1　P. Glorieux, *La littérature quodlibétique de 1260 à 1320*, 1925 に収集された *quodlibeta* の題目の中には、煉獄に関するものは一つしかみあたらない。それはトマス・アクィナスのもので、一二六九年のクリスマスにさかのぼる。《煉獄において、同じ刑罰からの解放が他の者より早くなったり遅くなったりすることがあるかどうか》(*utrum aequali poena puniendi in purgatorio, unus citius possit liberari quam alius*, quod. II, 14, p. 278)

2　一二七七年に糾弾された最終の第二一九命題は、漠然と死後世界の火に関するものである。《(肉体から)離れた魂が火に苦しむことはいかにしてもありえない。》(*quod anima separata nullo modo patitur in igne*(もっともこれは神学部ではなく学芸学部での教えである。Cf. R. Hissette, *Enquête sur les 219 articles condamnés à Paris le 7 mars 1277*, Louvain-Paris, 1977, pp. 311-312.

3　一三世紀のスコラ学の文献目録は膨大である。スコラに関する総論は、神学より哲学の方に分類されている。したがって全体を展望するには、次のような古典的名著にあたられたい。E. Gilson, *La Philosophie au Moyen Âge*, 3^{e}éd., Paris 1947. M. de Wulf, *Histoire de la philosophie médiévale*, 6^{e}éd., t. II, Louvain, 1936. F. Van Steenberghen, *La Philosophie au XIIIe siècle*, Louvain-Paris, 1966. 一三世紀の大スコラ学者たちは「哲学」と「神学」を截然と区別したが、境界を明確にすることは必ずしも容易ではなく、両学問をどう定義するかによる。全体的に見て——最良のものについても言えることだが——これらの総論は、二つの学科の区別を十分にしていないように私には思われる。社会的現実に置き戻してみた中世哲学に関する簡略ながら示唆に富む粗描と評すべきは、F. Alessio, 《Il pensiero dell' Occidente feudale》 in *Filosofie e Società*, t. I., Bologne, 1975. である。また C. Tresmontant, *La Métaphysique du christianisme et la crise du treizième siècle*, Paris, 1964. には一つの独創的解釈がみられる。

4　Guillelmus Altissiodorensis, *Summa aurea*, éd. Pigouchet, Paris, 1500, réédition anastaltique Francfort-sur-le-Main, Minerva, 1964, livre IV, fol. CCCIIIIv et CCCVv.

5　ローマのグレゴリオ大学のあのみごとな図書館、その整然たる索引カードには、煉獄はまだこの見出しで登録されている。

6　オーヴェルニュのギヨームに関しては次に挙げる諸書を参照せよ。Noël Valois, *Guillaume d'Auvergne, sa vie et ses ouvrages*, Paris, 1880 と、J. Kramp, 《Des Wilhelm von Auvergne *Magisterium Divinale*》 in *Gregorianum*, 1920, pp. 538-584. および 1921, pp. 42-78, 174-187. そして特に、A. Masnovo, *Da Guglielmo d'Auvergne a San Tommaso d'Aquino*, 2 vol., Milan, 1930-1934.

7 Alan E. Bernstein は一九七九年二月、*William of Auvergne on punishment after death* と題して、*Medieval Association of the Pacific* で研究発表を行なった。彼はそのテクストを私に送ってくれた。私は彼の解釈に概ね賛成である。しかし私は彼が、一つには、Arno Borst に続いて、煉獄に関するギヨームの思想に及んだ対カタリ派闘争の影響を、また他方では、ギヨームの煉獄の火の教説にみられる矛盾を、少々誇張しすぎていると考える。彼はまた《一三世紀フランスにおける地獄、煉獄および共同体》に関する研究に着手した。

8 《*De loco vero purgationis animarum, quem purgatorium vocant, an sit proprius, et deputatus purgationi animarum humanarum, seorsum a paradiso terrestri, et inferno, atque habitatione nostra, quaestionem habet*》(*De universo*, chap. LX) Guillelmus Parisiensis, *Opera Omnia*, Paris, 1674, I, 676. 煉獄の場所に関するものは、この版の六〇―六一―六二章 (pp. 676-679) にある。煉獄の火に関係があるのは、六三―六四―六五章 (pp. 680-682) である。

9 私としてはこれらの点を副次的問題とは考えていない。

10 A. Piolanti, 《Il dogma del Purgatorio》 in *Euntes Docete*, 6, 1953, p. 301

11 ヘールズのアレクサンドルの生涯と著作に関しては、彼の注解書の刊本 *Magistri Alexandri de Hales Glossa in quatuor libros sententiarum Petri Lombardi*, Quaracchi, 1951. の第1巻の *Prolegomena* (pp. 7-75) を見よ。

12 De sera poenitentia, de poena purgatorii et de relaxationibus (*Glossa in quatuor libros sententiarum Petri Lombardi*, vol. IV, Quaracchi, 1957, pp. 349-365).

13 De remissione et punitione venialium, de aedificandis aurum, foenum, stipulam de septem modis remissionis peccati (*Ibid*, pp. 363-375).

14 G. Le Bras, *Institutions ecclésiastiques de la chrétienté médiévale*, I, Paris, 1959, p. 146.

15 《Respondemus: sicut dolor communis Ecclesiae universalis, plangentis peccata fidelium mortuorum et orantis pro ipsis cum genitu, est adiutorius in satisfactione: non quod per se plene satisfaciat, sed (quod) cum poena poenitentis iuvet ad satisfactionem, sicut ex ratione suffragii potest haberi. Suffragium enim est meritum Ecclesiae, poenae alicuius diminutivum》 (*Glossa*, vol, IV, p. 354).

16 Alexandre de Halès, *Quaestiones disputatae* 《*antequam esset frater*》, Biblioteca franciscana scholastica medii aevi, 3 vol., t. 19-20-21. Quaracchi, 1960. 問題四八の引用箇所は八五五―八五六頁。

17 *Ibid.*, p. 1069.

18 *Ibid.*, p. 1548.

19 一二七四年に歿した彼の列聖がようやく一四八二年、教会博士と宣せられるのが一五八八年のことにすぎない。ボナヴェントゥーラに関しては、J.-C. Bougerol, *Introduction à l'étude de saint Bonaventure*, Paris, 1961. および *S. Bonaventura 1274-1974* (Grottaferrata, 1973-1974) の五巻全体を参照せよ。

聖ボナヴェントゥーラと煉獄に関して、ラテン語による有益な研究がある。すなわち、Th. V. Gerster a Zeil, *Purgatorium iuxta doctrinam seraphici doctoris S. Bonaventurae*, Turin, 1932. である。

20 ボナヴェントゥーラの『ペトルス・ロンバルドゥス命題集注解』は、一八八二年からクワラッキのフランチェスコ会士たちの記念碑的版本の第一巻から第四巻に収められた。命題集第四巻の注釈は第四巻に、区分第二〇は五五一―五五六葉に、区分第四四第二条は九四三―九四四葉に相当する。もっと便利な版本がクワラッキの修道士たちの手でわれわれにもたらされた。*S. Bonaventurae Opera Theologica*, editio minor, t. IV, *Liber IV Sententiarum*, Quaracchi, 1949.

21 これらの問題すべてに関して、『カトリック神学辞典』所収 A. Michel の論文《Purgatoire》を見よ (*Dictionnaire de Théologie catholique*, col, 1239-1240)。

22 対応するラテン文は《*Utrum in poena purgatorii sit minor certitudo de gloria quam in via*…》またこの問いに対する答えは《*in purgatorio est maior certitudo de gloria quam in via, minor quam in patria*》(*Opera*, t. IV, fol. 522-524)

23 Patria は聖パウロに由来する。ヘブル人への手紙、一一・一四。《そう言いあらわすことによって、彼らがふるさとを求めていることを示している。》

24 区分二一第一部第二条の第二の問い

25 *Ibid.*, fol. 939-942.

26 区分二〇第二部。

27 区分二一第一部の第二条。

28 ボナヴェントゥーラは一二七四年リヨン公会議で、死の数日前に、ギリシア人とラテン人の統一を公式決定する厳粛な演説をした。

29 この同じ問いの第三条。

30 区分四四の第二条。

31 第七部第二章。

32 第七部第三章。

33 Bonaventure, *Opera*, t. V. fol. 282-283. クワラッキの修道士たちは、その後、『命題集注解』の場合と同様、『小論集』のもっと便利な校訂版をもたらした。

34 *Opera*, t. IX, pp. 606-607.

35 パウロのコリント人への第一の手紙三・一〇―一五。のみならず、旧約の典拠（ヨブ二・一八と箴言一三・一二）およびパウロの典拠（テモテへの第二の手紙四・七、八とヘブル人への手紙九・一五）もある。これらと煉獄の関係は遠いと思われる。

36 *Ibid.*, p. 608.

37 ボナヴェントゥーラの神学における祈りの重要性（それが煉獄を彼の思想の中に一層深く根づかせている）に関しては Zelina Zafarana, 《Pietà e devozione in San Bonaventura》 in *S. Bonaventura Francescano* (Convegni del Centro di Studi sulla spiritualità medievale, XIV. Todi, 1974, pp. 129-157).

38 アルベルトゥス・マグヌスに関しては、O. Lottin, 《Ouvrages théologiques de saint Albert le Grand》 in *Psychologie et morale aux XIIe et XIIIe siècles*, vol. VI Gembloux, 1960, pp. 237-297 および ***Albertus Magnus Doctor Universalis 1280/1980*** éd G. Meyer et A Zimmermaun, Mayence, 1980.

39 *De Resurrectione*, éd. W. Kübel in *Alberti Magni Opera Omnia*, t. XXVI. Münster/W. 1958. 問題六 *De purgatorio* は三一五―三一八頁に、問題九 *De locis poenarum simul* は三二〇―三二一頁にある。

40 このテクストの中では普通、名詞 purgatorium を使用しているアルベルトゥスが、ここでは形容詞 purgatorius (ignis が言外にある) を用いている点が注目される。この用法に関しては『命題集注解』について後述するところを参照せよ。

41 アルベルトゥスは、《救われるべき者、劫罰を受けるべき者、あるいは浄化されるべき者に対しても功徳の間に多くの区別をすることができ、従って五つ以上のたまり場《レセプタクル》があるはずである》という最後の反論を論駁する。答え《一般的区別と特殊の区別を同一視してはならない。「たまり場《レセプタクル》」の内部に複数の「家」があるということになろう》。論理的分割の極みである。これはヨハネの福音書を想起させもする。

42 *Commentaire du livre IV des Sentences de Pierre Lombard* の、この区分二一は、Auguste Borgnet によるアルベルトゥス・マグヌス著作集の中にある。*B. Alberti Magni…Opera Omnia*, t. 29, pp. 861-882., Paris, 1894.

43 Pierre Michaud-Quantin は、主著 *Universitas: Expressions du mouvement communautaire dans le Moyen Age latin*, Paris, 1970, pp. 105 et 119 の中で、アルベルトゥス・マグヌスは《集団の行動を研究して、世俗社会の市民たち ***urbanitates*** と、教会における信徒たち ***congregationes*** を区別している》と書いている。彼がこの語を使用したのは、教皇インノケンティウス四世が発した集団破門禁止（これはこのジェノヴァの教皇の下した重要な決定である）に関する神学者たちの議論においてである。アルベルトゥスは、それより少し前に、この問題を彼の『命題集第四巻注解』(Opera t. 29, p. 808 区分一九、第七条。本文中の引用は同書八七六頁）の中で取り扱った。Pierre Michaud-Quantin は《同じコンテクストでボナヴェントゥーラは congregatio を、世俗的と宗教的とを問わず、すべての集団に用いている》と書いている。

44 *Ibid.*, t. 29, pp. 877 et 878.

45 Alberti Magni, *Opera omnia*, éd. A. Borgnet, t. 30, pp. 603-604.

46 *Ibid.*, t. 30, p. 612.

47 *Compendium theologicae veritatis* は、Borgnet によって、アルベルトゥス・マグヌスの *Opera omnia*, Paris, 1895. の第三四巻に収録刊行された。ストラスブールのフーゴに関しては、G. Boner, *Über den Dominikaner Theologen Hugo von Strassburg*, 1954. を参照せよ。

48 *Compendium*…, IV. 22. Alberti Magni…, *Opera Omnia*, éd. A. Borgnet.

49 *Ibid.*, pp. 237-241.

50 トマス・アクィナスに関しては、次のものを参照せよ。M.-D Chenu, *Introduction à l'étude de saint Thomas d'Aquin*, Montréal-Paris, 1950. J. A. Weisheipl, *Friar Thomas d'Aquino, his Life, Thought and Works*, Oxford, 1974. *Thomas von Aquino. Interpretation und Rezeption. Studien und Texte*, éd. W. P. Eckert, Mayence, 1974.

51 M. Corbin, *Le Chemin de la théologie chez Thomas d'Aquin*, Paris, 1974, p. 267.

52 私は、Revue des Jeunes chez Desclée et Cie 社版の訳と注付きの『神学大全』を用いた。煉獄は、「補遺」の問題六九から七四を収めた死後世界に関する小冊 *L'Au-delà*, Paris, Tournai, Rome 2e éd., 1951 (J. D. Folghera の訳、L. Wébert の注および付録つき）に見出される。*Index Thomisticus, Sectio II, concordantia prima*, éd. R. Busa, vol. 18, 1974, pp. 961-962 では **purgatorium** の項目が六つの欄を占めている。

53 前注（52）で示した小冊子中の J. Wébert による注を見よ。

54 *Ibid.*, p. 13.

55 *Ibid.*, p. 17.

56 もっとも、J. Delumeau, *La Peur en Occident* (*XIVe-XVIIIe siècles*), Paris, 1978（索引の **revenants** を見よ）と H. Neveux, 《Les lendemains de la mort dans les croyances occidentales (vers 1250-vers 1300)》 in *Annales E. S. C.* 1979, pp. 245-263 の先駆的なページを見よ。Jean-Claude Schmitt と Jacques Chiffoleau も中世の亡霊に関する研究に着手した。

57 J. Le Goff, 《Les rêves dans la culture et la psychologie collective de l'Occident médiéval》 in *Scolies*, I, 1971,

pp. 123-130 を見よ。私はこれを *Pour un autre Moyen Âge*, Paris, 1977, pp. 299-306 に再録した。アルベルトゥス・マグヌスは、その論考 *De somno et vigilia* の中で敢然とこの問題に取組んだ。

58 Saint Thomas d'Aquin, *Somme théologique, L'au-delà*, pp. 38-46.

59 トマス・アクィナスの全集の、公認版とは言わないまでも、標準版たることをめざした版。この版がこう呼ばれるのは、ネオ・トミスムの推進者、教皇レオン一三世の発意で、一八八二年から着手されたからである。この版はまだ未完である。

60 Saint Thomas d'Aquin, *L'au-delà*, pp. 97-128. この問題は、トマスが「手稿」の中で取り扱った、ペトルス・ロンバルドゥスの『命題集第四巻』*Livre IV des Sentences* 区分二一の諸要素を再び取り上げている。

61 《de loco purgatorii non invenitur aliquid expresse determinatum in scriptura, nec rationes possunt ad hoc efficaces induci》(*Ibid.* p. 105)

62 「補遺」のわれわれの用いた版の注解者 J. Wébert 神父は、それでも、亡霊の出現の物語に対してトマス・アクィナスが興味を示していることに眉をひそめている。神父は言う、《聖トマスが、地上のとある場所で死者が罪を償う物語を考慮に入れているのは、われわれには奇妙に見える。これはまるで、空想物語の「罰を受ける霊魂」を思わせる》(pp. 304-305)。ところが私は、この現代の注解者が、中世幻視文学や一三世紀の一般的心性にほとんどなじみがないことに驚く。聖トマスがそれを顧慮するのは、いかに彼が理知的な人であろうと当然なことであるし、彼は部分的に時代の一般的心性を共有してもいるのである。

63 問題七一はわれわれの版の一二九―二〇三頁にある(三五五頁の注を見よ)。

64 *De cura pro mortuis gerenda*, chap. XVIII.

65 肉体に対する――特に修道士の――軽蔑にもかかわらず、中世のキリスト教思想家たち(修道士を含む)は、まさに肉体を媒介とし、《全身全霊をあげて》はじめて救いを成就することができると確信していた。

66 *Summa theologiae*, Ia Pars, q. LXXXIX, art. VII, 2e édition romaine, Rome, 1920, p. 695, 《*non est eadem ratio de distantia loci, et de distantia temporis*》

67 A. Michel, *Dictionnaire de théologie catholique*. col. 1240 の《purgatoire》の項目を参照。*Scriptum* in *IVum Sententiarum*, dist. XXI, q. 1, a. 1 は Moos 版の一〇四五―一〇五二頁にある。*De Malo*, q. 7, a. 11 のテクストは Marietti 版 *Quaestiones disputatae* の五八七―五九〇頁にある。

68 原文は『ラテン教父著作集』第一八二巻、六七六―八〇欄の聖ベルナルドゥスの手紙(ép. 472)の中にある。W. L. Wakefield と A. P. Evans の *Heresies of the High Middle Ages*, New York-Londres, 1969, p. 126 sqq. に、Everwini Steinfeldensis praepositi ad S. Berrardum の解説と英訳がある(煉獄の火に関する一節は一三一頁)。

69 パッサージニ派は割礼の実践も含めて旧約聖書の厳格な遵守を唱えた。彼らは《ユダヤ教的キリスト教》諸派のうちに数えられた。彼らに関する最初の言及は一一八四年、最後のものは一二九一年である。彼らはロンバルディア地方に限って居住し、一二〇〇年前後に活動したらしい。R. Manselli, 《I Passagini》 in Bollettino dell' Istituto storico italiano per il medio evo e Archivio Muratoriano, LXXXV, 1963, pp. 189-210. を見よ。この *Summa contra Haereticos ascribed to Praepositinus of Cremona*, éd. J. N. Garvin, et J. A. Corbett, Notre-Dame (Indiana), 1958 と Wakefield et Evans, *Heresies* of the High Middle Ages, p. 173 sqq. の部分的英訳の中で、彼らはカタリ派と並んで、しかし別個のものとして記されている。

70 *Ibid.*, pp. 210-211.

71 東方のパウルス派の変形であるこの名は、西方では、どんな異端を指すのにも用いられた。

72 ラテン語原文は *Radulphi de Coggeshall Chronicon anglicanum*, éd. J. Stevenson, Londres, 1875, pp. 121-125, 英訳は Wakefield et Evans, p. 251 にある。

73 ラテン語原文は A. Lecoy de la Marche によって出版された *Tractatus de diversis materiis praedicabilibus* の選文集に入っている。*Anecdotes historiques, légendes et apologues tirées du recueil inédit d'Etienne de Bourbon, dominicain du XIIIe siècle*, Paris, 1877, pp. 202-299. 英訳は Wakefield et Evans, p. 347 を見よ。

74 A. Dondaine によって出版されたラテン語テクスト《La hiérarchie cathare en Italie, II Le *Tractatus de Hereticis*, d'Anselme d'Alexandrie, O.P.…》 in *Archivum fratrum praedicatorum*, XX, 1950, p. 310-324。英訳は Wakefield et Evans, p. 371-372.

75 ベルナール・ギーは一二六一年あるいは一二六二年にリムーザン地方で生まれ、一二七九年ドミニコ会に入会、モンペリエで教育を受けた。彼は特にトゥールーズ司教区で宗教裁判所判事として活躍し、晩年にはロデーヴの司教となった。*Manuel de l'inquisiteur* は一三二三―一三二四年に書き上げられたものに違いない。これは G. Mollat による仏訳を添えて「中世フランス史の古典」叢書に入り、刊行された (Les classiques de l'histoire de France au Moyen Âge, VIII/IX, 2 vol., Paris 1926-1927)。引用文は第五部第二章にある。

76 Sacconi の *Summa* は A. Dondaine がその著書 *Un Traité néo-manichéen du XIIIe siècle: le* Liber de duobus principiis, *suivi d'un fragment de rituel cathare*, Rome, 1939, の序文中に掲載した（同書六四―七八頁）。英訳は Wakefield et Evans, pp. 333-334。

77 この *Brevis summula contra errores notatos hereticorum* は Célestin Douais が *La Somme des autorités à l'usage des prédicateurs méridionaux au XIIIe siècle*, Paris, 1896, pp. 125-133. に掲載した。英訳は Wakefield et Evans,

pp. 355-356.

78 事態の概観を求めるむきは Y. M. J. Congar, 《Neuf cents ans après. Notes sur le *Schisme oriental*》 in *L'Eglise et les Eglises: neuf siècles de douloureuse séparation entre l'Orient et l'Occident, Etudes et travaux offerts à dom Lambert Beaudoin*, I, Chevetogne, 1954 を見よ。もう少し狭い観点のものとして *Byzantium: Its Ecclesiastical History and Relations with the Western World*, Londres, 1972. 所収の D. M. Nicol の諸研究がある。

79 D. Stiernon, 《Le problème de l'union gréco-latine vu de Byzance: de Germain II à Joseph Ier (1232-1273)》 in *1274. Année charnière. Mutations et Continuités* (Colloque de Lyon-Paris, 1974). Paris, C. N. R. S., 1977, p. 147.

80 P. Roncaglia, *Georges Bardanès métropolite de Corfou et Barthélemy de l'ordre franciscain. Les discussions sur le Purgatoire (15 octobre-17 novembre 1231)*. Etude critique avec texte inédit, Rome, 1953, p. 57 sqq.

81 原語は *Epitimies*――悔悛と苦行の行為。

82 ヨハネの福音書、一四・三。

83 バルダネスはここで、このラテン語を訳すのに、*πορντόριον* という新造語を使用している。

84 ヨハネの福音書五・二九。

85 マタイの福音書二五・四一。

86 マタイの福音書二四・五一。

87 マルコの福音書九・四三―四八。

88 ルカの福音書一六・二五。

89 この訳文は *Dictionnaire de théologie catholique*, col. 1248 の《煉獄》の項から借用し、少々修正を加えた。Du Cange はこの手紙を、その有名な用語解説の Purgatorium の項で引用した。次に当面の問題にとって重要なラテン語原文の一節を示す。《*Nos, quia locum purgationis hujus modi dicunt (Graeci) non fuisse sibi ab eorum doctoribus certo et proprio nomine indicatum illum quidem juxta traditiones et auctoritates sanctorum patrum purgatorium nominantes volumus, quod de caetero apud illos isto nomine appeletur.*》

90 J. A. Weisheipl, *Friar Thomas d'Aquino*, pp. 168-170. を見よ。

91 A. Dondaine, 《Nicolas de Crotone et les sources du *Contra errores Graecorum* de saint Thomas》 in *Divus Thomas*, 1950, pp. 313-340. を見よ。

92 学会報告 *1274 Année charnière* (C. N. R. S. 出版局により一九七七年出版) の、*Byzance et l'Union* (pp. 139-207) にあてられた部分を見よ。それには D. Stierno (すでに引用) や J. Darrouzès, J. Gouillard, G. Dagron の論文が含まれて

いる。また B. Roberg, *Die Union zwischen der griechischen und der lateinischen Kirche auf den II. Konzil von Lyon, 1274*, Bonn, 1964 も見よ。死後世界に関するビザンチンの態度に関しては，Gilbert Dagron の次の著書が待たれる。Evelyne Patlagean が私に彼女の研究論文《Byzance et son autre monde. Observations sur quelques récits》（学会報告 *Faire croire* に掲載予定，École française de Rome, 1979.）を送ってくれたことを感謝する。

93 *Dictionnaire de théologie catholique*, col. 1249-1250 の《煉獄》の項による。

94 A. Michel, *ibid.* col. 1249-1250. を見よ。

95 *Ibid.*, col. 1249-1250.

96 とくに *De Purgatorio Disputationes in Concilio Florentino Habitae*, éd. L. Petit et G. Hofmann, Rome, 1969 を見よ。

97 J. Darrouzes, 《Les documents grecs concernant le concile de Lyon》 in *1274. Année charnière*, pp. 175-176. を見よ。*Procès de Niciphore*（*1277*）から抜萃して引用したテクストは，V. Laurent と J. Darrouzes によって，*Dossier grec de l'Union de Lyon*（*1273-1277*）, Archives de l'Orient chrétien, 16, Paris, 1976, pp. 496-501. に掲載された。

IX　社会的勝利——司牧と煉獄

1 もっと注意深く研究すれば，普通考えられているより早い時期の煉獄の図像が見つかるであろう（補遺三を見よ）。

2 フィオーレのヨアキムと千年至福説に関しては，M. Reeves の博捜の著書 *The Influence of Prophecy in the Later Middle Ages. A. Study in Joachimism*, Oxford, 1969, と Henry Mottu のすばらしい本 *La Manifestation de l'Esprit selon Joachim de Fiore*. Neuchâtel, Paris, 1977. を見よ。Norman Cohn の著書 *The Pursuit of the Millenium*, Londres, 1957（仏訳 *Les Fanatiques de l'Apocalypse*, Paris, 1963）は霊感に満ちた書で，議論の余地も間々あるが，大衆に，一一世紀から一六世紀までの千年至福説の動向に対する興味を喚び起こした。

3 B. Guenée, 《Temps de l'histoire et temps de la mémoire au Moyen Âge》 in *Bulletin de la Société de l'Histoire de France*, n° 487, 1976-77, pp. 25-36.

4 K. Hauck, 《Haus-und Sippengebundene Literatur mittelalterlicher Adelsgeschlechter》 in *Mitteilungen des Instituts für Österreichische Geschichtsforschung*, 62, 1954, pp. 121-145（これは *Geschichtsdenken und Geschichtsbild im Mittelalter*, Wege der Forschung, XXI, 1961. の中に再録された）と，G. Duby, 《Remarques sur la littérature généalogique en France aux XIe et XIIe siècles》 in *Comptes rendus de l'Académie des Inscriptions et Belles-*

Lettres, 1967, pp. 123-131. 同じく G. Duby《Structures de parenté et noblesse. France du Nord XIe-XIIe siècle》in *Miscellanea Mediaevalia in memoriam J. F. Niermeyer*, 1967, pp. 149-165 を見よ。Duby の論文は二つとも*Hommes et Structures du Moyen Âge*, Paris, 1973, pp. 267-298 に再録されている。L. Genicot, *Les Généalogies*, Typologie des Sources du Moyen Âge occidental, fasc. 15, Turnhout, 1975 も見よ。

5 本書第一部Ⅲの原注41〜44に挙げた諸論文を見よ。

6 この時代の物語様式《ジャンル》の成功については、Typologie des sources du Moyen Âge occidental の分冊一二 (J.-Ch. Payen と F. N. M. Diekstra による *Le Roman*, 1975) と一三 (O. Jodogne による *Le Fabliau* と J.-Ch. Payen による *Le Lai narratif*, 1975) および、La Littérature narrative d'imagination: des genres littéraires aux techniques d'expression (Colloque de Strasbourg, 1959.), Paris, 1961. を見よ。中世における《物語の流行》と一三世紀におけるその飛躍的展開に関する総括的研究が欠けている。

7 普通に用いられるようになった《purger sa peine》(刑期をつとめ上げる) という表現が、煉獄信仰に由来する事実を読者は見逃してはならない。

8 Philippe Ariès, *L'Homme devant la mort*, Paris, 1977, p. 110.

9 H. Neveux,《Les lendemains de la mort au Moyen Âge》in *Annales E. S. C.*, 1979, pp. 245-263.

10 Jean Delumeau の *La peur en Occident du XIVe au XVIIIe siècle* (1978) という彼の総括的大作の第一部、また Jean Wirth の *La jeune fille et la mort* (ルネッサンス期ドイツ芸術における、死の命題《テーマ》に関する研究) というみごとな研究を参照せよ。

11 Michelle Bastard-Fournié,《Le Purgatoire dans la région toulousaine au XIVe siècle et au début du XVe siècle》in *Annales du Midi*, pp. 5-34:《歴史的時間の規模では束の間の成功であった煉獄は、遺言の証言だけを信じるとすれば、もはや一八世紀には、トゥールーズ人の宗教的関心事の中心ではなかった》(p. 5, note 2)。

12 後述する「リエージュの高利貸」の項を見よ (本書四五三―四五六頁)。

13 A. Aarne et S. Thompson, *The Types of the Folktale*, 2e édition révisée, Helsinki, 1964, p. 161.

14 Jean-Claude Schmitt. は、彼の亡霊の研究の中で、特にこの局面に関心を持っている。

15 Conrad d'Eberbach, *Exordium magnum cisterciense*, II, 23, éd. B. Griesser, Rome, 1961, pp. 143-147. *La Mort cistercienne* に関する研究を準備しておられる Philippe Dautrey 氏が私の注意をこれらのテクストに向けてくれたことに感謝する。

16 これもヘルベルトゥスの *Liber miraculorum*, *ibid.*, p. 229 からとっている。

17 *Ibid.*, pp. 332-334.

18 本書補遺Ⅳ、五七三—五七四頁を見よ。

19 *Chronica* Rogeri de Wendover, *Flores Historiarum*, t. II, Londres, 1887, pp. 16-35. セント＝オルバンズの修道士でもあり、一二五九年に死んだパリのマタエウスは、ウェンドーヴァーのロジャーの後を承けて『大年代記』(Chronica Majora) を書き継いだが、その中で、サーチルの物語は、『歴史の精華』にみられる通り、一語一語、これを書き写すに甘んじた。Matthaei Parisiensis, Monachi Sancti Albani *Chronica Majora*, t. II, Londres, 1874, pp. 497-511.

20 「教訓逸話」に関しては、目下印刷中の Cl. Brémond, J. Le Goff et J.-Cl. Schmitt, *Typologie des sources du Moyen Âge occidental* の分冊 *L'exemplum* を見よ。

21 説教に関しては、古い著書ながら A. Lecoy de La Marche, *La chaire française au Moyen Âge, spécialement au XIIIe siècle*, Paris, 1886, réimp. Genève, 1974 が、依然として貴重な情報と観念とを与えてくれる。また、J. Le Goff と J.-Cl. Schmitt のエスキス、《Au XIIIe siècle: une parole nouvelle》 in *Histoire vécue du peuple chrétien* (sous la direction de J. Delumeau), vol. I, Toulouse, 1978, pp. 257-279 をも見よ。

22 ヴィトリのヤコーブスに関しては、Alberto Forni, 《Giacomo da Vitry, Predicatore e sociologo》 in *La Cultura* XVII/1, 1980, pp. 34-89.

23 Jacques de Vitry, *Sermones vulgares*, Sermo 68. *Ad conjugatos*, 未刊。これは特に写本 Cambrai 534 と Paris BN, ms latin 17509 に基づいて、Marie-Claire Gasnault が転写したものである。

24 リエージュの写本 455, fol. 2-2v による未刊の説教 *Sermo communis omni die dominica* (I). Marie-Claire Gasnault が私にその内容を知らせてくれたことを感謝する。

25 *The Exempla or illustrative stories from the sermones vulgares of Jacques de Vitry*, éd. Th. F. Crane, Londres, 1890, réimp. Nendeln, 1967. この版は、注は貴重であるが、テクストは価値が劣る。教訓逸話を説教の文脈から切り離しているので全体的意味をつかむことができない。引用の教訓逸話は n° CXIV, pp. 52-53 である。

26 *Ibid.*, n° CXXII, p. 56.

27 Fritz Wagner, 《Studien zu Caesarius von Heisterbach》 in *Analecta Cistercensia* 29, 1973, pp. 79-95.

28 Césaire de Heisterbach, *Dialogus miraculorum*, éd. J. Strange, Cologne-Bonn-Bruxelles, 1951. F. Wagnerは、前記論文の中で、新校訂版を予告している。情報と示唆を与えてくれたことに対して Andrée Duby に感謝する。また彼女は『奇跡に関する対話』に関する重要な研究を準備中である。

29 Alberto Fourni が私に送ってくれた注目すべき一文の中で、彼は、説教の聴衆にとって煉獄のテーマは《恐怖の源である》

と指摘している。それは本当であるが、煉獄の地獄化がそれほど進んでいないという事実とは別なコンテクストに属する。A. Forni, 《Kerigma e adattamento. Aspetti della predicazione cattolica nei secoli XII-XIV》 *Bollettino dell' Istituto Storico Italiano per il Medio Evo* に掲載予定）を参照。

30 その教訓逸話は次の八篇である。一・三二（蘇生したモリモンの修道院長の回心。）、二・二（大道で強盗を行う背教の修道士が死に際に悔い改めて煉獄の二千年を選ぶ）、三・二四（ある告解師が青年と男色の罪を犯す。彼は深く悔いるが、告白しようとしなかった。死後、彼はその青年に現われ、煉獄で自分がどのような罰を受けているかを語り、青年に告白するよう勧める）、三・二五（総告解できずに死んだシトー会修練士が、ある修道院長の夢に現われ告白することにより、煉獄を免れる）、四・三〇（ハイステルバッハの若い修道士クリスティアヌスの誘惑と夢。聖女アガタがクリスティアヌスに、現世での病いに苦しんだ六〇日は煉獄の六〇年に算定されると告げる）、七・一六（ヘメンロードの修道士クリスティアヌスは聖母マリアの信奉者であった。彼は夢で自分の魂が燃えさかる火をぬけて、最後には天国に行くのを見る）、七・五八（ある強盗が、聖母マリアを敬って、土曜日には如何なる大罪も犯さないことを誓い、首をくくられ、斬首されたが、こうして彼は煉獄を免れる）、一一・一一（ジルベール修道院長によって蘇らされたマンゴス助修士は、三〇日たつと煉獄から解放されるはずの死者たちにあの世で会ったと語る）。

31 I, 32, éd. Strange, I, pp. 36-39.

32 II, 2, éd. Strange, I, pp. 58-61.

33 IV, 30, éd. Strange, I, pp. 198-202.

34 VII, 16, éd. Strange, II, pp. 17-23.

35 XII, 24, éd. Strange, II, pp. 335-336.

36 G. Duby, *Le Chevalier, la femme et le prêtre. Le mariage dans la France féodale*, Paris, 1981. を見よ。

37 そこでは特に、高利貸に対してキリスト教徒としての埋葬を認めない。

38 L. K. Little, 《Pride Goes before Avarice: Social Change and the Vices in Latin Christendom》 in *American Historical Review*, 76 (1971), 16-49.

39 J. Le Goff, 《The Usurer and Purgatory》 in *The Dawn of Modern Banking* (Center for Medieval and Renaissance Studies, University of California, Los-Angeles) New Haven-Londres, 1979, pp. 25-52.

40 *Dialogus miraculorum*, XII, 25, éd. Strange, II, pp. 336-337.

41 *Ibid.*, XII, 26, pp. 337-338.

42 *Ibid.*, XII, 27, pp. 338-339.

43 *Ibid.*, XII, 28, p. 339.
44 *Ibid.*, XII, 29, pp. 339-340.
45 *Ibid.*, XII, 30, pp. 340-341.
46 *Ibid.*, XII, 31, pp. 341-342.
47 *Ibid.*, XII, 32, p. 342.
48 *Ibid.*, XII, 33, pp. 342-343.
49 *Ibid.*, XII, 34, p. 343.
50 *Ibid.*, XII, 35, pp. 343-344.
51 *Ibid.*, XII, 36, pp. 344-345.
52 *Ibid.*, XII, 37, pp. 346-347.
53 H. Dondaine, 《L'objet et le *medium* de la vision béatifique chez les théologiens du XIIIe siècle》 in *Revue de théologie antique et médiévale*, 19, 1952, pp. 60-130. を見よ。一四世紀に、教皇ヨハネス二二世が至福直観を否定したことによって生じた危機に関しては、M. Dykmans, *Les sermons de Jean XXII sur la vision béatifique*, Rome, 1973. を見よ。
54 *Dialogus miraculorum*, XII, 38 et XII, 39, pp. 347-348.
55 一二、一三世紀における聖霊の七つの恵み（七が流行していた。七つの秘跡、七つの大罪、文芸七学科等）のテーマに関しては、O. Lottin, *Psychologie et Morale aux XIIe et XIIIe siècle*, t. III, *Problème de morale*, Louvain, 1949, chap. XVI, 《Les dons du Saint-Esprit du XIIe siècle à l'époque de saint Thomas d'Aquin》, pp. 327-456.
56 エティエンヌ・ド・ブールボンの「提要」の出版が、国立古文書学校（パリ）、国立社会科学高等学院（パリ）の西洋中世歴史人類学グループ、中世イタリア史研究所（ローマ）の共同作業で準備されている。幸いにもパリ国立図書館のラテン語写本一五九七〇（煉獄はその中の一五六―一六四葉を占める）に基づいて、*De dono timoris* の転写が、Georgette Lagarde によってなされた。エティエンヌ・ド・ブールボン選集から抜萃された教訓逸話のアンソロジーとしては、一九世紀に出版された A. Lecoy de La Marche, *Anecdotes historiques, légendes et apologues tirés du recueil inédit d'Etienne de Bourbon, dominicain du XIIIe siècle*, Paris, 1877. がある。著者は煉獄に関する教訓逸話を一四篇抜萃している（三〇―四九頁）。Lagarde 夫人は煉獄に関する教訓逸話三九篇を全て転写した。ドミニコ会主総長であった Humbert de Romans は、彼が一二六三年から一二七七年に死ぬまで引きこもったリヨンのドミニコ会修道院で、教訓逸話選集、*Liber de dono timoris* ou *Tractatus de habundancia exemplorum* を作成した。これは考証と研究を必要としているが、エティエンヌ・ド・ブールボンの「提要」に酷似している。

57 Gervais de Tilbury, éd. Leibniz, *Scriptores rerum brunsvicensium*, I, 921 および、Liebrecht, *Des Gervasius von Tilbury Otia imperialia*, Hanovre, 1856, p. 12.

58 A. Lecoy de La Marche, *Anecdotes historiques.*, p. 32. 中のラテン文を見よ。

59 Arturo Graf, 《Artù nell'Etna》 in ***Leggende, miti e superstizioni del Medio Evo***, Turin, 1925.

60 A. Lecoy de La Marche, *Anecdotes historiques* pp. 30-31.

61 *Ibid.*, p. 43.

62 『分類物語集成』の未刊の写本を転写した Colette Ribaucourt が論考《煉獄の教訓逸話》を送ってくれたことに感謝する。『分類物語集成』に関しては、J. Le Goff, 《Le vocabulaire des *exempla* d'après *l'Alphabetum narrationum*》 in ***La lexicographie du latin médiéval*** (actes du colloque de Paris, 1978), Paris, 1981. を見よ。

中世の教訓逸話における煉獄の地位を概観しようとするなら、特に一三、一四世紀の主な教訓逸話選集を精査した F. C. Tubach の ***Index Exemplorum***を 参照すればよい。彼は煉獄の教訓逸話のテーマ三〇項目を挙げている。分冊「***exemplum*** に関する西欧中世原典の類型学」には、この研究資料の長所と欠点が示されている。F. C. Tubach, ***Index exemplorum. A Handbook of Medieval Religious Tales***, FF, Communications n° 204, Helsinki, 1969.

63 Nicole Bériou, 《La prédication au béguinage de Paris pendant l'année liturgique 1272-1273》, *Recherches augustiniennes*, vol. XIII, 1978, pp. 105-229 からの抜萃。

64 *Ibid.*, p. 124.

65 *Ibid.*, p. 124.

66 *Ibid.*, p. 129.

67 *Ibid.*, p. 138.

68 *Ibid.*, p. 143.

69 *Ibid.*, p. 154.

70 *Ibid.*, p. 160.

71 *Ibid.*, p. 185.

72 *Ibid.*, p. 221.

73 E. Kleinschmidt, 《Die Colmarer Dominikaner Geschichtsschreibung im 13. und 14. Jahrhundert》 in *Deutsches Archiv für Erforschung des Mittelalters*, 28, Heft 2, 1872, pp. 484-486.

74 André Vauchez のすぐれた書 *La Sainteté en Occident aux derniers siècles du Moyen Âge* (1198-1431). ***Recherches sur les mentalités religieuses médiévales***, Rome, 1981 を見よ。

75 ラテン語伝説集に関しては，Guy Philippart によるすぐれた紹介がある。*Les légendiers latins et autres manuscrits hagiographiques*, Typologie des sources du Moyen Âge occidental, Turnhout, 1977.

Jean-Pierre Perrot が一九八〇年，パリ第三大学で，一三世紀のフランス語伝説集全体に関する興味深い博士論文の公開審査を受けた。彼はその後も英語，独語伝説集に関する研究を続けている。

76 Th. Graese による『黄金伝説』のラテン語テクスト (Dresde-Leipzig, 1846) の校訂は，ただ一つの写本にしか基づいていない。Roze のフランス語訳 Paris, 1900 (再版，1967) は凡庸の出来で，それよりも見つけにくいが，Téodor de Wyzewa, Paris, 1902 の方がよい。

77 *Legenda aurea*, éd. Graese, pp. 213-216.

78 *Ibid.*, pp. 728-739.

79 《*Purgantur in quodam loco juxta infernum posito qui purgatorium dicitur*》, *ibid.*, p. 730.

80 *Ibid.*, p. 736.

81 *Ibid.*, p. 739.

82 ルトガルディスに関しては，S. Roisin, 《Sainte Lutgarde d'Aywières dans son ordre et son temps》 in *Collectanea Ordenis Cistercensium reformatorum*, VIII, 1946, pp. 161-172. L. Reypens, 《Sint Lutgarts mysticke opgang》 in *Ons geest Erf.*, XX, 1946. を見よ。

83 *Vita*, II, 4, *Acta Sanctorum*, 16 juin, *Juin*, IV, éd. Paris-Rome, 1867.

84 *Vita*, II, 9, *ibid.*, p. 198.

85 *Vita*, III, 5, *ibid.*, p. 205.

86 *Vita*, III, 8, *ibid.*, p. 206.

87 Cf. J. Chiffoleau, *La comptabilité de l'Au-delà, les hommes, la mort et la religion dans la région comtadine à la fin du Moyen Âge*. Rome, 1981. および M. Bastard-Fournié, 《Le Purgatoire dans la région toulousaine au XIVe et au début du XVe siècle》, in *Annales du Midi*, 1980, 5-34, 特に pp. 14-17 (→n 65)。

88 J.-P. Redoutey, 《Le testament de Renaud de Bourgogne, Comte de Montbéliard》, in *Société d'émulation de Montbéliard*, vol. LXXV, fasc. 102, 1979, pp. 27-57. P.C. Timbalの短い紹介記事 《Les legs pieux au Moyen Âge》 in *La Mort au Moyen Âge* (Colloque de la Société des historiens médiévistes), Strasbourg, 1977, pp. 23-26. を見

よ。

89 J. -L. Lemaître, *Répertoire des documents nécrologiques français*, sous la direction de. P. Marot, Recueil des historiens de la France, 2 vol., Paris, 1980, pp. 23-24.

90 原文は G. Fagniez, *Documents pour servir à l'histoire de l'industrie en France*, t. I, Paris, 1898. に発表された。

91 私は Tobler-Lommatzch, *Altfranzösisches Wörterbuch*, VII, 1969, col. 2096-2097 S. V. *purgatoire* に挙げられた例と，J. -Ch. Payen, *Le motif du repentir dans la littérature française médiévale* (*des origines à* 1230), Genève, 1968, S. V. *purgatoire* の参考文献を考慮したが，明白に煉獄に言及しているテクストだけを取り上げたので，たとえばあの《敬虔な物語》Le chevalier au barisel はその中に含まれていない。

92 Philippe de Novare, *IV âges d'omes*, éd. de Fréville, Paris, 1888, p. 32《*Si fait li jones po de penitance ou siècle; si estuet qu'il la face grant et longue en purgatoire.*》

93 *Li Romans de Baudouin de Sebourc*, XVI, 843, in Tobler-Lommatzch, VII, 2097.

94 *En purgatoire c'est la somme*
Menez en fu por les meffaix
Qu'en sa vie out ouvrez et fait (*ibid.*).

95 *Et sages home amesurer*
Se doit si ke puisse durer
S'aumosne tant qu'il iert en vie
Si qu'a la mort li fache aïe
De li mener en purgatoire
Pour lui poser net en la gloire…
La Dîme de pénitence, 2885 (Tobler-Lommatzch, VII, 2097 の引用による)。

96 Arsenio Frugoni,《Il Giubileo di Bonifacio VIII》in *Bollettino dell' Istituto Storico Italiano per il Medioevo e Archivio Maratoriano*, 1950, pp. 1-121. *Incontri nel Medio Evo*, Bologna, 1979, pp. 73-177. に再び掲載された。

97 *PL*, 72-222.

98 *Bullarium Anni Sancti*, éd. H. Schmidt, Rome, 1949, p. 35.

99 A. Frugoni, *Incontri nel Medioevo*, p. 106.

100 G. G. Merlo, *Eretici e inquisitori nella società piemontese del trecento*, Turin, 1977, pp. 167, 176, 178, 185,

192, 196, 198.

101 *Inquisitio in Rixendin fanaticam* in I. von Dollinger, *Beiträge zur Sektengeschichte des Mittelalters*, Munich, 1890, t. II, pp. 706-711.

102 J. Duvernoy, *Le Registre d'Inquisition de Jacques Fournier*, Paris-La Haye, 1978, I, 354.

103 *Ibid*., p. 160.

104 *Ibid*., p. 163.

105 *Ibid*., p. 167.

106 Bonvesin dalla Riva, *Le opere volgari*, éd. G. Contini, I, Rome, 1941. 私は Leandro Biadene 版 *Il libro delle Tre Scritture di Bonvesin dalla Riva*, Pisa, 1902 を参照した。私が Bonvesin dalla Riva と Giacomino da Verona のテクストを知ることができたのは、私の友人 Girolamo Arnaldi と Raoul Manselli のおかげである。

107 Giacomino da Verona, *La Gerusalemme celeste e la Babilonia infernale*, éd. E. Barana, Vérone, 1921. 私は *Poeti del Duecento*, I, Naples, 1960, pp. 627-652 所収の R. Broggini-G. Contini 版を用いた。

108 Jacopo Passavanti, *Lo Specchio di vera penitenza*, éd. M. Lenardon, pp. 387-391.

X　詩的勝利――『神曲』

1 私は、ダンテの生誕七〇〇年を記念して出版されたイタリア語―フランス語版（les Libraires associés, Paris, 1965）を用いた。それは、イタリア・ダンテ協会の最新版に依拠するイタリア語テクストに、L. Espinasse-Mongenet のフランス語訳（Louise Cohen, Claude Ambroise による校閲）、と Paul Renucci の解説を添えたものである。同じく一九六五年に出たプレイヤード叢書の、André Pézard 訳と、独創的で質・量ともに豊かな注釈も利用した。煉獄の構造を知る上で便利な図表が *Edizione del Centenario de Tutte le Opere di Dante*, a cura di Fredi Chiapelli, Milan, U. Marsia, 1965. にある。*Dante Dictionary* の《煉獄》の項目記事は、簡略ながら地形的およびイデオロギー的観点からダンテの煉獄を性格規定するのに役立つ。煉獄の位置決定とその描写に関する興味ある指摘が、Edoardo Coli の古い研究 *Il paradiso terrestre dantesco*, Florence, 1897. の中にみられる。多くの注釈書の中で、G. A. Scartazzini の注釈は、Società Dantesca Italiana の校訂版、2ᵉ éd., Milan, 1960. に Giuseppe Vandelli によって手を加えられ、再録された。André Pézard は G. Troccoli, *Il Purgatorio dantesco* を高く評価している。私は Charles S. Singleton, *Dante Alighieri, The Divine Comedy, Purgatorio*, 2 :*Commentary*, Princeton, 1973. と Natalino Sapegno の版（Florence, 1956）の注も利用した。私の観点からは重要な神学の領域に関しては、Mandonnet 神父の古典的研究 *Dante, le théologien*, Paris, 1935. またこれと対をなす Eti-

enne Gilson の *Dante et la philosophie* が、依然として読まれるべきである。

死後世界の夢と描写におけるダンテの先駆者に関しては、H. R. Patch, *The other world according to descriptions in medieval literature*, 1950 の他に、A. d'Ancona, *I precursori di Dante*, Florence, 1874; M. Dods, *Forerunners of Dante*, Édimbourg, 1903; Diels, 《Himmels-und Höllenfahrten von Homer bis Dante》 in *Neues Jahrbuch*, XLIX, 1922, p. 239 sqq; A. Rüegg, *Die Jenseitsvorstellungen vor Dante*, Einsiedeln et Cologne, 1945 そして特に、Giosué Musca, 《Dante e Beda》 in *Studi Storici in onore di Ottorino Bertolini*, II, 1972, pp. 497–524 を挙げておく。私が G. Biagi, G. L. Passerini, E. Rostagno, によって刊行された『神曲』の最も古い注釈書類、*La Divina Commedia nella. figurazione artistica e nel secolare commento*, Turin 1931 を、申し分のない環境で参照することができたのは、Girolamo Arnaldi の友情の賜である。特に古い注釈書（いずれも一四世紀のもので、私はそれらにのみ注意を向けた）は何よりも文献学的な研究である。

2 《それゆえ〔キケロの『老年について』にも〕カトーについてこう読める（以下引用句のイタリア語原文を示す）*che non a sé, ma a la patria e a tutto lo mondo nato esser credea*》(*Convivio*, IV, XXVII, 3).

3 一・一〇八、二・六〇、一二二、三・四六、四・三八、三九、四・四八、七・四、六五、八・五七、一〇・一八、一二・二四、七三、一四・一、一五・八、一九・一一七、二〇・一一四、一二八、二一・三五、七一、二二・一二三、二五・一〇五、二七・七四、二八・一〇一、三〇・七四、そして更に「天国篇」一五・九三、一七・一一三、一三七。

4 Cf. *Dante Dictionary*, p. 534.

5 Ed elli a me: 《*L'amor del bene scemo*
del suo dever quiritta si ristora,
qui si ribatte il mal tardato remo.》

美しい詩句だが訳しにくい……

6 Cf. L. K. Little, 《Pride goes before Avarice: Social Change and the Vices in Latin Christendom》 in *American Historical Review*, LXXVI, 1971.

7 これは本章の注1に指示した L. Espinasse-Mongenet の翻訳が付された版である。引用部分は同書六〇四頁にある。

8 *Della mondizia sol voler fa prova*
Che, tutto libero a mutar convento,
l'alma sorprende, e di voler le giova.

9 *oi ombre vane, fuor che nell' aspetto!*

Tre volte dietro a lei le mani avvinsi,
tante mi tornai con esse al petto (II, 79–81).

10 示唆に富む研究 Luigi Blasucci, 《La dimensione del tempo nel *Purgatorio*》 in *l'Approdo Letterario*, 1967, pp. 40–57 を見よ。これらの神学的主題の、心理学的問題への変換に関しては、A. Momigliano の「煉獄篇」への注釈 *Purgatorio*, Florence, 1946 の中に鋭敏な考察がある。とくに《天の祖国を憧れ求める魂と、遠い地の祖国を心に抱く巡礼者とを同じ一つの愁いのうちに統合した、地上的であると同時に天上的なノスタルジー》に関して。

11 M. Marti, 《Simbologie luministiche nel *Purgatorio*》 in *Realismo dantesco e altri studi*, Milan–Naples, 1961 を見よ。

今なぜ煉獄か

1 本書補遺Ⅲを見よ。

2 煉獄の《隆盛》の様々な形態に関しては、Michelle Bastard–Fournié, 《Le Purgatoire dans la région toulousaine au XIVe et au début du XVe siècle》 in *Annales du Midi*, 1980, pp. 5–7. を見よ。煉獄の図像学は、まだこれから開拓されるべき分野であるが、そのパイオニア的研究を挙げると、Gaby et Michel Vovelle, *Vision de la mort et de l'au-delà en Provence d'après lès autels des âmmes du purgatoire* (*XVe–XXe siècles*), Paris, 1970. 私は Mme A.–M. Vaurillon–Cervoni の、第三課程博士論文（タイプ原稿、私の知る限り未刊）*L'iconographie du Purgatoire au Moyen Âge dans le Sud-Ouest, le centre de la France et en Espagne*, Toulouse 1978. を未だ参照していない。これは中世末期と一六世紀に関するものらしい。

3 M. Bastard–Fournié の考察を参照されたい。特にアヴィニョンとヴナスク伯爵領に関する Jacques Chiffoleau のみごとな論文に関しては、とりわけ p. 17, n. 65、そしてもっと一般的には p. 7 を見よ。

4 Ph. Ariès, *L'Homme devant la mort*, Paris, 1977. P. Chaunu, *La Mort à Paris. —XVIe, XVIIe, XVIIIe siècles*. Paris, 1978. F. Lebrun, *Les Hommes et la mort en Anjou*, Paris, 1971. M. Vovelle, *Piété baroque et déchristiantisation en Provence*, Paris, 1973, Id., *Mourir autrefois. Attitudes collectives devant la mort aux XVIIe et XVIIIe siècles*, Paris, 1974, Id., 《Les attitudes devant la mort: problèmes de méthodes, approches et lectures différentes》 in *Annales E. S. C.*, 1976. 私がこの本の結論部分を書いている間に受取った本の中で、Pierre Chaunu は一六世紀の煉獄を見事に特徴づけ、私の調査結果と注目すべき一致を示している。彼の著書 *Eglise, culture et société. Essais sur Réforme et contre-Réforme 1517–1620*, Paris, 1981. 特にトリエント公会議に関して pp. 378–380 を見よ。彼は、一九

七五年に私が書いたエスキス J. Le Goff,《La naissance du Purgatoire（XIIe-XIIIe siècle)》in *La Mort au Moyen Âge* (Colloque de Strasbourg, 1975, préface de P. Chaunu) Paris, 1977, p. 710 に部分的に依拠しながら、彼の一九七八年の著書（La Mort à Paris, p. 131）での主張を、ここでも繰り返している。彼によれば《煉獄の急成長、浄罪の責め苦の拡大と実体化がいつ始まったかを正確に算定することができる。それはいくつかの系列に属する資料から判断する限り、一一七〇年と一一八〇年の間に生じた。変化の臨界質量に達した挙句に原子爆弾が爆発するように、煉獄は爆発したのだ》（六四頁）。読者は既にお気づきのように、私の見解はこれほど大雑把なものではない。

5 R. R. Grimm, *Paradisus Coelestis, Paradisus Terrestris, Zur Auslegungs-geschichte des Paradises im Abendland bis um 1200*, Munich, 1977.

6 Y. Congar, *Vaste monde, ma paroisse. Vérité et dimensions du salut*, Paris, 1966. Chap. VII:《Que savons-nous du Purgatoire?》, p. 76. またY. Congar,《Le Purgatoire》in *Le mystère de la mort et sa célébration*, Lex orandi, 12, Paris 1956, pp. 279-336 をも見よ。

7 アポカリプスの語源的意味、「開披」「啓示」を念頭において。

補　遺

1 この書の現代の刊行者は、これらの夢物語に与えた表題の中で、purgatorium という語を幾度も用いるという誤りを犯している。

訳注

一　ル・ゴッフにとって、歴史に再生（ルネサンス）は存在しない。古代への回帰という仮面の下にかくまわれた、数々の変化があるばかりである。古代から、近代的諸条件が十全にととのう一九世紀中葉に至るまで、いくつもの「ルネサンス」があった。それは中世の終焉を画するどころか、常に過去に権威を求めてやまない「長い中世」期そのものの特徴的現象なのである。
　四世紀から一九世紀までのヨーロッパ社会には、この一五〇〇年間の一貫性を成す基本構造がいくつか存在する。その解読グリッドの一つはマルクスによって提起されたもので、その観点からすれば、奴隷性の生産様式を特徴とする古代と、資本制生産様式と規定される近代との間に、封建制の中世が展開することになる。つまり、ローマ帝国の終焉から近代産業革命までを中世とみなすことができる。（J・ル・ゴッフ『中世の想像界』*L'imaginaire médiéval*, Gallimard, 1985 所収の《Pour un long Moyen Age》を参照。）

二　レヴィ＝ストロースは『構造人類学』の該当箇所で、社会構造の基本的な三つのタイプを示し、それを直径的構造、同心円的構造、そして三元的構造と名づける。前二者は二元的構造（専門術語としては双分制と訳されるようである）の二つの形式である。しかしレヴィ＝ストロースはここで、双分制（二元的構造）と三分制（三元的構造）の関係という問題を扱うつもりはない、「それはわれわれをあまりにかけはなれたところまで連れ去ってゆくことになろう」と述べ、ただどのような方向に解決を求むべきかを指示するだけで十分だとしている。即ち「三分制と双分制とは切りはなしがたいものという結論になるであろう。なぜなら、後者は……ただ前者の局限形態としてのみとらえられるからである。……同心円的双分制というのは直径的双分制と三分制の媒介をするものであり、一形態から他形態への移行がおこなわれるのはその仲介による……」（『構造人類学』邦訳、みすず書房、第八章「双分組織は実在するか」生松敬三訳、同書一六六－一六七頁）

三　通過儀礼（過渡儀礼、推移儀礼ともいう）は、フランスの人類学者ヴァン・ジェネップが「場所・状態・社会的地位・年齢などの変化に伴なう儀礼」に与えた名称。個人が新たな状態や身分へと通過するさいに執行される種々の儀礼・儀式を総称するのに用いられる。なかでも誕生、思春期、結婚、死にかかわる儀礼が最も重視される。またヴァン・ジェネップによれば、大多数の通過儀礼が連続した次のような三段階に分れ、その各段階がつねに同じ順序で生起するという特徴を有する。①事物の古い状態からの分離または隔離②中間的状態③共同社会への復帰（平凡社・世界大百科事典、21、一〇頁参照）

四　ここではジョルジュ・デュビーの名が挙がっているが、別のテクストでは「ジョルジュ・デュメジルによって規定された三機能図式」（le schéma trifonctionnel défini par Georges Dumézil）とある（cf. *L'imaginaire médiéval*, Gallimard, 1985,

p. 11)。西欧では、ル・ゴッフのいわゆる「長い中世」においてこの三機能図式が繰り返し出現する。それは九世紀のイングランドで既に認知可能であり、一一世紀にはあの《祈る人、戦う人、耕す人》、即ち司祭、騎士、農民の定式をもって決定的なものとなり、フランス革命における三身分制にまでつづく。産業革命以後は、経済学者や社会学者のいわゆる第一次、第二次、第三次産業部門といった、全く性質を異にした機能三分制が出現するというもの。

五　賛課《ロード》はカトリックの聖務日課の一つで、朝課についで行われる。名称は詩篇一四八―一五〇による。進句《トロープ》は、ミサの典礼または聖歌隊が歌う聖務日課の中で、交唱の形で追加される一連のことば。中世初期には一般的であったが、ローマ・ミサ典書改訂（一五七〇年）によって廃止された。しかし第二回ヴァティカン公会議はミサの「キリエ・エレイソン」に進句の使用を規定している。

六　古代ギリシア・ローマ史において、集団に必要な建物・施設を供与したり、民衆に施物を配布したりする統治者や社会的選良の態度をいう。ポール・ヴェーヌについては人名索引の略注を参照せよ。

七　「これらの奉仕」が何を指すか、論旨不明確である。おそらく司祭の入浴の世話をした後出の亡霊の奉仕であるとすれば、この直前に原文または引用の脱落があるものと思われる（その箇所を〔……〕で示した）。

八　原文はシャルル肥満王の「甥」、青年皇帝ルイ二世となっているが、著者の錯誤と思われるので、「従兄弟」と訂正した。以下の夢物語の理解に役立つと思われるので、カロリング家系図を示しておく。

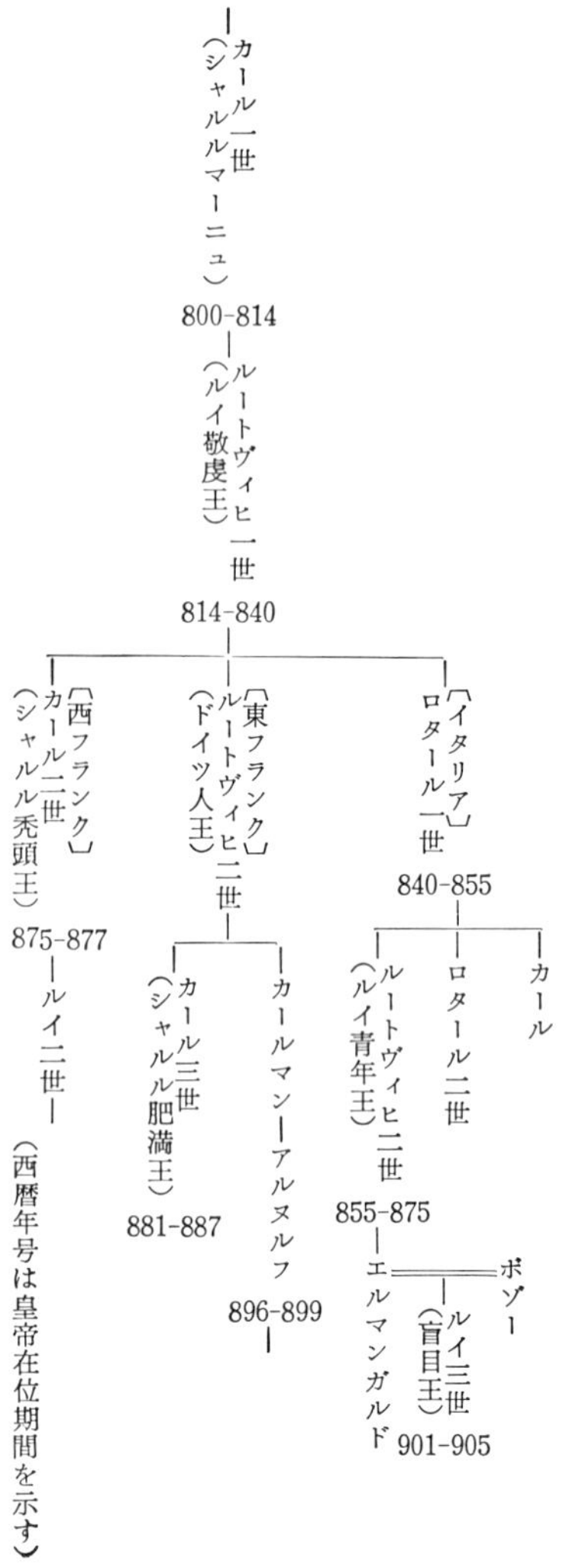

九　カトリック教会での祭式の要領を規定した書物について、ここでまとめて略述しておく。まず定式書（rituel）とは、ミサ聖祭以外に司祭がその職務を行なう時に用いる書物で、秘跡および準秘跡の授与、埋葬、祝別の場合に、唱えるべき祈禱文等を記載している。これに対してミサ典書（missel）は、一年を通じてのミサ聖祭の全文を収めた書物で、司祭が祭壇上で用いる。現行のものは一五七〇年にピウス五世によって公刊された。ミサ聖祭の中で、三聖頌（Sanctus）の次の Te igitur（いと慈悲深き聖父よ）から主禱文の前までの部分を特にミサ典文という。

典礼《サクラメンタリウム》書はミサ典文、集禱文、洗礼・品級等の秘跡の文と、祝聖別の定式を載せた古代のミサ典書を指し、後のミサ典書に発展した原資料である。このうちから、今日の定式書と司教定式書がミサ典書から分離して別個の本となった。典礼書に朗読文や歌詞が結びつき、改訂されて、九―一三世紀に発達したローマ典礼書は、やがてローマ・ミサ全典書となった。現在、主なものにレオ版、ゲラシウス版、グレゴリウス版のほか、ガリア式典礼書がある。

一〇　聖務日課中の朝六時頃の祈り。聖務日課の八つの定時課は、中世では一日の重要な時間の区切りとなっており、昼と夜の区分を基本としているため、季節によって多少の幅がある。

一一　教皇グレゴリウス七世（在位一〇七三―一〇八五）は、地上的利害関係に深刻に汚染されていた教会の浄化と教皇至上権の確立を志し、聖職売買を禁じ、司祭の独身制を定めるなど、聖職者社会の秩序の回復と霊性の鼓舞に尽瘁した。とりわけ俗人による司教職叙階を禁じ、ドイツ皇帝ハインリヒ四世と激しく対立、皇帝の教皇廃位に対しては破門を以て応酬、いわゆるカノッサの屈辱を皇帝に強いた話は有名〔訳注（一八）参照〕。

一二　秘跡（サクラメント）はキリストの十字架の死がもたらした救いの恩寵を個々の信徒に与える重要祭式で、カトリック教会では洗礼、堅信、聖餐、告解、終油、叙階、婚姻の七種を区別している（プロテスタントは洗礼、聖餐の二種しか認めない）。元来、不可視的な恩寵の可視的な徴しとされる秘跡が、祭式として七種に区分されるようになったのはスコラ学が誕生する一二世紀に入ってからであり、七秘跡を教理として確定宣示したのは第二回リヨン公会議（一二七四）である。

一三　スコラの教育は講義と討論を二本の柱として組織されていたが、方法論的に最も注目すべきは討論であり、有能な教授はこれに特別の努力を傾注したといわれる。教授は主題となる問題 quaestio を選んで討論を主宰し、次の授業ではその討論に裁定 determinatio を下し、議論の総括と自説の提示を行なった。ほかに、参加者があらゆる問題を自由に提起し得るクオドリベタ（quodlibeta）――自由討論――があり、その主宰には広汎な知識と高度の運営技術が要求されたので、しばしば教授の鼎《かなえ》の軽重が問われる場となったものと思われる。討論の内容や講義ノート reportationes などは書物として公にされ、学徒の知的探求を大いに刺戟した。さらに詳細については、Jacques Verger, *Les universités au moyen âge*, Paris, 1973（大高順雄訳『中世の大学』みすず書房）、Jacques Le Goff, *Les intellectuels au moyen âge*, Paris, 1957（柏木英彦・三上朝造訳『中世の知識人』岩波書店）を見よ。

一四　この時代における文化の爆発的高揚、いわゆる一二世紀ルネサンスは、詩歌の領域においてすぐれたラテン詩人（ル・マンの司教を経てトゥールの大司教となったヒルデベルトゥスは最も著名）を輩出せしめたが、その中心はロワール河流域であった。

一五　「聖パトリキウスの井戸」Pozzo di San Patrizio はイタリアの町オルヴィエトの史跡で、クレメンス七世（ジュリオ・デ・メディチ）が包囲戦に備えて造成させた大規模の非常用井戸である。凝灰岩を掘削して一五三七年完成された。

一六　ウルガータ（聖ヒエロニムスのラテン語訳聖書）では、ヨブ三三・一四は次の通りである。《Semel loquitur Deus et secundo idipsum non repetit.》「神は一度語り、二度同じことを繰り返さない。」

一七　ヤコブとレアの第六子ザブロンを祖とする部族は、旧約聖書において、しばしばヤーウェの意志を代行する聖戦の一翼を担う。「申命記」三三・一八、「士師記」五・一八、「歴代志上」一二・三三―四〇、等。

一八　いわゆるカノッサ事件。教皇グレゴリウス七世との叙任権をめぐる確執に破れた皇帝ハインリヒ四世は、一〇七七年、厳冬のアルプスを越えてトスカナ女伯マチルダの居城カノッサにグレゴリウスを訪ね、悔悛の後、破門の赦免を得た。しかしこれは一時の政治的妥協であった。

一九　教皇権に対抗して皇帝権の確立を政治的使命とするフリードリヒ一世（赤髯王）は、教皇ハドリアヌス四世が没すると（一一五九年）、対立教皇ヴィクトル四世を擁して、後任教皇アレクサンデル三世に敵対する。しかし嘗ての忠臣ハインリヒ獅子公の勢力が漸く脅威となるに及んで、教皇権への譲歩が緊急の政治的課題となる。一一七七年ヴェネチアにおいて和議が成り、確執に終止符が打たれる。ハインリヒは教皇により破門される。

二〇　南フランスにおけるカタリ派異端は、トゥールーズ伯の支持もあって、一三世紀初頭にはあなどり難い勢力になっていた。一二〇八年一月、南フランスへの教皇特使ピエール・ド・カステルノーがアルルで殺害されるに至って、インノケンティウス三世はアルビジョワ十字軍を組織、力による異端殲滅を決意し、トゥールーズ伯の失権を宣告する。シモン・ド・モンフォールを指揮官とする十字軍とトゥールーズ伯との戦いが続く一方、家臣の奪封権を主張するフィリップ尊厳王と教皇との確執などを背景として、状況は複雑な政治的経過をたどる。結局一二二九年、フランス国王の政治的介入によりトゥールーズ伯は屈服、レーモン七世はパリにおいて和を講ずる。

二一　本書三九二―三九三頁、および第三部Ⅷスコラ的体系化原注(43)参照。

二二　カトリックの祭日、復活祭直前の日曜日。受難を前にしてイエスがエルサレムに入ったとき、民衆が彼の歩む道にシュロの枝を撒いて迎えたことに因む（マタイ二一・八、マルコ一一・八、ヨハネ一二・一二―一三参照）。

二三　『黄金伝説』では第一五六章に紹介されている物語。神学校教師シロは重病で臨終の床にある弟子に対して、死後この世に立ち戻って、あの世でいかなる境遇に置かれているかを教えてくれるようにと懇望する。弟子は死後数日を経て師のもとに現われ、生前、空疎な議論にふけっては詭弁を弄した罪と、好んで贅沢な毛皮を身にまとった罪を問われて、塔より重い修道服（表頭には詭弁がちりばめられている）を着せられ、裏地の炎で身を灼かれるという苦罰を課されていることを報告する。また身体の接触を通じて、シロにその苦罰の苛烈さを体験させもする。シロは意を決して俗世を捨て、修道院の人となる。

二四　聖心（Cor Jesu）はイエスの心臓の形象であり、またそれによって象徴されるイエスの愛である。中世の聖心崇敬は一二世紀の揺籃期を経て、一三世紀以来、とりわけドイツ語圏において神秘主義的風土を背景に盛んとなる。

二五　原文には「渡し守のカトーネ」とあるが、ル・ゴッフの錯覚と思われるので訂正した。

二六　デヴォチオ・モデルナ（Devotio moderna）、「近代的信心」。一四世紀オランダの説教家グローテ（Groote）に源を発し、ドイツ、フランス、イタリア、スペインに及んだ信仰の内的革新の運動で、イエス・キリストの生涯に想いをひそめることによって霊性を深めようとする。聖書に次いで多数の読者を得た一五世紀の信心書『イミタチオ・クリスティ』Imitatio Christi はその最も美しい表現と目されている。

二七　一六六二年、オリエ（J.-J. Olier）によってパリのサン＝シュルピス大聖堂区に設立された司祭会。トリエント公会議の決定を承けて、司祭養成を目的とする実践的神学校を経営した。今日、フランス、アメリカ等に多数の神学校を擁する。

二八　一五世紀初頭、聖像・聖遺物崇拝、教会位階制、十分の一税等、あらゆるカトリック的慣習に破壊的抵抗を試みたボヘミアの急進的フス派をいう。彼らはプラハ南方にタボルなる城塞を築き抵抗の拠点とした。タボルは聖書の地名。一例をあげると、イスラエルの敵シセラの軍団を壊滅せしめたバラクが、戦闘に備えて神意に基づき軍勢を集結せしめた場所はタボル山である（士師記四・四―一六）。

訳者あとがき

本書は Jacques Le Goff : La naissance du Purgatoire の翻訳である。原著は『歴史学叢書』Bibliothèque des Histoires の一冊として、一九八一年、パリのガリマール書店から刊行され、同年度サント＝ブーヴ賞を受賞した。一九八四年にはアーサー・ゴールドハンマーによる英訳がシカゴ大学出版局から出されている。

著者のジャック・ル・ゴッフは一九二四年南フランスのトゥーロンに生まれ、パリの高等師範学校、パリ大学文学部、プラーハのカール大学に学び、アミアンのリセ教授（一九五〇―一九五一）、オックスフォード大学リンカーン・カレッジへの留学（一九五一―一九五二）、ローマのフランス学院研究員（一九五二―一九五三）、パリの国立科学研究所ＣＮＲＳ研究員（一九五三―一九五四、一九五九―一九六〇）、リール大学文学部助手（一九五四―一九五九）を経て、一九六〇年には高等学術研究院に迎えられ講師、ついで指導教授になった。一九七二年、同院第六部門（後に社会科学高等研究院として独立）科長に就任、一九七五年からはフェルナン・ブローデルの後を承けて社会科学高等研究院長を務めた。周知の通り、社会科学高等研究院は「年報――経済・社会・文明」誌（Annales――Economies, Sociétés, Civilisations）に拠る多士済々の歴史家たち、いわゆるアナール派の牙城であり、ル・ゴッフは同誌の編集スタッフとして、僚友ル・ロワ・ラデュリらとともに、アナール派第三世代のリーダー的存在と目されている。アナール派の歴史はあらためて言うまでもなく、一九二九年、中世史家マルク・ブロックと近代文明史家リュシアン・フェーヴルとによる「年報」の創刊に遡るが、この学派の活動によってヨーロッパの歴史学は「王と聖職者と将軍」（ミシュレー）の織り成す事件史の狭小で硬直した枠組みから解き放たれ、生の内在的全体的把握を志向する総合の学として、面目を一新するに至ったことは周知の事実である。彼らにあっては過去への問いが現在の生に対する関心によって強力に動機づけられている。大著『物質文明・経済・資本主義、一五―一八世紀』で知られる第二世代の巨星フェルナン・ブローデルから、その主題と方法の目くるめく多様において「歴史の炸裂」éclatement de l'Histoire（ピエール・ノラ）と形容されるにふさわしい第三世代へと、この間の消息に変わりはない。

アナール派の主だった業績は、わが国においても精力的に翻訳紹介されており、訳者の目にとまったものの一部を列挙するだけでも、かなりの数に上る。例えば、マルク・ブロック『封建社会』（新村ほか訳、みすず書房）、同『フランス農村史の基本性格』（河野・飯沼訳、創文社）、同『歴史のための文明――歴史家の仕事』（讃井鉄男訳、岩波書店）、リュシアン・フェーヴル『フランス・ルネサンスの文明――人間と社会の基本像』（二宮敬訳、創文社）、同『歴史のための闘い』（長谷川輝夫訳、創文社）、フェルナン・ブローデル『日常性の構造』（『物質文明・経済・資本主義』第I巻、村上光彦訳、みすず書房）、ル＝ロワ＝ラデュリ『新しい歴史――歴史人類学への道』（樺山ほか訳、新評論）、同『ジャスミンの魔女――南フランスの女性と呪術』（杉山光信訳、新評論）、フィリップ・アリエス『〈子供〉の誕生――アンシァン・レジーム期の子供と家族生活』（杉山光信・杉山恵美子訳、みすず書房）、同『死と歴史――西欧中世から現代へ』（伊藤・成瀬訳、みすず書房）、同『日曜歴史家』（成瀬駒男訳、みすず書房）、ジョルジュ・デュビー『中世の結婚』（篠田勝英訳、新評論）、ギンズブルグ『チーズとうじ虫』（杉山光信訳、みすず書房）、ポール・ヴェーヌ『歴史をどう書くか』（大津真作訳、法政大学出版局）、同『差異の目録〈歴史を変えるフーコー〉』（大津真作訳、法政大学出版局）、同『ギリシア人は神話を信じたか』

（大津真作訳、法政大学出版局）、ジャック・ル・ゴッフ『中世の知識人——アベラールからエラスムスへ』（柏木・三上訳、岩波書店）など。いま漸くここに、ル・ゴッフの主著とも言うべき心性史の傑作『煉獄の誕生』を加え得ることは、訳者の大いに欣快とするところである。

煉獄とは言うまでもなく、カトリックの信仰において、死者の霊が天国に入るに先立って罪の浄めを受ける場所、浄罪場、いわば天国と地獄の中間を占める〈第三の場所〉（ルター）である。もとより聖書において明示的には言及されず、その指摘をもってル・ゴッフが稿を起こしているように、一六世紀、プロテスタントとカトリックの論争において、煉獄は聖書に根拠をもたない《でっちあげ》として、プロテスタントの激しい攻撃に曝された。しかし、煉獄信仰の成立には、聖書的根拠ならぬ深い心性史的根拠が存在することを、ル・ゴッフは史料の博捜と精緻な論理と大胆な推論とを緊密にないあわせた検証を通じて明るみに出す。その手際の鮮やかさには読者をして巻を措く能わざらしめるものがある。

個人の死と最後の審判との間に、なんらかの浄罪の試練を受けることによって、ある種の罪人の魂が救われうる機会が存在するという信仰は、〈第三の場所〉として煉獄が誕生する遙か以前から、古代キリスト教徒の間にすでに存在した。しかし、死後世界の二元論的モデル（ハデス—エリジウム）をローマ人から継承しつつキリスト教徒が仕上げていた地獄—天国の二項体系には、神学者たちが最も頻繁に拠り所とした聖パウロの浄罪の火（Iコリント、三・一〇—一五）を最終的に位置づけるべき場所が欠けている。したがって未来の煉獄はいわば火の浄化という「状態」と火の懲罰が加えられる「場所」との間を長年月にわたってさ迷い歩くのである。煉獄が誕生するためには、浄罪思想が空間化され、新しい場所として天国と地獄の間に割って入り、三項の死後世界体系が伝統的二項体系にとって代わらなければならない。この現象が、とりもなおさず〈煉獄の誕生〉なのである。ル・ゴッフはそれを一二世紀後半に位置づける。その際——きわめてユニークなアプローチと言うべきであるが——煉獄の誕生は端的に〈煉獄〉purgatorium という名詞の誕生によってトされる。〈浄罪の火〉ignis *purgatorius* は決して自明的に〈煉獄〉*purgatorium* の火ではないと言おうか。ル・ゴッフの批判は、従来、歴史家たちが言語的事象に無頓着に過ぎ、そのために《ある根本的な社会変化を解明する可能性》を、また煉獄信仰に関して《思想と霊性の歴史における極めて重要な現象、つまり思考の「空間化」の過程を標定する機会》を逸したことに向けられる。〈浄化の〉purgatorius, -a, -um という形容詞と並んで、一二世紀後半に purgatorium という名詞が出現したという言語学的事件を、彼は、死後世界に関する信仰に生じた重大変化の徴候として把握すべきことを強調する。そして死後世界におけるこの空間秩序の再編成が、現実世界を秩序づける論理的図式の変換のメカニズムと密接に関連していることを指摘するのである。ル・ゴッフの言うところによれば、中世初期には、人間の思考はごく自然に二元論的図式をなぞった。宇宙を考える際には神—悪魔、社会的次元においては聖職者—一般信徒、あるいは強者—貧者、信仰やモラルに関しては美徳—悪徳といったふうに優劣型の二項対立的図式が発想を支配したのである。しかし封建革命の進行とともに、長い時間をかけて、三項図式が旧来の二項図式を駆逐する。例えば、聖職者—戦士—農民大衆という三階級の図式がそれである。上層の人—中層の人—下層の人（maiores-mediocres-minores）という三項図式も、都市の飛躍的発展の結果生じた社会を表現しつつ、煉獄の誕生にモデルを提供する。図式の変換は神学的位相でも進行する。アウグスティヌスはキリスト教徒の四範疇分類（完全な善人、完全な悪人、不完全な善人、不完全な悪人）の創始者として、四種類の人間の究極的運命の確定に責任を負ったが、実際には三種類の人間についてしか、明確な解答を与えることに成功しなかった。彼は不完全な善人に浄罪の火を配当して、未来の煉獄を予感させはしたが、不完全な悪人に対しては《比較的堪えやすい劫罰》という甚だ曖昧な運命をあてがったまま、中間的範疇の処理に憾みをのこす。古代末期の知的枠組に思考を依拠せしめざるを得なかったアウグスティヌスは、三項体系（天国―浄罪の火―地獄）に向かって傾斜しながらも――その意味では彼は煉獄の父である――、善悪二項対立図式の強い牽引のもとにあって、明確な定式化を妨げられたのだとル・ゴッフは言う。中間項が充実して三項図式が確立し、人間の三範疇と死後世界の三項体系が調和的に対応するには、一二世紀をまたなければならない。世紀後半における名詞 purgatorium の出現は知的枠組変換のプロセスが成熟期に達した徴候なのだ。こうして煉獄の誕生は、この世紀におけるトータルな構造変化、発想枠のラディカルな変換と相即不離の関係に立たしめられるのである。あるいは些細ともいえる語史的変化に対して重大な意義を与えすぎるとの故障が予想されないではない。しかし《言説の戦略的個所》に生じた語彙のささやかな変化は、深刻な深層的変化の徴候たり得るというのがル・ゴッフの信念であって、それこそ本書の魅惑的な方法を支える強固なバックボーンなのである。些々たる語彙的変化の詮索と広大な史的遠近法との結合は、心性史家としての著者の並々ならぬ手腕をうかがわせて余りあるものがある。

さて、ル・ゴッフの煉獄タイム・トラヴェルは煉獄以前の死後世界探訪から始まり、『神曲』への讃歌をもって終わる。幾世紀にもわたる〈第三の場所〉の形成過程の崇高な到達点を、つまりは〈煉獄の勝利〉を彼はダンテの「煉獄篇」に見て、この俗人こそ最高の煉獄の神学者であると断ずるのである。

本書『煉獄の誕生』の魅力を云々するからには、煉獄前史に豊かな肉づけを与えているギリシヤ・ローマ、古代インド、イラン、エジプトなど、ユダヤ・キリスト教圏以外の死後世界への目配り、スコラ学や修道社会への行き届いた観察、従来およそ史料としての価値を正当に評価されてきたとは言いがたい文学史料（教訓逸話や夢物語など）に加えられている鮮やかな分析処理、暦日や典礼など宗教的慣行の煉獄形成への寄与の解明、さらにはこの主題の法制史、会計学、数学等との関連の指摘、煉獄と火山の地理学的交渉の究明、その他にも多くのことを、それも挿話的にではなく、本書の体系を構成する不可欠の要素として語らなければなるまい。しかしそれはすべて端折ることにして、あとは読者に委ねることにしよう。地獄的イメージに溢れながら、煉獄は天国に向かって偏心している。〈現代〉という黙示的世界に生きるわれわれにとって、〈煉獄〉がいかに切実な今日的主題であるかが、頁を繰るほどに納得されるはずである。

最後に、本書以外の主だったル・ゴッフの著作を参考までに列挙しておく。

『中世の商人と銀行家』Marchands et Banquiers du Moyen Age, 1956.

『中世の知識人』Les Intellectuels du Moyen Age, 1957.（邦訳、岩波書店）

『中世』Le Moyen Age, 1962.

『中世西洋文明』La Civilisation de l'Occident médiéval, 1964.

『中世初期』Das Hochmittelalter, 1965.

『もう1つの中世のために』Pour un autre Moyen Age, 1977.

『中世の想像界』L'Imaginaire médiéval, 1985.

『中世の高利貸——金も命も』La Bourse et la Vie, économie et religion au Moyen Age, 1986.（拙訳・法政大学出版局刊）

本訳書には、原書にはないものだが、巻末にかなり詳細な索引を付した。なお、本文だけでは理解の行き届かぬかと思われる項目には、訳注の足らざるを補う意図から、簡単な説明を添えたが、専門外のこととて、思わぬ誤りを犯しているやも知れぬ。お気付きの点はご叱正を賜りたい。翻訳に当たっては、第一部を内田、第二部を渡辺が担当して初稿を作成し、協議のうえ文体、訳語、解釈等の統一を図って決定稿を得た。第三部以下については、渡辺、内田が討議を重ねながら共同で決定稿を作成した。なお、本書の一部について翻訳のお手伝いをいただいた伊藤了子氏、原稿の浄書に多くの時間を割いていただいた九州大学大学院学生中軽米明子嬢、その他ここに一々芳名を挙げることはしないが数々の貴重なご教示をいただいた友人、同僚諸氏に末尾ながら深甚の謝意を表したい。さらに、この魅惑に満ちた作品に深く触れる機会を提供されたばかりか、訳者の非力と多忙ゆえの遅延を忍耐をもってお許し下さった法政大学出版局の稲義人、藤田信行の両氏に、特別の感謝を捧げるものである。

一九八八年四月

渡辺香根夫

著　者

ジャック・ル・ゴッフ（Jacques Le Goff）
現代フランスを代表する歴史学者．1924年南フランスのトゥーロンに生まれる．パリの高等師範学校，パリ大学，プラハのカレル大学に学ぶ．アミアンのリセ教授，オックスフォード大学留学，パリの国立科学研究所員などを経て，高等研究学院教授．1969年より『アナール』誌編集責任者を務める．1972年にF. ブローデルの後をうけて高等研究学院第六部門科長となり，1975年にパリ社会科学高等研究学院院長に就任．アナール学派第三世代のリーダー的存在として活躍．2014年4月死去．邦訳された主な著書に，本書『煉獄の誕生』，『中世の高利貸』『歴史と記憶』『ル・ゴフ自伝』（以上，法政大学出版局），『聖王ルイ』（新評論），『中世とは何か』『中世の身体』（以上，藤原書店），『子どもたちに語るヨーロッパ史』（ちくま学芸文庫）などがある．

訳　者

渡辺香根夫（わたなべ　かねお）
1929年生まれ．東京大学文学部仏文学科卒業．金沢大学名誉教授．フランス文学・思想専攻．編著書：『現代フランス語表現辞典』（共編訳，大修館書店）．訳書：ル・ゴッフ『中世の高利貸』，ルイ・マラン『王の肖像』（以上，法政大学出版局）など．

内田 洋（うちだ　ひろし）
1943年生まれ．東京大学大学院人文科学研究科修士課程修了．元金沢大学文学部教授．フランス文学専攻．訳書：F. アルキエ『シュルレアリスムの哲学』（共訳，河出書房新社）など．

《叢書・ウニベルシタス　236》
煉獄の誕生

1988年　6月10日　　初版第1刷発行
2014年　5月30日　新装版第1刷発行

ジャック・ル・ゴッフ
渡辺香根夫／内田 洋　訳
発行所　一般財団法人　法政大学出版局
〒102-0071 東京都千代田区富士見 2-17-1
電話03(5214)5540 振替00160-6-95814
製版，印刷：三和印刷　製本：積信堂

Printed in Japan

ISBN978-4-588-09986-1

索　　引

この索引には原注と補遺を除く本文から，主要な人名と文書資料のほとんどすべてを取り出した．また事項は重要性よりもむしろ特殊性のあるものを選び，たとえば天国・煉獄・地獄は捨てて地上楽園やリンボを採った．一般読者になじみの薄いと考えられる項目，本文の記述によっても十分な理解を得にくいものには簡略な説明を付し，必要に応じて関連項目を→で示したので，訳注がわりに利用していただきたい．『キリスト教人名辞典』（日本基督教団出版局），『新編・西洋史辞典』（東京創元社），『カトリック大事典』（冨山房），その他各種の事典類を参照した．

古代・中世の人名は，原則としてラテン語とフランス語の原綴を並記してある．経歴不詳の人物も多い．書名の原綴は本文中に示さなかったものに限った．同題の文書など若干のものは→で著者を明示し，（　）内に略記法を掲げた．事項については，原著の表現の変化に応じた，あるいはそれと無関係の訳語の変化形を／や（　）で示した．配列はアイウエオ順による．

人名索引

ア行

アウグスティヌス（聖） Augustinus, Augustin［354-430. ヒッポの司教.］ 6, 7, 9, 10, 17, 18, 45, 55, 64, 79, 89, 101-114, 116, 117, 119, 122-132, 136, 146-149, 152, 156, 157, 159, 160, 172, 182, 185, 196, 197, 203-205, 213, 216-218, 220, 221, 225, 231, 252, 254, 256-259, 261, 262, 281, 285-287, 306, 311, 316, 318, 320, 324-326, 330-334, 336, 342, 351, 369, 373, 374, 379, 380, 384, 385, 388-390, 397, 402, 406, 410, 412, 413, 417, 435, 442, 471, 481, 483, 513, 522

アヴィケンナ Avicenne［980頃-1037. ペルシア人の医者. アリストテレスと新プラトン主義の影響のもとにイスラム世界のスコラ的哲学体系を築く.］ 356

アヴェロエス Averroes, Averroës［1126-1198. スペインのイスラム教徒で，アリストテレスの注解者. 哲学と宗教の調和を説き，13世紀スコラ哲学に大きな影響を与える.］ 356

アカルドゥス（サン＝ヴィクトールの） Achardus, Achard de Saint-Victor［12世紀初-1170(1171). イギリスに生まれ，渡仏してサン＝ヴィクトール修道院の第二代院長となる（1155-1161).『三位一体論』など著書多数.］ 207

アガタ（聖） Agatha, Agathe［251年没，シチリア島のカタニアで殉教したとされる伝説的な聖女.］ 267, 451, 452

アキバ Aqiba［50-135頃，ユダヤの律法学者（ラビ). ハドリアヌス帝に対するユダヤの大反乱の際，ローマ軍に捕らえられて殉教.］ 62

アーサー王 Arthur 49, 304-307, 309, 467

H《アッシュ》（ソールトレーの） H. de Saltrey 287, 289, 295, 296, 298, 299, 480

アットー（ヴェルチェルリの） Atto, Atton de Verceil［885頃-961頃. イタリアのヴェルチェルリの司教. 教会法令集その他，ローマ書の注解など著作多数.］ 157

アベラルドゥス，ペトルス Petrus Abelardus, Pierre Abélard［1072-1142. パリで弁証論と神学を講義して成功したがエロイーズとの恋愛事件で失脚. クレルヴォーのベルナルドゥスの攻撃を受け，その著『神の唯一性と三位一体』が異端視される.『然りと否』はスコラ的方法に強い影響を与えた.］ 97, 206, 219, 224, 247, 249, 316, 318, 319, 325, 328, 361

アラーヌス（リールの） Alanus, Alain de Lille［1114 または 1128-1203］ 251, 256, 317, 324, 325

アラリック Alaricus, Alaric［370頃-410. 西ゴート王，ギリシア，北イタリアに侵入して410年にローマを陥落させた.］ 105

アリエス，フィリップ Philippe Ariès［1914-1984. 現代フランスの心性の歴史家. 主著『子供の誕生』『死を前にした人間』］ 437-439, 549, 551

アリオスト L'Arioste［1474-1533. イタリア・ルネサンス期の詩人.］ 298

アリストテレス Aristote［紀元前384-紀元前322. 12世紀後半，アラビア経由で彼の

著作が逆輸入・翻訳され，スコラ哲学に大きな影響を与えた．彼の宇宙論はキリスト教の立場と矛盾し，13世紀にはパリ大学で，アリストテレスに関する講義が禁じられた．〕 356, 358, 360, 361, 368, 369, 383, 384, 389-391, 406, 503
アルクイヌス　Alcuinus, Alcuin〔735頃-804．イギリスの人文主義者，神学者．シャルルマーニュの教育改革に尽力，いわゆるカロリング朝ルネサンスの中心人物．古代の精神的遺産と共にキリスト教をフランク王国に伝える．〕 144, 154, 155, 182
アルジェ（リエージュの）　Alger de Liège〔?-1131(32)．ベルギーの神学者．教会法の発展に貢献．〕 316-318
アルダン，ラウール　Raoul Ardent　225, 337
アールヌおよびトンプソン　A. Aarne et S. Thompson　440
アルノルドゥス（リエージュの）　Arnoldus, Arnold de Liège〔14世紀ドミニコ会士〕 440
アルベリクス（セッテフラーティの）Albericus, Albéric de Settefrati　276-282, 284, 299
アルベルトゥス（ケルンの）→アルベルトゥス・マグヌス
アルベルトゥス・マグヌス(聖)　Albertus Magnus, Albert le Grand　355, 357, 367, 378, 382-397, 399, 403, 404, 408, 409, 411
アレクサンデル（ヘールズの）　Alexander, Alexandre de Halès〔パリで神学を学んだイギリスのフランチェスコ会士，スコラ学者．〕 342, 345, 355, 357, 367-374, 379, 436
アレクサンドル六世　Alexandre VI〔1431-1503. スペイン生まれのローマ教皇(在位1492—没年)．新大陸におけるスペインとポルトガルの国境紛争を調停.〕296
アレクサンドロス王　Alexandre le Grand〔紀元前356-紀元前323．ギリシア世界を統一し，東方征服を試みたマケドニア王．〕 61
アレッサンドロ・ロンバルド　Alessandro Lombarde〔?-1314.〕 495
アンセルムス（アレッサンドリアの）　Anselmus, Anselme d'Alexandrie　418
アンセルムス（カンタベリーの）(聖)　Anselmus, Anselme de Cantorbéry〔1033-1109，カンタベリー大司教，スコラ学の父と称される．信仰と理性の総合をめざした独自の思想を展開．主著『プロスロギオン』『神はなぜ人となったか』〕 203, 204, 311, 319, 390
アンセルムス（ランの）　Anselmus, Anselme de Laon〔1050-1117．カンタベリーのアンセルムスの弟子，スコラ博士．1076年からパリで教え，弟子にアベラルドゥスがいる．〕 319, 325
アントニウス（聖）　Antonius, Antoine〔251頃-356．砂漠で祈りと観想の生活を送り，修道生活の父とよばれたエジプトの隠修士．〕 265
アンドロニクス二世　Andronikos, Andronic II〔1256-1332．ビザンチン皇帝，ミカエル八世の子．ローマとの宗教問題の解決に失敗する．〕 428
アンブロシアステル　Ambrosiaster〔4世紀末頃に著されたパウロの13書簡のラテン語注解書の著者．中世にはアンブロシウスとされていたが，エラスムスがこれ

を疑い，アンブロシアステルと名付けた.] 90, 94
アンブロシウス（聖） Ambrosius, Ambroise [340-397. ラテン教会の教父，ミラノ大司教. テッサロニケの虐殺事件後，皇帝テオドシウスに悔悛の業を課した.] 6, 13, 50, 51, 90-98, 112, 125, 147, 184, 322
アンリッヒ，グスタフ Gustav Adolf Anrich [1867-1930. ドイツの教会史家.] 84
イヴォ（シャルトルの） Ivo, Yves de Chartres [1040頃-1115(6). 教会法学者. シャルトル司教となり（1090），いわゆるシャルトル学派の黄金時代を開く.] 316, 319
イシドルス（セヴィリアの）（聖） Isidorus, Isidore de Séville [560頃-636. スペインの司教，神学者. 体系的な神学書のほか，言語，自然科学，歴史学など多方面の論文がある.] 146, 147, 149, 183, 303, 494
インノケンティウス三世 Innocentius, Innocent III [1160(61)-1216. ローマ教皇（在位1198-没年). 教皇権の強化に絶大な政治的手腕を発揮する.] 259-261, 311, 312
インノケンティウス四世 Innocentius, Innocent IV [1200頃-1254. ローマ教皇（在位1243-没年). 教会至上主義の立場でドイツ皇帝フリードリヒ二世と対立. 教会法研究で優れた注釈書を残す.] 424, 427, 428, 484
ヴァラーフリドゥス・ストラーボ Walafridus Strabo, Walahfrid Strabo [808頃-849. ドイツのベネディクト会士，ライヒェナウの修道院長. 散文および韻文で多くの宗教的世俗的な作品を残す. →『ウェッティヌスの夢』] 173, 174
ヴァレリウス・マクシムス Valerius Maximus, Valère Maxime [ティベリウス帝時代（1世紀前半）のローマの通俗史家. リヴィウスやキケロを史料とするその書は，中世によく読まれた.] 15
ヴァン・ジェネップ，アルノルド Arnold Van Gennep [1873-1957. ドイツ生まれのフランスの民俗学および民族学者. 主著『通過儀礼』(1909) において，いわゆる通過儀礼の3段階（分離・過渡・統合）を区別した.] 12, 163
ヴィダル＝ナケ，ピエール Pierre Vidal-Naquet 59
ヴィネ，グスターヴォ Gustavo, Vinay 346
ウィリバルドゥス（聖） Willibaldus, Willibald [700-781(86). ウェセックスの貴族出身. ドイツのアイヒシュテットの初代司教.] 309, 310
ヴィルジリオ，ジョヴァンニ・デル Giovanni del Virgilio 500
ウィンケンティウス（ボーヴェの） Vincentius, Vincent de Beauvais [1190頃-1264頃. フランスのドミニコ会修道士. ルイ九世の友人.] 297
ヴィンケンティウス・ヴィクトール Vincentius Victor 108
ヴェシエール，レモン（アックスの） Raimond Vaissière d'Ax 496
ヴェーヌ，ポール Paul Veyne [1930年生まれのフランスの歴史家. 古代ギリシア，ローマの社会・経済生活を研究. 主著『ギリシア人は神話を信じたか』1983] 96, 349
ウェルギリウス Vergilius, Virgile [紀元前70-紀元前19. アウグストゥス帝の宮廷

詩人．→『アエネイス』〕 34-36, 81, 114, 116（ヴィルジリオ 501以下545まで随所）
ウェルナー二世（サン＝ブレーズの） Werner II de Saint-Blaise 206
ヴォヴェル，ミシェル Michel Vovelle〔現代フランスの歴史家．〕 549
ヴォラッシュ J. J. Wollasch 186
ウルバヌス四世 Urbanus, Urbain IV〔1200頃-1264. アヴィニョン幽閉時代末期のローマ教皇（在位1261-没年）．〕 400, 425
ウルマン，ウォルター Walter Ullman 350
ヴルフ M. de Wulf 360
エアドブルガ Eadburga, Eadburge〔生没年不詳．タネットの女子修道院長．〕 166
エクベルトゥス Eckbert, Ecbert〔1132以前-1184. ドイツのベネディクト会士で，ヘッセンのシェーナウ修道院長．著書に『カタリ派論駁』がある．〕 16
エグベルトゥス（リエージュの） Egbertus, Egbert de Liège〔生没年不詳．詩篇『豊饒の船』（1010-1024）の作者．〕 181
エッズマン，カール＝マルティン Carl Martin Edsmann〔1911年生まれのスウェーデンの宗教史家．論文に「火の洗礼」（1941），「神の火」（1949）がある．〕 13, 15-17, 22, 68
エティエンヌ（トゥルネの） Etienne de Tournai 247
エティエンヌ・ド・ブールボン Etienne de Bourbon 297, 307, 418, 463-473, 482
エベルヴィヌス（シュタインフェルトの） Eberwin de Steinfelt〔1152年没．〕 417
エリアーデ，ミルチャ Mircea Eliade〔1907-1986. ルーマニアの宗教史学者，インド学者．〕 66
エリギウス（ノワヨンの）（聖） Eligius, Eloi de Noyon〔588頃-660. 北フランスのノワヨンの司教，教区のゲルマン人をキリスト教に改宗させる．〕 151, 152
エルマンゴー（ベジエの） Ermangaud de Béziers 255
オウエイン（騎士） le chevalier Owein 287, 289-292, 295, 299, 480
オットー Otto〔ドミニコ会士〕 477
オットー（フライジングの） Otto, Othon de Freising〔1111(12)-1158. オーストリア辺境伯レオポルド三世の子．パリで学び，シトー会修道院に入る．後にフライジングの司教．歴史書『フリードリヒ王物語』がある．〕 311
オットー四世（ブルンスヴィックの） Otto, Othon de Brunswick〔1175-1218. 神聖ローマ帝国皇帝（在位1209-1215）．シュワーベン公フィリップと争って帝位を得たが，ブーヴィーヌの戦いでフィリップ・オギュスト（尊厳王）に敗れて廃位した．〕 303
オティエ，ピエール Pierre Authié 496
オーティス，ブルックス Brooks Otis 34
オディロ（聖） Odilo, Odilon〔962頃-1048. クリュニー修道院第五代院長．ベネディクト会の隆盛に寄与．〕 186-188, 300, 309, 480
オド（ウルスカンの） Odo, Odon d'Ourscamp 234, 236, 247, 250, 251, 327, 342

オド（シャトルーの） Odo, Eudes de Châteauroux［1208頃-1273. フランス人枢機卿．第6次十字軍組織のための説教活動を行い，自らも十字軍に同行.］ 424
オリゲネス Origenes, Origène［185頃-254頃．ギリシア教父，アレクサンドリア学派の神学者．クレメンスの弟子．プラトン主義，グノーシス主義などと折り合わせながら聖書の比喩的解釈をする．その特異な救済論などによって異端の疑いを招く.］ 15, 81-88, 90-94, 105, 106, 125, 132, 184, 204, 365, 412, 422, 431, 552
オレオー Hauréau 233

カ行

カエサリウス（アルルの）（聖） Caesarius, Césaire d'Arles［470-542. アルルの大司教．ペラギウス主義に対してアウグスティヌスの恩恵論の立場を支持．『三位一体の神秘』『異端駁論』などの著作と説教がある.］ 128-132
カエサリウス（ハイステルバッハの） Caesarius, Césaire de Heisterbach［1180頃-1240頃．ドイツのシトー会士.］ 296, 377, 448-453, 457, 458, 460-463, 465, 471, 473, 516
カタリーナ（ジェノヴァの）（聖） Catharina, Catherine de Gênes［1447-1510. 不幸な結婚生活の中で見神の体験を得て，病人と貧者のための奉仕活動を続けた．彼女の語録として『煉獄論』がある.］ 548
カピュアン M. Capuyns 199
カルデロン Calderon de la Barca［1600-1681. スペイン・バロック期の劇作家，修道士．宮廷詩人として秘跡劇を多く残し，また司祭に叙せられた.］ 298
ガルベール（ブルージュの） Galbert de Bruges 315
キケロ Cicero, Cicéron［紀元前106-紀元前43. ローマ共和政末期の政治家，哲学者で，キリスト教ラテン教父や中世の文人・哲学者に大きな影響を与えた.］ 15
キッシュ，ジョルジュ Georges Kish 344
偽ディオニソス pseudo-Denys 406
偽ペトルス・ダミアーニ pseudo-Pierre Damien 238-242, 261
偽ベルナルドゥス（クレルヴォーの） pseudo-Bernard 238-242, 261
キプリアヌス（聖） Cyprianus, Cyprien［200(210)-258. テルトゥリアヌスの影響を受けたカルタゴの司教．皇帝の迫害による棄教者の処遇，異端者による洗礼の有効性などについての論争に加わり，ローマ教皇と対立.］ 52, 89, 90
ギベルトゥス（ノジャンの） Guibertus, Guibert de Nogent［1053-1124頃．フランスのベネディクト会士，神学者，歴史家．ノジャン＝ス＝クシー修道院長.］ 270, 271, 274, 275
キャプロー，シオドア Theodore Caplow 332, 339
ギヨーム（オセールの） Guillaume d'Auxerre［1150頃オセールに生まれたフランスのスコラ学者，神学教師．ルイ九世により教皇への大使に任ぜられ(1230)，任地のローマで死去．主著『黄金大全』.］ 329, 355, 357, 358, 412
ギヨーム（オーベルニュの） Guillaume d'Auvergne［1180-1249. フランスのスコラ学者］ 355, 357, 360-366, 435, 527

ギヨーム・ド・シャンポー Guillaume de Champeaux [1070頃-1122. フランスの学者. ランのアンセルムスに学び, サン＝ヴィクトール学派の創始者となる. 普遍論争では弟子アベラルドゥスと対立.] 319
ギラルドゥス(カンブリアの)またはギラルドゥス・カンブレンシス Giraldus Cambrensis, Giraud de Cambrie 295
ギルベルトゥス・ポレタヌス Gilbertus Porretanus, Gilbert de la Porrée [1075頃-1154. フランスのスコラ神学者, 哲学者, ポワティエ司教.] 206, 219, 324, 355, 412
ギルベルトゥス（ルーダの） Gilbertus, Gilbert de Luda 287, 292
グウェリクス（イニーの） Guerricus, Guerric d'Igny [ベルギーのシトー会修道士. 聖ベルナルドゥスと出会い, 1125頃修道生活に入る. イニー修道院長.] 204, 205
クットナー, シュテファン Stephan Kuttner 318
グネ, ベルナール Bernard Guenée 434
グラーフ, アルトゥーロ Arturo Graf 304, 307, 376, 469
グラティアヌス Gratianus, Gratien [12世紀イタリアのカマルドリ会修道士, 教会法史上最重要の文献『グラティアヌス教令集』によって知られる.] 159, 210, 216, 219, 258, 259, 316, 317, 320, 330, 334, 351
グリエルムス（テュロスの） Gulielmus, Guillaume de Tyr [フェニキアの主都テュロスの大司教. 十字軍史によって知られる歴史家.] 208
グリム（兄弟） les frères Grimm [ヤーコプとヴィルヘルム. 共同で集めた『ドイツ民話集』(1812-1814) がある. →「ホレばあさん」] 39, 163
グレゴリウス一世（大教皇） Gregorius, Grégoire le Grand [540頃-604. ローマの元老院議員の家に生まれ, 公職を退いて修道士になる. ローマ教皇として西方教会の強化と改革に励み, 教会規律を重んじ, 典礼と聖歌の整備に取り組んだ.] 9, 55, 130, 132-144, 147, 148, 156, 159, 164, 168, 173, 183, 196, 197, 203, 207, 208, 213, 217, 223, 225, 264, 265, 269, 287, 307-309, 318, 324, 364, 377, 379, 384, 389, 390, 403, 412, 421, 445, 449, 462, 464, 467, 471, 482
グレゴリウス二世（聖） Gregorius, Grégoire II [669頃-731ローマ教皇（在位715-没年）. 東西両教会の和平に努力, またゲルマンへの宣教に力を入れた.]
グレゴリウス三世（聖） Gregorius, Grégoire III [シリア人のローマ教皇（在位731-741）ゲルマン地域のフランク族に布教していたボニファティウスを大司教に叙階して支援.] 153, 216
グレゴリウス九世 Gregorius, Grégoire IX [1170頃-1241. インノケンティウス三世の甥. ローマ教皇（在位1227-没年）] 317
グレゴリウス十世 Gregorius, Grégoire X [1210-1276. ローマ教皇（在位1271-没年）] 426, 427
グレゴリウス（トゥールの）（聖） Gregorius, Grégoire de Tours [538-594. トゥール司教. 主著『フランク族史』10巻（576, 592）は歴史的に貴重な資料.] 145, 165, 166

グレゴリオス（ニッサの）（聖） Gregorios, Grégoire de Nysse［330以降-394. ギリシア教父. 独創的な思考によってキリスト教信仰の神学的・哲学的把握に貢献.］ 407
クレメンス四世 Clemens, Clément IV［?-1268. フランス貴族出身のローマ教皇（在位1265-没年. 教皇権の伸長をはかり，ナポリ・シチリア王と争った.］ 426, 428
クレメンス（アレクサンドリアの） Clemens, Clément d'Alexandrie［140(150)-211(215). 古代ギリシア教父の一人. ギリシア哲学からキリスト教信仰へと導くその教えはその後のキリスト教哲学と神学に大きな影響を与えた.］ 50, 80-85, 88, 132
クローヴィス二世 Clovis II［635-657. ダゴベール一世の子で，ネウストリアとブルゴーニュの王.］ 168
クロール，ヨーゼフ Joseph Kroll［1889- ドイツの古典言語学者，グノーシス主義の研究者. 主著『神と地獄』(1932)など.］ 69
ゲラシウス一世（聖） Gelasius, Gélase［?-496. ローマ教皇（在位492-496). いわゆるゲラシウス典礼書は，今日では彼の編んだものではないとされている.］ 182, 184
ゲラルドゥス（カンブレの） Gérard de Cambrai 159, 252
ゲラルドゥス（モンテ＝カッシーノの） Gérard de Mont-Cassin 276
ゲランク J. de Ghellinck 219
ゲルヴァシウス（ティルベリーの） Gervasius, Gervais de Tilbury［1140頃-1220頃. イギリスの著作家. ドイツ皇帝オットー四世に仕えた.］ 181, 303, 304, 306, 307, 309, 418, 467, 469
ゲルヴァシウス（ルーダの） Gervasius, Gervais de Luda 287
ゲルトルーディス（ハッケボルンの） Gertrudis, Gertrude de Hackeborn［1232-1292. 妹メヒティルディスと共に，ヘルフタの修道院で聖書の研究と思索を深めたドイツの神秘主義者. 幼時のゲルトルーディス・マグナを養育した.］ 548
ゲルマヌス二世 Germanus, Germain II［1175頃-1240. ニカイア王国のコンスタンティノープル総主教. ビザンチン教会の分裂を避けるため，ローマ教会との合同を模索したが断念した.］ 421
ケレスティヌス五世 Coelestinus, Célestin V［1215-1296. ケレスティヌス修道会の創設者. ローマ教皇（在位5カ月)］ 347
ゴスアン（メッスの） Gossouin de Metz［メッスの聖職者. 中世の科学的知識を集積した『世界の姿』で知られる.］ 297
ゴーティエ・ド・コワンシー Gautier de Coincy［1177-1236(38). サン＝メダール・レス・ソワッソンの修道院長.］ 491
ゴルドシュミット，ヴィクトル Victor Goldschmidt［ストア派に関する著書 Le système stoïcien et l'idée de temps, Paris, 1953がある.］ 31
コルンバヌス（聖） Columbanus, Columban［543頃-615. アイルランド人の伝道者. イングランドからゴールに渡り，各地に修道院を設立した.］ 150

コンガール，イヴ・マリ・ジョゼフ　Yves Marie Joseph　Congar［1904-　フランスのドミニコ会神父，神学者．教会論，教会一致問題に関する著作がある．］　552
コンラート（エベルバッハの）　Conrad d'Eberbach　441, 442, 473

サ行

サクソ・グラマティクス　Saxo Grammaticus［1150頃-1216以降．ラテン語で『デンマーク史』16巻を著す．最初の9巻はキリスト教以前の伝説と神話を主とし，後半は1216年までの歴史文書．］　164
サッコーニ，ライネリウス　Rainerius Sacconi,　Raniero Sacconi［1262頃没．カトリックに改宗したカタリ派司教．ドミニコ会に入り，ロンバルディアとマンシュ地方で審問官となる．］　419
ジェイ，ピエール　Pierre Jay　90, 128, 130
シェークスピア　William Shakespeare［1564—1616.］　298
ジェリス，アルノー　Arnaud Gélis［別名マス＝サン＝タントナンのブーティエ Boutier de Mas-Saint-Antonin］　496, 497
シカール，ダミアン　Damien Sicard　183, 184
シカルドゥス（クレモナの）　Sicardus, Sicard de Crémone［1150-1215. イタリアの教会法学者，典礼学者，クレモナ司教．主著『教令大全』］　258, 259, 335, 336
シゲルス（ブラバンの）　Sigerus, Siger de Brabant［1240頃-1281. アヴェロエスの強い影響を受けたスコラ哲学者．しばしば異端の嫌疑をかけられ批判の対象となる．アリストテレスの注解など著書多数．］　250
シモン（トゥルネの）　Simon de Tournai［？-1201. スコラ神学者．『討論集』(Disputationes) を遺す．］　245, 247, 248, 324
シモン（フイイの）　Simon de Fouilly　485
ジャコミノ・ダ・ヴェロナ　Giacomino da Verona　498, 499
シャピロ，マイヤー　Meyer Schapiro［1904-　アメリカの美術史家．］　347
シャルル（アンジューの）　Charles d'Anjou［1226-1285. アンジュー，メーヌ，プロヴァンスを領する伯爵．1264以後シチリアの王となった．］　426
シャルル善良伯　Charles le Bon　315
シャルル禿頭王（カール二世）　Charles le Chauve［823-877. ルートヴィヒ敬虔王の末子．父の死後843年に西フランク王国を獲得（在位843-877），875年皇帝に即位，東フランク王国に進入したが敗退．］　156
シャルル肥満王（カール三世）　Charles le Gros［839-888. 東フランクのルートヴィヒ（ドイツ人王）の末子．二人の兄が早く死んで881年皇帝に即位，884年東・西フランク王を兼ねる．ノルマン人進入に対して有効に対処できず，887年甥および諸侯の手で廃位された．］　165, 176, 284, 309
シャルルマーニュ（カール大帝）　Charlemagne［742-814. カロリング朝のフランク王（768-814），西ローマ皇帝（800-814）．イングランドとスカンディナヴィアを除く全ゲルマン民族を支配し，キリスト教に帰依した．］　92, 154, 165, 174-176, 183, 447, 483

シャルル・マルテル　Charles Martel［689-741．カロリング朝の基礎を固めたフランク王国の宮宰．北進するイスラム教徒軍をポワティエに破る(732)．］ 92, 176
ジャン・ド・ジュルニ　Jehan de Journi［生没年不詳．キプロスのニコジアの宮廷に仕えた詩人．］ 491
シュジェ　Suger［1081頃-1151．サン＝ドニ修道院長．ルイ六世の学友，政治顧問．ルイ七世の政治顧問で国王の十字軍遠征時には摂政を務める．］ 315, 347
シュトゥイバー，アルフレート　Alfred Stuiber［1912-　ドイツの教父学者，教会史家．アルターナーの『教父学』(Patrologie) の改訂者．］ 74, 75
シュミット，K.　K. Schmid　186
シュンマコス（聖）　Symmachus, Symmaque［ローマ教皇（在位498-514)．アナスタシウス二世の死後教皇に選ばれたが，親ビザンチン派はラウレンティウスを選んで対立，東ゴート人テオドリクス王の仲介で解決．正統信仰の保持に努める．］ 137, 143
ジョスリン（ファーネスの）　Jocelin de Furness　294
ショーニュ，ピエール　Pierre Chaunu［現代フランスの歴史家．］ 549, 551
ジョフロワ（ポワティエの）　Geoffroy de Poitiers　263
ジルソン，エティエンヌ　Etienne Gilson［1884-1978．フランスの中世哲学史家．『中世哲学の精神』(1932) ほかの著作がある．］ 361
スアレス，フランシスコ　Francisco Suarez［1548-1517．スペインのイエズス会士．ルネサンス期の代表的スコラ神学者．］ 63, 549
スティーヴン王　Etienne　289
スティエルノン，ダニエル　Daniel Stiernon　421
スルピキウス・セウェールス　Sulpicius Severus, Sulpice Sévère［360頃-420/425．ラテン年代記作家．ノーラのパウリヌスの勧めで修道院生活に入り，『聖マルティーヌス伝』『年代記』を残した．］ 307
セニオレット（モンテ＝カッシーノの）　Senioretto de Mont-Cassin　276
セプティミウス・セヴェルス　Septimius Severus, Septime Sévère［146-211. 193年にローマ皇帝となる．息子カラカラおよびゲタが帝位を継ぐ．］ 76

タ行

ダグロン，ジルベール　Gilbert Dagron　426
タホン（サラゴッサの）　Tajon de Saragosse　146
タンピエ，エティエンヌ　Etienne Tempier［？-1279．パリ司教．］ 250, 355, 356
ダンテ　Dante Alighieri［1265-1321］ 11, 21, 35, 36, 39, 42, 50, 51, 53, 93, 176, 180, 298, 331, 344, 364, 376, 409, 498, 500以下546まで随所．
ディアス・イ・ディアス，マヌエル　Manuel Diaz y Diaz　149
ディオドルス（シチリアの）　Diodorus, Diodore de Sicile　70
テオドシウス　Theodosius, Théodose［346-395. ゴート族侵入に対処してローマ帝国の最後の統一を図った皇帝．聖アンブロシウスの諫言により悔い改め，キリスト教を国教とした (392)．］ 92, 93, 322

テオドリクス　Theodoricus, Théodoric［450頃-526. イタリアを征服し，ラヴェンナに都した東ゴート族の王. アリウス派の信仰を支持してカトリックを抑圧した.］ 92, 133, 143, 176, 309
デディカ，ジョゼフ　Joseph Ntedika　18, 95, 104, 106, 126, 182
テナンティ，アルベルト　Alberto Tenenti　549
デュビー，アンドレ　Andrée Duby　449
デュビー，ジョルジュ　Georges Duby［1919-　. フランスの中世史家. コレージュ・ド・フランスの中世社会史講座教授.『紀元千年』(1974),『騎士・女性・司祭』(1981) などの著書がある.］ 13, 332
デュメジル，ジョルジュ　Georges Dumézil［1898-1986. フランスの言語学者，比較神話学者.］ 332
デュラン，ピエール　Pierre Durand　496, 497
テルトゥリアヌス　Tertullianus, Tertullien［155頃-220頃. カルタゴ生まれのキリスト教護教論者. 精力的な著作活動をしたが異端視された.『護教論』(197),『マルキオンを駁す』(207-211),『霊魂論』(210-213頃) など.］ 13, 72-74, 78, 89, 90, 324
ドッヅ，エリック　Eric Robertson Dodds［1893-1979. イギリスのギリシア古典学者. 古代人の宗教体験・夢・魔術などを研究.『ギリシア人と非理性』(1951),『不安の時代における異教とキリスト教』(1965) など.］ 75
トブラーおよびロマッチュ　Tobler et Lommatzch　490
トマス・アクィナス（聖）　Thomas Aquinas, Thomas d'Aquin［1225-1274.］ 6, 64, 141, 250, 312, 355-357, 367, 375, 381-383, 390, 399-416, 425, 426, 429, 433, 435, 436, 494
トマス（カンタンプレの）　Thomas de Cantimpré［1200頃-1270頃.］ 483, 484, 486
トマス（チョバムの）　Thomas de Chobham　261, 262, 323
トマス（レンティニの）　Thomas de Lentini［13世紀のドミニコ会士. レンティニはシチリアの町.］ 429-431
ドミニクス（聖）　Dominicus, Dominique［1170以降-1221. スペイン人司祭で，フランスにドミニコ会を創立. →ドミニコ会］ 472, 489
ドムニウス（聖）　Domnius　443, 444
トラヤヌス　Trajan［ローマ皇帝（在位98-117). キリスト教徒を迫害した.］ 412
ドリュモー，ジャン　Jean Delumeau　345, 551
ドレスラー　F. Dressler　241
トロン，ニコラ　Nicholas J. Tromp　39, 41

ナ行

ニコラウス（聖）　Nicolaus, Nicolas　443, 484
ニコラウス（クレルヴォーの）　Nicolaus, Nicolas de Clairvaux　241, 242
ニコラウス三世　Nicolaus, Nicolas III［1210-1280. ローマ教皇（在位1277-没年)］ 428

ニコラウス（セント＝オルバンズの） Nicolaus, Nicolas de Saint-Albans 243
ニコラウス（ドゥラッツォの） Nicolaus, Nicolas de Durazzo［13世紀のクロトンヌの司教.］ 425
ノヴァティアヌス Novatianus, Novatien［？-257(258). ローマの神学者.『三位一体論』(250頃）を著し，テルトゥリアヌスの思想を発展させる．コルネリウス教皇と対立し，3～5世紀の教会分裂の端緒となる.］ 52
ノルデン，エドゥアルト Eduard Norden［1868-1941. ドイツの古典文献学者，古代宗教史学者．主著『知り得ざる神』(1913).］ 35, 36

ハ行

ハイモ（ハルバーシュタットの） Haimo, Haymon de Halberstadt［8世紀末-853. フルダの修道士，後にトゥールの学校でアルクイヌスに師事．フルダの修道院学校で教えた神学者.］ 156, 157
ハインリッヒ四世 Henri Ⅳ［叙任権をめぐって教皇グレゴリウス七世と争い，カノッサに屈辱を味わった（1077）皇帝（在位1056-1106).］ 322
パウリヌス（ノーラの） Paulinus, Paulin de Nole［アウグスティヌスの同時代者.］ 94, 119
パガーヌス（コルベイユの） Paganus de Corbeil 263
パサヴァンティ，ヤコポ Jacopo Passavanti［1300頃-1357頃. イタリア人のドミニコ会説教者.］ 498
パスカシウス・ラドベルトゥス Paschasius Radbertus, Paschase Radbert［785頃-860. フランスのコルビの大修道院長，神学者.］ 156
バスタール＝フルニエ，ミッシェル Michelle Bastard-Fournié 547
バッジ E. A. W. Budge 30
ハデヴィック（マグデブルクの） Hadewijch de Magdebourg 548
ハドリアヌス一世 Hadrianus, Hadrien Ⅰ［？-795. ローマ教皇（在位772-795). ランゴバルド王デシデリウスのローマ占領に際して，フランク王シャルルマーニュの援助を求め，これを打破した.］ 182, 183
パトリキウス（聖） Patricius, Patrick［389頃-461頃. アイルランドの使徒，守護聖人．ケルト人を改宗させ，修道院や学校を設立．多くの伝承がある.］ 284, 288, 296, 297, 299, 377, 384, 479, 480
パノフスキー，アーウィン Erwin Panofsky［1892年，ドイツ生まれのアメリカの美術史学者.『イコノロジー研究』(1939）で知られる.］ 347
バラ，ジャン Jean Barra 496
バル・コクバ Bar Kochba［ハドリアヌス帝時代，パレスティナのユダヤ人を率いてローマ帝国に反抗し（132-135)，エルサレムを奪回してユダヤの王と称した.］ 61, 62
バルダネス，ジョルジュ Georges Bardanès 421
ピエトロ，ディアコノ Petrus Diaconus, Pietro Diacono［1107頃-1153以降．イタリアのモンテ＝カッシーノ修道院の図書館司書として，記録文書編纂を指導し

た．偽造文書作者.］ 276
ヒエロニムス（聖） Hieronymus, Jérôme［347-419 (420). 古代教会のラテン教父の一人．生涯，当時の重要都市を巡回して活動，エジプト，パレスティナ訪問後，ベツレヘムで著作活動に励む．ラテン語訳（ウルガタ)聖書を完成した.］ 6, 90, 93, 389
ピオランティ，A.　A. Piolanti　367
ピトレ　Giuseppe Pitré［1841-1916. イタリアの民俗学者.］ 163
ピラネージ　Giambattista Piranesi, Piranèse［1720-1778. イタリアの建築家，版画家.］ 282
ヒラリウス（ポワティエの） Hilarius, Hilaire de Poitier［315頃-367. 皇帝コンスタンティウス二世に反逆罪で小アジアへ追放され，そこで東方神学を学び，西方に取り入れて体系化．アリウス派神学と闘い，正統教会を擁護.］ 90, 91, 94
ヒルデベルトゥス（ラヴァルダンの） Hildebertus, Hildebert de Lavardin［1056頃-1133. ル・マンの司教を経てトゥールの大司教，ラテン詩人.］ 229, 230
ピンダロス　Pindare［紀元前6－5世紀．ギリシアの詩人．壮大な文体で神話・伝説をふまえた叙情世界をつくりあげた.］ 34
ファン・デル・レーウ，ヘラルダス　G. Van der Leeuw［1890-1950. オランダの宗教学者，神学者，エジプト学者.］ 12
フィリップ・オギュスト（尊厳王） Philippe II Auguste［1165-1223. カペー王朝第七代のフランス王（在位1180-没年).］ 243, 250, 315, 344
フィリップ（ノヴァラの） Philippe de Novare［？-1265. 12世紀末に近東の名家イプラン家に仕えたロンバルディアの騎士，外交官.］ 491
フィリップ四世（美男王） Philippe IV le Bel［1268-1314. フランス王（在位1285-没年)．教皇ボニファティウス八世との間で世上権を争った.］ 493
フォシヨン，アンリ　Henri Focillon［1881-1943. フランスの美術史学者.］ 349
フグッチョ（ピサの） Huguccio da Pisa, Hugues de Pise［12世紀前半-1210. イタリアの神学者，ラテン詩人，文法学者．主著『教令集注解大全』．ユーグ・エテリアンともいう.］ 223, 258, 334
フーゴ（サン＝ヴィクトールの） Hugo, Hugues de Saint-Victor［1096頃-1141. アウグスティヌスの影響が深い神学者，哲学者．パリのサン＝ヴィクトール修道院長．主著『秘跡論』.］ 206, 207, 210-213, 219, 223, 247, 249, 325, 379, 384
フーゴ（サン＝シェールの） Hugo, Hugues de Saint-Cher［1200頃-1263. フランスのドミニコ会士，枢機卿，神学者，聖書学者.］ 329
フーゴ（シャフハウゼンの万聖修道院長） Hugo, abbé du monastère de tous les Saints à Schaffouse　225
フーゴ（ストラスブールの） Hugo, Hugues de Strasbourg［1210頃-1270頃. ドミニコ会士，神学者．『神学的真理提要』ほか．フーゴ・リペリンともいう.］ 382, 395, 396, 398
フーゴ・リペリン　Hugues Ripelin［→ストラスブールのフーゴ］
ブージュロール　J. C. Bougerol　374

プトレマイオス，クラウディウス　Claude Ptolémée［紀元2世紀にエジプトで生まれたギリシア人の天文学者．中世を通じて権威をなした『地理学』の著者．大地を不動の世界の中心とみなした．］ 501
プラエポジティーヌス(クレモナの)　Praepositinus, Prévostin de Crémone［1130-1210．クレモナで生まれパリで死んだフランスのスコラ学者．サン＝ヴィクトールのペトルス・コメストル，アカルドゥスに学ぶ．主著『神学大全』］ 227, 255, 263, 329, 355, 412, 417
プラトン　Platon［紀元前427-紀元前347．］ 31-34, 81, 356, 503
フランシェ，ジェラール・ド　Gérard de Franchet［1205-1271．ドミニコ会士．同会の歴史と年代記を書く．］ 472, 473
フランチェスコ（アッシジの）（聖）　Franciscus, François d'Assise［1181-1226．富裕な商人の家に生まれ，幻視体験を得て回心，清貧と愛に生きるフランチェスコ会を創設した．］ 17, 340, 479, 496
ブランドン　S. G. F. Brandon　351
フリードリヒ赤髯王　Frédéric Barberousse［1125頃-1190．ゲルマニアとイタリアの王となり，1155年神聖ローマ帝国皇帝に即位．］ 311, 322, 452
フリードリヒ二世　Friedrich, Frédéric II［1194-1250．シチリア王（1193），ドイツ王（1215），神聖ローマ帝国皇帝（1220）．十字軍遠征問題などで教皇と対立し，グレゴリウス九世に破門された．］ 14, 521
ブリュイーヌ　L. de Bruyne　74, 75
プルス，ロベルトゥス（プレン，ロバート）　Robertus Pullus, Robert Pulleyn［1080頃-1146．イギリスのスコラ学者，枢機卿，教皇庁尚書．主著『命題集』］ 222, 223
プルタルコス　Plutarchos, Plutarque［46頃-120以後．末期ギリシアの道徳家，歴史家．著作に倫理学を主体として雑多な内容にわたる『倫理論集』（モラリア）と『英雄伝』がある．］ 161, 162, 166
ブルカルドゥス（ヴォルムスの）　Burchardus, Burchard de Worms［965-1025．ドイツのヴォルムスの司教，教会法学者．教会改革に努力し，世俗問題に対する教会権力の関与を強める．『教令集』(1007-14）は，中世で最も重要な教会法集成．］ 158-160
ブルノ（カルトゥジオ会の）（聖）　Bruno, Bruno le Chartreux［1030頃-1101．ランスの聖堂参事会員，神学教師，司教区尚書などを経て，1084年カルトゥジオ会を創立．］ 203, 204
ブルヒャルト（聖ヨハネの）　Burchard de Saint-Johann　225
プルデンティウス，アウレリウス・クレメンス　Aurelius Clemens Prudentius［348頃-404以降．スペイン生まれのキリスト教徒ラテン詩人．アンブロシウスの影響下に詩作．］ 338
フレイザー　James George Frazer［1854-1941．イギリスの古典学者，人類学者．主著『金枝篇』で呪術から宗教への発展を論証した．］ 163
ブロム，ロベール　Robert Blomme　318

フロワッサール　Jean Froissart［1337頃-1400以降．14世紀の封建社会を活写したフランスの年代記作家．］ 298
フンベルトゥス　Humbertus, Humbert［12世紀前半のクレルヴォーの修道士．］ 214
フンベルトゥス（ローマンの） Humbertus, Humbert de Romans［1194頃-1277. ドミニコ会第五代総会長，オーストリアのヴィーン教区ローマンに生まれた．］ 292, 471
ヘイトー（ライヒェナウの） Heito, Hatton de Reichenau 173
ヘシオドス　Hésiode［紀元前8世紀のギリシアの詩人．教訓詩『仕事と日々』および『神統記』の作者．］ 30
ベーダ（聖） Beda, Bède［673頃-735. ノーサンブリア生まれのイギリスの神学者，聖書学者．主著『イギリス教会史』(731) は，カエサルから731年までの資料に基づく初の教会史．］ 145, 146, 153-155, 157, 165, 167-173, 183, 185, 197, 244, 256, 269, 442, 467
ペトルス（イニーの） Petrus, Pierre d'Igny 441
ペトルス・ウェネラービリス(尊者ペトルス) Petrus Venerabilis, Pierre le Vénérable［1092頃-1156. クリュニー修道院第八代院長．クレルヴォーのベルナルドゥスと対立したが，修道会の改革と復興に貢献する．］ 252, 269, 467, 471, 482
ペトルス（ヴェローナの）（聖） Petrus, Pierre de Verone［1205(06)-1252. イタリアのドミニコ会士，異端審問官．カタリ派の攻撃を受け，ミラノで暗殺された．］ 419
ペトルス・カントル（先唱者ペトルス） Petrus Cantor, Pierre le Chantre［?-1197. スコラ神学者，聖書釈義家．教会法教師としても業績を残す．先唱者の呼称はパリのノートル・ダムにおける職位に由来する．］ 245-247, 250, 251, 261, 263, 355, 482
ペトルス・コメストル　Petrus Comestor, Pierre le Mangeur［?-1179. フランスの聖書学者．主著『スコラの聖書物語』］ 230-233, 250, 251, 261, 318
ペトルス（セルの） Petrus, Pierre de Celle［1115頃-1182 (83). フランスのベネディクト会修道士，シャルトル司教．ラテン名文家として知られる．］ 224, 243
ペトルス・ダミアーニ（聖） Petrus Damiani, Pierre Damien［1000-1072. イタリアの神学者．聖職者の結婚，聖職売買問題など，教会の道徳的腐敗に対する改革を遂行．］ 188, 228, 237-242, 265, 266, 268, 300, 309, 480
ペトルス・ピクタウィエンシス（ポワティエのペトルス） Petrus Pictaviensis, Pierre de Poitiers［1130-1205. ポワティエ生まれのパリのスコラ学者．ペトルス・ロンバルドゥスの弟子．主著『命題集』五巻］ 226, 248
ペトルス（ブリュイの） Petrus, Pierre de Bruys 252
ベネディクトゥス四世　Benedictus, Benoît IV［ローマ教皇（在位900-903). プロヴァンスの王ルイ三世に皇帝の冠を授けた(901).］ 176
ベネディクトゥス（モンテ＝カッシーノの）（聖） Benedictus, Benoît du Mont-Cassin［480頃-543頃. イタリアのウンブリア州に生まれ，モンテ＝カッシーノ

に修道院を創設（529）．厳格な戒律による修道制度の基礎をすえる．その会規73章は，12世紀に至るまで西方教会の唯一の修道会規である.〕 133,265,280,441,459,460
ベラルミーノ Roberto F. R. Bellarmino〔1542-1621．イタリアのカトリック神学者，教会博士．プロテスタンティズムに攻撃を加え，ローマ教会の立場を組織的に擁護.〕 63,549
ヘリナンドゥス（フロワモンの） Helinandus, Hélinand de Froidmond〔1160頃-1229以後．フランスの吟遊詩人．世俗生活の後，回心してボーヴェー近傍フロワモンの修道院にこもる．ラテン語の『年代記』，説教，フランス語の『死の歌』がある.〕 447,471,483
ベリウ，ニコル Nicole Bériou 476
ベルナール・ギー Bernard Gui〔1261頃-1331〕 419
ベルナルドゥス（クレルヴォーの）(聖) Bernardus, Bernard de Clairvaux〔1090頃-1153．神秘思想家．修道院改革の中心シトーのベネディクト修道会に入り，後クレルヴォーに新修道院を創立，院長となる．アベラルドゥスの合理主義的傾向を斥け，教皇庁に大きな影響力をもち，第二回十字軍を実現させた.〕 160,204,210,214-216,228,237-244,247,251,253,270,293,327,361,417,442
ベルナルドゥス（フォンコードの） Bernardus, Bernard de Foncaude〔?-1192頃．フランスのプレモントレ会神学者．ワルド派異端に関する重要な文書をのこした.〕 253,254,417
ヘルベルトゥス（クレルヴォーの） Herbertus, Herbert de Clairvaux 441
ベルンシュタイン，アラン Alain E. Bernstein 365,366
ベレット，ジャン Jean Beleth 350
ヘンリクス（ゲントの） Henricus, Henri de Gand〔1213頃-1293．ゲントに生まれ，パリ大学神学教授となる．哲学を神学に従属させ，アウグスティヌスの立場からトマス主義を批判した.〕 482
ボエティウス Boethius, Boèce〔480頃-524頃．ローマ生まれの哲学者．『哲学の慰め』の著者.〕 402
ボードワン・ド・ギーズ Baudouin de Guise 441
ボードワン・ド・バルバンゾン Baudoin de Barbenzon 486
ボナヴェントゥーラ（聖） Bonaventura, Bonaventure〔1217-1274．イタリアのスコラ神学者，神秘思想家，フランチェスコ会総会長．主著『命題集注解』〕 298,355,357,367,373-382,391,398,400,494
ボニファティウス（聖） Bonifatius, Boniface〔672/675-754．アングロ・サクソンの人でドイツに布教し殉教したベネディクト会士．マインツ大司教.〕 153,165,166,216
ボニファティウス八世 Bonifatius, Boniface Ⅷ〔1235頃-1303．ローマ教皇（在位1294-没年)．教皇の至上権を主張.〕 373,379,493-495,519,520
ホノリウス・アウグストドゥネンシス（オータンの） Honorius Augustodunensis〔1080頃-1156頃．アイルランドのスコラ学者．後半生をドイツで隠修道士として

すごしたといわれ，多数の著作がある.〕 199-203
ホメロス　Homeros, Homère〔紀元前800以前．ギリシア最古の叙事詩『イリアス』と『オデュッセイア』の作者.〕 30
ホール，エドワード　Edward T. Hall　6
ホルヌンク，エリック　Erik Hornung　29
ボンヴェシン・ダラ・リヴァ　Bonvesin dalla Riva〔1240頃-1315頃．教訓的・歴史的作品および詩を，ラテン語・ミラノ方言で書いたイタリア人作家.〕 498, 499

マ行

マスペロ，ガストン　Gaston Maspero〔1846-1916．フランスのエジプト学者．ギゼのスフィンクス，ルクソール神殿の調査で知られる．主著『エジプト神話・考古学研究』(1893-1916)〕 28
マタエウス（パリの）　Matthaeus, Matthieu de Paris〔1200頃-1259．イングランドのセント＝オルバンズのベネディクト会修道院に属する年代記作者．『大年代記』『小年代記』を著す.〕 287, 289, 296
マップ，ウォルター　Walter Map〔1140頃-1209．イギリスの聖職者，著述家．著書『宮廷人の四方山話』〕 321, 322
マラキアス（聖）　Malachie〔1190年に列聖.〕 294
マリ・ド・フランス　Marie de France〔12世紀後半のフランスの最初の女性詩人．イングランドで活躍したらしい．宮廷風恋愛物語詩や寓話集のほか，『聖パトリキウスの煉獄』(1190頃）がある.〕 294, 296, 490
マリア（聖母）　la vierge Marie　204, 266, 267, 449, 452, 456, 457, 461, 473, 484, 489, 491, 496, 497
マリア（オイグニスの）　Maria, Marie d'Oignies〔13世紀ベギン会修道女.〕 484-486
マルー，アンリ＝イレー　Henri-Irée Marrou〔1904-1977．筆名アンリ・ダヴァンソン．フランスの古代史家，教父学者．アウグスティヌス，アレクサンドリアのクレメンスに関する研究など多数.〕 81
マール，エミール　Emile Mâle〔1862-1954．フランスの美術史家．中世イコノグラフィーの研究家.〕 348, 349
マルキオン　Marcion〔？-160頃．黒海沿岸で生まれ，ローマで独自の神学的構想を練り，旧約聖書を否定するなど異端視された．一種のグノーシス主義で，多くの教父が反駁を試みた．→『マルキオンを駁す』〕 73
マルブランシュ　Nicolas de Malebranche〔1638-1715．フランスの哲学者.〕 128
マレー，アレグザンダー　Alexander Murray　344
ミカエル八世・パライオロゴス　Michael, Michel Ⅷ Paléologue〔1224頃-1282．ビザンチン帝国皇帝（在位1259-没年).〕 426-429
ミシェル，A.　A. Michel　85, 128, 428
メヒティルディス（ハッケボルンの）　Mechthildis, Mechthilde de Hackeborn〔1241-1299．ゲルトルーディスの妹．ドイツのシトー会修道女で神秘家．彼女の

受けた啓示の記録『特別な恩恵の書』が残っている.〕 548
メヒティルディス（メヒトヒルト）（マグデブルグの） Mechthildis, Mechthilde de Magdebourg〔1209頃-1280(94). ドイツの神秘家.〕 548
モールマン，クリスティーネ Christine Mohrmann〔1903- オランダの教父学者. 初期キリスト教ラテン文学の権威. 主著『キリスト教ラテン語の研究』(1958, 1961).〕 72

ヤ行

ヤコーブス（聖） Jacobus, Jacques 443
ヤコーブス（ヴィトリの） Jacobus, Jacques de Vitry〔1170頃-1240. アコンの司教. 逸話を巧みに駆使した説教者.〕 297, 446-448, 467, 471, 482-486, 493
ヤコーブス（ヴォラギネの） Jacobus, Jacques de Voragine〔1230頃-1298頃. ドミニコ会修道士からジェノヴァの大司教となる.『黄金伝説』の著者.〕 141, 188, 297, 438, 479-482
ユーグ，エテリアン〔→(ピサの) フグッチョ〕
ユークリッド Euclide〔紀元前3世紀. アレクサンドリアで教えたギリシアの幾何学者.〕 343
ユダ・マカベア（マカベアのユダ） Judas Maccabée〔?-紀元前160. セレウコス朝シリア王国に対するユダヤ反乱軍の指導者. →マカベア書下.〕 64, 70, 382
ユード（スワッソンの）〔→(ウルスカンの) オド〕
ユード・ド・シェリトン Eudes de Chériton 483
ユリアーヌス（聖） Julianus, Julien l'Hospitalier〔特にスペインとシチリアで崇敬されている伝説的な聖人.〕 443, 444
ユリアヌス（ヴェズレーの） Julianus, Julien de Vézelay 300-302
ユリアヌス（トレドの）（聖） Julianus, Julien de Toledo〔642頃-690. スペイン教会を隆盛に導いたトレドの大司教，神学者. 在位中四回にわたって公会議を主宰.〕 146-149, 156
ヨアキム（フィオーレの） Joachim de Fiore〔1130頃-1202. イタリアの神秘主義思想家. シトー会に入り，フィオーレに修道院を設立，著述に専念した. ペトルス・ロンバルドゥスの三位一体説と対立し，ラテラノ公会議で異端とされた.〕 125, 347, 434
ヨアネス・スコトゥス（エリウゲナの） Joannes Scotus, Jean Scot d'Erigène〔810頃-877頃. アイルランド生まれの神学者. フランク王国の宮廷学校で神学および哲学を教授. 新プラトン主義を導入し，汎神論的傾向をもつものとして異端とされた.〕 144, 158, 199
ヨアネス（ソールズベリーの） Joannes, Jean de Salisbury〔1115-1180. 12世紀ルネサンスの代表的スコラ思想家. フランスで学び，イギリスで活躍，晩年シャルトル司教. 主著『メタロギコン』〕 224, 247
ヨゼフ一世 Joseph I〔1200頃-1283. 反教会合同派のコンスタンティノープル総主教.〕 426

ヨツアルドゥス　Jotsualdus, Jotsuald　186, 188, 300, 309, 342
ヨハネ（ダマスカスの）（聖）　Jean Damascène［？-749頃．ダマスカス生まれのギリシア教会博士．イコン破壊論の異端と戦った.］　413
ヨハネス一世（聖）　Johannes, Jean I［ローマ教皇（在位523-526)．東西教会の政治上・教理上の対立時代にあって，アリウス派のテオドリクス王によってビザンチン皇帝ユスティノスのもとへ特使として派遣されたが失敗，獄死した.］　143
ヨハネス二十一世　Johannes, Jean XXI［ローマ教皇（在位1276-1277)］　428
ヨハネス二十二世　Johannes, Jean XXII［1245頃-1334．ローマ教皇（在位1316-没年）アヴィニョン幽閉時代の教皇．イタリアとフランスの政治的紛争の中で，教皇権の維持と強化に努め，皇帝と争った.］　551
ヨハネス・テウトニクス（チュートン人ジョン）　Johannes, Jean le Teutonique　259
ヨハネス・デ・デオ（ジャン・ド・デュー）　Johannes de Deo, Jean de Dieu　327
ヨヨット，ジャン　Jean Yoyotte　28
ヨルダン（ザクセンの）　Jordanus, Jourdain de Saxe［？-1237．ドイツに生まれ，パリで勉学，1220年ドミニコ会に入り，同修道会総会長となる.］　472
ヨルデン，W. W. Jorden　186

ラ行

ライル卿，ウィリアム　Sir William Lisle　298
ラウール（ランの）　Raoul de Laon　204, 319
ラウレンティウス　Laurentius, Laurent［→シュンマコス］　137
ラクタンティウス　Lactantius, Lactance［？-330頃．アフリカの修辞学者，ラテン教会の護教家．主著『神学教程』7巻（304-313）で，異教のむなしさを説き，終末論においては千年至福説をとる.］　90
ラテリウス（ヴェローナの）　Ratherius, Rathier de Vérone［890頃-974．リエージュの近くで生まれ修道士となってイタリアへ行き，王にとりいってヴェローナ司教になったが，やがて追放された.］　144, 157
ラバヌス・マウルス　Rabanus Maurus, Raban Maur［780頃-856．ドイツの神学者．トゥールでアルクイヌスに師事したフルダの修道院長（822-842)，マインツの大司教．彼の就任により，フルダはドイツの学術の中心となる.］　144, 155
ラブレー　François Rabelais［1494頃-1553］　298
ラントグラーフ，アルトゥーロ・ミヒャエル　A. M. Landgraf［1895-1958．ドイツのカトリック文献学者．『初期スコラ神学の教理史』8巻がある.］　234, 236, 258, 324, 327, 335, 344
ランフランクス　Lanfrancus, Lanfranc［1004頃-1089．イタリアのパヴィアに生まれた中世初期スコラ学者，ノルマンディのベック修道院長(1045)．後にカンタベリーの大司教となる.］　144, 158
リクサンダ　Rixanda　495
ルアダン（証聖者）　le saint confesseur Ruadan　284

ルイ六世　Louis VI［1081頃-1137. フランス王（在位1108-没年).］ 315
ルイ七世　Louis VII［1120-1180. フランス王（在位1137-没年). シュジェを摂政として，聖ベルナルドゥスのよびかけた十字軍遠征に赴く.］ 250, 315
ルイ九世（聖王） Louis IX (Saint Louis)［1214-1270. フランス王. 1297年列聖.］ 250, 348, 476
ルクレール，ジャン　Jean Leclercq［1911- フランスのベネディクト会修道士で，中世修道院神学の碩学. 特にクレルヴォーのベルナルドゥス研究で有名.］ 237
ルター，マルティン　Martin Luther［1483-1546. ドイツの宗教改革者.］ 3
ルートヴィヒ・ドイツ人王　Louis le Germanique［804頃-876. ルートヴィヒ敬虔王の三男で東フランク王(817-843)，ゲルマニア王(817-876).］ 293
ルトガルディス（聖） Lutgardis, Lutgarde［1182-1246. ベルギーの神秘家.］ 484-486, 548
ルノー・ド・ブルゴーニュ　Renaud de Bourgogne〔13世紀，モンペリアールの伯爵.］ 487
ル・ブラ，ガブリエル　Gabriel Le Bras［1891- フランスの法社会学者. 宗教社会学に新しい方法論を導入した.］ 439
ルブラン，フランソワ　François Lebrun　549
ルメートル，ジャン＝ルー　Jean-Loup Lemaître　487
ル・ロワ・ラデュリー，エマニュエル　Emmanuel Le Roy Ladurie［1929- フランスの歴史家. 著書『ラングドック地方の農民』『モンタユー』など.］ 496
レヴィ＝ストロース，クロード　Claude Lévi-Strauss［1908- フランスの文化人類学者. 未開民族の社会・神話などの構造論的分析と解釈を行う.］ 12, 332
レギナルドゥス（ピペルノの） Reginaldus, Reginault de Piperno［1230頃-1290頃. イタリアのドミニコ会士. 秘書としてトマス・アクィナスの神学の完成を助ける.］ 383, 400
レズリー，シェイン　Shane Leslie　294
レナック，サロモン　Salomon Reinach［1858-1932. フランスの文献学・考古学者.］ 70
レミギウス（オセールの） Remigius, Rémi d'Auxerre［841頃-908頃，オセールの修道院長，哲学・神学者. カロリング・ルネサンス期の学者の解説，注解，説教など.］ 156
レミギウス（ランスの）（聖） Remigius, Rémi de Reims［437頃-535頃. アリウス派の優勢なガリア地方への伝道者. フランク王クローヴィス一世をカトリックに改宗させ洗礼を授けた.］ 176, 179, 180, 294
レーモン七世（トゥールーズの） Raymond VII de Toulouse［トゥールーズ伯. アルビジョワ十字軍の襲来に対して，父レーモン六世はカタリ派を援護し，フランス王ルイ八世に抵抗したが，彼の代になって1229年にアルビ戦争は終結した.］ 322
ロシェ，アンリ　Henri Rochais　237
ロジャー（ウェンドーヴァアの） Roger de Wendover［?-1236. ベネディクト会の

セント＝オルバンズ修道院の年代記『歴史の精華』を書いた.〕 296, 443
ロドルフ　Rodolphe〔ハイステルバッハのカエサリウスの師.〕 450
ロベルトゥス（ムランの） Robertus, Robert de Melun〔1100頃-1167. イギリスのスコラ学者. パリに学び, アベラルドゥスの後を襲いサント＝ジュヌヴィエーヴの教授となる. 帰国してヘリフォード司教.〕 224
ロンバルドゥス, ペトルス　Petrus Lombardus, Pierre Lombard〔1100頃-1160. イタリアのスコラ学者, パリ司教.『命題集』4巻によって著名.〕 210, 219-221, 230, 233, 234, 236, 250, 298, 320, 327, 334, 336, 355, 359, 367, 373, 374, 377, 381, 382, 389, 393, 394, 399, 400, 407
ロンジェール, ジャン　Jean Longère　210

文 書 資 料 索 引

ア行

カ行

サ行

タ行

ナ行

ハ行

マ行

ヤ行

ラ行

事項索引

ア行

アイルランド（の） Irlande, irlandais 264, 270, 282-284, 286-288, 295-300, 306, 307-310, 462, 479, 480
——伝説の王たち（ダマクス Domachus, コヌア Conchober, コルマクスまたはコーマック Cormachus ou Cormack） 284
アヴェルヌス Averne［イタリアのナポリ近辺の湖．硫黄ガスを発散していて，古代には地獄の入口があるとみなされた.］ 30
アヴェロイスム averroïsme［アヴェロエスの哲学説，特にそのアリストテレス解釈．とりわけブラバンのシゲルスに大きな影響を与え，二重真理説などキリスト教の教義との調和上，さまざまの紛糾の種を蒔いた.］ 355, 356, 360
アトス山 le mont Athos［エーゲ海に突き出たマケドニアの半島南端の山．中世以来，この峻険の地に多くの修道院がある.］ 429
アブラハムのふところ le sein d'Abraham 10, 36, 66, 71-74, 79, 87, 91, 104, 108, 112, 147, 153, 182, 184, 185, 195, 216, 222, 223, 225, 233, 234, 255, 294, 303, 304, 330, 375, 378, 395-397, 402, 404, 430, 431, 435
アブルッチ山地 les Abruzzes［イタリアのアペニン山脈中央部の石灰岩褶曲層山地．気候厳しく，地震の多い地域.］ 137
アポカタスタシス apocatastase［原初の完全性への復帰，神の約束の最終的な成就を意味するギリシア語．オリゲネスの体系内では宇宙の終極的な更新および魂の無垢状態の回復を指す.］ 85, 88, 125, 431
アラス教会会議 concile d'Arras［1025年開催.］ 159
アラスの異端者たち hérétiques d'Arras［アラスはフランス北西部旧アルトワ州の首都.］ 252, 253, 417
アラル Arallû［アッシリア人の地獄］ 38, 47
アルバ派 albaniens ［カタリ派と共に異端の名称の一つ.「清浄無垢」派を意味する．アルビ派はこの語の変形.］ 420
イエズス会士 jésuites［イエズス会は1540年イグナティウス・デ・ロヨラによって創立された男子修道会．教皇への忠誠，戦闘的な海外布教で知られる.］ 549
命の書 libri vitae, livres de vie［死者名簿，一種の過去帳．Cf. 第一部Ⅲ原注41］ 185
ヴァティカン公会議（第二回） concile de Vatican Ⅱ［ヨハネス二三世によってサン・ピエトロ大聖堂に召集された第21回公会議(1962—63)．教会一致の促進，典礼，教会組織，宗規などの改正が主題となる.］ 183
ヴァルハラ Valhalla［北欧ゲルマン神話の死後世界で，戦死者の霊が集うところ.］ 27, 164
ヴィエンヌ公会議 concile de Vienne［フランス東南部の町ヴィエンヌで開かれた

第15回の公会議(1311). 教皇クレメンス五世によって召集され，トルコ人に侵略された聖地への援助とローマ教会の改革を議題とした.］ 455
ウガリット文書 documents ougaritiques［シリアの地中海沿岸ラタキエで発掘調査された古代都市ウガリット（紀元前5000—1200）の遺跡で発見された古文書. これに基づいて1929年頃，セム語族の一つウガリット語が解読された.］ 39
ウパニシャッド Upanishads［紀元前6－2世紀に徐々に形を整えて行った多数の作品の総称. そのうち14または17種が古代ウパニシャッドと呼ばれる. チャーンドギャ・ウパニシャッド，イーシャー・ウパニシャッドなど.］ 26, 27
ウラノス界 monde uranien［ギリシア神話で，下界に対する天界. →クトン界.］ 5, 59
「ウル＝ナムーの地獄下り」 descente aux enfers d'Our-Nammou 37
枝の主日 jour des Rameaux［訳注二二を見よ］ 477
エデン（楽園） Eden 60, 61, 63
エトナ山 l'Etna［シチリア島の火山.］ 14, 49, 302-304, 307, 309, 310, 467, 468
エリジウム（楽土，極楽浄土） les champs Elysées［ギリシア・ローマ神話で，神々に愛された英雄などが，死後そこで幸福な生を営む野. ホメロスではエリュシオンといい冥界とは別. ウェルギリウスなどローマ詩人では冥界にあるとされる.］ 5, 27, 35, 164
エルの神話 mythe d'Er［パムピュロイ族出身のアルメニオスの息子エルの物語. 彼は戦場で死に，火葬に付されようとしたとき生き返って，あの世で見たことを物語る.（プラトン『国家論』第10巻)］ 32
オルフェウス教 orphisme 33, 34, 70, 81, 84

カ行

会計学/帳簿づけ（死後世界の） comptabilité de l'au-delà 257, 281, 342, 344, 358, 409, 414, 436, 451, 462
外典 apocryphe［正統ユダヤ教から排除された典外書で，ウルガタ聖書の訳者ヒエロニムスが外典と命名した. その内容は時代・教派によって異なる. エヅラ第2～第5書，マカベア第1，第2書など. →偽典］ 36, 45, 78
カタリ派 cathares［フランス，イタリア北部を中心に栄えた12, 3世紀の二元論的異端.「清浄な人」を意味し，マニ教の流れを汲む.］ 9, 16, 253, 256, 357, 418-420, 496
カマルドリ会 camaldoli［ペトルス・ダミアーニの師ロムアルドゥスが創設したイタリアの修道会.］ 268
カルタゴ公会議 concile de Carthage［397年開催.］ 52
カルトゥジオ会（士） chartreux 193, 203
寛解主義者/慈悲深い人々 laxistes, misericordes 95, 104, 105, 107, 369
偽典 pseudepigraphe［紀元前200～紀元後100頃までに書かれたユダヤ教文献で，正典および外典に含まれていない文書を総称する. ヘノク書，シビラの神託など.］ 45

教訓逸話/逸話/訓話　exempla　22, 136, 168, 244, 269, 345, 445-449, 453, 455-461, 463, 465, 466, 470, 471, 473, 475, 482, 483, 487, 490
クオドリベタ（自由討論）　quodlibeta［スコラの神学教育において重要な役割を演じた演習方法の一つ．予め教授が定めた主題について行われる通常の討論 disputatio (ordinaria) に対して，だれもが自由に主題を提起しうる特別の討論．］　355, 360
功徳　mérite　18, 26, 34, 38, 48, 49, 53, 67, 79, 99, 101, 113, 157, 164, 179, 235, 237-239, 247, 248, 252, 260, 314, 337, 359, 370-374, 381, 386, 389, 393, 398, 401, 404-406, 411, 413, 414, 452, 459, 465, 494, 538, 548
クトン界　monde chtonien［ギリシア神話で，ウラノス界に対する下界．ゼウス，ハデス，デメーテルなど，地上に展開される生を表す神々は下界の神々とされた．］　5, 60
グノーシス主義，グノーシス派　gnosticisme, gnostique［徹底した霊肉二元論によるヘレニズム期の哲学的宗教思想．グノーシス（霊知）を得て救いが実現すると主張する．2世紀半ば頃，これを用いてキリスト教を解釈するキリスト教分派があらわれ，正統教会から異端視された．］　26, 57, 58
クリュニー（会）　Cluny, ordre de Cluny［クリュニーはソーヌ＝エ＝ロワール県の町．910年にここに建造されたベネディクト派の大修道院を中心とする改革修道会．11—12世紀にこの改革運動は全キリスト教界に広がった．］　185-188, 227, 251, 269, 300, 316, 350, 434, 480
クルアハン・エーグル山　mont Cruachan Aigle［アイルランドのコナハト Connaught 地方の山．］　295
グレゴリウス改革　réforme grégorienne［11世紀末グレゴリウス七世が推進した教会改革．］　186, 192, 312
決疑論　casuistique［倫理神学の一分野．宗教的規範を個々の具体的行為に適用する際に生じる良心の問題に，解決を与えることを目的とする．］　245, 475
ゲヘナ（地獄）　Géhenne［ヒンノムの谷の意．後期ユダヤ教では背教者や罪人が滅ぼされる場所とされ，新約聖書では来世の刑罰の場所と考えられている．→ヒンノムの谷］　11, 52, 60-63, 98, 107, 112, 132, 149, 151, 167, 171, 188, 197, 216, 222, 238, 291, 302, 303, 305, 366, 385, 386, 394, 430, 431, 442, 448, 455, 493
ゲラシウス典礼書　sacramentaire gélasien［おそらくフランク王国で6—8世紀の間に書かれた．ヴァティカン図書館の原本にはローマ教会典礼書とのみある．主日・祝日のミサ，随意ミサ，死者ミサ，などの要式を記す．→ゲラシウス一世］　182, 184
ケルンの異端者たち　hérétiques de Cologne　417
公会議　concile［教会の教義・儀式・宗規などに関して審議決定するために，全世界の司教または正規の代表者が参集する会議．ローマ教会では古代教会時代の7回とそれ以後の14回，計21回を公会議という．→ラテラノ，リヨン，ヴィエンヌ，フィレンツェ，トリエント公会議の項を見よ．］
高利貸　usurier［→リエージュの高利貸の物語］　440, 453-456, 462, 463, 468, 490,

497
ゴグ・マゴグ［旧約のエゼキエル書では，ゴグは小アジアの北東に位置する国マゴグの国王．後にヨハネの黙示録では，神の国と神の民に敵対する反メシアの象徴．］5, 62
コプト派　Copte［エジプトのキリスト教の一派．］ 29

サ行

裁定　determinationes［スコラの神学教育において，討論 disputatio の締めくくりとして，教授が論点を整理して与える最終結論．］ 198
三機能図式　schéma trifonctionnel　13
三元（部/極/項）の体系（図式/構造），三幅対など　système tripartite, etc. 12, 42, 173, 192, 242, 261, 332, 333, 338-341, 378, 387, 448
シェオール（冥府，よみ） shéol［旧約聖書に頻出するユダヤ教の死後世界．］ 5, 12, 38, 39, 41-44, 47, 60, 73, 79, 133, 164, 195, 435
「シ＝オシールの死後世界旅行」 le voyage dans l'au-delà de Si-Osire［不詳］ 29
死者の記念　commémoration des morts［死者の埋葬後に行うミサや記念会など（プロテスタント）．カトリックでは特に死者ミサの中で行われる記念禱をさす．個人の記念日とは別に万聖節・万霊節がある，→次項．］
死者の記念日（万霊節） jour des Morts［万聖節（Toussaints）の翌日，11月2日．998年以後，一般に普及した．］ 186, 227, 230, 381, 434, 479, 480, 493, 548
死者ミサ基金簿　obituaire　186, 487
シチリア　Sicile　14, 34, 143, 187, 188, 264, 300, 301, 304, 306-310, 365, 467
シトー会（士） ordre de Citeaux, cistercien［1098年，聖ロベルトゥスがフランスのシトーに創立した修道会．聖ベルナルドゥスの入会後に発展の一途を辿った．］ 14, 193, 204, 210, 214, 234, 243, 244, 249, 251, 269, 270, 286, 287, 292, 294, 296, 312, 322, 378, 400, 418, 441, 447, 448, 450-452, 456, 457, 463, 471-473, 483, 484, 487
使徒派　apostolique　253
至福直観　vision béatifique［カトリック教徒の究極目標である神の認識．］ 370, 371, 375, 378, 380, 384, 386, 397, 461, 462, 466, 543, 551
シャンマイ派　Šammaites［キリスト時代のユダヤの指導的律法学者シャンマイ Šammay の学派．モーセの律法に厳格で，異邦人に対して偏狭なパリサイ．→ヒルレル派］ 61, 62
衆議会（サンヘドリン） sanhedrin［ローマ時代に設けられたユダヤの法院．70人議会ともよばれるるエルサレムの大サンヘドリンと，地方の各町村の事件処理をした衆議所（小サンヘドリン）の2種がある．］ 62
自由意志　libre arbitre, volonté　9, 374, 375, 391, 409, 529, 530
自由討論→クオドリベタ
終末論（的） eschatologie, eschatologique　4, 6, 28, 52, 81, 86, 87, 124, 125, 132, 133, 147, 209, 223, 276, 286, 309, 311, 313, 341, 345, 347, 348, 360, 383, 401, 407, 435,

436, 449, 464, 472, 541, 546
浄罪の火　feu purgatoire　13, 16, 22, 98, 101, 104, 106, 107, 111, 112, 117, 124-131, 136, 144, 146-158, 160, 169, 181, 195, 197, 198, 200, 202-211, 220, 222, 224, 226, 231-233, 235, 236, 247, 248, 252-257, 263, 302, 320, 326-328, 331, 335, 358, 359, 366, 368-370, 388-390, 407, 409, 417, 418, 422, 424, 442-444, 471, 481, 551
常時祈りの会（メッサリアン）　messalien［4－7世紀にオリエント・エジプトに広まったキリスト教の異端．施しによって生き，秘跡によらず専ら祈りによって救いを得ると信じた．］ 16
諸聖人の通功　communion des saints［カトリック教義による三つの教会—戦闘の教会・苦悩の教会・勝利の教会—相互間の，祈りによる愛の交流をいう．これにさらに地上における信徒相互の愛の交流をも含める．］ 371, 394, 411, 413, 455, 466, 536, 547
信心会　confrérie［祭礼，信心業，相互扶助等を目的として職能的に組織された平信徒の組合］ 19, 439, 488, 489
心性　mentalité　6, 7, 11, 123, 245, 295, 299, 361, 407, 429, 552
ストア派　stoïcien　17, 86
ストロンボリ島　le Stromboli［イタリア，ティレニア海上のエオリオ諸島最北端に位置する円錐形の火山島．］ 14, 342
聖シュルピス会（の）　ordre de Saint-Sulpice, sulpicien［訳注二七を見よ］ 549
政治的利用（死後世界の）　politisation de l'au-delà　143, 176, 284, 309
聖心信仰/聖心崇敬（イエスの）　piété au Coeur du Christ［訳注二四を見よ．］ 484, 548
聖パトリキウスの煉獄　Purgatoire de saint Patrice (Patrick)　14, 36, 288, 292, 295-299, 310, 462, 465, 471, 479
清涼（——の地，——域，——界）→レフリゲリウム
聖霊の七つの恵み　les sept dons du Saint-Esprit　463
ゼロテ党　Zélotes［紀元前1世紀頃にローマの支配に対して戦ったユダヤの熱烈な愛国者ゼロテの一味．］ 49
千年至福説　millénarisme［ヨハネの黙示録20-21に基づき，世の終わりに先立ちキリストが再臨して千年間統治するという説．それによれば，千年王国の初めに諸聖人の第一の復活，そして世の終わりに万人の第二の復活があることになる．］ 89, 96, 105, 124-127, 184, 434, 494
全贖宥　jubilé［旧約ではヨベルといわれ，カトリック教会では聖年を設けて大赦の年とした．ローマ聖庁が特別な機会に与える全免償．1300年ボニファティウス八世に始まり最初は50年に一度，1450年以降は25年に一度．］ 373, 379, 432, 493-495, 519
洗礼派　baptiste　16
ゾロアスター教　zoroastrisme［紀元前7－6世紀のイランの宗教改革者ゾロアスターの教説．］ 27

タ行

第三会（員） tiers ordre, tertiaire［修道会員で俗籍にあるものがつくる修道院連結の信心組織．在俗第三会（世俗生活者の部会）と律修第三会（修道院内生活者の部会）とがある.］ 498, 539
托鉢修道会 ordres mendiants［フランチェスコ会（1209），ドミニコ会（1216），カルメル会（1245），アウグスティヌス会（1256）など，托鉢をし，清貧に生きることを信条とする修道会.］ 19, 249, 354-356, 367, 382, 445, 472, 487, 489
（魂の）たまり場→レセプタクル
タルタロス Tartare［ギリシア神話における冥界の最下層（奈落の底）．後に冥界そのものと同一視された.］ 30, 35, 135, 166, 262, 263
地上（の）楽園 paradis terrestre 5, 61, 108, 201, 291, 292, 299, 303, 330, 361, 404, 406, 435, 444, 502, 524, 526, 530, 532, 541, 543, 545
地理（学）（死後世界/来世/あの世/霊界の） géographie de l'au-delà 4, 8, 20, 28, 58, 60, 69, 108, 133, 135, 146, 193, 194, 216, 222, 232, 262, 264, 280, 285, 299, 310, 344, 378, 385, 393, 395, 408, 420
デヴォチオ・モデルナ（近代的信心） Devotio Moderna［訳注二六を見よ.］ 549
天上（の）楽園 paradis céleste 61, 73, 292, 303, 449
典礼 liturgie［教会規則に従った儀式や祝日・式服・用語などを含む一切の公的礼拝執行の体系を指す.］ 69, 71, 144, 146, 183-185, 230
ドミニコ会（士） (ordre) dominicain［フランスでドミニクスが創始した修道会．1216年，教皇ホノーリウス三世によって認可された.］ 61, 297, 307, 329, 355, 382, 383, 388, 395, 399, 413, 418, 419, 429, 438, 448, 463, 466, 470-472, 474-477, 479, 481, 484, 486, 489, 495, 498, 552
トリエント公会議 concile de Trente［宗教改革後の教理上の分裂を除くために召集された第19回の公会議．プロテスタントとの対立が先鋭化し，しばしば中断して長期にわたった（1545-1563）.］ 21, 45, 63, 127, 428, 548
とりなし（の祈り） suffrage［主としてマカベア書下，12. 40-46を典拠として古代教会時代から行われた死者のための祈り．煉獄や功徳の観念を認めないプロテスタント教会では，このような祈りはしない.］ 8, 18, 19, 92, 98, 101, 102, 104, 106, 107, 122, 136, 137, 146, 147, 153, 154, 159, 172, 197, 213, 217, 220, 221, 223, 240, 248, 253, 256, 258, 259, 264, 275, 314, 315, 334, 336, 342-344, 350, 358, 363, 371, 380, 381, 392, 394, 398, 404, 410-417, 420, 424, 427, 436, 438, 439, 441, 451, 453-457, 459, 464-466, 471, 480-483, 486-489, 494, 536, 548

ハ行

パッサージニ passagini, passagins［12世紀のロンバルディアの異端．割礼を行い，三位一体の玄義を否認.］ 255, 417
ハデス（冥府/黄泉/地獄） Hadès［ハーデースが支配する古代ギリシア・ローマの冥界.］ 5, 32, 33, 41, 43, 66, 68-70, 74, 79
パブリカン publicain［カタリ派の異名の一つ．第三部Ⅷの原注71参照.］

パリ教会会議　concile de Paris［1210年開催.］ 158
万霊節→死者の記念日［死者の日，諸魂日ともいう.］
ピサ教会会議　concile de Pise　252
ピタゴラス説，ピタゴラス派　pythagorisme, pythagoricien　81, 85
ヒルレル派　Hillélites［紀元前70頃-紀元前10頃のユダヤの律法学者ヒルレルの徒. シャンマイ派の厳格主義に対して，律法のより自由な解釈をした，→シャンマイ派.］ 61, 62
ヒンノムの谷　vallée d'Hinnom［エルサレムの城壁外東南から南西に横たわる谷. →ゲヘナ.］ 60
フィレンツェ公会議　concile de Florence［コンスタンティノープルへのトルコ軍の接近のため，ギリシア教会がラテン教会に援助を求めて始まった（1439-42). 両教会の再合同を目的とし，煉獄の教義・ローマ教皇首位権などを承認.］ 80, 127, 428, 548
フラゲランテス→鞭打苦行者
プラトン主義者（——的） platonicien　82, 114, 116
フランチェスコ会（士） (ordre) franciscain［アッシジのフランチェスコが1209年に創立した. 所有の放棄，勤労，奉仕，托鉢などに特徴を示す.］ 249, 342, 347, 355, 367, 368, 373, 374, 380, 382, 391, 413, 420, 421, 423, 434, 472, 474, 476, 477, 495, 498, 539
「ブランの航海」 Voyage de Bran［アイルランドのサーガの一つ.］ 163, 441
プレモントレ会（士） prémontré［1120年フランスのプレモントレに創設.］ 193, 253
ベギン会　béguinage［12世紀ベルギーに創立された女子修道会. 病人や困窮者への博愛主義的奉仕と神秘主義的黙想に励んだ.］ 446, 471, 475-477, 484, 495, 548
ヘクラ山　le mont Hecla［アイスランド南部の成層火山.］ 164
ベネディクト会（士） bénédictin［→モンテ＝カッシーノのベネディクトゥス］ 224, 225, 276, 280, 282, 284, 443, 459, 460, 484
ペラギウス派　pélagien［ペラギウスはアイルランドの修道士. 360頃-420頃. 原罪説を否定し，自由意志を強調してアウグスティヌス，ヒエロニムスの批判をあび，後に異端とされた.］
「ホレばあさん」 Frau Hölle［グリム民話の一篇. 働き者の妹が，落とした糸まきを求めて井戸にとびこみ，下界で美しい草原，一軒の家，そしてホレばあさんに出会い，やがて地上にもどる.］ 39

マ行

マヅダ教　mazdéisme［太陽と火の神マヅダを信仰するペルシアの宗教.］ 28, 52
マニ教　manichéisme［240頃ペルシア人マニにより創始された宗教. マヅダ教の二元論とマンダヤ教の禁欲主義を折衷している. 中世の異端アルビ派・カタリ派に影響を与えている.］ 57, 58, 338
マンダヤ教　mandéisme［古代グノーシスの一派（1～2世紀). 今日なおイラク南

部に数百万のマンダヤ教徒がいるといわれる.] 58
ミシュナ　Michna [タルムード第一部を構成する主要部分. ユダヤ教口伝律法の権威ある集成.] 62
鞭打苦行者（フラゲランテス） flagellant [主に13—14世紀, 祈りと聖歌を唱いつつ各地を放浪した狂信的キリスト教徒. 公衆の面前で互いに鞭で打ち合った.] 347
冥府降下（イエス・キリストの） descente aux Enfers du Christ [Iペテロ, 3. 19, 4. 6に記されている, キリストが死後に地下にある死者の国を訪れたことをいう. ローマ教会では, キリストが族長たちのリンボにあるすべての義人の魂を解放して天国に導くための行為と解釈する.] 5, 68, 148, 223, 225, 233, 234, 255, 330, 395-398, 404, 406

ヤ行

抑謙修道会　ordre des Humiliates [はじめ12世紀ロンバルディアの毛織物業者信心会. 絶対的清貧と平信徒説教で知られる. 異端的逸脱が顕著だったが, インノケンティウス三世により教会に帰服, 1201年一部修道会に改組.] 498

ラ行

ラテラノ公会議（第四回） concile de Lateran [ローマのラテラノ会堂にインノケンティウス三世によって召集された第十二回の公会議(1215). ワルド派・アルビ派の排撃, フランチェスコ会・ドミニコ会創立の公認, 旧修道会の改革などがなされた.] 261, 262, 322, 368, 455
良心問題　cas de conscience [ある行為について, それが宗教的・倫理的規範に適合するか否か, 葛藤を生ずる場合. →決疑論] 247
リヨン公会議（第二回） concile de Lyon [グレゴリウス十世の召集で開かれた第一四回の会議(1274). ギリシア教会とローマ・カトリック教会の合同が成立し, 信条の一致が表明された.] 80, 127, 355, 357, 400, 425, 426, 428, 429, 455
リンボ（族長たちの古聖所, 幼児たちの孩所） limbus, limbe [至福直観のゆるされない魂の死後憩うところ. 地獄とは別で天国への中間界. キリストの冥府降下以前の, 旧約の父祖の世界と, 未受洗の幼児の世界とに分けられる.] 69, 109, 135, 255, 330, 378, 384-386, 393-396, 404-407, 410, 435, 461, 462, 502, 503, 505
レセプタクル（魂のたまり場） réceptacle　27, 29, 50, 103, 112, 148, 168, 195, 197, 218, 220, 254, 344, 378, 385, 386, 393, 401, 402, 404, 405, 415, 435
レフリゲリウム（清涼の地/清涼域/清涼＝蘇生） refrigerium　10, 57, 66, 72, 74, 90, 94, 182, 239, 280, 281, 293, 294, 347
煉獄前域　anté-purgatoire [ダンテの『神曲』煉獄篇における用語.] 504, 511, 515-518, 512, 526, 527, 530, 531, 533, 535, 540, 543
煉獄博物館　Museo del Purgatorio, Musée du Purgatoire　146, 458

ワ行

ワルド派　vaudois [リヨンの富裕な商人ピエール・ワルド（Pierre Valdo）が興し